Praxishandbuch
Familiengerichtlicher Kinderschutz

Praxishandbuch Familiengerichtlicher Kinderschutz

Materielles Recht, Verfahrensrecht, Datenschutz, psychologisches und pädagogisches Wissen

herausgegeben von:

Prof. Dr. jur. Rüdiger Ernst
Vorsitzender Richter am KG (Familiensenat)

Katharina Lohse
Fachliche Leiterin des Deutschen
Instituts für Jugendhilfe und Familienrecht e.V., DIJuF

erläutert von:

Prof. Dr. jur. Rüdiger Ernst,
Prof. Dr. jur. Birgit Hoffmann,
Dipl.-Psych. Henriette Katzenstein,
Dipl.-Psych. Dr. phil. Heinz Kindler,
Katharina Lohse

Reguvis

Bibliografische Information der Deutschen Nationalbibliothek
Die Deutsche Nationalbibliothek verzeichnet diese Publikation in der Deutschen Nationalbibliografie; detaillierte bibliografische Daten sind im Internet über http://dnb.d-nb.de abrufbar.

Reguvis Fachmedien GmbH
Amsterdamer Str. 192
50735 Köln
www.reguvis.de

Beratung und Bestellung:
Tel.: +49 (0) 221 97668-229
Fax: +49 (0) 221 97668-236
E-Mail: familie-betreuung@reguvis.de

ISBN (Print): 978-3-8462-0986-8
ISBN (E-Book): 978-3-8462-0987-5

Herstellung: Günter Fabritius
Lektorat: Uschi Schmitz-Justen/Dorothea Venator
Satz: Cicero Computer GmbH, Bonn
Druck und buchbinderische Verarbeitung: Appel & Klinger Druck und Medien GmbH, Schneckenlohe

Printed in Germany

Vorwort

Das vorliegende Praxishandbuch verfolgt das Ziel, allen am familiengerichtlichen Kindesschutzverfahren (§§ 1666, 1666a BGB) mitwirkenden Akteuren (Eltern und ihre Verfahrensbevollmächtigten, Verfahrensbeistand, Jugendamt, Sachverständige) ein und denselben einheitlichen Kenntnisstand zu vermitteln. Es wendet sich an Richter*innen, Fachkräfte des Jugendamts (ASD und Amtsvormundschaft), Verfahrensbeistände, Rechtsanwälte und Rechtsanwältinnen sowie Sachverständige. Sie alle sollen „aus einer Hand" informiert werden. Einen besonderen Fokus legt das Handbuch auf das Zusammenwirken von Jugendamt und Familiengericht.

Der Gesetzgeber hat das familiengerichtliche Procedere – angefangen vom Bekanntwerden erster vager Anhaltspunkte für eine Kindeswohlgefährdung bis hin zur erst- und ggf. zweitinstanzlichen Endentscheidung, mit der das staatliche Familiengericht auf der Grundlage voller richterlicher Überzeugung entscheidet, ob und welche Maßnahmen gegenüber den sorgeberechtigten Eltern anzuordnen sind – in der Weise streng rechtsstaatlich ausgestaltet, dass er den Akteuren umfangreiche Beteiligten-Rechte an die Hand gegeben hat, mit denen diese im Interesse einer guten und „richtigen" Entscheidung auf die richterliche Gestaltung des gesamten Verfahrensablaufs und insbesondere die Ermittlungen wesentlichen Einfluss nehmen können. Damit dieses vom Gesetzgeber angelegte System von Checks and Balances in der Praxis gelebt werden kann, braucht es einen identischen Wissensstand, einen gleichen Verständnishorizont aller Akteure.

Die Verfasser*innen lassen sich von der Überzeugung leiten, dass nur im derartigen Zusammenwirken der Akteure – indem alle die ihnen eingeräumten Rechte auch tatsächlich wahrnehmen – gewährleistet werden kann, dass jedes betroffene Kind (unter Umständen auch vor seinen Eltern) in dem genau richtigen Maß geschützt und kein Kind durch ungeeignete staatliche Maßnahmen (sekundär) gefährdet wird.

Das Buch konzentriert sich auf das Kindesschutzverfahren im engeren Sinne, also auf das Verfahren nach den §§ 1666, 1666a BGB, und hier auf die relevante Gefährdung der Person des Kindes. Weitere auch dem Kindesschutz dienende Instrumente (etwa Umgangsregelungen zum Schutz des Kindes gemäß § 1684 Abs. 4 BGB oder Verbleibensanordnungen gemäß § 1632 Abs. 4 BGB und 1682 BGB) können in dem vorliegenden Handbuchformat nur am Rand mitbehandelt, aber nicht vertieft werden. Fragen der Gefährdung des Kindesvermögens müssen außen vor bleiben. Aus den gleichen Gründen kann das Buch nicht erschöpfend auf sämtliche Einzelfragen eingehen. Dazu kann die Leserschaft auf die reichlich vorhandene und ausgezeichnete Spezialliteratur verwiesen werden.

Besonderer Dank gilt dem Verlag, namentlich den Lektorinnen Dorothea Venator und Uschi Schmitz-Justen, die mit ihrem großem Engagement und ihrer tatkräftigen Unterstützung zum Erscheinen des Praxishandbuchs beigetragen haben.

Geschlechtergerechte Sprache ist den Herausgeber*innen und allen Autor*innen ein Anliegen. Wir haben es jeder Autorin und jedem Autor überlassen, dieses Anliegen in ihrer bzw. seiner Weise umzusetzen. Für Anregungen und Kritik sind wir dankbar (familiebetreuung@reguvis.de).

Im Namen der Autorinnen und Autoren
Rüdiger Ernst, Katharina Lohse
Berlin/Heidelberg, im Mai 2022

Inhaltsverzeichnis

Teil 1
Materielles Recht: Der Prüfungs- und Entscheidungsmaßstab

Teil 2
Verfahrensrecht: Einleitung, Gestaltung, Ablauf und Abschluss des Verfahrens

Teil 3
Datenschutz und Datenaustausch zwischen den Akteuren

Teil 4
Kinder-, jugend- und familienpsychologisches Wissen

Herausgeber/innen und Autorinnen und Autoren

Prof. Dr. Rüdiger Ernst (zugleich Herausgeber)

Rüdiger Ernst hat in Heidelberg und Freiburg i.Br. Rechtswissenschaften studiert, wurde mit einer rechtsvergleichenden Dissertation zum Familienrecht promoviert, war wissenschaftlicher Assistent am Institut für Internationales Recht (Universität Rostock, ab 1996), Familienrichter (ab dem Jahr 2000), Inhaber des Lehrstuhls für Bürgerliches Recht an der Evangelischen Fachhochschule Berlin (ab 2005) und Richter am Kammergericht (ab 2010).

Seit 2014 sitzt er als Vorsitzender Richter am Kammergericht, dem Oberlandesgericht für Berlin, einem Familiensenat vor.

Rüdiger Ernst ist Mitglied in der Kinderrechtekommission des Deutschen Familiengerichtstags und war Mitglied verschiedener Expertenarbeitsgruppen beim Bundesjustizministerium (zur Reform des § 1666 BGB und zur Reform des Abstammungsrechts) sowie Sachverständiger im Rechtsausschuss des Deutschen Bundestages.

Er ist Herausgeber und Mitautor des „Handbuchs Scheidungsrecht" (Schwab/Ernst, 8. Auflage 2019, C.H.Beck), Mitautor des Lehrbuchs „Familienrecht für die soziale Arbeit" (Münder/Ernst/Behlert/Tammen, 8. Auflage 2021, Nomos) sowie Mitglied im Beirat „Gute Kinderschutzverfahren" und im Beirat der Fachzeitschrift DAS JUGENDAMT.

Bearbeiter von Kapitel 3, Kapitel 5 bis Kapitel 11, Kapitel 14, Kapitel 15

Katharina Lohse (zugleich Herausgeberin)

Katharina Lohse studierte Rechtswissenschaften an der Humboldt-Universität zu Berlin und der Université Paris-Panthéon-Assas und ist Fachliche Leiterin im Deutschen Institut für Jugendhilfe und Familienrecht (DIJuF). Nach dem Referendariat und einigen Jahren als Rechtsanwältin in Berlin ist sie seit 2013 im DIJuF tätig, wo seit Beginn einer ihrer Arbeitsschwerpunkte im Kinderschutz liegt. Katharina Lohse ist in zahlreichen Gremien der Kinder- und Jugendhilfe und des Familienrechts aktiv, u.a. im Vorstand des Bundesforum Vormundschaft und Pflegschaft, im Fachbeirat des AFET und in der Arbeitsgruppe „Hilfen" im Nationalen Rat gegen sexuelle Gewalt an Kindern und Jugendlichen. Sie publiziert regelmäßig zu kinder- und jugendhilfe- und familienrechtlichen Fragen, zuletzt in Werken zur Vormundschaft (Sozialpädagogischer Auftrag – Rechtliche Rahmung – Ausgestaltung in der Praxis) und zum neuen Kinder- und Jugendstärkungsgesetz, die sie beide auch mit herausgegeben hat.

Bearbeiterin von Kapitel 1, Kapitel 12, Kapitel 15

Henriette Katzenstein

Henriette Katzenstein forscht an der Freien Universität Berlin, ist wissenschaftliche Mitarbeiterin im BMBF-Projekt ProChild und Projektleiterin des Bundesforums Vormundschaft und Pflegschaft. Seit 20 Jahren ist sie in der Fachdiskussion der Kinder- und Jugendhilfe tätig, war langjährig stellvertretende Leitung des Deutschen Instituts für Jugendhilfe und Familienrecht und Mitglied der Enquete-Kommission „Kinderschutz und Kinderrechte weiter stärken" in Hamburg. Sie ist Autorin zahlreicher Fachveröffentlichungen und tritt bundesweit als Referentin in Fortbildungen in Erscheinung, u.a. zum familiengerichtlichen Verfahren gemeinsam mit Rüdiger Ernst und Katharina Lohse.

Bearbeiterin von Kapitel 2 und Kapitel 4

Prof. Dr. Birgit Hoffmann

Birgit Hoffmann hat ihr Studium der Rechtswissenschaften an der Universität Freiburg abgeschlossen, war im Anschluss am Max-Planck-Institut für ausländisches und internationales Strafrecht im Referat Medizinrecht tätig und wurde in dieser Zeit zu einer betreuungsrechtlichen Fragestellung promoviert. Sie lehrt und forscht seit 1998 hauptberuflich an Fakultäten für Angewandte Sozialwissenschaften, seit 2005 an der Fakultät für Sozialwesen der HS Mannheim. Sie ist Mitglied der Wissenschaftlichen Gesellschaft für Familienrecht e.V., des Familien- und des Betreuungsgerichtstag sowie des Deutschen Sozialrechtsverbands und Gutachterin des Deutschen Instituts für Jugendhilfe und Familienrecht e.V. in Heidelberg. Ihre Arbeitsschwerpunkte liegen heute im Kindschafts-, und Kinder- und Jugendhilferecht sowie im Sozialverwaltungs-, hier insbesondere im Sozialdatenschutzrecht. Sie ist Autorin zahlreicher Veröffentlichungen zu diesen Themen.

Bearbeiterin von Kapitel 16 bis Kapitel 19

Prof. Dr. Heinz Kindler

Heinz Kindler, Prof. Dr. phil., Dipl.-Psych., studierte an den Universitäten Gießen und Regensburg, seit 1993 ist er als familienrechtspsychologischer Sachverständiger tätig, von 1996 bis 2002 war er wissenschaftlicher Mitarbeiter an den Lehrstühlen für Entwicklungspsychologie und pädagogische Psychologie der Universität Regensburg, seit 2002 ist er wiss. Referent am Deutschen Jugendinstitut e.V. in München und übernahm dort 2012 die Leitung der Fachgruppe „Familienhilfe und Kinderschutz", in 2020 wurde er Professor an der Hochschule Landshut. Heinz Kindler ist unter anderem Herausgeber des Forschungsmanuals Gewalt (mit Cornelia Helfferich und Barabara Kavemann), eines Buchs über Kindesvernachlässigung (mit Beate Galm und Katja Hees), des Handbuchs Pflegekinderhilfe (mit Elisabeth Helming, Thomas Meysen und Karin Jurczyk) sowie Autor zahlreicher Aufsätze bzw. Beiträge zu Kinderschutzthemen. Er war unter anderem Mitglied der Enquetekommission Kinderschutz der Hansestadt Hamburg und weiterer Kommissionen auf Landes- und Bundesbene.

Bearbeiter von Kapitel 20 bis Kapitel 26

Abkürzungen

a.A.	anderer Ansicht
a.a.O.	am angegebenen Ort
Abs.	Absatz
AcP	Archiv für die civilistische Praxis (Zeitschrift)
a.F.	alte Fassung
AG	Amtsgericht
Anm.	Anmerkungen
APA	American Psychiatric Association
Art.	Artikel
ASD	Allgemeiner Sozialdienst
AWMF	Arbeitsgemeinschaft der Wissenschaftlichen Medizinischen Fachgesellschaften
BAG	Bundesarbeitsgemeinschaft
BayObLG	Bayerisches Oberstes Landesgericht
BayObLGZ	Entscheidungssammlung des BayObLG
Bearb.	Bearbeiter
BeckOK	Beck'sche Online-Kommentare (siehe Literaturverzeichnis)
BfJ	Bundesamt für Justiz
BGB	Bürgerliches Gesetzbuch
BGBl.	Bundesgesetzblatt
BGH	Bundesgerichtshof
BGHZ	Entscheidungssammlung des BGH in Zivilsachen
BMFSFJ	Bundesministerium für Familie, Senioren, Frauen und Jugend
BMJ/BMJV	Bundesministerium der Justiz/und für Verbraucherschutz
BR-Drs.	Bundesratsdrucksache
BRAGO	Bundesrechtsanwaltsgebührenordnung
BRAK-Mitt.	Mitteilungen der Bundesrechtsanwaltskammer
BT-Drs.	Bundestagsdrucksache
BtÄndG	Betreuungsrechtsänderungsgesetz
BtPrax	Betreuungsrechtliche Praxis (Zeitschrift)
BVerfG	Bundesverfassungsgericht
BVerfGE	Entscheidungssammlung des BVerfG
BVerfGG	Bundesverfassungsgerichtsgesetz
DAVorm	Der Amtsvormund
ders.	derselbe
DFGT	Deutscher Familiengerichtstag
DIJuF	Deutsches Institut für Jugendhilfe und Familienrecht e.V.
Diss.	Dissertation
DIV	Deutsches Institut für Vormundschaftswesen
EGBGB	Einführungsgesetz zum BGB
EGMR	Europäischer Gerichtshof für Menschenrechte

Entsch.	Entscheidung
epd	Evangelischer Pressedienst
et al.	et altera (und andere)
ev.	evangelisch
EZFamR	Entscheidungssammlung zum Familienrecht
FamFG	Gesetz über das Verfahren in Familiensachen und in den Angelegenheiten der freiwilligen Gerichtsbarkeit
FamFR	Familienrecht und Familienverfahrensrecht (Zeitschrift)
FamG	Familiengericht
FamGKG	Gesetz über Gerichtskosten in Familiensachen
FamRB	Familienrechtsberater (Zeitschrift)
FamRZ	Zeitschrift für das gesamte Familienrecht
ff.	fortfolgende
FF	Forum Familien- und Erbrecht (Zeitschrift)
Fn.	Fußnote
ForE	Forum Erziehungshilfen (Zeitschrift)
FPR	Familie Partnerschaft Recht (Zeitschrift)
FuR	Familie und Recht (Zeitschrift)
GG	Grundgesetz
GNotKG	Gerichts- und Notarkostengesetz
GVG	Gerichtsverfassungsgesetz
h.M.	herrschende Meinung
Hrsg.	Herausgeber
ICD-10	Internationale Klassifikation psychischer Störungen, 10. Revision (International Classification of Diseases)
i.d.F.	in der Fassung
i.d.R.	in der Regel
IntFamRVG	Internationales Familienrechtsverfahrensgesetz
IPR	Internationales Privatrecht (Zeitschrift)
IPRax	Praxis des Internationalen Privat- und Verfahrensrechts
ISD	Internationaler Sozialdienst
i.S.d.	im Sinne des
i.S.v.	im Sinne von
i.V.m.	in Verbindung mit
JAmt	Das Jugendamt (Zeitschrift)
jurisPK-SGB VIII	Juris PraxisKommentar SGB VII (siehe Literaturverzeichnis Schlegel/Voelzke)
JZ	JuristenZeitung
KG	Kammergericht
KGR	KG-Report
KindRG	Gesetz zur Reform des Kindschaftsrechts
KJHG	Kinder- und Jugendhilfegesetz

KJSG	Gesetz zur Stärkung von Kindern und Jugendlichen (Kinder- und Jugendstärkungsgesetz)
KJS	Kinder- und Jugendhilfe Sozialdienst
KostO	Kostenordnung
KRK	UN-Konvention über die Rechte des Kindes
KSÜ	Haager Übereinkommen vom 19.10.1996 über die Zuständigkeit, das anzuwendende Recht, die Anerkennung, Vollstreckung und Zusammenarbeit auf dem Gebiet der elterlichen Verantwortung und der Maßnahmen zum Schutz von Kindern (Haager Kindesschutzübereinkommen)
LG	Landgericht
Lit.	Litera (Buchstabe)
LPK-SGB VIII	Lehr- und Praxiskommentar zum SGB VIII (siehe Literaturverzeichnis Kunkel/Kepert/Pattar)
LS	Leitsatz
MDR	Monatsschrift für Deutsches Recht (Zeitschrift)
m.E.	meines Erachtens
MüKo	Münchener Kommentar(e) (siehe Literaturverzeichnis Münchener Kommentar)
MSA	Haager Übereinkommen vom 5.10.1961 über die Zuständigkeit der Behörden und das anzuwendende Recht auf dem Gebiet des Schutzes von Minderjährigen (Haager Minderjährigenschutzabkommen)
NK-BGB	Nomos-Kommentar zum BGB (siehe Literaturverzeichnis Kaiser/Schnitzler/Schilling/Anders)
m.w.N.	mit weiteren Nachweisen
n.F.	neuer Fassung
NJW	Neue Juristische Wochenschrift (Zeitschrift)
NJWE-FER	NJW-Entscheidungsdienst Familien- und Erbrecht
NJW-RR	NJW-Rechtsprechungsreport
NStZ	Neue Zeitschrift für Strafrecht
NStZ-RR	NStZ-Rechtsprechungsreport
NZFam	Neue Zeitschrift für Familienrecht
o.J.	ohne Jahr
OLG(e)	Oberlandesgericht(e)
OLGR	OLG-Report
OLGZ	Entscheidungssammlung der OLGe in Zivilsachen
PAS	Parental Alienation Syndrome
PdR	Praxis der Rechtspsychologie (Zeitschrift)
PLOS med	PLOS Medicne (Zeitschrift)
RdJB	Recht der Jugend und des Bildungswesens (Zeitschrift)
RegE	Regierungsentwurf
Rn.	Randnummer
Rpfleger	Der deutsche Rechtspfleger (Zeitschrift)
RPflG	Rechtspflegergesetz
Rspr.	Rechtsprechung

SFK	Ständige Fachkonferenz
SGB	Sozialgesetzbuch
StGB	Strafgesetzbuch
StPO	Strafprozessordnung
StV	Strafverteidiger
UN-KRK	UN-Konvention über die Rechte des Kindes
UStG	Umsatzsatzsteuergesetz
u.U.	unter Umständen
VBVG	Vormünder- und Betreuervergütungsgesetz
Verf.	Verfasser
vgl.	vergleiche
Vorbem.	Vorbemerkung
VwGO	Verwaltungsgerichtsordnung
WHO	Weltgesundheitsorganisation (World Health Organization)
ZAP	Zeitschrift für Anwaltspraxis
ZAR	Zeitschrift für Ausländerrecht und Ausländerpolitik
z.B.	zum Beispiel
ZfF	Zeitschrift für das Fürsorgewesen
ZfJ	Zentralblatt für Jugendrecht
ZGB	Zivilgesetzbuch (Schweiz)
Ziff.	Ziffer
ZKJ	Zeitschrift für Kindschaftsrecht und Jugendhilfe
ZPO	Zivilprozessordnung
ZRP	Zeitschrift für Rechtspolitik
ZVW	Zeitschrift für Vormundschaftswesen (Schweiz)

Literatur

21. Deutscher Familiengerichtstag/Jestaedt, Matthias, Kindesrecht zwischen Elternverantwortung und Staatsverantwortung – Herausforderungen des Eltern-Kind-Verhältnisses aus verfassungsrechtlicher Perspektive, Brühler Schriften zum Familienrecht, Gieseking Verlag, Bielefeld 2016.

AFET-Bundesverband für Erziehungshilfe e. V., Abschlussbericht Arbeitsgruppe Kinder psychisch- und suchtkranker Eltern. Abrufbar unter: www.ag-kpke.de/wp-content/uploads/2020/02/Abschlussbericht-der-AG-Kinder-psychisch-kranker-Eltern.pdf (Abruf 21.4.2022).

Aitken, Colin et al., Fundamentals of probability and statistical evidence in criminal proceedings: guidance for judges, lawyers, forensic scientists and expert witnesses, Royal Statistic Society 2010.

Albermann, Kurt/Müller, B., Unterstützung für Kinder psychisch kranker Eltern – Information und Vernetzung tragen zum Gelingen bei. Kinderärztliche Praxis 2018, 10–15.

Albermann, Kurt/Wiegand-Grefe, Silke/Winter, Sibylle, Kinderschutz in Familien mit einem psychisch erkrankten Elternteil, Praxis der Kinderpsychologie und Kinderpsychiatrie 2019, 6–26.

Amend-Traut, Anja, Sorgerechtsvollmachten, FamRZ 2020, 805.

American Psychological Association, Guidelines for psychological evaluations in child protection matters, American Psychologist, 2013, 20–31.

Andro, Amelle/Lesclingand, Marie, Female Genital Mutilation. Overview and Current Knowledge, Population 2016, 217–296.

Arbeitsgemeinschaft der wissenschaftlichen medizinischen Fachgesellschaften (AWMF), Kindesmisshandlung, -missbrauch, -vernachlässigung unter Einbindung der Jugendhilfe und Pädagogik (Kinderschutzleitlinie), 2019, abrufbar unter: www.awmf.org/uploads/tx_szleitlinien/KF_027-069l_Kinderschutz_2018-10.pdf (Abruf: 26.5.2022).

Arbeitsgruppe Familienrechtliche Gutachten, Mindestanforderungen an die Qualität von Sachverständigengutachten im Kindschaftsrecht, 2. Auflage, Deutscher Psychologen Verlag, Berlin 2019; online abrufbar unter:www.bdp-verband.de/binaries/content/assets/verband/publikationen/infomaterialien/gutachtenstandards-20190830-webversion.pdf (Abruf: 13.4.2022).

Armfield, Jason M. et al., Intergenerational transmission of child maltreatment in South Australia, The Lancet Public Health 2021, E 450–E461, DOI: 10.1016/S2468-2667(21)00024-4.

Assink, Mark et al., Risk factors for child sexual abuse victimization: A meta-analytic review, Psychological Bulletin 2019, 459–489.

Austin, Anna/Coffey, Alexandria/Shanahan, Meghan, Risk and protective factors for child maltreatment: a review, Current Epidemiology Reports 2020, 334–342.

Baer, Juditg C. /Martinez, Colleen Daly, Child maltreatment and insecure attachment: A meta-analysis, Journal of reproductive and infant psychology 2006, 187–197.

Baldwin, Helen et al., Disentangling the effect of out-of-home care on child mental health, Child Abuse & Neglect 2019, 189–20.

Balloff, Rainer, Kinder vor dem Familiengericht, 3. Auflage, Nomos, Baden-Baden 2018.

Balloff, Rainer, Kind als Räuber und Brandstifter – eine Fallvignette, FPR 2013, 424-430.

Balloff, Rainer/Koritz, Nikola A., Praxishandbuch für Verfahrensbeistände. Rechtliche und psychologische Schwerpunkte für den Anwalt des Kindes, 2. Auflage, Kohlhammer, Stuttgart 2015.

Baumeister, Peter et. al., Arbeitsfeld Ambulante Hilfen zur Erziehung. Standards, Qualität und Vielfalt, Lambertus Verlag, Freiburg, 2016.

Baumeister, Roy F./Landau, Mark J., Finding the meaning of meaning: Emerging insights on four grand questions, Review of General Psychology 2018, 1–10.

Beckmann, Janna, Elterliche Selbstbestimmung im Kinderschutz. Rechtliche Analyse unter Einbeziehung ethischer und sozialpädagogischer Aspekte, Nomos, Baden-Baden 2021.

Behl, Leah E. et al., Trends in child maltreatment literature, Child Abuse & Neglect 2003, 215–229.

Belsky, Jay, Etiology of child maltreatment: A developmental-ecological analysis, Psychological Bulletin, 1993, 413–434.

Benjet, Crina et al., Evaluating the parental fitness of psychiatrically diagnosed individuals: Advocating a functional-contextual analysis of parenting. Journal of Family Psychology, 2003, 238–251.

Berger, Lawrence M. et al., Estimating the „impact" of out-of-home placement on child well-being: Approaching the problem of selection bias, Child Development, 2009, 1856–1876.

Berthet, Vincent, The impact of cognitive biases on professionals' decision-making: A review of four occupational areas, Frontiers in Psychology 2022, e6139.

Bick, Johanna/Dozier, Mary/Perkins, Erica, Convergence between attachment classifications and natural reunion behavior among children and parents in a child care setting, Attachment & Human Development, 2012, 1–10.

Bieresborn, Dirk, Verarbeitung ärztlicher Befunde und Gutachten im arbeits- und sozialrechtlichen Kontext im Lichte des neuen Datenschutzrechts, Soziales Recht 2019, 245–257.

Bieresborn, Dirk, Die Auswirkungen der DSGVO auf das gerichtliche Verfahren, DRiZ 2019, 18–24

Bieresborn, Dirk/Giesberts-Kaminski, Bernadette, Auswirkungen der EU-Datenschutz-Grundverordnung und der Anpassungsgesetze auf die Sozialgerichtsbarkeit (Teil I und II), SGb 2018, 449–455; 530–540.

Billhardt, Sven, Familiengerichtlicher Kinderschutz gegen schulische Corona-Maßnahmen, NZFam 2022, 158–160.

Bindel-Kögel, Gabriele/Seidenstücker, Barbara, Ergebnisse der Fallerhebung in den beteiligten Jugendämtern, in: Münder (Hrsg.), Kindeswohl zwischen Jugendhilfe und Justiz, 123–188.

Bohnert, Cornelia, Mitwirkungspflichten bei der Beweisaufnahme in Familiensachen, NZFam 2014, 107–112.

Bolger, Kerry E./ Patterson, Charlotte J., Sequelae of child maltreatment: Vulnerability and resilience, in Luthar: Resilience and vulnerability, 2003, 156–181.

Bornstein, Marc H., Handbook of Parenting, Vol. 1.: Children and Parenting, 3rd ed., Routledge, New York 2019.

Bornstein, Marc H., Handbook of Parenting, Vol. 4: Social Conditions and Applied Parenting, 3rd ed., Routledge, New York 2019.

Bottoms et al., Children as victims, witnesses, and offenders, Guilford Press, New York 2009.

Brandon, Marian/Bailey, Sue/Belderson,Pippa/Larsson, Birgit, The Role of Neglect in Child Fatality and Serious Injury, Child Abuse Review 2014, 235–245.

Brassard, Marla R./Hart, Stuart N./Glaser, Danya, Psychological maltreatment: an international challenge to children's safety and well being, Child Abuse & Neglect, Vol. 110, Part 1, 2020, 104611.

Brazelton, T. Berry/Greenspan, Stanley. I., Die sieben Grundbedürfnisse von Kindern. Was jedes Kind braucht, um gesund aufzuwachsen, gut zu lernen und glücklich zu sein, Beltz Verlag, Weinheim und Basel 2002.

Brettel, Hauke, Kinderdelinquenz als (Hinweis auf eine) Kindeswohlgefährdung? ZJJ 2012, 352–356.

Brettel, Hauke, Stiftung SPI, Clearingstelle Jugendhilfe/Polizei, Infoblatt Nr. 53: Straftaten als Hinweis auf eine Kindeswohlgefährdung, 2010;online abrufbar unter www.stiftung-spi.de/fileadmin/user_upload/Dokumente/veroeffentlichungen/srup_lebenslagen/clearingstelle_infoblatt_53.pdf (letzter Abruf 22.4.2022)

Brink, Stefan/ Wolff, Heinrich Amadeus (Hrsg.), Beck'scher Onlinekommentar Datenschutzrecht, 39. Ed., Stand: 1.2.2022 (zitiert: BeckOK Datenschutzrecht/*Bearbeiter*)

Britz, Gabriele, Gutachten im familiengerichtlichen Verfahren – verfassungsrechtliche Perspektiven, Praxis der Rechtspsychologie 2016, 7–15.

Britz, Gabriele, Kinderschutz – aktuelle verfassungsrechtliche Leitlinien, NZFam 2016, 1113–1118.

Britz, Gabriele, Anforderungen an familiengerichtliche Entscheidungen im Kinderschutz, JAmt 2015, 286–290.

Broaddus-Shea, Elena et al., A review of the literature on good practice considerations for initial health system response to child and adolescent sexual abuse, Child Abuse & Neglect, Vol. 116, 2019, 104225.

Brubacher, Sonja P. et al., How children talk about events: Implications for eliciting and analyzing eyewitness reports, Developmental Review, 2019, 70–89.

Bublath, Katharina et al., Hinweise für das Gespräch mit dem Kind im familiengerichtlichen Verfahren, NzFam 2021, 477-486.

Büchner, Birgit, Rechte und Pflichten des Verfahrensbeistands aus der Sicht der Rechtsprechung, NZFam 2020, 234–237.

Budzikiewicz, Christine/Heiderhoff, Bettina/Klinkhammer, Frank/Niethammer-Jürgens, Kerstin (Hrsg.), Standards und Abgrenzungen im internationalen Familienrecht, Nomos, Baden-Baden 2019.

Busse, Detlef et al., Sexueller Mißbrauchsverdacht in familiengerichtlichen Verfahren, Praxis der Rechtspsychologie, 2000 (Sonderheft 2), 3–98.

Camilo, Cláudia et al., The social information processing model in child physical abuse and neglect: A meta-analytic review, Child Abuse & Neglect, Vol. 108, 2020, 104666, DOI: 10.1016/j.chiabu.2020.104666.

Carl, Eberhard/Clauß, Marianne/Karle, Michael, Kindesanhörung im Familienrecht, C.H. Beck, München 2015.

Carr, Alan et al., A systematic review of reviews of the outcome of noninstitutional child maltreatment, Trauma, Violence, & Abuse, 2020, 828–843.

Cecil, Charlotte et al., Disentangling the mental health impact of childhood abuse and neglect, Child abuse & neglect, 2017, 106–119.

Chapman, Mimi V. /Christ, Sharon L., Attitudes toward out-of-home care over 18 months: Changing perceptions of youths in foster care, Social Work Research, 2008, 135–145.

Charest-Belzile, Dorothée et al., Parental engagement in child protection services: A multidimensional, longitudinal and interactive framework, Children and Youth Services Review, Vol. 116, 2020, 105162.

Cicchetti, Dante/Rogosch, Fred A., Equifinality and multifinality in developmental psychopathology, Development and Psychopathology, 1996, 597–600.

Cicchetti, Dante/Toth, Sheree L., Child Maltreatment, in: *Lerner, R.M./Lamb, N. (Hrsg.)*, Handbook of Child Psychology, Vol. 3, 513–563.

Cicchetti, Dante/Toth, Sheree L., The Effects of Trauma on the Developmental Process, Rochester Symposium on Developmental Psychopathology, Vol. 8, University of Rochester Press 1997.

Coester, Michael, Embryoschutz in utero, in: *Hilbig-Lugani, Katharina u.a.* Zwischenbilanz, 29–40.

Coester, Michael, Das Kindeswohl als Rechtsbegriff. Die richterliche Entscheidung über die elterliche Sorge beim Zerfall der Familiengemeinschaft, Metzner, Frankfurt am Main 1983.

Collins, Andrew/Laursen, Brett (Hrsg.), Relationships as developmental contexts: The Minnesota Symposia on Child Psychology, Volume 30, Psychology Press 1999.

Cowell, Raquel A. et al., Childhood maltreatment and its effect on neurocognitive functioning: Timing and chronicity matter, Development and Psychopathology, 2015, 521–533.

Cyr, Chantal et al., Attachment security and disorganization in maltreating and high-risk families: A series of meta-analyses, Development and Psychopathology, 2010, 87–108.

Czerner, Frank, Der Schutz des ungeborenen Kindes vor der eigenen Mutter durch zeitliche Vorverlagerung zivil- und strafrechtlicher Regelungen? Überlegungen zum Abschlussbericht „Familiengerichtliche Maßnahmen bei Gefährdung des Kindeswohls" vom 14. Juli 2009 bei Alkoholembryopathie, ZKJ 2010, 220-227 ff.

De Bortoli. Lilian et al., Parental substance misuse and compliance as factors determining child removal: A sample from the Victorian Children's Court in Australia, Children and Youth Services Review, 2013, 1319–1326.

De Swart J. J. W. et al., The effectiveness of institutional youth care over the past three decades: A meta-analysis, Children and Youth Services Review 2012, 1818–1824.

Debertin, Anette/Banaschak, Sibylle, Sexueller Missbrauch von Kindern aus medizinischer Sicht, Kindesmisshandlung und -vernachlässigung, Interdisziplinäre Fachzeitschrift für Prävention und Intervention, 2013, 4–11.

Debowska, Agata et al., What do we know about child abuse and neglect patterns of co-occurrence? A systematic review of profiling studies and recommendations for future research, Child Abuse & Neglect 2017, 100–111.

Deegener, Günther, Kindesmissbrauch, Beltz, Weinheim 2010.

Deinert, Horst, Rechtsfragen des Datenschutzes im Betreuungswesen, BtPrax 2019, 19–24.

Deutsches Institut für Jugendhilfe und Familienrecht (DIJuF)/Ständige Fachkonferenz 2 (SFK 2), Handreichung zur Anrufung des Familiengerichts bei Kindeswohlgefährdung, Heidelberg 2021.

Deutsches Institut für Jugendhilfe und Familienrecht (DIJuF)/Ständige Fachkonferenz 2 (SFK 2), Leitfaden: Anrufung des Familiengerichts bei Kindeswohlgefährdung. Anlage zur Handreichung der SFK 2, online abrufbar unter https://dijuf.de/fileadmin/Redaktion/Startseite/Aktuelles/Anlage_zu_SFK_2_Leitfaden_Anrufung_des_Familiengerichts.pdf (Abruf: 22.4.2022)

Deutsches Institut für Jugendhilfe und Familienrecht (DIJuF)/Ständige Fachkonferenz 2 (SFK 2), Im Mittelpunkt und doch aus dem Blick: „Das Kind" im familiengerichtlichen Verfahren nach § 1666 BGB, Heidelberg 2017.

Deutsches Institut für Jugendhilfe und Familienrecht (DIJuF)/Ständige Fachkonferenz 2 (SFK 2), Situation, Perspektiven und Entwicklungsbedarf verlässlicher Qualitätsstandards und klarer Rollengestaltung im familiengerichtlichen Verfahren im Kinderschutz. Heidelberg 2010.

Deutsches Institut für Jugendhilfe und Familienrecht (DIJuF)/Ständige Fachkonferenz 2 (SFK 2), Beschwerdemöglichkeiten des Jugendamts in Kindschaftsverfahren vor dem FamiliengerBiricht, Heidelberg 2017, abrufbar: https://dijuf.de/fileadmin/Redaktion/Gremien_und_Netzwerke/SFK_2_Broschuere_Beschwerdemoeglichkeiten.pdf (Abruf: 24.4.2022).

Dixon, Louise et al., Risk factors of parents abused as children, Journal of Child Psychology and Psychiatry, 2005, 47–57.

Dodge, Kenneth A. et al., Social information-processing patterns partially mediate the effect of early physical abuse on later conduct problems, Journal of abnormal psychology, 1995, 632–643.

Dörndorfer, Josef//Wendtland, Holger/ Gerlach, Karl-Heinz/Diehn, Thomas (Hrsg.), Beck'scher Onlinekommentar Kostenrecht, 37. Ed., Stand: 1.4.2022 (zitiert: BeckOK Kostenrecht/*Bearbeiter*)

Dowling, Christopher Morgan et al., Protection orders for domestic violence: A systematic review, Trends & Issues in Crime and Criminal Justice 2018, 3551, online abrufbar unter: www.aic.gov.au/sites/default/files/2020-05/ti_551_050618.pdf (Abruf 14.4.2022)

Dozier, Mary et al., Attachment and biobehavioral catch–up, in: *Steele/Steele*, handbook of attachment-based interventions, 27–49.

Drenkhahn, Kirstin, Hilfe für kindliche und jugendliche Intensivtäter, FPR 2007, 24-28.

Dürbeck, Werner, Anmerkung zu einer Entscheidung des OLG Braunschweig, Beschluss vom 20.3.2020 (2 UF 32/20) – Zur Beschwerde gegen die Entziehung des Sorgerechts im Wege einer einstweiligen Anordnung, NJW 2020, 1822.

Dürbeck, Werner, Neue Personensorge in der Vormundschaft und ihre Herausforderungen für die Familiengerichte, ZKJ 2019, 208-2013.

Dürbeck, Werner, Zur Pflicht des Jugendamts, Gerichtskosten zu tragen, ZKJ 2017, 19–20.

Dürbeck, Werner/Schneider, Norbert, Kosten in Kindschaftssachen, FamRZ 2021, 1341–1354.

Dutta, Anatol/Jacoby, Florian/Schwab, Dieter (Hrsg.), FamFG. Kommentar, 4. Auflage, Gieseking, Bielefeld 2021 (Zietierweise: Dutta/Jacoby/Schwab/*Bearbeiter*).

Dworkin, Ronald, Gerechtigkeit für Igel, Suhrkamp Verlag, Berlin 2014.

Eckenrode, John et al., School performance and disciplinary problems among abused and neglected children, Developmental Psychology, 2003, 53–62.

Edleson, Jeffrey L., Responsible mothers and invisible men: Child protection in the case of adult domestic violence. Journal of Interpersonal Violence, 1998, 294–298.

Edmond, Gary/Martire, Kristy A., Just cognition: scientific research on bias and some implications for legal procedure and decision-making, The Modern Law Review 2019, 633–664.

Egeland, Byron, Mediators of the effects of child maltreatment on developmental adaptation in adolescence, in: *Cicchetti/Toth*, The Effects of Trauma on the Developmental Process, 1997, 404–434.

Epping, Volker/Hillgruber/Christian (Hrsg.), Beck'scher Online-Kommentar Grundgesetz; 51. Ed., Stand: 1.5.2022 (zitiert: BeckOK GG/*Bearbeiter*).

Erickson, Martha Farell/Egeland, Byron, Child neglect, in: *Klika et al.*, APSAC handbook on child maltreatment, 127–144.

Erkelenz, Hendrik/Leopold, Anders, Datenschutz beim Beweis durch Sachverständige, NZS 2019, 926–932.

Ernst, Rüdiger, Anmerkung zu OLG Frankfurt a.M., Beschluss vom 7.10.2021 – 1 UF 167/21, FamRZ 2022, 269.

Ernst, Rüdiger, Das Gesetz zur Bekämpfung sexualisierter Gewalt gegen Kinder, FamRZ 2021, 993–999

Ernst, Rüdiger, Kinderschutzverfahren als Amtsverfahren, Fachtext Modul 4, Lerneinheit 2, in: Gute Kinderschutzverfahren – Modellprojekt zur Qualitätssicherung und Qualitätsentwicklung für eine kindgerechte Justiz, 2021, online abrufbar unter: https://guteverfahren.elearning-kinderschutz.de (Abruf: 10.4.2022).

Ernst, Rüdiger, Jugendamt, Verfahrensbeistand und Sachverständiger – Heimliche und eigentliche Entscheider im Kindschaftsverfahren, FF 2020, 195–203.

Ernst, Rüdiger, Miteinander reden: das Mündlichkeitsprinzip in Kindschaftssachen, NZFam 2020, 313–317.

Ernst, Rüdiger, Jugendamt, Verfahrensbeistand und Sachverständiger – Heimliche und eigentliche Entscheider im Kindschaftsverfahren?, FF 2020, 195–203.

Ernst, Rüdiger, Dreierbesetzung der Familiengerichte in bestimmten Kindschaftsverfahren. Ein Diskussionspapier, NZFam 2019, 145–146.

Ernst, Rüdiger, Die Inobhutnahme bei nur teilweise alleinsorgeberechtigten Eltern und im Spannungsfeld verwaltungsgerichtlicher und familiengerichtlicher Entscheidungen – zugleich eine Besprechung von VGH München, Beschluss v. 9.1.2017 – 12 CS 16.2181, und VerwG Neustadt a.d.W., Beschluss v. 22.2.2017 – 4 L 165/17.NW, FamRZ 2017, 1120.

Ernst, Rüdiger, Psychologische Sachverständigengutachten in Kindschaftssachen: Formulierung und Beantwortung der Beweisfrage(n), FamRB 2016, 361–364.

Ernst, Rüdiger, Der Maßnahmenkatalog des § 1666 BGB, FPR 2008, 602–605.

Ernst, Rüdiger, Standards für Kindesanhörungen im internationalen Familienrecht, in: Budzikiewicz u.a. (Hrsg.), Standards und Abgrenzungen im internationalen Familienrecht, 9–37.

Fahl, Holger, Anmerkung zum Beschluss des BVerfG vom 29.07.2015 (1 BvR 1468/15) – Zur Anordnungskompetenz des Familiengerichts gegenüber dem Jugendamt sowie dem freien Jugenhilfeträger, NZFam 2015, 1004–1005.

Fergusson, David M./Horwood, John L., Exposure to interparental violence in childhood and psychosocial adjustment in young adulthood, Child Abuse & Neglect 1998, 339–357.

Finke, Fritz, Die rechtlichen Grundlagen der Sachverständigentätigkeit in der Familiengerichtsbarkeit nach der Kindschaftsrechtsreform vom 1.7.1998, FPR 2003, 503–508.

Finkelhor, David, Child sexual abuse: New Theory & Research, USA 1984.

Fisher, Philip A. et al., Effects of therapeutic interventions for foster children on behavioral problems, caregiver attachment, and stress regulatory neural systems, Annals of the New York Academy of Sciences, 2006, 215–225.

Font, Sarah A./Maguire-Jack, Kathryn, It's not „Just poverty": Educational, social, and economic functioning among young adults exposed to childhood neglect, abuse, and poverty, Child Abuse & Neglect 2020, Volume 101, 104356.

Forslund, Tommie et al., Attachment goes to court: child protection and custody issues, Attachment & Human Development 2022, 1–52, DOI: 10.1080/14616734.2020.1840762.

Fraser, Mark W. et al., Intervention Research, Oxford University Press 2009.

Galm, Beate/Hees, Katja/Kindler, Heinz, Kindesvernachlässigung – verstehen, erkennen, helfen, Ernst Reinhardt Verlag, München 2016.

George, Carol, A representational perspective of child abuse and prevention: Internal working models of attachment and caregiving. Child Abuse & Neglect 1996, 411–424.

George, Carol/Solomon, Judith, Caregiving helplessness, in: *George/Solomon* (Hrsg.), Disorganized attachment and caregiving, 133–166.

George, Carol/Solomon, Judith (Hrsg.), Disorganized attachment and caregiving, The Guilford Press, New York 2011

Gerber, Christine/Kindler, Heinz, Kriterien einer qualifizierten Gefährdungseinschätzung. Expertise im Rahmen des Projekts „Qualitätsentwicklung im Kinderschutz in Baden-Württemberg", 2020; siehe www.dji.de/QuaKi (Abruf 5.5.2022).

Gerber, Christine/Lillig, Susanna, Gemeinsam lernen aus Kinderschutzverläufen. Eine systemorientierte Methode zur Analyse von Kinderschutzfällen und Ergebnisse aus fünf Fallanalysen, Bericht. Beiträge zur Qualitätsentwicklung im Kinderschutz 9. Herausgegeben vom Nationalen Zentrum Frühe Hilfen (NZFH), Köln 2018.

Gerke, Jelena et al., Mothers as perpetrators and bystanders of child sexual abuse, Child Abuse & Neglect, Vol 117, 2021, 105068.

Gernhuber, Joachim/Coester-Waltjen, Dagmar, Familienrecht, 7. Auflage, C.H. Beck, München 2020.

Geschäftsstelle der Kommission Kinderschutz Ministerium für Soziales und Integration Baden-Württemberg (Hrsg.), Abschlussbericht der Kommission Kinderschutz. Band I. Bericht und Empfehlungen, Stuttgart 2019.

Gloger-Tippelt, Gabriele/König, Lilith, Bindung in der mittleren Kindheit, Das Geschichtenergänzungsverfahren zur Bindung 5- bis 8-jähriger Kinder (GEV-B), Beltz Verlag, Weinheim 2016.

Gola, Peter/Heckmann, Dirk, Bundesdatenschutzgesetz: BDSG, 13. Aufl., C.H. Beck, München 2019.

Goldberg, Brigitta/Radewagen, Christoph, Die geplanten Änderungen des § 4 KKG durch das Kinder- und Jugendstärkungsgesetz (KJSG) – Ein Bärendienst für den Kinderschutz, JAmt 2020, 622–628.

Gorin, Sarah, Understanding what children say: Children's experiences of domestic violence, parental substance misuse and parental health problems, Jessica Kingsley Publishers, London 2004.

Göttsche, Anna Lena, Weibliche Genitalverstümmelung/Beschneidung, Interdisziplinäre Betrachtungen und rechtliche Einordnungen im Lichte von Grund- und Menschenrechten, Mohr Siebeck, Tübingen 2020.

Graf, Sarah/Bovenschen, Ina/Kindler, Heinz, Erwachsene verurteilte Missbrauchstäter in Familien mit Kindern, Praxis der Rechtspsychologie, 2018, 5–34.

Graffam-Walker, Anne et al., Handbook on Questioning Children: A Linguistic Perspective, 2nd. ed., ABA Center on Children and the Law 2013.

Greipel, Andreas, Beweisführung und Lügenerkennung vor Gericht, utb GmbH, Stuttgart 2020.

Grüneberg, Christian (Hrsg.), vormals Palandt, Bürgerliches Gesetzbuch: BGB, 81. Auflage, C.H. Beck, München 2022, (zitiert: Grüneberg/*Bearbeiter)*.

Gsell, Beate u.a. (Hrsg.), beck-online.GROSSKOMMENTAR, (zitiert: BeckOGK/Bearbeiter).

Haack, Susan, Evidence Matters, Science, Proof, and Truth in the Law, Cambridge University Press 2014.

Hahne, Meo-Micaela/ Schlögel, Jürgen/ Schlünder, Rolf, Beck'scher Onlinekommentar FamFG, 42. Ed., Stand: 1.4.2022 (zitiert: BeckOK FamFG/*Bearbeiter*).

Hammer, Stephan, Anmerkung zur Entscheidung des OLG Hamm, Beschluss vom 25.2.2020, 11 UF 253/19 – Zum Sorgerechtsverfahren: Vorgeburtlicher Sorgerechtsentzug im Eilverfahren; Unverhältnismäßigkeit der Trennung des Kindes von den Eltern, FamRZ 2020, 1355–1359.

Hammer, Stephan, Anforderungen an familiengerichtliche Entscheidungen im Kinderschutz aus Sicht der Praxis des Familiengerichts, JAmt 2015, 291–295.

Hand, David/Roller, Werner, Die Macht des Unwahrscheinlichen: Warum Zufälle, Wunder und unglaubliche Dinge jeden Tag passieren, C.H. Beck, München 2015.

Harnach, Viola, Psychosoziale Diagnostik in der Jugendhilfe. Grundlagen und Methoden für Hilfeplan, Bericht und Stellungnahme, 7. Auflage. Beltz Juventa, Weinheim 2021

Hau, Wolfgang/Poseck, Roman (Hrsg.), Beck'scher Online-Kommentar BGB; 62. Ed., Stand: 1.5.2022 (zitiert: BeckOK BGB/*Bearbeiter*)

Hauck, Karl//Noftz, Wolfgang (Hrsg.), Sozialgesetzbuch (SGB) VIII: Kinder- und Jugendhilfe, Loseblattsammlung, Berlin, Erich Schmidt Verlag 2020 ff.

Heilmann, Stefan, Die Aufarbeitung des Missbrauchsfalles von Staufen – Ein Beitrag zur Fehlerkultur in der Familiengerichtsbarkeit, FamRZ 2018, 1797–1803.

Heilmann, Stefan, Schützt das Grundgesetz die Kinder nicht? Eine Betrachtung der bisherigen Kammerrechtsprechung des BVerfG im Jahr 2014, NJW 2014, 2904–2909.

Heilmann, Stefan (Hrsg.), Praxiskommentar Kindschaftsrecht, 2. Auflage, Reguvis Fachmedien, Köln 2020.

Heimann, Tobias/Berthold, Oliver/Clemens, Vera/Witt, Andreas/Fegert, Jörg M., Vorgehen bei „Gewichtigen Anhaltspunkten" für eine Kindeswohlgefährdung aus Sicht der Heilberufe, JAmt 2021, 68–73.

Heinz, Thomas K., Das neue Datenschutzrecht und seine Auswirkungen auf Sachverständige und Verfahrensbeistände, Rechtspsychologie 2019, 6–25.

Heiß, Thomas Alexander, Elternrechte contra Kinderrechte. Paradigmenwechsel in der jüngeren Rechtsprechung des BVerfG? NZFam 2015, 532-537.

Hendriks, A. M. et al., The association between parent-reported and observed parenting: A multi-level meta-analysis, Psychological Assessment, 2018, 621–633.

Hergenröder, Cyril H., Antragstellung mittels E-Mail in Verfahren nach dem FamFG, FamRZ 2020, 1982–1988.

Herrmann, Bernd et al., Konsensus Statement von 7 Fachgesellschaften und der Medizinischen Kinderschutzhotline zur Diagnostizierbarkeit des Schütteltraumas, 2021, abrufbar: www.dgkch.de/index.php?option=com_attachments&task=download&id=119 (Abruf: 10.4.2022).

Hershkowitz, Irit et al., Allegation rates and credibility assessment in forensic interviews of alleged child abuse victims: Comparing the revised and standard NICHD protocols, Psychology, Public Policy, and Law, 2020, 176–184

Hetherington, Mevis E. /Bridges. Magaret/Insabella, Glendessa M., What matters? What does not? Five perspectives on the association between marital transitions and children's adjustment, American Psychologist, 1998, 167–184.

Hilbig-Lugani, Katharina u.a., Zwischenbilanz, Festschrift für Dagmar Coester-Waltjen zum 70. Geburtstag, Gieseking Verlag, Bielefeld 2015

Hoffmann, Birgit, Tätigkeit von Verfahrensbeistand und Sachverständigen in kindschaftsrechtlichen Verfahren. Eine Betrachtung aus datenschutzrechtlicher Perspektive, ZKJ 2020, 249–254.

Hoffmann, Birgit, Personensorge, 3. Auflage, Nomos, Baden-Baden 2018.

Hoffmann, Birgit, Sorgerechtsvollmacht als Alternative zu Eingriffen in die elterliche Sorge in der Rechtsprechung der Oberlandesgerichte, JAmt 2015, 6–10.

Hoffmann, Birgit, Sorgerechtsvollmacht als Alternative zur Vormund/Pflegschaft des Jugendamts, FamRZ 2011, 1544–1550.

Hoffmann, Birgit, Aufgaben des Jugendamts im Kontext familiengerichtlicher Verfahren, FPR 2011, 304–309.

Isokuortti, Nanne et al., Effectiveness of child protection practice models: a systematic review, Child Abuse & Neglect, Vol. 108, 2020, 104632.

Jarass, Hans/Pieroth, Bodo (Begr.), Grundgesetz für die Bundesrepublik Deutschland: GG, 17. Aufl., C.H. Beck, München 2022.

Jestaedt, Matthias, „Kinderrechte im Grundgesetz" statt „Kinderrechte ins Grundgesetz". Zwischenstand in einer unabgeschlossenen Debatte, JAmt 2021, 358–363.

Jestadt, Matthias, Staatlicher Kindesschutz unter dem Grundgesetz – Aktuelle Kindesschutzmaßnahmen auf dem Prüfstand der Verfassung, in: *Lipp, Volker/Schumann, Eva/Veit, Barbara (Hrsg.)*, Kindesschutz bei Kindeswohlgefährdung (2008), 5–18.

Johannsen, Kurt H. (Begr.) /Henrich, Dietrich/Althammer, Christoph (Hrsg.), Familienrecht. Scheidung, Unterhalt, Verfahren, 7. Auflage, C.H. Beck, München 2020.

Johnson, Will L., The validity and utility of the California Family Risk Assessment under practice conditions in the field: A prospective study, Child Abuse & Neglect 2011, 18–28.

Johnston, Janet et al., In the name of the child: A developmental approach to understanding and helping children of conflicted and violent divorce, Springer Publishing, New York 2009.

Jones, Anette/Logan-Greene, Patricia, Understanding and responding to chronic neglect: A mixed methods case record examination, Children and Youth Services Review, 2016, 212–219.

Jones, David P., Communicating with vulnerable children, RCPsych Publications, 2003.

Jonson-Reid, Melissa et al., Cross-type recidivism among child maltreatment victims and perpetrators, Child Abuse & Neglect 2003, 899–917.

Jüttemann, Gerd, Psychologie in der Veränderung, Beltz Verlag, Weinheim 1983.

Kaiser, Dagmar/Schnitzler, Klaus/Schilling, Roger/Sanders, Anne (Hrsg.), Bürgerliches Gesetzbuch: BGB, Band 4: Familienrecht, §§ 1297 – 1921 BGB, 4. Aufl., Nomos, Baden-Baden 2021 (zitiert: NK-BGB/Bearbeiter).

Kärgel, Christian et al., Evidence for superior neurobiological and behavioral inhibitory control abilities in non-offending as compared to offending pedophiles, Human Brain Mapping, 2017, 1092–1104.

Katz, Camid/Field, Noa, Unspoken: Child–Perpetrator Dynamic in the Context of Intrafamilial Child Sexual Abuse, Journal of interpersonal violence 2022, NP 3585–3604.

Katzenstein, Henriette, Gestaltung der Anrufung des Familiengerichts und Argumentationsmöglichkeiten des Jugendamtes, Deutsches Jugendinstitut in Kooperation mit dem Nationalen Zentrum Frühe Hilfen, 2019.

Katzenstein, Henriette, et al., Das Recht als Partner der Fachlichkeit in der Kinder- und Jugendhilfe, Nomos, Baden-Baden 2018

Kavemann, Barbara/Kreyssig, Ulrike, Handbuch Kinder und häusliche Gewalt, 3. Auflage, Springer Fachmedien, Wiesbaden 2013.

Keidel, Theodor (Begr.)/Engelhardt, Helmut/Sternal, Werner (Hrsg.), FamFG. Gesetz über das Verfahren in Familiensachen und in den Angelegenheiten der freiwilligen Gerichtsbarkeit, 20. Auflage, C.H. Beck, München 2020 (zitiert: Keidel/*Bearbeiter*).

Kemper, Rainer/Schreiber, Klaus (Hrsg.), Familienverfahrensrecht. Handkommentar, 3. Auflage, Nomos, Baden-Baden 2015.

Kepert, Jan, Datenschutz und Kinderschutz, ZKJ 2020, 164–168.

Kepert, Jan, Kann eine Kindeswohlgefährdung durch einen drohenden sexuellen Missbrauch tatsächlich mittels einer ambulanten Hilfe zur Erziehung mit Kontrollauftrag abgewehrt werden? Anmerkung zu OLG Karlsruhe vom 13.5.2019 im Nachgang zur Entscheidung des BGH vom 6.2.2019, JAmt 2019, 378–382.

Kepert, Jan et al., Praxishandbuch Kinderschutz für Fachkräfte und insoweit erfahrene Fachkräfte. Der Schutzauftrag nach § 8a SGB VIII. Rechtliche, psychologische und pädagogische Aspekte, Reguvis, Köln 2021.

Kim-Spoon, Jungmeen et al., A longitudinal study of emotion regulation, emotion lability-negativity, and internalizing symptomatology in maltreated and nonmaltreated children, Child Development 2013, 512–527.

Kindler, Heinz, Rechtliche Vorgaben zur Kindesanhörung und kindgerechte Anhörung, in: Gute Kinderschutzverfahren – Modellprojekt zur Qualitätssicherung und Qualitätsentwicklung für eine kindgerechte Justiz, 2021, online abrufbar unter: https://guteverfahren.elearning-kinderschutz.de (Abruf: 10.4.2022).

Kindler, Heinz, Wie verstehen Kinder Vernachlässigung, Misshandlung und Missbrauch? In: Gute Kinderschutzverfahren – Modellprojekt zur Qualitätssicherung und Qualitätsentwicklung für eine kindgerechte Justiz, 2020, online abrufbar untre: https://guteverfahren.elearning-kinderschutz.de (Abruf: 10.4.2022).

Kindler, Heinz, Probleme und Lösungsansätze bei Einschätzungsaufgaben in familiengerichtlichen Kinderschutzverfahren, NZFam 2020, 376–380.

Kindler, Heinz, What explains dangerous parenting and how can it be changed?, Zeitschrift für Familienforschung, Sonderheft 11, 2017, 195–214.

Kindler, Heinz, Von der unterdurchschnittlichen Versorgung zur chronischen Kindesvernachlässigung. Wie lässt sich diese Form von Gefährdung nach § 1666 BGB besser abgrenzen? NZFam 2016, 872–877.

Kindler, Heinz, Sexuelle Gewalt in Familien, in: *Melzer et al.*, Handbuch Aggression, Gewalt und Kriminalität bei Kindern und Jugendlichen (2015), 244–249.

Kindler, Heinz, Trennungen zwischen Kindern und Bindungspersonen, FPR 2013, 194–200.

Kindler, Heinz, Kinderschutz im BGB, FPR 2012, 422–427.

Kindler, Heinz, Kindeswohlgefährdung: Ein Forschungsupdate zu Ätiologie, Folgen, Diagnostik und Intervention, Praxis der Kinderpsychologie und Kinderpsychiatrie 2009, 764–785.

Kindler, Heinz, Operationalisierungen von Kindeswohl und Kindeswohlgefährdung in den Sozial- und Humanwissenschaften, in: *Katzenstein et al.,* Das Recht als Partner der Fachlichkeit in der Kinder- und Jugendhilfe, 181–224.

Kindler, Heinz et al., Missbrauch und Vertrauen. Pädagogische Prävention einer Re-Viktimisierung bei Mädchen mit sexuellem Missbrauch in der stationären Jugendhilfe, Zeitschrift für Pädagogik, Sonderheft 64 (Sexuelle Gewalt in Kindheit und Jugend), 2018, 125–137.

Kindler, Heinz et al., Unterstützungsbogen für die Jugendhilfe, JAmt 2008, 467–470.

Kindler, Heinz/Fegert, Jörg, Auswertung und Qualitätsprüfung von Sachverständigengutachten, in: Gute Kinderschutzverfahren – Modellprojekt zur Qualitätssicherung und Qualitätsentwicklung für eine kindgerechte Justiz, 2021, online abrufbar unter: https://guteverfahren.elearning-kinderschutz.de (Abruf: 10.4.2022)

Kindler, Heinz/Jagusch, Birgit/Müller, Heinz/DePaz, Laura, 3-Jahres Katamnese von Kinderschutzfällen eines großstädtischen Jugendamtes.

Kindler, Heinz/Jud, Andreas, Ätiologie von Misshandlung, Vernachlässigung und sexuellem Missbrauch, in: Gute Kinderschutzverfahren – Modellprojekt zur Qualitätssicherung und Qualitätsentwicklung für eine kindgerechte Justiz, 2021, online abrufbar unter: https://guteverfahren.elearning-kinderschutz.de (Abruf: 10.4.2022).

Kindler, Heinz/Lillig, Susanna/Blüml, Herbert/Meysen, Thomas/Werner, Annegret (Hrsg.), Handbuch Kindeswohlgefährdung nach § 1666 BGB und Allgemeiner Sozialer Dienst (ASD), Deutsches Jugendinstitut e.V., München 2006, www.dji.de/fileadmin/user_upload/bibs/asd_handbuch.pdf (Abruf 23.3.2022)

Kindler, H./Lukasczyk, P./Reich, W., Validierung und Evaluation eines Diagnoseinstrumentes zur Gefährdungseinschätzung bei Verdacht auf Kindeswohlgefährdung (Kinderschutzbogen), ZKJ 2008, 500–505.

Kindler, Heinz/Lukaszyk, Peter/Reich, Wulfhild, Evaluation des Diagnoseinstruments zur Gefährdungseinschätzung des Kindeswohls, Nachrichtendienst des deutschen Vereins für öffentliche und private Fürsorge (NDV) 2009, 63–71.

Kindler, Heinz/Schwabe-Höllein, Marianne, Aspekte seelischer Kindesmisshandlung, Praxis der Rechtspsychologie, 2012, 404–418.

Kindler, Heinz/Spangler, Gottfried, Wirksamkeit ambulanter Interventionen nach Kindesmisshandlung und -vernachlässigung – Ein Forschungsüberblick. Kindesmisshandlung und -vernachlässigung 2005 (Jg. 8), 101–116.

Kischkel, Thomas, Die Einheitlichkeit des Verfahrensgegenstands in familiengerichtlichen Sorgerechtsverfahren – praktische Relevanz und dogmatische Herleitung, NZFam 2022, 107–111.

Kischkel, Thomas, Die Reform der Kindesanhörung nach § 159 FamFG – Auswirkungen auf die Praxis, FamRZ 2021, 1595–1599.

Klika, J. Bart/Conte, Jon R, APSAC handbook on child maltreatment, 4th ed., SAGE Publications, Thousand Oaks 2017.

Koenen, Karestan C. et al., A life course approach to mental disorders, Oxford University Press 2013.

Köhler, Iven, Prüfungsmaßstab des Bundesverfassungsgerichts in Fällen der Trennung des Kindes von den Pflegeeltern und Vertretung des prozessunfähigen Kindes in Verfassungsbeschwerdeverfahren, ZKJ 2021, 251–254.

Kölch, Michael/Fegert, Jörg, Die umgangsrechtliche Praxis aus Sicht der Kinder- und Jugendpsychiatrie, FamRZ 2008, 1573–1582.

Korbin, J./Krugman, P. (Hrsg.), Handbook of child maltreatment, Springer, Dordrecht 2014.

Korn-Bergmann, Marita/Purschke, Andreas, Gutachter – „Heimliche Richter" im Kindschaftsverfahren?, Lösungsansätze und anwaltliche Handlungsoptionen, FamRB 2014, 25-29.

Körner, Anne/Leitherer, Stephan/ Mutschler, Bernd/ Rolfs, Christian (Hrsg.), Kasseler Kommentar Sozialversicherungsrecht, SGB I, SGB IV, SGB V, SGB VI, SGB VII, SGB X, SGB XI. Loseblatt-Ausgabe, 117. Aufl., C.H.Beck München 2022 (zitiert: Kasseler Kommentar zum Sozialversicherungsrecht/*Bearbeiter*).

Kraemer, Helena C. et al., Measuring the potency of risk factors for clinical or policy significance, Psychological Methods, 1999, 257–271

Kratky, Nicole, Familienrechtliche Verfahren zum Kinderschutz: Eine Gerichtsaktenanalyse zur Rolle von elterlicher psychischer Gesundheit, Alleinerziehung und des Kindeswillens im Verfahrensverlauf, Dissertation. TU Darmstadt 2020, https://tuprints.ulb.tu-darmstadt.de/14009/1/Kumulative-Dissertation_Kratky_final.pdf (Abruf: 12.4.2020)

Kratky, Nicole/Schröder-Abé, Michaela, How are parental functioning and single parenthood associated with court outcomes? An analysis of child protection cases, Child Abuse & Neglect 2018, 95–105.

Kuhn, Deanna, Adolescent thinking, in: *Lerner, Richard M./Steinberg, Laurance*, Handbook of adolescent psychology, 152–186.

Kunkel, Peter-Christian, Möglichkeiten und Grenzen der professionellen Kommunikation in der Familiengerichtsbarkeit mit Blick auf Verschwiegenheitspflicht und Datenschutz, FPR 2013, 487–491.

Kunkel, Peter-Christian, 2 Jahre Schutzauftrag nach § 8a SGB VIII, ZKJ 2008, 52–58.

Kunkel, Peter-Christian/Kepert, Jan/Pattar, Andreas Kurt (Hrsg.), Sozialgesetzbuch VIII, Kinder- und Jugendhilfe Lehr- und Praxiskommentar, 8, Auflage, Nomo, Baden-Baden 2021 (zitiert: LPK-SGB VIII/Bearbeiter).

Kunkel, Peter-Christian/Rosteck, Henrike/Vetter, Heike, Schweigepflicht und Sozialdatenschutz versus Zeugnispflicht, StV 2017, 829–835.

Lack, Katrin/Heilmann, Stefan, Kinderschutz und Familiengericht. Verfassungsrechtliche Vorgaben für die familiengerichtliche Intervention bei Kindeswohlgefährdung, ZKJ 2014, 308–315.

Lahtinen, Hanna-Mari et al., Children's disclosures of sexual abuse in a population-based sample, Child Abuse & Neglect 2018, 84–94.

Lahtinen, Hanna-Mari et al., Children's disclosures of physical abuse in a population-based sample. Journal of interpersonal violence 2022, 2011–2036.

Lamb, Michael E. et al., Tell me what happened: Questioning children about abuse, 2nd ed., Wiley-Blackwell 2018.

Lamb, Michael E. et al., The effects of intensive training and ongoing supervision on the quality of investigative interviews with alleged sex abuse victims, Applied Developmental Science, 2002, 114–125.

Landenberg-Roberg, Michael von, Der Regierungsentwurf zur Verankerung von Kinderrechten im Grundgesetz – Verfassungsrechtliche Symbolpolitik am falschen Ort, NZFam 2021, 145–148.

Langevin, Rachel/Hébert, Martine/Wallace, Aimée, The intersection of intimate partner violence and childhood sexual abuse in mother-child dyads, Child Abuse & Neglect, Vol. 120, 2021, 105218.

Lansford, Jennifer E. et al., Parenting Across Cultures from Childhood to Adolescence: Development in Nine Countries, Routledge. London 2021.

Lavoie, Jennifer et al., Meta-analysis of the effects of two interviewing practices on children's disclosures of sensitive information: Rapport practices and question type. Child Abuse & Neglect, Vol. 113, 2020, DOI: 10.1016/j.chiabu.2021.104930.

Leclerc, Benoit/Beauregard, Eric/Forouzan, Elham, Offending pathways of intrafamilial child sexual offenders, in Proulx et al., Pathways to sexual aggression, 170–192.

Leeb, Rebecca T. et al., Child maltreatment surveillance. Uniform definitions for public health and recommended data elements, CDC 200; online abrufbar unter: www.cdc.gov/violence prevention/pdf/cm_surveillance-a.pdf (Abruf: 12.4.2022)

Lenz, Albert, Kinder psychisch kranker Eltern. 2. Auflage, Hofgrefe, Göttingen 2014.

Leopold, Anders, Informationspflichten nach der DS-GVO im sozialgerichtlichen Verfahren, NSZ 2018, 357–362.

Lerner, R.M./Lamb, M.E. (Hrsg.)., Handbook of Child Psychology and Developmental Science, Vol. 3: Socioemotional Processes, 7th ed., Wiley 2015

Lerner, Richard M./Steinberg, Laurance, Handbook of Adolescent Psychology, Volume 1: Individual Bases of Adolescent Development, 3rd Edition, Wiley, Hoboken, New Jersey 2009.

Liel, Christoph et al., Risk factors for child abuse, neglect and exposure to intimate partner violence in early childhood, Child Abuse & Neglect, Vol. 106, 2020, 104487, DOI: 10.1016/j.chiabu. 2020.104487.

Lies-Benachib, Gudrun, Ein Paukenschlag im Kindschaftsverfahren? – Zu den familienverfahrensrechtlichen Regelungen des Gesetzes zur Bekämpfung sexualisierter Gewalt an Kindern, FF 2021, 430–437.

Lipp, Volker/Schumann, Eva/Veit, Barbara (Hrsg.), Kindesschutz bei Kindeswohlgefährdung – neue Mittel und Wege? Universitätsverlag Göttingen, Göttingen 2008, 5–18; online abrufbar unter https://www.univerlag.uni-goettingen.de/bitstream/handle/3/isbn-978-3-940344-30-4/GJS4_veit.pdf;jsessionid=EA86B835CD6DB226A279B93789BCDBC7?sequence=1 (Abruf 14.4.2022)

Lippert, Tonya et al., Suspect confession of child sexual abuse to investigators, Child Maltreatment, 2010, 161–170.

Löhnig, Martin, Vollmachten als Gestaltungsmittel im Bereich der elterlichen Sorge, NJW 2020, 2150–2152.

Lohse, Katharina, Nach dem Beschluss im familiengerichtlichen Kinderschutzverfahren: Zum Vorgehen des Jugendamts bei abweichender Einschätzung und zur Überwachung von „Auflagen" durch das Jugendamt, JAmt 2021, 546–550.

Lohse, Katharina/Ernst, Rüdiger/Katzenstein, Henriette, Profilierung des familiengerichtlichen Kinderschutzverfahrens. Hinweise für eine gute Praxis in Verfahren bei Kindeswohlgefährdung, JAmt 2019, 234–242.

Lohse, Katharina/Katzenstein, Henriette/Beckmann,Janna/ Seltmann, David/Meysen, Thomas, Ärztliche Versorgung Minderjähriger nach sexueller Gewalt ohne Einbezug der Eltern, Expertise, erstellt vom DIJuF u.a., Hrsg.: S.I.G.N.A.L. e.V. – Intervention im Gesundheitsbereich, Berlin 2018, online abrufbar unter www.signal-intervention.de/sites/default/files/2020-04/Infothek_Expertise_Aerztliche_Versorgung_Minderjaehriger_nach_sexueller_Gewalt_5_2018_0.pdf (Abruf: 12.7.2022)

Loose, Tianna/Vasquez-Echeverria, Alejandro, Understanding future thinking among school-age children: A review of studies, European Journal of Developmental Psychology 2021, https://doi.org/10.1080/17405629.2021.1932457.

Lugani, Katharina, Ärztliche Behandlungen und Selbstbestimmung bei Kindern und Jugendlichen, JAmt 2021, 363–367.

Luhamaa, Katre et al., Services and support for mothers and newborn babies in vulnerable situations: A study of eight European jurisdictions, Children and Youth Services Review 2021, Volume 120, 105762, DOI: 10.1016/j.childyouth.2020.105762.

Luthar, Suniya S. (Hrsg.), Resilience and vulnerability: Adaptation in the context of childhood adversities, University Press, Cambridge 2003

Maccoby, Eleanor E., The uniqueness of the parent-child relationship, in Collins/Laursen, (Hrsg.), Relationships as developmental contexts, 171–189.

MacKenzie, Michael J./Kotch, Jonothan B. /Lee, Li-Ching, Toward a cumulative ecological risk model for the etiology of child maltreatment, Children and Youth Services Review, 2011, 1638–1647.

Maclean, Miriam J. et al., Out-of-home care versus in-home care for children who have been maltreated: A systematic review of health and wellbeing outcomes, Child Abuse Review 2016, 251–272.

Macsenaere, Michael/Schemenau, Gerhard, Erfolg und Misserfolg in der Heimerziehung. Ergebnisse und Erfahrungen aus der Evaluation Erzieherischer Hilfen (EVAS), Unsere Jugend, 2008, 26–33.

Madigan, Sherii et al., Testing the cycle of maltreatment hypothesis: Meta-analytic evidence of the intergenerational transmission of child maltreatment, Development and Psychopathology 2019, 23–51.

Malloy, Lindsay C et al., „How" and „Why" prompts in forensic investigative interviews with preschool children, Applied Developmental Science 2017, 58–66.

Malti, Tina et al., Parenting Aggressive Children, in: *Bornstein,* Handbook of Parenting, Vol. 1, 496–522.

Manly, J. T. et al., Dimensions of child maltreatment and children's adjustment: Contributions of developmental timing and subtype, Development and Psychopathology 2001, 759–78.

Matzke, Michael/Fritsch, Konstanze, Kindeswohlgefährdung bei Kinder- und Jugenddelinquenz, FPR 2012, 459–462.

Mayer, Hans-Jochem (Hrsg.), Beck'scher Onlinekommentar Streitwert, 39. Ed., Stand: 1.4.2022 (zitiert: BeckOK Streitwert/*Bearbeiter*).

Melzer et al., Handbuch Aggression, Gewalt und Kriminalität bei Kindern und Jugendlichen, Verlag Julius Klinkhardt, Bad Heilbrunn 2015

Menne, Martin, Zum berufsbedingten Zeugnisverweigerungsrecht des Verfahrensbeistandes – Anmerkung zu OLG Braunschweig, Beschluss v. 20.02.2012 – 1 WF 19/12 –, FamRZ 2012, 1408, FamRZ 2012, 1356–1358.

Meterko, Vanesse/Cooper, Glinda, Cognitive Biases in Criminal Case Evaluation: A Review of the Research, Journal of Police and Criminial Psychology 2022, 101–122. DOI:10.1007/s11896-020-09425-8

Meyer-Ladewig, Jens/Nettesheim, Martin/von Raumer, Stefan (Hrsg.), EMRK Europäische Menschenrechtskonvention. Handkommentar, 4. Auflage, Nomos, Baden-Baden 2017

Meysen, Thomas, Familiengericht und Jugendamt: produktives Ringen oder Machtkampf? NZFam 2016, 580–585.

Meysen, Thomas, Praxishinweise zu BVerfG 22.9.2014 – 1 BvR 2018/14, JAmt 2015, 324–327.

Meysen, Thomas, Steuerungsverantwortung des Jugendamts nach § 36a SGB VIII: Anstoß zur Verhältnisklärung oder anstößig? FamRZ 2008, 562–570.

Meysen, Thomas/Brandt, Leon A., Kindeswohl bei Aufwachsen in islamistisch oder salafistisch geprägten Familien. Orientierungshilfe für Jugendämter. Erstellt im Auftrag des Niedersächsischen Ministeriums für Soziales, Gesundheit und Gleichstellung., SOCLES, Heidelberg 2021, online abrufbar unter www.ms.niedersachsen.de/startseite/jugend_familie/familien_kinder_und_jugend liche/kinder_jugendliche/jugendsozialarbeit/kindeswohl_bei_aufwachsen_in_islamisch_oder_salafistisch_gepragten_familien (Abruf: 20.5.2022).

Meysen, Thomas/Lohse, Katahrina/Schönecker,Lydia/Smessaert, Angela, Das neue Kinder- und Jugendstärkungsgesetz – KJSG, Nomos, Baden-Baden 2021

Meysen, Thomas/SOCLES International Centre for Socio-Legal Studies (Hrsg.), Kindschaftssachen und häusliche Gewalt. Umgang, elterliche Sorge, Kindeswohlgefährdung, Familienverfahrensrecht, BMFSFJ 2021, online abrufbar unter www.bmfsfj.de/bmfsfj/service/publikationen/kindschaftssachen-und-haeusliche-gewalt-185890 (Abruf: 23.3.2022).

Michel, Andrea/Keil, Jan/Andreas, Anna, White, Lars O./Sierau, Susan/Costa, Anna/Kurz-Adam, Maria/Tsapos, Nicolas/Klein, Annette M., Folgen von Vernachlässigung im Kindes- und Jugendalter, Monatsschrift Kinderheilkunde, 2014, 1084–1089.

Montada, Leo, Verantwortlichkeit und das Menschenbild in der Psychologie, in: *Jüttemann, Gerd,* Psychologie in der Veränderung, 162–188.b

Mulder, Tim M. et al., Risk factors for child neglect: A meta-analytic review, Child Abuse & Neglect 2018, 198–210.

Münchener Kommentar zum Bürgerlichen Gesetzbuch, Münchener Kommentar zum Bürgerlichen Gesetzbuch, Band 10: Familienrecht II, §§ 1589–1921, SGB VIII, 8. Auflage, C.H. Beck, München 2020 (zitiert: MüKoBGB/*Bearbeiter*).

Münchener Kommentar zum FamFG, Gesetz über das Verfahren in Familiensachen und in den Angelegenheiten der freiwilligen Gerichtsbarkeit (FamFG) mit Internationalem und Europäischem Zivilverfahrensrecht in Familiensachen (IZVR, EuZVR), 3. Auflage, C.H. Beck, München 2019 (zitiert: MüKo-FamFG/*Bearbeiter*).

Münchener Kommentar zum FamFG, Gesetz über das Verfahren in Familiensachen und in Angelegenheiten der freiwilligen Gerichtsbarkeit (FamFG) mit Internationalem und Europäischen Zivilverfahrensrecht in Familiensachen (IZVR, EuZVR), C.H. Beck, München 2020 (zitiert: MüKoFamFG/*Bearbeiter*).

Münchener Kommentar zur Zivilprozessordnung, ZPO. Mit Gerichtsverfassungsgesetz und Nebengesetzen, 6. Auflage, C.H. Beck, München 2020 (zitiert: MüKo-ZPO/*Bearbeiter*).

Münder, Johannes (Hrsg.), Kindeswohl zwischen Jugendhilfe und Justiz. Zur Entwicklung von Entscheidungsgrundlagen und Verfahren zur Sicherung des Kindeswohls zwischen Jugendämtern und Familiengerichten; Beltz Juventa, Weinheim 2017.

Münder, Johannes/Meysen, Thomas/Trenczek, Thomas (Hrsg.), Frankfurter Kommentar SGB VIII. Kinder- und Jugendhilfe, 9. Auflage, Nomos, Baden-Baden 2022 (zitiert: FK-SGB VIII/*Bearbeiter*).

Musielak, Hans-Joachim (Hrsg.)/Borth, Helmut/Grandel, Mathias, Familiengerichtliches Verfahren, 1. und 2. Buch FamFG, Kommentar, 6. Auflage, Vahlen, München 2018 (zitiert: Musielak/*Bearbeiter*).

Musielak, Hans-Joachim/Voit, Wolfgang, Zivilprozessordnung ZPO. Kommentar, 19. Auflage, Vahlen, München 2022 (zitiert: Musielak/Voit/*Bearbeiter*).

Narang, Sandeep K. et al., Abusive head trauma in infants and children. Pediatrics 2020, 145 (4), e20200203.

Nehls, Kyra, Kein Zeugnisverweigerungsrecht für die Ergänzungspflegerin? ZKJ 2017, 185–186.

Neo, Samatha H. F. et al., Integrated treatment programmes for mothers with substance use problems: A systematic review and meta-analysis of interventions to prevent out-of-home child placements, Journal of Child and Family Studies 2021, 2877–2889.

Nixon, Kendra et al., Do good intentions beget good policy? A review of child protection policies to address intimate partner violence. Children and Youth Services Review 2007, 1469–1486.

Norman, Rosana E. et al., The long-term health consequences of child physical abuse, emotional abuse, and neglect: a systematic review and meta-analysis, PLoS med 2012, e1001349.

Oberlader, Verena et al., Validity of content-based techniques for credibility assessment – How telling is an extended meta-analysis taking research bias into account? Applied Cognitive Psychology 2021, 393–410.

Oberlader, Verena et al., Validity of content-based techniques to distinguish true and fabricated statements, Law and Human Behavior 2016, 440–457.

Oberloskamp, Helga/Borg-Laufs, Michael/Röchling, Walter/ Seidenstücker, Barbara, Gutachtliche Stellungnahmen in der Sozialen Arbeit, Beltz Juventa, Weinheim/Basel 2017.

OLG Karlsruhe/AG Freiburg i.Br., Abschlussbericht. Untersuchung der Kommunikation zwischen den beteiligten Behörden und Gerichten bei Gefährdung des Kindeswohls sowie der Überwachung der Einhaltung von gerichtlichen Ge- und Verboten aus Anlass des „Staufener Missbrauchsfalls", September 2018; online abrufbar unter https://oberlandesgericht-karlsruhe.justiz-bw.de/pb/site/jum2/get/documents/jum1/JuM/OLG%20Karlsruhe/Abschlussbericht%20der%20gemeinsamen%20Arbeitsgruppe%20zum%20Staufener%20Missbrauchsfall.pdf (Abruf: 10.7.2022).

Oreskes, Naomi, Why trust Science? Princeton University Press 2019.

Parr, Katharina, Das Kindeswohl in 100 Jahren BGB. Dissertation Universität Würzburg 2005, online abrufbar unter: https://opus.bibliothek.uni-wuerzburg.de/opus4-wuerzburg/frontdoor/deliver/index/docId/1539/file/Disserf.pdf (Abruf 24.3.2022).

Patterson, Gerald R. /Reid, John B./Dishion, Thomas J., A social interactional approach. Vol 4, Antisocial boys, Castalia Pub. Co, Eugene 1992.

Pears, Katherine C./Capaldi, Deborah M., Intergenerational transmission of abuse: A two-generational prospective study of an at-risk sample, Child Abuse and Neglect 2001,1439–1461.

Pellegrini, Anthony D. et al., Observing children in their natural worlds: A methodological primer, 3rd. ed., Routledge, New York 2012.

Petersen, Anne C. et al., New Directions in Child Abuse and Neglect Research, Washington 2014.

Plass-Christl, Angela/Ravens-Sieberer, Ulrike/Hölling, Heike/Otto, Christiane, Trajectories of health-related quality of life in children of parents with mental health problems: results of the BELLA study, Quality of Life Research 2021, 1841–1852.

Platt, Dendy/Riches, Katie, Assessing parental capacity to change: The missing jigsaw piece in the assessment of a child's welfare?, Children and Youth Services Review 2016, 141–148.

Poole, Ann Debra, Interviewing Children: the science of conversation in forensic contexts, American Psychological Association 2016.

Power, C. T. et al., Parenting Children with a Chronic Health Condition, in: Bornstein, Marc H. (Hrsg.), Handbook of Parenting, Vol. 1, 597–624.

Prinz, Jan, Erteilung von "Sorgerechtsvollmachten" zur Vermeidung familiengerichtlicher Sorgerechtsangriffe, NZFam 2020, 747–759.

Proulx, Jean et al, *Proulx* et al., Pathways to sexual aggression (Routledge Studies in Criminal Behaviour, Band 2), Taylor & Francis, London 2014.

Prütting, Hanns/Helms, Tobias (Hrsg.), FamFG. Gesetz über das Verfahren in Familiensachen und in Angelegenheiten der freiwilligen Gerichtsbarkeit. Kommentar, 5. Auflage, Otto Schmidt, Köln 2020 (zitiert: Prütting/Helms/*Bearbeiter*).

Qua, Jodi A. et al., Child victims in dependency court, in: *Bottoms et al. (Hrsg.),* Children as victims, witnesses, and offenders, 128–149.

Ricking, Heinrich, Schulabsentismus, ZJJ 2017, 263–268.

Rogers-Brown, Jessica S. et al., Behavior change across implementations of the SafeCare model in real world settings, Children and Youth Services Review, Vol 117, 2020, 105284.

Roscoe, Joseph N. et al., Understanding child protection decisions involving parents with mental illness and substance abuse, Child Abuse & Neglect 2018, 235–248.

Roth, Wolfgang, Die Grundrechte Minderjähriger im Spannungsfeld selbständiger Grundrechtsausübung, elterlichen Erziehungsrechts und staatlicher Grundrechtsbindung, Duncker & Humblot, Berlin 2003.

Royal College of Paediatrics and Child Health, Child Protection Evidence – Systematic review on Head and Spinal Injuries, 2019; online abrufbar unter: https://www.rcpch.ac.uk/sites/default/files/2021-02/Child%20Protection%20Evidence%20-%20Head%20and%20spinal%20injuries.pdf (Abruf: 13.4.2022)

Rushton, J. Philippe et al., Behavioral development and construct validity: The principle of aggregation. Psychological Bulletin 1983, 18–38.

Saini, Michael et al., Gatekeeping by allegations, Family Court Review, 2020, 417–431.

Salewski, Stefan/Stürmer, Christel, Qualität familienrechtspsychologischer Gutachten, ZKJ 2015, 4–9.

Saywit, Karen et al., Interviewing children in custody cases: Implications of research and policy for practice. Behavioral Sciences & the Law 2010, 542–562.

Schäder, Birgit, Überprüfung von Fremdunterbringungsentscheidungen nach der Rechtsprechung des BGH und des BVerfG, NZFam 2019, 605–610.

Schäder, Birgit, Umgangspflegschaft und Umgangsbegleitung. Zwei Rechtsinstitute im Spannungsfeld zwischen Theorie und Praxis, JAmt 2021, 2–8.

Schellhorn, Walter/Fischer, Lothar/Mann, Horst/Kern, Christoph (Hrsg.), SGB VIII Kommentar, 5. Aufl., Luchterhand Verlag, Köln 2016.

Schlegel, Rainer/Voelzke, Thomas (Hrsg.), jurisPraxis-Kommentar SGB VIII – Kinder- und Jugendhilfe, 2. Aufl., Saarbrücken 2018 (zitiert: jurisPK-SGB VIII/*Bearbeiter*)

Schlesier-Michel, Andreas et al., Folgen von Vernachlässigung im Kindes- und Jugendalter, Monatsschrift Kinderheilkunde 2014, 1090–1096.

Schmutz, Elisabeth/de Paz Martínez, Laura, Nationaler Forschungsstand und Strategien zur Qualitätsentwicklung im Kinderschutz. Beiträge zur Qualitätsentwicklung im Kinderschutz 8 (Hrsg: Nationales Zentrum Frühe Hilfen); Köln 2018; online abrufbar: www.dji.de/fileadmin/user_upload/fruehehilfen/LaPK/Publikation-NZFH-Expertise-Nationaler-Forschungsstand-und-Strategien-zur-Qualitaetsentwicklung-im-Kinderschutz.pdf (Abruf: 20.5.2022).

Schneider, Norbert/Volpert, Joachim/Fölsch, Peter (Hrsg.), Gesamtes Kostenrecht. Justiz, Anwaltschaft, Notariat, 3. Auflage, Nomos, Baden-Baden 2021.

Schofield, Thomas J. et al., Optimal assessment of parenting, or how I learned to stop worrying and love reporter disagreement, Journal of Family Psychology 2016, 614–624.

Schofield, Thomas J./Lee, Rosaly D./Merrick, Melissa T., Safe, stable, nurturing relationships as a moderator of intergenerational continuity of child maltreatment, Journal of Adolescent Health 2013, 32–38.

Schone, Reinhold, Erziehungshilfe im Wandel?! – Schutz- und Kontrollkonzepte in der Sozialpädagogischen Familienhilfe, Forum Erziehungshilfen 2012, 260–266.

Schrader-McMillan, Anita/Barlow, Jane, Improving the Effectiveness of the Child Protection System – A review of literature, University of Oxford, Department for Social Policy and Intervention 2017.

Schulte-Bunert, Kai/Weinreich, Gerd (Hrsg.), FamFG Kommentar, 6. Auflage, Luchterhand, Köln 2020 (zitiert: Schulte-Bunert/Weinreich/*Bearbeiter*).

Schwab, Dieter/Ernst, Rüdiger (Hrsg.), Handbuch Scheidungsrecht, 8. Aufl., C. H. Beck, München 2019 (zitiert: Schwab/Ernst/*Bearbeiter*).

Scruton, Roger, On human nature, Princeton University Press 2017.

Selin, Helaine, Parenting Across Cultures, Springer Science+Business Media, Dordrecht 2014.

Seto, Michael C. et al., The puzzle of intrafamilial child sexual abuse: A meta-analysis comparing intrafamilial and extrafamilial offenders with child victims, Clinical Psychology Review 2015, 42–57.

Sierau, S./Resch, L./Michel, A./Horlich, J./Dehmel S./Tsapos N./Binser M./Kurz-Adam, M., White L. O., Definition und Beschreibung von Vernachlässigung im Kindes- und Jugendalter, Monatsschrift Kinderheilkunde 2014, 1084–1089.

Simon, Valerie A. et al., Making meaning of traumatic events, Child Maltreatment 2010, 229–241.

Smetana, Judith G./Kochanska, Grazyna/Chuang, Susan, Mothers' conceptions of everyday rules for young toddlers: A longitudinal investigation. Merrill-Palmer Quarterly 2000, 391–416.

Smyth, Bruce M. /Moloney, L., Post-separation parenting disputes and the many faces of high conflict: Theory and research, Australian and New Zealand Journal of Family Therapy 2019, 74–84.

Socha, Ingo, So, fertig. Und nun? – Zur Kontrolle und Abänderung familiengerichtlicher Entscheidungen nach § 166 FamFG, JAmt 2017, 522–526.

Sroufe, L. Alan, Emotional Development:, The organization of emotional life in the early years, Cambridge University Press 1996.

Sroufe, L. Alan et al., The development of the person: The Minnesota study of risk and adaptation from birth to adulthood, Guilford Press, New York 2009.

Staudinger, J. v.(Begr.), Kommentar zum Bürgerlichen Gesetzbuch mit Einführungsgesetz und Nebengesetzen, Buch 4: Familienrecht, §§1638–1683 (Vermögenssorge, Kindesschutz, Sorgerechtswechsel), Neubearbeitung 2020, Sellier/de Gruyter, Berlin (zitiert: Staudinger/Bearbeiter).

Steele, Howard/Steele, Miraim, Handbook of Attachment-Based Interventions, Guilford Press, New York 2017.

Stith, Sandra M. et al., Risk factors in child maltreatment: A meta-analytic review of the literature, Aggression and Violent Behavior 2009, 13–29.

Stokes, Jackie/Taylor, Julie, Does type of harm matter? A factorial survey examining the influence of child neglect on child protection decision-making, Child Care in Practice 2014, 383–398.

Stokkebekk, Jan et al., „Keeping balance“, „Keeping distance“ and „Keeping on with life“: Child positions in divorced families with prolonged conflicts, Children and Youth Services Review 2019, 108–119.

Stößer, Eberhard, Das neue Verfahren in Kindschaftssachen, FamRZ 2009, 656–665.

Strathearn, Lane et al., Long-term cognitive, psychological, and health outcomes associated with child abuse and neglect, Pediatrics 2020, e20200438.

Streicher, Martin, Rechtsprechungsübersicht zum FamFG im Jahre 2021, FamRZ 2022, 489–491.

Sturge-Apple, Melissa et al., Parental Maltreatment, in: *Bornstein, Marc H.* (Hrsg.), Handbook of Parenting Vol. 4, 556–589.

Swift, Karen J., Manufacturing 'Bad Mothers'. A Critical Perspective on Child Neglect, 2nd. ed., University of Toronto Press 1995.

Trenczek, Thomas/Meysen, Rechtsweg für Widerspruch gegen andauernde Inobhutnahme, JAmt 2010, 543–546.

Trickett, Penelope K. et al., The impact of sexual abuse on female development: Lessons from a multigenerational, longitudinal research study, Development and Psychopathology 2011, 453–476.

Trunk, Nina, FamFG: Sorge- und Umgangsrechtskonflikte bei Trennung und Scheidung, JAmt 2009, 282–287.

Turnell, Andrew, The Signs of Safety Workbook, Resolutions Consultancy, Perth 2012.

Urban-Stahl, Ulrike, Forum Erziehungshilfen 2012, 267–271.

Utermark, Silke, Kinderschutz erhöhen durch Stärkung gerichtlicher Ermittlung, DRiZ 2020, 356–357.

van den Dries, Linda et al., Fostering security? A meta-analysis of attachment in adopted children, Children and Youth Services Review, 2009, 410–421.

van der Put, Claudia E. /Assink, Mark /van Solinge, Noelle F., Predicting child maltreatment: A meta-analysis of the predictive validity of risk assessment instruments, Child Abuse & Neglect 2017, 71–88

Vinnerljung, Bo et al., Former Stockholm child protection cases as young adults: Do outcomes differ between those that received services and those that did not?, Children and Youth Services Review 2006, 59–77.

Vizard, Eileen/Gray, Jenny/Bentovim, Arnon, The impact of child maltreatment on the mental and physical health of child victims: a review of the evidence, British Journal of Psychiatry Advances 2022, Vol. 28, 60–70. DOI:10.1192/bja.2021.10.

Vrolijk-Bosschaart, Thekla et al., Clinical practice: recognizing child sexual abuse – what makes it so difficult?, European Journal of Pediatrics, 2018, 1343–1350.

Vu, Nicole L. et al., Children's exposure to intimate partner violence: A meta-analysis of longitudinal associations with child adjustment problems, Clinical Psychology Review 2016, 25–33.

Walther, Guy, Der elektronische Rechtsverkehr. Besondere Anforderungen für die Jugendämter, JAmt 2021, 598–602.

Wapler, Friederike, Kinderrechte und Kindeswohl: eine Untersuchung zum Status des Kindes im Öffentlichen Recht, Mohr Siebeck, Tübingen 2015.

Weber, Martin, Auswirkungen der DS-GVO für Berufsbetreuer und Sachverständige in Kindschaftssachen, NZFam 2018, 865–872.

Weisz, Vicky et al., Children's participation in foster care hearings, Child Abuse & Neglect 2011, 267–272.

Werner, Annegret, Was brauchen Kinder, um sich altersgemäß entwickeln zu können? In: Kindler u.a.(Hrsg.), Handbuch Kindeswohlgefährdung, Kapitel 13.

Whitcombe-Dobbs, Sarah/Tarren-Sweeney, Michael, What evidence is there that parenting interventions reduce child abuse and neglect among maltreating families? A systematic review, Developmental Child Welfare, 2019, 374–393.

White, Oliver G. et al., Risk factors for child maltreatment recurrence: An updated systematic review. Medicine, Science and the Law 2015, 259–277.

Widom, Cathy Spatz, Longterm consequences of child maltreatment, in: Korbin, J./Krugman, P. (Hrsg.), Handbook of child maltreatment, 225–247.

Widom, Cathy Spatz et al., Childhood maltreatment predicts allostatic load in adulthood, Child Abuse & Neglect 2015, 59–69.

Wiegand-Grefe, Silke et al., Kinder psychisch kranker Eltern, Beltz, Weinheim 2019.

Wierse, Kerstin, Änderungen für das Verfahren in Kindschaftssachen durch das Gesetz zur Bekämpfung sexualisierter Gewalt gegen Kinder – Teil I und II, JAmt 2022, 126– 30; 186–190.

Wiesner, Reinhard, Schutzauftrag des Jugendamtes bei Kindeswohlgefährdung, FPR 2007, 6–12.

Wiesner, Das Jugendamt – zwischen Dienstleistung und fürsorglicher Belagerung – ein Blick zurück nach vorn!, Vortrag DIJuF-ZweiJahrestagung, 26./27. April 2010, online abrufbar: https://dev1.dijuf.de/files/downloads/2010/fachveranstaltungen/Vortrag_Wiesner_27.04.2010.pdf (Abruf: 10.7.2022)

Wiesner, Reinhard/Wapler, Friederike (Hrsg.), SGB VIII. Kinder- und Jugendhilfe, 6. Auflage, C.H. Beck, München 2022

Willutzki, Siegfried, Empfehlungen des 13. Deutschen Familiengerichtstages, NJW 2000, 1464-1467.

Wilson, Richard/Crouch, E. A. C., Risk assessment and comparisons: An introduction, Science 1987, 267–270.

Wilson, Steven R. et al., A meta-analysis of observational studies, Child Abuse & Neglect 2008, 897–911.

Witt, Alexander, Änderungen im familienrechtlichen Beschwerdeverfahren durch das Gesetz zur Bekämpfung sexualisierter Gewalt gegen Kinder, FamRZ 2021, 1510–1518.

Witt, Andreas et al., Trends in child maltreatment in Germany: comparison of two representative population-based studies, Child and adolescent psychiatry and mental health 2018, 1–12.

Wolock, Isabel/Horowitz, Bernhard, Child maltreatment as a social problem: the neglect of neglect, American Journal of Orthopsychiatry 1983, 530–543.

Wood, James M., Weighing evidence in sexual abuse evaluations: An introduction to Bayes's Theorem, Child Maltreatment 1996, 25–36.

Wössner, Gunda, Sexueller Missbrauch durch Kinderpornografie-Konsumenten (m/w/d), JAmt 2021, 12–15.

Zajac, Krystin et al., Maternal support following childhood sexual abuse: Associations with children's adjustment post-disclosure and at 9-month follow-up, Child Abuse & Neglect 2015, 66–75.

Zaslow, Martha J. et al., Longitudinal prediction of child outcomes from differing measures of parenting in a low-income sample, Developmental Psychology 2006, 27–37.

Ziegenhain, Ute/Kindler, Heinz/Meysen, Thomas, Häusliche Gewalt und Kindeswohlgefährdung nach § 1666 BGB, in: Meysen,/SOCLES (Hrsg.), 71–102.

Zimmermann, Janin et al., Berücksichtigung des Kindeswillens aus psychologischer Perspektive. JAmt 2021, 367–371.

Zöller, Richard (Begr.), Zivilprozessordnung: ZPO, 34. Auflage, Verlag Dr. Otto Schmidt, Köln 2022.

Zumbach, Jelena et al., Psychologische Diagnostik in familienrechtlichen Verfahren, Hogrefe, Göttingen 2020.

Zumbach, Jelena/Oster, Anna, Elterliche Erziehungsfähigkeit: Definitionen, Indikatoren und Erfassungsmöglichkeiten, Zeitschrift für Kinder- und Jugendpsychiatrie und Psychotherapie 2021, 37–50.

Teil 1

Materielles Recht: Der Prüfungs- und Entscheidungsmaßstab

Kapitel 1: Grundrechte des Kindes und der Eltern (Art. 6 Abs. 2 und 3, Art. 2 Abs. 1 und Abs. 2 Satz 1 GG)

Übersicht Rn.

Familiengerichtliche Entscheidungen gem. §§ 1666, 1666a BGB greifen in Grundrechte des Kindes und seiner Eltern ein (I.). Gerechtfertigt ist dieser Grundrechtseingriff, wenn das Kindeswohl gefährdet und die zur Abwendung der Gefährdung getroffene Maßnahme verhältnismäßig ist (II.). Das Bundesverfassungsgericht hat in jüngerer Zeit zahlreiche Entscheidungen erlassen, die die verfassungsrechtlichen Anforderungen an familiengerichtliche Entscheidungen im Kinderschutz konkretisieren (III.). 1

I. Grundrechte des Kindes und der Eltern, Wächteramt des Staates

2 Das Verhältnis von Kind, Eltern und Staat wird grundlegend in Art. 6 Abs. 2 GG bestimmt:

> „Pflege und Erziehung der Kinder sind das natürliche Recht der Eltern und die zuvörderst ihnen obliegende Pflicht. Über ihre Betätigung wacht die staatliche Gemeinschaft."

3 Das Grundgesetz formuliert demnach auf den ersten Blick vor allem ein Grundrecht der Eltern (Satz 1) und einen Wächterauftrag für die staatliche Gemeinschaft (Satz 2, sog. Wächteramt). Das Kind scheint vor allem Gegenstand elterlicher Fürsorge oder staatlichen Schutzes zu sein, es ist jedoch selbst Träger von Grundrechten,[1] die im Kontext sorgerechtlicher Entscheidungen gem. § 1666 BGB stets zu beachten sind.

1. Grundrechte des Kindes

4 Träger von Grundrechten ist grundsätzlich jede natürliche Person, sind also auch Kinder.[2] Ausdrücklich hat das BVerfG Kinder als Träger von Grundrechten erstmals im Jahr 1968 erwähnt: „Das Kind ist ein Wesen mit eigener Menschenwürde und dem eigenen Recht auf Entfaltung seiner Persönlichkeit im Sinne der Art. 1 Abs. 1 und Art. 2 Abs. 1 GG".[3] Einzelne Grundrechte setzen für ihre Wahrnehmung voraus, dass die Grundrechtsträgerin faktisch in der Lage ist, sich im Grundrechtsbereich zu verhalten.[4] Bestimmte Grundrechte sind insofern an ein gewisses Alter der Person gebunden: So kann sich ein Säugling rein tatsächlich nicht mit anderen zu einer Demonstration versammeln oder einen Beruf ausüben. Andere Grundrechte wie das Grundrecht auf körperliche Unversehrtheit knüpfen dagegen unmittelbar an die menschliche Existenz an[5] und setzen keine entsprechende Wahrnehmungsfähigkeit voraus.

5 Sorgerechtliche Entscheidungen betreffen in der Regel zunächst einmal das Grundrecht des Kindes auf Leben und körperliche Unversehrtheit (Art. 2 Abs. 2 GG) sowie das Recht auf freie Entfaltung der Persönlichkeit (Art. 2 Abs. 1 Satz 1 i.V.m. Art. 1 Abs. 1 GG). Diese Grundrechte zielen darauf, das geistige, seelische oder körperliche Wohl eines Kindes vor Gefährdungen zu schützen (vgl. § 1666 BGB). Das Recht auf freie Entfaltung der Persönlichkeit impliziert dabei gerade

1 *Wapler*, 88.
2 21. DFGT 2015/*Jestaedt*, 65; Dreier/*Dreier*, Vorb. Rn. 111.
3 BVerfG, 29.7.1968 – 1 BvL 20/63, 1 BvL 31/66, 1 BvL 5/67, FamRZ 1968, 578.
4 *Wapler*, 92.
5 *Roth*, 2003, 26.

auch den Schutz des Kindes in seinem kindspezifischen Sein. Es umfasst also auch das Recht von Kindern auf Entwicklung zu einer selbstbestimmten Person.[6]

a) Recht des Kindes auf staatlichen Schutz

Gemäß Art. 6 Abs. 2 Satz 2 GG wacht die staatliche Gemeinschaft über die elterliche Erziehung. Dieses sog. staatliche Wächteramt verpflichtet den Staat einzugreifen, wenn Eltern ihrer Erziehungsverantwortung nicht nachkommen und dadurch das Kind gefährden. Es handelt sich hierbei jedoch nicht nur um eine objektive Verpflichtung des Staates. Das Wächteramt gibt dem Kind auch ein subjektives Recht auf staatlichen Schutz vor seinen Eltern:[7] Aus Art. 2 Abs. 1 und Abs. 2 Satz 1 GG in Verbindung mit Art. 6 Abs. 2 Satz 2 GG ergibt sich ein „Anspruch des Kindes auf den Schutz des Staates, wenn seine Eltern ihm nicht den Schutz und die Hilfe bieten, die es benötigt, um gesund aufzuwachsen und sich zu einer eigenverantwortlichen Persönlichkeit zu entwickeln."[8] Das Wächteramt stellt insoweit den „seltenen Fall einer textlich verankerten grundrechtlichen Schutzpflicht" dar.[9] **6**

b) Recht des Kindes auf staatliche Gewährleistung elterlicher Pflege und Erziehung

Auf der anderen Seite hat das Kind ein Recht auf staatliche Gewährleistung elterlicher Pflege und Erziehung (Art. 2 Abs. 1 i.V.m. Art. 6 Abs. 2 Satz 1 GG).[10] Dieses Grundrecht läuft weitgehend parallel mit dem Elternrecht, vorrangig zur Erziehung des Kindes berechtigt zu sein.[11] Ebenso wie es natürliches Recht der Eltern ist, ihr Kind zu erziehen, ist es das Recht des Kindes, von ihnen erzogen zu werden. Grundgedanke der verfassungsrechtlichen Konstruktion in Art. 6 Abs. 2 Satz 1 GG ist, dass Kinder es in aller Regel bei ihren Eltern am besten haben, weil „Eltern das Wohl des Kindes mehr am Herzen liegt als irgendeiner anderen Person oder Institution".[12] Dieses Recht des Kindes auf staatliche Gewährleistung elterlicher Pflege und Erziehung schützt das Kind insbesondere davor, voreilig oder ohne Grund von seinen Eltern getrennt zu werden. **7**

So ergeben sich zwei letztlich gegenläufige Grundrechtspositionen des Kindes, die beide in Kinderschutzverfahren zu beachten sind: Auf der einen Seite schützt die Verfassung das Kind *vor* seinen Eltern, wenn sein Wohl gefährdet ist und die Eltern diese Gefährdung nicht abwenden. Auf der anderen Seite schützt die Verfassung das Kind *vor einer Trennung von seinen Eltern,*[13] wenn es zwar gefährdet ist, die Eltern die Gefährdung aber abwenden, indem sie z.B. öffentliche Hilfen in Anspruch nehmen. **8**

---

6 *Wapler*, 100; *von Landenberg-Roberg*, NZFam 2021, 145.
7 *Wapler*, 132.
8 BVerfG, 3.2.2017 – 1 BvR 2569/16, FamRZ 2017, 524.
9 *Britz*, JAmt 2015, 286 (287).
10 *Britz*, JAmt 2015, 286 (288).
11 21. DFGT 2015/*Jestaedt*, 65.
12 BVerfG, 9.2.1982 – 1 BvR 845/79, NJW 1982, 1375.
13 *Britz*, JAmt 2015, 286.

9 Dass beide Rechte des Kindes in der Rechtsprechung weniger präsent erscheinen und zum Teil – gerade in den Sozialen Diensten im Jugendamt – zu einer Wahrnehmung der Rechtsprechung der Familiengerichte als „elternrechtslastig" geführt haben, lässt sich u.a. darauf zurückführen, dass das Recht des Kindes auf staatlichen Schutz als Rechtfertigungsgrund für einen Eingriff in das Elternrecht formuliert ist.[14] Sprich, es wird im gerichtlichen Verfahren erst geprüft, um den Eingriff in die elterliche Sorge der Eltern zu rechtfertigen.

10 Dass auch das Recht des Kindes auf staatliche Gewährleistung auf elterliche Pflege und Erziehung in der Rechtsprechung wenig präsent scheint, liegt daran, dass es weitgehend parallel zum Elterngrundrecht verläuft. Üblicherweise prüft das Gericht die Verhältnismäßigkeit nur in Bezug auf den Eingriff in das Elternrecht, streng genommen müsste es die Verhältnismäßigkeit der sorgerechtlichen Maßnahme auch in Bezug auf das Recht des Kindes prüfen. Ein Auseinanderfallen in dem Sinne, dass eine Herausnahme-Entscheidung nur das Kinderrecht, aber nicht das Elternrecht verletzt, scheint jedoch allenfalls theoretisch denkbar. Entsprechend fokussiert sich das Verfahren auf die (mögliche) Verletzung von Elternrechten.

11 Bedeutung kommt den Grundrechten des Kindes insbesondere dann zu, wenn Eltern- und Kindergrundrechte in Konflikt geraten, weil der Anspruch des Kindes auf Schutz vor seinen Eltern das Recht der Eltern, das Kind selbst zu erziehen, überwiegt. Entscheidend ist in dieser Konstellation, dass es jemanden gibt, der die Rechte des Kindes im familiengerichtlichen Verfahren, ggf. im Rechtsmittelverfahren geltend macht (→ Rn. 20).

2. Recht der Eltern auf Pflege und Erziehung ihrer Kinder

12 Art. 6 Abs. 2 Satz 1 GG beschreibt die Pflege und Erziehung ihrer Kinder als natürliches Recht der Eltern. Eltern dürfen grundsätzlich frei von staatlichen Einflüssen und Eingriffen nach eigenen Vorstellungen darüber entscheiden, wie sie die Pflege und Erziehung ihrer Kinder gestalten[15] und damit ihrer Elternverantwortung gerecht werden wollen. Besonderheit des Elternrechts ist, dass es als Recht und Pflicht zugleich konstruiert ist. Es wird daher auch als fremdnütziges[16] oder treuhänderisches[17] Recht bzw. als Pflichtrecht[18] bezeichnet. Damit ist gemeint, dass das Elternrecht ein Recht im Interesse des Kindes ist, dass es untrennbar mit der Pflicht der Eltern verbunden ist, dem Kind zu seinem Wohl zu helfen und es zu unterstützen.[19]

---

14 *Britz*, JAmt 2015, 286 (287).
15 BVerfG, 16.1.2003 – 2 BvR 716/01, FamRZ 2003, 296.
16 Dreier/*Brosius-Gersdorf*, Art. 6 GG Rn. 142.
17 BVerfG, 5.12.2008 – 1 BvR 576/07 Rn. 13.
18 VG Berlin, 23.11.2009 – 9 V 13.09, FamRZ 2000, 294; MüKoBGB/*Huber*, § 1626 Rn. 7.
19 BVerfG, 1.4.2008 – 1 BvR 1620/04, FamRZ 2008, 845–853; ausführlich hierzu: *Beckmann*, 40 ff., 50 ff.

Maßgebliche Richtschnur für elterliches Handeln ist also das Wohl des Kindes.[20] Es stellt insofern eine tatbestandsimmanente Grenze der elterlichen Erziehungsfreiheit dar,[21] diese endet grundsätzlich dort, wo das Erziehungsverhalten nicht mehr mit dem Wohl des Kindes zu vereinbaren ist. Allerdings rechtfertigt erst eine *Gefährdung* des Kindeswohls einen Eingriff in die elterliche Sorge gem. § 1666 BGB. 13

3. Staatliches Wächteramt

a) Aufgaben des Jugendamts und des Familiengerichts

Art. 6 Abs. 2 Satz 2 GG formuliert das sog. Wächteramt des Staates. Dieser hat über die Ausübung der Elternverantwortung zu wachen und ist verpflichtet, zum Schutze des Kindes einzuschreiten, wenn Eltern dieser Verantwortung nicht gerecht werden.[22] Voraussetzung für eine Aktivierung des staatlichen Wächteramts ist – nach der einfachgesetzlichen Formulierung in § 1666 BGB –, dass das Wohl des Kindes gefährdet ist und die Eltern nicht bereit oder in der Lage sind, die Gefährdung abzuwenden. 14

In der verfassungsrechtlichen Terminologie wird eine Trennung des Kindes von seiner Familie von einem „Versagen" der Eltern bzw. einer „Verwahrlosung" der Kinder abhängig gemacht (Art. 6 Abs. 3 GG). Diese Begriffe scheinen jedoch nicht mehr zeitgemäß und legen zudem irreführenderweise nahe, es komme auf ein Verschulden der Eltern an. In seiner Rechtsprechung stellt das Bundesverfassungsgericht entsprechend bei der Frage der Trennung des Kindes von seiner Familie gegen den Willen der Eltern auch nicht auf die drohende Verwahrlosung der Kinder oder das Versagen der Eltern ab, sondern prüft das Vorliegen einer nachhaltigen Kindeswohlgefährdung und die strikte Einhaltung der Verhältnismäßigkeitsgrundsatzes (→ Kapitel 2 Rn. 60 ff.). 15

Zum Wächteramt des Staates gehört zunächst, dass dieser die Eltern darin unterstützt, ihrer Erziehungsverantwortung nachzukommen.[23] Dies hat der Gesetzgeber insbesondere durch die im SGB VIII formulierten Ansprüche auf Hilfe und Unterstützung bei der Erziehung umgesetzt.[24] Erst wenn diese Hilfen nicht ausreichen, ist er zu weitreichenderen Maßnahmen berechtigt. Das Wächteramt adressiert demnach einerseits das Jugendamt, das mögliche Gefährdungen einzuschätzen (§ 8a Abs. 1 SGB VIII) und Unterstützung und Hilfen zu gewähren (§§ 16 bis 18, 19, 27 ff. SGB VIII) hat. Erst wenn diese Hilfen nicht mehr ausreichen oder die Eltern diese ablehnen, hat es das Familiengericht oder ggf. andere Akteure wie Einrichtungen der Gesundheitshilfe einzuschalten (§ 8a Abs. 2, 3 SGB VIII). Diese 16

20 BVerfG, 6.2.2001 – 1 BvR 12/92, FamRZ 2001, 343.
21 Dreier/*Brosius-Gersdorf*, Art. 6 GG, Rn. 161.
22 BVerfG, 9.2.1982 – 1 BvR 845/79, NJW 1982, 1375; BVerfG, 16.1.2003 – 2 BvR 716/01, FamRZ 2003, 296.
23 BVerfG, 29.7.1968 – 1 BvL 20/63, 1 BvL 31/66, 1 BvL 5/67 Rn. 59, FamRZ 1968, 578.
24 *Britz*, NZFam 2016, 1113 (1114).

Anrufungspflicht ist somit eine weitere Ausprägung des jugendamtlichen Wächteramts.

17 Gleichzeitig adressiert das Wächteramt das Familiengericht: Dieses muss ggf. die zum Schutz des Kindes erforderlichen sorgerechtlichen Maßnahmen, im Extremfall die Herausnahme des Kindes aus der Familie, anordnen. Auch wenn das Jugendamt in Eilfällen subsidiär (d.h. nur, wenn eine familiengerichtliche Entscheidung z.B. in Form einer einstweiligen Anordnung nicht rechtzeitig eingeholt werden kann) ebenfalls berechtigt sein kann, das Kind im Rahmen einer Inobhutnahme von seinen Eltern gegen deren Willen zu trennen (§ 42 Abs. 1 Satz 1 Nr. 2 SGB VIII), bleibt mit Blick auf die Intensität des Eingriffs in die Grundrechte von Kind und Eltern die sorgerechtliche und damit die langfristige Entscheidung über die Trennung dem Familiengericht vorbehalten.

18 Zu betonen ist, dass der Staat nicht nur berechtigt und verpflichtet ist, zur Not das Kind aus der Familie zu nehmen. Er ist in der Folge auch verpflichtet, „positiv die Lebensbedingungen für ein gesundes Aufwachsen des Kindes schaffen."[25] Hierzu gehört die vorrangige Pflicht, die Eltern durch freiwillig in Anspruch genommene Hilfen in der Wahrnehmung ihrer Erziehungsverantwortung zu unterstützen, aber z.B. auch, dass das Familiengericht den am besten geeigneten Vormund / die am besten geeignete Vormundin auszuwählen hat oder dass das Jugendamt im Falle einer außerfamilialen Unterbringung des Kindes verpflichtet ist, durch Beratung und Unterstützung die Erziehungsbedingungen in der Herkunftsfamilie zu verbessern bzw. für das Kind eine förderliche und auf Dauer angelegte Lebensperspektive zu erarbeiten (§ 37 SGB VIII).

b) Abgrenzung zum „positiven Standard"

19 Wann die Schwelle zum staatlichen Eingreifen erreicht ist, ist in der Praxis nicht immer leicht zu bestimmen. Die ständige Rechtsprechung des BVerfG formuliert: „Nicht jedes Versagen oder jede Nachlässigkeit der Eltern berechtigen den Staat, auf der Grundlage seines ihm nach Art 6 Abs. 2 Satz 2 GG zukommenden Wächteramts die Eltern von der Pflege und Erziehung ihres Kindes auszuschalten oder gar selbst diese Aufgabe zu übernehmen. (...) Es gehört nicht zur Ausübung des Wächteramts, gegen den Willen der Eltern für eine bestmögliche Förderung der Fähigkeiten des Kindes zu sorgen."[26] Gerade in Fällen chronischer Vernachlässigung und bei Familien mit multiplen Problemlagen bereitet die Abgrenzung, ob das elterliche Erziehungsverhalten das Kindeswohl schon gefährdet oder „nur" ungünstige Entwicklungsbedingungen schafft (mit anderen Worten: nur mehr oder weniger hinter der bestmöglichen Förderung des Kindes, also dem „positiven Standard", zurückbleibt), besondere Probleme. Dies ist zum einen darauf zurückzuführen, dass sich Fälle chronischer Vernachlässigung durch kumulative Schädigungsprozesse auszeichnen, und zum anderen darauf, dass es sich um ein Phäno-

25 BVerfG, 29.7.1968 – 1 BvL 20/63, 1 BvL 31/66, 1 BvL 5/67 Rn. 59, FamRZ 1968, 578.
26 St.Rspr. BVerfG, zuletzt: BVerfG, 20.1.2016 – 1 BvR 2742/15, JAmt 2016, 280–283.

men handelt, das in sehr verschiedenen Formen auftreten kann.[27] Familiengerichte und Jugendämter sind daher besonders herausgefordert, zu prüfen und zu beschreiben, ob es sich „nur" um ungünstige Entwicklungsbedingungen oder tatsächlich um eine Gefährdung des Wohls des Kindes handelt (ausführlich zur Beschreibung und Begründung einer chronischen Vernachlässigung → Kapitel 2 Rn. 122 ff.).

4. Geltendmachung von Kinderrechten, Verfassungsbeschwerde des Kindes

20 Wie oben dargelegt, steht aufgrund der verfassungsrechtlichen Konstruktion der Kinderrechte – parallel zum Elternrecht bzw. als Rechtfertigungsgrund für einen Eingriff in das Elternrecht – in der Regel die Verletzung von Elterngrundrechten im Zentrum der familiengerichtlichen Verfahren. Auch die Verfahren vor dem BVerfG haben als Aufhänger in aller Regel die Verletzung des Elternrechts.

21 Anlass eines Verfahrens vor dem BVerfG kann jedoch selbstverständlich auch die Verletzung der verfassungsrechtlich geschützten Kinderrechte sein. Ebenso können Kinderrechte selbstverständlich im fachgerichtlichen Verfahren (AG, OLG, BGH) geltend gemacht werden. Voraussetzung dafür ist, dass jemand (das Kind selbst, die Eltern, der Verfahrensbeistand, ein Ergänzungspfleger oder Vormund) diese geltend macht. Naturgemäß werden Eltern als Vertreter des Kindes nicht eine Entscheidung angreifen, die einen Entzug ihrer elterlichen Sorge ablehnt. Sie sind zudem regelmäßig wegen eines Interessenskonflikts von der Vertretung ihres Kindes ausgeschlossen.[28] Die Verfassungsbeschwerde muss folglich vom Kind selbst, der Verfahrensbeiständin oder der Vormundin eingelegt werden.

22 Voraussetzung einer Verfassungsbeschwerde durch das Kind selbst ist, dass dieses verfahrensfähig ist. Das Bundesverfassungsgerichtsgesetz (BVerfGG) enthält in Bezug auf die Verfahrensfähigkeit keine Bestimmungen; es wird auf die Einsichtsfähigkeit bzw. Wahrnehmungsfähigkeit der Minderjährigen in Bezug auf das konkret betroffene Grundrecht abgestellt.[29] Ein Kind oder eine Jugendliche kann demnach bei entsprechender Reife grundsätzlich selbst Verfassungsbeschwerde gegen eine sorgerechtliche Entscheidung einlegen. Naheliegt eine Orientierung an der Altersgrenze von 14 Jahren in Kindschaftssachen (§ 167 Abs. 3 FamFG).[30]

23 Für jüngere Kinder, aber auch neben einem verfahrensfähigen Kind kann der Verfahrensbeistand/die Verfahrensbeiständin Verfassungsbeschwerde einlegen und mit dieser ausnahmsweise fremde Rechte in eigenem Namen geltend machen.[31] Auch eine Vormundin kann das Kind in einem Verfassungsbeschwerdeverfahren

27 *Kindler*, NZFam 2016, 872 (874).
28 BVerfG, 21.9.2020 – 1 BvR 528/19, ZKJ 2021, 146.
29 Dreier/*Dreier*, Vorb. Rn. 114.
30 BVerfG, 21.9.2020 – BvR 528/19, Rn. 21, ZKJ 2021, 146.
31 BVerfG, 3.2.2017 – 1 BvR 2569/16 Rn. 35, FamRZ 2017, 524.

gegen eine Kinderschutzentscheidung vertreten,[32] sofern ein Interessenkonflikt ausgeschlossen ist bzw. dem Kind ein Schaden droht, weil anders eine ordnungsgemäße Vertretung nicht rechtzeitig genug gesichert werden kann.

24 Das Jugendamt ist dagegen nicht befugt, die Verletzung der Rechte eines Kindes mit einer Verfassungsbeschwerde anzugreifen, denn § 50 SGB VIII zählt zu den Verfahren, bei denen das Jugendamt mitwirkt, nicht Verfassungsbeschwerdeverfahren und es besteht auch kein Anlass, eine Prozessstandschaft des öffentlichen Trägers der Jugendhilfe zuzulassen, da die Wahrnehmung der Rechte des Kindes anders gesichert ist[33] (insbesondere über eine Verfahrensbeiständin oder eine Ergänzungspflegerin/Vormundin).

5. Art. 8 EMRK

25 Bei Entscheidungen gem. § 1666 BGB sind nicht nur die Grundrechte, sondern auch die Europäische Menschenrechtskonvention (EMRK) zu berücksichtigen. Sie hat den Status bindenden einfachen Rechts und dient als Auslegungshilfe für die Bestimmung von Inhalt und Reichweite von Grundrechten und rechtsstaatlichen Grundsätzen des Grundgesetzes.[34] Nach Art. 8 Abs. 1 EMRK hat jede Person das Recht auf Achtung ihres Privat- und Familienlebens. Nach Art. 8 Abs. 2 darf der Staat in dieses Recht nur eingreifen, soweit der Eingriff gesetzlich vorgesehen und notwendig ist, etwa zum Schutz der Rechte anderer. Aus der EMRK folgt damit nicht nur, dass der Staat bei Eingriffen in die elterliche Sorge und damit in das Familienleben strikt den Grundsatz der Verhältnismäßigkeit wahren muss, sondern auch, dass er nach der Trennung zur „Nachsorge" verpflichtet ist,[35] sprich insbesondere zur kindeswohlgerechten Unterbringung und zur Unterstützung der Eltern bei der Verbesserung der Erziehungsbedingungen in der Herkunftsfamilie. Dass ein Kind in einem für seine Erziehung günstigeren Umfeld untergebracht werden könnte, kann an sich eine Herausnahme nicht rechtfertigen.[36]

32 BVerfG, 12.2.2021 – BvR 1780/20, JAmt 2021, 276.
33 BVerfG, 15.12.2020, 1 BvR 1395/19, FamRZ 2021, 512.
34 BVerfG, 4.2.2010 – 2 BvR 2307/06.
35 Staudinger/*Coester*, § 1666 BGB Rn. 5.
36 EGMR, 10.1.2019 – 18925/15, FamRZ 220, 33.

6. Auswirkungen von ausdrücklichen Kinderrechten im Grundgesetz bei Kinderschutzverfahren?

Seit Inkrafttreten der UN-Kinderrechtskonvention in Deutschland im Jahr 1992 **26**
wird die Aufnahme von Kinderrechten ins Grundgesetz gefordert.[37] Ein im März 2021 vorgelegter Entwurf fand keine Mehrheit.[38]

Ohne auf die Details der Diskussion[39] hier eingehen zu wollen, stellt sich im Kon- **27**
text des familiengerichtlichen Kinderschutzverfahrens insbesondere die Frage, ob und, wenn ja, welche Auswirkungen die ausdrückliche Aufnahme von Kinderrechten in die Verfassung auf Verfahren und Entscheidungen über Eingriffe in die elterliche Sorge gem. §§ 1666, 1666a BGB hätte. Sicherlich würde eine ausdrückliche Formulierung der Rechte von Kindern auf Gehör und Beteiligung sowie auf Berücksichtigung ihres (vorrangigen oder angemessenen) Wohls das „Kräfteverhältnis" zwischen Eltern- und Kinderrechten im Kinderschutzverfahren grundsätzlich ausgewogener machen. Die Frage ist aber, ob die – von Fachkräften oft empfundene – strukturelle Nachrangigkeit von Kinderrechten gegenüber dem Elternrecht durch eine Verfassungsänderung effektiv aufgelöst werden könnte und sollte. So ist z.B. gerade durch die Neufassung des § 159 FamFG die verfahrensrechtliche Stellung von Kindern und Jugendlichen gestärkt worden, indem die Altersgrenze von 14 Jahren für die verpflichtende Anhörung aufgehoben und klargestellt wurde, dass das Familiengericht sich in Kinderschutzverfahren auch dann einen persönlichen Eindruck von dem Kind zu verschaffen hat, wenn das Kind offensichtlich nicht in der Lage ist, seine Neigungen und seinen Willen kundzutun[40] (ausführlich hierzu → Kapitel 8 Rn. 200 ff.). Aufgenommen in das einfache Recht wird damit eine Position, die das BVerfG schon lange vertritt.[41] Vor dem Hintergrund dieses Beispiels scheint die Frage berechtigt, ob das Grundgesetz – in Verbindung mit der Rechtsprechung des Bundesverfassungsgerichts – tatsächlich so eindeutige Schutzlücken aufweist, dass eine textuelle Aufwertung der Kinderrechte in der Verfassung mehr Chancen als Risiken bietet.[42] Erhebliche Auswirkungen auf Kinderschutzverfahren hätte eine Verfassungsrechtsänderung insbesondere dann,

---

37 Der Koalitionsvertrag von CDU, CSU und SPD für die 19. Legislaturperiode sah die ausdrückliche Verankerung von Kinderrechten in der Verfassung vor. Die mit Vorschlägen für die konkrete Umsetzung beauftragte Bund-Länder-Arbeitsgruppe „Kinderrechte ins Grundgesetz" legte am 14. Oktober 2019 ihren Abschlussbericht vor. Zuvor hatten sowohl Abgeordnete von Bündnis 90/Die Grünen als auch Die Linke einen Gesetzentwurf zur Verankerung von Kinderrechten im Grundgesetz eingebracht.

38 BT-Drs. 19/28138, abzurufen unter: https://dip21.bundestag.de/dip21/btd/19/281/1928138.pdf (Abruf: 28.6.2022).

39 Siehe zur Kritik am Entwurf die Stellungnahmen zahlreicher Verbände „Kinderrechte ins Grundgesetz aber richtig"; Stellungnahme der Kinderrechtekommission beim DFGT vom 3.2.2021, Stellungnahme des DIJuF vom 26.3.2021; zur grundsätzlichen Kritik siehe *Jestaedt*, JAmt 2021, 358, Replik von *Donath/Lemmert*, JAmt 2021, 607 sowie Duplik von *Jestaedt*, JAmt 2021, 612.

40 BT-Drs. 19/23707, 7.

41 Vgl. BVerfG, 26.9.2006 – 1 BvR 1827/06, ZKJ 2007, 201; 13.11.2007 – 1 BvR 1637/07, FamRZ 2008, 134; 14.7.2010 – 1 BvR 3189/09, JAmt 2011, 220.

42 *Jestaedt*, JAmt 2021, 356.

wenn Eingriffe in das Erziehungsrecht von Eltern gegen ihren Willen auch dann zugelassen würden, wenn diese *zur Förderung* der Verwirklichung des kindlichen Rechts auf Entwicklung erforderlich wären und nicht nur zur Abwendung von *Gefährdungen für das Wohl des Kindes*. Eine solch elementare Verschiebung im Dreieck von Kind, Eltern und Staat ist aber überhaupt nicht intendiert und wäre mit Blick auf die Ausweitung der staatlichen Eingriffsbefugnisse wohl auch bedenklich. Interessanter erscheint insofern die Diskussion, ob es eine grundgesetzliche Klarstellung braucht, dass junge Menschen bei entsprechender Einsichts- und Selbstbestimmungsfähigkeit höchstpersönliche Entscheidungen ausschließlich selber treffen dürfen.[43]

II. Verhältnismäßigkeit der familiengerichtlichen Maßnahme

28 Trifft das Familiengericht eine Maßnahme nach § 1666 BGB, greift es in die oben beschriebenen Grundrechte des Kindes und der Eltern ein. Bei der Auswahl, welche Maßnahme das Familiengericht zur Abwendung der Kindeswohlgefährdung anordnet, ist es strikt an den Grundsatz der Verhältnismäßigkeit gebunden. Dies gilt sowohl bei erstmaliger Anordnung einer familiengerichtlichen Maßnahme als auch bei der Prüfung, ob eine Aufrechterhaltung der Maßnahme erforderlich ist.

1. Grundsatz der Verhältnismäßigkeit

29 Nach dem Grundsatz der Verhältnismäßigkeit muss die Maßnahme, die das Familiengericht anordnet, einen legitimen Zweck verfolgen (was der Schutz des Kindes vor Gefährdungen seines Wohls selbstverständlich ist) sowie geeignet und erforderlich sein, die Gefährdung für das Kind abzuwenden. Zudem muss sie angemessen sein, d.h. die Schwere des Eingriffs in die Rechte der Eltern darf mit Blick auf den verfolgten Zweck nicht völlig unverhältnismäßig sein.

a) Geeignetheit

30 Nach allgemeinen verfassungsrechtlichen Grundsätzen sind nur solche Mittel nicht geeignet, die zur Erreichung des Zweckes „schlechthin ungeeignet" sind.[44] Ansonsten genügt es, wenn das Mittel die Erreichung des Zwecks zumindest fördert. Nach der Rechtsprechung des Bundesverfassungsgerichts fehlt es an der Eignung einer sorgerechtlichen Maßnahme, „wenn sie nicht zur Beendigung des zuvor als gefährlich erkannten Zustands beitragen kann und sich die Situation der Kinder durch diese letztlich nicht verbessert."[45] So ist ein Entzug der elterlichen Sorge nur

---

43 Stellungnahme des DIJuF vom 26.3.2021; vgl. zu dieser Frage bei ärztlichen Behandlungen *Lugani*, JAmt 2021, 363.

44 BVerfG, 9.3.1971 – 2 BvR 326/69 u.a., BVerfGE 30, 250.

45 BVerfG, 27.8.2014 – 1 BvR 1822/14, FamRZ 2014, 1772.

dann zur Abwendung einer Kindeswohlgefährdung geeignet, wenn die eingesetzte Vormundin tatsächlich Maßnahmen einleitet, die zur Verbesserung der Situation des Kindes führen oder zumindest zur Beendigung des kindeswohlgefährdenden Zustands beitragen.[46] In Fällen, in denen keine Handlungsmöglichkeit besteht – etwa weil ein passender Unterbringungsplatz fehlt – oder das Jugendamt denkbare Maßnahmen erkennbar nicht zu ergreifen beabsichtigt, ist daher besonders sorgfältig zu prüfen, ob ein Sorgerechtsentzug überhaupt eine geeignete Maßnahme zur Abwendung einer Kindeswohlgefährdung ist.[47]

Mit Blick auf die „fehlenden Eignung" sind auch sog. „Vorratsbeschlüsse" nicht 31
statthaft.[48] Hierbei handelt es sich um Beschlüsse, die Eltern schon vorsorglich für den Fall, dass ein dringender Handlungsbedarf entstehen sollte, z.B. die Herausnahme des Kindes aus dem elterlichen Haushalt erforderlich werden sollte, die elterliche Sorge entziehen, um ggf. schnell handeln bzw. etwaigen Widerständen vorbeugen zu können. In die Kategorie der unzulässigen Vorratsbeschlüsse fallen auch die Konstellationen, in denen Eltern die elterliche Sorge bzw. das Aufenthaltsbestimmungsrecht entzogen wird, das Kind aber – in Kenntnis und im Einverständnis aller Professionellen – im Haushalt der Eltern verbleibt. Idee hinter diesem Konstrukt ist, dass das Jugendamt „ ja drin sei". Die Gefährdung ist in dieser Situation aber noch so unkonkret, dass ein Entzug des Aufenthaltsbestimmungsrechts nicht geeignet ist, da er nicht zu einer Verbesserung der Situation des Kindes führt.

b) Erforderlichkeit

Erforderlich ist ein Eingriff in die elterliche Sorge nur dann, wenn die Kindeswohl- 32
gefährdung nicht durch ein ebenso geeignetes, aber weniger einschneidendes (= milderes) Mittel abgewendet werden kann.[49] Bei der Prüfung, ob ein Eingriff in die elterliche Sorge erforderlich ist, spielen die öffentlichen Hilfen, insb. die Hilfen zur Erziehung (HzE) nach dem SGB VIII, eine zentrale Rolle. Sind öffentliche Hilfen geeignet, ein verantwortungsgerechtes Verhalten der Eltern (wieder-)herzustellen, und sind die Eltern bereit, diese anzunehmen, ist ein Eingriff in die elterliche Sorge nicht gerechtfertigt. Dies gilt nicht nur für ambulante Hilfen wie eine Sozialpädagogische Familienhilfe nach § 31 SGB VIII, sondern auch, wenn die Eltern sich freiwillig mit der stationären Unterbringung ihres Kindes in einer Einrichtung oder Pflegefamilie einverstanden erklären.[50]

---

46 BVerfG, 27.11.2020 – 1 BvR 836/20, FamRZ 2021, 753.

47 BVerfG, 27.8.2014 – 1 BvR 1822/14 – FamRZ 2014, 1772; *DIJuF/SFK 2*, Verfassungsrechtliche Anforderungen, 2.

48 Vgl. OLG Schleswig, 16.4.2019 – 10 UF 13/19, NJW-RR 2019, 1289; 14.4.2014 – 10 UF 19/14, FamRZ 2014, 1383; OLG Hamburg, 4.4.2018 – 2 UF 139/17.

49 *DIJuF/SFK 2,* Verfassungsrechtliche Anforderungen, 7.

50 BVerfG, 13.7.2017 – 1 BvR 1202/17, FamRZ 2017, 1577.

33 ## *Praxistipp*

→ **Familiengericht**

Ob ambulante Hilfen geeignet sind, um die Elternverantwortung wiederherzustellen und die Kindeswohlgefährdung abzuwenden, muss das Familiengericht in eigener Verantwortung prüfen und darf nicht unkritisch die Einschätzung des Jugendamts übernehmen.[51] Es ist Bestandteil seiner eigenen Amtsermittlungs- und Entscheidungsbegründungspflicht zu prüfen, ob Hilfen des Jugendamts noch erfolgversprechend sein können.[52] Es muss den Sachverhalt sorgfältig ermitteln (§ 26 FamFG) und seine sorgerechtliche Entscheidung, die in die Grundrechte von Kind und Eltern eingreift, auf Grundlage seiner eigenen Überzeugung treffen und begründen (§§ 37 Abs. 1, 38 Abs. 3 Satz 1 FamFG).

→ ***Jugendamt***

Die Ermittlungspflicht des Familiengerichts in Bezug auf die Erfolgsaussichten weiterer Hilfen bedeutet nicht, dass das Familiengericht das Jugendamt verpflichten kann, diese zu gewähren, wenn es selbst Hilfen noch für erfolgversprechend hält, das Jugendamt aber nicht (→ ausführlich Kapitel 12 Rn. 413 ff.).

34 Mit Blick auf das Gebot, stets die am wenigsten einschneidende, aber geeignete Maßnahme zur Abwendung der Gefährdung anzuordnen, stellt sich im Verfahren gem. §§ 1666, 1666a BGB regelmäßig die Frage, ob ein vollständiger Entzug der elterlichen Sorge notwendig ist oder ob ein Teilentzug genügt, um die Gefährdung abzuwenden. Verbreitet ist die Praxis, auch bei Herausnahme-Entscheidungen „nur" das Aufenthaltsbestimmungsrecht, das Recht zur Beantragung von Hilfen nach dem SGB VIII und die Gesundheitssorge („die üblichen Drei") zu entziehen.

35 So nachvollziehbar der Ansatz, nur Teilbereiche der elterlichen Sorge zu entziehen, mit Blick auf die Intensität des Eingriffs in das Elternrecht ist, darf nicht aus dem Blick verloren werden, dass die Maßnahme zum Schutz des Kindes auch *geeignet* sein muss. Die Aufteilung der Sorgerechtsanteile zwischen der Ergänzungspflegerin und den Eltern setzt also voraus, dass entweder eine isolierte Wahrnehmung der Sorgerechtsanteile sinnvoll möglich ist oder dass Eltern und Ergänzungspflegerin im Sinne einer gemeinsamen Pflege und Erziehung des Kindes kooperieren. Nur dann ist ein Teilentzug auch tatsächlich geeignet, die Gefährdung abzuwenden und zu einer Verbesserung der Situation des Kindes zu führen. Ansonsten handelt es sich, auch wenn formal ein Teilentzug ausgesprochen wurde, faktisch um einen Vollentzug. Sind die bei den Eltern verbleibenden Sorgerechtsanteile derart ausgehöhlt, dass sie tatsächlich gar keine Sorgeverantwortung mehr wahrnehmen können, liegt letztlich ein ähnlich einschneidender Eingriff vor, der dann den gleichen

51 BVerfG, 24.3.2014 – 1 BvR 160/14, FamRZ 2014, 1005.
52 BVerfG, 24.3.2014 – 1 BvR 160/14, FamRZ 2014, 1005.

Voraussetzungen der Verhältnismäßigkeit unterliegt wie ein ausdrücklicher (und nicht bloß) faktischer Vollentzug der elterlichen Sorge.

c) Angemessenheit

Angemessen ist ein Eingriff in die elterliche Sorge schließlich nur dann, wenn die mit ihm verbundenen Nachteile nicht völlig außer Verhältnis zu den Vorteilen stehen, die der Eingriff in die elterliche Sorge bewirkt. Bei der notwendigen Abwägung sind zum einen die Grundrechte der Betroffenen in den Blick zu nehmen, vor allem aber die möglichen Folgen der Entscheidung für die weitere Entwicklung des Kindes gegeneinander abzuwägen.[53] **36**

Bei der Prüfung der Verhältnismäßigkeit einer Herausnahme-Entscheidung ist daher sorgfältig zu prüfen, was schwerer wiegt: die Belastung durch die Trennung von seinen Eltern oder die Gefahr, die dem Kind droht, wenn es im Haushalt seiner Eltern bleibt. Gerade wenn Kind und Eltern das Eltern-Kind-Verhältnis positiv wahrnehmen, ist das Risiko einer psychosozialen Schädigung des Kindes im Falle der Trennung so groß, dass besonders sorgfältig abzuwägen ist.[54] **37**

2. Besonders strenge Anforderungen bei Trennung eines Kindes von seiner Familie

Ist zu entscheiden, ob ein Kind zu seinem Schutz gegen den Willen seiner Eltern aus der Familie herausgenommen werden muss, gilt ein besonders strenger Verhältnismäßigkeitsgrundsatz.[55] Nach Art. 6 Abs. 3 GG dürfen Kinder gegen den Willen der Erziehungsberechtigten nur auf Grund eines Gesetzes von der Familie getrennt werden, wenn die Erziehungsberechtigten versagen oder wenn die Kinder aus anderen Gründen zu verwahrlosen drohen. Das Bundesverfassungsgericht betont in diesem Kontext regelmäßig, dass nicht jedes Versagen oder jede Nachlässigkeit der Eltern den Staat berechtigt, die Eltern von der Pflege und Erziehung ihres Kindes auszuschalten, und verweist auf die erforderliche Nachhaltigkeit der Kindeswohlgefährdung.[56] Dabei gilt, dass eine Fremdunterbringung anzuordnen ist, je gewichtiger die dem Kind drohenden Gefahren und je schwerer die ihm drohenden Schäden sind.[57] Im einfachen Recht ist diese Vorgabe in § 1666a BGB umgesetzt. Danach sind Maßnahmen, mit denen eine Trennung des Kindes von der elterlichen Familie verbunden ist, nur zulässig, wenn der Gefahr nicht auf andere Weise, auch nicht durch öffentliche Hilfen, begegnet werden kann (Abs. 1 Satz 1). **38**

---

53 *DIJuF/SFK 2,* Verfassungsrechtliche Anforderungen, 7.

54 BVerfG, 22.5.2014 – 1 BvR 3190/13, FamRZ 2014, 1270.

55 BVerfG, 22.5.2014 – 1 BvR 3190/13, FamRZ 2014, 1270; BeckOGK/*B. Hoffmann,* 1.2.2022, § 1774 BGB Rn. 17; *Hammer,* JAmt 2015, 291; Schwab/Ernst/*Schäder,* ScheidungsR-HdB, § 5 Rn. 245.

56 BVerfG, 29.7.1968 – 1 BvL 20/63, 1 BvL 31/66, 1 BvL 5/67, FamRZ 1968, 578; 17.2.1982 – 1 BvR 188/80, FamRZ 1968, 578.

57 *Schäder,* NZFam 2019, 605.

3. Auswahl des Vormunds als integraler Bestandteil der Sorgerechtsentscheidung

39 Nach der Rechtsprechung des Bundesverfassungsgerichts ist die Auswahl des Vormunds integraler Bestandteil der Entscheidung über den Entzug der elterlichen Sorge[58] (→ Kapitel 3 Rn. 180 f. und Kapitel 13 Rn. 461). Anders ausgedrückt: Die Frage der Verhältnismäßigkeit eines Sorgerechtsentzugs ist auch in Abhängigkeit davon zu beurteilen, wer als Vormundin ausgewählt wird. Im Rahmen der Angemessenheit der Maßnahme ist abzuwägen, wie gut die neuen Lebensumstände die Belastungen der Herausnahme kompensieren können (→ Kapitel 3 Rn. 166), und dafür kann die Person des ausgewählten Vormunds entscheidend sein. So sind Konstellationen denkbar, in denen nur eine Unterbringung des Kindes bei Verwandten, z.B. bei seinen Großeltern, verhältnismäßig ist, weil nur diese aufgrund der familiären Bindung die Belastungen der Trennung auffangen können. Streng genommen folgt aus der Auswahl der Verwandten zum Vormund nicht automatisch, dass diese das Kind bei sich im Haushalt auf- und die alltägliche Sorge übernehmen (was für die Kompensation der Trennungsfolgen entscheidend ist). Insofern ist nicht nur die Frage der Vormundschaft, sondern auch die Frage der Unterbringung und der Alltagssorge für die Prüfung der Verhältnismäßigkeit des Sorgerechtsentzugs ausschlaggebend.

40 ***Praxistipp***

→ **Jugendamt**

Das Jugendamt ist im Kinderschutzverfahren aufgefordert, dem Familiengericht Personen (oder Vereine) vorzuschlagen, die sich im Einzelfall zum Vormund oder Pfleger eignen (§ 53 Abs. 1 SGB VIII). Ein gut aufgestellter Allgemeiner Sozialer Dienst eruiert daher, sobald sich ein möglicher Sorgerechtsentzug und eine Herausnahme eines Kindes abzeichnen, im nahen Verwandtenkreis des Kindes, ob eine Verwandte bereit und geeignet wäre, die Vormundschaft für das Kind zu übernehmen (und das Kind in seinen/ihren Haushalt aufzunehmen).

→ **Familiengericht**

Zwar ist es Aufgabe des Jugendamts, geeignete Personen vorzuschlagen, gleichwohl ist es auch Aufgabe des Familiengerichts, im Rahmen seiner Amtsermittlungspflicht zu prüfen, ob eine Verwandte zur Übernahme der Vormundschaft bereit und geeignet ist. So wird das Vorhandensein und die Eignung naher Verwandter regelmäßig bereits Gegenstand der Beauftragung einer Sachverständigen sein, der/die mit der Erstattung eines Erziehungsfähigkeitsgutachtens beauftragt wird.[59]

58 BVerfG, 22.9.2014 – 1 BvR 2108/14, FamRZ 2015, 208.
59 *Hammer*, JAmt 2015, 291.

Folge der Einordnung der Entscheidung über die Auswahl des Vormunds als integraler Bestandteil der Entscheidung über den Sorgerechtsentzug ist, dass diese von der Familienrichterin und nicht von der für die Vormundauswahl eigentlich funktionell zuständigen Rechtspflegerin zu treffen ist.[60] Die Verbindung der Verfahren nach § 1666 BGB zur Anordnung von Vormundschaft, zur Auswahl und Bestellung des Vormunds ist in der Praxis aber ohnehin üblich (vgl. Endentscheidung). **41**

4. Aufrechterhaltung der Trennung

Der Grundsatz der Verhältnismäßigkeit ist auch bei der Entscheidung, ob ein Kind in den elterlichen Haushalt zurückgeführt werden kann, zu beachten. Auch für die Aufrechterhaltung der Trennung gilt grundsätzlich der gleiche strenge Maßstab des Art. 6 Abs. 3 GG.[61] **42**

Lebt ein Kind seit Längerem bei einer Pflegefamilie, kann eine Gefahr für sein Wohl gerade in dem drohenden Abbruch der Beziehung zu seiner Pflegefamilie liegen. Es ist daher „verfassungsrechtlich geboten, bei der Kindeswohlprüfung die Tragweite einer Trennung des Kindes von seiner Pflegeperson einzubeziehen und die Erziehungsfähigkeit der Ursprungsfamilie auch im Hinblick auf ihre Eignung zu berücksichtigen, die negativen Folgen einer durch diese Trennung womöglich verursachten Traumatisierung des Kindes gering zu halten."[62] **43**

Das Bundesverfassungsgericht stellt in bestimmten Konstellationen besonders strenge Anforderungen an die Prüfung der Verhältnismäßigkeit der Aufrechterhaltung der Trennung, nämlich dann, wenn die Voraussetzungen des § 1666 Abs. 1 Satz 1 BGB bei der Wegnahme des Kindes nicht vorlagen, die Trennung auf einem unverschuldeten Elternversagen beruhte oder die Gefahr allein aus den spezifischen Belastungen einer Rückführung resultiert.[63] In diesen Konstellationen ergibt sich eine gesteigerte Verpflichtung des Staates, die Eltern bei der Rückkehr ihrer Kinder durch öffentliche Hilfen zu unterstützen, diese kann über das übliche Maß hinausgehen.[64] Die staatliche Unterstützung kann z.B. darin bestehen, dass in ungewöhnlich hohem Umfang eine Familienhelferin eingesetzt oder sonstige sehr weitreichende, ungewöhnliche Hilfen (z.B. Sprachkurs) gewährt werden müssen. **44**

---

60 BeckOK Streitwert/*Dürbeck*, Rn. 9a (39. Ed., Stand: 1.4.2022); *Meysen*, JAmt 2015, 324.

61 Zum Ganzen vgl. Schwab/Ernst/*Schäder*, § 5 Rn. 264–272.

62 BVerfG, 22.5.2014 – 1 BvR 2882/13, FamRZ 2014, 1266; BVerfG, 3.2.2017 – 1 BvR 2569/16, FamRZ 2017, 524.

63 BVerfG, 22.5.2014 – 1 BvR 2882/13, FamRZ 2014, 1266.

64 BVerfG, 22.5.2014 – 1 BvR 2882/13, FamRZ 2014, 1266.

5. Die jüngere Rechtsprechung des Bundesverfassungsgerichts

45 In den Jahren 2013/2014 hat das BVerfG in kurzen Zeitabständen eine Reihe von familien- und oberlandesgerichtlichen Entscheidungen aufgehoben, die Eltern die elterliche Sorge für ihre Kinder entzogen und die zur Herausnahme der Kinder aus den Familien geführt hatten. In der Folge entwickelte sich eine lebhafte Debatte, ob das Grundgesetz die Kinder nicht schützt.[65] Es war der Eindruck entstanden, das BVerfG wolle mit seinen Beschlüssen die Anforderungen für eine Herausnahme eines Kindes aus seiner Familie anheben. Diesem Eindruck ist die als Berichterstatterin maßgeblich an den Beschlüssen beteiligte Verfassungsrichterin *Gabriele Britz* ausdrücklich entgegengetreten: „Weder sind die Entscheidungen des BVerfG Ausdruck einer generellen Neugewichtung von Eltern- und Kindesgrundrechten zugunsten der Eltern. Noch hat das BVerfG strengere Überprüfungsmaßstäbe angelegt als zuvor."[66]

46 Die Beschlüsse formulieren jedoch zentrale Orientierungssätze, insbesondere in Bezug auf die Prüfung und Begründung sorgerechtlicher Entscheidungen,[67] auf die sich das Bundesverfassungsgericht fortgeführt stützt; sie sind hier noch einmal aufgeführt:

47 • **Zur Verhältnismäßigkeit der sorgerechtlichen Maßnahme**

„An der Eignung und damit an der Verhältnismäßigkeit einer sorgerechtlichen Maßnahme fehlt es, wenn sie nicht zur Beendigung des zuvor als gefährlich erkannten Zustands beitragen kann und sich die Situation des Kindes durch diese letztlich nicht verbessert (...). An der Geeignetheit fehlt es auch, wenn die Sorgerechtsentziehung und die dadurch vorbereitete Trennung des Kindes von den Eltern mit anderweitigen Beeinträchtigungen des Kindeswohls einhergehen, welche durch die Beseitigung der festgestellten Gefahr nicht aufgewogen werden. Dabei ist insbesondere zu berücksichtigen, dass die Folgen der Fremdunterbringung für das Kind nicht gravierender sein dürfen als die Folgen eines Verbleibs in der Herkunftsfamilie (...)."[68]

48 • **Zur Darlegung der Art, Schwere und Eintrittswahrscheinlichkeit der befürchteten Schädigung**

„Die Fachgerichte müssen die dem Kind drohenden Schäden nach ihrer Art, Schwere und Eintrittswahrscheinlichkeit konkret benennen und sie vor dem Hintergrund des grundrechtlichen Schutzes vor der Trennung des Kindes von seinen Eltern bewerten. Unzureichend ist es, wenn die Fachgerichte ihren Blick nur auf

65 Insb. *Heilmann*, NJW 2014, 2904.
66 *Britz*, JAmt 2015, 286 (286).
67 Vgl. auch *Heiß*, NZFam 2015, 532: „... lässt sich hieraus ein Grundsatz, wonach die Grundrechte der Kinder nur zum Tragen kommen, soweit dadurch nicht das Elternrecht verletzt wird, gewiss nicht ableiten."
68 BVerfG, 27.11.2020 – 1 BvR 836/20, FamRZ 2021, 756.

die Verhaltensweisen der Eltern lenken, ohne die sich daraus ergebenden schwerwiegenden Konsequenzen für die Kinder darzulegen.“[69]

„[Dem verfassungsrechtlichen Gebot], die dem Kind drohenden Schäden ihrer Art, Schwere und Eintrittswahrscheinlichkeit nach konkret zu benennen und sie vor dem Hintergrund des grundrechtlichen Schutzes vor der Trennung des Kindes von seinen Eltern zu bewerten, […] werden die Fachgerichte regelmäßig nicht allein durch Bezugnahmen auf in ihren Entscheidungen inhaltlich nicht oder allenfalls rudimentär wiedergegebene Erkenntnisquellen entsprechen können.“[70]

„Vage Andeutungen, die […] eine Gefährdungssituation assoziativ in den Raum stellen („schütteln“), ohne den konkreten Sachverhalt zu beschreiben und auf sein tatsächliches Gefährdungspotenzial hin zu analysieren, genügen demgegenüber nicht.“[71]

„Eine gerichtliche Entscheidung über die Entziehung der elterlichen Sorge begegnet verfassungsrechtlichen Bedenken, wenn ihre keine hinreichend konkreten Feststellungen zu den Einschränkungen der Eltern bzgl ihrer Erziehungsfähigkeit sowie zu Art, Schwere und Wahrscheinlichkeit der befürchteten Beeinträchtigungen des Kindes zugrunde liegen.“[72]

- **Zum höheren Begründungsaufwand bei Abweichen von der Einschätzung des Sachverständigen oder weiterer fachlich Beteiligter** 49

„Will das Rechtsmittelgericht […] mit seiner Entscheidung von den erstinstanzlich geäußerten Vorschlägen der fachlich Beteiligten (hier: des Jugendamts, der Verfahrensbeiständin und der behandelnden Ärzte) abweichen, so muss es in seiner Entscheidung eine hinreichende anderweitige Entscheidungsgrundlage offenlegen.“[73]

„Einer näheren Begründung bedarf es regelmäßig insbesondere dann, wenn das Gericht der Einschätzung der Sachverständigen nicht folgt, es liege eine die Trennung von Kind und Eltern gebietende Kindeswohlgefährdung vor. Zwar schließt die Verfassung nicht aus, dass das Fachgericht im Einzelfall von den fachkundigen Feststellungen und Wertungen gerichtlich bestellter Sachverständiger abweicht. Insbesondere ist nicht ausgeschlossen, dass das Gericht zu einer abweichenden Einschätzung und Bewertung von Art und Ausmaß einer Kindeswohlgefährdung gelangt. Es muss dann aber eine anderweitige verlässliche Grundlage für eine am Kindeswohl ausgerichtete Entscheidung haben und diese offenlegen. Ein Abweichen von den gegenläufigen Einschätzungen der Sachverständigen bedarf hier eingehender Begründung. Weicht das Gericht von den Feststellungen und Wer-

69 BVerfG, 19.11.2014 – 1 BvR 1178/14, FamRZ 2015, 112; vgl. auch 10.6.2020 – 1 BvR 572/20, FamRZ 2020, 1562; 24.11.2020 – 1 BvR 2318/19, FamRZ 2021, 749.

70 BVerfG, 19.6.2020 – 1 BvR 1284/20, FamRB 2020, 435.

71 BVerfG, 19.11.2014 – 1 BvR 1178/14, FamRZ 2015, 112.

72 BVerfG, 10.12.2019 – 1 BvR 2214/19, FamRZ 2020, 422.

73 BVerfG, 29.12.2020 – 1 BvR 2652/20, FamRZ 2021, 595.

tungen weiterer beteiligter Fachkräfte ab (insbesondere Verfahrensbeistand, Jugendamt, Familienhilfe, Vormund), gilt im Grundsatz das Gleiche."[74]

50 • **Zur Ausgestaltung des Verfahrens**

„Das Verfahren muss grundsätzlich geeignet sein, eine möglichst zuverlässige Grundlage für eine am Kindeswohl orientierte Entscheidung zu erlangen. Das gerichtliche Verfahren muss in seiner Ausgestaltung dem Gebot effektiven Grundrechtsschutzes entsprechen. Das bedeutet nicht nur, dass die Verfahrensgestaltung den Elternrechten Rechnung tragen muss, vielmehr steht auch das Verfahrensrecht unter dem Primat des Kindeswohls, dessen Schutz staatliche Eingriffe in das Elternrecht nach Art. 6 Abs. 2 Satz 2 GG erst legitimiert."[75]

„Ob eine Trennung des Kindes verfassungsrechtlich zulässig und zum Schutz der Grundrechte des Kindes verfassungsrechtlich geboten ist, hängt regelmäßig von einer Gefahrenprognose ab. Dem muss die Ausgestaltung des gerichtlichen Verfahrens Rechnung tragen."[76]

„Die Entscheidung, ob eine Trennung des Kindes von den Eltern geboten ist, verlangt dem Gericht eine Prognose ab und unterliegt darum besonderen verfassungsrechtlichen Anforderungen an die Ausgestaltung des gerichtlichen Verfahrens (3). Dem muss die Ausgestaltung des gerichtlichen Verfahrens Rechnung tragen. Das gerichtliche Verfahren muss geeignet und angemessen sein, eine möglichst zuverlässige Grundlage für die vom Gericht anzustellende Prognose über die Wahrscheinlichkeit des Schadenseintritts zu erlangen. Ob etwa Psychologen als Sachverständige hinzuziehen sind, um die für die Prognose notwendigen Erkenntnisse zu erlangen, muss das erkennende Gericht im Lichte seiner grundrechtlichen Schutzpflicht nach den Umständen des Einzelfalls beurteilen."[77]

51 • **Zur Anhörung des Kindes**

„Dafür bedarf es einer Gestaltung der Kindesanhörung, die auch unter Berücksichtigung der wegen der Auseinandersetzungen um das Sorgerecht besonders angespannten seelischen Verfassung des Kindes eine möglichst zuverlässige Aufklärung der Grundlagen einer am Kindeswohl ausgerichteten Entscheidung gewährleistet."[78]

„Soweit in einfachgesetzlicher Auslegung angenommen wird, bei der Ermessensausübung sei zu berücksichtigen, dass die Anwesenheit der Eltern regelmäßig nicht sachgerecht sei, weil dem Kind dann keine unbefangenen Äußerungen möglich sind (…), ist dies verfassungsrechtlich wegen der gebotenen möglichst zuverlässigen Aufklärung des Kindeswillens und seiner Beziehung zu den übrigen Familienmitgliedern nicht zu beanstanden."[79]

---

74 BVerfG, 3.2.2017 – 1 BvR 2569/16, FamRZ 2017, 524.
75 BVerfG, 14.9.2021 – 1 BvR 1525/20, Rn. 53, FamRZ 2021, 1969.
76 BVerfG, 3.2.2017 – 1 BvR 2569/16, FamRZ 2017, 524.
77 BVerfG, 3.2.2017 – 1 BvR 2569/16, FamRZ 2017, 524.
78 BVerfG, 5.6.2019 – 1 BvR 675/19, Rn. 15, ZKJ 2019, 361.
79 BVerfG, 5.6.2019 – 1 BvR 675/19, Rn. 16, ZKJ 2019, 361.

- **Zur Amtsermittlungspflicht des Familiengerichts** 52

„Die Familiengerichte haben bei der Entscheidung nach §§ 1666, 1666a BGB durch eine entsprechende Verfahrensgestaltung zu ermitteln, ob die tatsächlichen Voraussetzungen für eine Entziehung des Sorgerechts vorliegen. Die maßgebliche Frage, ob der Gefahr für die Kinder nicht auf andere Weise als durch Trennung von den Eltern, auch nicht durch öffentliche Hilfen, begegnet werden kann (§ 1666a Abs 1 S 1 BGB), betrifft eine verfassungsrechtlich zentrale Tatbestandsvoraussetzung und muss darum vom Familiengericht von Amts wegen aufgeklärt werden. Ob öffentliche Hilfen erfolgversprechend sind, muss das Familiengericht letztlich in eigener Verantwortung beurteilen, wozu es sich eine zuverlässige Entscheidungsgrundlage verschaffen und diese in seiner Entscheidung auch darlegen muss."[80]

„Das für die Feststellung einer entscheidungserheblichen Tatsache notwendige Maß an richterlicher Überzeugung entspricht auch im Anwendungsbereich von § 37 FamFG demjenigen, das in der Rspr zu § 286 ZPO herausgebildet worden ist. Ist dieses nicht erreicht, muss das Gericht eine weitere Sachverhaltsklärung vornehmen oder aus dieser Erkenntnis auf sonstige Weise die verfassungsrechtlich gebotenen Konsequenzen ziehen."[81]

- **Zum Eilverfahren: umso tiefere Sachverhaltsermittlung, in je weiterer Ferne die Gefährdung** 53

„Soll das Sorgerecht vorläufig entzogen werden, sind die Anforderungen an die Sachverhaltsermittlung umso höher, je geringer der möglicherweise eintretende Schaden des Kindes wiegt, in je größerer zeitlicher Ferne der zu erwartende Schadenseintritt liegt und je weniger wahrscheinlich dieser ist."[82]

„Auf konkrete Feststellungen und Beurteilungen dazu, dass auch unter Berücksichtigung der negativen Folgen eines Sorgerechtsentzuges eine hinreichende Aussicht auf Beseitigung der drohenden Kindeswohlgefährdung besteht und sich seine Situation in der Gesamtbetrachtung verbessert, kann auch im Rahmen der unter den Bedingungen des Eilverfahrens möglichen Sachverhaltsaufklärung nicht gänzlich verzichtet werden (…)."[83]

- **Zum notwendigen Maß der richterlichen Überzeugung** 54

„Das für die Feststellung einer entscheidungserheblichen Tatsache notwendige Maß an richterlicher Überzeugung entspricht auch im Anwendungsbereich von § 37 FamFG demjenigen, das in der Rechtsprechung zu § 286 ZPO herausgebildet worden ist. Ist dieses nicht erreicht, muss das Gericht eine weitere Sachverhaltsklä-

80 BVerfG, 24.3.2014 – 1 BvR 160/14, ZKJ 2014, 242.
81 BVerfG, 10.12.2019 – 1 BvR 2214/19, FamRZ 2020, 422; 29.9.2015 – 1 BvR 1292/15, FamRZ 2016, 22.
82 BVerfG, 13.7.2017 – 1 BvR 1202/17, FamRZ 2017, 1577; BVerfG, 7.4.2014, 1 BvR 3121/13, JAmt 2014, 406.
83 BVerfG, 27.11.2020 – 1 BvR 836/20, FamRZ 2021, 753.

rung vornehmen oder aus dieser Erkenntnis auf sonstige Weise die verfassungsrechtlich gebotenen Konsequenzen ziehen (...).“[84]

55 • **Zur Vertretung des Kindes im Verfahren vor dem Bundesverfassungsgericht**

„Auch wenn das BVerfGG keine Bestimmungen über die Verfahrensfähigkeit enthält (...), ist bei Orientierung an der auf die Altersgrenze von 14 Jahren abstellenden fachrechtlichen Regelung über die Verfahrensfähigkeit in Kindschaftssachen (§ 167 Abs 3 FamFG) bei Kindern, die deutlich unterhalb dieser Altersgrenze liegen (hier: drei bis sechs Jahre), die Fähigkeit ausgeschlossen, im Verfassungsbeschwerdeverfahren selbst wirksam Verfahrenshandlungen vorzunehmen. Aus dem von ihnen in Anspruch genommenen Grundrecht und dessen Bedeutung für die Sorgerechtsangelegenheit im Ausgangsverfahren (...) folgt nichts Anderes.“[85]

„Die gesetzliche Vertretung von Minderjährigen durch die sorgeberechtigten Eltern [...] umfasst zwar grundsätzlich die Vertretung im Verfassungsbeschwerdeverfahren [...]. Allerdings kommt die Erhebung einer Verfassungsbeschwerde durch den gesetzlichen Vertreter eines minderjährigen Kindes nicht in Betracht, wenn ein Interessenkonflikt zwischen dem Kind und seinem gesetzlichen Vertreter besteht (...) oder ein solcher nicht ausgeschlossen werden kann (...). Es bedarf dann der Bestellung eines Ergänzungspflegers nach § 1909 Abs. 1 Satz 1 BGB für das verfassungsgerichtliche Verfahren (...).“[86]

„Ein selbst nicht verfahrensfähiger Beschwerdeführer kann im verfassungsgerichtlichen Verfahren durch seinen gesetzlichen Vertreter (hier: Jugendamt als Amtsvormund) vertreten werden, wenn – wie hier – ein Interessenkonflikt zwischen ihnen ausgeschlossen werden kann. Ob dies der Fall ist, beurteilt das BVerfG eigenständig auf der Grundlage der ihm zur Verfügung stehenden Erkenntnisse.“[87]

„Der im fachgerichtlichen Sorgerechtsverfahren bestellte Verfahrensbeistand des betroffenen Kindes ist dazu befugt, Verfassungsbeschwerde einzulegen und eine Verletzung von Rechten des Kindes im eigenen Namen geltend zu machen (...).“[88]

„[Es ist] nicht ausnahmsweise geboten, die Prozessstandschaft des Landkreises als Träger des im Ausgangsverfahren beteiligten Jugendamtes für das betroffene Kind ausnahmsweise zuzulassen. Es besteht keine Gefahr, dass die Rechte des Kindes sonst nicht im Verfahren der Verfassungsbeschwerde geltend gemacht werden könnten. Der Beschwerdeführer befindet sich hier auch nicht in einer Position, die mit nicht sorgeberechtigten Elternteilen vergleichbar wäre und für die das BVerfG eine Geltendmachung der Rechte des Kindes im eigenen Namen ausnahmsweise für erforderlich gehalten hat.“[89]

84 BVerfG, 10.12.2019 – 1 BvR 2214/19, Rn. 15, FamRZ 2020, 422.
85 BVerfG, 21.9.2020 – 1 BvR 528/19, Rn. 21, ZKJ 2021, 146.
86 BVerfG, 21.9.2020 – 1 BvR 528/19, ZKJ 2021, 146.
87 BVerfG 12.2.2020 – 1 BvR 1780/20, JAmt 2021, 276.
88 BVerfG, 5.12.2016 – 1 BvR 2569/16, ZKJ 2017, 104.
89 BVerfG, 15.12.2020 – 1 BvR 1395/19, FamRZ 2021, 512.

Kapitel 2: Tatbestand der Kindeswohlgefährdung (§ 1666 Abs. 1, 1. Halbs. BGB)

Übersicht Rn.

I. Die Vorschrift des § 1666 BGB und ihr Kontext

Die §§ 1666, 1666a BGB mit den Titeln „Gerichtliche Maßnahmen bei Gefährdung des Kindeswohls" und „Grundsatz der Verhältnismäßigkeit; Vorrang öffentlicher Hilfen" bilden die zentrale gesetzliche Grundlage, um zum Schutz des Kindes Eingriffe in die durch Art. 6 Abs. 2 GG geschützte elterliche Sorge vornehmen zu können. Bei Vorliegen einer in § 1666 Abs. 1 Halbs. 1 BGB angesprochenen Kindeswohlgefährdung, zu deren Abwendung die Eltern nicht bereit oder fähig sind, ist der Staat berechtigt – und dann auch verpflichtet – in das Sorgerecht der Eltern oder anderer Personensorgeberechtigter einzugreifen. 56

§ 1666 Gerichtliche Maßnahmen bei Gefährdung des Kindeswohls

(1) Wird das körperliche, geistige oder seelische Wohl des Kindes oder sein Vermögen gefährdet und sind die Eltern nicht gewillt oder nicht in der Lage, die Gefahr abzuwenden, so hat das Familiengericht die Maßnahmen zu treffen, die zur Abwendung der Gefahr erforderlich sind.

(2) In der Regel ist anzunehmen, dass das Vermögen des Kindes gefährdet ist, wenn der Inhaber der Vermögenssorge seine Unterhaltspflicht gegenüber dem Kind oder seine mit der Vermögenssorge verbundenen Pflichten verletzt oder Anordnungen des Gerichts, die sich auf die Vermögenssorge beziehen, nicht befolgt.

> […]
>
> Nach dem Wortlaut der Vorschrift in Abs. 1 richten sich Maßnahmen nach § 1666 BGB an „die Eltern“, während Abs. 2 – damit inkonsistent und unabhängig von der Elternschaft – den „Inhaber der Vermögenssorge“ anspricht. Nach h.M. ermöglicht auch der Abs. 1 der Vorschrift Eingriffe in die Rechte jedes Sorgerechtsinhabers, also auch der Adoptiveltern, eines Vormunds oder einer Vormundin (§ 1837 Abs. 4 i.V.m. §§ 1666, 1696 BGB).[90] In der Praxis richten sich Verfahren nach § 1666 BGB in ganz überwiegender Anzahl an die Eltern.[91] Dabei ist es dem Familiengericht möglich, zur Abwendung einer Kindeswohlgefährdung auch Maßnahmen mit Wirkung gegen Dritte anzuordnen, Abs. 4 (→ Kapitel 3 Rn. 142).

57 Der Formulierung nach bezieht sich die Vorschrift auf das Kind und damit auf das geborene Kind bis zum Eintritt der Volljährigkeit mit Vollendung des 18. Lebensjahrs. Die Vorschrift lässt sich jedoch mit gewissen Einschränkungen auch auf das ungeborene Kind anwenden[92] (→ Rn. 121, Kapitel 3 Rn. 172).

II. Tatbestandsvoraussetzungen des § 1666 BGB

58 § 1666 BGB ermöglicht einen familiengerichtlichen Eingriff in die elterliche Sorge bei Vorliegen der in Abs. 1 Halbsatz 1 genannten Voraussetzungen, schreibt ihn dann aber auch zwingend vor:[93] Ergänzend zum Vorliegen der Gefährdung des Kindeswohls oder des Kindesvermögens[94] muss geprüft werden, ob die Eltern bereit und fähig sind, die Gefährdung selbst abzuwenden. Fähigkeit und Bereitschaft der Eltern zur Abwendung der Gefahr schließen dabei die Inanspruchnahme von Hilfe(n) durch die Eltern ein. Die Bekundung der Akzeptanz einer Hilfe muss jedoch mit der Fähigkeit der Eltern einhergehen, Veränderungen zuzulassen und tatsächlich zu erreichen, dass die Gefährdung des Kindes abgewendet wird.

59 Die „Kindeswohlgefährdung“ steht im Titel der Vorschrift und häufig auch in der Kommunikation der am Verfahren nach § 1666 BGB Beteiligten also als Kurzform für zwei Tatbestandsvoraussetzungen – erstens die Gefährdung des Kindes und zweitens einen mangelnden Willen und/oder die mangelnde Fähigkeit zur Abwen-

---

90 MüKoBGB/*Lugani*, § 1666 Rn. 20; die Schwelle für Eingriffe in die Sorge eines Vormunds ist allerdings niedriger als die des § 1666 BGB, weshalb die familiengerichtliche Aufsicht schon bei Pflichtwidrigkeiten eines Vormunds/einer Vormundin, die das Interesse eines Kindes oder Jugendlichen verletzen, durch Ge- oder Verbote (§ 1837 Abs. 2 Satz 1 BGB, oder im Falle von Einzelvormündern/Vormundinnen auch mit Entlassung (§ 1886 BGB) reagieren kann.

91 In der Folge wird daher verkürzend auch von Eltern gesprochen – andere ggf. durch den § 1666 BGB angesprochene Sorgeberechtigte werden nicht jedes Mal genannt.

92 MüKoBGB/*Lugani*, § 1666 Rn. 42 f., 65 ff.; Staudinger/*Coester*, § 1666 Rn. 22 ff.; *Coester*, Embryoschutz in utero, in: FS-Coester-Waltjen, S. 29 ff.; *Czerner*, ZKJ 2010, 7 ff.

93 Staudinger/*Coester*, § 1666 BGB Rn. 3.

94 Die Gefährdung des Kindesvermögens wird im Folgenden ausgeklammert; siehe hierzu ausführlich Staudinger/*Coester*, § 1666 BGB Rn. 177–205.

dung der Gefährdung des Kindes auf Seiten der Eltern. Beide Tatbestandsmerkmale sind vom Gericht zu prüfen.

1. Kein Bezug auf Verschulden oder Kausalität

Anders als es die Formulierung bis Juli 2008 vorsah, verlangt die aktuelle Vorschrift 60
des § 1666 BGB nicht, dass die Eltern eine Gefährdung des Kindes verursacht oder (unverschuldet) versagt hätten. Nachdem Kindesmisshandlung und -vernachlässigung in der Öffentlichkeit zum Thema geworden und skandalisiert worden waren, hat der Gesetzgeber auf Vorschlag einer Gruppe von Expertinnen und Experten 2008 die „missbräuchliche Ausübung der elterlichen Sorge" sowie das „unverschuldeten Versagen der Eltern" aus der Vorschrift gestrichen. Dadurch wurden vielfache Probleme und Meinungsverschiedenheiten hinsichtlich der Auslegung der Norm, insbesondere bzgl. der Kausalität zwischen elterlichem Verhalten und kindlichen Schädigungen, ausgeräumt.[95]

Nach der aktuellen Formulierung der Vorschrift genügt es, dass eine Gefährdung 61
des Kindeswohls vorliegt, die durch die Eltern nicht abgewendet wird. Die Quelle der Gefährdung – ob durch die Eltern selbst, durch Dritte oder durch das Kind/den jungen Menschen selbst verursacht – ist unerheblich (→ Kapitel 1 Rn. 15). Auch die Abwendung von Gefährdungen durch Dritte – seien es Stiefeltern, Verwandte, Bekannte, Geschwister oder Peers des Kindes bzw. Jugendlichen – liegt in der sorgerechtlichen Verantwortung der Eltern bzw. Sorgeberechtigten.

Implizit vorausgesetzt ist bei der heute gültigen Formulierung allerdings, dass es 62
den Eltern überhaupt möglich ist, die Gefährdung abzuwenden. Nicht immer steht es in der Macht der Eltern (oder überhaupt eines Menschen), die Folgen unverschuldeter Gefährdungen wie bspw. einer entwicklungsbedrohlichen körperlichen oder psychischen Erkrankung abzuwenden.

Das Ablehnen einer weiteren Behandlung durch Sorgeberechtigte stellt sich nicht 63
per se als Sorgerechtsmissbrauch dar. Ob das Ablehnen des Erteilens einer Einwilligung in eine weitere Behandlung das Kindswohl gefährdet oder nicht, ist vielmehr davon abhängig, ob im konkreten Einzelfall die Voraussetzungen für den Verzicht auf eine weitere Behandlung vorliegen.[96]

95 Gesetz zur Erleichterung familiengerichtlicher Maßnahmen bei Gefährdung des Kindeswohls vom 4.7.2008, BGBl I S. 1188. Siehe auch Abschlussbericht der Arbeitsgruppe familiengerichtliche Maßnahmen bei Gefährdung des Kindeswohls, 2006, im Internet abrufbar unter: https://rsw.beck.de/docs/librariesprovider5/rsw-dokumente/Abschlussbericht_Kindeswohl (Abfruf 22.4.2022).

96 *Hoffmann*, § 11 Rn. 17 m.w.N.

2. Eckpunkte zur Auslegung des unbestimmten Rechtsbegriffs der Kindeswohlgefährdung

64 Bei der Konkretisierung des unbestimmten Rechtsbegriffs der Kindeswohlgefährdung hat das Bundesverfassungsgericht in den letzten Jahren mehrfach die vom BGH schon 1956 gesetzten Eckpunkte bestätigt:

> „Die Entziehung des Sorgerechts nach § 1666 Abs. 1 BGB setzt eine gegenwärtige, und zwar in einem solchen Maße vorhandene Gefahr voraus, daß sich bei der weiteren Entwicklung der Dinge eine erhebliche Schädigung des geistigen oder leiblichen Wohls des Kindes mit ziemlicher Sicherheit voraussehen läßt." (BGH 1956)[97]

> „Die Annahme einer nachhaltigen Gefährdung des Kindes setzt voraus, dass bereits ein Schaden des Kindes eingetreten ist oder eine Gefahr gegenwärtig in einem solchen Maße besteht, dass sich bei ihrer weiteren Entwicklung eine erhebliche Schädigung mit ziemlicher Sicherheit voraussehen lässt." (BVerfG 2014)[98]

65 Die Bestimmung der Kindeswohlgefährdung durch das Bundesverfassungsgericht kann in einem Punkt kritisch gesehen werden, nämlich insofern die gesetzliche Formulierung verkürzt wird. Die Gegenüberstellung der zwei Möglichkeiten einer nachhaltigen Gefährdung durch das Wörtchen *„oder"* bedeutet streng genommen nämlich, dass eine Kindeswohlgefährdung anzunehmen ist, wenn ein Schaden bereits eingetreten ist, ohne dass in diesem Halbsatz formuliert wäre, dass er erheblich sein und mit einer fortbestehenden Gefährdung einhergehen muss. Das ist inkompatibel mit der gesetzlichen Vorgabe: Selbst ein erheblicher eingetretener Schaden, also bspw. eine Entwicklungsbeeinträchtigung oder Einschränkung eines Kindes wegen unzureichender medizinischer Betreuung, begründet keine Kindeswohlgefährdung, wenn die medizinische Betreuung inzwischen sichergestellt ist. Die insofern etwas verkürzte, aber häufig zitierte Formulierung muss daher dahingehend ausgelegt werden, dass bereits eingetretene Schäden bei einer fortbestehenden Gefährdung des Kindes einzubeziehen und zu berücksichtigen sind.

a) … wird das körperliche, geistige oder seelische Wohl des Kindes … gefährdet

66 Die Vorschrift unterscheidet zwischen der Gefährdung des körperlichen, geistigen und seelischen Wohls des Kindes. Diese Differenzierung löste schon 1979 eine ältere Fassung der Vorschrift ab[99], in der vom „geistigen oder leiblichen Wohl" des

97 BGH, 14.7.1956 – IV ZB 32/56, FamRZ 1956, 350.

98 Etwa: BVerfG, 27.8.2014 – 1 BvR 1822/14, FamRZ 2014, 1772; BVerfG, 14.6.2014 – 1 BvR 725/14, JAmt 2014, 419; BVerfG, 24.3.2014 – 1 BvR 160/14, ZKJ 2014, 295 = JAmt 2014, 223.

99 Gesetz zur Neuregelung des Rechts der elterlichen Sorge vom 18.7.1979, BGBl. I S. 1061.

Kindes die Rede war.[100] Es ist kritisch zu sehen, dass die veraltete gesetzliche Formulierung vom „geistigen und leiblichen Wohl" durch den BGH nach mehr als 40 Jahren in ständiger Rechtsprechung fortgeschrieben wird.[101]

Auch die Formulierung des aktuellen § 1666 BGB ist allerdings nicht konsequent einem modernen Sprachgebrauch angepasst: Zwar wurde das „leibliche" umbenannt zum „körperlichen" Wohl und um das „seelische Wohl" ergänzt, jedoch überdauerte der Begriff des „geistigen Wohls" in der Vorschrift. Aus heutiger Sicht müsste wohl eher von der kognitiven Entwicklung eines Kindes die Rede sein, die in der neueren Rechtsprechung zumindest auch Erwähnung findet, wenn sie auch selten in den Vordergrund rückt.[102] **67**

- **Begriff des Kindeswohls**

Die Bestimmung einer Kindeswohlgefährdung kann letztlich nicht gelingen ohne einen positiven Begriff des Kindeswohls – auch wenn es nicht Ziel des § 1666 BGB ist, das Wohl des Kindes (bestmöglich) zu sichern.[103] Eine Annäherung kann über verschiedene Wege erfolgen: Zuweilen wird das Kindeswohl daran geknüpft, ob **grundlegende und unabweisbare Bedürfnisse des Kindes** altersgemäß erfüllt werden. Grundbedürfnisse von Kindern werden unterschiedlich beschrieben.[104] Allen Einteilungen gemeinsam ist jedoch, dass **physische Bedürfnisse** nach Nahrung, Pflege, Schutz vor Gefahren angesprochen werden, **soziale Bedürfnisse** nach Bindung, Zugehörigkeit und Wertschätzung und auch **Bedürfnisse nach persönlichem Wachstum** durch Anregung, Spiel, Anleitung und Möglichkeiten, sich auszuprobieren.[105] **68**

Bedürfnisorientierte Ansätze greifen jedoch zu kurz im Hinblick darauf, dass der Begriff des Kindeswohls nicht nur die aktuelle Befriedigung von Bedürfnissen, sondern die Entwicklungsmöglichkeiten und -fähigkeiten des Kindes zwingend berücksichtigen muss, wenn dem grundlegenden Prozess des Hineinwachsens von Kindern in die Gesellschaft Rechnung getragen werden soll. Als tragfähigerer Ansatz erscheint es daher, das Wohl eines Kindes (auch) daran festzumachen, ob seine Erziehungsbedingungen ihm ermöglichen, zu einer **eigenverantwortli-** **69**

---

100 § 1666 BGB in der Fassung von 1900 bis 1979: „Wird das geistige oder leibliche Wohl des Kindes dadurch gefährdet, daß der Vater das Recht der Sorge für die Person des Kindes mißbraucht, das Kind vernachlässigt oder sich eines ehrlosen oder unsittlichen Verhaltens schuldig macht, so hat das Vormundschaftsgericht die zur Abwendung der Gefahr erforderlichen Maßregeln zu treffen."

101 BGH, 6.2.2019 – XII ZB 408/18, FamRZ 2019, 598; BGH, 23.11.2016 – XII ZB 149/16, FamRZ 2017, 212.

102 Etwa OLG Schleswig, 31.5.2019 – 13 UF 13/19, FamRZ 2020, 596; OLG Hamm, 13.12.2017 – 2 UF 176/17, FamRZ 2018, 830.

103 BVerfG, 24.3.2014 – 1 BvR 160/14, ZKJ 2014, 295 = JAmt 2014, 223; BVerfG, 17.2.1982 – 1 BvR 188/80, FamRZ 1982, 567–570.

104 Am bekanntesten ist die Maslowsche Bedürfnispyramide als Basis für die Einteilung von Grundbedürfnissen, wobei die Vorstellung des Aufeinanderaufbauens von Bedürfnissen als überholt gelten darf. Eine neuere Herangehensweise findet sich bei *Brazelton/Greenspan,* Die sieben Grundbedürfnisse von Kindern.

105 Vgl. etwa *Werner,* in: *Kindler,* Handbuch Kindeswohlgefährdung, 13-1.

chen und gemeinschaftsfähigen Persönlichkeit heranzuwachsen.[106] Eine Kindeswohlgefährdung ist im Umkehrschluss gegeben, wenn sich abzeichnet, dass mit ziemlicher Sicherheit vorhersehbar ist, dass der junge Mensch daran scheitern wird, das notwendige Anpassungsvermögen und zugleich die Herausbildung und das Verfolgen individueller Zielsetzungen zu entwickeln, die für Erwachsene in der heutigen Gesellschaft unverzichtbar sind.

70 Einen ausgearbeiteteren Zugang zum Kindeswohl bietet *Wapler* an, die zwischen Gegenwart und Zukunft des Kindes eine Brücke schlägt, wenn sie das Kindeswohl im Spannungsfeld von gegenwärtigen Belangen und Bedürfnissen des Kindes und seinen Interessen an einer Entfaltung, die ein selbstbestimmtes Leben in der Zukunft ermöglicht, lokalisiert. Das Kindeswohl ist nach dieser Herangehensweise gegeben, wenn die körperlichen Grundbedürfnisse des Kindes erfüllt, seinen individuellen Interessen an Entfaltung bestmöglich gedient und es dabei in die Entscheidungen über sein Wohl einbezogen wird und seine Neigungen und Talente berücksichtigt werden.

71 Eine Kindeswohlgefährdung liegt dagegen vor, wenn auch **die unverzichtbaren Bedingungen für „das Kindeswohl nicht gewährleistet sind oder in naher Zukunft nicht mehr gewährleistet zu sein drohen**. Als unverzichtbare Bedingungen können angenommen werden: (1) die materielle Versorgung mit Nahrung, Kleidung und Obdach; (2) die gesundheitliche Erhaltung des Kindes; (2) der Schutz des Kindes vor Übergriffen auf seine leibliche, seelische oder geistige Integrität; (3) langfristige und tragfähige soziale Beziehungen; (4) eine angemessene Bildung sowie Chancen, die das Kind befähigen, später seine Lebensweise selbst zu wählen, seinen Lebensunterhalt selbst zu verdienen und am politischen Gemeinwesen teilzuhaben, sowie (5) der grundlegende Respekt vor der individuellen Persönlichkeit des Kindes, der sich in der adäquaten Berücksichtigung seiner Interessen, der Gewährung entwicklungsangemessener Handlungsspielräume und der Beteiligung des Kindes an Entscheidungen über seine Belange in geeigneten Formen äußert."[107]

72 Die Bestimmung des Kindeswohls durch *Wapler*, die mehrere Ebenen und den zeitlichen Prozess berücksichtigt, ist auch geeignet, das Wohl von Kindern zu erfassen, die mit einer angeborenen oder erworbenen Behinderung aufwachsen, sodass das Ziel eines eigenständigen Lebens möglicherweise nicht (vollständig) erreichbar ist.

- **Der Wille des Kindes als untrennbarer Bestandteil des Kindeswohls**

73 Auch wenn Kindeswohl und Kindeswille nicht immer übereinstimmen müssen, ist der **Wille des Kindes** untrennbar mit dessen Wohl verbunden. Denn zum Wohl des Kindes gehört eine Erziehung, die es ihm ermöglicht, zu einer selbstbestimm-

106 Vgl. Staudinger/*Coester*, § 1666 BGB Rn. 71. Die Formulierung orientiert sich am programmatischen Anspruch des § 1 SGB VIII, dessen durch das Kinder- und Jugendstärkungsgesetz erweiterte Formulierung nun lautet: „Jeder junge Mensch hat ein Recht auf Förderung seiner Entwicklung und auf Erziehung zu einer selbstbestimmten, eigenverantwortlichen und gemeinschaftsfähigen Persönlichkeit".

107 *Wapler*, Kinderrechte und Kindeswohl, 519.

ten, eigenverantwortlichen und gemeinschaftsfähigen Persönlichkeit heranzuwachsen. Dieses in § 1 Abs. 1 SGB VIII als Recht jedes jungen Menschen festgelegte Erziehungsziel ist auch vom Bundesverfassungsgericht mehrfach als grundlegend für die elterliche Verantwortung und den Respekt gegenüber der Selbstständigkeitsentwicklung und Willensbildung des Kindes benannt worden.[108]

Auf der Tatbestandsseite – also bei der Ermittlung und Feststellung einer Kindeswohlgefährdung – spielt der Wille des Kindes u.a. eine Rolle bei Autonomiekonflikten in der Adoleszenz. Wird der Wille eines jungen Menschen so massiv übergangen, dass eine eigenständige Persönlichkeitsentwicklung und Gestaltung von Kontakten verhindert wird, ist die Grenze der Kindeswohlgefährdung überschritten.[109] Auch bei Rückführungen aus einer Pflegefamilie zu den Eltern kann das Übergehen des Willens des Kindes zur Feststellung einer Kindeswohlgefährdung führen.[110] 74

b) Gegenwärtige und konkrete Gefahr

Die Gefahr für das Wohl des Kindes muss gegenwärtig vorhanden und konkret sein, damit der Tatbestand der Kindeswohlgefährdung erfüllt ist. Eine abstrakte zukünftige Gefahr oder eine schon bewältigte in der Vergangenheit liegende Gefahr genügen nicht.[111] Dies lässt sich dahingehend übersetzen, dass es dem Gericht bei der Prüfung einer Kindeswohlgefährdung v.a. auf **erwartbare konkrete Schädigungen für das individuelle Kind** ankommt.[112] Eine sorgfältige Beschreibung des mangelhaften oder schädlichen Erziehungsverhaltens der Eltern(teile) ist daher zwar notwendig, aber nicht ausreichend für die Feststellung einer Kindeswohlgefährdung. 75

Ebenfalls nicht ausreichend für die Feststellung einer Kindeswohlgefährdung ist es, wenn etwa das Jugendamt Familien- oder Wohnverhältnisse als „latent kindeswohlgefährdend" bezeichnet.[113] Vielmehr muss gerade die konkrete Gefährdung des Kindes durch eine schädigende Umgebung beschrieben werden. Es müssen also sowohl konkrete Angaben zu den schädigenden familiären Bedingungen und Wohnverhältnissen gemacht werden als auch dazu, welche Entwicklungsrückstände oder -auffälligkeiten beim Kind/Jugendlichen bestehen und sich unter den gegebenen Bedingungen zu verfestigen oder zu verschlechtern drohen (→ Kapitel 4 Rn. 35). 76

Allerdings sollte eine aus juristischer Sicht fälschliche und möglicherweise irrtümliche Bezeichnung einer Gefährdung als „latente" Gefährdung kein Anlass für das Familiengericht sein, darauf zu schließen, dass eine durch chronische Vernachlässi- 77

108 BVerfG, 3.2.2017 – 1 BvR 2569/16, FamRZ 2017, 524; BVerfG, 27.6.2008 – 1 BvR 311/08, FamRZ 2008, 1737.

109 Staudinger/*Coester*, § 1666 BGB Rn. 152.

110 BVerfG, 3.2.2017 – 1 BvR 2569/16, FamRZ 2017, 524.

111 BGH, 6.2.2019 – XII ZB 408/18, FamRZ 2019, 598.

112 Vgl. Heilmann/*Cirullies* 2020, § 1666 BGB Rn. 21.

113 OLG Saarbrücken, 22.2.2016 – 6 UF 8/16, ZKJ 2016, 269; vgl. auch BVerfG, 24.3.2014 – 1 BvR 160/14, ZKJ 2014, 295 = JAmt 2014, 223.

gung bedingte konkrete Kindeswohlgefährdung nicht vorliegen kann. Das Gericht hat auch dann, wenn es Bezeichnungen oder Beschreibungen einer Kindeswohlgefährdung für ungenügend hält, im Zuge der Amtsermittlung sorgfältig zu prüfen, ob das Fürsorgeverhalten der Eltern an zentralen Bedürfnissen des Kindes vorbeigeht und ob und welche Schädigungen des Kindes schon eingetreten sind und mit ziemlicher Sicherheit fortbestehen oder sich verschlechtern werden.

78 ***Praxistipp***

→ **Familiengericht**

Bei den Ermittlungen zum Tatbestand empfiehlt es sich, dem Jugendamt oder anderen Beteiligten im Verfahren, die von einer „latenten" Gefährdung sprechen, Fragen nach der Prognose für die Entwicklung des Kindes im kognitiven, seelisch-emotionalen und körperlichen Bereich zu stellen, z.B.: „Wenn Sie sich in eine Zeit in einem Monat / in einem Jahr hineinversetzen und alles so weitergeht wie bisher, wie wird sich nach Ihrer Einschätzung die Entwicklung des Kindes nach diesem Zeitraum darstellen?"

79 Dabei kann nach kurzfristig erwartbaren Schädigungen (insbesondere bei Säuglingen und Kleinkindern, die gesundheitlich etwa durch Vernachlässigung besonders gefährdet sind), aber auch mittelfristigen oder langfristigen Prognosen gefragt werden. Entsprechende Fragen können auch an die/den Sachverständige*n gerichtet werden.

80 Unterschiedliche Auffassungen des Sachverständigen, Jugendamts und weiterer Beteiligter wie dem Verfahrensbeistand oder professionellen Helfenden zu vorliegenden bzw. erwartbaren Schädigungen erfordern eine Auseinandersetzung des Gerichts mit diesen Widersprüchen.[114] Wechselseitige Fragen dazu, wie die Beteiligten die Auffassungsunterschiede erklären, können dabei hilfreich sein.

c) Eingetretener und zukünftiger Schaden

81 Eingetretene Schädigungen eines Kindes wie bspw. motorische oder kognitive Entwicklungsverzögerungen oder Verletzungen sind in vielen Fällen diagnostizierbar. Schwierigkeiten kann allerdings ihre Rückführung auf die Erziehungsbedingungen machen. Nicht immer lässt sich entscheiden, ob etwa Entwicklungsverzögerungen auf angeborene Defizite, eine Erkrankung oder äußere Ereignisse zurückzuführen sind. Liegt eine chronische Vernachlässigung vor, ist deren Einfluss auf typische Schädigungen jedoch naheliegend[115] (→ Rn. 122 ff.). Bei einer massiven Verletzung, die einem Kind im Verantwortungsbereich der Eltern zugefügt wurde, liegt eine Kindeswohlgefährdung vor – auch wenn nicht ermittelt werden konnte, ob und welcher Elternteil sie herbeigeführt hat. Auch ein Freispruch eines

114 BVerfG, 22.5.2014 – 1 BvR 3190/13, JAmt 2014, 415.
115 BVerfG, 23.4.2018 – 1 BvR 383/18, FamRZ 2018, 1084.

Elternteils in einem Strafverfahren ist insofern unerheblich.[116] Ein strafrechtlicher Freispruch, der auch aus Mangel an Beweisen erfolgen kann, bedeutet nicht, dass keine Gefährdung des Kindeswohls besteht. Im Fokus des Familiengerichts steht der Schutz des Kindes, nicht die Schuld der Eltern (→ Rn. 60 ff.).

Auch andere eingetretene Entwicklungsschädigungen sind maßgeblich für die Feststellung einer Kindeswohlgefährdung, wenn weiterhin gefährdende Umstände, ob Unterlassungen oder Handlungen, zu erwarten sind. Schwieriger als die Diagnose bereits eingetretener Schädigungen ist jedoch die Prognose zukünftiger Schädigungen. Jedoch liegen Forschungsergebnisse vor, die zeigen, dass das Erleben von Vernachlässigung, körperlicher, emotionaler oder sexueller Gewalt, insbesondere bei dauerhaftem oder wiederholtem Vorkommen, die Entwicklung von Kindern in vielen Fällen nachhaltig schädigt. Psychische Beeinträchtigungen, ungünstige Bindungsmuster, Auffälligkeiten im (Sozial-)Verhalten, kognitive Beeinträchtigungen und Dysregulationen in der Stressregulation bestehen oft bis ins Erwachsenenalter (→ Kapitel 23 Rn. 64 ff.).[117] 82

Praxistipp 83

→ **Jugendamt**

Das Jugendamt, aber auch im Verfahren beteiligte Fachkräfte der Hilfen zur Erziehung sollen eingetretene und nach ihrer Einschätzung erwartbare Schädigungen des Kindes so präzise wie möglich beschreiben, um dem Gericht die Feststellung zu ermöglichen, ob der Tatbestand einer Kindeswohlgefährdung vorliegt. Dasselbe gilt für die Erziehungsbedingungen. Dabei sollen die Erkenntnisgrundlagen und Methoden der Informationssammlung und Auswertung benannt werden – bspw. Akten, Hilfeplangespräche, Verlauf der Hilfe, Beobachtungen der Entwicklung des Kindes, Gespräche mit ihm und den Eltern, Kinderschutzbögen oder sozialpädagogische Diagnosetabellen. Auf Erfahrungen mit Hilfeverläufen und bekannte wissenschaftlich begründete Zusammenhänge soll verwiesen werden.

→ **Familiengericht**

Umgekehrt erfordert die Feststellung einer Kindeswohlgefährdung, dass das Familiengericht bei seinen Ermittlungen Informationslücken geschlossen hat, indem es dem Jugendamt und anderen Beteiligten konkretisierende Fragen zu erwartbaren Schädigungen des Kindes, zu Erziehungsbedingungen und den Methoden der Erkenntnisgewinnung gestellt hat. Insbesondere muss sich die Feststellung einer Kindeswohlgefährdung auch darauf stützen, dass das Gericht Widersprüche zwischen den Beteiligten – etwa dem Jugendamt,

116 BVerfG, 3.2.2017 – 1 BvR 2569/16, FamRZ 2017, 524; BVerfG, 31.3.2010 – 1 BvR 2910/09, FamRZ 2010, 865.

117 Zu einem Überblick etwa *Kindler*, Praxis der Kinderpsychologie und Kinderpsychiatrie 2009, 764–785.

dem/der Sachverständigen, Fachkräften der Hilfen zur Erziehung, Betroffenen – durch Befragung und ggf. weitere Ermittlungen nachgegangen ist.

d) Erhebliche Schädigung ...

84 Erst eine **erhebliche** Schädigung begründet eine Kindeswohlgefährdung. *Kindler* führt dazu aus: „Erhebliche Schädigungen können etwa Gefahren für das Leben oder die Gesundheit eines Kindes betreffen oder ein absehbares Scheitern des Kindes an zentralen Sozialisationszielen, wie etwa Eigenständigkeit und Gemeinschaftsfähigkeit (vgl. § 1 Abs. 1 SGB VIII) sein."[118] Damit ist jedoch die Frage nach der konkreten Bestimmung der Schwelle der Erheblichkeit noch nicht beantwortet. In welchen Fällen kann etwa von Scheitern an Sozialisationszielen, in welchen muss noch von überwindbaren Schwierigkeiten dabei gesprochen werden?

85 Im Zusammenhang mit der Frage nach der Erheblichkeit von Schädigungen wird häufig zitiert, dass nicht jedes Versagen oder jede Nachlässigkeit der Eltern den Staat auf der Grundlage seines Wächteramts berechtige, die Eltern von der Pflege und Erziehung ihres Kindes auszuschalten oder gar selbst diese Aufgabe zu übernehmen.[119] Es gehöre nicht zu den Aufgaben des Staates, eigene Erziehungsvorstellungen an die Stelle derer der Eltern zu setzen und für eine **bestmögliche Förderung** eines Kindes zu sorgen.[120]

86 Das Bayerische Oberste Landesgericht hat vor etlichen Jahren in diesem Zusammenhang im Orientierungssatz einer Entscheidung sehr prägnant festgestellt, dass „das Rauchen der Eltern in der Familienwohnung [...] für sich allein [...] ebensowenig wie eine gefahrgeneigte sportliche Betätigung der Kinder, die von den Eltern geduldet oder gefördert wird, oder eine in der Familie übliche, aus medizinischer Sicht aber einseitige und unsachgemäße Art der Ernährung" staatliche Eingriffe nach § 1666 BGB rechtfertigt. Auch das Passivrauchen sei hinzunehmen, wenn es nicht „für das Kind etwa wegen außergewöhnlicher Veranlagungen oder wegen Krankheiten eine konkrete besondere Gefährdung darstellt."[121]

87 Seine Grenze findet die elterliche Freiheit in der Erziehung also wiederum in den Auswirkungen auf das Kind, wenn diese den Grad einer erheblichen Schädigung annehmen. Das gilt für alle Formen des Unterlassens fürsorglichen Handelns, des Unterlassens von Rücksichtnahme auf das Kind sowie auch für Erziehungsvorstellungen, die auf die Wirkung von (Körper-)Strafen setzen.

88 Einen wichtigen Indikator für die Erheblichkeit einer Schädigung bildet deren **(Ir-)Reversibilität**. Auch wenn bspw. eine teils ungesunde Ernährung, die etwa Pommes frites und Coca Cola häufiger einschließt, für sich noch nicht als Kindeswohlgefährdung betrachtet werden kann, gilt etwas anderes für eine vitamin- und

---

118 *Kindler*, Praxis der Kinderpsychologie und Kinderpsychiatrie 2009, 766.

119 BVerfG 23.8.2006 – 1 BvR 476/04, JAmt 2006, 516.

120 Etwa OLG München, 8.7.2019 – 26 UF 285/19, FamRZ 2019, 1706; BVerfG, 20.1.2016 – 1 BvR 2742/15, FamRZ 2016, 439.

121 BayObLG, 30.4.1993 – 1Z BR 104/92, FamRZ 1993, 1350.

mineralstoffarme Ernährung, die beim Kind nicht umkehrbare gesundheitliche Gesundheitsschädigungen hinterlassen kann wie etwa Wachstumsstörungen.

Beachtlich ist auch, ob Mangelversorgung oder Sanktionen eine **prägende Wirkung** auf einen oder mehrere Entwicklungsbereiche haben, bspw. auf die Entwicklung der Sensorik, wenn die Wahrnehmungsfähigkeit von Kälte, Wärme oder Schmerz verändert bzw. vermindert ist. Mangelversorgung, aber auch Körperstrafen, die unterhalb der Schwelle von ernsthaften Verletzungen liegen, können zudem **im Erleben des Kindes eine dominante Rolle** spielen: Ständige Angst oder dauernder Hunger eines Kindes erreichen die Schwelle eines erheblichen Schadens, dessen Hinnahme nicht durch den grundsätzlich notwendigen Respekt für elterliche Erziehungsvorstellungen begründet werden kann. 89

Grundsätzlich ist die Rechtsprechung immer im Kontext des konkreten Falles sowie auch vor dem Hintergrund des Stands der Wissenschaft zu betrachten. Zudem spielen **gesellschaftliche Wandlungsprozesse** in die Beurteilung der Erheblichkeitsschwelle eines Schadens hinein. Die ältere Rechtsprechung kann daher nur bedingt Orientierungshilfe geben. Fraglich dürfte bspw. schon sein, ob die oben zitierte fast 30 Jahre alte Rechtsprechung zum Passivrauchen vor dem Hintergrund veränderter gesellschaftlicher Normen und Gesetze[122] hinsichtlich des Rauchens Bestand haben wird.[123] In Bezug auf noch hinnehmbare elterliche Eingriffe in die Integrität des Kindes entfaltet das im Jahr 2000 in Kraft getretene Verbot von Körperstrafen, seelischen Verletzungen und entwürdigenden Erziehungsmaßnahmen in § 1631 Abs. 2 BGB Ausstrahlung: Regelmäßige Züchtigung durch die Rute als Strafmaßnahme ist – bestätigt auch durch den EGMR – heute als Kindeswohlgefährdung anzusehen.[124] 90

Besonders schwierig – und daher im Sinne des Schutzes des Kindes auch besonders wichtig – ist die Beurteilung der Erheblichkeit von erwartbaren Schädigungen im Falle von Vernachlässigung und/oder vielfach an den Bedürfnissen des Kindes vorbeigehendem Erziehungsverhalten, wenn dieses bei singulärem Auftreten nicht als Gefährdung gewertet werden kann (→ Rn. 122 ff.). Dabei ist auch zu beachten, dass schädigende Erziehungsbedingungen sich bei Kindern oder Jugendlichen, die bereits Entwicklungsdefizite oder eine besondere Vulnerabilität entwickelt haben, eine kumulative Wirkung entfalten können. 91

e) … mit ziemlicher Sicherheit vorauszusagen …

Schließlich muss die Voraussage der erheblichen Schädigung kindlicher Entwicklung mit „ziemlicher Sicherheit" getroffen werden können, wenn der Tatbestand der Kindeswohlgefährdung erfüllt sein soll. Das Familiengericht muss daher so 92

---

122 Nichtraucherschutzgesetz (BNichtrSchG) 2007.

123 MüKoBGB/*Lugani*, § 1666 Rn. 53; die Frage des Rauchens in der Wohnung ist in aktuelleren Verfahren nach § 1666 BGB des Öfteren Thema, bspw.: OLG Hamm, 26.8.2013 – II-8 UF 133/13, NZFam 2014, 474; OLG Brandenburg, 16.2.2009 – 9 WF 15/09.

124 OLG Nürnberg, 11.6.2015 – 9 UF 1430/14, IPRspr 2015, Nr. 244, 608–609; EGMR, 22.03.2018 68125/14, 72204/14, FamRZ 2019, 594.

weit als möglich eine Informationsgrundlage erreichen, die es ermöglicht zu beurteilen, ob eine „ziemliche Sicherheit" der Voraussage gegeben ist.

93 In eindeutigen Fällen, etwa gesundheitsbedrohlicher Mangelernährung eines Säuglings oder massiver Misshandlung eines Kleinkinds, wird das Kriterium der „ziemlichen Sicherheit" ohne Weiteres erfüllt sein.[125] In vielen Fällen, gerade bei der am häufigsten vorkommenden Form (vermuteter) Gefährdung eines Kindes, der chronischen Vernachlässigung, ist es jedoch schwierig, die Sicherheit der Prognose zu bestimmen bzw. zu beurteilen. Bedingung für das Einschätzen der Sicherheit einer Prognose über die Erheblichkeit von Schädigungen eines bestimmten Kindes ist zum einen das Vorliegen möglichst genauer Informationen, die in der Regel aus mehreren Quellen zusammengetragen werden müssen (→ Kapitel 24). Voraussetzung für das Zusammentragen *relevanter* Informationen wiederum ist, dass bekannt ist, welche **bedeutsamen Risikofaktoren** für eine Kindeswohlgefährdung oder deren Wiederholung wissenschaftlich belegt sind, wie etwa frühere Gefährdungsereignisse in der Familie, Gefährdungserfahrungen der Eltern in ihrer Kindheit, Sucht oder psychische Erkrankung der Mutter, eine geringe Belastbarkeit oder eine grob unangemessene Strenge des Vaters oder unzureichende Einkommensverhältnisse. Es liegen wissenschaftliche Ergebnisse dazu vor, dass eine Häufung solcher Risikofaktoren die Wahrscheinlichkeit deutlich erhöht, dass in der Zukunft eine Gefährdung des Kindes wieder auftritt[126] (→ Kapitel 22 Rn. 35).

94 Bei der Bestimmung der Prognosesicherheit im individuellen Fall tritt neben die Frage nach dem Vorliegen von Risikofaktoren mit statistisch belegter Bedeutung die Frage nach **Einsichten in den bisherigen und zukünftig wahrscheinlichen Fallverlauf**. Denn nicht alle Umstände eines Falles lassen sich im Sinne strukturell vorliegender, erhebbarer und in ihrer Bedeutung erforschter Risikofaktoren darstellen und die statistische Bedeutung eines Risikos lässt sich nicht ohne Weiteres in den individuellen Fall übersetzen. Im Zusammenhang mit der Prognose für bestimmte Kinder/Jugendliche kann danach gefragt werden, welche Mechanismen und Prozesse in dieser Familie dafür verantwortlich sind oder sein können, dass es tatsächlich zur Vernachlässigung oder Misshandlung gekommen ist, kommt und ggf. kommen wird (→ Kapitel 22 Rn. 44 ff.). Liegt bspw. eine herabgesetzte Belastbarkeit des Vaters (als Risikofaktor) vor und ist die Familie zugleich in Gegenwart und/oder Zukunft besonderen Belastungen ausgesetzt wie Arbeitslosigkeit, chronischer Erkrankung oder Konflikten in der Herkunftsfamilie? Auch Informationen über den bisherigen Verlauf der Entwicklung des Kindes können zur Prognosesicherheit beitragen. Dabei sind auch Informationen aus Anhörungen von Kindern und Jugendlichen, deren eigene Einschätzungen und Erwartungen zu berücksichtigen.

125 BGH, 6.2.2019 – XII ZB 408/18, FamRZ 2019, 598.

126 *Kindler* et al. ZKJ 2008, 503; *Kindler*, Praxis der Kinderpsychologie und Kinderpsychiatrie 2009, 770.

Exkurs: bloß hinreichende Eintrittswahrscheinlichkeit als ausreichende Grundlage für die Feststellung einer Kindeswohlgefährdung 95

Besondere Schwierigkeiten bereiten dem Familiengericht Fälle, in denen zwar eine gewisse Unklarheit darüber herrscht, **ob** eine Kindeswohlgefährdung vorliegt oder eintreten könnte – gleichzeitig aber ganz erhebliche Schädigungen des Kindes erwartbar sind, **wenn** sie eintritt. Das kann bspw. der Fall sein bei Erziehungspersonen, die hoch impulsiv und schon bisher durch Gewalttätigkeiten aufgefallen sind oder im Falle von Bezugspersonen von Kindern/Jugendlichen, die bereits in der Vergangenheit wegen sexueller Straftaten gegen Kinder verurteilt wurden.

In einem Fall eines bereits wegen sexueller Straftaten gegen Kinder verurteilten Straftäters, der mit Mutter und Tochter zusammenlebte, hat der BGH 2016 zum ersten Mal die Anforderungen an die Schwelle für Sorgerechtseingriffe gesenkt und festgestellt: Eine Kindeswohlgefährdung „besteht bei einer gegenwärtigen, in einem solchen Maß vorhandenen Gefahr, dass [...] eine erhebliche Schädigung des geistigen oder leiblichen Wohls des Kindes mit *hinreichender Wahrscheinlichkeit* zu erwarten ist. [...]. An die Wahrscheinlichkeit des Schadenseintritts sind dabei umso geringere Anforderungen zu stellen, je schwerer der drohende Schaden wiegt." [127]

Eine Kindeswohlgefährdung kann danach auch dann vorliegen, wenn ein Schadenseintritt nicht mit ziemlicher Sicherheit, sondern nur mit hinreichender Wahrscheinlichkeit erwartbar ist.

Der BGH vertritt jedoch zugleich, dass bei einer „hinreichenden Wahrscheinlichkeit" einer Schädigung ein (teilweiser) Entzug der elterlichen Sorge nicht infrage komme, sondern das Familiengericht in diesem Falle ausschließlich Ge- oder Verbote an die Elternteile erteilen könne:

> *„Die – auch teilweise – Entziehung der elterlichen Sorge [...] kann daher nur bei einer nachhaltigen Gefährdung des Kindes mit einer höheren – einer ebenfalls im Einzelfall durch Abwägung aller Umstände zu bestimmenden ziemlichen – Sicherheit eines Schadenseintritts verhältnismäßig sein. Die Anordnung weniger einschneidender Maßnahmen kann dagegen bereits bei geringerer Wahrscheinlichkeit verhältnismäßig sein."* [128]

Zwar sind Überlegungen zur Erleichterung der Feststellung des Tatbestands der Kindeswohlgefährdung, wie sie der BGH hier angestellt hat, nachvollziehbar und auch notwendig, um in bestimmten Fallkonstellationen das Kind schützen zu können.[129] Jedoch überzeugt die Argumentation, die die Tiefe und Art des Eingriffs ausschließlich an den Grad der Wahrscheinlichkeit einer schädigenden Einwirkung auf das Kind bindet, nicht. Denn wenn eine Maßnahme zum Schutz des Kindes ergriffen werden muss, muss das

127 BGH, 23.11.2016 – XII ZB 149/16, FamRZ 2017, 212 (so Leitsatz).
128 BGH, 6.2.2019 – XII ZB 408/18, FamRZ 2019, 598, Rn. 33.
129 Zum Ganzen ausführlich *Schäder*, NZFam 2019, 605 ff.

erste Kriterium dafür deren Eignung sein. Wenn bspw. im Falle einer potenziell gewalttätigen Erziehungsperson eines Kleinkinds angenommen wird, dass eine hinreichende Wahrscheinlichkeit für einen Gewaltausbruch besteht (bspw. von rund 30 % laut Beschluss des BGH)[130], bildet ein Gebot (etwa das Kind nicht zu schlagen) keinen ausreichenden Schutz. Daher wird hier vertreten, dass die Verhältnismäßigkeit einer Schutzmaßnahme nicht sinnvoll unabhängig von ihrer Eignung zur Abwendung der Gefährdung vorab festgelegt werden kann (→ Kapitel 3 Rn. 184).[131]

Grundsätzlich muss ein geeigneter Eingriff zum Schutz des Kindes umso mehr in Betracht gezogen werden, je gravierender die Folgen des schädigenden Ereignisses sind, ist jedoch umso weniger angezeigt, je geringer die Wahrscheinlichkeit ist, dass es eintritt.

3. Mangelnde Bereitschaft oder Fähigkeit der Eltern, die Gefahr abzuwenden, als Tatbestandsmerkmal

96 Auch wenn eine gegenwärtige Gefährdung des Kindes festgestellt werden kann, muss als Voraussetzung eines Sorgerechtseingriffs hinzukommen, dass die Eltern diese nicht nur in der Vergangenheit zugelassen bzw. nicht verhindert haben, sondern auch zukünftig nicht abwenden wollen und/oder können. Für die Feststellung des Tatbestands der Gefährdung spielen die Gründe mangelnder Abwendungsmöglichkeiten der Eltern keine Rolle.

97 Die „elterlichen Möglichkeiten zur Gefahrenabwendung sind „zentrales Thema bei der richterlichen Anhörung der Eltern, insbesondere aber bei der Erörterung der Kindeswohlgefährdung gem. § 157 FamFG. Dennoch werden Abwendungsfähigkeit und -bereitschaft der Eltern in der Entscheidungspraxis nicht immer explizit behandelt."[132]

98 In manchen Fällen kann die Frage der elterlichen Abwendungsmöglichkeiten sich bereits aus der Erörterung des Vorliegens der Kindeswohlgefährdung ergeben. Eine gänzlich fehlende Einsicht, dass vom Familiengericht festgestellte Schädigungen des Kindes vorliegen bzw. zu erwarten sind, oder die Unfähigkeit, elementare Bedürfnisse des Kindes wahrzunehmen, verunmöglicht den Eltern die Abwendung einer Gefährdung ihres Kindes.[133] Dasselbe kann bei einer Kindeswohlgefährdung der Fall sein, die aus einer psychischen Erkrankung eines Elternteils ohne Krankheitseinsicht resultiert.[134]

---

130 Diese Prozentzahl nennt der BGH in seinem Beschluss – es sei hier dahingestellt, ob eine solche Ermittlung in Prozentzahlen im Einzelfall realistisch ist.

131 Vgl. auch OLG Karlsruhe, 3.8.2018 – 18 UF 91/18, FamRZ 2018, 1830, Rn. 45 f., BGH, 23.11.2016 – XII ZB 149/16, FamRZ 2017, 27, Rn. 13 ff.

132 Staudinger/*Coester*, § 1666 BGB, Rn. 172.

133 KG, 15.1.2016 – 13 UF 202/14, FamRZ 2016, 641.

134 OLG Dresden, 7.8.2007 – 20 UF 155/07, FamRZ 2008, 712.

Zur Prüfung der Abwendungsmöglichkeiten der Eltern gehört die – nach dem Verhältnismäßigkeitsgrundsatz in § 1666a BGB ohnehin zu betrachtende – Frage, ob zu erwarten ist, dass sie öffentliche Hilfen annehmen und diese zur Abwendung der Kindeswohlgefährdung auch tatsächlich nutzen können. Meist geht es dabei um Hilfen zur Erziehung nach dem SGB VIII, es können aber ergänzend auch Hilfen des Gesundheitssystems relevant sein wie psychiatrische Unterstützung, psychologische Therapie oder die Inanspruchnahme von Ergotherapie oder Logopädie für das Kind. Die Bekundung der Eltern vor Gericht, dazu (zum Zeitpunkt des familiengerichtlichen Verfahrens) bereit zu sein, reicht nicht aus, wenn sich in der Vergangenheit mehrfach gezeigt hat, dass die Kooperationsbereitschaft der Eltern immer wieder zusammenbricht oder sie die Hilfen nicht zu einer Verbesserung der Erziehungssituation nutzen können.[135] Vielmehr muss die realistische Chance bestehen, dass die Eltern mit Unterstützung nicht nur willens, sondern auch **in der Lage sind**, die Erziehungssituation für das Kind so zu verändern, dass die Gefährdung abgewendet wird. 99

Dies muss in einem Zeitraum geschehen, der den Entwicklungsstand und die **„Entwicklungsfenster"** des Kindes berücksichtigt. Pflege und Versorgung eines Säuglings müssen umgehend sichergestellt werden. Die Förderung eines entwicklungs- und sprachverzögerten Kleinkinds kann nicht mehrere Monate verschoben werden. 100

Dafür ist das Gericht auf nachvollziehbare Einschätzungen durch das Jugendamt, Fachkräfte bisher eingesetzter Hilfen zur Erziehung – etwa einer sozialpädagogischen Erziehungshilfe – oder des/der Sachverständigen dazu angewiesen, welche Veränderungen und Verbesserungen der gefährdenden Erziehungssituation durch die Eltern mit einer künftigen Hilfe erreicht werden können.

Praxistipp 101

→ **Familiengericht**

Für die Beurteilung der Abwendungsmöglichkeiten der Kindeswohlgefährdung durch die Eltern kommt es auch darauf an, ob geeignete und erreichbare Hilfen tatsächlich zur Verfügung stehen. Für eine sorgfältige Würdigung der Frage der elterlichen Abwendungsmöglichkeiten durch die Inanspruchnahme von Hilfen ist daher Voraussetzung, dass das Familiengericht sich mit den im SGB VIII vorgesehen Hilfen zur Erziehung, deren Charakter und Möglichkeiten vertraut macht und die möglicherweise geeigneten und örtlich erreichbaren Hilfen ermittelt hat.

135 BVerfG, 23.4.2018 – 1 BvR 383/18, FamRZ 2018, 1084.

102 *Exkurs: Hohe Anforderungen an das Familiengericht bei der Feststellung des Tatbestands der Kindeswohlgefährdung*

Die Anforderungen bei der Feststellung einer Kindeswohlgefährdung durch das Familiengericht sind hoch. Zum Ersten findet die Prüfung einer Kindeswohlgefährdung immer im Spannungsfeld zwischen dem Grundrecht des Kindes auf Schutz seines Lebens und seiner Würde einerseits und dem grundrechtlichen Schutz des elterlichen Erziehungsrechts und des Zusammenlebens von Eltern und Kind auf der anderen Seite statt (Art. 6 Abs. 2, 3 GG). Zum Zweiten sind Faktoren und Prozesse zu beurteilen, die sich im privaten und nicht ohne Weiteres zugänglichen Raum der Familie abspielen. Und zum Dritten sind – wie schon beschrieben – schwierige prognostische Abwägungen zu treffen.

In vielen Fällen müssen zunächst unklare Sachverhalte und häufig auch widersprüchliche Einschätzungen verschiedener professioneller Beteiligter sowie der Betroffenen aufgeklärt werden. Das Familiengericht muss relevante Fragestellungen zu Umständen und (einer chronischen Verkettung von) Ereignissen, die das Kind gefährden, sowie zu den Folgen für das Kind, deren Ausmaß und Chronizität formulieren. Dies erfordert neben guten familienrechtlichen Kenntnissen auch Wissen zu familien- und entwicklungspsychologischen Themen.

Diese Kenntnisse erwachsen nicht allein aus der allgemeinen juristischen Ausbildung. Daher werden heute vielfach Forderungen nach einer vermehrten Berücksichtigung des Familienrechts im Studium, einer qualifizierten Einarbeitung der Familienrichter*innen, Anspruch auf Fortbildung für Familienrichter*innen bzw. Fortbildungspflichten auch im Bereich von Entwicklungspsychologie und Risikoeinschätzung bei vermuteter Kindeswohlgefährdung und allgemein nach einer Aufwertung der Familiengerichtsbarkeit diskutiert.[136] Durch das Gesetz zur Bekämpfung sexualisierter Gewalt vom 16. Juni 2021 wurden erste Festlegungen zu Voraussetzungen für die Zuweisung von familiengerichtlichen Aufgaben an eine Richterin getroffen:

> § 23b Abs. 3 GVG
>
> (3) Die Abteilungen für Familiensachen werden mit Familienrichtern besetzt. Ein Richter auf Probe darf im ersten Jahr nach seiner Ernennung Geschäfte des Familienrichters nicht wahrnehmen. Richter in Familiensachen sollen über belegbare Kenntnisse auf den Gebieten des Familienrechts, insbesondere des Kindschaftsrechts, des Familienverfahrensrechts und der für das Verfahren in Familiensachen notwendigen Teile des Kin-

---

136 Vgl. Anhörung des Ausschusses für Recht und Verbraucherschutz im Deutschen Bundestag zur Fortbildung von Richterinnen und Richtern sowie Qualitätssicherung im familiengerichtlichen Verfahren am 25.9.2019: www.bundestag.de/resource/blob/658542/335cdc4170b108940bab7bd5df2e25a8/a06_to60_oeA-data.pdf (letzter Abruf 22.4.2022). Koalitionsvertrag „Mehr Fortschritt wagen" zwischen SPD, Bündnis 90/Die Grünen und FDP 2021, 102.

der- und Jugendhilferechts sowie über belegbare Grundkenntnisse der Psychologie, insbesondere der Entwicklungspsychologie des Kindes, und der Kommunikation mit Kindern verfügen. Einem Richter, dessen Kenntnisse auf diesen Gebieten nicht belegt sind, dürfen die Aufgaben eines Familienrichters nur zugewiesen werden, wenn der Erwerb der Kenntnisse alsbald zu erwarten ist. Von den Anforderungen nach den Sätzen 3 und 4 kann bei Richtern, die nur im Rahmen eines Bereitschaftsdiensts mit der Wahrnehmung familiengerichtlicher Aufgaben befasst sind, abgewichen werden, wenn andernfalls ein ordnungsgemäßer und den betroffenen Richtern zumutbarer Betrieb des Bereitschaftsdiensts nicht gewährleistet wäre.

II. Fallkonstellationen bei (vermuteter) Kindeswohlgefährdung

Unterschieden wird üblicherweise zwischen verschiedenen Formen der Gefähr- 103
dung, die auf ein Kind einwirken, nämlich körperlicher bzw. physischer Misshandlung, seelischer oder psychischer Misshandlung, sexueller Gewalt bzw. sexuellem Missbrauch und Vernachlässigung. Teils werden daneben weitere Gefährdungsformen genannt wie häusliche Gewalt oder Autonomiekonflikte.[137] Diese Gefährdungsformen (manchmal auch als Gefährdungslagen bezeichnet) beziehen sich auf Erziehungs- bzw. Umweltbedingungen, die auf das Kind einwirken. Die in § 1666 BGB mit dem körperlichen, geistigen und seelischen Wohl angesprochenen Schädigungen beziehen sich dagegen auf Schädigungen des Kindes und entsprechen daher den genannten Gefährdungsformen oft nicht direkt: So hinterlassen körperliche Misshandlungen nicht nur körperliche Verletzungen, sondern führen auch zu psychischen Beeinträchtigungen, und emotionale Vernachlässigung kann in schweren Fällen auch körperliche Gedeihstörungen zur Folge haben.

1. Überblick: Gefährdungsformen und Fallkonstellationen

Vernachlässigung ist die häufigste Form der Kindeswohlgefährdung und zu- 104
gleich mit den größten Unsicherheiten hinsichtlich ihrer Beurteilung behaftet und wird daher weiter unten gesondert behandelt (→ Rn. 122).

Körperliche Misshandlung i.S. einer Kindeswohlgefährdung muss noch nicht 105
bei einzelnen nicht massiv bedrohlichen Entgleisungen der Eltern gegenüber der körperlichen Integrität des Kindes vorliegen, wohl jedoch, wenn das Kind systema-

137 *Bindel-Kögel/Seidenstücker*, in: *Münder* (Hrsg.), Kindeswohl zwischen Jugendhilfe und Justiz.

tisch körperlich gestraft wird[138] oder wiederholt und über einen längeren Zeitraum aus Unbeherrschtheit der Eltern Schläge erleiden muss.[139] Lebensbedrohliche Verletzungen eines Kleinkindes durch Gewalteinwirkung erfüllen den Tatbestand der Kindeswohlgefährdung, wobei in diesem Fall an die Wahrscheinlichkeit eines weiteren Schadenseintritts nur geringe Anforderungen zu stellen sind.[140]

106 Körperliche Misshandlung geht nicht selten mit **seelischer Misshandlung einher**, darauf wird etwa in einem Beschluss hingewiesen, der sich mit den Bestrafungsmethoden einer Glaubensgemeinschaft auseinandersetzt,[141] aber auch in der etwas zurückliegenden Rechtsprechung.[142] Seltener wird dagegen eine **seelische Misshandlung isoliert von anderen Gefährdungsformen** festgestellt. Das langjährige manipulative Einwirken einer Mutter – mit laut Sachverständigen-Gutachten narzisstisch akzentuierter Persönlichkeit – wird jedoch in der Summe als seelische Misshandlung gewertet.[143] Und seelische Beeinträchtigungen des Kindes können auch dann die Schwelle der Kindeswohlgefährdung erreichen, wenn das Verhalten des Elternteils nicht als aktive Misshandlung, wohl aber als Missachtung der Gefühle und Bedürfnisse der Kinder gewertet werden kann.[144]

107 Von **sexueller oder sexualisierter Gewalt** bzw. sexuellem Missbrauch ist immer auszugehen, wenn das Kind „unmittelbar in sexuelle Handlungen [Erwachsener] einbezogen wird".[145] Eine Kindeswohlgefährdung wird auch bejaht, wenn das Kind mit einem vorbestraften Sexualstraftäter zusammenlebt, der mit der Mutter eine Beziehung unterhält.[146] Dabei wird die Schwere bzw. Erheblichkeit des erwartbaren Schadens für das Kind im Kontext der sexuellen Gewalt in der Rechtsprechung weit weniger hinterfragt als im Bereich der Vernachlässigung[147] (→ Kapitel 21 Rn. 21). Auch der Feststellung einer Kindeswohlgefährdung aufgrund sexualisierter Gewalt müssen jedoch konkrete Anhaltspunkte dafür zugrunde liegen, dass entsprechende Übergriffe stattfinden oder stattfinden werden, wobei die Ermittlungen im Bereich sexualisierter Gewalt auf besondere Schwierigkeiten stoßen.[148]

---

138 OLG Nürnberg, 11.6.2015 – 9 UF 1430/14, IPRspr 2015, Nr. 244, 608; EGMR, 22.3.2018 68125/14, 72204/14, FamRZ 2019, 594.

139 OLG Hamm, 11.6.2012 – 8 UF 270/10.

140 OLG Köln, 21.1.2021 – 14 UF 162/20; BGH, 6. 2.2019 – XII ZB 408/18, FamRZ 2019, 598.

141 OLG Nürnberg, 11.6.2015 – 9 UF 1430/14, IPRspr 2015, Nr. 244, 608.

142 OLG Köln, 13.8.1999 – 25 UF 160/99, FuR 2000, 296; BayObLG, 8.9.1994 – 1Z BR 121/94, FPR 1997, 233.

143 VerfGH Berlin, 20.9.2011 – 38/11, FamRZ 2013, 1232.

144 OLG Hamm, 17.2.2010 – II-8 UF 211/09, 8 UF 211/09, FamRZ 2010, 1745.

145 Staudinger/*Coester*, § 1666 BGB Rn. 124.

146 BGH, 6.2.2019 – XII ZB 408/18, FamRZ 2019, 598.

147 Siehe als Beispiele die kurzen Ausführungen zur Erheblichkeit des Schadens beim AG Freiburg (Breisgau), 22.5.2019 – 46 F 1054/19, Sozialrecht aktuell 2020, 19, Rn. 23 oder beim BGH, 6.2.2019 – XII ZB 408/18, FamRZ 2019, 598–604, Rn. 22.

148 AG Schwäbisch Hall, 25.10.2021 – 2 F 150/20, NZFam 2022, 129.

In der Praxis haben die Familiengerichte sich jedoch vielfach mit konkreten Konstellationen auseinanderzusetzen, die sich den oben genannten Gefährdungsformen nicht immer eindeutig zuordnen lassen:[149] 108

Häusliche Gewalt zwischen Erwachsenen kann eine Gefährdung des Kindes begründen[150] – dies auch im Zusammenhang mit komplexen Situationen, in denen auch weitere Gefährdungslagen wie Vernachlässigung eine Rolle spielen.[151] 109

Elterliche Hochstrittigkeit und damit einhergehende Loyalitätskonflikte des Kindes können ebenfalls die Schwelle der Kindeswohlgefährdung erreichen. Wenn ein entsprechender ernst zu nehmender Verdacht in einem Verfahren nach § 1671 BGB zur Übertragung der Sorge auf nur einen Elternteil aufkommt, muss die vermutete Kindeswohlgefährdung in einem mit dem Ausgangsverfahren einheitlichen Verfahren untersucht und geklärt werden, welche Vorschrift anzuwenden ist (§ 1671 Abs. 1 bzw. 2 oder § 1666 BGB).[152] 110

Eine **psychische Erkrankung eines Elternteils** allein muss nicht, kann jedoch unter bestimmten Umständen eine Kindeswohlgefährdung begründen und mit unterschiedlichen Gefährdungslagen einhergehen, sowohl mit Vernachlässigung (→ Rn. 114) als auch mit physischer oder psychischer Misshandlung.[153] Es wird geschätzt, dass zwischen drei und vier Millionen Kinder in der Bundesrepublik mit einem psychisch kranken Elternteil aufwachsen, von denen laut Studien etwa die Hälfte selbst psychisch erkranken.[154] Schweregrad, Chronizität und Rückfallhäufigkeit der Erkrankung erhöhen das Risiko einer Erkrankung des Kindes. Persönlichkeitsstörungen wie die Borderline-Störung wirken sich besonders ungünstig aus.[155] Auf der Seite der Kinder zeigen sich vor allem Angststörungen, Störungen des Sozialverhaltens, depressive und hyperkinetische Störungen (ADHS), häufig treten mehrere Auffälligkeiten zugleich auf.[156] Die Persistenzrate ist hoch und Studien zeigen, dass ein Drittel bis mehr als die Hälfte der betroffenen Kinder auch im Erwachsenenalter noch unter psychischen Erkrankungen leidet.[157] 111

Interdisziplinäre, spezifisch auf die krankheitsbedingten Bedarfe gerichtete, je nach Verlauf der Erkrankung flexible Hilfen, die Eltern und Kinder gleichermaßen 112

149 Die folgende Aufzählung erhebt keinen Anspruch auf Vollständigkeit, sondern greift einige häufiger vorkommende Konstellationen heraus.

150 OLG Frankfurt, 16.12.2011 – 4 UF 158/10, FamFR 2012, 359. Ein Überblick über die Bedeutung häuslicher Gewalt für Kinder findet sich bei *Kavemann/Kreyssig*, Handbuch Kinder und häusliche Gewalt sowie bei *Ziegenhain/Kindler/Meysen*, Häusliche Gewalt und Kindeswohlgefährdung nach § 1666 BGB.

151 OLG Braunschweig, 13.10.2021 – 2 UF 74/21, NZFam 2022, 319; BVerfG, 23.4.2018 – 1 BvR 383/18, FamRZ 2018, 1084.

152 OLG Brandenburg, 6.6.2017 – 9 UF 190/16, FuR 2018, 87.

153 Siehe etwa *Albermann/Wiegand-Grefe/Winter*, Praxis der Kinderpsychologie und Kinderpsychiatrie 2019, 7–9.

154 *Plass et. al.*, Quality of Life Research 2021, 1842.

155 Ein sehr aussagekräftiger Überblick über die Folgen der psychischen Erkrankung von Eltern für Kinder findet sich bei *Lenz*, Kinder psychisch kranker Eltern, 17 ff.

156 *Lenz*, 20.

157 *Lenz*, 20.

adressieren, sind geeignet, den Belastungen von Kindern entgegenzuwirken.[158] Über einen entsprechenden Ausbau der Hilfelandschaften wird in der Bundesrepublik derzeit intensiv diskutiert.[159] Der durch das KJSG neu formulierte § 20 SGB VIII („Betreuung und Versorgung des Kindes in Notsituationen") soll in dieser Situation den betroffenen Familien passgenauere Hilfen zur Verfügung stellen.

113 ***Praxistipp***

→ **Familiengericht**

Geht es im Verfahren um die Abwendung von Gefährdung des Kindes eines psychisch erkrankten Elternteils durch Hilfen, empfiehlt es sich, genau nach deren Zuschnitt und Eignung zu fragen. Dabei geht es nicht nur um Angebote der Kinder- und Jugendhilfe, sondern auch um die spezifische Eignung ambulanter und stationärer therapeutischer Angebote, die vor Ort allerdings nicht immer zur Verfügung stehen.

Gefragt werden kann, ob die Hilfen der Kinder und Jugendhilfe sowie psychiatrische und psychotherapeutische Therapien

- *zeitlich und organisatorisch auf Elternteile mit (kleinen) Kindern zugeschnitten sind,*
- *das Störungsbild in spezifischer Weise adressieren,*
- *geeignet sind, die Interaktion zwischen Eltern und Kind zu verbessern,*
- *eigenständige Hilfen für das Kind anbieten, die dessen Belastungen entgegenwirken,*
- *Gewähr dafür bieten, dass das Kind auch in akuten Krankheitsphasen versorgt ist, im besten Falle von einer Vertrauensperson (etwa einer „Patenschaft", vgl. § 20 Abs. 2 SGB VIII).*

Ggf. ist im Hinblick auf die Eignung von Hilfen auch zu berücksichtigen, inwieweit Ängsten der Eltern vor Autonomieverlust der Familie und/oder Wegnahme der Kinder entgegengewirkt werden kann.

114 In der Rechtsprechung wurden schwere und chronische psychische Erkrankungen, die etwa zu Realitätsverlust und/oder impulsiven und aggressiven Verhaltensweisen eines Elternteils gegenüber einem Kind führen, das seinerseits bereits Auffälligkeiten zeigt, als Kindeswohlgefährdung gewertet.[160] Ebenso wird eine chronische und schwere schizo-affektive Erkrankung einer Mutter, die damit einhergeht, dass sie die Bedürfnisse des Kindes nicht erkennen und nicht in eine kindgerechte Interaktion mit ihm treten kann, als Kindeswohlgefährdung gesehen.[161] Eine psy-

158 Ein Überblick zu Bedingungen gelingender Hilfen für Familien mit psychisch erkranktem Eltern(teil) findet sich bei *Albermann/Müller*, Kinderärztliche Praxis 2018, 10-15.

159 Vgl. *AFET*, Abschlussbericht Arbeitsgruppe Kinder psychisch- und suchtkranker Eltern.

160 OLG Hamm, 21.4.2017 – 13 UF 15/17; OLG Karlsruhe, 21.1.2021 – 20 UF 146/20, FF 2021, 173 (LS).

161 OLG Celle, 8.10.2018 – 10 UF 91/18, FuR 2019, 349.

chische Erkrankung kann eine Kindeswohlgefährdung begründen – selbst wenn eine nachhaltige seelische Schädigung des Kindes bisher nicht eingetreten, aber zu erwarten ist. Dies gilt nach einem Beschluss des OLG Karlsruhe, wenn die Erziehungsfähigkeit und insbesondere die Fähigkeit, auf die emotionalen Bedürfnisse des Kindes einzugehen, bei der Mutter erheblich beeinträchtigt sind, beim Kind eine „Problematik der Parentifizierung" besteht, bei der es „in nicht altersgerechter Weise Sorge und Verantwortung für einen Elternteil übernimmt, eigene Wünsche zurückstellt, um Eltern zufriedenzustellen", und es im Kontakt mit der Mutter bereits emotionale Belastungen zeigt.[162] In einem Eilverfahren führt eine psychische Erkrankung der Mutter, die sich mit wahnhaften Episoden verbindet und erhebliche Zweifel an ihrer Fähigkeit weckt, die Gesundheitsfürsorge, seine altersangemessene Förderung sowie eine kontingente emotionale Zuwendung zu gewährleisten", zur Feststellung einer akuten Gefährdung für ein erst fünf Monate altes Kind.[163] Schließlich ist bei psychischen Erkrankungen auch an seltenere Formen zu denken wie an das Münchhausen-by-Proxy-Syndrom, bei dem Elternteile Erkrankungen des Kindes herbeiführen oder vortäuschen.[164]

Kaum veröffentlichte Rechtsprechung liegt zum Thema einer von **religiös-fundamentalistisch oder rechtsradikal geprägter Erziehung** vor. Sehr hilfreich für die Beurteilung der Frage, ob eine Kindeswohlgefährdung bei radikalisierten Erziehungspersonen gegeben ist, sind Hinweise einer Orientierungshilfe für Jugendämter, die als relevante Kriterien für eine Kindeswohlgefährdung herausarbeitet: Angst und Demütigung des Kindes als prägende Gefühle, überzogene und nicht altersgerechte Verhaltensregeln sowie beträchtliche gesellschaftliche Isolation.[165] Der Beschluss in einem Fall, in dem die Eltern der Glaubensgemeinschaft der „12 Stämme" angehören, macht deutlich, dass eine fortgesetzte Disziplinierung der Kinder durch Körperstrafen „aufgrund der damit regelmäßig verbundenen physischen Schmerzen, der empfundenen Demütigung durch den körperlichen Bestrafungsakt und der begründeten Angst der Kinder vor erneuten Schlägen eine gegenwärtige, nachhaltige und schwerwiegende Gefährdung ihres körperlichen und seelischen Wohls im Sinne des § 1666 Abs. 1 BGB" begründet.[166] Auch die erhebliche Angst einer 16-Jährigen davor, gegen ihren Willen in ein Internat, Einrichtungen oder Schulungen der Organisation Scientology geschickt zu werden, begründet eine Kindeswohlgefährdung.[167] **115**

Ein weiterer Beschluss, der das Thema berührt, lehnt einen Sorgerechtsentzug wegen Mitgliedschaft eines Elternteils in einer ausländischen terroristischen Vereinigung ohne das Hinzutreten weiterer Umstände ab. Den Hintergrund bildet der Umstand, dass die Mutter sich in Untersuchungshaft befindet und insofern keine Gefahr von ihrer Gesinnung und Handlungen für die Kinder ausgehen kann. Sie **116**

162 OLG Karlsruhe, 16.10.2017 – 18 UF 154/17, NZFam 2017, 113.
163 OLG Koblenz, 26.3.2021 – 13 UF 111/21.
164 OLG Dresden, 7.8.2007 – 20 UF 155/07, FamRZ 2008, 712.
165 *Meysen/Brandt*, 63 f.
166 OLG Nürnberg, 11.6.2015 – 9 UF 1430/14 – IPRspr 2015, Nr. 244, 608, Rn. 131.
167 AG Tempelhof-Kreuzberg, 8.8.2008 – 160 F 10520/07, FamRZ 2009, 987.

wünscht die Unterbringung der Kinder bei der Großmutter, die ihrerseits die Gesinnung ihrer Tochter nicht teilt und nach Auffassung des Gerichts geeignet ist, die Erziehung zu übernehmen.[168]

117 **Drohende Genitalverstümmelung** (Beschneidung) eines Mädchens wird bei konkreten Anhaltspunkten dafür – etwa im Rahmen einer Reise – als Kindeswohlgefährdung gewertet.[169] Wegen Schwere der möglichen Folgen werden dabei verringerte Anforderungen an den Grad der Wahrscheinlichkeit des Eintritts gestellt.[170] Die **Beschneidung eines Jungen** ist nur unter besonderen Umständen als Kindeswohlgefährdung zu werten. Grundsätzlich sind die Sorgeberechtigten berechtigt, in eine Beschneidung des nicht sorgeberechtigten Kindes einzuwilligen, wenn diese fachgerecht durchgeführt wird (§ 1631d BGB). Aufgrund der mangelnden Aufklärung eines Sechsjährigen und des möglichen Übergehens seines Willens in der Zusammenschau mit dem Meinungsstreit der seit Jahren hochstrittigen Elternteile, der sich dem Kind vermitteln würde, kommt das OLG Hamm zu dem Schluss, dass eine Gefährdung für das psychische Wohl des Kindes vorliegt.[171]

118 Die **Nichteinhaltung der Schulpflicht** ist allein noch nicht als Kindeswohlgefährdung zu sehen. In einem Fall, in dem keine wesentlichen erzieherischen Mängel bei den Eltern vorlagen und das Kind altersgemäß entwickelt, sicher an seine Eltern gebunden war und über gute Beziehungen zu den Geschwistern und einen Freundeskreis verfügte, erkannte das Gericht keine Kindeswohlgefährdung. Vor diesem Hintergrund wird festgestellt, dass für die Einhaltung der Schulpflicht zu sorgen „nicht Aufgabe des Familiengerichts [sei]. Vielmehr stehen der Schulbehörde hierfür die sich aus Art. 118, 119 iVm Art. 35 BayEUG ergebenden Maßnahmen zur Verfügung, die von dieser in eigener Zuständigkeit zu prüfen sind."[172] In mehreren Fällen, in denen erhebliche Auffälligkeiten der Kinder und/oder eine Isolation von Gleichaltrigen vorlagen, wird dagegen eine Kindeswohlgefährdung bejaht.[173] Schulabsentismus oder -verweigerung kann im Gesamtbild also zur Feststellung einer Kindeswohlgefährdung führen, wenn weitere Gefährdungsmomente wie besonderer Förderbedarf, mangelnde Wissensvermittlung oder Isolation und mangelnde Möglichkeiten zum Erwerb sozialer Kompetenzen hinzukommen. Der EGMR bestätigte in einem entsprechenden Fall eine zeitweilige Trennung der Kinder von den Eltern zur Klärung, ob die Nichteinhaltung der Schulpflicht für

168 OLG Frankfurt, 19.5.2020 – 4 UF 82/20, 4 UF 85/20, FamRZ 2020, 1651.

169 BGH, 15.12.2004 – XII ZB 166/03, FamRZ 2005, 344–347; OLG Dresden, 15.7.2003 – 20 UF 0401/03, 20 UF 401/03, FamRZ 2003, 1862–1864.

170 OLG Karlsruhe, 25.5.2009 – 5 UF 224/08, FamRZ 2009, 1599.

171 OLG Hamm, 30.8.2013 – II-3 UF 133/13, 3 UF 133/13, ZKJ 2013, 497.

172 OLG Bamberg, 22.11.2021 – 2 UF 220/20, NZFam 2022, 25.

173 OLG Bamberg 22.11.2021 – 2 UF 220/20, NZFam 2022, 25; OLG Celle 27.7.2020 – 21 UF 190/19, FamRZ 2021, 427; OLG Hamm, 11.10.2019 – II-3 UF 116/19, FamRZ 2020, 344; OLG Düsseldorf, 25.7.2018 – 2 UF 18/17, FamRZ 2019, 35; OLG Naumburg, 2.5.2019 – 3 UF 142/18, FamRZ 2020, 344 (LS); AG Bad Hersfeld, 1.12.2017 – 63 F 621/17 SO, NZFam 2018, 615; a.A. OLG Köln, 2.12.2014 – 4 UF 97/13, FamRZ 2015, 675, in einer nur kurz begründeten Entscheidung erst nach Rückübertragung der elterlichen Sorgerechtsanteile; vgl. auch *Ricking*, Schulabsentismus, ZJJ 2017, 263.

fünf Geschwister für diese zu kindeswohlgefährdender Isolation und Entwicklungsrückständen führe.[174]

Mögliche Gefahren, die die Nutzung eines Smartphones oder anderer digitaler Medien mit freiem Internetzugang für Kinder mit sich bringen können, rechtfertigen für sich genommen keine Eingriffe in die elterliche Sorge.[175] Anderes kann bei einer konkret gegebenen Gefährdung etwa durch virtuelle sexuelle Übergriffe gelten.[176] 119

Delinquenz eines Kindes/Jugendlichen wurde in der Vergangenheit immer wieder als (Hinweis auf eine) Kindeswohlgefährdung diskutiert – auch im Hinblick auf Handlungsanforderungen für die Polizei[177], wird aber in der familienrechtlichen Rechtsprechung nur am Rande zum Thema. In der Literatur wird eine Gleichsetzung krimineller Handlungen von Jugendlichen mit Kindeswohlgefährdung abgelehnt, fallbezogen werden jedoch Zusammenhänge zwischen kindeswohlgefährdenden Lebensumständen und wiederholter bzw. intensiver Delinquenz gesehen.[178] 120

Exkurs: Besondere Fragen beim Schutz des ungeborenen Kindes 121

Besondere Fragen ergeben sich in Bezug auf den Schutz für das **ungeborene Kind**.[179] Fragen der Tatbestandsklärung und der Rechtsfolgen lassen sich hier nur unter Schwierigkeiten voneinander isolieren.

Das OLG Hamm hat 2020 eine vorgeburtliche Kindeswohlgefährdung festgestellt und dabei sowohl Erfahrungen aus dem Umgang der Eltern mit bereits geborenen Kindern als auch Erkenntnisse zu den gegenwärtigen Lebensverhältnissen und aus den Anhörungen der Eltern herangezogen. Das Gericht hielt auch sorgerechtliche Maßnahmen für möglich, deren Voraussetzungen es jedoch im konkreten Eilverfahren, in dem es um einstweilige Anordnung ging, nicht gegeben sah.[180] Das OLG setzte sich im Grundsatz damit explizit von einem Beschluss des OLG Frankfurt ab, mit dem die Anordnung sorgerechtlicher Maßnahmen vor der Geburt abgelehnt wird, weil

174 EGMR, 10.1.2019 – 18925/15, JAmt 2019, 213.

175 OLG Frankfurt, 15.6.2018 – 2 UF 41/18, FamRZ 2018, 1316; ausführlich: MüKoBGB/*Lugani*, § 1666 Rn. 119.

176 AG Bad Hersfeld, 22.7.2016 – F 361/16 EASO, JAmt 2016, 564.

177 S. etwa Stiftung SPI – Walter May, 2010: Infoblatt Nr. 53 Clearingstelle Jugendhilfe/Polizei, im Internet abrufbar unter www.stiftung-spi.de/fileadmin/user_upload/Dokumente/veroeffentlichungen/srup_lebenslagen/clearingstelle_infoblatt_53.pdf (Abruf 22.6.2022). In Hamburg wurde das Familieninterventionsteam (FIT) eingerichtet, das in enger Zusammenarbeit mit der Polizei Hilfen für Kinder und Jugendliche bietet, denen schwere Kriminalität zur Last gelegt wird, siehe www.hamburg.de/sozialbehoerde/familieninterventionsteam/ (Abruf 22.6.2022).

178 Vertiefende Hinweise zur Delinquenz im Kontext von Kindeswohlgefährdung findet sich bei *Brettel*, ZJJ 2012, 352 ff.; *Balloff*, FPR 2013, 424 (v.a. bei Fn. 5); *Willutzki*, NJW 2000, 1464 (unter A.II.1.c); *Drenkhahn*, FPR 2007, 24; *Matzke/Fritsch*, Kindeswohlgefährdung bei Kinder- und Jugenddelinquenz, FPR 2012, 459.

179 MüKoBGB/*Lugani*, § 1666 Rn. 42 f., 65 ff.; Staudinger/*Coester*, § 1666 Rn. 22 ff.; *Coester*, Embryoschutz in utero, in: FS-Coester-Waltjen, 2015, S. 29 ff.; *Czerner*, ZKJ 2010, 7 ff.

180 OLG Hamm, 24.2.2020 – 22 UF 253/19, FamRZ 2020, 1355.

die Sorge erst mit der Geburt eintritt.[181] Das OLG Hamm stimmt dem OLG Frankfurt jedoch insofern zu, dass auch vorgeburtlich angeordnete Maßnahmen erst mit der Geburt und damit dem Eintritt der Sorge greifen können. Diese Beschränkung auf nachgeburtliche sorgerechtliche Maßnahmen zum Schutz des Kindes reflektiert die rechtstheoretisch und im Hinblick auf die tatsächlichen Folgen schwierige Diskussion zum Verhältnis zwischen Schutz des ungeborenen Kindes und Persönlichkeitsrechten der schwangeren Frau und zugleich die erheblichen Probleme der Umsetzung möglicher anzuordnender Maßnahmen.

Der Weg des OLG Hamm, der es ermöglicht, aufgrund einer vorgeburtlichen Feststellung einer Kindeswohlgefährdung nachgeburtlich wirksame Maßnahmen zu deren Abwendung anzuordnen, beantwortet jedoch noch nicht alle Fragen zu diesem Thema. Denn in Fällen der vorgeburtlichen Gefährdung geht es häufig um das Verhalten der Mutter während der Schwangerschaft, etwa durch Drogen- oder exzessiven Alkoholkonsum, dessen Folgen für das Kind durch nachgeburtlich einsetzende Maßnahmen nur sehr bedingt abgewendet werden können. Die familiengerichtliche Feststellung des Tatbestands einer Kindeswohlgefährdung würde in solchen Fällen ohne – dem Tatbestand im Grundsatz zwingend folgende Anordnung von Maßnahmen – ins Leere laufen.

Das Amtsgericht Wesel gelangte in einem Beschluss von 2021 daher zu der Auffassung, auch vorgeburtliche Anordnungen müssten möglich sein. Es verpflichtet im konkreten Fall die mit Drillingen schwangere Mutter, fachärztliche Beratung und Behandlung in Anspruch zu nehmen – auch unter Androhung von Zwangsgeld bzw. Zwangshaft bei Unterlassen. Dieser geringfügige Eingriff in das Persönlichkeitsrecht sei in Abwägung mit der erheblichen Gefährdung der ungeborenen Kinder von der Mutter hinzunehmen.[182]

Trotz ungeklärter Fragen und obwohl strittig ist, ob sorgerechtliche Maßnahmen vorgeburtlich angeordnet werden können, besteht weitgehende Einigkeit dahingehend, dass die Einleitung eines Verfahrens nach § 1666 BGB wegen Gefährdung eines ungeborenen Kindes und die Durchführung eines Erörterungstermins nach § 157 FamFG möglich ist, da „auch das ungeborene Kind verfassungsrechtlichen und auch zivilrechtlichen Schutz genießt."[183]

---

181 OLG Frankfurt, 12.5.2017 – 1 UF 95/17, ZKJ 2017, 381.

182 AG Wesel, 15.3.2021 – 33 F 21/21, JAmt 2021, 413.

183 OLG Frankfurt 12.5.2019 – 1 UF 95/17, Rn. 8, ZKJ 2017, 381; vgl. auch nur: Staudinger/*Coester*, § 1666 Rn. 22 ff. m.w.N.

Ein Erörterungstermin nach § 157 FamFG stellt die wohl naheliegendste Möglichkeit des Familiengerichts dar, die schwangere Frau zu erreichen und in ihrer Verantwortung anzusprechen. In dieselbe Richtung zielt die für möglich gehaltene Bestellung eines Verfahrensbeistands im vorgeburtlichen Verfahren nach § 1666 BGB.[184]

2. Vernachlässigung als häufigster Anlass für die Anrufung des Familiengerichts

Vernachlässigung spielt als Gefährdungsform die zahlenmäßig größte Rolle bei der Anrufung des Familiengerichts durch das Jugendamt. *Münder u.a.* ermittelten in einer 2017 veröffentlichten Untersuchung einer Stichprobe von mehr als 300 Anrufungen des Familiengerichts durch Jugendämter, dass Vernachlässigung in etwa zwei Dritteln der Fälle eine Rolle spielte und in einem Drittel der Fälle der ausschlaggebende Grund dafür war, das Familiengericht einzuschalten.[185] Das entspricht in etwa der Erhebung des Statistischen Bundesamts 2018, die zeigt, dass unter den von den Jugendämtern festgestellten Kindeswohlgefährdungsfällen 60 % der Kinder Vernachlässigungsanzeichen zeigen.[186] **122**

Bei Vernachlässigung geht es nicht um einzelne Ereignisse, sondern um einen chronischen Prozess, um „andauerndes oder wiederholtes Unterlassen fürsorglichen Handelns bzw. Unterlassen der Beauftragung geeigneter Dritter mit einem solchen Handeln durch Eltern oder andere Sorgeberechtigte."[187] **123**

Chronische Vernachlässigung eines Kindes ist mit einem hohen Risiko **erheblicher Beeinträchtigungen** der physischen, psychischen und kognitiven Entwicklung eines Kindes assoziiert, die oft bis ins Erwachsenenalter überdauert. So findet sich unter Erwachsenen, die als Kinder vernachlässigt wurden, ein erhöhter Anteil von Personen ohne Schulabschluss, mit psychischen Erkrankungen, Persönlichkeitsstörungen und Sozialverhaltensproblemen.[188] Nur in seltenen Fällen ist Vernachlässigung direkt lebensbedrohlich, es kommt jedoch vor, dass Kinder verhungern oder verdursten, wie bspw. in einem Fall in Frankfurt (Oder) 1999, als Kinder über längere Zeit in der Wohnung alleine gelassen wurden.[189] Die Mitbeteiligung von Vernachlässigungssituationen in Fällen, in denen es zu schweren Schädigungen oder zum Tod des Kindes kommt häufig, ist dennoch häufig.[190] **124**

184 Zu ambulanten Hilfen nach dem SGB VIII vgl. DIJuF-Rechtsgutachten, JAmt 2019, 146.

185 *Bindel-Köge u.a.*, in: *Münder* (Hrsg.), Kindeswohl zwischen Jugendhilfe und Justiz, 134.

186 Statistisches Bundesamt, Pressemitteilung Nr. 337 vom 6. September 2019, www.destatis.de/DE/Presse/Pressemitteilungen/2019/09/PD19_337_225.html (letzter Aufruf 30.6.2022).

187 *Kindler et al.*, Handbuch Kindeswohlgefährdung, 3–1.

188 Vgl. *Kindler*, NZFam 2016, 874.

189 Über diesen Fall liegt ein sehr einfühlsamer, zu empfehlender Film mit dem Titel „Die Kinder sind tot" von *Aelrun Götte* vor: www.br.de/br-fernsehen/sendungen/dokumentarfilm/die-kinder-sind-tot-dokumentarfilm100.html (letzter Abruf 22.6.2022).

190 Vgl. Ergebnisse einer Analyse von Serious Case Reviews in England: *Brandon* et. al., Child Abuse Review 2014, 235 ff.

125 Insgesamt stehen auch ohne Berücksichtigung solcher gravierender Fälle die schädigenden Folgen chronischer Vernachlässigung in ihrem Ausmaß den Folgen von Misshandlung oder sexueller Gewalt nicht nach.[191] Sie beruhen auch nicht auf einem durch Armut geprägten geringen Lebensstandard.[192] Auch wenn vernachlässigende Familien überwiegend auch von Armut belastet und von dem Bezug von Transferleistungen abhängig sind, gilt nicht, dass Schädigungen des Kindes typischerweise auf Armut oder mit Armut unmittelbar verbundenen elterlichen Erziehungsstilen zurückzuführen sind.

126 Verfahren, bei denen Vernachlässigung im Zentrum steht, bringen häufig Unsicherheit darüber mit sich, ob die **Schwelle der Kindeswohlgefährdung** erreicht ist. Denn trotz der beschriebenen erheblichen und dauerhaften späteren Beeinträchtigungen steht die Abgrenzung zwischen einer Versorgung, die dem Kind zwar keine optimalen oder auch nur gute Entwicklungschancen gibt, aber noch hinnehmbar ist, und einer kindeswohlgefährdenden Vernachlässigung das Familiengericht und die Verfahrensbeteiligten oft vor Schwierigkeiten. Auch im Vorfeld fällt es den Fachkräften des Jugendamts häufig schwer zu entscheiden, wann der Punkt erreicht ist, der es notwendig macht, eine Unterbringung des Kindes außerhalb seiner Familie ins Auge zu fassen und das Familiengericht anzurufen.[193]

127 Das hat mehrere Gründe:

- Vernachlässigung ist meist ein komplexer Prozess, der oft mit wechselnder Intensität in mehreren Bereichen gleichzeitig stattfindet. Betroffen ist häufig das Bindungsverhalten der Eltern, das grundlegend dafür verantwortlich ist, ob das Kind Vertrauen in schützende und Sicherheit gebende Beziehungen entwickelt. Ebenfalls kann die Pflege, Ernährung und die medizinische Versorgung, die emotionale Zuwendung, die Regelvermittlung und die Anregung und Förderung des Kindes betroffen sein.[194]
- Schädigungen des Kindes durch Vernachlässigung treten meist schleichend und kumulativ ein und können nur sehr selten auf einzelne Ereignisse zurückgeführt werden; in aller Regel sind sie einer Kette von Unterlassungen geschuldet.
- Vernachlässigung ist Unterlassung und nicht aktives Tun und gegenwärtig weniger mit gesellschaftlichem Stigma und Tabuisierung belegt als sexuelle Gewalt gegen Kinder oder aktive körperliche Misshandlung.

128 In der aktuellen Rechtsprechung finden sich eine Reihe von Beispielen dafür, dass vernachlässigende Umstände als Kindeswohlgefährdung gewertet werden – wenn auch nicht durchgängig als Vernachlässigung benannt und teils mit weiteren Ge-

---

191 *Kindler*, NZFam 2016, 874.

192 Eine Untersuchung von *Font/Maguire-Jack* zeigt, dass sich deutliche Unterschiede zwischen Personen zeigten, die in der Kindheit Vernachlässigung erlitten hatten und solchen die Armut erfahren hatten wenn Schulabschlüsse, Berufstätigkeit und Einkommen, Inhaftierung und frühe Schwangerschaften betrachtet wurden.

193 *Brandon et. al.*, Child Abuse Review 2014, 237.

194 Ein Überblick über verschiedene Formen der Vernachlässigung findet sich bei *Michel et. al.*, Monatsschrift Kinderheilkunde, 2014, 1084 ff.

fährdungsmomenten verbunden. Kindeswohlgefährdung liegt bspw. vor im Fall eines drogenabhängigen Vaters, der sich nicht in der Lage zeigt, für einen stabilen Aufenthaltsort seiner Tochter zu sorgen, das Kind immer wieder in den ungeeigneten Wohnungen der Großeltern lässt, nicht ausreichend versorgt, aggressiv auftritt, und in dem das Kind zugleich erhebliche Entwicklungsrückstände zeigt.[195] Der BGH erkennt eine Kindeswohlgefährdung in einem Fall, in dem bei den Eltern kognitive und soziale Defizite bestehen, sie Hilfen ablehnen, der Sohn unter einer massiven Entwicklungs- und Sprachverzögerung leidet und auf psychosoziale Förderung angewiesen ist.[196] Ausführliche Beschreibungen des Sachverständigen sowie des Jugendamts unter Einbeziehung von Berichten eines Arztes und des Pflegepersonals u.a. über mangelnde Gefahrensicherung in der Wohnung, Tierhaltung, Rauchen und unhygienische Zustände, mangelnde emotionale Zuwendung und mangelnde Ernährung durch die Mutter bilden in einem Beschluss des OLG Hamm die Grundlage für die Feststellung einer Kindeswohlgefährdung.[197] Im Falle eines Kindes mit „massiven Entwicklungsverzögerungen, Sprachstörungen und erheblicher Adipositas" sowie ausgeprägtem Sonderförderungsbedarf auch in schulischer Hinsicht wird Kindeswohlgefährdung festgestellt (und die Verfahrenskostenhilfe für eine Beschwerde gegen den Sorgerechtsentzug wegen mangelnder Erfolgsaussichten abgelehnt).[198] In einer Entscheidung des OLG Braunschweig wird besonders deutlich, dass das Gesamtbild der Vernachlässigung sich aus vielfältigen Problemlagen zusammensetzt und mit anderen Formen der Gefährdung überlappt: Bei fünf Kindern eines Paares ließen sich in verschiedenen Bereichen Auffälligkeiten feststellen, so eine längerfristige Infektion mit Scabies (Krätze), erhebliche Schulversäumnisse bei den älteren Kindern, auffällig überangepasstes Verhalten und Ängstlichkeit sowie unterschiedliche Entwicklungs- und Lernrückstände. Die Erziehungsbedingungen waren gekennzeichnet durch eine psychische Erkrankung der Mutter, unzureichende Versorgung mit Nahrung, unzureichende gesundheitliche Versorgung, mangelnde emotionale Zuwendung, körperliche Übergriffe auf die Kinder sowie Vorfälle häuslicher Gewalt.[199]

Wegen der Vielgestaltigkeit der Konstellationen und der Abgrenzungsprobleme **129** zwischen gefährdenden und nur suboptimalen Entwicklungsbedingungen fordert die Vorbereitung einer Entscheidung bei (möglicher) Vernachlässigung laut *Kindler*[200] in mindestens drei Bereichen besondere Aufmerksamkeit, nämlich:

a) bei der möglichst **genauen Beschreibung (mangelnder) elterlicher Fürsorge** in den verschiedenen oben schon genannten Bereichen von Pflege-, Gesundheitssorge und Schutz vor Gefahren, Bindungsverhalten und emotionaler Zuwendung, Regelvermittlung, Anregung und Förderung. **130**

195 OLG Bremen, 5.1.2018 – 4 UF 134/17, FamRZ 2018, 689
196 BGH, 6.7.2016 – XII ZB 47/15, XII ZB 47/15, FamRZ 2016, 1752.
197 OLG Hamm, 18.1.2017 – 2 UF 184/16, NZFam 2017, 629.
198 OLG Koblenz, 11.4.2019 – 13 UF 102/19, FamRB 2020, 65–66.
199 OLG Braunschweig, 13.10.2021 – 2 UF 74/21, NZFam 2022, 319.
200 Die folgenden Ausführungen stützen sich in vielem auf den Aufsatz von Kindler, NZFam 2016, 872 ff., der einen sehr informativen, gut verständlichen und komprimierten Überblick über mögliche Vorgehensweisen zur Ermittlung des Sachverhalts bei Vernachlässigung gibt.

131 ***Praxistipp***

→ **Familiengericht**

Um hier ein möglichst detailreiches Bild zu erlangen, sollten diejenigen Professionellen, die Einblick in die Familie haben wie etwa Fachkräfte der Sozialpädagogischen Familienhilfe zu ihren Beobachtungen befragt werden. Für den Sachverständigen bieten „Eltern-Kind-Beobachtungen den unmittelbarsten Zugang zum elterlichen Fürsorgeverhalten." Dabei sollten nicht nur freies Spiel, sondern auch Pflege- und Anleitungssituationen Berücksichtigung finden. Einschränkend gilt, dass „kurze Beobachtungszeiten im Rahmen von Hausbesuchen durch Sachverständige bzw. Verfahrensbeistände oder im Rahmen von begleiteten Umgangskontakten meist nur den oberen Kompetenzbereich der Eltern sichtbar machen".[201]

132 b) bei der Beschreibung **möglicherweise bereits bestehender Schädigungen des Kindes**:

Bereits bestehende Entwicklungsrückstände, Auffälligkeiten im Bindungsverhalten, Störungen der Emotionsregulation und Verhaltensauffälligkeiten sollen ebenfalls möglichst genau beschrieben werden. Auch wenn eine kausale Zuschreibung zu Vernachlässigungserfahrungen wegen der Komplexität der Zusammenhänge und Verläufe i.d.R. schwierig ist, ergeben sich daraus Anhaltspunkte in Zusammenhang mit der Beschreibung des Fürsorgeverhaltens der Eltern. Ein besonderer und für kleinere Kinder möglicherweise bedrohlicher Fall liegt vor, wenn ein völliger Ausfall der Fürsorge droht – etwa wegen emotionaler Krisen des Elternteils, akuten Schüben einer psychischen Erkrankung mit Realitätsverlust oder suizidalen Krisen.

Es geht um möglichst genaue Erfassung des (verzögerten) Entwicklungsstands des Kindes und vorliegender Auffälligkeiten – je nach Fragestellung durch sozialpädagogische Verfahren, medizinische und/oder psychologische Diagnostik. Sie dient auch dazu, Hinweise auf den Bedarf an erzieherischer Unterstützung zu erlangen. Vor diesem Hintergrund kann besser verstanden werden, welchen Bedarf das Kind hat, um sich altersgemäß entwickeln zu können, und wie im Hinblick darauf etwaige Einschränkungen der Erziehungsfähigkeit der Eltern einzuordnen sind.

133 • bei der Beschreibung **des bisherigen Ansatzes ambulanter Hilfen zur Erziehung**: Nicht nur die Art und Zuordnung bisheriger Hilfen zu Paragrafen (etwa Sozialpädagogische Familienhilfe nach § 31 SGB VIII), sondern auch die **fachlichen Vorgehensweisen** sollten nach Möglichkeit beschrieben werden und „in Beziehung gesetzt werden zum verfügbaren Wissen über wirksame Hilfekonzepte bei chronischer Vernachlässigung.[202] In diesem Zusammenhang spielt das Gelingen des Aufbaus einer vertrauensvollen Beziehung zu den Eltern

201 *Kindler*, NZFam 2016, 874 f.
202 Kindler, NZFam 2016, 876.

bzw. deren wiederholtes Zusammenbrechen eine Rolle. Es ist jedoch zu ergänzen um die Frage, welche konkreten Anleitungen die Eltern erhalten haben und mit welchen spezifischen Vorgehensweisen auf Einschränkungen der Eltern hinsichtlich des Erkennens der Bedürfnisse des Kindes, in Bezug auf Suchtverhalten, intellektuelle Einschränkungen oder psychische Erkrankungen reagiert wurde. Auf diesem Hintergrund können die Erziehungsfähigkeit der Eltern und die Abwendungsmöglichkeit einer Kindeswohlgefährdung besser verstanden werden.

Die Prognose zukünftiger Verläufe muss sich auf die genaue Erhebung der beschriebenen Aspekte sowie die Kenntnis typischer Vernachlässigungsfolgen stützen. Ist eine ausreichende Klärung wegen mangelnder Mitwirkung der Eltern nicht möglich, ist der sorgerechtliche Eingriff laut OLG Frankfurt zunächst auf die Entscheidung über die Zuführung des Kindes zur Begutachtung zu begrenzen.[203] **134**

203 Vgl. etwa OLG Frankfurt 28.8.2019 – 4 UF 189/19, NZFam 2019, 997.

Kapitel 3: Rechtsfolgen bei Kindeswohlgefährdung (§ 1666 Abs. 1, 2. Halbs., Abs. 3, § 1666a BGB – Familiengerichtliche Maßnahmen)

Übersicht Rn.

I. Überblick

Wenn feststeht, dass die Voraussetzungen des § 1666 Abs. 1 BGB vorliegen, nämlich (wie im Kapitel 2 dargelegt) **135**

- zum einen die Gefährdung des Kindeswohls im Sinne eines bereits eingetretenen oder mit ziemlicher Sicherheit bevorstehenden Schadens **und**
- zum anderen die Unfähigkeit oder Unwilligkeit der Eltern, die Gefährdung abzuwenden,

muss das Familiengericht prüfen, **ob und, wenn ja, welche kindesschutzrechtlichen Maßnahmen** (zum Begriff siehe § 166 Abs. 2 FamFG) anzuordnen sind.[204]

Die Prüfung des „Ob" kindesschutzrechtlicher Maßnahmen bedeutet, dass es Fallkonstellationen geben kann, in denen das Familiengericht zwar eine Kindeswohlgefährdung feststellt, aber gleichzeitig sämtliche in Betracht kommenden Maßnahmen nicht geeignet oder unverhältnismäßig sind (z.B. weil ein 16-jähriges Kind[205] sich allen familiengerichtlichen Maßnahmen und Angeboten der Kinder- und Jugendhilfe entzieht). Dann müssen familiengerichtliche Maßnahmen unterbleiben, obwohl eine Kindeswohlgefährdung feststeht. Dies zeigt, dass familiengerichtliche Maßnahmen kein Selbstzweck sind und schon gar **nicht der Disziplinierung oder Sanktionierung der Eltern dienen**,[206] sondern nur dann angeordnet werden dürfen, wenn durch sie das Wohl des Kindes (voraussichtlich) effektiv geschützt, also die Situation des Kindes tatsächlich verbessert (d.h. der eingetretene Schaden beseitigt oder minimiert, der bevorstehende Schaden abgewendet) wird (→ Rn. 164 bis 166). **136**

Der Gesetzgeber hat die gängigsten kindesschutzrechtlichen Maßnahmen in dem **Katalog** des § 1666 Abs. 3 BGB[207] unter sechs Ziffern aufgeführt. Dort heißt es: **137**

> **(3) Zu den gerichtlichen Maßnahmen nach Absatz 1 gehören insbesondere**
>
> 1. Gebote, öffentliche Hilfen wie zum Beispiel Leistungen der Kinder- und Jugendhilfe und der Gesundheitsfürsorge in Anspruch zu nehmen,
> 2. Gebote, für die Einhaltung der Schulpflicht zu sorgen,
> 3. Verbote, vorübergehend oder auf unbestimmte Zeit die Familienwohnung oder eine andere Wohnung zu nutzen, sich in einem bestimmten Umkreis der Woh-

---

204 Zum Ganzen: Schwab/Ernst/*Schäder*, Handbuch Scheidungsrecht, § 5 Rn. 225–272; Heilmann/*Heilmann*, Praxiskommentar Kindschaftsrecht, § 1666 BGB Rn. 39–64; *Ernst*, Der Maßnahmenkatalog des § 1666 BGB, FPR 2008, 602 ff.

205 Das BGB kennt anders als das SGB VIII (§ 7 Abs. 1) nicht die Differenzierungen Kind, Jugendlicher, junger Volljähriger, junger Mensch etc. Bis zur Vollendung des 18. Lebensjahres sind nach BGB alle einheitlich „minderjährige Kinder". Mit Vollendung des 18. Lebensjahres endet die elterliche Sorge, sodass Kindesschutzverfahren nicht mehr in Betracht kommen. In anderen, z.B. unterhaltsrechtlichen Zusammenhängen spricht das BGB sogar nach Vollendung des 18. Lebensjahres noch von Kind (etwa § 1603 Abs. 2 BGB: volljährige Kinder).

206 Kepert/*S. Kepert*/*J. Kepert*, Praxishandbuch Kinderschutz, S. 42: Im Verfahren des Kinderschutzes geht es nicht um repressives Handeln.

207 In der Fassung des am 12.7.2008 in Kraft getretenen Gesetzes zur Erleichterung familiengerichtlicher Maßnahmen bei Gefährdung des Kindeswohls vom 4.7.2008 (BGBl. I S. 1188).

nung aufzuhalten oder zu bestimmende andere Orte aufzusuchen, an denen sich das Kind regelmäßig aufhält,

4. Verbote, Verbindung zum Kind aufzunehmen oder ein Zusammentreffen mit dem Kind herbeizuführen,
5. die Ersetzung von Erklärungen des Inhabers der elterlichen Sorge,
6. die teilweise oder vollständige Entziehung der elterlichen Sorge.

138 Dieser Katalog ist – das ergibt sich schon aus dem Wort „insbesondere" – nicht abschließend, sondern beispielhaft zu verstehen. Er stellt exemplarisch dar, welche Maßnahmen möglich sind. Das Familiengericht kann also auch Maßnahmen auswählen und anordnen, die nicht in diesem Katalog genannt sind (→ Rn. 155).[208] Den Katalog hat der Gesetzgeber im Jahr 2008 eingeführt, um das **breite Spektrum der familiengerichtlichen Maßnahmen auch unterhalb der Schwelle der Sorgerechtsentziehung** zu verdeutlichen und klarzustellen. Ausdrückliches gesetzgeberisches Ziel ist es, die frühzeitige Anrufung der Familiengerichte gerade in den Fällen zu fördern, in denen eine niedrigschwellige familiengerichtliche Maßnahme für den Hilfeprozess sinnvoll und notwendig erscheint.[209] Die Maßnahmen können überdies kombiniert werden.[210] Anordnungen, die im Rahmen des § 1666 BGB gegenüber den Eltern erlassen werden, müssen inhaltlich allerdings so bestimmt sein, dass die Eltern eindeutig erkennen können, welches konkrete Verhalten von ihnen verlangt wird. Das Gebot „vertrauensvoller Zusammenarbeit mit dem Jugendamt" wird diesem Erfordernis nicht gerecht.[211]

139 ***Hintergrund***

Rechtstatsächliche Untersuchungen im Vorfeld der Reform des Jahres 2008 hatten gezeigt, dass die familiengerichtliche Praxis dieses Spektrum bei Weitem nicht in vollem Umfang ausgeschöpft hatte. Die gerichtliche Reaktion auf die Anrufung durch das Jugendamt hatte sich häufig auf den teilweisen oder vollständigen Entzug des Sorgerechts beschränkt. Gerichtliche Weisungen an die Eltern, z.B. öffentliche Hilfen in Anspruch zu nehmen, hatten in der Praxis nur eine untergeordnete Rolle gespielt. Folglich hatte bis zur Gesetzesänderung im Jahr 2008 bei Fachkräften der Jugendämter teilweise die Auffassung vorgeherrscht, an das Familiengericht könne man sich nach § 1666 BGB nur und erst dann wenden, wenn die Gefährdung des Kindes ein solches Ausmaß angenommen hat, dass das Kind aus der Familie herausgenommen werden muss.

Ausgangspunkt aller gesetzgeberischen Überlegungen für das am 12.7.2008 in Kraft getretene „Gesetz zur Erleichterung familiengerichtlicher Maßnahmen bei Gefährdung des Kindeswohls" war die Erkenntnis,

208 BGH, 23.11.2016 – XII ZB 149/16, FamRZ 2017, 212.
209 Begründung des Gesetzentwurfs der Bundesregierung, BT-Drs. 16/6815, S. 15.
210 Heilmann/*Heilmann*, § 1666 BGB Rn. 39.
211 OLG Nürnberg, 4.2.2011 – 11 UF 1594/10, FamRZ 2011, 1306 (Leitsatz).

dass Prävention das beste Mittel ist, um Kinder effektiv vor Schäden körperlicher, geistiger oder seelischer Natur zu schützen. Es soll verhindert werden, dass der Einschaltung des Gerichts ein langwieriger und unergiebiger Hilfeprozess vorausgeht und deshalb der dann häufig zugespitzten Gefährdung nur noch mit einem Entzug der elterlichen Sorge begegnet werden kann. Sobald der sozialpädagogische Hilfeprozess ins Stocken gerät (etwa, weil die Eltern angebotene Hilfen nicht annehmen oder nicht effektiv mitwirken) und Anhaltspunkte für eine Kindeswohlgefährdung i.S. der § 8a SGB VIII, § 1666 BGB vorliegen, soll das Familiengericht eingeschaltet werden, damit der Hilfeprozess wieder in Gang kommt. Die sozialpädagogischen Hilfs- und Unterstützungsangebote sollen Eltern und Kind erreichen, solange sie im konkreten Fall noch zur Gefahrenabwehr geeignet sind. Dazu sollen die familiengerichtlichen Möglichkeiten, auf die Eltern einzuwirken, frühzeitig genutzt werden. Die Neuregelung der Rechtsfolgenseite des § 1666 BGB ist damit einerseits Ausdruck des Grundsatzes der Verhältnismäßigkeit: Es ist besser, in geeigneten Fällen frühzeitig und effektiv mit weniger einschneidenden Maßnahmen einzugreifen, um einen absehbaren Schadenseintritt abzuwenden, als abzuwarten, bis der Schaden eingetreten oder so groß geworden ist, dass dem Kind nur noch mit einer Trennung von der Familie geholfen werden kann. Andererseits kommt der Gesetzgeber mit der Neuregelung dem verfassungsrechtlichen Gebot des effektiven Grundrechtsschutzes nach. Wenn der Staat verpflichtet ist, die Grundrechte – im Allgemeinen und hier der Kinder im Besonderen – effektiv zu schützen, folgt daraus, dass er auch sein Wächteramt effektiv ausgestalten muss. Dazu gehört es, eine Kindeswohlgefährdung wirksam, also so früh wie möglich, abzuwenden und einen Schadenseintritt oder eine Schadensvergrößerung zu verhindern (vgl. BT-Drs. 16/6815, S. 1 und 9).

Die Verbindung zwischen familiengerichtlichem Interventionsansatz und sozialrechtlichem Hilfeansatz wird durch die Aufzählung von Maßnahmen unterhalb der Schwelle des Sorgerechtsentzugs noch wesentlich stärker betont. Der Gesetzgeber will mit dem Maßnahmenkatalog mehr Orientierung bieten und die Jugendämter dabei unterstützen (was freilich nicht zwingend zu Beginn des Verfahrens geschehen muss), konkrete Maßnahmen anzuregen. Die Hemmschwelle des Jugendamts, das Familiengericht anzurufen, wird herabgesetzt. Der Gesetzgeber will durch die Aufzählung von Handlungsmöglichkeiten auch dem/der weniger erfahrenen Familienrichter/in oder der weniger erfahrenen Jugendamtsfachkraft deutlich machen, dass es in Verfahren nach § 1666 BGB mehr gibt als die Alternative: (teilweiser) Sorgerechtsentzug oder Untätigkeit.[212] **140**

Die kindesschutzrechtlichen Maßnahmen des Familiengerichts richten sich in erster Linie **gegen** die **sorgeberechtigten Eltern** des Kindes. **141**

212 Hierzu: *Ernst*, Der Maßnahmenkatalog des § 1666 BGB, FPR 2008, 602 ff.; siehe auch Begründung des Gesetzentwurfs der Bundesregierung, BT-Drs. 16/6815, S. 9.

142 Gemäß § 1666 Abs. 4 BGB kann das Gericht in Angelegenheiten der Personensorge jedoch auch Maßnahmen mit Wirkung **gegen Dritte** treffen. Mit „Dritten" sind beispielsweise der nichtsorgeberechtigte Elternteil[213], der (neue) Lebensgefährte der Mutter, aber auch fremde Personen[214] gemeint. Es wird sich (so die Vorstellung des Gesetzgebers) in der Regel um die Person handeln, von der die Gefährdung des Kindeswohls ausgeht. Dies muss nicht eine Person sein, in deren Obhut sich das Kind befindet, sondern es kann sich bei dem Dritten auch um eine Person handeln, die von außen auf die Familie einwirkt, z.B. ein in der Nachbarschaft Wohnender, der auf das Kind einen schlechten Einfluss ausübt, es etwa mit Drogen oder Alkohol gefährdet. Dies bedeutet, dass nicht mehr der Umweg über das Zivilgericht genommen werden muss, sondern dass das Familiengericht unmittelbar gegen den Dritten vorgehen und die Vollziehung seiner Entscheidung dem Dritten gegenüber bewirken kann. Der Dritte wird in diesem Falle Verfahrensbeteiligter und muss vor Gericht gehört werden.[215]

143 Im Zusammenhang mit der Frage, ob Eltern den Lehrkräften und der Schulleitung der von ihren Kindern besuchten Schulen familiengerichtlich untersagen lassen können, die schulintern getroffenen Maßnahmen zur Verhinderung der Verbreitung der **Coronavirus**-Krankheit (COVID-19), insbesondere die Verpflichtung zum **Tragen einer Mund-Nasen-Bedeckung**, Abstandsgebote und gesundheitliche Testungen, umzusetzen, hat der BGH Folgendes entschieden: Für Maßnahmen gegenüber schulischen Behörden (hier: mit dem Ziel der Unterlassung schulinterner Infektionsschutzmaßnahmen) ist der Rechtsweg zu den Familiengerichten im Verfahren nach § 1666 Abs. 1 und 4 BGB nicht eröffnet; zuständig sind ausschließlich die Verwaltungsgerichte. Denn **Dritte** im Sinne des § 1666 Abs. 4 BGB sind **nicht Behörden und sonstige Träger der öffentlichen Gewalt**. Elterliche Eingaben mit dem Ziel des Erlasses von Anordnungen gegenüber schulischen Behörden geben regelmäßig keine Veranlassung, Vorermittlungen für ein Verfahren nach § 1666 BGB einzuleiten; das Verfahren ist dann einzustellen.[216]

144 Das Familiengericht hat bei der Auswahl der ihm zur Verfügung stehenden Eingriffsmöglichkeiten ein Ermessen. Dieses **Auswahlermessen**[217] ist einerseits so auszuüben, dass ein effektiver Schutz des Kindes vor Gefahren erzielt wird. Denn das Kind hat nach Art. 2 Abs. 1 und 2 Satz 1 GG i.V.m. Art. 6 Abs. 2 Satz 2 GG einen grundrechtlichen Schutzanspruch gegenüber dem Staat vor Gefährdungen durch seine Eltern.[218] Dieser Schutzpflicht werden die Gerichte nur dann gerecht, wenn die gewählten familiengerichtlichen Maßnahmen auch hinreichend geeignet sind, die drohende Kindeswohlgefährdung abzuwenden. Ob dies der Fall ist, muss für jeden Einzelfall sorgfältig ermittelt werden. Das dem Gericht eingeräumte

---

213 Wie hier MüKoBGB/*Lugani*, § 1666 Rn. 214; a.A. OLG Frankfurt a.M., 2.4. 2019 – 1 UF 247/17, FamRZ 2019, 1865.

214 Vgl. etwa OLG Brandenburg, 24.3.2016 – 9 UF 132/15, FamRZ 2016, 1282 m. Anm. *Hoffmann*.

215 Beschlussempfehlung und Bericht des Rechtsausschusses zum Entwurf eines Gesetzes zur Neuregelung der elterlichen Sorge vom 27. April 1979, BT-Drs. 8/2788, S. 59.

216 BGH, 6.10.2021 – XII ARZ 35/21, NZFam 2021, 1019. Dazu: *Billhardt*, NZFam 2022, 158 ff.

217 BGH, 23.11.2016 – XII ZB 149/16, FamRZ 2017, 212; Heilmann/*Heilmann*, § 1666 BGB Rn. 39.

218 BVerfG, 3.2.2017 – 1 BvR 2569/16, FamRZ 2017, 524 m. Anm. *Salgo*.

Auswahlermessen impliziert Auswahlfreiheit nur, um die im Einzelfall höchst schwierige Balance zu finden zwischen Kindesschutz, Elternvorrang sowie Familienautonomie, an der Kindesinteresse und Elterninteresse gleichermaßen teilhaben. Sie ist also im eigentlichen Sinne **Auswahlverantwortung**.[219]

Andererseits ist bei der Auswahl der zur Gefahrenabwehr geeigneten Mittel der – allgemein für jedes staatliche Handeln geltende – Grundsatz der **Verhältnismäßigkeit** (→ Kapitel 1 Rn. 28 f.) zu beachten. Die ausgewählte Maßnahme muss erstens geeignet und zweitens erforderlich sein. Die Erforderlichkeit beinhaltet dabei das Gebot, aus den zur Erreichung des Zwecks gleich gut geeigneten Mitteln das mildeste, die geschützte Rechtsposition am wenigsten beeinträchtigende Mittel zu wählen. Der Staat muss daher vorrangig versuchen, sein Ziel durch unterstützende, auf Herstellung oder Wiederherstellung eines verantwortungsgerechten Verhaltens der Eltern gerichtete Maßnahmen zu erreichen. Hieraus folgt die Nachrangigkeit von Maßnahmen, die mit einem völligen oder teilweisen Entzug der elterlichen Sorge und einer Trennung des Kindes von seinen Eltern verbunden sind, wenn der Gefahr durch weniger einschneidende Anordnungen begegnet werden kann. Im Rahmen der nach § 157 FamFG vorgesehenen Erörterung mit den Eltern und ggf. auch mit dem Kind sollte frühzeitig geklärt werden, welche öffentlichen Hilfen bereitgestellt werden können, um die Kindeswohlgefährdung abzuwenden und damit die (teilweise) Entziehung der elterlichen Sorge überflüssig zu machen.[220] 145

Nach der **Rechtsprechung des BGH** ist im Rahmen der Verhältnismäßigkeit im engeren Sinne zudem (erneut) die Schwere des in Erwägung gezogenen Eingriffs und seiner Folgen ins Verhältnis zu setzen zum Gewicht des dem Kind drohenden Schadens und dem Grad der Gefahr. Grundrechtsintensive Eingriffe wie ein vollständiger oder teilweiser auf Trennung des Kindes von den Eltern abzielender Sorgerechtsentzug sollen danach generell nur bei einem höheren Wahrscheinlichkeitsgrad (**„ziemlicher Sicherheit"**) zulässig sein, als dieser für das Vorliegen einer Kindeswohlgefährdung auf Tatbestandsebene (**„hinreichende Wahrscheinlichkeit"**) erforderlich ist.[221] Der Sache nach nimmt der BGH – anders als das BVerfG[222] – folglich auf der Ebene der Verhältnismäßigkeit eine zweite Kindeswohlprüfung vor, schließt hierbei jedoch Maßnahmen, die mit einer Fremdunterbringung des Kindes einhergehen, von vornherein aus, wenn sie unterhalb einer gewissen Wahrscheinlichkeitsschwelle liegen. Dies gilt selbst dann, wenn dem Kind gravierende, irreparable Schäden drohen. Eine Fremdunterbringung kommt erst dann in Betracht, wenn dem Kind erhebliche Schäden mit „ziemlicher Sicherheit" drohen.[223] 146

219 Gernhuber/*Coester-Waltjen*, Familienrecht, § 62 Rn. 19.
220 Schwab/Ernst/*Schäder*, a.a.O., Rn. 225 mit weiteren Nachweisen.
221 BGH, 6.2.2019 – XII ZB 408/18, FamRZ 2019, 598 m. Anm. *Hammer*.
222 Im Nachgang zur Entscheidung des BGH: BVerfG, 21.9.2020 – 1 BvR 528/19, FamRZ 2021, 104 m. Anm. *Hammer*.
223 Kritisch zu dieser Rechtsprechung des BGH: Schwab/Ernst/*Schäder*, § 5 Rn. 226a; *Schäder*, Überprüfung von Fremdunterbringungen nach der Rechtsprechung des BGH und des BVerfG, NZFam 2019, 605 ff.; Kepert/*J. Kepert*, Praxishandbuch Kinderschutz, 2021, S. 31.

147 Steht nur der Entzug der elterlichen Sorge gegenüber einem Elternteil in Rede, ist zu prüfen, ob als **milderes Mittel** im Vergleich zu § 1666 Abs. 3 Nr. 6 BGB die Übertragung der Alleinsorge auf den anderen Elternteil gemäß **§ 1671 BGB** in Betracht kommt. Beide Prüfungen bilden einen einheitlichen Verfahrensgegenstand.[224] Hat der andere Elternteil noch keinen Antrag nach § 1671 Abs. 1 Satz 1 BGB abgegeben (§ 25 FamFG), hat das Familiengericht gemäß § 28 Abs. 2 FamFG auf einen solchen sachdienlichen Antrag hinzuwirken.[225]

II. Die einzelnen Maßnahmen

1. Gebote, öffentliche Hilfen in Anspruch zu nehmen (§ 1666 Abs. 3 Nr. 1 BGB)

148 **a)** Zu den beispielhaft genannten Geboten, öffentliche Hilfen in Anspruch zu nehmen, zählt der Gesetzgeber – wiederum beispielhaft – die **Leistungen der Kinder- und Jugendhilfe**. Darunter fallen insbesondere die Hilfen nach den §§ 27 ff. SGB VIII: Erziehungsberatung, soziale Gruppenarbeit, Erziehungsbeistand für das Kind oder den Jugendlichen, sozialpädagogische Familienhilfe, Erziehung in einer Tagesgruppe, Vollzeitpflege, Heimerziehung, sonstige betreute Wohnform oder intensive sozialpädagogische Einzelbetreuung. In Betracht kommen aber auch sonstige Leistungen der Jugendhilfe, wie etwa Beratungsangebote nach den §§ 17 und 18 SGB VIII. Und auch die Weisung an die Eltern, die Förderung des Kindes in einer Tageseinrichtung gemäß den §§ 22 ff. SGB VIII (Kinderkrippe, Kindergarten, Hort) für ihr Kind anzunehmen, kann darunterfallen.

149 **b)** Als weiteres Beispiel nennt das Gesetz **Leistungen der Gesundheitsfürsorge**. Um körperlichen oder geistigen Fehlentwicklungen ihres Kindes rechtzeitig zu begegnen, kann das Familiengericht den Eltern die Weisung erteilen, Früherkennungs- oder Vorsorgeuntersuchungen wahrzunehmen. Ebenso kann den Eltern eine klinische Begutachtung des Kindes oder eine fachärztliche Untersuchung auferlegt werden. In Betracht kommen außerdem eine medizinische bzw. psychotherapeutische Untersuchung, Behandlung oder Begutachtung des Kindes. Verfassungsrechtlich unzulässig ist allerdings die Auflage der Durchführung einer Psychotherapie der Sorgeberechtigten selbst, da es (trotz entsprechender Kritik[226]) nach wie vor an einer gesetzlichen Grundlage für den damit verbundenen erheblichen Grundrechtseingriff fehlt.[227]

150 **c)** Häufig wird die Familienrichterin keinen vollständigen Überblick über die insbesondere im SGB VIII, aber auch in den anderen Teilen des SGB allgemein vorgese-

---

224 OLG Frankfurt a.M., 7.10.2021 – 1 UF 167/21, FamRZ 2022, 267 m. Anm. *Ernst*.
225 *Ernst*, FamRZ 2022, 269.
226 *Britz*, Praxis der Rechtspsychologie 2016, 7, 12 f.
227 OLG Brandenburg, 15.12.2017 – 10 UF 21/16, FamRZ 2018, 829; Schwab/Ernst/*Schäder*, § 5 Rn. 227.

henen und sodann im konkreten Einzelfall geeigneten Hilfemöglichkeiten haben. Hier ist es **Aufgabe des Jugendamtes** als Fachbehörde, dies kraft seines Fachwissens in das gerichtliche Verfahren einzubringen und Phantasie und Kreativität in die **Entwicklung eines individuellen Hilfedesigns** für den Einzelfall zu investieren. Das BVerfG hat zwar entschieden, dass das Familiengericht bei der Frage, welche Hilfemaßnahmen geeignet sind, rechtlich nicht an die **Einschätzung des Jugendamts** gebunden ist. Im gleichen Zuge hat das BVerfG jedoch betont, dass das Familiengericht „bei der ihm aufgegebenen Ermittlung der für und gegen einen Sorgerechtsentzug sprechenden Tatsachen auch die Aussagen der seitens des Jugendamts mit dem Sachverhalt befassten Fachkräfte heranzieht. Das gilt auch für deren Einschätzung der Zweckerreichungseignung weiterer Hilfemaßnahmen. Beim Jugendamt werden häufig aufgrund unmittelbarer Kontakte mit den betroffenen Familien gute Kenntnisse über den einzelnen Sachverhalt bestehen, die sich das Familiengericht bei seiner Entscheidungsfindung zunutze machen kann. Das Gericht hat diese Aussagen jedoch wie die Angaben anderer mit dem Fall befasster Personen genau zu analysieren, mit anderen Informationen abzugleichen und in den größeren sachlichen Kontext zu stellen [...]. Es hat all das rechtlich zu würdigen und vor diesem Hintergrund eine **eigene richterliche Entscheidung** darüber zu treffen, ob die Entziehung des Sorgerechts durch (weitere) Maßnahmen öffentlicher Hilfe abgewendet werden kann und darum aus Gründen der Verhältnismäßigkeit unterbleiben muss. Dem wird das Familiengericht nicht gerecht, wenn es ohne Weiteres von einer Bindung an die Einschätzung des Jugendamts ausgeht."[228]

2. Gebote, für die Einhaltung der Schulpflicht zu sorgen (§ 1666 Abs. 3 Nr. 2 BGB)[229]

Erhebliche Schulversäumnisse eines Kindes können eine Gefährdung seines geisti- 151
gen und seelischen Wohls darstellen. Unabhängig von der Möglichkeit der zuständigen Behörden, die Schulpflicht nach den Schulgesetzen der Länder etwa mit der Festsetzung von Zwangsgeld durchzusetzen, sind Jugendämter und Familiengerichte kraft ihres Wächteramtes nach Art. 6 Abs. 2 Satz 2 GG i.V. mit § 8a SGB VIII und § 1666 BGB gehalten, eine durch Schulversäumnisse verursachte Kindeswohlgefährdung abzuwenden. Der Gesetzgeber hat damit ein deutliches Signal gesetzt, dass Jugendämter und Familiengerichte diese bislang zuweilen verkannte Form der Kindeswohlgefährdung ernst nehmen. Das familiengerichtliche Gebot kann dabei so ausgestaltet werden, dass die Eltern das Kind regelmäßig zur Schule zu bringen haben. Sachdienlich und zulässig erscheint gegebenenfalls aber auch die Auflage an die Eltern, Kontakt zu den Lehrern aufzunehmen, etwa um sicherzustellen, dass das zur Schule gebrachte Kind auch tatsächlich am Unterricht teilnimmt, oder um zu erfahren, wo etwaige gravierende schulische und/oder soziale

228 BVerfG, 24.3.2014 – 1 BvR 160/14, ZKJ 2014, 242.
229 Weitere Einzelheiten bei Heilmann/*Heilmann*, § 1666 BGB Rn. 43–46.

Probleme des Kindes liegen, und diese in Zusammenarbeit mit der Schule zu beseitigen.

152 Nicht jedes Schulversäumnis eines Kindes führt freilich automatisch zur Anordnung eines Gebotes i.S.d. § 1666 Abs. 3 Nr. 2 BGB. Stets sind alle wesentlichen Aspekte des konkreten Einzelfalles zu ermitteln und im Rahmen einer Gesamtbetrachtung zu bewerten. Die §§ 1666 f. BGB ermöglichen lediglich ein staatliches Einschreiten zur Abwehr einer konkreten Kindeswohlgefährdung, nicht aber die Durchsetzung einer bestmöglichen (schulischen) Förderung des Kindes.[230] Andererseits kann eine dauerhafte Schulverweigerung auch (über das Gebot i.S.d. § 1666 Abs. 3 Nr. 2 BGB hinausgehend) einen teilweisen Entzug des Sorgerechts erforderlich machen. Statt des Entzugs des Aufenthaltsbestimmungsrechts und einer – auch kurzfristigen – Fremdunterbringung mit einer neuen Gefährdungssituation kann als milderes Mittel in Betracht kommen, den Eltern das Recht zur Regelung der schulischen Angelegenheiten zu entziehen, für diesen Bereich einen Ergänzungspfleger zu bestellen und den Eltern darüber hinaus aufzuerlegen, dafür Sorge zu tragen, dass ihre Kinder der Schulpflicht nachkommen, und sicherzustellen, dass sie jeweils zur Schule gelangen und am Unterricht sowie an sonstigen schulischen Veranstaltungen teilnehmen.[231]

3. Wohnungsnutzungs- und Aufenthaltsverbote (§ 1666 Abs. 3 Nr. 3 BGB), Kontaktverbote (§ 1666 Abs. 3 Nr. 4 BGB)

153 Diese beiden Beispiele von Verboten hat der Gesetzgeber aus dem Gewaltschutzgesetz, das gemäß seinem § 3 nicht im Verhältnis von minderjährigen Kindern zu den Eltern und zu sorgeberechtigten Personen gilt, übernommen. Soll einem Elternteil vorübergehend oder auf unbestimmte Zeit die Nutzung der Familienwohnung untersagt werden, ist – sofern damit eine Trennung des Kindes von der elterlichen Familie verbunden ist – gemäß § 1666a Abs. 1 Satz 2 BGB eine **besondere Prüfung der Verhältnismäßigkeit** erforderlich: Die Maßnahme ist nur zulässig, wenn der Gefahr nicht auf andere Weise, auch nicht durch öffentliche Hilfen, begegnet werden kann. Das Familiengericht muss diese besonderen Anforderungen an die Verhältnismäßigkeit in seiner Endentscheidung konkret darlegen. Darüber hinaus gilt nach § 1666a Abs. 1 Satz 3 BGB Folgendes: Wird einem Elternteil oder einem Dritten die Nutzung der vom Kind mitbewohnten oder einer anderen Wohnung untersagt, ist bei der Bemessung der Dauer der Maßnahme auch zu berücksichtigen, ob diesem das Eigentum, das Erbbaurecht oder der Nießbrauch an dem Grundstück zusteht, auf dem sich die Wohnung befindet. Entsprechendes gilt für das Wohnungseigentum, das Dauerwohnrecht, das dingliche Wohnrecht oder wenn der Elternteil oder Dritte Mieter der Wohnung sind.

230 OLG Bamberg, 22.11.2021 – 2 UF 220/20, NZFam 2022, 25 m. Anm. *Preisner.*
231 OLG Celle, 23.7.2020 – 21 UF 190/19, FamRZ 2021, 427. Siehe auch EGMR, 10.1.2019 – 18925/15, FamRZ 2020, 33.

4. Ersetzung von Erklärungen des Inhabers der elterlichen Sorge (§ 1666 Abs. 3 Nr. 5 BGB)

Die Ersetzung von Erklärungen des Inhabers der elterlichen Sorge nach § 1666 Abs. 3 Nr. 5 BGB lässt die Notwendigkeit einer teilweisen Entziehung der elterlichen Sorge und der Anordnung einer Pflegschaft entfallen und kommt dann in Betracht, wenn lediglich punktuelle Entscheidungen getroffen werden müssen, beispielsweise eine Einwilligung in eine ärztliche und oder psychologische Untersuchung oder Behandlung, die Entbindung einer Ärztin von der Schweigepflicht,[232] eine rechtsgeschäftliche Erklärung,[233] ein Antrag auf eine sozialrechtliche Hilfe. Sie ist gegenüber dem Entzug des entsprechenden Teils der elterlichen Sorge (z.B. der Entscheidung über das Erteilen einer Einwilligung in den Schwangerschaftsabbruch, des Rechts zur Beantragung einer Hilfe zur Erziehung in Form einer Erziehungsbeistandschaft) dann das mildere Mittel, wenn keine weitergehenden Einschränkungen des Sorgerechts notwendig sind, etwa weil andere Teile des Sorgerechts entzogen werden müssen, um die Entscheidung umzusetzen (etwa die Befugnis zur Bestimmung des Aufenthalts zur Durchführung einer ärztlichen Behandlung), oder weil weitere Entscheidungen dieser Art absehbar ist, etwa weil eine ärztliche Behandlung sich über einen gewissen Zeitraum hinziehen wird. **154**

5. Sonstige Verbote, Gebote, Weisungen und Auflagen

In Betracht kommen schließlich **sonstige Verbote, Gebote, Weisungen und Auflagen**. Das Familiengericht kann einem Elternteil etwa auferlegen, ein Antigewalttraining, einen sozialen Trainingskurs, einen Kurs über Säuglingspflege zu absolvieren oder elektronische Spiele mit jugendgefährdenden Inhalten nicht mehr zur Verfügung zu stellen,[234] sofern eine konkrete Kindeswohlgefährdung gegeben ist. Das Familiengericht kann den Eltern verbieten, bei Ablehnung von Impfschutz das Kind in ein Seuchengebiet mitzunehmen. Soweit Ge- und Verbote einen erheblichen Eingriff in Grundrechte der Betroffenen bedeuten, ist die Regelung in § 1666 Abs. 1 und 3 BGB nur dann eine ausreichende Grundlage, wenn es sich um die in § 1666 Abs. 3 BGB ausdrücklich benannten Maßnahmen oder um eine mit diesen vergleichbare Maßnahme handelt.[235] Unzulässig ist daher de lege lata das Gebot an den Sorgeberechtigten, eine Psychotherapie durchzuführen.[236] **155**

232 Schwab/Ernst/*Schäder*, § 5 Rn. 231; OLG Schleswig, 22.6.2017 – 10 UF 103/17, FamRZ 2018, 109.
233 OLG Brandenburg, 11.4.2014 – 13 UF 48/14, FamRZ 2014, 1790.
234 Schwab/Ernst/*Schäder*, § 5 Rn. 232.
235 BGH, 23.11.2016 – XII ZB 149/16, FamRZ 2017, 212.
236 OLG Brandenburg 15.12.2017 – 10 UF 21/16, FamRZ 2018, 829; Schwab/Ernst/*Schäder*, § 5 Rn. 227.

6. Teilweise oder vollständige Entziehung der elterlichen Sorge (§ 1666 Abs. 3 Nr. 6 BGB)

a) Teilweise Entziehung der elterlichen Sorge

156 Schließlich nennt der Gesetzgeber – nicht zufällig an sechster und letzter Stelle (Ultima Ratio) – als kindesschutzrechtliche Maßnahme die teilweise oder vollständige Entziehung der elterlichen Sorge. Was die teilweise Entziehung der elterlichen Sorge angeht, definiert der Gesetzgeber die in Frage kommenden **Teilbereiche** – abgesehen von der Nennung der Entziehung der gesamten Personensorge (§ 1666a Abs. 2 BGB) und der Entziehung der Vermögenssorge (§ 1667 Abs. 3 Satz 4 BGB) – nicht näher. Das Familiengericht muss die Teilbereiche, die es entzieht, im Einzelfall danach definieren („zuschneiden"), in welchem Umfang eine Entziehung der elterlichen Sorge für das jeweilige Kind geeignet und erforderlich ist, um letztlich zu erreichen, dass das Kind in diesen Bereichen nicht mehr durch die Eltern, sondern durch einen nach Anordnung einer Pflegschaft auszuwählenden und zu bestellenden Ergänzungspfleger vertreten wird. Aufgabe des Familiengerichts ist es demnach, dem Ergänzungspfleger eine einerseits effektive und andererseits nicht überschießende Handhabe zu geben, um die eingetretenen Schäden beim Kind zu beseitigen/mindern oder die bevorstehenden Schäden abzuwehren. Nach Ansicht des BVerfG[237] kann es geboten sein, zugleich mit einer (teilweisen) Sorgerechtsentziehung über die Person des Vormunds/Ergänzungspflegers zu entscheiden, weil von der Auswahl die Eignung und Erforderlichkeit der Sorgerechtsentziehung abhängig sein kann (→ Rn. 180).[238]

157 In der Praxis werden häufig allein Teilbereiche der Personensorge entzogen. Soweit zur Abwendung einer Gefährdung eine Unterbringung des Kindes außerhalb seiner Herkunftsfamilie erforderlich erscheint, sind vor einer teilweisen Entziehung die zusätzlichen Anforderungen des § 1666a BGB zu beachten (→ Rn. 159 ff.); es werden in der Regel die im Folgenden genannten Teilbereiche entzogen, um eine Unterbringung außerhalb der Herkunftsfamilie gegen den Willen der Eltern, deren Finanzierung sowie die Regelung von im Alltag besonders häufig zu entscheidenden Angelegenheiten des Kindes zu ermöglichen:

- Gesundheitsangelegenheiten,
- Schul- oder Kita-Angelegenheiten,
- Aufenthaltsbestimmung
- Recht, Leistungen z.B. nach dem SGB VIII zu beantragen, Anträge bei Behörden, Anträge auf Sozialleistungen, Behördenangelegenheiten o.Ä.

237 BVerfG, 22.9.2014 – 1 BvR 2108/14, FamRZ 2015, 208 etwa, wenn nur die Vormundschaft eines Verwandten die Nachteile der Trennung von den Eltern kompensieren könne.

238 Zur Bedeutung dieser Ansicht für den Vorschlag einer vorläufigen Vormundschaft vgl. *Dürbeck*, ZKJ 2019, 208.

Daneben kann der **Entzug des Umgangsbestimmungsrechts**, das kein Bestandteil der Befugnis zur Aufenthaltsbestimmung ist,[239] erforderlich sein, wenn zu befürchten ist, dass die Eltern sich über eine nach § 1684 BGB getroffene Umgangsregelung hinwegsetzen, einen uneingeschränkten Umgang mit dem Kind durchsetzen wollen und hiermit eine Kindeswohlgefährdung verbunden wäre. Voraussetzung ist, dass die gegenüber der Entziehung des Umgangsbestimmungsrechts vorrangig zu treffende Umgangsregelung nach § 1684 BGB, deren Vollstreckung sowie die Einrichtung einer Umgangspflegschaft nach § 1684 Abs. 3 BGB nicht ausreichen, um eine Kindeswohlgefährdung abzuwenden. **158**

b) Fremdunterbringung, §§ 1666, 1666a Abs. 1 Satz 1 BGB

aa) Verfassungsrechtliche Vorgaben

Ein teilweiser Sorgerechtsentzug muss nicht zwingend mit einer **Fremdunterbringung des Kindes** verbunden sein.[240] Fasst das Familiengericht jedoch eine Fremdunterbringung ins Auge, ist eine **besondere (qualifizierte) Prüfung der Verhältnismäßigkeit** vorzunehmen (→ Kapitel 1 Rn. 38). **159**

Das Grundgesetz schreibt dazu in Art. 6 Abs. 3 (in der Sprache von 1949) vor: **160**

> „Gegen den Willen der Erziehungsberechtigten dürfen Kinder nur auf Grund eines Gesetzes von der Familie getrennt werden, wenn die Erziehungsberechtigten versagen oder wenn die Kinder aus anderen Gründen zu verwahrlosen drohen."

In den Worten des BVerfG (aus dem Jahr 2014) bedeutet Art. 6 Abs. 3 GG, dass eine Trennung der Kinder von ihren Eltern den stärksten Eingriff in das Elternrecht darstellt und strenger verfassungsgerichtlicher Kontrolle unterliegt, d.h. allein zu dem Zweck zulässig ist, das Kind vor nachhaltigen Gefährdungen zu schützen, und nur unter strikter Beachtung des Grundsatzes der Verhältnismäßigkeit erfolgen darf. Dabei berechtigen nicht jedes Versagen oder jede Nachlässigkeit der Eltern den Staat auf der Grundlage seines ihm nach Art. 6 Abs. 2 Satz 2 GG zukommenden Wächteramts, die Eltern von der Pflege und Erziehung ihres Kindes auszuschalten oder gar selbst diese Aufgabe zu übernehmen. Es gehört nicht zur Ausübung des Wächteramts des Staates, gegen den Willen der Eltern für eine bestmögliche Förderung der Fähigkeiten des Kindes zu sorgen. Das Grundgesetz hat den Eltern die primäre Entscheidungszuständigkeit bezüglich der Förderung ihrer Kinder zugewiesen. Dabei wird auch in Kauf genommen, dass Kinder durch Entscheidungen der Eltern wirkliche oder vermeintliche Nachteile erleiden. Um eine **Trennung des Kindes von den Eltern** zu rechtfertigen, muss das elterliche Fehlverhalten vielmehr ein solches Ausmaß erreichen, dass das Kind bei einem Verbleiben in der Familie in seinem körperlichen, geistigen oder seelischen Wohl nachhaltig gefährdet ist. Die Annahme einer nachhaltigen Gefährdung des Kindes setzt voraus, dass bereits ein Schaden des Kindes eingetreten ist oder eine Gefahr gegenwärtig in einem solchen Maße besteht, dass sich bei ihrer weiteren Entwick- **161**

239 BGH, 6.7.2016 – XII ZB 47/15, FamRZ 2016, 1752.
240 Schwab/Ernst/*Schäder*, § 5 Rn. 233.

lung eine erhebliche Schädigung mit ziemlicher Sicherheit voraussehen lässt. An die Trennung des Kindes von seinen Eltern als schwerstem Eingriff in das Elterngrundrecht sind auch unter Verhältnismäßigkeitsgesichtspunkten besonders strenge Anforderungen gestellt.[241]

162 Der Gesetzgeber hat diese verfassungsrechtliche Vorgabe in **§ 1666a BGB** einfachrechtlich umgesetzt. Dort heißt es:

- Maßnahmen, mit denen eine Trennung des Kindes von der elterlichen Familie verbunden ist, sind nur zulässig, wenn der Gefahr nicht auf andere Weise, auch nicht durch öffentliche Hilfen, begegnet werden kann (Abs. 1 Satz 1).
- Die gesamte Personensorge darf nur entzogen werden, wenn andere Maßnahmen erfolglos geblieben sind oder wenn anzunehmen ist, dass sie zur Abwendung der Gefahr nicht ausreichen (Abs. 2).

163 Im Hinblick auf den Verhältnismäßigkeitsgrundsatz gelten deshalb im Falle einer Trennung des Kindes von seinen Eltern bezüglich der Geeignetheit und Erforderlichkeit des Eingriffs einige Besonderheiten.[242]

bb) Geeignetheit einer Fremdunterbringung

164 Geeignet sind nur Maßnahmen, die eine effektive Gefahrenabwehr gewährleisten.[243]

165 Hieran fehlt es, wenn ein (teilweiser) Sorgerechtsentzug, der eine Fremdunterbringung ermöglichen würde, nicht zur Beseitigung des als gefährlich erkannten Zustands beitragen kann und sich die Situation des Kindes durch diesen letztlich nicht bessert. Dies kann beispielsweise dann der Fall sein, wenn die vom Familiengericht an sich für notwendig gehaltene Fremdunterbringung nicht möglich ist, da eine Jugendliche jede Form der Unterbringung in einer Einrichtung oder einer sonstigen betreuten Wohnform ablehnt. Ebenso scheidet ein „**Sorgerechtsentzug auf Vorrat**", der die jederzeitige sofortige Herausnahme des Kindes aus dem elterlichen Haushalt ermöglichen würde, aus,[244] wenn eine Herausnahme derzeit nicht beabsichtigt ist. Strittig ist in der Rechtsprechung der OLGe, ob ein im Moment der Geburt des Kindes wirksam werdender Sorgeentzug zulässig ist, um das Kind unmittelbar nach der Geburt fremd unterzubringen.[245] Jedenfalls dürfte ein vorgeburtlicher, im Moment der Geburt wirksam werdender Sorgerechtsentzug nur in enger zeitlicher Nähe zur Geburt zulässig sein, wenn zudem anzunehmen ist, dass bereits ab der Geburt die gegenwärtige Gefahr schwerer und irreversibler Schädigungen des Kindes besteht.[246]

---

241 BVerfG, 22.5.2014 – 1 BvR 3190/13, FamRZ 2014 m. Anm. *Stößer.*

242 Die Darstellung folgt im Wesentlichen Schwab/Ernst/*Schäder*, § 5 Rn. 236–242.

243 BVerfG, 22.5.2014 – 1 BvR 3190/13, FamRZ 2014 m. Anm. *Stößer.*

244 BVerfG, 17.3.2014 – 1 BvR 2695/13, FamRZ 2014, 1005.

245 Möglich etwa OLG Hamm, 25.2.2020 – II-11 UF 253/19, FamRZ 2020, 1355; ablehnend etwa OLG Frankfurt, 12.5.2017 – 1 UF 95/17, FamRZ 2018, 190.

246 *Hammer*, FamRZ 2020, 1358.

Ungeeignet ist ein (teilweiser) Sorgerechtsentzug auch dann, wenn die Fremdunterbringung zu Belastungen bei dem Kind führen würde, die durch die mit der Fremdunterbringung beabsichtigte Gefahrenbeseitigung voraussichtlich nicht aufgewogen werden (sog. **sekundäre Kindeswohlgefährdung**). Die negativen Folgen einer Trennung des Kindes von den Eltern und einer Fremdunterbringung sind daher stets zu berücksichtigen. Ein Sorgerechtsentzug kommt nur in Betracht, wenn dieser die Situation des Kindes in der Gesamtbetrachtung verbessert.[247] Ebenso wie bei der Kindeswohlgefährdung, die nach Art und Schwere konkret zu benennen ist, bedarf es näherer Darlegungen über die zu erwartenden negativen Folgen einer Fremdunterbringung. Und es hat eine tatsächliche Ermittlung und Abwägung der Vor- und Nachteile der Fremdunterbringung der Kinder stattzufinden.[248] 166

cc) Erforderlichkeit einer Fremdunterbringung

Erforderlich ist die teilweise Entziehung der Sorge zum Zwecke der Fremdunterbringung, wenn mildere Mittel nicht zu Gebote stehen. 167

(1) Vorrang staatlicher Hilfen

Mildere Mittel sind entsprechend § 1666a Abs. 1 Satz 1 BGB in erster Linie staatliche Hilfemaßnahmen. Um das Risiko einer fehlerhaften Einschätzung zur Geeignetheit ambulanter Hilfemaßnahmen so gering wie möglich zu halten, sind die Möglichkeiten und Grenzen dieser niedrigschwelligeren Maßnahmen im Hinblick auf die jeweils festgestellten Gefährdungsrisiken im konkreten Fall aufzuklären und stichhaltig zu begründen. Dies gilt insbesondere dann, wenn Fachkräfte Bedenken an der Geeignetheit ambulanter Hilfen geäußert haben.[249] Sind die Eltern nicht bereit oder in der Lage, Hilfen von außen zu akzeptieren und am Erwerb und der Verbesserung ihrer Erziehungskompetenzen mitzuarbeiten, fehlt es an der Geeignetheit ambulanter Hilfemaßnahmen.[250] Ist die Unterbringung von Eltern und Kind in einer speziellen Eltern-Kind-Einrichtung zur Abwendung der Kindeswohlgefährdung geeignet und sind die Eltern zu einer solchen Unterbringung bereit, stellt diese Hilfeform ein geeignetes milderes Mittel zum Sorgerechtsentzug dar. 168

(2) Einverständnis und Mitwirkungsbereitschaft der Eltern bei Fremdunterbringung

Selbst wenn eine Fremdunterbringung geboten ist, ist der Sorgerechtsentzug zur Abwendung einer dem Kind drohenden Gefahr insbesondere dann entbehrlich, wenn der erziehungsberechtigte Elternteil die Fremdunterbringung mitträgt und unterstützt und alle im Zusammenhang hiermit notwendig werdenden Mitwirkungshandlungen vornimmt oder vorzunehmen bereit ist.[251] Ob dies der Fall ist oder ob es sich bei den Angaben der Eltern um bloße Lippenbekenntnisse zwecks 169

247 BVerfG, 22.5.2014 – 1 BvR 3190/13, FamRZ 2014 m. Anm. *Stößer.*
248 BVerfG, 21.9.2020 – 1 BvR 528/19, FamRZ 2021, 104 m. Anm. *Hammer.*
249 BVerfG, 3.2.2017 – 1 BvR 2569/16, FamRZ 2017, 524 m. Anm. *Salgo.*
250 BVerfG, 23.4.2018 – 1 BvR 383/18, FamRZ 2018, 1084 m. Anm. *Socha.*
251 BVerfG, 13.7.2017 – 1 BvR 1202/17, FamRZ 2017, 1577.

Abwendung eines Sorgerechtsentzugs handelt, ist im Einzelfall – auch anhand der bisherigen Kooperationsbereitschaft der Eltern mit den Fachkräften – zu prüfen.

(3) Verbleibensanordnung

170 Lebt ein Kind in einer Pflegefamilie und verlangen Eltern, die sich zunächst mit der Unterbringung des Kindes einverstanden erklärt hatten, dessen Rückführung, muss der Erlass einer Verbleibensanordnung nach § 1632 Abs. 4 BGB als im Verhältnis zu einem Sorgerechtsentzug milderes Mittel erwogen werden. Ergibt sich die Gefährdung des Kindeswohls allein daraus, dass das Kind zur Unzeit aus der Pflegefamilie herausgenommen und zu den leiblichen Eltern zurückgeführt werden soll, liegt in der Regel noch kein hinreichender Grund vor, den Eltern das Sorgerecht ganz oder teilweise zu entziehen.[252]

Wiederholte Aufenthaltswechsel und eine unsichere Lebensperspektive können gerade für Kinder und Jugendliche, deren bisherige Aufwachsensbedingungen eher schwierig und von Beziehungsabbrüchen geprägt waren, belastend sein.

171 Das Kinder- und Jugendstärkungsgesetz (KJSG) rückt daher die Perspektivklärung und Kontinuitätssicherung für Kinder und Jugendliche, die außerhalb ihrer Herkunftsfamilie aufwachsen, stärker ins Zentrum familiengerichtlicher Entscheidungen und Hilfen nach dem SGB VIII: Neu ist die ausdrückliche Verpflichtung zur prozesshaften Perspektivplanung im Rahmen der Hilfeplanung bei Hilfen außerhalb der eigenen Familie (§ 37c Abs. 1 und 2 SGB VIII), die Einführung einer sog. Dauerverbleibensanordnung (§ 1632 Abs. 4 Satz 2 BGB) sowie die Pflicht zur Einbeziehung der Rückkehrperspektive bzw. des Kontinuitätsinteresses von Kindern und Jugendlichen bei allen Entscheidungen, die das Kind betreffen (§ 1697a Abs. 2 BGB).[253]

(4) Erteilen einer Sorgerechtsvollmacht

172 Auch eine dem Jugendamt erteilte **Sorgerechtsvollmacht** der Eltern kann ein milderes Mittel darstellen. Allerdings setzt dies voraus, dass die Eltern die Angelegenheiten ihres Kindes weiterhin aktiv begleiten, zur fortdauernden Kommunikation und Kooperation mit dem Jugendamt bereit sind und die Vollmacht aller Voraussicht nach nicht widerrufen werden.[254]

173 Ein Jugendamt ist verpflichtet, eine Sorgerechtsvollmacht anzunehmen, wenn es mit der Annahme der Sorgerechtsvollmacht eine Aufgabe nach dem SGB VIII erfüllt. Eine entsprechende Verpflichtung besteht etwa, wenn sich die Annahme der Vollmacht als Unterstützungsmaßnahme nach § 18 SGB VIII[255] oder als atypische Hilfe zur Erziehung nach § 27 SGB VIII[256] darstellt. Sofern nach Anregung eines fa-

252 BGH, 22.1.2014 – XII ZB 68/11, FamRZ 2014, 543 = ZKJ 2014, 198 (Leitsatz).
253 Ausführlich vgl. Meysen u.a./*Lohse* Kap. 5, S. 254 ff.
254 OLG Bremen, 4.1.2018 – 4 UF 137/17, FamRZ 2018, 689; DIJuF JAmt 2022, 315; DIJuF JAmt 2016, 82; *Amend-Traut*, FamRZ 2020, 805; *Hoffmann*, JAmt 2015, 6 ff.; a.A. OLG Oldenburg, 10.11.2020 – 13 UF 33/20, NZFam 2021, 89; *Prinz*, NZFam 2020, 747.
255 So *Prinz*, NZFam 2020, 747; DIJuF JAmt 2016, 82; *Hoffmann*, FamRZ 2011, 1544.
256 MüKoBGB/*Huber*, § 1626 Rn. 15.

miliengerichtlichen Verfahrens nach § 8a Abs. 2 SGB VIII durch das Jugendamt im Verfahren nach den §§ 1666, 1666a BGB die Eltern das Erteilen einer Sorgerechtsvollmacht anbieten, hat das Jugendamt demnach zu prüfen, ob nach seiner fachlichen Einschätzung die Voraussetzungen für die Annahme einer Sorgerechtsvollmacht als Leistung nach dem SGB VIII vorliegen oder nicht. Ist dies nicht der Fall, hat es den Abschluss eines vertraglichen Grundverhältnisses[257] abzulehnen. Allein durch das Erteilen einer Sorgerechtsvollmacht wird ein Jugendamt nicht zur Wahrnehmung der Rechte und Pflichten aus der Sorgerechtsvollmacht verpflichtet werden, denn nur zwischen gemeinsam sorgeberechtigten Eltern ergibt sich ein Grundverhältnis bereits aus der gemeinsamen elterlichen Sorge.[258]

c) Vollständige Entziehung der Personensorge, §§ 1666, 1666a Abs. 2 BGB

Die gesamte Personensorge – und demnach auch die elterliche Sorge insgesamt – darf nach §§ 1666, 1666a Abs. 2 BGB nur entzogen werden, wenn andere Maßnahmen erfolglos geblieben sind oder wenn anzunehmen ist, dass sie zur Abwendung der Gefahr nicht ausreichen. Vor dem vollständigen Entzug der elterlichen Personensorge ist daher neben den unter b) dargestellten Gesichtspunkten nach § 1666a Abs. 2 BGB stets zu prüfen, ob ein teilweiser Entzug zur Gefahrenabwehr ausreicht. Oftmals genügt, wie unter a) dargestellt, die Entziehung des Aufenthaltsbestimmungsrechts zur Ermöglichung von Vollzeitpflege oder betreutem Wohnen (§§ 33, 34 SGB VIII), verbunden mit Entscheidungsbefugnissen in einigen wichtigen Angelegenheiten des Kindes und dem Recht zur Beantragung von Hilfen zur Erziehung nach §§ 1666, 1666a Abs. 1 Satz 1 BGB, wenn die Eltern bei einer Fremdunterbringung ihres Kindes nicht mitwirken. **174**

Als milderes Mittel kann auch eine Beschränkung bzw. ein Teilentzug des Aufenthaltsbestimmungsrechts in Betracht kommen, wenn sich die Kindeswohlgefährdung (allein) aus einem drohenden Wegzug der Eltern mit dem Kind von seinem bisherigen Wohnort ergibt.[259] Bei mehreren Kindern ist außerdem zu prüfen, ob ein Entzug der Sorge bzgl. eines oder einiger Kinder ausreicht, um die Kindeswohlgefährdung bzgl. der verbleibenden Kinder – ggf. zusammen mit öffentlichen Hilfemaßnahmen – abzuwenden. **175**

d) Folgen familiengerichtlicher Eingriffe in die elterliche Sorge

Kommt es zu einem (teilweisen) Entzug der elterlichen Sorge, so ist zu regeln, wem nach Wegfall des gesamten oder von Teilen des Sorgerechts eines oder beider Elternteile die elterliche Sorge zusteht.[260] **176**

257 *Löhnig*, NJW 2020, 2150.
258 BGH, 29.4.2020 – XII ZB 112/19, FamRZ 2020, 1171.
259 BVerfG, 23.6.2015 – 1 BvR 1292/15, FamRZ 2016, 22 m. Anm. *Hammer.*
260 BeckOK BGB/*Veit*, § 1666 Rn. 117 (61. Ed., Stand: 1.2.2022).

aa) Bei gemeinsamer Sorge der Eltern zum Zeitpunkt der familiengerichtlichen Entscheidung

177 Stand den Eltern die Sorge gemeinsam zu, hat der (teilweise) Sorgerechtsentzug gegenüber nur einem Elternteil gemäß § 1680 Abs. 1 und 3 BGB die (teilweise) Alleinsorge des anderen Elternteils kraft Gesetzes zur Folge.[261] Das Familiengericht hat daher zu prüfen, ob eine Gefährdung des Kindes auch vom anderen Elternteil droht. Dies kann auch eine andere Gefährdung sein, etwa speziell aus seiner Alleinfürsorge (mangelnde Kompetenz oder mangelnde Durchsetzungskraft gegenüber dem gefährdenden Elternteil) oder mangelnden Eltern-Kind-Beziehungen. Ansonsten hat das Familiengericht im Beschluss deklaratorisch auszusprechen, dass der andere Elternteil die betreffenden Befugnisse nunmehr allein ausübt.

bb) Bei Alleinsorge eines Elternteils

178 Wird die elterliche Sorge dem alleinigen Sorgerechtsinhaber nach § 1666 BGB (teilweise) entzogen, ist sie dem anderen Elternteil nach § 1680 Abs. 2, 3 BGB (teilweise) allein zu übertragen, wenn dies dem Wohl des Kindes nicht widerspricht.[262] Auf eine hypothetische Gefährdung des Kindes im Sinne § 1666 BGB kommt es nicht an. Ist der gemäß § 1626a Abs. 2 BGB alleinsorgeberechtigen Mutter das Sorgerecht (ganz oder teilweise) entzogen und dieses nicht gemäß § 1680 Abs. 2, 3 BGB (ganz oder teilweise) auf den Vater übertragen worden, so können die Eltern ein (ganz oder teilweises) Sorgerecht des Vaters nicht mehr durch Heirat oder Sorgeerklärung herbeiführen (§ 1626a Abs. 1 BGB); es bedarf stets einer gerichtlichen Übertragungsentscheidung bezüglich des der Mutter (ganz oder teilweise) entzogenen Sorgerechts.[263]

cc) Anordnung einer Ergänzungspflegschaft/Vormundschaft

179 Erst wenn die Begründung der Alleinsorge des anderen Elternteils nicht in Betracht kommt oder beiden Eltern das Sorgerecht entzogen wurde, ist bei vollständigem Sorgerechtsentzug eine Vormundschaft (§ 1773 BGB/§ 1773 BGB n.F.) und bei teilweiser Entziehung eine Ergänzungspflegschaft (§ 1909 BGB/§ 1809 BGB n.F.) anzuordnen.[264] Auch der Entzug der gesamten Personensorge ist Teilentzug in diesem Sinne.[265]

dd) Auswahl und Bestellung des Vormunds/Ergänzungspflegers

180 Die **Auswahl des geeigneten Vormunds/Ergänzungspflegers** ist nach Ansicht des BVerfG „unter dem Gesichtspunkt der Verhältnismäßigkeit **integraler Bestandteil der Sorgerechtsentscheidung**"[266] (→ Kapitel 12 Rn. 357).

261 Schwab/Ernst/*Schäder*, § 5 Rn. 244.
262 Schwab/Ernst/*Schäder*, § 5 Rn. 244.
263 Staudinger/*Coester*, § 1666, Rn. 250 f. sowie § 1626a Rn. 26, 73.
264 Schwab/Ernst/*Schäder*, § 5 Rn. 244.
265 Staudinger/*Coester*, § 1666 Rn. 252; MüKoBGB/*Lugani*, § 1666 Rn. 199.
266 BVerfG, 22.9.2014 – 1 BvR 2108/14, FamRZ 2015, 208, 210.

Praxistipp 181

→ **Familiengericht**

Nach richtiger Ansicht ist aus verfassungsrechtlichen Gründen jedoch von der ***Verpflichtung des Familienrichters zur Anordnung der Vormundschaft/Ergänzungspflegschaft und zur Auswahl und Bestellung des Vormunds/Ergänzungspflegers*** *auszugehen, wenn eine Vormundschaft/Ergänzungspflegschaft in Folge eines Eingriffs in die elterliche Sorge nach §§ 1666 Abs. 3, 1666a BGB anzuordnen ist. Für die Bewertung des Eingriffs in die elterliche Sorge als verhältnismäßig ist von wesentlicher Bedeutung, wer als Vormund bzw. Ergänzungspfleger ausgewählt und bestellt wird. Die Auswahl ist daher integraler Bestandteil der Sorgerechtsentscheidung.*[267] *Regelungen des RPflG stehen nicht entgegen, denn nach § 6 RPflG soll der Richter die gesamte Angelegenheit bearbeiten, wenn ein übertragenes Geschäft mit einem vom Richter wahrzunehmenden Geschäft in einem so engen Zusammenhang steht, dass eine getrennte Bearbeitung nicht sachdienlich wäre.*[268]

Die Auswahl eines Verwandten des Kindes kommt dabei unter dem Gesichtspunkt 182
der Verhältnismäßigkeit als milderes Mittel gegenüber der Auswahl des Jugendamts oder eines anderen professionellen Vormunds in Betracht, weil diese es den Eltern in der Regel ermöglichen, den Kontakt zum Kind zu halten und dessen Entwicklung weiter zu beeinflussen, vorausgesetzt, diese Maßnahme schadet nicht dem Kindeswohl.[269] Etwas anderes gilt dagegen dann, wenn durch die Unterbringung des Kindes bei Verwandten und deren Bestellung als Vormund bzw. Ergänzungspfleger die Gefährdungssituation nicht beseitigt wird.[270] Im Übrigen ist bei der Auswahl der **Vorrang der ehrenamtlichen Vormundschaft** vor jeder professionell geführten Vormundschaft zu beachten, der sich aus §§ 1791 ff. BGB/ § 1779 Abs. 2 BGB n.F. ergibt. Zur Förderung der ehrenamtlichen Vormundschaft ist mit der Reform des Vormundschaftsrechts[271] in § 1776 BGB n.F. die Möglichkeit geschaffen worden, neben einem ehrenamtlichen Vormund einen sogenannten zusätzlichen Pfleger für einzelne oder bestimmte Arten von Angelegenheiten zu bestellen und so einen ehrenamtlich tätigen Vormund von bestimmten Aufgaben zu entlasten, die durch ihn nur schwer oder gar nicht zum Wohl des Kindes wahrgenommen werden können.

---

267 BVerfG, 22.9.2014 – 1 BvR 2108/14, FamRZ 2015, 208.

268 BeckOGK/*B. Hoffmann*, § 1779 BGB Rn. 92 und § 1774 BGB Rn. 17; *Hammer*, JAmt 2015, 291. Siehe auch: BeckOK Streitwert/*Dürbeck*, Familienrecht – Sorgerechtsverfahren, Rn. 9a (39. Ed., Stand: 1.4.2022); *Meysen*, JAmt 2015, 324; Schwab/Ernst/*Schäder*, § 5 Rn. 245.

269 BVerfG, 7.4.2014 – 1 BvR 3121/13, FamRZ 2014, 907, 910. Nach § 1790 Abs. 2 Satz 3 BGB des (mit Wirkung ab dem 1.1.2023 geltenden) Gesetzes zur Reform des Betreuungs- und Vormundschaftsrechts vom 4.5.2021 (BGBl. I 882) soll jeder Vormund bei seiner Amtsführung im Interesse des Kindes und zu dessen Wohl die Beziehung des Kindes zu seinen Eltern einbeziehen.

270 BeckOK BGB/*Veit*, § 1666 Rn. 118.1. mit weiteren Nachweisen (61. Ed., Stand: 1.2.2022).

271 Durch das Gesetz zur Reform des Vormundschafts- und Betreuungsrechts vom 4.5.2021 (BGBl. I S. 882).

ee) Kein Ausschluss des Umgangsrechts

183 Der Sorgerechtsentzug beinhaltet keinen Ausschluss des Umgangsrechts. Dieser muss unter den Voraussetzungen des § 1684 Abs. 4 BGB separat eingeschränkt oder ausgeschlossen werden, wobei in dieser Situation ein besonders strenger Maßstab anzulegen ist.[272]

III. Verhältnis der einzelnen Maßnahmen zueinander

184 Klarstellend ist darauf hinzuweisen, dass zwischen den verschiedenen Maßnahmen kein Vorrang- Nachrang-Verhältnis besteht, das Familiengericht auch als erste gerichtliche Maßnahme die elterliche Sorge teilweise oder vollständig entziehen kann, wenn dies erforderlich und verhältnismäßig ist, insbesondere wenn anzunehmen ist, dass weniger eingriffsintensive Maßnahmen zur Abwendung der Kindeswohlgefährdung nicht ausreichen; die Einführung des Maßnahmenkatalogs ist also keineswegs so zu verstehen, dass zunächst die milderen Maßnahmen durchprobiert werden müssen, bevor eine stärker in das Elternrecht eingreifende Maßnahme ergriffen werden darf.[273] *Denn „geeignet"* sind nur Maßnahmen, die die festgestellte Gefahr wirksam abwenden. Insofern kann das Familiengericht, wenn mildere Maßnahmen keinen Erfolg versprechen, im Einzelfall auch von vornherein die schärfste Variante des Maßnahmenkatalogs (Abs. 3 Nr. 6 Sorgerechtsentzug) wählen – das pflichtgemäße „Abarbeiten" des Katalogs in jedem Fall würde dem Gebot effektiven Kindesschutzes widersprechen.[274]

---

272 Schwab/Ernst/*Schäder*, § 5 Rn. 346 mit weiteren Nachweisen.
273 *Ernst*, FPR 2008, 602.
274 Gernhuber/*Coester-Waltjen*, § 62 Rn. 20.

Teil 2

Verfahrensrecht: Einleitung, Gestaltung, Ablauf und Abschluss des Verfahrens

Kapitel 4: Die Anrufung des Familiengerichts durch das Jugendamt

Übersicht Rn.

Grundsätzlich kann jede*r beim Familiengericht ein Verfahren zum Schutz eines Kindes anregen – da das Verfahren nach § 1666 BGB ein Amtsverfahren ist, hat das Gericht bei entsprechenden Hinweisen zu prüfen, ob ein Verfahren eingeleitet wird (§ 24 FamFG). 1

In der ganz überwiegenden Anzahl von Fällen, in denen es um den Schutz eines Kindes geht, ruft jedoch das Jugendamt das Familiengericht an und ist dazu auch durch § 8a Abs. 2 SGB VIII und in Fällen einer vorausgegangenen Inobhutnahme nach § 42 Abs. 3 Satz 2 Nr. 2 SGB VIIII verpflichtet: 2

> § 8a Abs. 2 SGB VIII
>
> (2) Hält das Jugendamt das Tätigwerden des Familiengerichts für erforderlich, so hat es das Gericht anzurufen; dies gilt auch, wenn die Erziehungsberechtigten nicht bereit oder in der Lage sind, bei der Abschätzung des Gefährdungsrisikos mitzuwirken. Besteht eine dringende Gefahr und kann die Entscheidung des Gerichts nicht abgewartet werden, so ist das Jugendamt verpflichtet, das Kind oder den Jugendlichen in Obhut zu nehmen.

I. Voraussetzungen der Anrufung des Familiengerichts durch das Jugendamt

Als Voraussetzung der Anrufungspflicht gilt nach dieser Vorschrift, dass das Jugendamt selbst die Aufnahme eines Verfahrens nach § 8a SGB VIII durch das Gericht für erforderlich hält. Die Anrufungspflicht knüpft damit nicht an einem äuße- 3 ren Kriterium an, sondern an den Ergebnissen von Einschätzungsprozessen im Jugendamt selbst. Damit steht dem Jugendamt in Bezug auf das Vorliegen der Anrufungspflicht ein Beurteilungsspielraum zu.[1]

4 Erforderlich ist die Anrufung des Familiengerichts, wenn

a) als Ergebnis einer jugendamtlichen Einschätzung eine Gefährdung des Kindes festgestellt wurde und zugleich eine Abwendung der Gefährdung durch die Eltern aus Sicht des Jugendamts nicht gelingen kann, auch nicht mit Unterstützung durch öffentliche Hilfen. Dabei kommt es nicht darauf an, ob die Abwendung der Gefährdung am mangelnden Willen oder mangelnden Fähigkeiten und Möglichkeiten der Eltern scheitert oder

b) gem. § 8a Abs. 2 Satz 1 Halbs. 2 SGB VIII eine Gefährdungseinschätzung nicht gelingt, weil die Eltern „nicht bereit oder in der Lage sind, an der Abschätzung des Gefährdungsrisikos mitzuwirken."

1. Anrufung bei nach Einschätzung des Jugendamts feststehender Kindeswohlgefährdung

5 Kommt das Jugendamt zu der Einschätzung, dass das Wohl des Kindes gefährdet ist *und* diese nicht durch die Eltern, auch nicht bei der Inanspruchnahme von Hilfen, abgewendet werden kann, muss es das Familiengericht anrufen.[2] Die „Schwelle zur Anrufung des Familiengerichts" durch das Jugendamt entspricht dabei inhaltlich der Eingriffsschwelle des § 1666 BGB für Maßnahmen des Familiengerichts, also den Tatbestandsvoraussetzungen des § 1666 BGB (→ Kapitel 2 Rn. 56 ff.).

6 ***Praxistipp***

→ **Jugendamt**
Für die Einleitung eines Kindesschutzverfahrens durch das Gericht reichen ***Anhaltspunkte dafür, dass die Tatbestandsvoraussetzungen des § 1666 Abs. 1 BGB vorliegen****, aus. Demgegenüber muss bei Abschluss des Verfahrens, also beim Erlass einer Endentscheidung die* ***volle richterliche Überzeugung dafür, dass die Tatbestandsvoraussetzungen des § 1666 Abs. 1 BGB vorliegen,*** *gegeben sein. Zum Zeitpunkt der der Anrufung des Familiengerichts durch das Jugendamt müssen also nicht alle Fragen abschließend geklärt sein. Diese Klärung ist gerade die Funktion des familiengerichtlichen Erkenntnisverfahrens (→ Kapitel 7).*

7 Für das Jugendamt stellt sich die Beurteilung der Erforderlichkeit einer Anrufung des Familiengerichts in doppelter Hinsicht als **Herausforderung** dar:

1 FK-SGB VIII/*Meysen,* § 8a Rn. 40.
2 FK-SGB VIII/*Meysen,* § 8a Rn. 41.

Zum einen sind die zugrunde liegenden Einschätzungsprozesse zumindest in den Fällen, die sich nicht als ganz eindeutig darstellen, mit mehr oder weniger **Unsicherheiten** behaftet: In die jugendamtliche Einschätzung der Kindeswohlgefährdung fließen Abwägungen zum Grad der Schädigung eines Kindes und deren Bewertung ein. Zudem sind mit der Einschätzung sowohl der Gefährdung eines Kindes als auch der Abwendungsmöglichkeiten der Eltern **prognostische Aussagen** dazu verbunden, wie die Situation sich weiter entwickeln wird und mit welcher Sicherheit Schädigungen des Kindes voraussagbar sind (→ Kapitel 2 Rn. 92 ff.). 8

Zum anderen betrachten Jugendamt und Gericht die jeweilige Anrufungs- bzw. Eingriffsschwelle grundsätzlich aus **unterschiedlichen Perspektiven**[3]: 9

Das Jugendamt 10

- oft aus der unmittelbaren Kenntnis der Familie und des Kindes sowie aus der Erfahrung eines längeren Prozesses und gescheiterter Hilfeversuche
- mit Blick auf die – möglicherweise schon seit längerer Zeit – eingeschränkten Entwicklungsmöglichkeiten und dem Schutz des Kindes.

Das Familiengericht 11

- aus großenteils schriftlichen Informationen zu einem gegebenen Zeitpunkt
- mit Blick v.a. auf die Legitimation des Eingriffs in das grundrechtlich geschützte Elternrecht.

Das Wissen um diese unterschiedliche Perspektive kann durchaus – mehr oder weniger bewusst – Einfluss auf die Beurteilung der Erforderlichkeit der Anrufung des Familiengerichts nehmen. Denn die Fachkräfte des Jugendamts nehmen mit der Anrufung des Gerichts zugleich das Risiko in Kauf, dass die Eltern, die sich vor den Kopf gestoßen und angegriffen fühlen nun für Hilfeangebote gar nicht mehr erreichbar sind. Die Folge kann sein, dass das Jugendamt den Zugang auch zum Kind verliert. 12

Praxistipp 13

→ Jugendamt

*Dieser zweiten Herausforderung kann jedoch nicht dadurch begegnet werden, dass das Jugendamt sich bei der Anrufung des Familiengerichts darauf zurückzieht, die Entscheidung über das Vorliegen einer Kindeswohlgefährdung dem Gericht zu überlassen. Manchmal zu hörende Aussagen wie „Es soll dann der/die Richter*in entscheiden, ob das eine Kindeswohlgefährdung ist und das Kind herausgenommen wird", sind nicht kompatibel mit der Vorschrift des § 8a Abs. 2 SGB VIII. In keinem Fall ersetzt die richterliche Überzeugung bzw. Entscheidung die sozialpädagogische Einschätzung des Jugendamts, die bereits erforderliche Voraussetzung für eine Anrufung des Familiengerichts ist.*

3 Zu den verschiedenen Anrufungskonstellationen siehe Wiesner/Wapler/*Wapler*, § 8a SGB VIII Rn. 53 ff.

2. Anrufung des Familiengerichts im Vorfeld der Feststellung einer Kindeswohlgefährdung

14 Der zweite Halbsatz des § 8a Abs. 2 SGB VIII normiert eine Anrufungspflicht des Jugendamts auch dann, wenn das Jugendamt die Anrufung für erforderlich hält,[4] weil die Eltern sich der Mitwirkung an der Einschätzung einer Kindeswohlgefährdung verweigern oder nicht in der Lage sind, daran mitzuwirken.

15 **Zweck der Vorschrift** ist zum einen, dass das Familiengericht auch angerufen werden kann, damit **erweiterte Mittel zur Klärung einer Kindeswohlgefährdung** zum Einsatz kommen können. Zu den Mitteln, über die das Jugendamt nicht (immer) verfügt, gehört bspw. die Anordnung des persönlichen Erscheinens im Termin oder die Einholung eines Sachverständigengutachtens. Zum anderen wird die Vorschrift auch mit einer **„Warn-"und „Initiierungsfunktion"** in Verbindung gebracht.[5] Gemeint ist die Nutzung der Autorität des Familiengerichts, um den Eltern den Ernst der Lage und die möglichen Konsequenzen einer ungebrochenen Fortsetzung der gefährdenden Erziehungssituation zu verdeutlichen und/oder um deren Bereitschaft zur Annahme von Hilfen und Zusammenarbeit mit dem Jugendamt anzustoßen.

16 ***Praxistipp***

→ **Jugendamt**
Bei der Überlegung, ob die Anrufung des Familiengerichts mit dem Ziel von Klärung und/oder Inanspruchnahme von Hilfen angezeigt ist, muss Umsicht walten. Denn den Chancen, dass die Eltern sich von der Autorität des Familiengerichts nachhaltig beeindrucken lassen, steht das Risiko gegenüber, dass die Bereitschaft zur Zusammenarbeit mit dem Jugendamt belastet wird und/oder dass die richterlichen Ermahnungen nur kurzfristige Wirkungen haben und sodann verpuffen.[6]

17 Schon vor solchen Zweckmäßigkeitsüberlegungen stehen Einschätzungsprozesse dazu, wie dringlich die Klärung von Hinweisen auf eine mögliche Kindeswohlgefährdung ist, inwieweit die Mitwirkung der Eltern zur Klärung der Kindeswohlgefährdung überhaupt sinnvoll und erforderlich ist und ob und in welchem Ausmaß sie sich einer Mitwirkung dauerhaft verweigern. Die (zeitweilige) Weigerung, bestimmte (persönliche) Informationen preiszugeben bspw., kann jedenfalls nicht per se als fehlende Mitwirkung und Anlass für die Einschaltung des Familiengerichts ausgelegt werden. Eltern können unterschiedliche Gründe dafür haben, sich dem Jugendamt nicht von Anfang zu öffnen, wie Scham, Angst vor Wegnahme der Kinder, Bedürfnis nach Schutz der persönlichen Grenzen.[7] Eine Anrufung des

4 Vgl. Wiesner/Wapler/*Wapler*, § 8a Rn. 53.
5 FK-SGB VIII/*Meysen*, § 8a Rn. 44; vgl. auch BT-Drs. 16/6815 S. 12.
6 Wiesner/Wapler/*Wapler*, § 8a Rn. 56.
7 FK-SGB VIII/*Meysen*, § 8a Rn. 45.

Familiengerichts ist erst gerechtfertigt, wenn die vorenthaltenen Informationen dringend erforderlich sind zur Klärung von ernst zu nehmenden Hinweise auf eine Kindeswohlgefährdung.

II. Form der Anrufung des Familiengerichts durch das Jugendamt

Die Form der Anrufung des Familiengerichts spielt insofern eine untergeordnete Rolle als das Familiengericht jeglichem Hinweis auf ein wegen Gefährdung eines Kindes erforderlichen Verfahrens nachgehen muss. Dennoch gebietet sich eine nach Inhalt und Form sorgfältige Gestaltung der Anrufung, um die Zusammenarbeit zwischen Jugendamt und Gericht zu erleichtern. 18

1. Kein „Antrag", sondern „Anregung"

Da das Kinderschutzverfahren ein Amts- und nicht ein Antragsverfahren ist, wird es auch nicht durch einen förmlichen Antrag eingeleitet. Eine Anregung an das Gericht (auch: Anrufung) des Gerichts ist ausreichend. Bezeichnet das Jugendamt die Anrufung als „Antrag" ist dieser der Sache nach dennoch eine Anregung. Die Bezeichnung als Antrag ist verfahrensrechtlich zwar nicht korrekt, jedoch unschädlich. Allerdings kann die Verwendung des **Begriffs „Antrag"** eine Dynamik im Verfahren verstärken, in der das Jugendamt die Rolle des Antragsstellers und vermeintlichen Gegners der Eltern einnimmt. 19

2. Kein Unterschied zwischen Anrufung nach § 8a Abs. 2 SGB VIII und Anrufung wegen eines Verfahrens nach § 1666, 1666a BGB

Teilweise wird in den Jugendämtern zwischen § 8a-Mitteilungen und/oder § 1666-„Anträgen" und/oder „§ 157ern/Erörterungsterminen" unterschieden. Diese Unterscheidung ist irreführend (→ Kapitel 5 Rn. 55). Der Verfahrensgegenstand ist aus familiengerichtlicher Perspektive immer § 1666 BGB während sich die Pflicht des Jugendamts zur Anrufung immer nach § 8a Abs. 2 SGB VIII bestimmt. § 157 FamFG stellt nur insofern eine Besonderheit dar, dass er eine Befassung des Familiengerichts ausdrücklich auch schon im Falle einer *möglichen* Kindeswohlgefährdung vorsieht (zu § 157 FamFG → Kapitel 8 Rn. 162 ff.). 20

21 ***Praxistipp***

→ **Jugendamt**
Ob das Jugendamt in der Anrufung des Familiengerichts die gesetzliche Grundlage dafür, dass es sich ans Gericht wendet, nennt oder diejenige, nach der das angestrebte Verfahren sich richtet oder sogar beide, ist nicht entscheidend. Vollständigkeit wäre mit der Formulierung „Anrufung des Familiengerichts nach § 8a SGB VIII zum Zweck der Durchführung eines Verfahrens nach § 1666, 1666a BGB" gegeben. Alle anderen Formen der Benennung werden vom Gericht jedoch ebenfalls verstanden.

3. Das Deckblatt

22 Das Deckblatt der Anrufung des Familiengerichts sollte folgende Informationen beinhalten[8]:

- eine Überschrift, wie z.B. „Anrufung des Familiengerichts nach § 8a SGB VIII zur Einleitung eines Verfahrens nach §§ 1666 f. BGB",
- Angaben zur Adresse und Erreichbarkeit des anrufenden Jugendamts,
- die persönlichen Daten, Anschrift(en) der Minderjährigen und der Eltern,
- einschließlich der Angaben zur rechtlichen Vaterschaft, – ggf. auch Unklarheiten darüber,
- die aktuellen Sorgerechtsverhältnisse,
- Angaben zur jeweiligen Staatsangehörigkeit der betroffenen Kinder und Elternteile

außerdem ggf.:

- Angaben zur Erforderlichkeit eines Dolmetschers/einer Dolmetscherin,
- einen (deutlich hervorgehobenen) Hinweis, falls eine einstweilige Anordnung für erforderlich gehalten wird.

23 Das Deckblatt kann – je nach Fallkonstellation – auch eine in einem Satz zusammengefasste Zielsetzung des Jugendamts bzgl. des Verfahrens enthalten. Hält bspw. das Jugendamt eine sofortige Trennung des Kindes von seiner Familie zu seinem Schutz erforderlich, ist es sinnvoll, diese Zielsetzung – optisch hervorgehoben – an den Anfang der Anrufung zu stellen.

---

8 Vgl. für einen Aufbauvorschlag *DIJuF/SFK 2*, Handreichung zur Anrufung des Familiengerichts bei Kindeswohlgefährdung.

Praxisbeispiel 24

Beispiel für die Formulierung eines Anrufungsziels[9]
Das Jugendamt regt an:

- *ein Verfahren nach §§ 1666, 1666a BGB einzuleiten*
- *(im Wege der einstweiligen Anordnung) der Mutter die elterliche Sorge für ihr Kind Anton zu entziehen.*
- *einen Erörterungstermin nach § 157 FamFG durchzuführen*
- *ein Sachverständigengutachten zu der Frage … einzuholen*

III. Inhalt der familiengerichtlichen Anrufung: Die fachliche Stellungnahme des Jugendamts

Zentraler Inhalt der Anrufung ist die Stellungnahme des Jugendamts. Es werden unterschiedliche Bezeichnungen der jugendamtlichen Stellungnahme vorgeschlagen bzw. genutzt, u.a. Bericht, gutachtliche Stellungnahme bzw. sozialpädagogisches Gutachten[10] oder fachliche bzw. sozialpädagogische Stellungnahme. Die Bezeichnung als fachliche oder sozialpädagogische Stellungnahme bietet sich an, um einerseits die sozialpädagogischen Einschätzungsprozesse des Jugendamts und seine Position als Fachbehörde zu verdeutlichen, sich jedoch andererseits deutlich von einem Sachverständigengutachten abzugrenzen,[11] wie es von wissenschaftlichen Kommentator*innen auch gefordert wird.[12] Die Fachlichkeit des Jugendamts darf und soll jedoch in der Stellungnahme deutlich werden. Das kann auch sprachlich unterstützt werden, etwa durch Formulierungen wie: „Aus fachlicher Sicht des Jugendamts…" oder „nach sozialpädagogischer Einschätzung des Jugendamts…". 25

1. Gliederungsvorschlag

Es liegen verschiedene Gliederungsvorschläge für die sozialpädagogische Stellungnahme des Jugendamts im familiengerichtlichen Verfahren vor. Die Ständige Fachkonferenz 2 des DIJuF schlägt vor, jedenfalls zwischen Sachverhalt und sozialpädagogischer Einschätzung zu trennen,[13] die Autorin dieses Kapitels spricht sich für 26

9 Die folgenden Formulierungsbeispiele sind angelehnt an die Formulierungsbeispiele in der vorgenannten DJuF/SFK-Handreichung.
10 *Oberloskamp* u.a., 41ff.
11 *Katzenstein*, 20.
12 Vgl. Heilmann/*Köhler*, § 50 SGB VIII Rn. 9.
13 *DIJuF/SFK 2* Handreichung Anrufung des Familiengerichts bei Kindeswohlgefährdung, 5 f.

einen Aufbau aus, der sich am sozialpädagogischen Vorgehen orientiert. Ein „richtig" oder „falsch" gibt es jedoch bzgl. der Gliederung nicht.

27 ***Praxistipp***

→ **Jugendamt**

Für die Formulierung der Stellungnahme durch das Jugendamt sind wichtig:

- *die Kenntnis der familiengerichtlichen Prüfkriterien im Verfahren nach § 1666 BGB und deren Beachtung bei der Darstellung,*
- *eine übersichtliche und für Außenstehende verständliche Darstellung*
- *Austausch und Absprachen zwischen Familiengerichten und Jugendamt im örtlichen Arbeitskreis über die Erwartungen des Familiengerichts zur Form, Inhalt und Ausführlichkeit der schriftlichen Stellungnahme einerseits, die Arbeitsprozesse im Jugendamt, die der Stellungnahme zugrunde liegen und Möglichkeiten ihrer Darstellung andererseits.*

28 Ein möglicher **Gliederungsvorschlag**, der sich am sozialpädagogischen Vorgehen orientiert, sieht folgendermaßen aus:

1) **Zusammenfassung vorab**: Anlass der Anrufung des Familiengerichts, Anregungen/Empfehlungen an das Familiengericht, kurz zusammengefasste Begründung

Beispiel für die Formulierung des konkreten Anlasses der zur Anrufung

„Beim Sportunterricht am 28.9.2022 bemerkte die Lehrerin mehrere Hämatome auf Emils Rücken. … (ausführen)"

2) **Vorgeschichte**: Chronologische und datierte Darstellung des bisherigen Hilfeverlaufs, Erkenntnisse zum Verlauf der Familiengeschichte

3) **Aktuelle Situation**: genauere Beschreibung der Tatsachen und Ereignisse, auf die sich die Einschätzung der Kindeswohlgefährdung und (mangelnden) elterlichen Abwendungsmöglichkeiten stützt

Beispiel für die Beschreibung des Entwicklungszustands des Kindes (so konkret wie möglich)

„Der jetzt vierjährige Emil ist klein, stark untergewichtig, blass und wirkt rein äußerlich wie ein etwa zwei-bis zweieinhalbjähriges Kind. … (ausführen)

Bespiel für die Beschreibung des elterlichen Erziehungsverhaltens und der Bereitschaft, Hilfe anzunehmen:

„Bei Frau Roth wurde im Mai 2020 eine manifeste Depression diagnostiziert. Sie verbringt tagsüber sehr viel Zeit im Bett, erledigt notwendige Aufgaben im Haushalt nicht. … (ausführen)"

„Zu dieser Zeit empfohlene therapeutische Maßnahmen zur Förderung des Kindes nahm Frau Roth nicht an. … (ausführen)"

Beispiel für die sozialpädagogische Einschätzung der beschriebenen Tatsachen und Ereignisse

„Das wenig berechenbare Verhalten von Frau Roth ihrem Kind gegenüber, die manchmal zugewandt, und oft auch zurückweisend reagiert, haben unserer Einschätzung nach zu einer unsicher-ambivalenten Bindung bei Emil geführt. Die KiTa konnte beobachten, dass der anderthalbjährige Emil sich teils ängstlich an seine Mutter klammert, teils gestresst und ärgerlich auf sie reagiert, teils auch gleichgültig weiterspielt, wenn sie kommt."

„Die Hämatome auf Emils Rücken sind großflächig und dürften für den Jungen schmerzhaft sein; die Verfärbungen der Flecke verweisen auf unterschiedliche Stadien des Heilungsprozesses. Insofern sind die Position, Anzahl und Verfärbungen der Hämatome ernstzunehmende Hinweise darauf, dass sich der Junge diese Verletzungen nicht im kindlichen Spiel zugezogen hat."

4) **Zusammenfassende Sozialpädagogische Beurteilung**

5) **Vorschlag von Maßnahmen des Familiengerichts** und Begründung, ggf. Vorschläge zur Verfahrensgestaltung

Beispiel für die Formulierung eines sog. Entscheidungsvorschlags:

„Das Jugendamt regt daher an, den Eltern die elterliche Sorge für Emil zu entziehen, Vormundschaft anzuordnen und das Jugendamt zum Vormund zu bestellen."

2. Beachtenswerte Eckpunkte beim Abfassen der Stellungnahme des Jugendamts

Beim Abfassen der Stellungnahme anhand dieser oder einer anderen Muster-Gliederung sollten folgende Eckpunkte Beachtung finden: **29**

- **Übersichtlichkeit als Voraussetzung für eine gelingende Vermittlung von Information und Einschätzung**

Zur schnellen Orientierung für die Richterin sind juristische Texte (etwa Beschlüsse, Anträge, Kommentare) bspw. mittels **‚Obersätzen' oder ‚Leitsätzen'** so aufgebaut, dass wesentliche Informationen schnell erfasst werden können. Gemeint sind einem Text vorangestellte kurze Zusammenfassungen (im besten Fall in Form eines Titels oder eines kurzen Satzes), die den folgenden Inhalt vorbereiten. **30**

Dies können Sozialpädagog*innen übernehmen und einzelne Abschnitte der Stellungnahme mit **zusammenfassenden Überschriften** versehen. Bspw. könnte der Abschnitt 4) „Sozialpädagogische Gesamteinschätzung" mit einem Unter-Titel versehen werden, etwa: „Gefährdung des Kindes Joachim durch chronische Vernachlässigung: Untergewicht, zunehmende Entwicklungsverzögerungen im kognitiven Bereich sowie Auffälligkeiten des Sozialverhaltens." **31**

Auffassungen und Zitate Dritter sollten erkennbar markiert sein, etwa durch Anführungszeichen oder Kursivschrift, damit auch bei schnellem Lesen keine Missverständnisse aufkommen. **32**

33 Die Übersichtlichkeit des Textes kann zusätzlich durch einfache **formale Mittel** verbessert werden: **Seitenzahlen** sollten nicht vergessen werden, ein **nicht zu knapper Zeilenabstand** gewählt und ein **breiter Rand** für Anmerkungen gelassen werden.[14] **Zeilennummerierung** kann hilfreich sein.

34 Zur **Länge des Berichts** gibt es keine allgemeingültigen Regeln. Vollständigkeit ist nicht gefragt, Schwerpunkte sollten durchaus gesetzt werden.[15] Wie kurz bzw. ausführlich ein Bericht sein kann, hängt jedoch von den Umständen des Einzelfalls, den Vorstellungen des lokalen Gerichts und der Erfahrung der sozialpädagogischen Fachkraft ab.

- **Juristische Prüfkriterien bei der Darstellung berücksichtigen**

35 Das Gericht erwartet in der Stellungnahme des Jugendamts Hinweise dazu, ob eine Kindeswohlgefährdung nach juristischer Definition (→ Kapitel 2 Rn. 64 ff.) vorliegt, ob die Eltern bereit und fähig sind, sie (ggf. mit Hilfe) abzuwenden, oder welche Maßnahmen ansonsten zur Gefährdungsabwendung geeignet, erforderlich und angemessen sind. Diese Erwartungen sind im obigen Gliederungsvorschlag bereits implizit enthalten. Wichtig ist dennoch, dass die Fachkraft des Jugendamts sich beim Schreiben der Stellungnahme bewusst macht, dass das Gericht **konkrete Angaben zu bereits eingetretenen oder erwartbaren Schädigungen des Kindes** erwartet, – die Beschreibung des elterlichen (potenziell schädigenden) Erziehungsverhaltens reicht nicht aus. Ebenso erwartet das Gericht allerdings auch **Informationen zur (mangelnden) Bereitschaft und Fähigkeit der Eltern die Gefährdung abzuwenden**. Und schließlich – im Hinblick auf die Prüfung der Verhältnismäßigkeit zu treffender Maßnahmen – braucht das Gericht Informationen über mögliche Hilfen bzw. darüber, warum bspw. **ambulante Hilfen** im Unterschied zur Unterbringung eines Kindes außerhalb des Elternhauses nicht ausreichend sind zur Abwendung der Gefährdung.

36 Familienrichter*innen sind zudem nicht immer mit dem sozialpädagogischen Vorgehen und den Möglichkeiten und Grenzen sozialpädagogischer Hilfen vertraut. Das gilt auch für den Hilfekatalog des SGB VIII. Daher empfiehlt es sich, sowohl die Hilfen ihrem Inhalt nach kurz darzustellen als auch für Nicht-Sozialpädagoginnen verständlich zu begründen, wieso bestimmte Hilfen angemessen sind und andere ausgeschlossen werden müssen (oder gar nicht zur Verfügung stehen).

- **Fakten und Bewertung trennen**

37 Die Stellungnahme sollte bekannte Fakten konkret schildern. Ereignisse sollten nach Möglichkeit datiert werden. Um zu einer eigenen Bewertung der Situation zu kommen, ist das Familiengericht jedoch nicht nur auf Fakten, sondern auch auf begründete sozialpädagogische Einschätzungen angewiesen. Es ist nicht unsachlich, große Sorgen oder Befürchtungen um ein Kind in der zusammenfassenden Beurteilung auszudrücken, wenn im beschreibenden Teil Informationen gegeben wurden, an die die Einschätzungen, die Grund zu Sorge geben, anknüpfen.

---

14 *Lohse* u.a., JAmt 2018, 235.
15 *Lohse* u.a., JAmt 2018, 235.

Es ist möglich in der Stellungnahme Beschreibungen und zusammenfassend sozialpädagogische Bewertungen nach Abschnitten zu trennen. Ebenso ist es möglich und oft auch sinnvoll, dass einzelne Abschnitte jeweils Fakten und Einschätzungen umfassen – solange Ereignisse und Fakten von Interpretationen und Einschätzungen erkennbar unterschieden werden können. 38

- **Zentrale Anforderung an die Stellungnahme: Das Kind in den Mittelpunkt stellen**

Bei Anrufung des Familiengerichts durch das Jugendamt kommt es häufig zu einer Fokussierung auf die konflikthaften Sichtweisen der Erwachsenen, v.a. der Eltern und Fachkräfte. Beim Schreiben der Stellungnahme ist es daher wichtig, sich immer wieder zu vergegenwärtigen, dass das Kind, über dessen (zukünftiges) Leben entschieden wird, im Mittelpunkt des Verfahrens steht (oder stehen sollte). 39

Die **Erfahrungen, Verhaltensweisen und Sichtweisen des betroffenen Kindes** zu beschreiben, fällt nicht immer leicht. 40

- Möglicherweise fällt beim Schreiben der Stellungnahme auf, dass das Kind bisher unzureichend beteiligt wurde und seine eigene Sichtweise daher gar nicht dargestellt werden kann. Die Möglichkeit und Bereitschaft von Kindern, sich zu äußern, wenn ihnen Interesse und Geduld entgegengebracht werden, werden häufig unterschätzt, auch wenn Grenzen ihrer **Äußerungsmöglichkeiten und -bereitschaft** respektiert werden müssen.
- Es stellt sich auch die Frage, ob das Kind in seiner **Beziehung zu seinen Eltern** genau betrachtet worden ist und die Bedeutung des Verfahrens und möglicher gerichtlicher Maßnahmen daraufhin betrachtet worden sind.
- Ein weiterer Punkt, der in der Stellungnahme in entsprechenden Fällen Berücksichtigung finden sollte, ist die Frage der **Kontinuitätsplanung bzw. Perspektivklärung** (vgl. § 1697a BGB, § 37c SGB VIII, → Kapitel 3 Rn. 171). Sind Überlegungen dazu entwickelt worden, wenn es bspw. zunächst um eine einstweilige Anordnung geht oder ein längeres Verfahren zu erwarten ist?

Wichtig ist auch, dass eine möglichst klare Vorstellung davon entwickelt und in der Stellungnahme beschrieben wird, wie familiengerichtliche Maßnahmen, die Gefährdung des Kindes abwenden und **korrigierende Entwicklungen initiieren** können. Das ist nur möglich, wenn es gelingt, sich so auf das Kind zu konzentrieren, dass ein Bild von seinen Möglichkeiten und Schädigungen, von seinen Hoffnungen und Befürchtungen entsteht.[16] 41

Ein zwar sehr formaler, aber doch interessanter erster Indikator für die Berücksichtigung des Kindes ist der Platz, also die Anzahl der Zeilen bzw. Seiten, den die Beschreibung seiner Sichtweise und Entwicklung in einer fachlichen Stellungnahme einnimmt. 42

16 Vgl. dazu insgesamt: *DIJuF/SFK 2*, 2014 S. 14 ff.

Kapitel 5: Einleitung von Amts wegen

Übersicht Rn.

I. Amtsverfahren und Antragsverfahren: Bedeutung der Unterscheidung

43 Der Gesetzgeber der freiheitlichen Grundordnung des Grundgesetzes hat im Familienrecht die meisten Verfahren als Antragsverfahren, andere wenige als Amtsverfahren ausgestaltet.

44 **Antragsverfahren** bedeutet, dass das Familiengericht als Teil staatlicher Gewalt sich einer Sache nur dann annehmen, sich in die familiären Verhältnisse also nur dann einmischen darf, wenn und solange eine bestimmte betroffene Person eine Entscheidung des Gerichts in dieser Sache begehrt. Das Familiengericht darf nur auf Antrag hin tätig werden und muss das Verfahren beenden, wenn der Antrag zurückgenommen wird. Es liegt vollständig in der Freiheit der betroffenen Person, ob und in welchem Umfang sie für die Durchsetzung ihrer Rechtsposition die Hilfe staatlicher Gerichte in Anspruch nimmt oder eben auch nicht.

45 ***Beispiele:***

(1) Wenn die Familienrichterin (etwa in einer Kleinstadt) davon erfährt, dass die Ehe eines ihr bekannten Ehepaares seit längerer Zeit zerrüttet ist und meint, es sei vernünftig, dem eine Ende zu bereiten und die Ehe zu scheiden, darf die Richterin gleichwohl nicht von sich aus ein Ehescheidungsverfahren einleiten. Der Gesetzgeber des Grundgesetzes überlässt es den betroffenen Eheleuten, ohne staatliche Einmischung selbst zu entscheiden, ob sie ihre zerrüttete Ehe fortsetzen oder scheiden lassen wollen. In § 1564 Satz 1 BGB hat er deshalb bestimmt, dass die Ehe nur „auf Antrag eines oder beider Ehegatten" geschieden werden kann.

(2) Wenn ein Ehemann von seiner von ihm getrennt lebenden Ehefrau laufende Unterhaltsleistungen begehrt und beantragt, sie zur Zahlung von monatlich 100 Euro zu verpflichten, darf der Familienrichter dem Ehemann nicht 200 Euro monatlich zusprechen, etwa weil er meint, dass dem Ehemann dieser Betrag nach den ehelichen Lebensverhältnissen rechnerisch zusteht. Der Ge-

setzgeber verbietet es dem Familienrichter, den betroffenen Ehemann in paternalistischer Manier derart zu beglücken. In § 308 Abs. 1 Satz 1 ZPO (in Verbindung mit § 113 Abs. 1 Satz 2 FamFG) hat er deshalb bestimmt, dass das Gericht nicht befugt ist, einem Beteiligten etwas zuzusprechen, was nicht beantragt ist.

(3) Wenn die vom Vater getrenntlebende Mutter ihren Antrag auf Übertragung der alleinigen elterlichen Sorge für ein Kind (§ 1671 Abs. 1 Satz 1 BGB) zurücknimmt, darf die Familienrichterin der Mutter nicht die Alleinsorge übertragen, etwa weil sie meint, dies entspreche dem Wohl des Kindes am besten. Der Gesetzgeber überlässt es der Freiheit der Eltern, die gemeinsame elterliche Sorge nach der Trennung auch dann aufrechtzuerhalten, wenn für das Kind die Aufhebung der gemeinsamen Sorge die bessere Lösung wäre. In § 22 Abs. 1 Satz 1 FamFG hat er deshalb bestimmt, dass ein Antrag bis zur Rechtskraft der Entscheidung zurückgenommen werden kann.

Amtsverfahren bedeutet, dass das Familiengericht als Teil staatlicher Gewalt sich einer Sache annehmen darf und muss, also sich in die familiären Verhältnisse einmischen darf und muss, auch wenn niemand – keine mittelbar oder unmittelbar betroffene Person, kein Außenstehender – eine Entscheidung des Gerichts in dieser Sache begehrt. Weil die auf dem Spiel stehende Rechtsposition bzw. das betroffene Rechtsgut von überragender Bedeutung ist, überlässt der Gesetzgeber es nicht der Freiheit bestimmter Personen oder Institutionen, ob die Rechtsposition mit Hilfe staatlicher Gerichte durchgesetzt bzw. das betroffene Rechtsgut geschützt wird oder nicht. Amtsverfahren bedeutet: im öffentlichen Interesse[17] Recht und Pflicht des staatlichen Gerichts zur Einmischung. 46

Beispiele: 47

(1) Wenn der Familienrichter in einem Gewaltschutzverfahren oder einem Umgangsverfahren Kenntnis davon erlangt, dass ein Kind in seinem seelischen oder körperlichen Wohl gefährdet ist, darf er nicht auf einen Antrag eines Elternteils oder des Jugendamts warten, sondern muss von Amts wegen ein Verfahren einleiten, ermitteln und prüfen, ob und welche familiengerichtlichen Maßnahmen zum Schutz des Kindes erforderlich sind.

(2) Wenn das Jugendamt in einer wegen massiver Schulversäumnisse des Kindes eingeleiteten Kindesschutzsache der Familienrichterin mitteilt, das Verfahren solle beendet werden, weil die Leitung des Jugendamts wegen Personalmangels angeordnet habe, dass bis auf Weiteres nur noch den schlimmsten Fällen nachgegangen werden könne, darf die Familienrichterin das Verfahren nicht einstellen. Das überragende Rechtsgut des Schutzes des Kindes vor Gefährdungen für sein Wohl verpflichtet das Gericht, sein Wächteramt aus Art. 6 Abs. 2 Satz 2 GG wahrzunehmen und sich rechtsfürsorgend[18] einzumischen,

17 Dutta/Jacoby/Schwab/*Jacoby*, § 24 FamFG Rn. 1.
18 Keidel/*Sternal*, § 24 FamFG Rn. 3.

auch wenn dies sonst niemand begehrt.[19] Das Rechtsgut des Schutzes des Kindes vor Gefährdungen für sein Wohl ist nicht disponibel.

48 **Kindesschutzverfahren**, also Verfahren nach den §§ 1666a, 1666a BGB, hat der Gesetzgeber aus diesem Grund **als Amtsverfahren** ausgestaltet.[20] Insbesondere die Freiheit der Eltern, ihr Kind frei von staatlicher Einmischung zu erziehen und ihr Familienleben frei von staatlicher Einmischung zu gestalten, tritt hinter den Schutz des überragenden Rechtsguts Kindeswohl zurück.

49 Nach der jüngsten Rechtsprechung des BGH beinhaltet § 1666 BGB keinen bürgerlich-rechtlichen Anspruch des Kindes, sondern eine im Rahmen des dem Staat durch Art. 6 Abs. 2 Satz 2 GG auferlegten Wächteramts bestehende Eingriffsbefugnis, mit der die verfassungsrechtliche Position des Kindes und sein aus Art. 6 Abs. 2 Satz 1 GG folgendes Recht auf Pflege und Erziehung durch seine Eltern geschützt werden soll. Ein „einklagbares" Recht des Kindes darauf, dass das Familiengericht Maßnahmen nach § 1666 BGB trifft, besteht nicht. Vielmehr folgt der Anspruch des Kindes auf ein Eingreifen des Staates zu seinem Schutz aus Art. 2 Abs. 1 und Abs. 2 Satz 1 i.V.m. Art. 6 Abs. 2 Satz 2 GG.[21]

50 Der Charakter als Amtsverfahren entscheidet über Anfang und Ende des Verfahrens. Kindesschutzverfahren sind von Amts wegen (ex officio) einzuleiten (Offizialprinzip[22]) und erst dann zu beenden, wenn der Familienrichter alle erheblichen Tatsachen ermittelt hat, um sich selbst eine Überzeugung davon bilden zu können, ob und welche familiengerichtlichen Maßnahmen erforderlich sind.[23]

51 Die Begriffe „Amtsverfahren" und „Amtsermittlung" (§ 26 FamFG) sind nicht identisch und dürfen nicht miteinander verwechselt werden. Das FamFG kennt auch Antragsverfahren, in denen der Grundsatz der Amtsermittlung gilt (so etwa Verfahren gemäß § 1671 BGB).

---

19 Staudinger/*Coester*, § 1666 BGB Rn. 261: Die Ausübung des staatlichen Wächteramtes kann nicht von der Initiative privater oder staatlicher Behörden abhängen.

20 Allgemeine Meinung: OLG Frankfurt, 11.3.2013 – 4 UF 305/12, JAmt 2013, 656 = FamRZ 2013, 1237 (Ls.) = FamFR 2013, 258 m. Anm. *Heiß*; Keidel/*Sternal*, § 24 FamFG Rn. 5.

21 BGH, 12.5.2021 – XII ZB 34/21, NJW 2021, 2734 m. Anm. Lack = FamRZ 2021, 1402 m. Anm. *Zorn*.

22 BeckOK BGB/*Veit*, § 1666 Rn. 125 (61. Ed., Stand: 1.2.2022).

23 Siehe auch BVerfG, 10.12.2019 – 1 BvR 2214/19, FamRZ 2020, 422 (Feststellungslast des Staates in familiengerichtlichen Amtsverfahren).

II. Anregung (§ 24 FamFG) und Vorermittlungen

Soweit die Familienrichterin nicht im Rahmen eines anderen familiengerichtlichen (etwa Gewaltschutz-, Umgangs- oder Sorgerechts-[24])Verfahrens Kenntnisse erlangt, die sie zur Einleitung eines Kindesschutzverfahrens verpflichten,[25] ist sie auf die Übermittlung von Kenntnissen durch andere Personen oder Institutionen angewiesen. Diesem Umstand hat der Gesetzgeber mit der Bestimmung des § 24 FamFG Rechnung getragen. Sie lautet in ihrem Absatz 1: Soweit Verfahren von Amts wegen eingeleitet werden können, kann die Einleitung eines Verfahrens angeregt werden. 52

Dabei spielt es keine Rolle, in welche sprachliche Formulierung die Anregung gekleidet ist. Sie kann als „Mitteilung", „Anzeige", „Antrag", „Anrufung" oder Ähnliches bezeichnet sein.[26] „Anträge" sind als Anregungen auszulegen.[27] In der Praxis wird dies – auch von Familiengerichten – nicht immer richtig gesehen.[28] 53

Der Gesetzgeber hat im FamFG das Subjekt der Anregung nicht benannt. Es gibt deshalb hinsichtlich des Personenkreises keine Einschränkung: Die Anregung kann von jeder Person („Jedermann"[29]) oder jeder Institution ausgehen, auch von anonymen Hinweisgebern.[30] Ein Kindesschutzverfahren kann namentlich von Familienangehörigen, Nachbarinnen, Erziehern, Lehrerinnen, Krankenpflegern, (Kinder-)Ärztinnen, Polizisten oder (Jugend-)Staatsanwältinnen angeregt werden,[31] aber auch von einem Elternteil und auch „in eigener Sache" von dem betroffenen Kind selbst.[32] Der Ablauf des Amtsverfahrens unterscheidet sich nicht danach, ob 54

24 Leitet die Familienrichterin im Rahmen eines Antragsverfahrens nach § 1671 BGB die Prüfung ein, ob Maßnahmen nach den §§ 1666, 1666a BGB anzuordnen sind, muss sie das im bisherigen Verfahren nur als anzuhörende Behörde mitwirkende Jugendamt als Beteiligten hinzuziehen (§ 162 Abs. 2 Satz 1 FamFG) und allen Beteiligten einen entsprechenden Hinweis erteilen (*Ernst*, FamRZ 2022, 269).

25 Beispiel: OLG Brandenburg, 5.3.2018 – 13 WF 48/18, JAmt 2019, 97 = FamRZ 2018, 1088.

26 Staudinger/*Coester*, § 1666 BGB Rn. 261. Auch der unzulässige Antrag einer Großmutter, ihr die elterliche Sorge für ihr Enkelkind zu übertragen, kann in Verbindung mit den geschilderten Tatsachen eine Anregung zur Einleitung eines Kindesschutzverfahrens darstellen (BeckOK FamFG/*Burschel*, § 24 Rn. 8, 42. Ed., Stand: 1.4.2022).

27 OLG Koblenz, 15.1.2018 – 9 WF 12/18, ZKJ 2018, 195 = FamRZ 2018, 1012; OLG Frankfurt, 11.3.2013 – 4 UF 305/12, JAmt 2013, 656 = FamRZ 2013, 1237 (LS) = FamFR 2013, 258 m. Anm. *Heiß*; BeckOK BGB/*Veit*, § 1666 Rn. 125 (61. Ed., Stand: 1.2.2022); Prütting/Helms/*Ahn-Roth*, § 24 FamFG Rn. 3.

28 **Falsch:** AG Heilbronn, 26.7.2021 – 8 F 1606/21, FamRZ 2022, 530 – „Zurückweisung des Antrags des Jugendamts als nicht begründet"

29 MüKoFamFG/*Ulrici*, § 24 Rn. 2.

30 MüKoFamFG/*Ulrici*, § 24 Rn. 3.

31 Eine andere Frage ist es, ob das Gesetz diesen Personen als Geheimnisträgern jeweils eine bestimmte Vorgehensweise bei der Übermittlung von Informationen vorschreibt; so etwa in § 4 des Gesetzes zur Kooperation und Information im Kinderschutz (KKG).

32 Staudinger/*Coester*, § 1666 BGB Rn. 261.

es aufgrund einer Anregung eingeleitet wurde oder ob das Gericht auf andere Weise Kenntnis von den die Einleitung rechtfertigenden Tatsachen erhalten hat.[33]

55 Auch bei der – die Praxis ganz überwiegend bestimmenden – **Anrufung des Familiengerichts durch das Jugendamt** gemäß § 8a bzw. § 42 SGB VIII handelt es sich um eine – wenn auch qualifizierte im Sinne von gesetzlich ausgestaltete – Anregung nach § 24 FamFG. Das SGB VIII kennt drei Anrufungstatbestände. Gleichgültig, auf welchen dieser Tatbestände das Jugendamt seine Anrufung stützt, handelt es sich aus der Sicht des Familiengerichts stets um eine Anregung zur Einleitung eines Verfahrens nach den §§ 1666, 1666a BGB. Insbesondere gilt dies für den Anrufungstatbestand des § 8a Abs. 2 Satz 1, 2. Halbsatz SGB VIII („wenn die Erziehungsberechtigten nicht bereit oder in der Lage sind, bei der Abschätzung des Gefährdungsrisikos mitzuwirken"), und zwar selbst dann, wenn das Jugendamt – wie häufig in dieser Konstellation – „nur" die Durchführung eines Erörterungstermins gemäß § 157 FamFG „beantragt".

Übersicht: Jugendamt als verfahrensanregende Institution: drei Anrufungstatbestände

Anrufung des FamG durch das **JA** gemäß …	wird beim **FamG** einheitlich erfasst als …
§ 8a Abs. 2 Satz 1, 1. Halbsatz SGB VIII → (JA hält Tätigwerden des FamG für erforderlich)	→ Verfahren nach §§ 1666, 1666a BGB
§ 8a Abs. 2 Satz 1, 2. Halbsatz SGB VIII → (Erziehungsberechtigte wirken an Abschätzung des Gefährdungsrisikos nicht mit)	
§ 42 Abs. 3 Satz 2 Nr. 2 SGB VIII → (Widerspruch nach Inobhutnahme)	

56 Mit dem Eingang der Anregung beim Familiengericht ist das Kindesschutzverfahren noch nicht eingeleitet,[34] wird noch kein Verfahrensrechtsverhältnis begründet.[35] Der Eingang der Anregung aktiviert die Pflicht des Gerichts, ihm zur Kenntnis gelangte Hinweise darauf zu untersuchen, ob bei sorgfältiger Überlegung[36] ein ausreichender Anlass besteht, ein Verfahren einzuleiten.[37] Diese Phase der **Vor-**

33 Dutta/Jacoby/Schwab/*Jacoby*, § 24 FamFG Rn. 6.
34 Prütting/Helms/*Ahn-Roth*, § 24 FamFG Rn. 4a; BeckOK FamFG/*Burschel*, § 24 Rn. 9 (42. Ed., Stand: 1.4.2022); MüKoFamFG/*Ulrici*, § 24 Rn. 7; Keidel/*Sternal*, § 24 FamFG Rn. 5.
35 OLG Karlsruhe, 28.4.2021 – 20 WF 70/21, NJW 2021, 2054.
36 Staudinger/*Coester*, § 1666 BGB Rn. 88.
37 MüKoFamFG/*Ulrici*, § 24 Rn. 7 und BeckOK FamFG/*Burschel*, § 24 Rn. 10: „einen dem § 152 Abs. 2 StPO vergleichbaren Anfangsverdacht" (42. Ed., Stand: 1.4.2022).

ermittlungen dürfte in der Praxis nur bei der Anregung durch nicht professionelle Akteure eine Rolle spielen (etwa bei der Anregung durch Nachbarn). Regt dagegen ein professioneller Akteur – eine Person oder Institution aus ihrer spezifischen fachlichen Kinderschutzqualifikation heraus – und regt namentlich das Jugendamt gemäß § 8a SGB VIII nach einem durch Zusammenwirken mehrerer Fachkräfte (§ 8a Abs. 1 Satz 1 SGB VIII) festgestellten Gefährdungsrisiko für das Kind ein Kinderschutzverfahren an, wird das Familiengericht regelmäßig[38] verpflichtet sein, unmittelbar ein Kinderschutzverfahren einzuleiten, sodass sich die Phase der Vorermittlungen auf eine „juristische Sekunde" verkürzt.[39] Praktische Bedeutung hat dies in den – eher seltenen, aber doch mitunter vorkommenden – Fällen, in denen das Familiengericht auf die Anregung des Jugendamts hin ohne weitere Ermittlungen und Verfahrenshandlungen die Überzeugung hegt, familiengerichtliche Maßnahmen seien nicht veranlasst. Nach der hier vertretenen Auffassung muss das Familiengericht in diesen Fällen eine durch das Jugendamt anfechtbare Endentscheidung treffen und darf sich nicht mit einer (nicht anfechtbaren[40]) Unterrichtung gemäß § 24 Abs. 2 FamFG begnügen.

Die Einleitung selbst bedarf keiner förmlichen Entscheidung; sie liegt in dem ersten Tätigwerden.[41] Dieses Tätigwerden muss durch Ladungen, Ermittlungen und ggf. im Freibeweis oder Ähnlichem nach außen wahrnehmbar sein.[42] **57**

Wenn das Familiengericht auf eine Anregung hin ein Kindesschutzverfahren einleitet, beendet eine „Rücknahme" der Anregung das Verfahren – selbstverständlich – ebenso wenig, wie eine evtl. angeregte Maßnahme das Familiengericht bindet.[43] **58**

III. Einleitungsschwelle bei Kindesschutzverfahren

Die Einleitungsschwelle bestimmt sich einerseits mit Blick auf den grundgesetzlich zu gewährenden Anspruch des Kindes auf Schutz durch den Staat (Art. 2 Abs. 1 GG in Verbindung mit Art. 6 Abs. 2 Satz 2 GG)[44] und das Grundrecht der Eltern (Art. 6 Abs. 2 Satz 1 GG), andererseits mit Blick auf die einfachrechtlichen Bestimmungen der §§ 1666 BGB, 26 und 157 FamFG sowie 8a Abs. 1 und 2 SGB VIII. Die **59**

38 DIJuF-Rechtsgutachten vom 28.3.2019 (JAmt 2019, 263): Eine Ablehnung der Eröffnung eines Verfahrens nach einer Anrufung durch das Jugendamt kommt insbesondere in offensichtlich willkürlichen Fällen einer Anrufung in Betracht.

39 BeckOK BGB/*Veit*, § 1666 Rn. 125.1: Diese Voraussetzung ist auf jeden Fall erfüllt, wenn das Jugendamt an das Familiengericht herantritt, da insoweit „gewichtige Anhaltspunkte" für eine Kindeswohlgefährdung vorliegen müssen (61. Ed., Stand: 1.2.2022).

40 Keidel/*Sternal*, § 24 FamFG Rn. 9; MüKoFamFG/*Ulrici*, § 24 Rn. 15.

41 Zöller/*Feskorn*, § 24 FamFG Rn. 2; Prütting/Helms/*Ahn-Roth*, § 24 FamFG Rn. 4a.

42 Dutta/Jacoby/Schwab/*Jacoby*, § 24 FamFG Rn. 3.

43 Keidel/*Sternal*, § 24 FamFG Rn. 5.

44 BVerfG, 3.2.2017 – 1 BvR 2569/16, NZFam 2017, 261 = FamRZ 2017, 524 = NJW 2017, 1295 = ZKJ 2017, 225 = JAmt 2017, 384.

Einleitungsschwelle für Kindesschutzermittlungen dürfte der Sache nach mit den „gewichtigen Anhaltspunkten" des § 8a Abs. 1 SGB VIII oder der „möglichen Gefährdung" des § 157 Abs. 1 FamFG übereinstimmen.[45]

60 *In tatsächlicher Hinsicht* muss ein bestimmter Sachverhalt wahrscheinlich sein. Bloße Vermutungen reichen hierfür nicht. Andererseits braucht der Verdacht weder dringend noch hinreichend zu sein. Vielmehr können auch entfernte Indizien ausreichen. Zudem muss der wahrscheinliche Sachverhalt, unterstellt man ihn als gegeben, bei *rechtlicher* Betrachtung einschreitensrelevant sein. Ist ein Sachverhalt rechtlich irrelevant, erübrigt sich eine weitere Sachverhaltsaufklärung und es besteht keine Pflicht zur Verfahrenseinleitung.[46] Die Einleitung des Verfahrens hängt nicht davon ab, dass die Voraussetzungen für ein Eingreifen bereits feststehen; dies soll in dem Verfahren gerade festgestellt werden.[47] Umgekehrt würde eine „flächendeckende und verdachtsunabhängige, mitlaufende Erziehungskontrolle" des Staates gegen die Verantwortungsaufteilung zwischen Staat und Eltern verstoßen.[48] Bei „begründetem Verdacht" sind Ermittlungen einzuleiten – unzulässig sind dagegen „anhaltslose Verdachtsermittlungseingriffe".[49]

61 Danach hat der Familienrichter in dieser Phase stets zweierlei im Auge zu behalten:

62 (1) Nur wenn bei sorgfältiger Überlegung „Anlass zu Ermittlungen besteht", ist die **Einleitungsschwelle** für Kindesschutzverfahren erreicht. Denn bereits die Einleitung eines Verfahrens stellt eine Staatsintervention dar.[50]

63 (2) Zugleich ist aber zu beachten, dass in diesem Stadium der (häufig nur rudimentären) Erkenntnis oftmals die entscheidende Weichenstellung für einen „effektiven Kindesschutz"[51] stattfindet. Gefordert sind hier ein geschultes Auge und ein wacher Sinn, um **Anzeichen** für eine oft **im Verborgenen liegende Gefährdung** des Kindeswohls nicht zu übersehen und richtig zu deuten. So kann beispielsweise die Delinquenz des Kindes oder seine Schulabstinenz ein Anzeichen für Misshandlung oder Missbrauch sein. Auch emotionale Vernachlässigung des Kindes kann mit einer weiteren nicht offen zutage liegenden Gefährdung einhergehen.

64 An dieser Stelle braucht es einen abstrakt mit allen Gefährdungsanzeichen und -risiken sicher vertrauten **richterlichen Möglichkeitssinn**,[52] der auch im konkreten Fall das geringste Anzeichen einer Gefährdung wahrnimmt, aber zugleich jederzeit offen bleibt dafür, dass sich im weiteren Verlauf alles in Wohlgefallen auflöst und das Verfahren ohne Maßnahmen zu beenden ist. Die Einleitungsschwelle

---

45 Staudinger/*Coester*, § 1666 BGB Rn. 88.
46 MüKoFamFG/*Ulrici*, § 24 Rn. 7.
47 Zöller/*Feskorn*, § 24 FamFG Rn. 2.
48 *Jestadt*, Staatlicher Kindesschutz unter dem Grundgesetz – Aktuelle Kindesschutzmaßnahmen auf dem Prüfstand der Verfassung, in: Lipp/*Schumann*/Veit, Kindesschutz bei Kindeswohlgefährdung, 5 ff., 17.; Staudinger/*Coester*, § 1666 BGB Rn. 88.
49 *Jestadt*, a.a.O., S. 17.
50 Gernhuber/*Coester-Waltjen*, § 62 Rn. 8 mit weiteren Nachweisen.
51 Dazu: MüKoBGB/*Lugani*, § 1666 Rn. 223.
52 Vgl. Zöller/*Feskorn*, § 24 FamFG Rn. 1: Wenn das Gericht Anhaltspunkte dafür hat, dass sein Einschreiten erforderlich sein *könnte*.

ist mit Blick auf den grundrechtlich verbürgten staatlichen Schutzanspruch des Kindes nur dann nicht erreicht, wenn sich die Familienrichterin die **Ad-hoc-Überzeugung** bilden kann, dass auf der Grundlage der in der Anregung mitgeteilten Anhaltspunkte eine Gefährdung des Kindeswohls, die eine familiengerichtliche Maßnahme erforderlich macht, **von vornherein ausgeschlossen (= unmöglich)** ist.

Rechts- und verfassungswidrig ist es dagegen, wenn der Familienrichter die Einleitung des Kindesschutzverfahrens mit der Begründung ablehnt, das Mitgeteilte „reiche ihm nicht aus", um familiengerichtliche Maßnahmen anzuordnen. In der Praxis wird sogar von Familienrichtern berichtet, die vom Jugendamt die Glaubhaftmachung der in der Anregung mitgeteilten Informationen verlangen und erklären, andernfalls nicht tätig zu werden. Diese immer wieder anzutreffende Fehleinschätzung verkennt die **prozesshafte Dimension des familiengerichtlichen Kinderschutzverfahrens** – die Notwendigkeit der Anordnung von Maßnahmen steht am Ende, nicht am Beginn des Erkenntnis(!)-Verfahrens – und schiebt unzulässigerweise dem anregenden Jugendamt eine Darlegungslast zu. Das gesetzgeberische Konzept besteht aber gerade darin, die mit Zwangsmitteln ausgestattete Ermittlungsaufgabe und -kompetenz nicht dem Jugendamt, sondern dem Familiengericht zuzuweisen. In diesem Konzept soll das Jugendamt nicht selbst ermitteln, sondern das Familiengericht anrufen (§§ 8a, 42 SGB VIII). Weder im Vorfeld der Anrufung des Familiengerichts noch nach der richterlichen Einleitung des Verfahrens ist das Jugendamt die Ermittlungsbehörde des Familiengerichts. **65**

Eine in der juristischen Literatur beliebte theoretische Diskussion[53] dreht sich um die Frage, ob der Gesetzgeber mit Einführung des § 157 FamFG („Erörterung einer *möglichen* Kindeswohlgefährdung") und des § 8a SGB VIII Abs. 2 Satz 1, 2. Halbsatz SGB VIII (Anrufung des Familiengerichts bei „Nichtmitwirken der Erziehungsberechtigten bei der Abschätzung des Gefährdungsrisikos") die Einleitungsschwelle herabgesetzt[54] oder die staatliche Eingriffsbefugnis vorverlagert habe. **66**

Der Textbefund des FamFG ist folgender: **67**

a) Allgemein und **in allen Kindschaftssachen** zu erörtern ist „die Sache" (§§ 32 Abs. 1 Satz 1, 155 Abs. 2 Satz 1 FamFG).

b) **Ergänzend in Kinderschutzsachen** zu erörtern ist, „wie einer möglichen Gefährdung des Kindeswohls, insbesondere durch öffentliche Hilfen, begegnet werden und welche Folgen die Nichtannahme notwendiger Hilfen haben kann" (§ 157 Abs. 1 FamFG).

Nach dem hier für zutreffend gehaltenen, weil mit Wortlaut und Systematik ohne Weiteres in Einklang zu bringenden und allein praktikablen Verständnis stellt die Vorschrift des § 157 FamFG für Verfahren nach den §§ 1666 f. BGB lediglich eine **Ergänzung des § 155 Abs. 2 FamFG** hinsichtlich (1.) der im frühen Termin **zu er-** **68**

53 Das Folgende stammt aus: *Ernst*, Gute Kinderschutzverfahren (E-Learning-Projekt unter der Leitung von Fegert/Schumann/Kindler/Meysen), Fachtext Modul 4 Lerneinheit 2.

54 Etwa DIJuF-Rechtsgutachten vom 28.3.2019, JAmt 2019, 263: bejahend.

örternden Inhalte und (2.) der **Einbeziehung des Kindes** dar.[55] Die Formulierung „eine Gefährdung mithin noch nicht sicher feststeht"[56] darf nicht dahin missverstanden werden, dass der Gesetzgeber etwa von tatbestandlich abgrenzbaren Fallgruppen oder Fallkonstellationen einerseits der „möglichen Kindeswohlgefährdung" und andererseits der „sicheren Kindeswohlgefährdung" ausgegangen wäre, für die dann unterschiedliche Verfahrensbestimmungen und -gestaltungen gälten. Eine solche Überbetonung dieser Formulierung verkennt, dass in *jedem* Kinderschutzverfahren eine **Gefährdung des Kindeswohls** zur vollen Überzeugung des Gerichts erst nach Durchführung aller Verfahrenshandlungen **am Ende des Verfahrens** feststehen kann, also insbesondere nach persönlicher Anhörung des Kindes und der Eltern. Jedes andere Verständnis liefe darauf hinaus, die Familienrichterin für eine angenommene Fallgruppe der „sicheren Kindeswohlgefährdung" auf eine unzulässige Vorfestlegung zu konditionieren und die persönlichen Anhörungen und Erörterungen in dieser Konstellation nur noch als eigentlich überflüssige Garnierungen des Verfahrens zu verstehen. Auch wenn die Fachkräfte des Jugendamts bei der Anrufung des Familiengerichts aus *ihrer* Sicht von einer „sicheren Kindeswohlgefährdung" ausgehen, darf es sich für den Familienrichter in diesem Zeitpunkt der Einleitung des Verfahrens und der Anberaumung eines Termins nach den §§ 155 Abs. 2, 157 Abs. 1 FamFG doch immer nur um (mehr oder weniger sichere) Anhaltspunkte für eine Kindeswohlgefährdung handeln, und zwar auch deshalb, weil das Bundesverfassungsgericht verlangt, dass das Familiengericht die Einschätzungen des Jugendamts einer eigenen Würdigung unterzieht.

69 Die Vorschrift des § 157 FamFG enthält nach diesem Verständnis keine Aussage über eine „Vorverlagerung staatlicher Eingriffsbefugnisse" (→ Kapitel 8 Rn. 162 bis 168). Denn wenn sich die Familienrichterin die Ad-hoc-Überzeugung bilden kann, dass auf der Grundlage des in der Anregung Mitgeteilten eine Gefährdung des Kindeswohls, die eine familiengerichtliche Maßnahme erforderlich macht, **von vornherein ausgeschlossen (= unmöglich)** ist (s.o.), darf sie kein Verfahren einleiten und also keinen (Anhörungs- und) Erörterungstermin durchführen.

IV. Regelmäßig keine isolierte Einleitung nur eines Verfahrens der einstweiligen Anordnung

70 Die familienrichterliche Pflicht, ein Kindesschutzverfahren von Amts wegen einzuleiten, bezieht sich nicht nur auf das Hauptsacheverfahren, sondern auch auf das Verfahren der einstweiligen Anordnung. Der Gesetzgeber hat dies in § 157 Abs. 3 FamFG zusätzlich verdeutlicht.

55 Prütting/Helms/*Hammer*, § 155 FamFG Rn. 7.
56 BT-Drs. 16/6308, S. 237.

In der Praxis ist mitunter zu beobachten, dass – etwa auf eine Anregung des Jugendamts hin – der Familienrichter ausschließlich ein Verfahren der einstweiligen Anordnung einleitet, nicht aber zugleich auch ein Hauptsacheverfahren. 71

Zwar bedarf die einstweilige Anordnung nach ihrer Grundkonzeption nicht eines gleichzeitigen Hauptsacheverfahrens; der Gesetzgeber des FamFG wollte die notwendige Verbindung mit einem Hauptsacheverfahren vielmehr gerade auflösen (Wegfall der Akzessorietät)[57] und einen hauptsacheunabhängigen einstweiligen Rechtsschutz einführen.[58] Allerdings hat das Gericht in Amtsverfahren die Pflicht zu überprüfen, ob die Einleitung eines Hauptsacheverfahrens von Amts wegen erforderlich ist.[59] In **Kindesschutzsachen** dürfte jedoch **in aller Regel ein Hauptsacheverfahren einzuleiten** sein (→ Einzelheiten Kapitel 6 Rn. 92 f.). 72

Während der im Verfahren der einstweiligen Anordnung erlassene Beschluss in der Beschwerdeinstanz anhängig ist, muss das anhängige Hauptsacheverfahren (vorrangig und beschleunigt) weiter durchgeführt werden. Ist ein Hauptsacheverfahren noch nicht anhängig, muss es von Amts wegen eingeleitet werden. Die anzutreffende Praxis, dass das Amtsgericht nach Beschwerdeeinlegung gegen die einstweilige Anordnung das Hauptsacheverfahren nicht betreibt (also faktisch aussetzt), um die Beschwerdeentscheidung im Verfahren der einstweiligen Anordnung abzuwarten, ist **rechts- und verfassungswidrig**. Diese **„Testballon"-Praxis** ist nicht mit Sinn und Zweck des Verfahrens der einstweiligen Anordnung zu vereinbaren und verstößt sowohl gegen die Bestimmung des § 155 Abs. 1 FamFG als auch gegen das verfassungsrechtliche Gebot, den Grundrechtsschutz durch Gestaltung des Verfahrens sicherzustellen. Denn durch diese Testballon-Praxis geht im Hauptsacheverfahren wichtige Zeit verloren; sie führt durch ein faktisches Nacheinanderschalten statt Nebeneinanderbetreiben von Anordnungs- und Hauptsacheverfahren letztlich dazu, dass entgegen den Vorstellungen des Gesetzgebers die einstweilige Anordnung nicht den Kinderschutz bis zum Abschluss des Hauptsacheverfahrens sichert, sondern den Abschluss des Hauptsacheverfahrens erheblich verzögert. Es ist Aufgabe des Jugendamts (gehört zu seinem Schutzauftrag) und des Verfahrensbeistands (Wahrnehmung der Interessen des Kindes), dieser rechts- und verfassungswidrigen Praxis entgegenzuwirken. 73

V. Beendigung des Kinderschutzverfahrens als Amtsverfahren

Die Ausgestaltung des Kindesschutzverfahrens als Amtsverfahren hat nicht nur Bedeutung für die Frage der Einleitung, sondern auch für die Frage der Beendigung des Verfahrens. 74

57 MüKoFamFG/*Soyka*, vor § 49 Rn. 1–3.
58 Begründung des Regierungsentwurfs BT-Drs. 16/6308, S. 164, 167.
59 Begründung des Regierungsentwurfs BT-Drs. 16/6308, S. 199.

75 Ein Amtsverfahren ist erst dann zu beenden, wenn der Familienrichter alle erheblichen Tatsachen ermittelt hat, um sich selbst eine Überzeugung davon bilden zu können, ob und welche familiengerichtlichen Maßnahmen erforderlich sind. Erweist sich – in welchem Verfahrensstadium auch immer –, dass ein Schaden beim Kind weder eingetreten noch zu befürchten ist oder kommt die Familienrichterin zu der Prognose, dass die Eltern effektiv und zuverlässig (auch in evtl. psychischen Belastungs-Stresssituationen) an der Beseitigung eines eingetretenen Schadens beim Kind oder an der Abwendung eines bevorstehenden Schadens mitwirken und bestimmte öffentliche Hilfen in Anspruch nehmen werden, ist das Verfahren – nachdem insbesondere Jugendamt und Verfahrensbeistand dazu Stellung nehmen konnten – durch Beschluss zu beenden. Die instanzabschließende Endentscheidung muss eine **inhaltliche Sachentscheidung** sein (und darf sich nicht auf eine vermeintliche „Antrags"-Zurückweisung beschränken).[60] Die Beschlussformel (Tenor) kann lauten „Familiengerichtliche Maßnahmen sind nicht veranlasst" oder „Von Maßnahmen nach den §§ 1666, 1666a BGB wird abgesehen".

76 Dies schließt eine einvernehmliche Gefährdungsabwendung nicht aus. Die Möglichkeiten einer solchen abgestimmten Gefährdungsabwendung auszuloten, gebieten die Bestimmung des § 157 FamFG und der verfassungsrechtliche Gefährdungsabwendungsprimat der Eltern.[61] Im Terminsvermerk (§ 28 Abs. 4 FamFG) kann dann festgehalten werden, dass die Eltern sich zur Inanspruchnahme (näher zu bezeichnender) Hilfen verpflichten und das Jugendamt familiengerichtliche Maßnahmen deshalb nicht für erforderlich hält. **Auf keinen Fall** (nie!) kann ein **Vergleich** oder eine **Vereinbarung** (etwa des Jugendamts mit den Eltern) das Verfahren beenden. Der Verfahrensgegenstand eines Kindesschutzverfahrens ist der Disposition der Beteiligten entzogen und einem Vergleich oder einer Vereinbarung nicht zugänglich (→ Kapitel 12 Rn. 402 ff. und Kapitel 10 Rn. 272). In Kindesschutzverfahren ist auch eine Verfahrenserledigung durch einen nach § 156 Abs. 2 FamFG gerichtlich gebilligten Vergleich ausgeschlossen.[62] Auch wenn Eltern, Jugendamt und Verfahrensbeistand sich auf eine Gefährdungsabwendung verständigt haben, muss sich die Richterin die instanzabschließende Schlussprüfung vorbehalten, ob zu ihrer vollen richterlichen Überzeugung feststeht, dass durch das erzielte Einvernehmen die Kindeswohlgefahr effektiv abgewendet werden kann. Keinesfalls ist die Richterin in irgendeiner Weise an die von Eltern, Jugendamt und Verfahrensbeistand gefundene Lösung gebunden.

77 Ebenso wenig ist es zulässig, dass das Jugendamt seinen „Antrag" zurücknimmt. Denn ein Amtsverfahren kann nicht durch Rücknahme eines (rechtlich gar nicht existierenden) Antrags beendet werden.

---

60 Prütting/Helms/*Ahn-Roth*, § 24 FamFG Rn. 4a.
61 Staudinger/*Coester*, § 1666 BGB Rn. 260.
62 OLG Düsseldorf, 20.10.2020 – 3 UF 116/20, FamRZ 2022, 471.

Kapitel 6: Hauptsacheverfahren und Verfahren der einstweiligen Anordnung

Übersicht Rn.

I. Das Nebeneinander von Hauptsacheverfahren und Verfahren der einstweiligen Anordnung

1. Hauptsacheverfahren, Hauptsacheentscheidung, richterliche Überzeugung und der Faktor Zeit

Bevor das Familiengericht (durch Beschluss, § 38 FamFG) eine Endentscheidung **78** trifft, also im hier interessierenden Zusammenhang kindesschutzrechtliche Maßnahmen gemäß den §§ 1666, 1666a BGB trifft oder von solchen absieht (§ 166 Abs. 3 FamFG), muss es die **entscheidungserheblichen Tatsachen festgestellt** haben (vgl. § 26 FamFG).

In Amtsverfahren (also namentlich in Kindesschutzverfahren) trägt – zumindest ge- **79** danklich – der Staat die Feststellungslast, d.h., der Richter darf eine bestimmte Maßnahme nur dann anordnen, wenn nach seiner Überzeugung die tatsächlichen Voraussetzungen der Norm vorliegen, die deren Anordnung gebieten oder erlauben; kann er diese Überzeugung nicht gewinnen, muss die Maßnahme unterbleiben. Das **notwendige Maß an richterlicher Überzeugung** entspricht auch hier

(§ 37 Abs. 1 FamFG) demjenigen, das in der Rechtsprechung zu § 286 ZPO herausgebildet worden ist.[63] Ist dieses Maß nicht erreicht, muss das Gericht eine weitere Sachverhaltsklärung vornehmen oder aus dieser Erkenntnis auf sonstige Weise die verfassungsrechtlich gebotenen Konsequenzen ziehen.[64]

80 In der Rechtsprechung des Bundesgerichtshofs zu § 286 ZPO hat sich folgendes Maß an richterlicher Überzeugung herausgebildet. Das Gericht darf keine unumstößliche Gewissheit bei der Prüfung verlangen, ob ein bestimmter Sachverhalt oder eine Behauptung wahr und erwiesen ist. Andererseits darf sich der Richter auch nicht mit einer bloßen Wahrscheinlichkeit begnügen. Denn nach § 286 ZPO muss der Richter aufgrund der Beweisaufnahme entscheiden, ob er einen Sachverhalt oder eine Behauptung für wahr oder nicht für wahr hält, er darf sich also gerade nicht mit einer bloßen Wahrscheinlichkeit begnügen. Es kommt nur darauf an, ob der **Richter selbst die Überzeugung von der Wahrheit eines Sachverhaltes** oder einer Behauptung gewonnen hat. Diese persönliche Gewissheit ist für die Entscheidung notwendig, und allein der Tatrichter hat ohne Bindung an gesetzliche Beweisregeln und nur seinem Gewissen unterworfen die Entscheidung zu treffen, ob er die an sich möglichen Zweifel überwinden und sich **von einem bestimmten Sachverhalt als wahr überzeugen** kann. Eine von allen Zweifeln freie Überzeugung setzt das Gesetz dabei nicht voraus. Auf diese eigene Überzeugung des entscheidenden Richters kommt es an, auch wenn andere zweifeln oder eine andere Auffassung erlangt haben würden. Der Richter darf und muss sich aber in tatsächlich zweifelhaften Fällen mit einem für das praktische Leben brauchbaren Grad von Gewissheit begnügen, der den Zweifeln Schweigen gebietet, ohne sie völlig auszuschließen. Das wird allerdings vielfach ungenau so ausgedrückt, dass das Gericht sich mit einer an Sicherheit grenzenden Wahrscheinlichkeit begnügen dürfe; das ist falsch, falls damit von der Erlangung einer eigenen Überzeugung des Richters von der Wahrheit abgesehen werden sollte.[65]

81 Der Weg von bloßen (wenn auch gewichtigen) Anhaltspunkten (vgl. § 8a Abs. 1 Satz 1 SGB VIII) zur (vollen) richterlichen Überzeugung ist ein **prozesshaftes Geschehen**. Für die Gestaltung dieses prozesshaften Geschehens macht das Gesetz der Richterin Vorgaben (Verfahrensvorschriften). Beispielhaft zu nennen sind die Bestellung eines Verfahrensbeistands für das Kind, die persönliche Anhörung des Kindes und der Eltern, die Erörterung der Sache in einem Termin, die Anhörung von Auskunftspersonen oder die Vernehmung von Zeugen. Das Gesetz stellt dem Richter zwar das flexible Erkenntnisinstrument des Freibeweises zur Verfügung (§ 29 FamFG), in bestimmten Fällen ist jedoch eine förmliche Beweisaufnahme (§ 30 FamFG) durchzuführen (siehe→ Kapitel 7 Rn. 142–146).

82 Hinzu kommt, dass das Bundesverfassungsgericht in allen Kindschaftssachen und namentlich in Kindesschutzsachen verlangt, dass der **Grundrechtsschutz** auch

63 BT-Drs. 16/6308, S. 194.
64 BVerfG, 10.12.2019 – 1 BvR 2214/19, FamRZ 2020, 422.
65 BGH, 17.02.1970 – III ZR 139/67, NJW 1970, 946; so die h.M. (zur Diskussion: MüKoZPO/*Prütting*, § 286 Rn. 34).

durch die Gestaltung des Verfahrens sicherzustellen ist. Das bedeutet, dass das gerichtliche Verfahren in seiner Ausgestaltung geeignet und angemessen sein muss, um der Durchsetzung der materiellen Grundrechtspositionen wirkungsvoll zu dienen. Diesen Anforderungen werden die Gerichte nur gerecht, wenn sie sich mit den Besonderheiten des Einzelfalls auseinandersetzen, die Interessen der Eltern sowie deren Einstellung und Persönlichkeit würdigen und auf die Belange des Kindes eingehen.[66]

Schließlich hat die Richterin in Kindesschutzsachen häufig keine eigene (psychologische, psychiatrische, sonstige medizinische) Sachkunde. Wenn es aber um die Beurteilung einer **Fachwissen** voraussetzenden Frage geht, muss der Richter einen **Sachverständigen** hinzuziehen. Er darf auf die Einholung eines Sachverständigengutachtens nur verzichten, wenn er entsprechende eigene besondere Sachkunde auszuweisen vermag.[67] **83**

Insgesamt nimmt dieses prozesshafte Geschehen von den bloßen Anhaltspunkten für eine Kindeswohlgefährdung bei Einleitung des Verfahrens bis hin zur richterlichen Überzeugung von der Wahrheit eines bestimmten Sachverhalts **Zeit** in Anspruch. Mitunter wird eine Endentscheidung – auch bei der gebührenden vorrangigen und beschleunigten Durchführung (§ 155 Abs. 1 FamFG) – erst mehrere oder gar viele Monate nach Einleitung des Verfahrens möglich sein. **84**

2. Die einstweilige Anordnung als Instrument des effektiven vorläufigen Kindesschutzes

Daraus ergibt sich, dass bei dringender Gefahr die richterliche Entscheidung unter Umständen zu spät kommt. Um genau dies zu verhindern, stellt der Gesetzgeber dem Familiengericht das Instrument der **einstweiligen Anordnung** zur Verfügung (§§ 49 ff. FamFG). Das Gericht kann damit **vorläufige Maßnahmen** treffen. In Kindesschutzverfahren schreibt das Gesetz sogar ausdrücklich vor, dass das Gericht unverzüglich den Erlass einer einstweiligen Anordnung zu prüfen hat (§ 157 Abs. 3 FamFG). Der vorläufige Rechtsschutz in Gestalt der einstweiligen Anordnung dient damit dem verfassungsrechtlich gebotenen effektiven Rechtsschutz[68] im Allgemeinen und dem **verfassungsrechtlich gebotenen effektiven Kindesschutz** im Besonderen. **85**

Aber auch eine einstweilige Anordnung darf das Gericht nur erlassen, wenn bestimmte Voraussetzungen erfüllt sind (§ 49 Abs. 1 FamFG). Erstens nämlich muss die **vorläufige Maßnahme** nach den für das Rechtsverhältnis maßgebenden Rechtsvorschriften (in Kindesschutzverfahren also nach den §§ 1666, 1666a BGB) **gerechtfertigt** sein (Anordnungsanspruch). Zweitens muss ein **dringendes Bedürfnis** für ein **sofortiges Tätigwerden** bestehen (Anordnungsgrund). Für das **86**

66 BVerfG, 6.11.2009 – 1 BvR 1410/08, FamRZ 2010, 109.
67 BGH, 13.1.2015 – VI ZR 204/14, NJW 2015, 1311.
68 MüKoFamFG/*Soyka*, § 49 Rn. 1.

Vorliegen der entscheidungserheblichen Tatsachen genügt freilich ein **geringerer Grad der richterlichen Überzeugung**;[69] es reicht aus, wenn der Richter einen bestimmten Sachverhalt oder bestimmte Behauptungen für **überwiegend wahrscheinlich** hält.

87 Auch dieser Weg von bloßen (gewichtigen) Anhaltspunkten hin zu der richterlichen Überzeugung von der überwiegenden Wahrscheinlichkeit des dringenden Bedürfnisses, durch sofortiges Tätigwerden eine überwiegend wahrscheinliche Kindeswohlgefährdung abzuwenden, ist wiederum (im Grundsatz; zum Extremfall eines möglicherweise besonders großen *und* zeitnah eintretenden Schadens → Rn. 110) ein prozesshaftes Geschehen. Und auch für die Gestaltung dieses prozesshaften Geschehens macht das Gesetz dem Richter Vorgaben (Verfahrensvorschriften; §§ 49 ff. FamFG).

88 Das Verfahren, in dem die Richterin die Voraussetzungen für eine vorläufige Maßnahme prüft und die einstweilige Entscheidung erlässt, ist ein – gegenüber dem **Hauptsacheverfahren** – selbstständiges Verfahren (§ 51 Abs. 3 Satz 1 FamFG; **Verfahren der einstweiligen Anordnung**[70]), für das nach der Aktenordnung ein gesondertes Aktenzeichen (Geschäftsnummer) zu vergeben ist. Es handelt sich – darin besteht gerade die **Zeitersparnis** des Anordnungsverfahrens gegenüber dem Hauptsacheverfahren[71] – um ein **summarisches Eilverfahren**. Weil die mit der einstweiligen Anordnung getroffene Maßnahme nur vorläufig ist und jederzeit aufgehoben oder geändert werden kann (§ 54 FamFG), nimmt der Gesetzgeber es in Kauf, dass der Eingriff in die Rechte der Eltern und ggf. des Kindes auf der Grundlage bloßer Wahrscheinlichkeit (statt voller richterlicher Überzeugung) ergeht. Aus dem gleichen Grund darf mit einer einstweiligen Anordnung grundsätzlich die Hauptsache nicht vorweggenommen werden (Verbot der Vorwegnahme der Hauptsache).

89 ***Praxistipp***

→ Jugendamt

Wenn das Jugendamt gemäß § 8a Abs. 2 Satz 1, 1. Variante SGB VIII das Familiengericht anruft – also die Einleitung eines Kindesschutzverfahrens anregt – und der Auffassung ist, das Kind sei in einem Maße gefährdet, dass die (voraussichtlich erst in einigen Monaten ergehende) Hauptsacheentscheidung zu spät kommen werde, wird das Jugendamt zugleich den Erlass einer einstweiligen Anordnung anregen.

---

69 OLG Frankfurt a.M., 21.7.2016 – 5 UF 206/16, FamRZ 2016, 1595 m. Anm. *Hammer.*

70 Weil nicht das Verfahren einstweilig (also vorläufig) ist, sondern die Anordnung, ist die in der Praxis häufig anzutreffende Formulierung „einstweiliges Anordnungsverfahren" sprachlich unsauber. Richtig heißt es „Verfahren der einstweiligen Anordnung" (so auch §§ 51 Abs. 3 Satz 1 und Abs. 4, 57 Satz 1 FamFG).

71 BVerfG, 14.7.2015 – 2 BvR 1549/14, 2 BvR 1550/14, FamRZ 2015, 1589.

Hier empfiehlt es sich, für Hauptsacheverfahren und Verfahren der einstweiligen Anordnung zwei gesonderte Schreiben an das Familiengericht zu richten. Damit ist gewährleistet, dass gleich bei Eingang am Familiengericht zwei Aktenzeichen vergeben und zwei Verfahrensakten angelegt werden. Dabei kann das 90

1. Schreiben mit „Anrufung des Familiengerichts gemäß § 8a Abs. 2 Satz 1 FamFG/Anregung zur Einleitung eines **Hauptsacheverfahrens** nach den §§ 1666, 1666a BGB" und das
2. Schreiben mit „Anrufung des Familiengerichts gemäß § 8a Abs. 2 Satz 1 FamFG/Anregung zum Erlass einer **einstweiligen Anordnung** nach den §§ 1666, 1666a BGB, 49 ff. FamFG"

überschrieben werden.

Im 2. Schreiben kann auf den Inhalt des 1. Schreibens Bezug genommen (evtl. auch eine Kopie des 1. Schreibens beigefügt) werden und zusätzlich sollte das dringende Bedürfnis für ein sofortiges Tätigwerden des Familiengerichts dargelegt werden. 91

II. (Isolierte) einstweilige Anordnung ohne Hauptsacheverfahren in Kindesschutzsachen?

Zwar bedarf die einstweilige Anordnung nach ihrer Grundkonzeption nicht eines gleichzeitigen Hauptsacheverfahrens; der Gesetzgeber des FamFG wollte die notwendige Verbindung mit einem Hauptsacheverfahren vielmehr gerade auflösen (Wegfall der Akzessorietät)[72] und einen hauptsacheunabhängigen einstweiligen Rechtsschutz einführen.[73] Allerdings hat das Gericht in Amtsverfahren die Pflicht zu überprüfen, ob die Einleitung eines Hauptsacheverfahrens von Amts wegen erforderlich ist.[74] In **Kindesschutzsachen** dürfte **in aller Regel ein Hauptsacheverfahren einzuleiten** sein, weil – abgesehen etwa von punktuellen Eingriffen in die elterliche Sorge z.B. durch Ersetzung einer Erklärung des Inhabers der elterlichen Sorge nach § 1666 Abs. 3 Nr. 5 BGB[75] – die in Betracht kommenden Maßnahmen gemäß den §§ 1666, 1666a BGB stets von gewisser Dauer sind. Ein Eingriff in die Eltern- und Kindesgrundrechte, der von gewisser Dauer ist, darf aber nicht auf bloß summarischer Tatsachengrundlage erfolgen. 92

72 MüKoFamFG/*Soyka*, vor § 49 Rn. 1–3.
73 Begründung des Regierungsentwurfs BT-Drs. 16/6308, S. 164, 167.
74 Begründung des Regierungsentwurfs BT-Drs. 16/6308, S. 199.
75 OLG Schleswig, 22.6.2017 – 10 UF 103/17, FamRZ 2018, 109 – Schweigepflichtsentbindung bei Einholung eines Sachverständigengutachtens; auch OLG Rostock, 8.9.2016 – 10 UF 74/16, FamRZ 2017, 2015 – Entscheidung über die Zuführung des Kindes zu einer psychologischen Begutachtung ist nicht als Zwischenentscheidung, sondern im selbstständigen Verfahren der einstweiligen Anordnung zu treffen.

93 Zwar kann das Gericht im Allgemeinen, um eine übereilte Aufnahme des Hauptsacheverfahrens zu vermeiden, gemäß § 52 Abs. 1 FamFG mit dem Erlass der einstweiligen Anordnung eine Frist von bis zu drei Monaten bestimmen, vor deren Ablauf ein Antrag auf Einleitung des Hauptsacheverfahrens unzulässig ist. Für den Bereich der Kindesschutzsachen ist jedoch aus den genannten verfassungsrechtlichen Gründen die vereinzelt vertretene Auffassung[76] abzulehnen, eine solche Fristbestimmung komme insbesondere in den Verfahren nach §§ 1666, 1666a BGB in Betracht, wenn das Kind aus der Familie des oder der sorgeberechtigten Elternteile genommen worden ist und zunächst eine gewisse Phase der Ruhe abgewartet werden soll, um zuverlässige Grundlagen für eine endgültige Entscheidung zu schaffen.

III. Einstweilige Anordnung und Inobhutnahme

94 Entgegen einer mitunter bei Gerichten anzutreffenden Auffassung entfällt das Bedürfnis für den Erlass einer einstweiligen Anordnung nicht, wenn das Kind in Obhut genommen wurde (**Subsidiarität der Inobhutnahme**). Sofern von den Familiengerichten mitunter vertreten wird, dass mit einer Inobhutnahme die Gefährdungssituation erst einmal abgewendet sei und es deshalb keiner einstweiligen Anordnung durch das Familiengericht bedürfe, verkennt dies das unter Berücksichtigung von Art. 6 Abs. 2 GG normierte Verhältnis von vorrangiger gerichtlicher Entscheidung und hierzu subsidiärer Notkompetenz des Jugendamts.[77]

95 Für die Beurteilung der Frage, ob eine familiengerichtliche Entscheidung i.S.v. § 42 Abs. 1 Satz 1 Nr. 2 SBG VIII rechtzeitig eingeholt werden kann,[78] ist nicht entscheidend, ob das Familiengericht rechtzeitig kontaktiert werden kann. Maßgeblich ist vielmehr, ob eine familiengerichtliche Entscheidung rechtzeitig hätte erwirkt werden können, um der Kindeswohlgefährdung zu begegnen. Bloße Vermutungen des Jugendamtes, dass das Gericht gerade nicht erreichbar sei oder eine Entscheidung innerhalb der zur Verfügung stehenden Zeit nicht treffen werde, genügen dabei nicht.[79]

96 Das OVG Münster[80] hat folgende Grundsätze zum Verhältnis von Inobhutnahme und familiengerichtlicher einstweiliger Anordnung aufgestellt: Der Umstand, dass eine Inobhutnahme nur dann gestattet ist, wenn eine familiengerichtliche Entscheidung nicht rechtzeitig eingeholt werden kann, verdeutlicht zum einen den nur vorübergehenden Charakter dieser Maßnahme und zum anderen deren Nach-

76 MüKoFamFG/*Soyka*, § 52 Rn. 3.
77 FK-SGB VII/*Trenczek*, § 42 Rn. 48; ausführlich: LPK-SGB VIII/*Kunkel*, § 42 SGB VIII Rn. 34–37.
78 Siehe auch VGH Kassel, 8.9.2020 – 10 A 82/19, FamRZ 2020, 978 (kritisch *Dürbeck*) = JAmt 2021, 43.
79 VGH Mannheim, 4.11.2021 – 12 S 3125/21, ZKJ 2022, 72 = FamRZ 2022, 450 m. Anm. *Meysen, 455* = NZFam 2021, 1117 (*Schmidt*).
80 OVG Münster, 29.10.2021 – 12 A 1403/18, ZKJ 2022, 27, NZFam 2021, 1120 (*Köhler*).

rangigkeit gegenüber familiengerichtlichen Entscheidungen. Der Schutz des Kindes darf ein Abwarten der Entscheidung des Familiengerichts nicht erlauben. Demgemäß ist nicht entscheidend, ob das Familiengericht vor der Inobhutnahme noch hätte angerufen werden können, sondern ob eine familiengerichtliche Entscheidung, und sei es eine einstweilige Anordnung, noch rechtzeitig hätte erwirkt werden können, um der Kindeswohlgefährdung zu begegnen. Da Familiengerichte über einen **gerichtlichen Bereitschaftsdienst** verfügen und zudem die Möglichkeit einer Eilentscheidung haben, deren Erlass sie gemäß § 157 Abs. 3 FamFG in Verfahren nach §§ 1666, 1666a BGB unverzüglich zu prüfen haben, kommt eine **Inobhutnahme** ohne Einholung einer familiengerichtlichen Entscheidung grundsätzlich **nur in besonders gelagerten akuten Gefährdungssituationen** in Betracht.

Vor der Inobhutnahme muss deshalb grundsätzlich jedenfalls versucht werden, eine Entscheidung des Familiengerichts einzuholen. Soweit die Anordnung sorgerechtlicher Maßnahmen durch das Familiengericht eine Sachverhaltsermittlung und -prüfung voraussetzt, die in der Regel auch eine nicht sofort zu leistende Anhörung der Kinder (§ 159 Abs. 1 FamFG), der Eltern (§ 160 Abs. 1 FamFG) und des Jugendamtes (§ 162 Abs. 1 FamFG) erfordert, folgt daraus nichts grundsätzlich Abweichendes. Denn das Familiengericht kann die einstweilige Anordnung – insbesondere bei einem dringenden Bedürfnis nach sofortigem Einschreiten bei einer Gefahrenlage für das Kind – auch ohne Durchführung des Erörterungstermins und – etwa bei Gefahr im Verzug (vgl. §§ 159 Abs. 3 Satz 2, 160 Abs. 4, 162 Abs. 1 Satz 2 FamFG) – insbesondere auch ohne vorherige Anhörung erlassen. Ob allerdings nur dann auch von dem Versuch, eine Entscheidung des Familiengerichts einzuholen, abgesehen werden kann, wenn die Gefahr für das Kindeswohl so dringend ist, dass selbst die Kontaktaufnahme mit dem Familiengericht und die Klärung, bis wann mit einer Entscheidung zur rechnen ist, so lange dauert, dass die Gefahr nicht mehr rechtzeitig abgewendet werden könnte, oder ob möglicherweise auch in Gefährdungslagen, in denen innerhalb weniger Stunden ein Handeln des Jugendamts gefordert ist, davon abgewichen werden kann, bedurfte im Fall des OVG Münster keiner abschließenden Klärung, weil das Jugendamt weder versucht hatte, vor der Inobhutnahme eine Entscheidung des Familiengerichts einzuholen, noch ersichtlich war, dass eine solche nicht noch rechtzeitig, vor dem Zeitpunkt der Inobhutnahme, hätte getroffen werden können. **97**

IV. Die einstweilige Anordnung (Einzelheiten)

1. Zuständiges Gericht

Die örtliche und sachliche Zuständigkeit für die einstweilige Anordnung ist in § 50 FamFG geregelt. Ist eine Hauptsache nicht anhängig, ist das Gericht örtlich zuständig, das für eine (fiktive) Hauptsache zuständig wäre (§ 50 Abs. 1 Satz 2 FamFG i.V.m. § 152 FamFG). Ist eine Hauptsache bereits anhängig, ist für eine einstweilige **98**

Anordnung das Gericht zuständig, bei dem die Hauptsache anhängig ist. Ist die Hauptsache beim Beschwerdegericht (OLG) anhängig (ab Eingang der Beschwerdeschrift[81]), ist dieses auch für die einstweilige Anordnung zuständig (§ 50 Abs. 1 Satz 2 FamFG).

99 Für die Zuständigkeit nach § 50 Abs. 1 Satz 2 FamFG ist Voraussetzung, dass der **Verfahrensgegenstand** der einstweiligen Anordnung dem der Hauptsache entspricht, also **Deckungsgleichheit** besteht.[82] Für die Deckungsgleichheit reicht es aus, wenn die Gegenstände von Hauptsache- und Anordnungsverfahren sich ganz, teilweise oder in wesentlichen Punkten decken.[83]

100 Deckungsgleich, weil denselben (einheitlichen) Verfahrensgegenstand betreffend, sind auch Verfahren gemäß § 1671 BGB und § 1666 BGB. Verfahren nach § 1671 BGB einerseits und § 1666 BGB andererseits können nicht unabhängig voneinander geführt werden, weil sich die Anwendungsbereiche beider Vorschriften überschneiden[84] und stets Gefahr einander widersprechender Entscheidungen besteht. Das ergibt sich aus Folgendem: Gemäß § 1671 Abs. 4 BGB darf einem elterlichen Antrag auf Übertragung der Alleinsorge nicht stattgegeben werden, wenn Maßnahmen nach den §§ 1666, 1666a BGB getroffen werden müssen. Und umgekehrt ist in einem Kindesschutzverfahren (§§ 1666, 1666a BGB) stets zu prüfen, ob die Übertragung der elterlichen Sorge auf einen Elternteil als milderes Mittel im Verhältnis zur Entziehung der elterlichen Sorge (§ 1666 Abs. 3 Nr. 6 BGB) in Betracht kommt.

101 Das **Beschwerdegericht** kann eine von ihm in der Beschwerdeinstanz zu treffende **einstweilige Anordnung** auf die §§ 49 ff., 50 Abs. 2 Satz 1 FamFG oder aber auf § 64 Abs. 3 FamFG stützen. Während eine einstweilige Anordnung nach den §§ 49 ff. FamFG ein selbstständiges Verfahren darstellt, ist die einstweilige Anordnung nach § 64 Abs. 3 FamFG von dem Hauptsacheverfahren abhängig und gehört als Annex sachlich zur Hauptsache.[85]

102 In besonders dringenden Fällen kann auch das Amtsgericht entscheiden, in dessen Bezirk das Bedürfnis für ein gerichtliches Tätigwerden bekannt wird oder sich die Person (also das Kind) befindet, auf die sich die einstweilige Anordnung bezieht (Eilzuständigkeit; § 50 Abs. 2 FamFG).

---

81 Keidel/*Giers*, § 50 FamFG Rn. 6a; Prütting/Helms/*Dürbeck*, § 50 FamFG Rn. 3.

82 OLG Oldenburg, 23.8.2011 – 14 UFH 2/11, FamRZ 2012, 390; OLG Stuttgart, 16.3.2010 – 15 UF 38/10, FamRZ 2010, 1828; Prütting/Helms/*Dürbeck*, § 50 FamFG Rn. 3; Keidel/*Giers*, § 50 FamFG Rn. 4.

83 MüKoFamFG/*Soyka*, § 50 Rn. 3.

84 Grundlegend: Schwab/*Ernst/Schäder*, § 5 Rn. 215; OLG Frankfurt a.M., 7.10.2021 – 1 UF 167/21, FamRZ 2022, 267 m. Anm. *Ernst*; *Kischkel*, NZFam 2022, 107 ff.

85 Keidel/*Sternal*, § 64 FamFG Rn. 59; MüKoFamFG/*A. Fischer*, § 64 Rn. 48. Zur Abgrenzung: Prütting/Helms/*Abramenko*, § 64 FamFG Rn. 21.

2. Einleitung des Verfahrens der einstweiligen Anordnung von Amts wegen

Verfahren nach den §§ 1666, 1666a BGB sind reine Amtsverfahren. Eilverfahren von Amts wegen erfordern das Bekanntwerden eines Sachverhalts, der ein Einschreiten des Gerichts erfordert. Das Gericht prüft, ob im Interesse des Kindeswohls eine einstweilige Anordnung zu erlassen ist, wie dies § 157 FamFG in den Fällen der Kindeswohlgefährdung nach §§ 1666, 1666a BGB vorschreibt. Unerheblich ist für die Einleitung, ob sich der Sachverhalt aus einem bereits eingeleiteten Hauptsacheverfahren ergibt oder der Sachverhalt von dritter Seite an das Gericht herangetragen wird.[86] **103**

3. Dringendes Bedürfnis für ein sofortiges Tätigwerden (Anordnungsgrund)

Ein dringendes Bedürfnis für ein sofortiges Tätigwerden ist gegeben, wenn ein Abwarten bis zur Hauptsacheentscheidung nicht möglich ist, weil diese zu spät kommen würde, um die zu schützenden Interessen (hier: das Kindswohl) zu wahren. Nicht ausreichend ist, dass die gerichtliche Entscheidung dem erstrebten Ziel (hier: dem Kindeswohl) am besten entsprechen würde.[87] **104**

Ein solches dringendes Bedürfnis ist dagegen nicht gegeben, wenn ein derartiges Eilbedürfnis wegen der Entscheidungsreife der Hauptsache fehlt. Unter Beachtung des Vorrang- und Beschleunigungsgebots des § 155 Abs. 1 FamFG ist das Gericht in solchen Fällen vielmehr gehalten, zur Wahrung der grundrechtlich geschützten Position des betroffenen Kindes schnellstmöglich in der Hauptsache zu entscheiden.[88] **105**

4. Materielle Rechtsgrundlage (Anordnungsanspruch)

Die materiell-rechtliche Rechtsgrundlage für eine vorläufige Maßnahme ergibt sich nicht aus den §§ 49 ff. FamFG, sondern aus dem materiellen Recht,[89] in Kindesschutzverfahren also aus den §§ 1666, 1666a BGB. Das **summarische Verfahren** ist ebenso wie das ordentliche Verfahren ein **Erkenntnisverfahren**, in dem geprüft werden muss, ob nach materiellem Recht ein Recht oder Rechtsverhältnis besteht, wegen dessen ein vorläufiger Rechtsschutz zu gewähren ist.[90] **106**

Erforderlich ist eine Gefährdung der zu schützenden Interessen. Jedoch besteht ein dringendes Bedürfnis zum sofortigen Einschreiten nicht schon dann, wenn eine **107**

86 MüKoFamFG/*Soyka*, § 51 Rn. 2.
87 BVerfG, 19.8.2015 – 1 BvR 1084/15, FamRZ 2015, 2120.
88 OLG Brandenburg, 1.8.2019 – 9 UF 158/19, FamRZ 2020, 183.
89 Prütting/Helms/*Dürbeck*, § 49 FamFG Rn. 4.
90 MüKoFamFG/*Soyka*, § 49 Rn. 1.

bloße Folgenabwägung ergibt, dass die Nachteile, die für die Rechte und Interessen der Beteiligten entstehen, wenn die einstweilige Anordnung unterbliebe, die Hauptsache aber im Sinne des Antragstellers entschieden würde, schwerer wögen als die Nachteile, die durch die vorläufige Maßnahme eintreten könnten, die aber aufzuheben und rückabzuwickeln wären, wenn sich der Antrag in der Hauptsache als erfolglos erweisen sollte. Diese Folgenabwägung ist vielmehr erst vorzunehmen, wenn nach Ausschöpfung der im Eilverfahren gegebenen Erkenntnismöglichkeiten keine eindeutige Entscheidung möglich ist.[91]

5. Besonderheiten des Anordnungsverfahrens (im Vergleich zum Hauptsacheverfahren)

108 Grundsätzlich richtet sich das Verfahren der einstweiligen Anordnung nach den für das entsprechende Hauptsacheverfahren geltenden Vorschriften (§ 51 Abs. 2 Satz 1 FamFG). Das bedeutet, dass insbesondere (persönliche) Anhörungen (§§ 159, 160 FamFG) und Erörterungstermine (§§ 155 Abs. 2, 157 FamFG) durchzuführen sind und gemäß § 158 FamFG ein Verfahrensbeistand zu bestellen ist. Allerdings reicht die Verweisung auf die Verfahrensvorschriften für das Hauptsacheverfahren nur so weit, wie nicht die **spezifische Eilbedürftigkeit des Verfahrens** und dessen **summarischer Zuschnitt** entgegenstehen. So sieht § 51 Abs. 2 Satz 2 FamFG vor, dass das Gericht ohne Erörterungstermin entscheiden kann; auf Antrag ist sodann ein Erörterungstermin durchzuführen und auf dieser Grundlage erneut zu entscheiden (§ 54 Abs. 2 FamFG). Die Einholung eines Sachverständigengutachtens kommt wegen des damit verbundenen Zeitaufwands regelmäßig nicht in Betracht.[92]

109 Nach der Rechtsprechung des **Bundesverfassungsgerichts** gilt folgende **Formel**: Steht eine Entscheidung im Eilverfahren in Rede, bleiben die praktisch verfügbaren **Aufklärungsmöglichkeiten** angesichts der **spezifischen Eilbedürftigkeit** dieser Verfahren regelmäßig hinter den im Hauptsacheverfahren bestehenden Möglichkeiten zurück. Eine Sorgerechtsentziehung aufgrund summarischer Prüfung im Wege der einstweiligen Anordnung ist damit indessen nicht ausgeschlossen.[93] Im Eilverfahren bemessen sich die Möglichkeiten des Gerichts, das Sorgerecht ohne abschließende Ermittlung des Sachverhalts zu entziehen, einerseits nach dem Recht der Eltern (Art. 6 Abs. 2 Satz 1 GG), von einem unberechtigten Sorgerechtsentzug verschont zu bleiben, und andererseits nach dem Recht des Kindes (Art. 2 Abs. 2 i.V.m. Art. 6 Abs. 2 Satz 2 GG), durch die staatliche Gemeinschaft vor nachhaltigen Gefahren geschützt zu werden.[94] Weil bereits der vorläufige Entzug der gesamten Personensorge einen erheblichen Eingriff in die Grund-

91 Keidel/*Giers*, § 49 FamFG Rn. 13.

92 Prütting/Helms/*Dürbeck*, § 51 FamFG Rn. 9.

93 BVerfG, 19.8.2015 – 1 BvR 1084/15, FamRZ 2015, 2120; BVerfG, 7.4.2014 – 1 BvR 3121/13, JAmt 2014, 406.

94 BVerfG, 19.8.2015 – 1 BvR 1084/15, FamRZ 2015, 2120; BVerfG, 7.4.2014 – 1 BvR 3121/13, JAmt 2014, 406.

rechte der Eltern darstellt, sind grundsätzlich auch bei einer Sorgerechtsentziehung im Eilverfahren hohe **Anforderungen an die Sachverhaltsermittlung** zu stellen. Sie sind **umso höher, je geringer der möglicherweise eintretende Schaden** des Kindes wiegt, in je größerer **zeitlicher Ferne der zu erwartende Schadenseintritt** liegt und je weniger wahrscheinlich dieser ist.[95]

Was die Gestaltung des Verfahrens betrifft, steht es einem vorläufigen Sorge- 110
rechtsentzug nicht entgegen, dass es den Gerichten in kindesschutzrechtlichen Eilverfahren regelmäßig nicht möglich ist, noch vor der **Eilentscheidung** ein **Sachverständigengutachten** einzuholen.[96] Verfassungsrechtlich entscheidend ist, ob die Gefährdungslage nach Ausmaß und Wahrscheinlichkeit aufgrund der vorhandenen Erkenntnisse bereits derart verdichtet ist, dass ein sofortiges Einschreiten auch ohne weitere gerichtliche Ermittlungen geboten ist.[97] Ohne weitergehende Sachverhaltsaufklärung können die Gerichte eine Trennung des Kindes von seinen Eltern dann veranlassen, wenn die Gefahr wegen der Art der zu erwartenden Schädigung des Kindes und der zeitlichen Nähe des zu erwartenden Schadenseintritts ein **sofortiges Einschreiten** gebietet. Dies kommt etwa bei Hinweisen auf körperliche Misshandlungen, Missbrauch oder gravierende gesundheitsgefährdende Formen der Vernachlässigung in Betracht.[98]

Praxistipp 111

▶ → **Jugendamt**

Im Extremfall, wenn also der möglicherweise eintretende Schaden besonders groß und zeitnah ist, kann das Gericht unmittelbar nach Kenntnisnahme des Sachverhalts und Einleitung des Verfahrens der einstweiligen Anordnung ohne weitere Verfahrenshandlung entscheiden. Wenn auf diese Weise eine umgehende Eilentscheidung des Familiengerichts herbeigeführt werden kann, muss eine (nur subsidiäre zulässige) Inobhutnahme unterbleiben.

In den Kindesschutzsachen gibt es keine Behauptungs- und Glaubhaftmachungs- 112
last. Vielmehr hat das Gericht die zur Glaubhaftmachung erforderlichen Tatsachen gemäß § 26 FamFG von Amts wegen zu ermitteln, wobei sich das Gericht – je nach Eilbedürftigkeit – mit einer **vorläufigen Klärung des Sachverhalts** begnügen darf.[99]

95 BVerfG, 13.7.2017 – 1 BvR 1202/17, ZKJ 2018, 59; BVerfG, 19.8.2015 – 1 BvR 1084/15, FamRZ 2015, 2120.

96 BVerfG, 23.4.2018 – 1 BvR 383/18, FamRZ 2018, 1084; BVerfG, 29.9.2015 – 1 BvR 1292/15, FamRZ 2016, 22.

97 BVerfG, 23.4.2018 – 1 BvR 383/18, FamRZ 2018, 1084.

98 BVerfG, 7.4.2014 – 1 BvR 3121/13, JAmt 2014, 406; sich auf diese Entscheidung stützend OLG Frankfurt a.M., 26.3.2018 – 1 UF 4/18, ZKJ 2018, 315 m. Anm. *Schnitzler*, FF 2018, 417.

99 MüKoFamFG/*Soyka*, § 49 Rn. 4 zu Verfahren nach § 111 FamFG allgemein.

6. Kein Handlungsermessen des Familiengerichts

113 Aus der Formulierung des § 49 Abs. 1 FamFG („das Gericht **kann** durch einstweilige Anordnung eine Maßnahme treffen") darf nicht der Fehlschluss gezogen werden, das Familiengericht habe ein Handlungsermessen, ob es eine kindesschutzrechtliche vorläufige Maßnahme anordnet oder nicht. Vielmehr ist anerkannt, dass **kein Handlungsermessen** besteht, sondern das Gericht lediglich zu prüfen hat, ob neben dem allgemeinen Rechtsschutzinteresse für eine Entscheidung im summarischen Verfahren der erforderliche Anordnungsgrund und das Regelungsbedürfnis gegeben sind. Darüber hinaus bringt diese Formulierung ein gewisses Gestaltungsermessen des Gerichts zum Ausdruck, das darüber befinden kann, welche von mehreren in einer Angelegenheit in Betracht kommende Maßnahmen getroffen werden sollen.[100]

114 Die Endentscheidung im Verfahren der einstweiligen Anordnung ergeht durch Beschluss (§ 38 FamFG), der auch eine Kostenentscheidung enthält (§ 51 Abs. 4 FamFG).

7. Aufhebung und Abänderung der einstweiligen Anordnung

115 Das Familiengericht kann von Amts wegen – solange nicht eine Beschwerde eingelegt ist (§ 54 Abs. 4 FamFG) – **ohne zeitliche Grenze** seine im Verfahren der einstweiligen Anordnung erlassene Entscheidung aufheben oder ändern. Eine Aufhebung oder Abänderung ist nicht dadurch ausgeschlossen, dass gegen die Entscheidung nach § 57 Satz 2 FamFG die Beschwerde möglich ist.[101]

116 Das gilt auch für Beschlüsse, die die Anordnung einer vorläufigen Maßnahme ablehnen.[102]

8. Anfechtbarkeit (Beschwerde)

117 Kindesschutzrechtliche Endentscheidungen im Verfahren der einstweiligen Anordnung sind mit der Beschwerde anfechtbar (§ 57 Satz 2 Nr. 1 FamFG), sofern die Entscheidung aufgrund mündlicher Erörterung ergangen ist (→ Kapitel 13 Rn. 421).

100 MüKoFamFG/*Soyka*, § 49 Rn. 3.
101 Prütting/Helms/*Dürbeck*, § 54 FamFG Rn. 16.
102 Begründung des Regierungsentwurfs BT-Drs. 16/6308, S. 201.

Praxistipp **118**

→ **Jugendamt** → **Verfahrensbeistand** → **Familiengericht**
Während der im Verfahren der einstweiligen Anordnung erlassene Beschluss in der Beschwerdeinstanz anhängig ist, muss das anhängige Hauptsacheverfahren (vorrangig und beschleunigt) weiterdurchgeführt werden. Ist ein Hauptsacheverfahren noch nicht anhängig, muss es von Amts wegen eingeleitet werden (→ s.o. Rn. 92 f.). Die mitunter anzutreffende Praxis, dass das Amtsgericht nach Beschwerdeeinlegung gegen die einstweilige Anordnung das Hauptsacheverfahren nicht betreibt (also quasi aussetzt), um die Beschwerdeentscheidung im Verfahren der einstweiligen Anordnung abzuwarten, ist ***rechts- und verfassungswidrig****. Diese* ***„Testballon"-Praxis*** *ist nicht mit Sinn und Zweck des Verfahrens der einstweiligen Anordnung zu vereinbaren und verstößt sowohl gegen die Bestimmung des § 155 Abs. 1 FamFG als auch gegen das verfassungsrechtliche Gebot, den Grundrechtsschutz durch Gestaltung des Verfahrens sicherzustellen. Denn durch diese Testballon-Praxis geht im Hauptsacheverfahren wichtige Zeit verloren; sie führt durch ein faktisches Nacheinanderschalten statt Nebeneinanderbetreiben von Anordnungs- und Hauptsacheverfahren letztlich dazu, dass entgegen den Vorstellungen des Gesetzgebers die einstweilige Anordnung nicht den Kinderschutz bis zum Abschluss des Hauptsacheverfahrens sichert, sondern den Abschluss des Hauptsacheverfahrens erheblich verzögert. Es ist Aufgabe des Jugendamts (gehört zu seinem Schutzauftrag) und des Verfahrensbeistands (Wahrnehmung der Interessen des Kindes), dieser rechts- und verfassungswidrigen Praxis entgegenzuwirken.*

9. Außerkrafttreten der einstweiligen Anordnung

Das Außerkrafttreten einstweiliger Anordnungen ist in § 56 FamFG geregelt. Für **119**
die Kindesschutzsachen als Amtsverfahren ist nur § 56 Abs. 1 Satz 1 FamFG maßgeblich. Die einstweilige Anordnung tritt, sofern nicht das Gericht einen früheren Zeitpunkt bestimmt hat (Befristung), bei Wirksamwerden einer anderweitigen Regelung außer Kraft. Als „anderweitige Regelung" kommen insbesondere eine neue einstweilige Anordnung oder eine erstinstanzliche Endentscheidung im Hauptsacheverfahren in Betracht.[103]

103 BeckOK FamFG/*Schlünder*, § 56 Rn. 3 (42. Ed., Stand: 1.4.2022); Fallbeispiel bei BVerfG, 18.11.2018 – 1 BvR 1481/18, FamRZ 2019, 534.

Kapitel 7: Amtsermittlungspflicht des Gerichts (§ 26 FamFG), inkl. Frei- und Strengbeweis

Übersicht Rn.

120 Die Richterin kann in einer Kindesschutzsache erst dann entscheiden, wenn sie sich zu den entscheidungserheblichen Einzelheiten des Sachverhalts eine Überzeugung gebildet hat. Der Weg von bloßen (wenn auch gewichtigen) Anhaltspunkten (vgl. § 8a Abs. 1 Satz 1, Abs. 2 Satz 1, 1. Halbsatz SGB VIII) bzw. einem (unabgeschätzten) Gefährdungsrisiko (§ 8a Abs. 2 Satz 1, 2. Halbsatz SGB VIII) im Zeitpunkt der Einleitung des gerichtlichen Verfahrens hin zur (vollen) richterlichen Überzeugung – davon, dass eine Kindeswohlgefährdung vorliegt oder nicht vorliegt, welche Maßnahme geeignet ist – im Zeitpunkt der Entscheidung ist ein auf Erkenntnisgewinn angelegtes **prozesshaftes Geschehen** („Erkenntnisverfahren").

121 Für die Gestaltung dieses prozesshaften Geschehens macht das Gesetz dem Richter Vorgaben, d.h. Vorschriften, wie er zu verfahren hat (Verfahrensvorschriften → Kapitel 6 Rn. 81). **Zentrales Prinzip** des vom Gesetz vorgeschriebenen Verfahrens ist – in erster wie in zweiter Instanz (§ 68 Abs. 3 FamFG) – die **Amtsermittlung durch das Gericht** (Untersuchungsgrundsatz, Inquisitionsmaxime).

122 Die Bestimmung des § 26 FamFG lautet (Hervorhebung R.E.): *Das Gericht* hat von Amts wegen die zur Feststellung der entscheidungserheblichen Tatsachen erforderlichen Ermittlungen durchzuführen.

I. Bedeutung und Tragweite der richterlichen Amtsermittlungspflicht

1. Richterliche Sachaufklärung als Gebot des Rechtsstaatsprinzips

Die Pflicht zur richterlichen Sachaufklärung ist **Ausdruck des Rechtsstaatsprinzips** des Grundgesetzes. Die Gewährleistung eines wirkungsvollen Rechtsschutzes muss die grundsätzlich umfassende tatsächliche und rechtliche Prüfung des Verfahrensgegenstandes ermöglichen. **Art. 2 Abs. 1 GG** in Verbindung mit **Art. 20 Abs. 3 GG** verleiht dem Einzelnen – in einer Kindesschutzsache dem Kind und den Eltern – einen Anspruch auf eine tatsächlich wirksame gerichtliche Kontrolle. Das BVerfG hat bereits mehrfach eine Verletzung dieses Grundrechts dadurch festgestellt, dass die Gerichte die **prozessrechtlichen Möglichkeiten zur Sachverhaltsfeststellung** so eng ausgelegt haben, dass eine sachliche Prüfung der ihnen vorgelegten Fragen nicht möglich war.[104] 123

2. Ermitteln und entscheiden: Doppelfunktion und Rollenkonflikt

Um die Tragweite der Amtsermittlungspflicht des Familiengerichts zu erfassen, hilft es, sich vorzustellen, dass der Gesetzgeber das Kindesschutzverfahren auch anders hätte regeln können. Es hätte etwa nahegelegen (analog zur Aufgabenaufteilung von Staatsanwaltschaft und Strafgericht im modernen Strafverfahren), eine – aus Sozialpädagogen, Psychologinnen und Juristinnen zusammengesetzte – **Kinderschutzbehörde** zu etablieren, die die Ermittlungen übernimmt und dem Familiengericht einen Entscheidungsvorschlag unterbreitet, auf dessen Grundlage das Familiengericht sein Verfahren durchführt und entscheidet. Bei dieser Konstruktion der **grundsätzlichen Trennung von Ermittlungsverfahren und Entscheidungsverfahren** stünde das die Entscheidung treffende Familiengericht den von anderen Personen durchgeführten Ermittlungen kritischer und unbefangener gegenüber. Dagegen ist das Familiengericht nach geltendem Recht Ermittlungsinstanz und Entscheidungsinstanz in (beim Amtsgericht) einer Person (Doppelfunktion). Die Amtsrichterin muss die Ermittlungen führen und anschließend prüfen und entscheiden, ob ihre eigenen Ermittlungen zureichend, erschöpfend und rechtmäßig waren und die Endentscheidung tragen (Rollenkonflikt).[105] 124

Möglicherweise liegt in dieser auch intuitiv als nicht stimmig empfundenen Doppelfunktion die Ursache für die immer wieder zu beobachtende Tendenz bei Familienrichtern, die Ermittlungen im Kindesschutzverfahren – unter Verstoß gegen 125

104 BVerfG, 14.9.2015 – 1 BvR 1321/13, FamRZ 2016, 26.
105 *Ernst*, NZFam 2019, 145 (unter Ziffer 5.).

§ 26 FamFG – zu delegieren, und zwar an Jugendamt, an Verfahrensbeistand oder – mittels eines umfassend formulierten Beweisbeschlusses, der auch Ermittlungen einschließt, die der Richter selbst durchführen könnte, weil dafür gar nicht der spezifische psychologische, psychiatrische etc. Sachverstand erforderlich ist und der deshalb einem globalen Ermittlungsauftrag gleichkommt – an den Sachverständigen (→ Kapitel 10 Rn. 271).

II. Die richterliche Amtsermittlung im Einzelnen

1. Der Richter erforscht, sammelt und verifiziert den Verfahrensstoff

126 Der Richter trägt in Kindesschutzverfahren die Verantwortung dafür, dass die gesamten Entscheidungsgrundlagen erfasst werden. Diese Tätigkeit des Gerichts reicht vom Erforschen und Sammeln des Verfahrensstoffs über das verfahrensordnungsgemäße Einbringen des Sachverhalts in das Verfahren bis hin zur Vornahme aller Maßnahmen, die der Beweiserhebung dienen und die letztlich das Gericht befähigen, eine Wahrheitsüberzeugung zu gewinnen.[106] Zu den **entscheidungserheblichen Tatsachen** eines Verfahrens gehören sowohl alle realen Ereignisse der Außenwelt (sog. **äußere Tatsachen**) als auch alle Vorgänge des menschlichen Gefühls- und Seelenlebens (sog. **innere Tatsachen**). Auch künftige Ereignisse (**Prognosen**), hypothetische Schlussfolgerungen über die Vergangenheit (**hypothetische Tatsachen**), ferner die Zusammenfassung von Einzeltatsachen zu Geschehenskomplexen (**Gesamttatsachen**) und schließlich sogar Tatsachenurteile darüber, dass etwas nicht vorliegt (sog. **negative Tatsachen**) oder dass etwas unmöglich ist (**unmögliche Tatsachen**) gehören zum Gegenstand der Amtsermittlung.[107]

127 Die Richterin ist verpflichtet, den Sachverhalt von Amts wegen aufzuklären und nach pflichtgemäßem Ermessen Ermittlungen anzustellen und insbesondere auch die erforderlich erscheinenden Beweise zu erheben. Sie ist dabei an Vorbringen und Beweisanträge der Beteiligten nicht gebunden und **für die Vollständigkeit der Sachverhaltsermittlung letztverantwortlich**. Ziel von § 26 FamFG ist die Vollständigkeit des Entscheidungsmaterials.[108] Die richterliche Aufklärung zielt – anders als im Zivilprozess – auf **Feststellung objektiver Wahrheit**. Der Amtsermittlungsgrundsatz kann es gebieten, eine nach dem Vorbringen der Beteiligten unstreitige Tatsache auf ihre Richtigkeit hin zu überprüfen.[109] Die Beweisbedürftigkeit einer entscheidungserheblichen Tatsache entfällt also nicht, weil sie von kei-

106 Prütting/Helms/*Prütting*, § 26 FamFG Rn. 22; MüKoFamFG/*Ulrici*, § 26 Rn. 1.
107 Prütting/Helms/*Prütting*, § 26 FamFG Rn. 15.
108 MüKoFamFG/*Ulrici*, § 26 Rn. 1.
109 Schulte-Bunert/Weinreich/*Brinkmann*, § 26 FamFG Rn. 2.

nem Beteiligten bestritten wird. Dieser Umstand kann allerdings ein Indiz für die Wahrheit einer Tatsachenbehauptung sein.[110]

Beispiele 128

(1) Auch wenn alle Beteiligten übereinstimmend davon ausgehen, dass der soziale/leibliche Vater des außerhalb einer Ehe geborenen Kindes zugleich der rechtliche Vater ist, muss die Richterin bei Anhaltspunkten ermitteln, ob eine (bei Auslandsberührung des Falles unter Einschluss der Prüfung des internationalen Abstammungsrechts) wirksame Vaterschaftsanerkennung vorliegt.

(2) Auch wenn alle Beteiligten davon ausgehen, dass eine bestimmte Verletzung des Kindes eine akzidentielle Ursache hat, muss der Richter bei Anhaltspunkten ermitteln, ob nicht doch eine gezielte Zufügung der Verletzung und, wenn ja, durch wen vorliegt.

Die **Art und der Umfang der anzustellenden Ermittlungen** stehen im pflicht- 129
gemäßen Ermessen des Gerichts.[111] Das Gericht hat (in Grenzen: § 30 Abs. 2 und 3 FamFG) darüber zu entscheiden, ob es den entscheidungserheblichen Sachverhalt

- im Wege formloser Ermittlungen (Freibeweis, § 29 FamFG) oder
- durch förmliche Beweisaufnahme entsprechend der ZPO (Strengbeweis, § 30 FamFG)

aufklärt (→ unten Rn. 142).

Rechtstechnisch ist der Freibeweis die Regel, die förmliche Beweisaufnahme 130
(Strengbeweis) die Ausnahme.[112]

Eines der wichtigsten Mittel der Sachaufklärung ist die persönliche Anhörung der 131
Beteiligten (→ unten Kapitel 8 Rn. 173).

Die Amtsermittlungspflicht nach § 26 FamFG verpflichtet das Gericht andererseits 132
nicht, allen nur denkbaren Möglichkeiten nachzugehen. Insbesondere besteht keine Pflicht zu einer Amtsermittlung unabhängig von konkreten Umständen „ins Blaue" hinein.[113]

Bleibt eine entscheidungserhebliche Tatsache am Ende des Verfahrens unaufklär- 133
bar, gilt Folgendes: In Amtsverfahren trägt – zumindest gedanklich – der Staat die **Feststellungslast**, d.h., der Richter darf eine bestimmte Maßnahme nur dann anordnen, wenn nach seiner Überzeugung die tatsächlichen Voraussetzungen der Norm vorliegen, die deren Anordnung gebieten oder erlauben; kann er diese Überzeugung nicht gewinnen, muss die Maßnahme unterbleiben.[114]

---

110 Gesetzentwurf der Bundesregierung, BT-Drs. 16/6308, S. 188.
111 BGH, 15.12.2010 – XII ZB 165/10, FamRZ 2011, 285.
112 MüKoFamFG/*Ulrici*, § 26 Rn. 2.
113 BGH, 30.3.2011 – XIII ZB 537/10, FamRZ 2011, 1047 = NJW 2011, 2137.
114 BVerfG, 10.12.2019 – 1 BvR 2214/19, FamRZ 2020, 422 (Kindesschutzverfahren).

2. Die Beteiligten sind in die Beschaffung des Tatsachenstoffs eingebunden

134 Aber auch die Beteiligten sind in die Beschaffung des Tatsachenstoffs eingebunden, und zwar in doppelter Weise.

a) Mitwirkungspflicht der Beteiligten

135 Zum einen hat der Gesetzgeber eine Mitwirkungspflicht der Beteiligten festgeschrieben. Gemäß § 27 FamFG sollen die Beteiligten bei der Ermittlung des Sachverhalts mitwirken. Sie haben ihre Erklärungen über tatsächliche Umstände vollständig und der Wahrheit gemäß abzugeben. Für das Jugendamt ist die Mitwirkungspflicht zudem in § 50 SGB VIII gesondert geregelt.

b) Beteiligtenrechte: System von Checks and Balances

136 Zum anderen hat der Gesetzgeber den verfahrensfähigen Beteiligten (Eltern, Jugendamt, Verfahrensbeistand) zahlreiche Mitwirkungsrechte verliehen, und zwar gerade auch zu dem Zweck, dass sie auf eine beschleunigte, vorrangige und vollständige Ermittlung der Tatsachen durch die Richterin Einfluss nehmen können.

137 ***Beispiele***

- *das Recht, die Akten einzusehen (§ 13 Abs. 1 FamFG);*
- *das Recht, angehört zu werden;*
- *das Recht, sich zu äußern und Stellung zu nehmen (§§ 37 Abs. 2, 30 Abs. 4 FamFG);*
- *das Recht, zu einer bestimmten Frage eine förmliche oder nichtförmliche Beweisaufnahme anzuregen (z.B. die Kinderärztin anzuhören oder psychologischen Sachverstand hinzuzuziehen);*
- *das Recht, die mündliche Erläuterung des schriftlichen Sachverständigengutachtens anzuregen (§§ 30 Abs. 1 FamFG, 411 Abs. 3 ZPO), um dann selbst der Sachverständigen im Termin Fragen stellen zu können;*
- *Beschleunigungsrüge und -beschwerde (§§ 155b, 155c FamFG); Beschwerderecht.*

138 ***Praxistipp***

→ **Jugendamt** → **Verfahrensbeistand** → **Rechtsanwälte**

*Ein gutes Kindesschutzverfahren lebt davon, dass alle Beteiligten die ihnen vom Gesetzgeber eingeräumten Rechte auch tatsächlich wahrnehmen, diese Rechte also nicht nur **law in the books** bleiben, sondern **law in action** werden.*

3. § 26 FamFG gibt keine Eingriffsermächtigung

Aus § 26 FamFG ergibt sich allerdings keine Eingriffsermächtigung, auch nicht unter Heranziehung der allgemeinen Mitwirkungspflicht des § 27 FamFG. Nach dem Grundsatz des Gesetzesvorbehalts bedarf es für einen der Sachverhaltsaufklärung dienenden Eingriff in Grundrechte der Beteiligten einer eindeutigen, speziell auf den Eingriff ausgerichteten gesetzlichen Grundlage. **139**

Nach der Rechtsprechung des BGH kann in Verfahren nach § 1666 BGB ein Elternteil mangels einer gesetzlichen Grundlage nicht gezwungen werden, sich körperlich oder psychiatrisch/psychologisch untersuchen zu lassen und zu diesem Zweck bei einem Sachverständigen zu erscheinen. **140**

Verweigert in Verfahren nach § 1666 BGB ein Elternteil die Mitwirkung an der Begutachtung, kann dieses Verhalten nicht nach den Grundsätzen der Beweisvereitelung gewürdigt werden. In Betracht kommt allerdings, den die Begutachtung verweigernden Elternteil in Anwesenheit eines Sachverständigen gerichtlich anzuhören und zu diesem Zweck das persönliche Erscheinen des Elternteils anzuordnen und gegebenenfalls gemäß § 33 FamFG durchzusetzen.[115] Freilich stellt dies nur eine Notlösung dar: Zum einen ist fraglich, inwieweit diese Vorgehensweise eine echte Begutachtung, in der Sachverständige eine aktive Rolle einnehmen, ersetzen kann. Zum anderen hindert niemand den verweigernden Elternteil daran, sich auch so einer sachverständigen Beurteilung durch Schweigen in der gerichtlichen Anhörung zu entziehen.[116] **141**

4. Beweiserhebung (Freibeweis und Strengbeweis)

Gemäß § 29 Abs. 1 FamFG erhebt das Gericht die erforderlichen Beweise in geeigneter Form; es ist hierbei an das Vorbringen der Beteiligten nicht gebunden. Als Formen dieses sog. **Freibeweises** kommen etwa die informelle persönliche, telefonische oder schriftliche Befragung einer Auskunftsperson oder die Beiziehung von Akten in Betracht. Eine abschließende Aufzählung der im Freibeweis zulässigen Beweismittel enthält das FamFG (bewusst) nicht, um den Charakter des Freibeweises als **flexibles Erkenntnisinstrument** zu wahren. Die Flexibilität soll ungeschmälert erhalten bleiben, um dem Gericht ein **zügiges, effizientes und ergebnisorientiertes Arbeiten** zu ermöglichen.[117] **142**

Allerdings gelten die Vorschriften der ZPO über die Vernehmung bei Amtsverschwiegenheit und das Recht zur Zeugnisverweigerung für die Befragung von Auskunftspersonen im Freibeweisverfahren entsprechend (§ 29 Abs. 2 FamFG). **143**

---

115 BGH, 17.2.2010 – XII ZB 68/09, NJW 2010, 1351 = JAmt 2010, 321 = FamRZ 2010, 720; OLG Frankfurt, 7.4.2015 – 5 WF 66/15, ZKJ 2015, 328 = FamRZ 2015, 1521 (Nichtmitwirkung eines Elternteils an einer ärztlichen Untersuchung).

116 *Britz*, Gutachten im familiengerichtlichen Verfahren – verfassungsrechtliche Perspektiven, in: Praxis der Rechtspsychologie 26 (1) 2016, 7 (13).

117 Gesetzentwurf der Bundesregierung, BT-Drs. 16/6308, S. 188.

144 Die Ergebnisse der Beweiserhebung im Freibeweisverfahren sind aktenkundig zu machen (§ 29 Abs. 3 FamFG). Dies betrifft die Einholung von Auskünften per Telefon oder im Wege der persönlichen Anhörung der Auskunftsperson, die Feststellung eines persönlichen Eindrucks oder das Ergebnis eines Augenscheins. Diese Feststellungen können **in Abwesenheit der Beteiligten** getroffen werden. Sie sind aber, um die notwendige **Verfahrenstransparenz** zu gewährleisten, in einem Vermerk festzuhalten, der zu den Akten zu nehmen ist. Falls das Gericht auf diese Feststellungen die Entscheidung stützen will, ist der Vermerk vor der Entscheidung den Beteiligten zur Kenntnis zu geben, um ihnen Gelegenheit zur Äußerung zu gewähren (§ 37 Abs. 2 FamFG).[118]

145 Wann die Richterin von einem **förmlichen Beweisverfahren** (Strengbeweis durch in der ZPO abschließend aufgezählte Beweismittel: insbesondere **Zeugenvernehmung** und **Sachverständigengutachten**) Gebrauch macht, ist in ihr pflichtgemäßes Ermessen gestellt (§ 30 Abs. 1 FamFG).

146 Um die Flexibilität des Verfahrens zu erhalten, verzichtet das FamFG weitgehend auf ermessensleitende Kriterien. Es gilt die Formel, wonach der **Strengbeweis** dann **erforderlich** ist, wenn dies zur ausreichenden Sachaufklärung oder wegen der Bedeutung der Angelegenheit notwendig ist. Ein spezielles Antragsrecht auf Durchführung einer förmlichen Beweisaufnahme sieht das FamFG nicht vor; den Beteiligten bleibt es aber unbenommen, die förmliche Beweisaufnahme anzuregen. Das Gericht ist an eine entsprechende Beweisanregung nicht gebunden und hat diese auch nicht zu bescheiden, aber im Rahmen seines Ermessens zu berücksichtigen.[119]

Bei der Ausübung des Ermessens wird der Richter auch zu berücksichtigen haben, dass die Beteiligtenöffentlichkeit (insbesondere das **Fragerecht der Beteiligten**) und die Bedeutung einer Angelegenheit insbesondere im Hinblick auf einen besonders intensiven Grundrechtseingriff eine förmliche Beweisaufnahme erfordern können. Der Strengbeweis ist dann erforderlich, wenn eine streitige Tatsache im Ergebnis ausschlaggebende Bedeutung im Rahmen der gerichtlichen Abwägung hat.[120]

147 ***Beispiel:***

Ob in einem Kindesschutzverfahren die telefonische Befragung einer Kinderärztin ausreicht oder ob sie förmlich als Zeugin zu vernehmen ist, hängt u.a. davon ab, ob das Gericht seine Entscheidung maßgeblich auf das durch die telefonische Befragung Ermittelte stützen möchte, ob ein Beteiligter das durch die telefonische Befragung Ermittelte in Abrede stellt und dieser Beteiligte deshalb die Möglichkeit haben muss, der Kinderärztin selbst Fragen zu stellen, oder etwa sein Fragerecht ausdrücklich geltend macht. Ein weiterer (vermutlich eher selten ausschlaggebender) Gesichtspunkt ist, dass die förmli-

118 Gesetzentwurf der Bundesregierung, BT-Drs. 16/6308, S. 189.
119 Gesetzentwurf der Bundesregierung, BT-Drs. 16/6308, S. 189.
120 VerfGH Berlin, 6.9.2017 – 120 A/17, JAmt 2018, 150 unter Hinweis auf BT-Drs. 16/6308, S. 190.

che Zeugenvernehmung eine erhöhte Wahrheitsgewähr bieten kann, weil falsche Zeugenaussagen strafbewehrt sind. Auch für Tatsachen, welche einen staatlichen Eingriff in die Grundrechte eines Beteiligten rechtfertigen, besteht also kein generelles Strengbeweiserfordernis. Kann sich das Gericht mit hinreichender Sicherheit vom Vorliegen einer solchen Tatsache im Freibeweis überzeugen, erfolgt keine förmliche Beweisaufnahme. Auch in diesen Fällen drängt sich dann eine förmliche Beweisaufnahme nicht auf, wenn der Betroffene die eingriffsrelevante Tatsache nicht in Abrede stellt oder sogar einräumt.[121]

Hat das Gericht ermessensfehlerhaft eine förmliche Beweisaufnahme unterlassen und erweist sich diese auch aus Sicht des Beschwerdegerichts nicht als entbehrlich, hat das Beschwerdegericht diese nachzuholen (vgl. § 68 Abs. 3 Satz 2 FamFG).[122]

---

121 MüKoFamG/*Ulrici*, § 30 Rn. 7.

122 MüKoFamFG/*Ulrici*, § 30 Rn. 9 unter Hinweis auf BGH, 16.11.2011 – XII ZB 6/11, FamRZ 2012, 293, und BGH, 19.1.2011 – XII ZB 256/10, FamRZ 2011, 637.

Kapitel 8: Anhörungs- und Erörterungstermine (inkl. § 157 FamFG)

Übersicht Rn.

I. Systematik

1. Erörterung und persönliche Anhörung als zentrale Bestandteile des prozesshaften Geschehens

148 Der Richter kann in einer Kindesschutzsache erst dann entscheiden, wenn er sich zu den entscheidungserheblichen Einzelheiten des Sachverhalts eine Überzeugung gebildet hat. Der Weg von bloßen (wenn auch gewichtigen) Anhaltspunkten (vgl. § 8a Abs. 1 Satz 1, Abs. 2 Satz 1, 1. Halbsatz SGB VIII) bzw. einem (unabgeschätzten) Gefährdungsrisiko (§ 8a Abs. 2 Satz 1, 2. Halbsatz SGB VIII) bei Einleitung des gerichtlichen Verfahrens hin zur (vollen) richterlichen Überzeugung – davon, dass eine Kindeswohlgefährdung vorliegt oder nicht vorliegt; welche Maßnahme geeignet ist – ist ein **prozesshaftes Geschehen**.

Für die Gestaltung dieses prozesshaften Geschehens macht das Gesetz dem Richter Vorgaben, d.h. Vorschriften, wie er zu verfahren hat (Verfahrensvorschriften → Kapitel 6 Rn. 81). Zentrale Bestandteile des vom Gesetz vorgeschriebenen Verfahrens sind die **persönliche Anhörung** insbesondere der Eltern und des Kindes, die **(einfache) Anhörung** insbesondere des Jugendamts und der Pflegeperson sowie die **Erörterung** der Sache mit den Beteiligten in einem **Termin**. **149**

2. Keine mündliche Verhandlung

Dagegen kennt das FamFG für Kindschaftssachen im Allgemeinen und für Kindesschutzverfahren im Besonderen **keine mündliche Verhandlung**. Die Vorschriften der ZPO über die mündliche Verhandlung (v.a. § 128 ZPO) gelten in Kindschaftssachen nicht (über die Verweisung in § 113 Abs. 1 Satz 2 FamFG finden die Vorschriften der ZPO über die mündliche Verhandlung nur für Ehe- und Familienstreitsachen Anwendung). Der Begriff der mündlichen Verhandlung in der ZPO ist ein *Terminus technicus* und mit bestimmten Rechtswirkungen verbunden. Entgegen einer weitverbreiteten Praxis ist es falsch, in Kindschafts- und Kindesschutzverfahren von einer mündlichen Verhandlung zu sprechen.[123] **150**

Bei der Unterscheidung zwischen mündlicher Verhandlung einerseits und Anhörungs- und Erörterungstermin andererseits handelt es sich keineswegs um eine reine Formalie. Im Zivilprozess können nach Schluss der mündlichen Verhandlung Angriffs- und Verteidigungsmittel nicht mehr vorgebracht werden (§ 296a ZPO). Entscheidungsgrundlage kann nur tatsächliches Vorbringen sein, über welches mündlich verhandelt worden ist. Und nur die Richter, die an der für das Urteil allein maßgeblichen mündlichen Verhandlung teilgenommen haben, dürfen den Rechtsstreit entscheiden (§ 309 ZPO). Dies alles gilt im fG-Verfahren einer Kindschafts- und namentlich einer Kindesschutzsache nicht. Vielmehr ordnet § 37 Abs. 1 FamFG an, dass das Gericht nach seiner freien, *aus dem gesamten Inhalt des Verfahrens* gewonnenen Überzeugung entscheidet. **151**

3. Erörterungstermin

Das FamFG sieht einen **Erörterungstermin** vor. Den Erörterungstermin regelt das FamFG in einer allgemeinen und zwei speziellen Vorschriften: **152**

- für alle Angelegenheiten und Familiensachen der freiwilligen Gerichtsbarkeit in § 32 FamFG;

123 Dazu näher: *Ernst*, Miteinander reden: das Mündlichkeitsprinzip in Kindschaftssachen, NZFam 2020, 313 ff.; *Dürbeck*, NJW 2020, 1822.

- für alle Kindschaftssachen in § 155 Abs. 2 FamFG;
- nur für Kindesschutzverfahren ergänzend in § 157 FamFG.

4. Anhörungstermin (persönliche Anhörung)

153 Das FamFG sieht ferner die **persönliche Anhörung** in einem **Anhörungstermin** vor. Es regelt sie in einer allgemeinen und einer speziellen Vorschrift:

- für alle Angelegenheiten und Familiensachen der freiwilligen Gerichtsbarkeit in § 34 FamFG;
- für alle Kindschaftssachen in § 159 (Kind) und (beschränkt auf Verfahren, die die Person des Kindes betreffen) in § 160 Abs. 1 (Eltern); der Gesetzgeber hat jüngst die persönliche Anhörung des Kindes um die „**Verschaffung eines persönlichen Eindrucks**" von dem Kind ergänzt (§ 159 FamFG n.F.[124] → unten Rn. 200 ff.).

5. Einfache Anhörung

154 Schließlich sieht das FamFG die **(einfache) Anhörung** des Jugendamts (§ 162 FamFG) und der Pflegeperson (§ 161 FamFG) sowie (beschränkt auf sonstige Kindschaftssachen, die nicht die Person des Kindes betreffen, also Angelegenheiten der Vermögenssorge) der Eltern (§ 160 Abs. 2 FamFG) vor. Die (einfache) Anhörung kann im Gegensatz zur persönlichen Anhörung grundsätzlich schriftlich, fernmündlich oder auf sonstige Weise erfolgen. Eine Ausnahme findet sich z.B. in § 155 Abs. 2 Satz 3 FamFG: Wie die Anhörung des Jugendamts in den dort genannten Fällen (insbesondere in Verfahren wegen Gefährdung des Kindeswohls) stattzufinden hat, schreibt das Gesetz dem Richter vor: nämlich im Termin.

6. Kombiniert-einheitlicher Anhörungs- und Erörterungstermin

155 Anhörungstermin und Erörterungstermin werden in der Regel – schon im Hinblick auf das Beschleunigungsgebot[125] – als **kombiniert-einheitlicher Anhörungs- und Erörterungstermin** durchzuführen sein.

156 **Ausnahme:** Das Gesetz sieht für den Fall, dass mehrere Beteiligte persönlich anzuhören sind, ausdrücklich vor, dass die Anhörung eines Beteiligten in Abwesenheit der anderen Beteiligten (also in einem gesonderten Termin) stattzufinden hat, falls dies zum Schutz des anzuhörenden Beteiligten oder aus anderen Gründen erforderlich ist (§ 33 Abs. 1 Satz 2 FamFG). Gleiches gilt für die Erörterung der Kindes-

---

124 I.d.F. des Gesetzes vom 16.6.2021 (BGBl. 2021 I 1810). Dazu *Ernst*, FamRZ 2021, 993 ff.; *Witt*, FamRZ 2021, 1510 ff.; *Kischkel*, FamRZ 2021, 1595 ff.; *Lies-Benachib*, FF 2021, 430 ff.

125 Kemper/*Schreiber*, § 157 FamFG Rn. 2.

wohlgefährdung; sie ist in Abwesenheit eines Elternteils durchzuführen, wenn dies zum Schutz eines Beteiligten oder aus anderen Gründen erforderlich ist (§ 157 Abs. 2 Satz 2 FamFG) (→ unten Rn. 178).

Und das Kind soll im Regelfall in Anwesenheit des Verfahrensbeistands (d.h. in Abwesenheit der übrigen Beteiligten in einem gesonderten Termin) angehört werden (§ 159 Abs. 4 Satz 3 FamFG).[126] Schließlich soll die Erörterung, wie einer möglichen Gefährdung des Kindeswohls begegnet werden und welche Folgen die Nichtannahme notwendiger Hilfen haben kann, nur in geeigneten Fällen auch mit dem Kind stattfinden (§ 157 Abs. 1 FamFG). 157

II. Der Anhörungs- und Erörterungstermin

1. Spätestens einen Monat nach Beginn des Verfahrens

Verfahren wegen Gefährdung des Kindeswohls gehören zu den vorrangig und beschleunigt durchzuführenden Kindschaftssachen (§ 155 Abs. 1 FamFG). Der Erörterungstermin soll deshalb spätestens einen Monat nach Beginn des Verfahrens stattfinden (§ 155 Abs. 2 Satz 2 FamFG). Es ist deshalb auch die Rede vom *frühen* (Anhörungs- und) Erörterungstermin. „Spätestens" bedeutet, dass der Termin je nach dem mitgeteilten Grad der Gefährdung ggf. auch früher stattzufinden hat.[127] 158

Praxistipp 159

*Dass Kindesschutzverfahren Vorrang genießen, wirkt sich v.a. bei **Terminverlegungen** aus. Einem Antrag (z.B. des Jugendamts oder eines Rechtsanwalts) auf Verlegung eines Termins in einer Kindesschutzsache mit der Begründung, die Fachkraft des Jugendamts oder der Rechtsanwalt sei wegen eines kollidierenden Gerichtstermins verhindert, darf nur stattgegeben werden, wenn der andere Termin ebenfalls eine Vorrang genießende (also gleichrangige) Sache zum Gegenstand hat. Wenn also der kollidierende Termin eine Strafsache oder eine allgemeine Zivilsache oder eine Unterhaltssache zum Gegenstand hat, ist das Verlegungsgesuch zurückzuweisen. Gewährt das Gericht den übrigen Beteiligten Gelegenheit zur Stellungnahme zu einem solchen Terminverlegungsgesuch, sollten sie mit dieser Begründung einer Verlegung widersprechen. Dies ist **ein** Baustein, um überlange Kindesschutzverfahren zu verhindern.*

Dem frühen Anhörungs- und Erörterungstermin können je nach Ermittlungs- und Anhörungsbedarf im Einzelfall ein oder mehrere weitere Anhörungs- und Erörte- 160

126 Zur Frage, ob die Eltern berechtigt sind, an der Kindesanhörung teilzunehmen, siehe: BVerfG, 5.6.2019 – 1 BvR 675/19, FamRZ 2019, 1437.
127 Prütting/Helms/*Hammer*, § 157 FamFG Rn. 17.

rungstermine folgen. Insbesondere nach der Einholung eines schriftlichen Sachverständigengutachtens bietet sich ein weiterer Anhörungs- und Erörterungstermin auf dann durch das Gutachten und sonstige Ermittlungsergebnisse erweiterter Tatsachengrundlage an; in vielen Fällen ist es hilfreich bzw. geboten, dass der Sachverständige in diesem Termin sein schriftliches Gutachten mündlich erläutert (§§ 30 Abs. 1 FamFG, 411 Abs. 3 Satz 1 ZPO).

2. Gegenstand der Erörterung

161 Der Textbefund des FamFG dazu, was Gegenstand der Erörterung sein soll, ist folgender:

a) allgemein und in allen Kindschaftssachen: „die Sache“ (§§ 32 Abs. 1 Satz 1, 155 Abs. 2 Satz 1 FamFG),

b) ergänzend in Kindesschutzsachen: „wie einer möglichen Gefährdung des Kindeswohls, insbesondere durch öffentliche Hilfen, begegnet werden und welche Folgen die Nichtannahme notwendiger Hilfen haben kann“ (§ 157 Abs. 1 FamFG).

162 Welche Tragweite und in welchem Umfang der Vorschrift des § 157 FamFG eigenständige Bedeutung zukommt, wird nicht einheitlich gesehen. In der juristischen Literatur werden sehr differenzierte Überlegungen dazu angestellt, in welchem Verhältnis die Vorschriften der §§ 155 Abs. 2, 157 und 160 FamFG zueinander stehen. Diese Überlegungen machen sich im Wesentlichen an dem Wort der „möglichen“ Kindeswohlgefährdung in § 157 Abs. 1 FamFG und der Bezugnahme des Gesetzgebers auf die Anrufungs-Variante in § 8a SGB VIII (wenn die Erziehungsberechtigten nicht „bei der Abschätzung des Gefährdungsrisikos mitwirken“)[128] fest und finden weitere Nahrung in wenig konsistenten Formulierungen im Gesetzgebungsverfahren.

163 Beispielhaft differenziert *Schumann* wie folgt:

(1) Ist die Schwelle zur Kindeswohlgefährdung bereits überschritten, so hat das Gericht Maßnahmen nach § 1666 Abs. 1 und 3, § 1666a BGB zu treffen; in diesem Fall entfällt die Prüfpflicht nach § 166 Abs. 3. Sofern das Gericht eine einstweilige Anordnung nach Abs. 3 erlassen möchte, ist ein (selbstständiges) Anordnungsverfahren einzuleiten.

(2) Sofern sich im Erörterungstermin herausstellt, dass noch nicht einmal eine mögliche Kindeswohlgefährdung vorliegt, ist das Verfahren durch beschwerdefähigen Beschluss einzustellen. Eine Überprüfung nach § 166 Abs. 3 kommt in solchen offensichtlich unbegründeten Fällen von vornherein nicht in Frage.

(3) Liegt eine mögliche Kindeswohlgefährdung vor, so besteht der Inhalt des Verfahrens in der Erörterung der möglichen Kindeswohlgefährdung (verbunden

---

128 Etwa Zöller/*Lorenz*, § 157 FamFG Rn. 1.

mit der Erwartung, bei den Eltern die Bereitschaft zur Kooperation mit dem Jugendamt zu erhöhen).[129]

Im Gesetzentwurf der Bundesregierung[130] heißt es: „Die Erörterung der Kindeswohlgefährdung bildet einen eigenen Verfahrensabschnitt, der neben die Pflicht zur persönlichen Anhörung der Eltern nach § 160 Abs. 1 Satz 2 tritt. Während die persönliche Anhörung der Eltern in erster Linie der Feststellung des Sachverhalts und der Gewährung des rechtlichen Gehörs dient, regelt Absatz 2 die Erörterung der Kindeswohlgefährdung in den Fällen der §§ 1666, 1666a BGB. Das Gericht hat die Möglichkeit, die Erörterung nach § 155 Abs. 2 mit dem Gespräch zur Erörterung über die Kindeswohlgefährdung zu verbinden. Die Regelung in Absatz 2 stellt lediglich auf eine ‚mögliche' Gefährdung des Kindeswohls ab, da das Jugendamt das Familiengericht bereits dann anzurufen hat, wenn die Eltern bei der Abschätzung des Gefährdungsrisikos nicht mitwirken (§ 8a Abs. 3 Satz 1 zweiter Halbsatz SGB VIII), eine Gefährdung mithin noch nicht sicher feststeht. Das Gespräch kann dann bereits unterhalb der Schwelle zur Kindeswohlgefährdung erfolgen. Die Ausgestaltung als Soll-Vorschrift ermöglicht es, die Erörterung in offensichtlich unbegründeten Verfahren auszuschließen." **164**

In der Stellungnahme des Bundesrates[131] zum Gesetzentwurf der Bundesregierung heißt es zum Verhältnis der §§ 155 Abs. 2 und 157 Abs. 1 FamFG (in Bezug auf die Mitwirkung des Jugendamts): „Nach der Entwurfsbegründung scheinen jedoch beide Regelungen das gleiche Ziel – die Beteiligung des Jugendamts an einem ‚runden Tisch' – zu verfolgen." **165**

In der Gegenäußerung der Bundesregierung[132] heißt es: „§ 155 Abs. 2 Satz 3 FamFG regelt die allgemeine Pflicht zur Anhörung des Jugendamts in kindschaftsrechtlichen Verfahren, die bereits das geltende Recht kennt (§ 49a FGG). Dagegen regelt § 157 FamFG den neuen Verfahrensabschnitt der Erörterung der Kindeswohlgefährdung, die eine spezifische Funktion und einen möglichst weiten Teilnehmerkreis hat." **166**

Nach dem hier für zutreffend gehaltenen, weil mit Wortlaut und Systematik ohne Weiteres in Einklang zu bringenden und allein praktikablen Verständnis stellt die Vorschrift des § 157 FamFG für Verfahren nach den §§ 1666 f. BGB eine **Ergänzung des § 155 Abs. 2 FamFG** hinsichtlich (1.) der im frühen Termin **zu erörternden Inhalte** und (2.) der **Einbeziehung des Kindes** dar.[133] Die Formulierung „eine Gefährdung mithin noch nicht sicher feststeht" (im Regierungsentwurf) darf nicht dahin missverstanden werden, dass der Gesetzgeber etwa von tatbestandlich abgrenzbaren Fallgruppen oder Fallkonstellationen einerseits der „möglichen Kindeswohlgefährdung" und andererseits der „sicheren Kindeswohlgefährdung" ausgegangen wäre, für die dann unterschiedliche Verfahrensbestimmungen und **167**

129 MüKoFamFG/*Schumann*, § 157 Rn. 12.
130 BT-Drs. 16/6308, S. 237.
131 BT-Drs. 16/6308, S. 376.
132 BT-Drs. 16/6308, S. 414.
133 Prütting/Helms/*Hammer*, § 155 FamFG Rn. 7.

-gestaltungen gälten. Eine solche Überbetonung dieser Formulierung verkennt, dass in *jedem* Kindesschutzverfahren eine Gefährdung des Kindeswohls zur vollen Überzeugung des Gerichts erst nach Durchführung aller Verfahrenshandlungen *am Ende des Verfahrens* feststehen kann, also insbesondere nach persönlicher Anhörung des Kindes und der Eltern. Jedes andere Verständnis liefe darauf hinaus, den Richter für eine angenommene Fallgruppe der „sicheren Kindeswohlgefährdung" auf eine unzulässige Vorfestlegung zu konditionieren und die persönlichen Anhörungen und Erörterung nur noch als eigentlich überflüssige Garnierungen des Verfahrens zu verstehen. Auch wenn die Fachkräfte des Jugendamts bei der Anrufung des Familiengerichts aus *ihrer* Sicht von einer „sicheren Kindeswohlgefährdung" ausgehen, darf es sich für den Richter in diesem Zeitpunkt der Einleitung des Verfahrens und der Anberaumung eines Termins nach den §§ 155 Abs. 2, 157 Abs. 1 FamFG doch immer nur um (mehr oder weniger sichere) Anhaltspunkte für eine Kindeswohlgefährdung handeln, und zwar auch deshalb, weil das BVerfG verlangt, dass das Familiengericht die Einschätzungen des Jugendamts einer eigenen Würdigung unterzieht.

168 Die Vorschrift des § 157 FamFG enthält nach diesem Verständnis auch keine Aussage über eine „Vorverlagerung staatlicher Eingriffsbefugnisse" (im Einzelnen → Kapitel 5 Rn. 69)

169 Das Erörterungsgespräch ist – anders als der Vermittlungstermin nach § 165 FamFG – kein eigenständiges Verfahren.[134]

170 Die obligatorische Erörterung der Kindeswohlgefährdung soll dazu beitragen, die **Eltern in die Pflicht zu nehmen und auf sie einzuwirken**, öffentliche Hilfen in Anspruch zu nehmen und mit dem Jugendamt zu kooperieren. Dabei sollen die Eltern insbesondere darauf hingewiesen werden, welche Folgen die Nichtannahme notwendiger Hilfen haben kann. Das Jugendamt als sozialpädagogische Fachbehörde und Leistungsträger etwaiger Hilfemaßnahmen soll regelmäßig in das Gespräch eingebunden werden. Die Mitwirkung des Jugendamts an dem Gespräch ist von wesentlicher Bedeutung, um die Möglichkeiten einer effektiven Gefahrenabwehr zu erörtern, insbesondere den Hilfebedarf einzuschätzen und die Geeignetheit und Erforderlichkeit einer Hilfe zu beurteilen (§ 27 Abs. 1 SGB VIII). Gleichzeitig können so etwaige Hürden bei der Kooperation der Beteiligten abgebaut werden.[135] Bei dem Gespräch nach § 157 Abs. 1 FamFG stehen – laut einer Äußerung der Bundesregierung im Gesetzgebungsverfahren – die Eltern und deren Erziehungsverhalten im Mittelpunkt.[136] Aus verfassungsrechtlichen Gründen dürfte es allerdings geboten sein, alle anderen ggf. entscheidungserheblichen Gesichtspunkte zum Gegenstand der Erörterung zu machen, insbesondere die Auswirkungen des Elternverhaltens auf das Kind.

---

134 Prütting/Helms/*Hammer*, § 157 FamFG Rn. 7.

135 Gesetzentwurf der Bundesregierung, BT-Drs. 16/6308, S. 238. Siehe auch *Schumann*, FPR 2011, 203 ff.

136 Gegenäußerung der Bundesregierung zur Stellungnahme des Bundesrats, BT-Drs. 16/6308, S. 415.

Das Erörterungsgespräch hat auch eine **Warnfunktion** und soll dazu dienen, bei der Einhaltung von Regelungen Verbindlichkeit herzustellen,[137] indem das **Gericht durch seine Autorität** die Eltern unter Androhung weitergehender Maßnahmen (wie der Entziehung des Sorgerechts nach §§ 1666 f. BGB) zur Kooperation mit dem Jugendamt veranlasst.[138] Die Vorschrift hat auch eine **präventive Funktion**: Erörtern die Eltern, das Jugendamt und das Gericht „an einem Tisch", kann es eher gelingen, die Eltern in die Pflicht zu nehmen und an ihre Verantwortung zu appellieren.[139] § 157 FamFG stellt eine Ausprägung des in § 1666a BGB enthaltenen Grundsatzes der Verhältnismäßigkeit dar.[140] 171

Die Warn- und Präventivfunktion, die dem Erörterungsgespräch durch die Autorität des Gerichts zukommen soll, hat eine besondere Bedeutung in den Fällen des **Schutzes ungeborener Kinder**. Hier ist der Einsatz der gerichtlichen Autorität im Erörterungsgespräch oftmals die letzte Möglichkeit, die werdende Mutter oder beide werdenden Eltern dazu zu bewegen, ein das ungeborene Kind schädigendes Verhalten (z.B. Drogenkonsum durch die Schwangere, Gewalt in der Partnerbeziehung) einzustellen, zu unterlassen oder wenigstens zu reduzieren (im Einzelnen → Kapitel 2 Rn. 121). 172

3. Funktion der persönlichen Anhörung

(Mündliche) Erörterung und persönliche Anhörung sind zu unterscheiden und voneinander abzugrenzen.[141] 173

Während die **persönliche Anhörung der Eltern** nach § 160 Abs. 1 Satz 1 FamFG in erster Linie der Feststellung des Sachverhalts und der Gewährung rechtlichen Gehörs dient, wollte der Gesetzgeber mit dieser besonderen Erörterungspflicht bei Kindeswohlgefährdung dazu beitragen, die Eltern noch stärker in die Pflicht zu nehmen und auf sie einzuwirken.[142] 174

Freilich werden sich die Themen der persönlichen Anhörung einerseits und des Erörterungsgesprächs andererseits häufig überschneiden. Auch die Erörterung dient letztlich der Sachverhaltsaufklärung.[143] Ganz deutlich wird dies bei der Sachaufklärung zu der Tatbestandsvoraussetzung „die Eltern nicht gewillt oder nicht in der Lage sind, die Gefahr abzuwenden …". Ob die Mitwirkungsbereitschaft der Eltern vorhanden und prognostisch tragfähig ist, wird sich häufig im Rahmen des Erörterungsgesprächs zeigen. 175

137 *Stößer*, FamRZ 2009, 656, 659.
138 MüKoFamFG/*Schumann*, § 157 Rn. 11.
139 BeckOK FamFG/*Schlünder*, § 157 Rn. 1 (42. Ed., Stand: 1.4.2022).
140 Musielak/*Borth*, § 157 FamFG Rn. 2.
141 KG, 27.7.2017 – 3 WF 150/17, FamRZ 2018, 765; OLG Frankfurt, 12.4.2011 – 3 UF 25/11, FamRZ 2012, 571; Dürbeck, NJW 2020, 1822.
142 Dutta/Jacoby/Schwab/*Zorn*, § 157 FamFG Rn. 5.
143 Prütting/Helms/*Hammer*, § 157 FamFG Rn. 15.

4. Vorbereitung des Termins

176 Der Richter hat den (frühen) Anhörungs- und Erörterungstermin mit besonderer Sorgfalt vorzubereiten. Dem Kind ist ein Verfahrensbeistand rechtzeitig zu bestellen. Der Richter hat sich die Frage vorzulegen, welche Ermittlungen er schon im Vorfeld des Termins im Wege des Freibeweises (§ 29 FamFG) etwa durch Telefonate anstellt. Insbesondere kommen Telefonate mit dem Jugendamt in Betracht, um etwa offene Fragen aus der Anrufungsschrift zu klären. Ein Austausch zwischen Gericht und Jugendamt bereits im Vorfeld des Anhörungs- und Erörterungstermins kann auch im Hinblick auf die zu ermittelnde Einschätzung des Jugendamts zur Erfolgsaussicht weiterer Hilfen erforderlich sein, zumal keine Anordnungskompetenz des Gerichts bzgl. der Erbringung öffentlicher Hilfe nach dem SGB VIII gegenüber dem Jugendamt besteht.[144] Mitunter ist die rechtliche Vaterschaft für ein Kind aus den Akten nicht abschließend zu beurteilen oder es ist fraglich, ob Sorgerechtserklärungen vorhanden sind. Diese Fragen können mit dem Verfahrensbevollmächtigten oder wiederum mit dem Jugendamt im Vorfeld geklärt werden.

177 In personeller Hinsicht hat die Richterin zu prüfen, wer zum Termin zu laden ist, wer evtl. einen Dolmetscher für welche Sprache benötigt. Auch ein nicht sorgeberechtigter Elternteil ist zu beteiligen, wenn er selbst Träger der Elternverantwortung nach Art 6 Abs. 2 S. 1 GG, also rechtlicher Elternteil im Sinne von § 1591 oder § 1592 BGB, ist und grundsätzlich – im Rahmen einer Sorgerechtsübertragung – eine alternative Betreuungsmöglichkeit bietet. Freilich dürfte sich letztere Voraussetzung häufig erst im Laufe des Verfahrens klären lassen, sodass die Erörterung grundsätzlich auch mit diesem Elternteil zu erfolgen hat.[145]

178 Zur Vorbereitung gehört es auch, abzuklären, ob ein Beteiligter evtl. in Abwesenheit der anderen Beteiligten anzuhören sein wird (→ Rn. 217 f.) und ob das Kind am Erörterungsgespräch teilnehmen soll (→ Rn. 215 f.).

179 Nach Sinn und Zweck des Erörterungsgesprächs, eine effektive Gefahrenabwehr zu gewährleisten und alle damit befassten Personen „an einen Tisch" zu bringen, können auch weitere Personen zum Erörterungstermin geladen werden. In Fällen der Delinquenz des Kindes oder Jugendlichen können etwa **Polizeibeamte** geladen werden, welche die Kinder bzw. die Familie oft gut kennen und für die Gefahreneinschätzung oft wertvolle Hinweise geben können. In Fällen der Schuldinstanz ist die Einbeziehung des **Klassenlehrers** und/oder des **Schulsozialarbeiters oder -psychologen** hilfreich. Sind bereits Hilfen eingesetzt, können auch die **Familienhelfer, Bezugsbetreuer** usw. einbezogen werden, die unmittelbar aus der Zusammenarbeit mit den Eltern und dem Kind berichten können.[146]

---

144 MüKoFamFG/*Schumann*, § 157 Rn. 9.
145 Dutta/Jacoby/Schwab/*Zorn*, § 157 FamFG Rn. 8.
146 Prütting/Helms/*Hammer*, § 157 FamFG Rn. 22.

Das Gericht hat das persönliche Erscheinen der Eltern zum Termin anzuordnen (§ 157 Abs. 2 Satz 1 FamFG) und gemäß § 33 Abs. 4 FamFG in der Ladung auf die Folgen des Ausbleibens hinzuweisen. 180

Selbstverständlich sind Jugendamt und Verfahrensbeistand vom Termin zu benachrichtigen. 181

5. Sitzordnung im Gerichtssaal

Nur scheinbar unwichtig ist die Frage, wer im Gerichtssaal während des Anhörungs- und Erörterungstermins wo Platz nimmt. Die Richterin sollte dies nicht dem Zufall überlassen, sondern im Rahmen ihrer sitzungspolizeilichen Befugnisse (§ 176 GVG) die Sitzordnung festlegen. Ganz allgemein empfiehlt sich eine **nicht konfrontativ-oppositionelle Anordnung** der Tische und Stühle. Besonders geeignet erscheint die Anordnung der Tische und Stühle in Form eines abgeflachten Halbkreises gegenüber der Richterbank. An den äußeren Enden des Halbkreises bzw. – falls sich eine oppositionelle Anordnung aus technischen Gründen nicht verhindern lässt – einander gegenüber sollten die Eltern und der Verfahrensbeistand Platz nehmen. Denn der Verfahrensbeistand hat einseitig die Interessen des Kindes wahrzunehmen und ist – wenn überhaupt – der einzige Interessengegner der Eltern. Keinesfalls sollte das Jugendamt diese Position einnehmen. Denn das Jugendamt ist nicht der einseitige Interessenvertreter des Kindes, sondern die unabhängige sozialpädagogische Fachbehörde, deren Fachkräfte überdies in vielen Fällen nach Abschluss des Verfahrens weiter mit den Eltern zusammenarbeiten müssen. Dem entspricht eine „neutrale" Positionierung des Jugendamts im Saal. Auch wenn viele Eltern in Kindesschutzverfahren das Jugendamt als Gegner (oder Ankläger) empfinden, sollte diese der gesetzlichen Rolle des Jugendamts nicht entsprechende Zuschreibung nicht noch durch eine die Gegnerschaft zum Ausdruck bringende Sitzordnung verstärkt werden. 182

6. Gestaltung des Ablaufs

Wie er den Ablauf des Anhörungs- und Erörterungstermins gestaltet, liegt im pflichtgemäßen Ermessen des Richters.[147] Nach § 28 Abs. 1 Satz 1 FamFG hat das Gericht darauf hinzuwirken, dass die Beteiligten sich rechtzeitig über alle erheblichen Tatsachen erklären und ungenügende tatsächliche Angaben ergänzen. 183

Es empfiehlt sich, im Ablauf des Termins die folgenden **Abschnitte** wenigstens gedanklich, wenn nicht sogar *expressis verbis* auseinanderhalten. Dies stellt Transparenz für die Erschienenen her. Dass jeder Erschienene von Anfang an weiß, wann 184

147 Prütting/Helms/*Hammer*, § 157 FamFG Rn. 23.

er an der Reihe ist, mag in dem einen oder anderen Fall das Aufkommen von Ungeduld verhindern:

- Feststellung, wer erschienen ist
- Klarstellung der Funktionen (insbesondere des Verfahrensbeistands und des Jugendamts) in für die Eltern nachvollziehbarer Weise
- Einführung in den Sach- und Verfahrensstand
- **Keinesfalls** dürfen die Beteiligten in die Versuchung gebracht werden, **Sachanträge** zu stellen. Es handelt sich um ein Amtsverfahren, in dem Sachanträge keinen Platz haben.
- Bekanntgabe des „Terminprogramms" (Warum sind wir heute hier? Was passiert? Wer ist wann dran?)
- Persönliche Anhörung der Eltern
- Anhörung des Verfahrensbeistands
- Anhörung des Jugendamts
- Anhörung von Auskunftspersonen oder Zeugen
- Stellungnahmen der Verfahrensbevollmächtigten der Eltern
- Erörterung der Rechtslage (Voraussetzungen und Rechtsfolgen der §§ 1666, 1666a BGB). Welche Schäden sind beim Kind schon eingetreten, welche Schäden stehen bevor? Abklären, welche öffentlichen Hilfen notwendig und geeignet sind. Einwirkung auf die Eltern, die notwendigen öffentlichen Hilfen in Anspruch zu nehmen. Koordinierung und Vernetzung der professionell Beteiligten.[148] Das Gericht hat gemäß § 28 Abs. 1 Satz 2 FamFG die Beteiligten auf einen rechtlichen Gesichtspunkt hinzuweisen, wenn es ihn anders beurteilt als die Beteiligten und seine Entscheidung darauf stützen will.

185 ***Praxistipp***

→ **Familiengericht**
Kommt im Kindesschutzverfahren als im Vergleich zum (teilweisen) Entzug des Sorgerechts milderes Mittel die Übertragung der elterlichen Alleinsorge auf einen Elternteil in Betracht, hat die Richterin gemäß § 28 Abs. 1 Satz 2 FamFG darauf hinzuwirken, dass dieser Elternteil einen Antrag nach § 1671 BGB abgibt.[149]

- Vorbereitung Sachverständigen-Beweis (Welche Fragen sind einem Sachverständigen vorzulegen? Welchen Sachverstand muss die Sachverständige haben? Welche Person kommt in Betracht? Sind Entbindungen von der Schweigepflicht einzuholen?)
- Erlass einer einstweiligen Anordnung erforderlich? (§ 157 Abs. 3 FamFG)

148 Prütting/Helms/*Hammer*, § 157 FamFG Rn. 26.
149 OLG Frankfurt a.M., 7.10.2021 – 1 UF 167/21, FamRZ 2022, 267 m. Anm. *Ernst*.

Evtl. ist in Betracht zu ziehen, bestimmte Personen (die nicht Beteiligte sind) nur zu einzelnen Abschnitten hinzuziehen (Auskunftspersonen wie Lehrer, Polizeibeamte …). 186

Die aufgezählten einzelnen Abschnitte/Verfahrenshandlungen werden thematisch oft ineinander übergehen. So dient etwa nicht nur die persönliche Anhörung, sondern auch die Erörterung der Sachaufklärung. 187

Die **Reihenfolge des Vorgehens** muss sich nach den Bedürfnissen und Besonderheiten des jeweiligen Einzelfalls richten. Oft wird es sich anbieten, mit der persönlichen Anhörung der Eltern zu beginnen. Denn die Eltern werden sich häufig im Vorfeld überlegt haben, was sie sagen wollen. Und sie werden sich erst dann auf das von den anderen Anwesenden Geäußerte einlassen können, wenn sie losgeworden sind, was ihnen wichtig ist. Den Eltern sollte verdeutlicht werden, dass sie hier die Möglichkeit haben, sich unabhängig von den Formulierungen ihrer Verfahrensbevollmächtigten in ihren eigenen Worten zur Sache zu äußern. Häufig kann es sinnvoll sein, die Eltern zunächst im Zusammenhang reden zu lassen, bevor ihnen einzelne Fragen gestellt werden. 188

Auf keinen Fall sollte die Richterin **mit der Anhörung des Jugendamts beginnen**. Denn das Jugendamt ist weder die anklagende Behörde noch das Ermittlungsorgan des Familiengerichts, das zu Beginn des Termins quasi über den Stand seiner Ermittlungen zu berichten hätte. Insbesondere nach vorausgegangener Inobhutnahme ist es in Bezug auf das Jugendamt wichtig (gegenüber den Eltern und ihren Verfahrensbevollmächtigten) klarzustellen, dass es in dem Anhörungs- und Erörterungstermin nicht um die Feststellung der Rechtmäßigkeit oder Rechtswidrigkeit der Inobhutnahme (als Verwaltungsakt) geht. Mitunter empfiehlt sich der Hinweis, dass die Aufarbeitung dieses in der Vergangenheit liegenden Geschehens ggf. die Aufgabe eines verwaltungsgerichtlichen Verfahrens ist. 189

7. Terminsvermerk

Über Termine und persönliche Anhörungen hat das Gericht einen Vermerk zu fertigen (§ 28 Abs. 4 Satz 1 FamFG). Der Gesetzgeber hat bewusst die Bestimmungen über das (ganz andere Funktionen erfüllende) Protokoll im Zivilprozess nicht übernommen.[150] In den Vermerk sind die wesentlichen Vorgänge des Termins und der persönlichen Anhörung aufzunehmen. 190

Der Vermerk dient zunächst dazu, die Beteiligten, auch soweit sie bislang nicht (aktiv) am Verfahren teilgenommen haben, über Inhalt und Ergebnisse eines Termins oder einer Anhörung zu informieren, sodass sie zukünftig ihre Beteiligtenrechte effektiv wahrnehmen und ihr Verfahrensverhalten hieran ausrichten können. Insbesondere soll der Vermerk eine Stellungnahme zum Verfahren einschließlich der maßgeblichen Entscheidungsgrundlagen (vgl. § 37 Abs. 2 FamFG) erleichtern oder überhaupt erst ermöglichen, indem er den Beteiligten die für eine Äußerung not- 191

150 BT-Drs. 16/6308, S. 187; BeckOK FamFG/*Burschel*, § 28 Rn. 14 (42. Ed., Stand: 1.4.2022).

wendige Kenntnis vom Verfahren verschafft. Zum anderen gewinnt der Vermerk Bedeutung im Beschwerdeverfahren, indem er dem Beschwerdegericht die Prüfung erleichtert, inwieweit nach § 68 Abs. 3 Satz 2 FamFG eine Wiederholung einzelner Verfahrensschritte erforderlich ist.[151]

8. Wie geht es nach dem (frühen) Anhörungs- und Erörterungstermin weiter?[152]

192 • Hat schon der frühe Termin erwiesen, dass ein Schaden beim Kind weder eingetreten noch zu befürchten ist oder kommt der Richter zu der Prognose, dass die Eltern effektiv und zuverlässig (auch in evtl. psychischen Belastungs-Stresssituationen) an der Beseitigung eines eingetretenen Schadens beim Kind oder an der Abwendung eines bevorstehenden Schadens mitwirken und bestimmte öffentliche Hilfen in Anspruch nehmen werden, ist das Verfahren – nachdem insbesondere Jugendamt und Verfahrensbeistand dazu Stellung nehmen konnten – durch Beschluss einzustellen. Die Beschlussformel (Tenor) kann lauten „Familiengerichtliche Maßnahmen sind nicht veranlasst" oder „Von Maßnahmen nach den §§ 1666, 1666a BGB wird abgesehen". Im Terminsvermerk kann festgehalten werden, dass die Eltern sich zur Inanspruchnahme (näher zu bezeichnender) Hilfen verpflichten und das Jugendamt familiengerichtliche Maßnahmen deshalb nicht für erforderlich hält. **Auf keinen Fall** darf ein verfahrensabschließender **Vergleich** oder eine verfahrensabschließende **Vereinbarung** (etwa des Jugendamts mit den Eltern) geschlossen werden. Der Verfahrensgegenstand eines Kindesschutzverfahrens ist der Disposition der Beteiligten entzogen und einem Vergleich oder einer Vereinbarung nicht zugänglich. Ebenso wenig ist es zulässig, dass das Jugendamt „seinen Antrag" zurücknimmt. Denn ein Amtsverfahren kann nicht durch Rücknahme eines (rechtlich gar nicht existierenden) Antrags beendet werden.

193 ***Praxistipp***

→ Jugendamt → Familiengericht

Ein Kinderschutzverfahren kann (weil es nicht auf Antrag, sondern von Amts wegen einzuleiten ist) nicht durch Antragsrücknahme und (mangels Dispositionsbefugnis der Beteiligten) auch nicht durch einen Vergleich beendet werden. Zwar gibt es in Kindesschutzverfahren häufig ein praktisches Bedürfnis v.a. des Jugendamts nach einer ***Vereinbarung mit den Eltern****. Eine solche Vereinbarung hat aber keine verfahrensbeendende Funktion. Vielmehr muss ein Kindesschutzverfahren in jedem Fall durch eine familiengerichtliche Sachentscheidung beendet werden. Aus dieser Sachentscheidung muss sich entweder ergeben, dass und welche kindesschutzrechtlichen Maßnahmen anzuordnen sind oder dass zur Überzeugung des Gerichts solche Maßnahmen*

151 Zum Ganzen: MüKoFamFG/*Ulrici*, § 28 Rn. 30.
152 Siehe auch: Prütting/Helms/*Hammer*, § 157 FamFG Rn. 27 f.

gerade nicht erforderlich sind. Zur Vermeidung von Missverständnissen sollte im Terminsvermerk der Begriff „Vereinbarung" gar nicht erst verwandt werden, sondern zum einen die Erklärung der Eltern, dass sie bestimmte Hilfen annehmen werden, und zum anderen die Erklärung des Jugendamts, dass damit aus seiner Sicht familiengerichtliche Maßnahmen nicht mehr erforderlich sind, aufgenommen werden.

- Kann das Verfahren nach dem frühen Termin nicht beendet werden, ist das Kind persönlich anzuhören. Zu dem in einem Vermerk festgehaltenen Inhalt der Kindesanhörung ist den übrigen Beteiligten in der Regel (im Hinblick auf § 37 Abs. 2 FamFG) die Möglichkeit zur Stellungnahme einzuräumen. **194**
- Ist die Sache danach nicht entscheidungsreif, weil weitere Ermittlungen angestellt werden müssen, ist bei der Planung der weiteren Schritte das Vorrang- und Beschleunigungsgebot zu beachten. Auskünfte von (Kinder-)Ärztinnen, Lehrerinnen, Erziehern können im Wege des Freibeweises telefonisch eingeholt werden; zu den Inhalten dieser Auskünfte sind Vermerke zu fertigen, zu denen die Beteiligten Stellung nehmen können. Ist ein Sachverständigengutachten einzuholen, muss dem Sachverständigen eine angemessene Frist gesetzt und diese überwacht werden. **195**
- Hat das Gericht am Ende des frühen Termins eine einstweilige Anordnung erlassen (gegen die die Eltern evtl. Beschwerde gemäß § 57 Satz 2 Nr. 1 FamFG eingelegt haben), darf das Hauptsacheverfahren keinesfalls zum faktischen Stillstand kommen, bis das OLG über die Beschwerde im Verfahren der einstweiligen Anordnung entschieden hat (unzulässiges „Testballon-Verfahren" → Kapitel 5 Rn. 73). **196**
- Nach dem frühen Termin darf auch nicht etwa nur – ohne zugleich weitere Ermittlungen beschleunigt durchzuführen (z.B. eine bestimmte Diagnostik einzuholen) – abgewartet werden, wie sich die Verhältnisse weiterentwickeln. Dieser **faktische Verfahrensstillstand** wird häufig mit der simplen richterlichen Verfügung „Wiedervorlage in 6 Monaten/Sachstand?" angeordnet und ist nicht zulässig. Eine Aussetzung ist gemäß § 21 FamFG nur bei Vorliegen eines wichtigen Grundes zulässig. Mit dieser Generalklausel reagiert das FamFG auf jegliche Möglichkeiten eines Stillstandes der Rechtspflege. Eine von Gesetzes wegen eintretende Unterbrechung ist dem FamFG ebenso unbekannt wie eine Disposition der Beteiligten über ein Ruhen des Verfahrens. Beide Institute stehen den Grundprinzipien des fG-Verfahrens entgegen.[153] **197**

153 MüKoFamFG/*Pabst*, § 21 Rn. 5.

198 ***Praxistipp***

→ **Rechtsanwälte** → **Verfahrensbeistand** → **Jugendamt**
Im Sinne des im FamFG angelegten Systems von Checks and Balances sollten auch die Verfahrensbevollmächtigten der Eltern, das Jugendamt und der Verfahrensbeistand die genannten Punkte (Beschleunigung, Fristsetzung, Fristüberwachung, Stellungnahmemöglichkeit, kein Stillstand des Hauptsacheverfahrens, Planung des weiteren Verfahrens) mit im Blick haben, überwachen und vom Richter ggf. einfordern, um jegliche Verfahrensverschleppung zu verhindern. Für Jugendamt und Verfahrensbeistand gehört dies zu ihren gesetzlichen Mitwirkungsaufgaben; u.a. zu diesem Zweck hat der Gesetzgeber Jugendamt und Verfahrensbeistand mit der vollen Beteiligtenstellung ausgestattet.

199 • Dem frühen Anhörungs- und Erörterungstermin können je nach Ermittlungs- und Anhörungsbedarf im Einzelfall ein oder mehrere weitere Anhörungs- und Erörterungstermine folgen. Insbesondere nach der Einholung eines schriftlichen Sachverständigengutachtens bietet sich ein weiterer Anhörungs- und Erörterungstermin auf dann durch das Gutachten und sonstige Ermittlungsergebnisse erweiterter Tatsachengrundlage an; in vielen Fällen ist es hilfreich bzw. geboten, dass der Sachverständige in diesem Termin sein schriftliches Gutachten mündlich erläutert (§§ 30 Abs. 1 FamFG, 411 Abs. 3 Satz 1 ZPO).

III. Die persönliche Anhörung des Kindes (§ 159 FamFG)

200 Der „Gesetzgeber hat mit dem Gesetz zur Bekämpfung sexualisierter Gewalt gegen Kinder“[154] mit Wirkung zum 1. Juli 2021 die Bestimmungen über die persönliche Anhörung des Kindes in wesentlichen Punkten geändert. Insbesondere hat er die Pflicht des Gerichts eingeführt, sich einen **persönlichen Eindruck** von dem Kind zu **verschaffen**. Eine ähnliche Regelung findet sich in den Anhörungsvorschriften in Betreuungs- und Unterbringungssachen (§§ 278 Abs. 1, 319 Absatz 1 FamFG). Nicht nur die Angaben des Kindes in seiner persönlichen Anhörung, sondern auch der persönliche Eindruck von dem Kind, einschließlich der **Beobachtung seines Verhaltens**, seien ein wichtiger Teil der Sachverhaltsermittlung in Kindschaftssachen.[155]

154 Gesetz vom 16.6.2021 (BGBl. 2021 I 1810). Dazu *Ernst*, FamRZ 2021, 993 ff.; *Witt*, FamRZ 2021, 1510 ff.; *Kischkel*, FamRZ 2021, 1595 ff.; *Lies-Benachib*, FF 2021, 430 ff.

155 BT-Drs. 19/23707, S. 57.

1. Ab welchem Alter?[156]

Ferner hat der Gesetzgeber die Anhörungspflichten erweitert. Bislang differenzierten die Regelungen des § 159 Abs. 1 und 2 FamFG nach dem Alter des Kindes. Während das Gericht Kinder über 14 Jahren grundsätzlich anzuhören hatte, war diese Pflicht für Kinder unter 14 Jahren nach § 159 Abs. 2 FamFG davon abhängig, dass Neigungen, Bindungen oder der Wille des Kindes für die Entscheidung von Bedeutung sind. Diese Differenzierung hatte schon bisher vor dem Hintergrund der höchstrichterlichen Rechtsprechung keine wesentliche Bedeutung mehr.[157] Der Gesetzgeber hat die Altersgrenze von 14 Jahren aufgegeben und sieht nunmehr eine **grundsätzliche und altersunabhängige Pflicht zur persönlichen Anhörung des Kindes** vor, wodurch der Rechts- und Subjektstellung des Kindes im Verfahren besser Rechnung getragen werden soll.[158] Die Verstandesreife des Kindes und seine Fähigkeiten, einen eigenen Willen zu entwickeln und ihn im Verfahren verbal oder gegebenenfalls auch non-verbal zu äußern, seien individuell verschieden und nicht allein vom Alter des Kindes abhängig. Dementsprechend wird auch keine andere Altersgrenze festgesetzt.[159] **201**

2. Absehen von der persönlichen Anhörung

Die **Ausnahmen** von der Pflicht zur persönlichen Anhörung werden in § 159 Abs. 2 Satz 1 FamFG n.F. mittels einer Aufzählung von vier Fallgruppen abschließend geregelt. In Umkehrung der bisherigen Regelung kann nur im Einzelfall von der Anhörung abgesehen werden. In **Verfahren nach den §§ 1666 und 1666a BGB**, welche die Person des Kindes betreffen, ist ein Absehen von der persönlichen Anhörung nur aus schwerwiegenden Gründen möglich. In diesen Fällen sind Neigungen, Bindungen oder Wille des Kindes stets für die Entscheidung von Bedeutung. Sofern das Kind insbesondere altersbedingt insgesamt oder zumindest bezogen auf den Verfahrensgegenstand nicht in der Lage ist, seinen Willen und seine Neigungen kundzutun, soll das Gericht sich in diesen Verfahren gleichwohl einen persönlichen Eindruck vom Kind verschaffen. Dies soll nicht nur der Amtsermittlung dienen, sondern auch die Subjektstellung des Kindes in diesen höchst grundrechtsrelevanten Verfahren betonen und stärken. Schließlich verpflichtet der Gesetzgeber das Gericht, die Gründe, aus denen von der persönlichen Anhörung des Kindes oder von der Verschaffung eines persönlichen Eindrucks abgesehen wird, in der Endentscheidung darzulegen. Auch durch diese Änderung soll die Bedeu- **202**

156 Zum Ganzen aus internationaler Sicht: *Ernst*, Standards für Kindesanhörungen im internationalen Familienrecht, in: *Budzikiewicz/Heiderhoff/Klinkhammer/Niethammer-Jürgens* (Hrsg.), Standards und Abgrenzungen im internationalen Familienrecht, S. 9–37.

157 Der Gesetzgeber (BT-Drs. 19/23707, S. 25) bezieht sich auf: BVerfG, 5.11.1980 – 1 BvR 349/80, FamRZ 1981, 124; BGH, 1.2.2017 – XII ZB 601/15, FamRZ 2017, 532 = BGHZ 214, 31; BGH, 5.10.2016 – XII ZB 280/15, FamRZ 2016, 1382 = BGHZ 212, 155.

158 BT-Drs. 19/23707, S. 25.

159 BT-Drs. 19/23707, S. 56.

tung der Kindesanhörung für das Verfahren verdeutlicht und die Rechtsstellung des Kindes im Verfahren gestärkt werden.[160]

203 Einverständnis besteht in Rechtsprechung und Literatur über die Funktion der persönlichen Anhörung des Kindes: Sie dient neben der Gewährung des rechtlichen Gehörs vor allem auch der Sachaufklärung.[161] *Coester*[162] stellt heraus, dass die Kindesanhörung dem Richter insbesondere ein besseres Verständnis von dessen Persönlichkeit und Situation, von seinen Bedürfnissen und Gefühlen vermitteln soll. Neben der persönlichen Kenntnis dient die Anhörung aber auch der Ermittlung des Kindeswillens. Die Unterscheidung dieser beiden Funktionen der Anhörung – so *Coester* weiter – ist wichtig für die Frage einer Altersgrenze bei der Anhörung: Die Stimme eines über 14-jährigen Kindes hat in seine Person berührenden Fragen gemäß § 159 Abs. 1 Satz 1 FamFG stets Gewicht. Aber auch bei jüngeren Kindern kann der Kindeswille von Bedeutung sein; selbst der Umstand, dass das betroffene Kind zur „vernünftigen Eigenbeurteilung" noch nicht in der Lage ist, befreit nicht von der Anhörungspflicht, denn Neigungen und Bindungen sind nach § 159 Abs. 2 FamFG alternativer Gegenstand der Anhörung. Es kann – nach *Coester* – deshalb keine generelle untere Altersgrenze für die Kindesanhörung geben.

204 Eine Bestimmung ex negativo enthält § 163a FamFG: Danach findet eine Vernehmung des Kindes als Zeuge oder als Beteiligter nicht statt.

3. Zeitpunkt

205 Ob das Gericht das Kind schon vor dem frühen Termin anhört oder erst im Anschluss, ist eine Frage des anhand der Umstände des Einzelfalls auszuübenden pflichtgemäßen Ermessens. Findet die persönliche Anhörung vor dem frühen Termin statt, kann das Ergebnis der Kindesanhörung den frühen Termin in der Weise befördern, dass der Richter dann in Kenntnis der Person des Kindes, seiner Äußerungen und Wünsche, die folgenden Anhörungen, Erörterung und Ermittlungen zielgerichteter gestalten kann. Entsprechendes gilt für die umgekehrte Reihenfolge.

4. Gestaltung

206 Die persönliche Anhörung des Kindes hat grundsätzlich durch den erkennenden Richter (also in seiner Anwesenheit und der des Verfahrensbeistands, § 159 Abs. 4 Satz 3 FamFG) zu erfolgen. Eine zusätzliche Belastung des Kindes durch eine Befragung in Anwesenheit der Eltern und sonstiger Beteiligter soll nach dem Willen des Gesetzgebers ausgeschlossen werden. Unter Umständen kann es hilfreich sein, die

160 BT-Drs. 19/23707, S. 25.
161 BGH, 15.6.2016 – XII ZB 419/15, FamRZ 2016, 1439, 1444.
162 Staudinger/*Coester*, § 1666 Rn. 275 unter Hinweis auf OLG Hamm, 19.1.1998 – 15 W 561/97, FamRZ 1999, 36; OLG Saarbrücken, 6.9.2002 – 9 UF 102/02, JAmt 2003, 41.

persönliche Anhörung des Kindes zusätzlich in Anwesenheit des Sachverständigen durchzuführen; dies sollte mit dem Sachverständigen bei der Planung der Kindesanhörung besprochen werden. Bei sehr jungen Kindern, die nicht allein mit der Richterin und dem Verfahrensbeistand in das Anhörungszimmer gehen wollen, kann die Anwesenheit des begleitenden Elternteils gestattet werden, insbesondere wenn andernfalls eine Kindesanhörung überhaupt nicht möglich wäre.

Zur Gestaltung der persönlichen (also mündlichen[163]) Anhörung des Kindes gibt der Gesetzgeber vor (§ 159 Abs. 4 FamFG), dass das Kind über den Gegenstand, Ablauf und möglichen Ausgang des Verfahrens in einer geeigneten und seinem Alter entsprechenden Weise informiert werden soll, soweit nicht Nachteile für seine Entwicklung, Erziehung oder Gesundheit zu befürchten sind; dem Kind ist Gelegenheit zur Äußerung zu geben. Die persönliche Anhörung des Kindes hat, wenn ein Verfahrensbeistand bestellt ist, in dessen Anwesenheit stattzufinden. Und nur „im Übrigen", also innerhalb dieses Rahmens, steht die Gestaltung der persönlichen Anhörung im Ermessen des Gerichts. **207**

Besondere Sorgfalt hat die Richterin auf die Vorbereitung und Durchführung der auf die Persönlichkeit des einzelnen Kindes zuzuschneidenden persönlichen Anhörung zu verwenden (→ Kapitel 24 Rn. 115 ff. und Kapitel 26).[164] **208**

Es ist verfassungsrechtlich nicht geboten, den bei einer Kindesanhörung nicht im Vernehmungszimmer anwesenden Eltern zu gestatten, die Anhörung im Wege der Videoübertragung zu verfolgen. Eine solche Gestaltung wäre im Regelfall zudem kaum mit § 163a FamFG zu vereinbaren; sie liefe ersichtlich dem Schutzzweck dieser Norm zuwider und wäre auch der mit der Kindesanhörung bezweckten Sachverhaltsaufklärung kaum dienlich.[165] Zu den Fragen, ob bei der Begutachtung die Anwesenheit einer **Begleitperson** zu gestatten ist und ob **Video- und technische Tonaufzeichnungen** über die Untersuchungen und Gespräche mit den einzelnen Beteiligten anzufertigen sind, kann das Gericht der Sachverständigen gemäß den §§ 30 Abs. 1 FamFG, 404a Abs. 1 ZPO Weisungen erteilen (→ Kapitel 10 Rn. 301 ff.).[166] **209**

5. Vermerk

Um eine dem Anspruch auf rechtliches Gehör genügende Information der Eltern über den Inhalt der in ihrer Abwesenheit erfolgten Kindesanhörung zu gewährleisten, bedarf es nach § 28 Abs. 4 Satz 1 und 2 FamFG einer Dokumentation des wesentlichen Inhalts der Anhörung in den Verfahrensakten.[167] **210**

---

163 Prütting/Helms/*Hammer*, § 159 FamFG Rn. 5.

164 Siehe auch: *Carl/Clauß/Karle*, Kindesanhörung im Familienrecht, 2015; *Balloff*, Kinder vor dem Familiengericht, 3. Auflage 2018. Hier gilt das zu Fn. 137 Gesagte.

165 BVerfG, 5.6.2019 – 1 BvR 675/19, ZKJ 2019, 361.

166 Beispiel: KG, 18.2.2021 – 3 UF 1069/20, FamRZ 2021, 1226 = NZFam 2021, 416 m. Anm. *Köhler*.

167 BVerfG, 5.6.2019 – 1 BvR 675/19, ZKJ 2019, 361.

211 Das wesentliche Ergebnis der persönlichen Anhörung des betroffenen Kindes durch das Familiengericht ist auch den übrigen Beteiligten in geeigneter Weise zur Kenntnis zu geben.[168] Die Notwendigkeit, einen Vermerk über die Kindesanhörung fertigen und den übrigen Beteiligten zur Kenntnis geben zu müssen, dürfte in der Praxis nicht selten Rückwirkung auf die Vorbereitung der Anhörung, Durchführung und insbesondere die Frage haben, welche Themen und Gesichtspunkte mit dem Kind besprochen werden sollen.

212 Die Ergebnisse der Anhörung des Kindes sind in einem Vermerk nach § 28 Abs. 4 FamFG so niederzulegen, dass der wesentliche Inhalt der Anhörung und der persönliche Eindruck, den das Gericht von dem Kind gewonnen hat, aussagekräftig dokumentiert sind. Das Unterlassen einer aussagekräftigen Dokumentation der persönlichen Anhörung stellt einen Verfahrensfehler dar, weil das Rechtsmittelgericht nur im Fall der schriftlichen Niederlegung des wesentlichen Inhalts der Anhörung die Ergebnisse der Anhörung würdigen und feststellen kann, ob alle entscheidungserheblichen Tatsachen ermittelt und berücksichtigt wurden.[169]

6. Zur Erzwingung des Erscheinens des Kindes

213 Die Anordnung der Kindesanhörung und die Ladung des Kindes sind als verfahrensleitende Verfügungen nicht anfechtbar.[170] Die Anhörung des Kindes ist auch gegen den Willen der Eltern grundsätzlich durchzuführen.[171]

214 Weigern sich die Eltern, das Kind zur Anhörung zu bringen, und ist die Anhörung nicht ausnahmsweise nach § 159 Abs. 2 FamFG entbehrlich, dürfte die Erzwingung ihrer Mitwirkung gem. §§ 159 i.V.m. 35 FamFG (Zwangsgeld, Zwangshaft)[172] bzw. nach § 33 Abs. 3 FamFG (Ordnungsgeld, Ordnungshaft)[173] in Betracht kommen. Alternativ ist zu prüfen, ob wegen Gefahr im Verzug gem. § 159 Abs. 3 Satz 2 FamFG eine einstweilige Anordnung erlassen werden muss und dabei vorläufig von der Anhörung des Kindes abzusehen ist. Sehen sich die Eltern nicht in der Lage, das Kind zum Termin zu bringen, weil das – insbesondere über 14 Jahre alte – Kind sich weigert, so kann dieses unter den Voraussetzungen des § 33 Abs. 3 Satz 3 FamFG polizeilich vorgeführt werden. Nach *Hammer* muss dies analog § 167 Abs. 1 Satz 1 FamFG i.V.m. § 319 Abs. 5 FamFG jedoch zwingend in Anwesenheit des Jugendamts erfolgen. Vorab ist jedoch zu prüfen, ob die Anhörung nicht auch auf weniger einschneidende Weise erfolgen kann (durch vorherige Bestellung eines Verfahrensbeistands, durch Anhörung in der Schule o.Ä.).[174]

---

168 OLG Celle, 28.2.2013 – 10 UF 12/13, FamRZ 2014, 413.
169 MüKoFamFG/*Schumann*, § 159 Rn. 17.
170 OLG Frankfurt, 6.7.2016 – 5 WF 167/16, NZFam 2016, 803; OLG Brandenburg, 20.8.2015 – 9 UFH 1/15, ZKJ 2016, 142; Prütting/Helms/*Hammer*, § 159 FamFG Rn. 17.
171 OLG Brandenburg, 20.8.2015 – 9 UFH 1/15, ZKJ 2016, 142.
172 Prütting/Helms/*Hammer*, § 159 FamFG Rn. 17.
173 Zöller/*Feskorn*, § 33 FamFG Rn. 9; Keidel/*Meyer-Holz*, § 33 FamFG Rn. 22.
174 Zum Ganzen: Prütting/Helms/*Hammer*, § 159 FamFG Rn. 17.

IV. Die Erörterung der Kindeswohlgefährdung auch mit dem Kind (geeignete Fälle)

In geeigneten Fällen soll auch das Kind an dem Termin teilnehmen. Eine gemeinsame Erörterung mit dem Kind wird – so der Gesetzentwurf der Bundesregierung[175] – „in der Regel notwendig sein, wenn die Drogensucht oder wiederholte Straffälligkeit des Kindes bzw. Jugendlichen Anlass zu dem Verfahren gegeben hat, um auf die gefährdeten Kinder einzuwirken." Eine weitere in der Praxis häufige Fallgruppe sind schuldistanzierte Kinder.[176] **215**

Wie im Falle der Kindesanhörung nach § 159 FamFG kann die Erörterung mit dem Kind auch ohne die Eltern (ggf. aber im Beisein des Verfahrensbeistands, vgl. § 159 Abs. 4 Satz 3 FamFG) erfolgen.[177] **216**

V. Die persönliche Anhörung eines Beteiligten in Abwesenheit der übrigen Beteiligten

Im Gesetzgebungsverfahren hat der Bundesrat darauf hingewiesen, „dass es Fälle geben kann, in denen beispielsweise aufgrund erkennbarer familiärer Gewalt ein persönliches Erscheinen beider Eltern nicht sinnvoll und sogar mit Gefahren für einen Elternteil oder das Kind verbunden sein kann. Daher sollte dem Gericht die Möglichkeit eingeräumt werden, in entsprechenden Fällen von dem persönlichen Erscheinen eines Elternteils abzusehen."[178] § 157 Abs. 2 Satz 2 FamFG sieht deshalb vor, dass das Gericht die Erörterung in Abwesenheit eines Elternteils durchführt, wenn dies zum Schutz eines Beteiligten oder aus anderen Gründen erforderlich ist. Diese Regelung steht im Gleichklang mit der Bestimmung in § 33 Abs. 1 Satz 2 FamFG zur persönlichen Anhörung. **217**

Eine solche getrennte Erörterung kommt in Betracht, wenn zu befürchten ist, dass ein Elternteil in Anwesenheit des anderen „nicht mit der Sprache herausrückt";[179] wenn häusliche Gewalt[180] bzw. Partnerschaftsgewalt[181] in Rede steht; wenn ein Zusammentreffen der Beteiligten im Hinblick auf im Vorfeld ausgeübte oder angedrohte Gewalthandlungen für einen Beteiligten mit einem besonderen Gefähr- **218**

175 BT-Drs. 16/6308, S. 238.
176 Prütting/Helms/*Hammer*, § 157 FamFG Rn. 20.
177 Prütting/Helms/*Hammer*, § 157 FamFG Rn. 20.
178 Stellungnahme des Bundesrats zum Gesetzentwurf der Bundesregierung, BT-Drs. 16/6308, S. 376.
179 Zöller/*Lorenz*, § 157 FamFG Rn. 5.
180 Prütting/Helms/*Hammer*, § 157 FamFG Rn. 18.
181 Johannsen/Henrich/Althammer/*Döll*, § 157 FamFG Rn. 5.

dungsrisiko verbunden wäre,[182] das auch durch gerichtsorganisatorische Maßnahmen nicht oder nicht ausreichend sicher ausgeschaltet werden kann oder angesichts sonstiger Umstände vermieden werden sollte.[183] Ferner kann die Erörterung in Abwesenheit eines Elternteils auch dann stattfinden, wenn dies aus anderen Gründen erforderlich ist, was etwa bei einem länger andauernden Auslandsaufenthalt oder einer schwerwiegenden, die Mobilität einschränkenden Erkrankung eines Elternteils der Fall sein kann.[184]

219 Allerdings muss das Gericht stets im Blick haben, ob bei einer getrennten Erörterung der damit verfolgte Zweck erreicht werden kann.[185]

220 ***Praxistipp***

→ **Rechtsanwälte** → **Jugendamt**

Verfahrensbevollmächtigte und Jugendamt sollten in Fällen, in denen sie die persönliche Anhörung eines Elternteils oder die Erörterung der Kindeswohlgefährdung mit einem Elternteil in Abwesenheit des anderen Elternteils für geboten halten (etwa weil es der in ein Frauenhaus geflüchteten Mutter nicht zuzumuten ist, ihre Sicht der Dinge in Anwesenheit des Vaters zu schildern), dem Gericht frühzeitig einen entsprechenden Hinweis geben und diese vom Gesetzgeber ausdrücklich eröffnete Verfahrensweise anregen.

VI. „Soll" – Absehen von persönlicher Anhörung, Absehen von Erörterung

221 Bei Einleitung eines Verfahrens nach § 1666 BGB ist das Gericht grundsätzlich verpflichtet, einen Erörterungstermin nach § 157 FamFG anzuberaumen. Durch die Ausgestaltung als **Sollvorschrift** besteht jedoch im Einzelfall die Möglichkeit, davon abzusehen, etwa wenn die Erörterung bei einem unabwendbaren Sorgerechtsentzug sinnlos erscheint. Dies wird jedoch nur selten der Fall sein, denn nach §§ 1666, 1666a BGB muss das Gericht aufgrund des Verhältnismäßigkeitsgrundsatzes immer prüfen, ob der Sorgeentzug durch mildere Mittel vermieden werden kann, und muss dies daher mit den Eltern und dem Jugendamt auch erörtern. Zu beachten ist zudem, dass von der Durchführung des frühen Erörterungstermins nach § 155 Abs. 2 FamFG nicht abgesehen werden kann.[186]

222 Teilweise wird sogar vertreten, dass die Soll-Regelung als Muss-Regelung zu verstehen sei, mit der dem Familiengericht kein Ermessen eingeräumt ist.[187]

---

182 Dutta/Jacoby/Schwab/*Zorn*, § 157 FamFG Rn. 13.
183 Keidel/*Engelhardt*, § 157 FamFG Rn. 7.
184 Dutta/Jacoby/Schwab/*Zorn*, § 157 FamFG Rn. 13; Keidel/*Engelhardt*, § 157 FamFG Rn. 9.
185 Prütting/Helms/*Hammer*, § 157 FamFG Rn. 18.
186 Prütting/Helms/*Hammer*, § 157 FamFG Rn. 16.
187 Dutta/Jacoby/Schwab/*Zorn*, § 157 FamFG Rn. 5.

Kapitel 9: Jugendamt und Verfahrensbeistandschaft (Aufgaben und Rollen)

Übersicht Rn.

In Fortbildungen bei Jugendämtern zum familiengerichtlichen Kindesschutzverfahren fällt immer wieder einmal der Satz: „Manchmal habe ich den Eindruck, hier machen irgendwie alle das Gleiche." Diese Aussage bezieht sich auf die Rollen von Jugendamt, Verfahrensbeistand und Sachverständigen. **223**

Der Gesetzgeber des Kindschaftsverfahrens und damit auch des Kindesschutzverfahrens hat aber **nicht eine einzige Rolle einfach nur mehrfach besetzt**. Der Gesetzgeber hat verschiedene, sich deutlich voneinander unterscheidende Rollen geschaffen und spezifische Aufgaben verteilt. **224**

In erster Linie die Familienrichterin, aber auch die genannten Akteure selbst haben dafür Sorge zu tragen, dass Jugendamt, Verfahrensbeistand und Sachverständiger ihre vom Gesetzgeber vorgesehenen und vorgegebenen Rollen und Aufgaben **225**

- zum einen vollständig ausfüllen und
- zum anderen nicht überschreiten.

Dazu müssen diese spezifischen gesetzlichen Aufgaben und Rollen der jeweiligen Akteure herausgearbeitet werden. Wem hat der Gesetzgeber welche Rolle zugeschrieben, welche Beteiligtenrechte eingeräumt, welche Aufgaben zu geschrieben? **226**

Die richterliche **Verfahrensgestaltung**, der das BVerfG in Kindschaftssachen seit jeher höchste, weil **grundrechtssichernde Bedeutung** zumisst – Grundrechtsschutz ist auch durch die Gestaltung des Verfahrens sicherzustellen[188] und das gerichtliche Verfahren muss in seiner Ausgestaltung geeignet und angemessen sein, um der Durchsetzung der materiellen Grundrechtspositionen wirkungsvoll zu dienen[189] –, bedeutet dann zweierlei: **227**

- Erstens ist von Anbeginn eines jeden Kindesschutzverfahrens darauf zu achten, dass jeder Akteur das beisteuert, was seiner Rolle entspricht, und nötigenfalls diesen spezifischen Beitrag einzufordern.

188 Vgl. BVerfG, 5.11.1980 – 1 BvR 349/80, BVerfGE 55, 171, 182 = FamRZ 1981, 124.
189 Vgl. BVerfG, 6.11.2009 – 1 BvR 1410/08, BVerfGE 84, 34, 49 = FamRZ 2010, 109.

- Diese spezifische gesetzliche Rolle bildet zweitens den Maßstab im Einzelfall, um fachliche Äußerungen des jeweiligen Akteurs einzuschätzen, zu hinterfragen, zu bewerten und zu gewichten.[190]

228 Im Folgenden werden Aufgaben und Rolle von Jugendamt (I.) und Verfahrensbeistand (II.) dargestellt. Aufgabe und Rolle des Sachverständigen finden sich im nachfolgenden Kapitel 10.

I. Jugendamt

229 Dem Jugendamt kommt zunächst die Aufgabe zu,

(1) gemäß den §§ 8a und 42 SGB VIII **das Familiengericht anzurufen**, also die Einleitung eines familiengerichtliche Kindesschutzverfahrens anzuregen (→ Kapitel 4 und Kapitel 5 Rn. 55).

230 Darauf beschränkt sich allerdings die Aufgabe des Jugendamts nicht. Der Gesetzgeber hat dem Jugendamt vielmehr noch zwei weitere Rollen zugeschrieben.

(2) Das Jugendamt soll die **sozialpädagogische Fachkompetenz** – auch im weiteren Verlauf – in das Kindesschutzverfahren einbringen (§ 50 SGB VIII).

(3) Das Jugendamt ist eine **mit eigenen Verfahrensrechten ausgestattete** „muss-beteiligte" **Behörde** (§ 162 Abs. 2 Satz 1 und Abs. 3 Satz 2 FamFG).

(4) Dagegen ist das Jugendamt **nicht** die weisungsgebundene **Ermittlungsbehörde** des Familiengerichts.

1. Die sozialpädagogische Fachkompetenz

231 Gemäß § 50 Abs. 1 Satz 1 SGB VIII unterstützt das Jugendamt das Familiengericht bei allen Maßnahmen, die die Sorge für die Person von Kindern und Jugendlichen betreffen. Das Jugendamt hat namentlich in Kindschaftsverfahren im familiengerichtlichen Verfahren mitzuwirken (§ 50 Abs. 1 Satz 2 Nr. 1 FamFG). Zu den Kindschaftssachen gehören alle Verfahren, die die elterliche Sorge betreffen (§ 151 Nr. 1 FamFG) und also auch die Kindesschutzverfahren, also die Verfahren nach den §§ 1666, 1666a BGB.

232 Das **Jugendamt**

- **unterrichtet** insbesondere **über** angebotene und erbrachte **Leistungen**,
- **bringt erzieherische und soziale Gesichtspunkte** zur Entwicklung des Kindes oder des Jugendlichen **ein** und
- **weist** auf weitere **Möglichkeiten der Hilfe hin** (§ 50 Abs. 2 Satz 1 SGB VIII).

190 *Ernst*, FF 2020, 195 ff.

In Verfahren nach den §§ 1631b, 1632 Abs. 4, den **§§ 1666, 1666a** und 1682 BGB sowie in Verfahren, die die Abänderung, Verlängerung oder Aufhebung von nach diesen Vorschriften getroffenen Maßnahmen betreffen, **233**

- legt das Jugendamt dem Familiengericht den **Hilfeplan** nach § 36 Abs. 2 Satz 2 SGB VIII vor (§ 50 Abs. 2 Satz 2 SGB VIII).

  Dieses Dokument beinhaltet ausschließlich das Ergebnis der Bedarfsfeststellung, die vereinbarte Art der Hilfegewährung einschließlich der hiervon umfassten Leistungen sowie das Ergebnis etwaiger Überprüfungen dieser Feststellungen (§ 50 Abs. 2 Satz 3 SGB VIII).

In dem frühen Anhörungs- und Erörterungstermin (§ 155 Abs. 2 FamFG) **234**

- **informiert** das Jugendamt das Familiengericht in dem Termin nach § 155 Abs. 2 FamFG über den **Stand des Beratungsprozesses**. Diese Aufgabe wird im Kindesschutzverfahren v.a. dann relevant, wenn (ausnahmsweise) nicht das Jugendamt, sondern eine andere Person oder Institution das Verfahren beim Familiengericht angeregt hat und das Jugendamt erst daraufhin am Verfahren beteiligt wird.

Es ist nicht Aufgabe des Jugendamts – sondern beschwört Rollenkonflikte herauf –, anstelle eines Verfahrensbeistandes die subjektive Interessenvertretung des Kindes zu gewährleisten.[191] **235**

Art und Umfang der Hinweise/Mitteilungen nach § 50 Abs. 2 Satz 1 SGB VIII sind in das Ermessen des Jugendamts gestellt.[192] § 50 Abs. 2 SGB VIII hebt zwei Aspekte der Mitwirkung besonders hervor: zum einen das **Berichten**, d.h. die Weitergabe von [vorhandenen] Informationen, die das Gericht auf anderem Wege nicht ermitteln kann, zum anderen das **fachliche Einschätzen und Bewerten** auf die Zukunft hin, das sich in der Formulierung „weist auf weitere Möglichkeiten der Hilfe hin" andeutet.[193] **236**

Aus § 50 SGB VIII können keine Verpflichtungen und gar Befugnisse des Jugendamts zu weiteren „Unterstützungsmaßnahmen", insbesondere zur Anhörung bestimmter Personen oder die Verpflichtung zur Durchführung eines Hausbesuchs, abgeleitet werden.[194] Freilich kann der Hausbesuch im konkreten Einzelfall fachlich angemessen sein, um sich einen Eindruck von der Lebenswelt der Kinder und ihrer Familien zu machen. Die **Amtsermittlung kann nicht an das Jugendamt delegiert werden**.[195] Das Jugendamt ist nicht verpflichtet, tatsächliche Ermittlungen zur Feststellung des Sachverhalts oder zum Zweck der Anhörung anzustellen. Dies bleibt Aufgabe des Gerichts (§ 26 FamFG). Das Jugendamt erhebt Daten nur, soweit dies zur Wahrnehmung **seiner eigenen** Aufgaben erforderlich ist (§ 62 Abs. 1 SGB VIII) und gibt diese Daten nur weiter, wenn es hierzu befugt ist. Deshalb **237**

---

191 OLG Saarbrücken, 23.6.2021 – 6 UF 58/21, FamRZ 2022, 471.

192 Wiesner/Wapler/*Wapler*, § 50 SGB VIII Rn. 42.

193 Wiesner/Wapler/*Wapler*, § 50 SGB VIII Rn. 46.

194 FK-SGB VIII/*Trenczek*, § 50 Rn. 33; LPK-SGB VIII/*Berneiser/Diehl*, § 50 Rn. 26; Wiesner/Wapler/*Wapler* § 50 Rn. 43.

195 Wiesner/Wapler/*Wapler*, § 50 SGB VIII Rn. 42.

fließen die **Äußerungen der Jugendamts-Fachkräfte nur zusätzlich** in die Stoffsammlung des Gerichts ein.[196] Es liegt in Kindesschutzfällen nahe, dass das Gericht selbst ggf. bei Ärzten, Lehrern, Polizisten, im Kindergarten, bei Familienhelfern und Bereitschaftspflegern nachfragt.[197]

238 Bei der Erstellung von Stellungnahmen muss das Jugendamt die bei der Datenerhebung und in Diagnosen geradezu **typischen Wahrnehmungs- und Bewertungsfehler** beachten, **methodische und sonstige handwerkliche Fehler durch fachgerechtes, d.h. an anerkannten fachlichen Standards ausgerichtetes und sorgfältiges Arbeiten möglichst minimieren** und gleichwohl auf die Grenzen der rekonstruktiven Dokumentation und auf die – insbesondere bei prognostischen Einschätzungen unvermeidlichen – Risiken der Fehleinschätzung hinweisen.[198]

239 Teilweise wird aus der Praxis kritisiert, dass in den Stellungnahmen der Jugendämter **systemische Ansätze, die die Familie als Ganzes wahrnehmen** und das Verhalten einzelner Familienmitglieder als abhängig vom Geschehen in der Familie verstehen, fehlen. **Tatsachen werden nicht bestimmten Quellen zugeordnet**, sodass im Falle des Bestreitens der Beteiligten Beweiserhebungen, z.B. durch Vernehmung von Zeugen, nicht möglich sind. **Psychologisch diagnostische Beurteilungen erfolgen ohne Begründung**. Beurteilung und Bewertung des Verhaltens von Eltern und Kindern erfolgen aus der Überlegenheitsposition professioneller Kompetenz. Alltagstheorien über Erleben und Verhalten bilden in vielen Berichten die Grundlage für psychologisch-diagnostische Beurteilungen und Bewertungen.[199]

240 Das **BVerfG**[200] betont, dass die Familienrichterin die Einschätzungen des Jugendamts genau analysieren, mit anderen Informationen abgleichen und in einen größeren sachlichen Kontext stellen muss. Keinesfalls ist der Familienrichter an die Einschätzungen des Jugendamts gebunden. Den **Familienrichter** trifft eine **eigene Ermittlungspflicht**. Diese Ermittlungspflicht entfaltet **grundrechtliche Schutzfunktion**. Die Familienrichterin kann sich dieser Ermittlungspflicht deshalb nicht durch bloßes Zitieren, also letztlich durch bloße Bezugnahme auf die Autorität des Jugendamts, entledigen.[201] Ob etwa öffentliche Hilfen erfolgversprechend sind, muss das Familiengericht letztlich in eigener Verantwortung beurteilen. Dass das Familiengericht bei der Entscheidung nach § 1666 BGB nicht rechtlich an die Einschätzung des Jugendamts zur Eignung weiterer Hilfemaßnahmen gebunden ist, schließt es selbstverständlich nicht aus, dass es bei der ihm aufgegebenen Ermittlung der für und gegen einen Sorgerechtsentzug sprechenden Tatsachen auch die

196 FK-SGB VIII/*Trenczek*, § 50 Rn. 14.
197 *Heilmann*, FamRZ 2018, 1797 (1802).
198 Ausführlich zu Kernpunkten und Gütekriterien von Stellungnahmen: FK-SGB VIII/*Trenczek*, vor §§ 50–52 Rn. 23 ff.
199 Wiesner/Wapler/*Dürbeck*, Anhang 3, Rn. 14, 15.
200 BVerfG, 24.3.2014 – 1 BvR 160/14, JAmt 2014, 223.
201 Das Gleiche gilt für Äußerungen und Einschätzungen anderer mit dem Fall befasster Personen und Institutionen, also insbesondere des Sachverständigen und auch der Verfahrensbeiständin; vgl. *Ernst*, FF 2020, 195, 203.

Aussagen der seitens des Jugendamts mit dem Sachverhalt befassten Fachkräfte heranzieht.

2. Mit eigenen Verfahrensrechten „muss-beteiligte" Behörde

Mit der formellen („Muss"-)Beteiligung hat der Gesetzgeber dem Jugendamt weitreichende Rechte eingeräumt, um auf die Gestaltung der Ermittlungen Einfluss zu nehmen (**Jugendamt als „aktiver Player"**). Wie wichtig dem Gesetzgeber diese Rechte des Jugendamts im Kindesschutzverfahren sind, lässt sich daraus ablesen, dass er das FamFG kurze Zeit nach dessen Inkrafttreten (1.9.2009) geändert und die Bestimmung des § 162 Abs. 2 Satz 1 FamFG (mit Gesetz vom 5.12.2012[202]) neu aufgenommen hat: Die Beteiligung des Jugendamts in Kindesschutzverfahren ist „immer notwendig".[203] **241**

Zu diesen Beteiligtenrechten gehören insbesondere: **242**

- Akteneinsichtsrecht, wenn nicht schwerwiegende Interessen eines Beteiligten oder Dritten entgegenstehen (§ 13 Abs. 1 FamFG);
- Schriftsätze und andere Dokumente übersandt zu bekommen;
- Anregung, bestimmte Personen außerhalb eines Termins anzuhören (§ 33 Abs. 1 Satz 2 FamFG);
- Anregung eines richterlichen Hausbesuches;
- Anregung, einen bestimmten Sachverständigen auszuwählen;
- Anregung oder Antrag, dem Sachverständigen bestimmte Fragen zu stellen („Beweisfragen");
- Ersuchen, vorab zu den Beweisfragen Stellung nehmen zu können;
- Kontrollieren, ob das Gericht dem Sachverständigen eine Frist gesetzt hat;
- Recht, zum Ergebnis einer förmlichen Beweisaufnahme (z.B. schriftliches Sachverständigengutachten) Stellung zu nehmen (§ 30 Abs. 4 FamFG); bei zu kurz gesetzter richterlicher Frist: um Fristverlängerung nachzusuchen;
- Anregung oder Antrag, dass der Sachverständige sein schriftliches Gutachten im Termin mündlich erläutern möge;
- Recht, Ablehnungsgesuche wegen Besorgnis der Befangenheit (in Bezug auf Richter oder Sachverständige) anzubringen;
- Beschleunigungsrüge erheben.

---

202 BGBl. I, S. 2418.

203 Gesetzentwurf der Bundesregierung vom 15.8.2012, BT-Drs. 17/10490, S. 20: „In der bisherigen Praxis haben die Jugendämter von der Verfahrensbeteiligung auf Antrag nur relativ selten Gebrauch gemacht. In Verfahren wegen Kindeswohlgefährdung ist jedoch die Beteiligung des Jugendamtes immer notwendig. Daher ist für diese Fälle jetzt eine Mussbeteiligung des Jugendamtes vorgesehen."

243 Auch wenn einige der aufgezählten Anregungsmöglichkeiten die formelle Beteiligung nicht zwingend voraussetzen, erhalten sie doch im Zusammenspiel mit den formellen Rechten (wie etwa dem Recht auf Akteneinsicht) erst ihre volle faktische Bedeutung.

244 Schließlich steht dem Jugendamt unabhängig von einer etwaigen Beschwer ein Beschwerderecht zu (§ 162 Abs. 3 Satz 2 FamFG → Kapitel 13 Rn. 454 ff.)

3. Nicht die Ermittlungsbehörde des Familiengerichts

245 Hier lauern regelmäßig schon zu Beginn des Verfahrens „Abbiegefehler".[204] Wenn das Familiengericht dem Jugendamt den pauschalen Auftrag erteilt, doch bitte schön binnen einer bestimmten Frist umfassend zur Situation der Familie zu berichten, dazu Gespräche zu führen (mit Familienmitgliedern, Erziehern, Lehrerinnen etc.), Hausbesuche zu machen, biegt es schon falsch ab. Warum? Darf das Familiengericht dem Jugendamt den Auftrag erteilen, den Sachverhalt zu ermitteln?

246 Zum Verständnis ist es hilfreich, sich die beiden Fragen zu stellen: Wie hätte der Gesetzgeber das Verhältnis Familiengericht-Jugendamt regeln können? Und wie hat er es tatsächlich geregelt?

247 Der Gesetzgeber hätte eine Anleihe nehmen können beim Verhältnis Polizei-Staatsanwaltschaft. In § 152 Abs. 1 GVG heißt es: „Die Ermittlungspersonen [bis 2004: Hilfsbeamte] der Staatsanwaltschaft sind in dieser Eigenschaft verpflichtet, den Anordnungen der Staatsanwaltschaft … Folge zu leisten."

248 Analog dazu hätte der Gesetzgeber regeln können: Die Fachkräfte des Jugendamts sind in dieser Eigenschaft verpflichtet, den Anordnungen des Familiengerichts Folge zu leisten. Und tatsächlich lautete § 48c JWG: „Das Vormundschaftsgericht kann das Jugendamt mit der Ausführung … sonstiger Anordnungen betrauen". Doch das ist Rechtsgeschichte!

249 Anders noch als zu Zeiten des JWG ist das Jugendamt nicht (mehr) subalternes „Hilfsorgan"[205], sondern **als Fachbehörde Kooperationspartner des Gerichts**. Das Jugendamt ist nicht ausführendes Organ oder Gehilfe des Gerichts, sondern wird als Träger eigener Aufgaben tätig. Aufgaben, Pflichten und Rechte des Jugendamts als Teil der öffentlichen Verwaltung ergeben sich – auch soweit sie im gerichtlichen Verfahren mitwirken – aus dem Gesetz (Art. 20 Abs. 3 GG, § 31 SGB I) und werden im Unterschied zur früheren Regelung (§§ 48, 48c JWG) nicht durch das Gericht bestimmt.[206] Die Mitwirkung im gerichtlichen Verfahren ist

---

204 Zum Ganzen: *Ernst*, FF 2020, 195 ff.

205 Die Formulierung in der Überschrift und in Abs. 1 Satz 2 soll mit dem Begriff der „Mitwirkung" in gerichtlichen Verfahren zum Ausdruck bringen, dass das Jugendamt nicht Hilfsorgan des Gerichts ist, sondern im Verfahren als **Träger eigener Aufgaben** eine eigenständige Position gegenüber dem Gericht einnimmt. In Abs. 2 wird seine Mitwirkungsaufgabe bei der fachlichen Fundierung der richterlichen Entscheidungsfindung konkretisiert (MüKoBGB/*Tillmanns*, SGB VIII § 50 Rn. 1).

206 FK-SGB VIII/*Trenczek*, vor §§ 50–52 Rn. 12.

Erfüllung eigener Aufgaben des Jugendamts und nicht etwa Erfüllung gerichtlicher Aufgaben; das Jugendamt ist nicht Hilfsorgan des Gerichts.[207] Die §§ 50–52 SGB VIII stellen die **interdisziplinäre Kooperation von Jugendamt und Gerichten** auf eine verlässliche Grundlage, um die „in der Vergangenheit gepflegten Missverständnisse" abzubauen und diffuse Verfahrensweisen zu beseitigen.[208]

Aus der Verwendung des Wortes „insbesondere" in § 50 Abs. 2 Satz 1 SGB VIII, 250
bezogen auf den Passus „unterrichtet über angebotene und erbrachte Leistungen", folgt, dass auch weitere Unterrichtungen außer denen über angebotene und erbrachte Leistungen zu erwägen sind. Es ist daraus aber keine Verpflichtung zur Formulierung eines Entscheidungsvorschlags abzuleiten, ebenso wenig wie eine Pflicht zur Sachverhaltsermittlung oder zu einer gutachterlichen Stellungnahme. Der Wortlaut der Vorschrift schließt einen konkreten Entscheidungsvorschlag allerdings auch nicht aus. Ob das Jugendamt einen Entscheidungsvorschlag macht oder nicht, entscheidet es allein nach fachlichen Kriterien.[209] Es geht hierbei um eine fachliche Beratung und sachverständige Unterstützung des Gerichts, die nicht zur Disposition der betroffenen Eltern steht.[210]

Eine Ablehnung des zuständigen Mitarbeiters des Jugendamts wegen **Besorgnis** 251
der Befangenheit ist nicht möglich. Das Jugendamt muss nicht zwingend **persönlich zum Termin** erscheinen, es kann sich auch auf eine schriftliche Stellungnahme beschränken. Es liegt in der fachlichen Verantwortung des Jugendamts, ob es am Termin persönlich teilnehmen möchte. Das Familiengericht kann das persönliche Erscheinen einer (bestimmten) Fachkraft des Jugendamts auch nicht gem. § 33 FamFG anordnen, denn das Jugendamt ist als Fachbehörde und nicht in der Person der einzelnen Fachkraft beteiligt. Es besteht kein Weisungsrecht des Familiengerichts gegenüber dem Jugendamt, das Familiengericht kann gegenüber dem Jugendamt **keine Zwangsmittel** ergreifen.[211] Das Familiengericht kann bestimmte von ihm erwünschte Mitwirkungshandlungen des Jugendamts nicht erzwingen.

II. Verfahrensbeistand

Die Familienrichterin hat dem minderjährigen Kind in allen Kindschaftssachen, die 252
seine Person betreffen, einen fachlich und persönlich geeigneten Verfahrensbeistand zu bestellen, soweit dies zur Wahrnehmung der Interessen des Kindes erforderlich ist; die **Bestellung** ist **stets erforderlich, wenn** die teilweise oder vollständige **Entziehung der Personensorge** nach den §§ 1666, 1666a BGB oder eine **Verbleibensanordnung** nach § 1632 Abs. 4 oder § 1682 BGB in Betracht

207 Gesetzentwurf der Bundesregierung für das KJHG vom 1.12.1989, BT-Drs. 11/5948, S. 87.
208 FK-SGB VIII/*Trenczek*, a.a.O., vor §§ 50–52 Rn. 2.
209 Wiesner/Wapler/*Wapler*, § 50 SGB VIII Rn. 50.
210 FK-SGB VIII/*Trenczek*, § 50 Rn. 9.
211 Wiesner/Wapler/*Wapler*, § 50 SGB VIII Rn. 44.

kommt (§ 158 Abs. 1 Satz 1, Abs. 2 Nr. 1 und 2 FamFG). Der Verfahrensbeistand ist so früh wie möglich zu bestellen (§ 158 Abs. 1 Satz 2 FamFG).

253 Mit Wirkung zum 1.1.2022 hat der Gesetzgeber in § 158a FamFG n.F. Vorgaben zur fachlichen und persönlichen Eignung des Verfahrensbeistands gemacht.[212]

254 Der Verfahrensbeistand hat gemäß § 158b FamFG n.F. das

- **Interesse des Kindes festzustellen** und
- im gerichtlichen Verfahren **zur Geltung zu bringen**. Er soll
- eine **schriftliche Stellungnahme** erstatten. Er hat
- das **Kind** über Gegenstand, Ablauf und möglichen Ausgang des Verfahrens in geeigneter Weise zu **informieren**. Er
- soll den gerichtlichen Beschluss mit dem Kind erörtern.

255 Soweit nach den Umständen des Einzelfalls ein Erfordernis besteht, kann das Gericht dem Verfahrensbeistand die zusätzliche Aufgabe übertragen,

- **Gespräche mit den Eltern und weiteren Bezugspersonen** des Kindes zu führen. Das Gericht hat Art und Umfang der Beauftragung konkret festzulegen und die Beauftragung zu begründen.

256 Der Verfahrensbeistand kann im Interesse des Kindes

- **Rechtsmittel einlegen**.
- Er ist **nicht gesetzlicher Vertreter** des Kindes.

257 Der Verfahrensbeistand soll insbesondere die **einseitige Vertretung der Interessen des Kindes** ermöglichen und **unterscheidet sich** insofern vom Aufgabenkreis des Familiengerichts und der weiteren Beteiligten.[213]

258 **Aufgabe** des Verfahrensbeistandes ist es dagegen **nicht, den Sachverhalt zu ermitteln**, sondern lediglich die Interessen des Kindes zu vertreten. Es ist grundsätzlich Aufgabe des Familiengerichts, im Rahmen der Amtsermittlung nach § 26 FamFG, den Sachverhalt zu ermitteln und sich ein Bild davon zu verschaffen, ob die tatbestandlichen Voraussetzungen für die in Frage stehende Entscheidung vorliegen.[214] Auch die Anordnung des erweiterten Aufgabenkreises (§ 158b Abs. 2 FamFG n.F.) darf nicht erfolgen, damit der Verfahrensbeistand die Ansichten oder den Willen der Eltern ermittelt und in das Verfahren einbringt.[215]

259 Die Bedeutung des Verfahrensbeistands betont auch der **BGH** in ständiger Rechtsprechung: In einem auf die Person bezogenen Kindschaftsverfahren ist die Wahrnehmung der Kindesinteressen originäre Aufgabe des Verfahrensbeistands. Auf-

---

212 Dazu: *Ernst*, FamRZ 2021, 993 ff., 996.

213 BGH, 27.11.2019 – XII ZB 511/18, FamRZ 2020, 252 m. Anm. *Schwonberg*, unter Hinweis auf BT-Drs. 13/4899, S. 129 f.

214 OLG München, 11.1.2018 – 33 WF 34/18, FamRZ 2018, 1003.

215 Prütting/Helms/*Hammer*, FamFG § 158 FamFG Rn. 48 unter Hinweis auf BVerfG, 6.11.2009 – 1 BvR 1410/08, FamRZ 2010, 109; OLG Saarbrücken, 20.1.2011 – 6 UF 106/10, FamRZ 2011, 1153.

grund der vorausgegangenen Fachdiskussion um die Subjektstellung des Kindes in Kindschaftsverfahren und die Gewährleistung einer verlässlichen Vertretung seiner – auch subjektiven – Interessen ist im Zuge der Kindschaftsrechtsreform von 1997[216] speziell für bestehende Interessenkollisionen zwischen Eltern und Kind das Institut des Verfahrenspflegers in Kindschaftsverfahren („Anwalt des Kindes") eingeführt worden. Den verfassungsrechtlichen Anforderungen an eine wirksame Vertretung der Kindesinteressen in Kindschaftsverfahren hat der Gesetzgeber durch dieses Institut (nunmehr Verfahrensbeistand) Genüge getan.[217]

Aus der gesetzlichen Festlegung der fachlichen Eignungsvoraussetzungen in **260**
§ 158a Abs. 1 FamFG n.F. ergibt sich nach der hier vertretenen Auffassung, dass für die Verfahrensbeiständin bei der Feststellung und Vertretung der Kindesinteressen und namentlich bei der schriftlichen Stellungnahme das oben zum Jugendamt Ausgeführte in gleicher Weise gilt: Die Verfahrensbeiständin muss die geradezu **typischen Wahrnehmungs- und Bewertungsfehler** beachten, **methodische und sonstige handwerkliche Fehler durch fachgerechtes, d.h. an anerkannten fachlichen Standards ausgerichtetes und sorgfältiges Arbeiten möglichst minimieren** und gleichwohl auf die Grenzen der rekonstruktiven Dokumentation und auf die – insbesondere bei prognostischen Einschätzungen unvermeidlichen – Risiken der Fehleinschätzung achten. Geschilderte Tatsachen müssen bestimmten Quellen zugeordnet werden. Bei Einschätzungen und Bewertungen ist offenzulegen, auf welcher jeweils vorhandenen Fachkompetenz sie beruhen.

Und ebenso gelten für Bewertung der Einschätzungen des Verfahrensbeistands **261**
durch die Richterin die vom BVerfG formulierten Anforderungen: Die Familienrichterin muss die Einschätzungen des Verfahrensbeistands genau analysieren, mit anderen Informationen abgleichen und in einen größeren sachlichen Kontext stellen. Keinesfalls ist der Familienrichter an die Einschätzungen des Verfahrensbeistands gebunden. Den **Familienrichter** trifft eine **eigene Ermittlungspflicht**. Diese Ermittlungspflicht entfaltet **grundrechtliche Schutzfunktion**. Die Familienrichterin kann sich dieser Ermittlungspflicht deshalb nicht durch bloßes Zitieren, also letztlich durch bloße Bezugnahme auf die Autorität des Verfahrensbeistands, entledigen.

---

216 KindRG v. 16.12.1997, BGBl. I S. 2942.

217 Zuletzt: BGH, 12.5.2021 – XII ZB 34/21, NJW 2021, 2734 m. Anm. *Lack* = FamRZ 2021, 1402 m. Anm. *Zorn*.

Kapitel 10: Das (psychologische, psychiatrische, allgemeinmedizinische etc.) Sachverständigengutachten

Übersicht Rn.

262 → *Literaturhinweis:* Siehe zum Ganzen: *Salzgeber*, Familienpsychologische Gutachten, 7. Auflage 2020; *Lack/Hammesfahr*, Psychologische Gutachten im Familienrecht, 2019; *Dettenborn/Walter*, Familienrechtspsychologie, 3. Auflage 2016; *Castellanos*, Psychologische Sachverständigengutachten im Familienrecht, 3. Auflage 2021; *Salzgeber/Bublath/Posten*, Wird der Sachverständige zum Buhmann im familienrechtlichen Verfahren?, FF 2020, 474; *Ernst*, Psychologische Sachverständigengutachten in Kindschaftssachen: Formulierung und Beantwortung der Beweisfrage(n), FamRB 2016, 361; *Bergmann*, Der Beweisbeschluss im Kindschaftsverfahren: Schnittstelle zwischen Recht und Spekulation, FamRB 2016, 364.

263 Die richterlichen Ermittlungen mit dem Ziel der Feststellung der entscheidungserheblichen Tatsachen (§ 26 FamFG) können es in Kindesschutzverfahren erforderlich machen, die Sachkunde unterschiedlichster Professionen und Disziplinen hinzuzuziehen (→ Teil 2.D.II.4.). Dabei kann es sich um allgemein-medizinische, rechtsmedizinische, kinder- und jugendpsychiatrische, familienpsychologische, entwicklungspsychologische oder andere Sachkunde handeln.[218] Die Einholung eines Sachverständigengutachtens ist (nur dann) geboten, wenn (und nur insoweit als) die Sachkunde des Gerichts zur Feststellung wesentlicher Aspekte des Kindeswohls oder ihrer Bewertung nicht ausreicht, wenn also die sonstigen Ermittlungen oder Ermittlungsmöglichkeiten des Gerichts keine zuverlässige Entscheidungsgrundlage bieten.

Die Feststellung entscheidungserheblicher Tatsachen durch Einholung eines Sachverständigengutachtens erfolgt im Wege förmlicher Beweisaufnahme nach den Vorschriften der §§ 402 bis 414, 355 bis 370 ZPO (§ 30 Abs. 1 FamFG).[219] **264**

I. Wozu dient ein Sachverständigengutachten *nicht*?

Das Sachverständigengutachten dient nicht dazu, dass das Gericht sich seiner Amtsermittlungsaufgabe durch einen globalen Ermittlungsauftrag entledigt und/oder die ihm nach Art. 92 GG anvertraute Entscheidung in schwierigen Fällen an eine externe Person outsourct. **265**

- Der Sachverständige ist **kein allgemeiner Berater** des Gerichts bei der Frage, wie zu entscheiden ist, etwa nach dem Motto: „Jetzt wird's besonders schwierig, da muss ich einen Gutachter einschalten."
- Der Sachverständige sollte **keine Empfehlungen** geben, wie die Sache im Ergebnis zu entscheiden ist, sondern Beweisfragen zu tatsächlichen Feststellungen und deren Bewertung beantworten.
- Der Sachverständige darf **keine Rechtsfragen** beantworten (auch nicht in versteckter Weise).[220]

II. Wann ist ein Sachverständigengutachten in Kindesschutzsachen erforderlich?

Die Einholung eines Sachverständigengutachtens ist geboten, **wenn die Sachkunde des Gerichts zur Feststellung wesentlicher Aspekte des Kindeswohls oder ihrer Bewertung nicht ausreicht.**[221] Ob und wann das der Fall ist, **266**

218 BVerfG, 27.4.2017 – 1 BvR 563/17, FamRZ 2017, 1055; BVerfG, 19.11.2014 – 1 BvR 1178/14, FF 2015, 66; BVerfG, 23.8.2006 – 1 BvR 476/04, FamRZ 2006, 1593.

219 Einzelheiten bei Prütting/Helms/*Prütting*, § 30 FamFG Rn. 17.

220 *Ernst*, FF 2020, 195, 201; OLG Schleswig, 7.5.2020 – 13 UF 4/20, NZFam 2020, 719, 724.

221 *Finke*, FPR 2003, 503; Staudinger/*Coester*, § 1666 Rn. 281; Prütting/Helms/*Hammer*, § 163 FamFG Rn. 4.

hat das Gericht von Amts wegen nach pflichtgemäßem Ermessen zu entscheiden.[222]

267 Das gerichtliche Verfahren muss in seiner Ausgestaltung geeignet und angemessen sein, um eine möglichst zuverlässige Grundlage für eine am Kindeswohl orientierte Entscheidung zu erlangen.[223] In Kindschaftsverfahren im Allgemeinen und in Kindesschutzverfahren im Besonderen sind die **Anforderungen an die richterliche Sachverhaltsaufklärung gesteigert**. Die Gerichte sind in diesen Verfahren in besonderer Weise gehalten, die vorhandenen Ermittlungsmöglichkeiten auszuschöpfen und auf diese Weise nach Möglichkeit zu vermeiden, dass sich die Grundsätze der Feststellungslast (→ Kapitel 7 Rn. 134) zu Lasten des Kindes auswirken.[224] Je stärker der Eingriff in das Elternrecht oder je schwerwiegender die Folgen der Entscheidung für das Kind sind, desto höhere Anforderungen sind an die tatrichterliche Sachaufklärung zu stellen. Dies betrifft namentlich den Entzug der elterlichen Sorge und dies in besonderer Weise, wenn er mit der Trennung des Kindes von den Eltern verbunden ist (§§ 1666, 1666a BGB).[225] Das Familiengericht ist in Kindesschutzverfahren **jedoch nicht verfassungsrechtlich gehalten, stets ein Sachverständigengutachten einzuholen**.[226] Vielmehr muss es in dem vom Amtsermittlungsgrundsatz geprägten Familienverfahren dem Gericht überlassen bleiben, welchen Weg es im Rahmen der gesetzlichen Vorschriften für geeignet hält, um zu den für seine Entscheidung notwendigen Erkenntnissen zu gelangen. Sieht es von der Beiziehung eines Sachverständigen ab, muss es allerdings **anderweitig** über eine möglichst **zuverlässige Entscheidungsgrundlage** verfügen.[227] Das Gericht muss selbst beurteilen, ob die Entscheidung von der Feststellung und/oder Beurteilung von Tatsachen abhängt, für die es einer besonderen Sachkunde bedarf. Kommt es zu dem Ergebnis, dass dies der Fall ist, so hat es darzulegen, woher es die eigene Sachkunde hat, wenn es sich nicht der Hilfe eines Sachverständigen bedienen will.[228]

---

222 Johannsen/Henrich/Althammer/*Döll*, § 163 FamFG Rn. 1; MüKoFamFG/*Schumann*, § 163 Rn. 3; zu Einzelheiten: Heilmann/*Heilmann*, § 163 FamFG Rn. 7–15.

223 BVerfG, 31.3.2010 – 1 BvR 2910/09, Rn. 28, juris; BGH, 17.2.2010 – XII ZB 68/09, BGHZ 184, 269.

224 BGH, 17.2.2010 – XII ZB 68/09, BGHZ 184, 269.

225 Prütting/Helms/*Hammer*, § 163 FamFG Rn. 4 mit weiteren Nachweisen.

226 BVerfG, 6.9.2021 – 1 BvR 1750/21, FF 2021, 443.

227 BVerfG, 6.9.2021 – 1 BvR 1750/21, FF 2021, 443; BVerfG, 8.3.2012 – 1 BvR 206/12, ZKJ 2012, 306; BVerfG, 18.12.2008 – 1 BvR 2604/06; VerfGH Berlin, 6.9.2017 – 120A/17; VerfGH Brandenburg, 19.10.2012 – 72/11 sowie 18.3.2011 – 56/10.

228 *Finke*, FPR 2003, 503.

Praxistipp 268

→ Familiengericht

Die Richterin sollte sich vor der Abfassung des Beweisbeschlusses folgende Prüffragen vorlegen:

- *Wofür im Einzelnen, für welche Feststellungen und Beurteilungen (also für welche Aussagen in den Entscheidungsgründen) braucht das Gericht welche besondere Sachkunde, die es nicht selbst hat?*
- *Welchen Sachverstand welcher Profession hat das Gericht nicht selbst?*
- *Als* **Kontrollüberlegung** *ist stets die Komplementärfrage aufzuwerfen: Wo geht es um Sachverstand, den das Gericht selbst hat und von Verfassung wegen selbst haben muss, nämlich rechtlichen Sachverstand?*

Deshalb muss jedem Beweisbeschluss (auch und gerade im fG-Verfahren einer Kindesschutzsache) die Prüfung und Unterscheidung vorausgehen, was Tatsachenfeststellung und was rechtliche Entscheidung ist. Psychologische (oder sonstige) Sachverständige rechtliche Fragen (mit-)beantworten zu lassen, ist genauso unzulässig wie umgekehrt als Gericht (soweit dieses nicht ausnahmsweise über einschlägigen Sachverstand verfügt), psychologische Aussagen und Feststellungen zu treffen. Es ist davon auszugehen, dass in der gerichtlichen Praxis das Bewusstsein für die **richterliche Grenzüberschreitung** (als Richter eigene psychologische Aussagen zu treffen) stärker ausgeprägt ist als das Bewusstsein für die richterliche Grenzunterschreitung (als Richter die psychologische Sachverständige rechtliche Aussagen treffen zu lassen).[229] D.h., es dürfte in der Praxis häufig vorkommen, dass das Gericht (mitunter von ihm selbst unerkannt) den Sachverständigen rechtliche Fragen mitbeantworten lässt. Die Beweisfragen dürfen deshalb nicht normativ formuliert werden.[230] Eine Beweisfrage darf also nicht so gefasst werden, dass lediglich der Wortlaut der jeweils einschlägigen Norm kopiert wird. Die Fragestellung darf keine rechtliche sein; Formulierungen wie „Ist das Wohl des Kindes gefährdet?" verlagern die richterliche Subsumtionsarbeit auf den Sachverständigen.[231] 269

229 *Ernst*, FamRB 2016, 361.
230 21. DFGT (Vorstand), FamRZ 2016, 105, 106.
231 OLG Schleswig, 7.5.2020 – 13 UF 4/20, NZFam 2020, 719, 724; großzügig (im Rahmen einer Ablehnung des Sachverständigen wegen Besorgnis der Befangenheit) dagegen OLG Düsseldorf, 31.1.2017 – 6 WF 6/17, ZKJ 2017, 238 („nicht zu beanstanden, dass das Gericht die unbestimmten Rechtsbegriffe der Sorgerechtsfähigkeit und des Kindeswohls in seinen Beweisbeschlüssen verwendet, da dort gleichzeitig deutlich gemacht wird, dass eine umfassendere Aufklärung der Lebens- und Entwicklungsbedingungen und -perspektiven des Kindes erwartet wird").

270 ***Beispiele***

Unzulässige Rechtsfragen an den Sachverständigen sind:

- *„Ist den Eltern das Aufenthaltsbestimmungsrecht für das Kind zu entziehen?"*
- *„Wie ist die elterliche Sorge künftig zu regeln?"*[232]
- *„Ist das Wohl des Kindes gefährdet, wenn ...?" (Denn: „Wohl des Kindes" ist ein – unbestimmter –* ***Rechts****begriff.*[233]*)*

271 Da die Beantwortung der o.g. Prüffragen eine umfassende Würdigung des Sachverhalts voraussetzt, wird – so berichtet insbesondere *Finke* – in der Praxis nicht selten der einfachere Weg beschritten, indem ohne eine solche Prüfung der Beweisbeschluss zur Beauftragung eines Sachverständigen gefasst wird. Von Richtern erster Instanz sei auch zu hören, dass sie sich mit der Bestellung eines Sachverständigen gegenüber dem Einwand der unzureichenden Sachaufklärung und der darauf gestützten Aufhebung und Zurückverweisung ihrer Entscheidung absichern wollen. Weiteres Motiv richterlichen Handelns im Zusammenhang mit der Einholung eines Gutachtens – so *Finke* – ist gelegentlich auch erkennbar die Absicht, die Sachaufklärung von sich fernzuhalten, oder die Erwartung, die Entscheidung werde mit zunehmender Zeitdauer auf Grund der bestimmenden Wirkung der faktischen Verhältnisse einfacher zu treffen sein oder sich unter Umständen sogar von selbst erledigen. Es bedarf keiner näheren Ausführungen dazu, dass es sich dabei um sachfremde Erwägungen handelt, die mit dem Kindeswohl als dem maßgeblichen Inhalt der zu treffenden Entscheidung nichts zu tun haben.[234]

III. Keine Anordnung, auf die Herstellung des Einvernehmens zwischen den Beteiligten hinzuwirken (§ 163 Abs. 2 FamFG)

272 Der Verfahrensgegenstand des Kindesschutzverfahrens ist der Disposition der Beteiligten entzogen (→ Kapitel 5 Rn. 46 f.). Ein Vergleich oder eine Vereinbarung **im Sinne eines gegenseitigen Nachgebens** insbesondere zwischen den Eltern und dem Jugendamt sind **nicht zulässig**. Das Jugendamt als mitwirkende sozialpädagogische Fachbehörde ist im Kindesschutzverfahren keine „Partei", die eigene Interessen verfolgt und auf deren Durchsetzung durch Abschluss eines Vergleichs teilweise verzichten könnte. Zwar ist es ein gesetzgeberisches Ziel, die Eltern ge-

232 So im Fall von BVerfG, 20.1.2016 – 1 BvR 2742/15, JAmt 2016, 280: „Die Sachverständige wurde um ein Gutachten ‚zur künftigen Regelung der elterlichen Sorge' ersucht, ohne dass ihr dabei das Kriterium der nachhaltigen Kindeswohlgefahr als Untersuchungsmaßstab genannt oder der Sache nach umschrieben wurde."

233 Grundlegend: *Coester*, Das Kindeswohl als Rechtsbegriff, 1983.

234 *Finke*, FPR 2003, 503.

rade auch durch das familiengerichtliche Verfahren zur Mitwirkung an der Abwendung einer Kindeswohlgefährdung durch Annahme öffentlicher Hilfen zu bewegen (vgl. § 157 Abs. 1 FamFG). Gelingt dies, kann die Erklärung der Eltern ebenso in den Terminsvermerk (§ 28 Abs. 4 FamFG) aufgenommen werden wie die Erklärung der Fachkraft des Jugendamts, dass das Jugendamt vor diesem Hintergrund familiengerichtliche Maßnahmen nicht für erforderlich hält. Bei diesen Erklärungen der Eltern und des Jugendamts handelt es sich jedoch nie um einen Vergleich im Sinne eines gegenseitigen Nachgebens und auch nicht um eine das Kindesschutzverfahren abschließende Vereinbarung. Solche Erklärungen der Eltern und des Jugendamts entbinden zudem das Gericht nicht davon, in eigener Verantwortung zu prüfen, ob es von der Prognose überzeugt ist, die Eltern werden ihre Zusage auch tatsächlich und insbesondere in schwierigen Stresssituationen einhalten können. Am Ende eines Kindesschutzverfahrens steht stets eine – wenn auch regelmäßig mit nur knapper Begründung zu versehende – Sachentscheidung des Gerichts.[235]

Aus diesem Grund kann das Familiengericht in einer Kindesschutzsache nicht gemäß § 163 Abs. 2 FamFG anordnen, dass der Sachverständige bei der Erstellung des Gutachtens auch auf die Herstellung des Einvernehmens zwischen den Beteiligten hinwirken soll.[236] **273**

IV. Rechtliches Gehör der Beteiligten zur beabsichtigten Einholung des Sachverständigengutachtens

Eine vorherige (schriftliche, mündliche oder telefonische) Anhörung der Beteiligten ist nicht gesetzlich zwingend vorgeschrieben, aber regelmäßig geboten,[237] und zwar[238] **274**

- zur Frage der Erforderlichkeit des Gutachtens (auch im Hinblick auf die dadurch entstehenden Kosten),
- zu den Beweisfragen,
- zur Person des Sachverständigen[239] (§ 404 Abs. 2 ZPO).

---

235 Die Frage, ob auch in Verfahren nach den §§ 1666, 1666a BGB eine **Einigungsgebühr** entstehen kann, ist streitig (vgl. zum Streitstand: OLG Hamburg, 1.7.2021 – 2 WF 46/21, FamRZ 2022, 47 = NZFam 2022, 133 m. Anm. *N. Schneider*). Schneider (a.a.O.) weist zu Recht darauf hin, dass der Gesetzgeber mit den Bestimmungen der Nrn. 1000 und 1003 VV-RVG gewährleistet hat, dass die Einigung und die damit verbundene Einigungsgebühr nicht freiem Ermessen der Beteiligten unterliegen.

236 Keidel/*Engelhardt*, § 163 FamFG Rn. 15: „sollte unterbleiben".

237 Johannsen/Henrich/Althammer/*Döll*, § 163 FamFG Rn. 2.

238 Prütting/Helms/*Hammer*, § 163 FamFG Rn. 7.

239 OLG Frankfurt, 8.12.2015 – 4 WF 244/15, ZKJ 2016, 193 = FamRZ 2016, 1799.

275 ***Praxistipp***

→ **Rechtsanwälte** → **Verfahrensbeistand** → **Jugendamt**

Jugendamt, Verfahrensbeistand und Verfahrensbevollmächtigte der Eltern sollten im Sinne der ***Checks and Balances*** *und im Sinne einer Verfahrenstransparenz die Gelegenheit,*

- *zur Notwendigkeit eines Gutachtens,*
- *zur Formulierung der Beweisfragen und*
- *zur Person des auszuwählenden Sachverständigen*

Stellung zu nehmen,[240] ***aktiv einfordern****.*

276 Überflüssige Gutachten zu vermeiden, überflüssige Beweisfragen wegzulassen und erforderliche Beweisfragen (nicht etwa erst nach Vorliegen des Gutachtens, sondern vor dessen Erstellung) zu stellen, kann außerdem ein Beitrag zur Beschleunigung des Verfahrens sein.

V. Förmlicher Beweisbeschluss

277 Die über § 30 Abs. 1 FamFG zur Anwendung berufene Regelung des § 358 ZPO bestimmt, dass ein (förmlicher) Beweisbeschluss, also ein Beschluss mit dem in § 359 ZPO vorgeschriebenen Inhalt, erlassen werden muss, wenn die Beweisaufnahme ein „besonderes Verfahren" erfordert. Das heißt, ein entsprechender Beschluss muss ergehen, wenn der angeordnete Beweis nicht sofort (in demselben Termin, in dem die Anordnung ergeht) erhoben werden kann, sondern eine Vertagung notwendig wird.

So ist insbesondere stets ein förmlicher Beweisbeschluss notwendig, wenn ein **schriftliches Sachverständigengutachten** angefordert werden soll.[241]

278 Der Beweisbeschluss muss gemäß § 359 Nr. 1 und 2 ZPO – nach § 30 Abs. 1 FamFG „entsprechend" angewandt, also den Besonderheiten des fG-Verfahrens angepasst – enthalten:

- die Bezeichnung der Tatsachen, über die Beweis zu erheben ist (Beweisfragen),
- die Bezeichnung des Beweismittels („Beweis durch Sachverständige") unter Benennung des Sachverständigen.

279 Der in § 359 Nr. 3 ZPO bezeichnete Inhalt („Partei, die sich auf das Beweismittel berufen hat") entfällt wegen des Amtsermittlungsprinzips.

240 Prütting/Helms/*Hammer*, § 163 FamFG Rn. 7; MüKoFamFG/*Schumann*, § 163 Rn. 5.
241 MüKoZPO/*Heinrich*, § 358 Rn. 2; auch Johannsen/Henrich/Althammer/*Döll*, § 163 FamFG Rn. 3.

VI. Welche Fragen sind dem Sachverständigen zu stellen?

1. Unmittelbare und mittelbare Bedeutung der Beweisfrage(n)

Wie das Gericht die Beweisfrage(n) formuliert, hat enorme Bedeutung. Der Beweisbeschluss mit den Beweisfragen bildet die **Schnittstelle** zur Einbindung des besonderen fachlichen Sachverstandes eines Externen in die gerichtliche Entscheidung. Die genaue Formulierung der Beweisfrage(n) entscheidet nicht nur darüber, ob der Sachverständige mit dem richtigen Thema in erschöpfender Weise befasst wird (unmittelbare Bedeutung der Beweisfrage). Die Fassung des Beweisbeschlusses ist außerdem oft ein Indiz dafür, mit welcher Wahrscheinlichkeit das Gericht sich *nach* Vorliegen des schriftlichen Gutachtens in der vom BVerfG verlangten Intensität und Qualität mit dem Gutachten auseinandersetzen wird. Die Erfahrung zeigt, dass mit einem pauschalen Beweisbeschluss häufig eine ebenso pauschale wie knappe Auseinandersetzung des Gerichts in seinen Entscheidungsgründen mit den Feststellungen des Sachverständigen einhergeht, etwa in Gestalt der Standardformulierung, das Gericht schließe sich den Empfehlungen des überzeugenden und in sich schlüssigen Sachverständigengutachtens an.[242] Je mehr Sorgfalt das Gericht auf die Formulierung der Fragen verwendet, umso größer ist die Wahrscheinlichkeit, dass das Gericht das später vorgelegte schriftliche Gutachten daraufhin prüft, ob diese Fragen auch beantwortet sind (mittelbare Bedeutung der Beweisfrage). An der späteren Verwertbarkeit eines eingeholten Sachverständigengutachtens können Zweifel bestehen, wenn dem Gutachten Fragestellungen zu Grunde gelegt sind, mittels derer die von Verfassung wegen zu ermittelnden tatsächlichen Umstände nicht ohne Weiteres geklärt werden können[243] (im Kindesschutzverfahren beispielsweise bei Beschränkung der Beweisfrage einseitig 280

242 So im Fall von BVerfG, 20.1.2016 – 1 BvR 2742/15, JAmt 2016, 280: „Das Amtsgericht verweist in seiner vergleichsweise kurzen Begründung weitgehend auf das Sachverständigengutachten, das es für überzeugend und nachvollziehbar hält, und beschränkt seine Darstellung im Wesentlichen auf die Wiedergabe von Feststellungen aus dem Sachverständigengutachten. [...] Das Oberlandesgericht erwähnt in seinen nur wenige Zeilen umfassenden Entscheidungsgründen zwar [...], nimmt jedoch keine eigenständige Subsumtion und damit auch keine Auseinandersetzung mit dem Erfordernis einer Kindeswohlgefährdung vor, weil es lediglich formelhaft auf die seiner Auffassung nach im Ergebnis und in der Begründung zutreffenden Ausführungen des Amtsgerichts und der Sachverständigen verweist."

243 BVerfG, 19.11.2014 – 1 BvR 1178/14, NJW 2015, 223: „Für die Fachgerichte ergibt sich aus Art. 6 Abs. 2 und Abs. 3 GG das Gebot, **die dem Kind drohenden Schäden ihrer Art, Schwere und Eintrittswahrscheinlichkeit nach konkret zu benennen** und sie vor dem Hintergrund des grundrechtlichen Schutzes vor der Trennung des Kindes von seinen Eltern zu bewerten. Die Fachgerichte werden dem regelmäßig nicht gerecht, wenn sie ihren **Blick nur auf die Verhaltensweisen der Eltern lenken**, ohne die sich daraus ergebenden schwerwiegenden **Konsequenzen für die Kinder** darzulegen."

und allein auf die Erziehungsfähigkeit der Eltern oder eines Elternteils → unten Rn. 282).

2. Beweisfrage(n) bei Geschwisterkindern

281 Geht es in einem Kindesschutzverfahren um mehrere Geschwisterkinder, wird es in der Regel geboten sein, **für jedes Kind getrennte Fragen** zu stellen, und zwar schon deshalb, weil jedes Kind mit (etwa im elterlichen Erziehungsverhalten liegenden) Risikofaktoren unterschiedlich gut zurechtkommt (Resilienz).

3. Häufiger Fehler: Nur die Erziehungsfähigkeit der Eltern wird begutachtet

282 In der Praxis sind in Kindesschutzverfahren immer wieder Beweisbeschlüsse anzutreffen, deren Beweisfrage sich einzig und pauschal in der Frage nach der Erziehungsfähigkeit der Eltern erschöpft. Solche Beweisbeschlüsse sind deshalb oft nicht sachgerecht, weil sie den Fokus allein auf die Eltern und nicht auf das Kind und den bei ihm eingetretenen oder bevorstehenden Schaden lenken.[244] Das BVerfG hat mehrfach beanstandet, dass eine hinreichende Feststellung zur Kindeswohlgefährdung in Kindesschutzverfahren dann fehlt, wenn die Gerichte auf mögliche **Defizite bei der Erziehungsfähigkeit der Eltern** eingehen, ohne jedoch zu erläutern, ob und wie sich diese **nachteilig auf das Kind ausgewirkt** haben oder **künftig auswirken** können.[245] Für die Familiengerichte ergibt sich aus Art. 6 Abs. 2 und 3 GG das Gebot, die dem Kind drohenden Schäden ihrer Art, Schwere und Eintrittswahrscheinlichkeit nach **konkret zu benennen** und sie vor dem Hintergrund des grundrechtlichen Schutzes vor der Trennung des Kindes von seinen Eltern zu bewerten. Sie werden dem regelmäßig nicht gerecht, wenn sie

244 So im Fall von BVerfG, 20.1.2016 – 1 BvR 2742/15, JAmt 2016, 280: „ [...], dass die sachverständige Begutachtung von vornherein gar nicht auf den hier entscheidenden Gesichtspunkt einer nachhaltigen Kindeswohlgefahr, sondern auf die Herstellung möglichst guter Beziehungsbedingungen und einer möglichst kindeswohldienlichen Förderung bezogen ist. [...] Dass die Begutachtung am Maßstab eines von der Sachverständigen zugrunde gelegten Idealbilds einer elterlichen Erziehungsleistung, nicht aber im Hinblick auf eine die Trennung von Kind und Eltern rechtfertigende Kindeswohlgefahr erfolgte, wie es im vorliegenden Fall einer Fremdunterbringung geboten wäre, lässt auch das im Gutachten explizit zugrunde gelegte Verständnis der Sachverständigen von ‚Erziehungseignung' erkennen. [...] Dass das Wohl der Kinder durch deren Rückführung zur [Mutter ...] nachhaltig gefährdet würde, ist auch nicht indirekt durch die weiteren Ausführungen in den Entscheidungen oder dem in Bezug genommenen Sachverständigengutachten belegt. [...] Die Entscheidungen lenken den Blick vorrangig auf den psychischen Zustand der [Mutter]". Ebenso BVerfG, 19.11.2014 – 1 BvR 1178/14, NJW 2015, 223: „Die angegriffenen Entscheidungen **verfehlen** die verfassungsrechtlichen **Anforderungen an die Gefahrenfeststellung** auch deshalb, weil sie zwar auf mögliche **Defizite bei der Erziehungsfähigkeit** des [Vaters] eingehen, **ohne** dass sich daraus aber ergibt, von welcher Art, Schwere und Wahrscheinlichkeit die **befürchteten Beeinträchtigungen des Kindes** sind und weshalb diese Gefahren so gravierend sind, dass sie eine Fremdunterbringung legitimieren" [Hervorhebungen R.E.].

245 BVerfG, 19.11.2014 – 1 BvR 1178/14, FamRZ 2015, 112 = NJW 2015, 223.

ihren **Blick nur auf das Verhalten der Eltern lenken**, **ohne die** sich daraus ergebenden schwerwiegenden **Konsequenzen für die Kinder darzulegen**.[246]

4. Häufiger Fehler: Falscher Entscheidungsmaßstab (§ 1671 BGB ↔ §§ 1666, 1666a BGB)

Leider wird vereinzelt immer noch verkannt, dass der Entscheidungsmaßstab für **283**
eine Sorgerechtssache im Trennungs- und Scheidungskonflikt (§ 1671 BGB) ein anderer ist als der für ein Kindesschutzverfahren (§§ 1666, 1666a BGB). Bei § 1671 BGB geht es darum, welcher Elternteil am besten (allein) für das Kind sorgen kann. Bei § 1666 BGB geht es darum, ob das Kind einen Schaden erlitten hat oder ein Schaden bevorsteht. Das führt dann zu einem falschen Maßstab bei der Formulierung der Beweisfrage(n). Ein anschauliches Beispiel dafür bietet der folgende vom BVerfG[247] entschiedene Fall:

> „ […] kommen hierin eher die Idealvorstellungen der Gutachterin vom Kindeswohl zum Ausdruck als eine den verfassungsrechtlichen Trennungsvoraussetzungen entsprechende Vorstellung davon, was eine nachhaltige Kindeswohlgefahr ausmacht.
>
> Dass die Begutachtung am ***Maßstab*** eines von der Sachverständigen zugrunde ge- **284**
> legten Idealbilds einer elterlichen Erziehungsleistung, nicht aber im Hinblick auf eine die Trennung von Kind und Eltern rechtfertigende ***Kindeswohlgefahr*** erfolgte, wie es im vorliegenden Fall einer Fremdunterbringung geboten wäre, lässt auch das im Gutachten explizit zugrunde gelegte Verständnis der Sachverständigen von „Erziehungseignung" erkennen: An dieser Stelle werde theoretisch davon ausgegangen, dass die ***Erziehungseignung*** darin bestehe, dass der Erwachsene sich empathisch und selbstlos in sein Kind hineinzuversetzen vermöge, dass er das Kind alters- und entwicklungsgerecht, förderlich und gedeihlich anzusprechen wisse und ihm dabei Entwicklungsstimuli setze, die zum Wachstum und zur Reifung führten. Die Eltern wüssten, ihr Kind in sicheren Grenzen zu bergen und diese Grenzsetzungen würden vom Kind gedeihlich und resonanzfähig angenommen. Eltern seien informiert und wüssten, welche Entwicklungen ihr Kind gerade durchlaufe in körperlicher und leibseelischer Hinsicht. Vor allem sei es wichtig zu betrachten, ob Eltern in der Lage seien, ihrem Kind bei der Verarbeitung von lustvollen und schmerzlichen emotionalen Erlebnissen zu helfen. Der Aspekt der selbstlosen Liebe solle an dieser Stelle hervorgehoben werden und ebenfalls der Aspekt der bedingungslosen Beziehungsangebote, die letztendlich in Bindung und somit in eine schicksalhafte Verbindung zwischen Eltern und Kind einmündeten. Eltern verhielten sich sozial kompetent, sodass es Kindern möglich werde, im Problemlöseverhalten der Eltern ein Vorbild zu sehen für das Herangehen an emotional aufgeladene soziale Konflikte.
>
> Dass das ***Wohl der Kinder*** durch deren Rückführung zur [Mutter] entgegen deren **285**
> eigener, vom Verfahrensbeistand der Kinder geteilten Einschätzung ***nachhaltig gefährdet*** würde, ist auch nicht indirekt durch die weiteren Ausführungen in den Entscheidungen oder dem in Bezug genommenen Sachverständigengutachten belegt."

246 BVerfG, 19.11.2014 – 1 BvR 1178/14, FamRZ 2015, 112 = NJW 2015, 223.
247 BVerfG, 20.1.2016 – 1 BvR 2742/15, JAmt 2016, 280.

5. Keine „Empfehlungen" des Sachverständigen, wie zu entscheiden ist

286 Die Aufgabe des Sachverständigen ist darauf beschränkt, die an ihn gerichteten Beweisfragen zu beantworten.[248]

287 Mitunter ist die Rede von einem „Entscheidungsvorschlag" des Sachverständigen an das Gericht. Häufig wird von „Empfehlungen" des Sachverständigen gesprochen. Beide Termini sind geeignet, die Grenze zwischen den Zuständigkeiten der Professionen (Gericht und Sachverständiger) zu verwischen. Die „Celler Empfehlungen"[249] formulieren daher klar und konsequent: Die Beweisfragen sind erschöpfend zu beantworten. Und auch die „Mindestanforderungen an die Qualität von Sachverständigengutachten im Kindschaftsrecht" der Arbeitsgruppe familienrechtliche Gutachten[250] verwenden den Begriff „Beantwortung der gerichtlichen Fragestellung". Selbstverständlich ist nicht die Wahl des Begriffes oder der Überschrift entscheidend, sondern es kommt auf den Inhalt der Antwort auf die Beweisfragen an. Und dennoch kann die Wahl des Begriffes das Bewusstsein dafür schärfen, die Rollenklarheit der jeweiligen Profession zu wahren. „Empfehlungen" können die Gefahr bergen, dass der Sachverständige seine Feststellungen und Einschätzungen selbst unter Rechtsbegriffe subsumiert und das Gericht diesen für die Rechtsunterworfenen alles entscheidenden Schritt der Entscheidungsfindung nicht in eigener Autonomie vollzieht, sondern das Subsumtionsergebnis des Sachverständigen wie eine Tatsachenfeststellung behandelt.[251]

288 *Finke*[252] formuliert (freilich in Bezug auf eine Entscheidung gemäß § 1671 BGB) die doppelte „Befürchtung, dass der Sachverständige nicht klar genug den Umfang seines Auftrags erkennen kann und es ihm selbst überlassen wird, diesen zu bestimmen, sondern auch, dass dem Sachverständigen **faktisch die gerichtliche Entscheidungskompetenz übertragen wird**. Diese Befürchtung erscheint nicht völlig unbegründet bei Beweisfragen, die darauf gerichtet sind festzustellen, ob die beantragte Sorgeregelung dem Kindeswohl unter den gegebenen Verhältnissen am besten entspricht. Eine solche am Wortlaut des Gesetzes ausgerichtete Beweisfrage umfasst **rechtliche Bewertungen, die nach dem Gesetz allein das Gericht treffen soll**. Bei einer in der vorstehend aufgezeigten Weise formulierten Fragestellung besteht die Gefahr, dass das Gericht die Antwort hierauf in dem Sachverständigengutachten ohne zusätzliche eigene Prüfung und Bewertung übernimmt. Jedenfalls legen die Begründungen mancher gerichtlicher Entscheidungen (‚schließt sich das Gericht den überzeugenden Feststellungen des Sachverständigen voll inhaltlich an') dies nahe." Stattdessen sollte folgendes beachtet werden: Wenn Gerichte Sachverständige bestellen, vermitteln sie diesen, dass ihre

248 OLG Frankfurt, 10.3.2016 – 7 WF 15/16, FamRZ 2016, 2029.
249 FamRZ 2015, 1675.
250 2. Auflage 2019, unter D.II.6., FamRZ 2019, 1765.
251 *Ernst*, FamRB 2016, 363.
252 *Finke*, FPR 2003, 503, 506.

Sachkompetenz gefragt ist, diese sich aber nicht auf die Arbeit an der Norm und den schlussendlichen Subsumtionsakt erstreckt.[253]

6. Fall-individuelle und Kind-individuelle Fragen

Die Fragen sind **in jedem Fall** und **für jedes Kind** unbedingt **individuell** zu formulieren. Falsch wäre es, einen textbausteinartig vorbereiteten Fragenkatalog in jedem Fall zu verwenden. Im Folgenden handelt es sich deshalb nur um Anregungen und Beispiele, die im jeweiligen Einzelfall auch nur ein Ausgangspunkt bzw. eine Anregung für die Formulierung auf das betroffene Kind zugeschnittener individueller Fragen sein können. 289

7. Beispiele für Beweisfragen

- **Es soll Beweis durch Einholung eines schriftlichen Sachverständigengutachtens erhoben werden über die Fragen** 290

  (1) ob und, wenn ja, inwieweit die Eltern in ihrer Erziehungsfähigkeit eingeschränkt sind,

  (2) ob und, wenn ja, welche psychischen Auffälligkeiten bei den Eltern bestehen,

  (3) ob und, wenn ja, welche Schädigungen oder Belastungen bei den Kindern insbesondere in psychischer Hinsicht vorliegen oder welchen entsprechenden Gefährdungen die Kinder – insbesondere während der Betreuung durch den jeweiligen Elternteil – ausgesetzt sind,

  (4) bejahendenfalls, welche insbesondere erzieherischen Leistungen von den Eltern erbracht und welche sonstigen Maßnahmen von ihnen ergriffen werden müssen, um eingetretene Schädigungen/Belastungen zu verhindern, und ob die Eltern in der Lage sind, diese zu erbringen,

  (5) – differenziert nach den drei Kindern – welche Faktoren sich bei der Betreuung durch die beiden Eltern vorteilhaft und evtl. nachteilig auf die Kinder auswirken,

  (6) welche Rolle die Geschwisterbeziehungen bei der Aufteilung der Betreuungszeiten auf die beiden Elternteile spielen.

- **Es soll ergänzend Beweis erhoben werden durch Einholung eines schriftlichen Sachverständigengutachtens über die Fragen,** 291

  (1) ob die Mutter und/oder der Vater nach den bisher stattgefundenen Terminen des familientherapeutischen Clearings – ggf. mit Unterstützung öffentlicher Hilfen – willens und in der Lage sind, die eingetretenen Schäden bei

253 *Wolfgang Ernst*, FAZ v. 14.10.2020, Seite N 3.

den Kindern zu beheben und die zu befürchtenden Schäden von ihnen abzuwenden,

(2) verneinendenfalls, ob und welche negativen Folgen bei den Kindern durch eine Trennung von ihren Eltern zu befürchten sind und ob solche durch mit der Fremdunterbringung zu erwartende Verbesserungen aufgewogen werden und sich die Situation der Kinder in der Gesamtbetrachtung verbessert.

292 • **Es soll Beweis erhoben werden durch Einholung eines schriftlichen Sachverständigengutachtens zu den Fragen,**

(1) ob und, wenn ja, inwieweit die Mutter (und, falls er im Laufe der gutachterlichen Untersuchungen dauerhaft nach Deutschland zurückkehrt: der Vater) in ihrer/seiner Erziehungsfähigkeit eingeschränkt ist,

(2) ob und, wenn ja, welche psychischen und ggf. psychiatrischen Auffälligkeiten bei der Mutter bestehen,

(3) ob und, wenn ja, welche körperlichen, geistigen oder seelischen Schäden – insbesondere in Form von Belastungen und Entwicklungsverzögerungen – bei dem Kind eingetreten oder bei einem Verbleib im Haushalt der Mutter bzw. der Eltern zu erwarten sind,

(4) welche erzieherischen Maßnahmen erforderlich sind, um die etwa eingetretenen Schäden zu beseitigen oder die etwa befürchteten Schäden abzuwenden,

(5) ob die Mutter (und, falls er im Laufe der gutachterlichen Untersuchungen dauerhaft nach Deutschland zurückkehrt: der Vater) willens und in der Lage ist, diese Maßnahmen ggf. mit der Unterstützung öffentlicher Hilfen selbst zu ergreifen und die etwa eingetretenen Schäden effektiv zu beseitigen oder die etwa befürchteten Schäden effektiv abzuwenden,

(6) ob die etwa bei einem der Kinder eingetretenen oder befürchteten Schäden nur abgewandt werden können durch Trennung des Kindes von der Mutter bzw. den Eltern und wie in diesem Zusammenhang die negativen Auswirkungen einer Trennung des Kindes von den Eltern zu gewichten sind.

293 • **Es soll Beweis erhoben werden durch Einholung eines kinderpsychiatrischen Sachverständigengutachtens zu folgenden Fragen:**

(1) Ist das Kind A. in seiner psychischen Gesundheit so erheblich beeinträchtigt, dass ärztliche/therapeutische Maßnahmen geboten sind? Wenn ja, welche sind das?

(2) Welche sind die Ursachen für eine eventuelle psychische Erkrankung des Kindes A.? Wie ist die Krankheit einzuordnen? Welche Rolle spielt die psychische Disposition der Eltern in genetischer und in psychosozialer Hinsicht? Welche Rolle spielen der Elternstreit, die Positionierung der Eltern in diesem Streit und ihr Erziehungsverhalten dem Kind A. gegenüber?

(3) Welcher Elternteil ist besser geeignet, eventuell notwendig werdende ärztliche/therapeutische Maßnahmen zu begleiten? Bei welchem Elternteil ist

das Kind A. unter diesen Umständen besser aufgehoben? Ist eine Trennung des Kindes von beiden Elternteilen notwendig, um eine möglicherweise drohende psychische Erkrankung des Kindes A. abzuwenden oder einer bereits eingetretenen Schädigung entgegenzuwirken? Ist eine Unterbringung des Kindes A. außerhalb beider Elternhäuser – etwa in einem Internat oder einer Jugendhilfeeinrichtung – auch zu empfehlen, wenn das Kind A. sich einer solchen Maßnahme widersetzt? Wie müsste diese Einrichtung beschaffen sein, damit dem Kind A. geholfen werden kann?

- **Beweisfragen nach *Bergmann*:**[254] 294

  (1) Sind Schäden bezüglich der psychischen, seelischen oder körperlichen Gesundheit des Kindes feststellbar? Wenn ja, worauf sind diese zurückzuführen?

  (2) Ist zu erwarten, dass bei unverändertem Fortbestehen der Situation (die hier zu schildern ist – Anknüpfungstatsachen, möglicher Verweis auf Akte) ein Schaden für das psychische, seelische oder körperliche Wohl des Kindes eintreten wird? Wenn ja, mit welcher Prognosesicherheit lässt sich diese Feststellung treffen? Gibt es weitere Faktoren, aus denen sich die Gefahr eines Schadens für das psychische, seelische oder körperliche Wohl des Kindes ergibt?

  (3) Kann der eingetretene oder zu befürchtende Schaden durch Hilfsmaßnahmen abgewehrt oder begrenzt werden? Wenn ja, welche sind dies?

  (4) Welche psychischen, seelischen und körperlichen Auswirkungen sind als Folge einer Trennung des Kindes von seinen Eltern für das Kind zu erwarten?

  (5) Kann dieser zu befürchtende Schaden durch Hilfsmaßnahmen abgewehrt oder begrenzt werden? Wenn ja, welche sind dies?

- **Beweisfragen im Fall OLG Schleswig, 7.5.2020 – 13 UF 4/20:**[255] 295

  Im Rahmen der Beweiserhebung betreffend eine Kindeswohlgefährdung gemäß § 1666 BGB sind zumindest folgende Beweisfragen zu stellen:[256]

  (1) Sind (bereits eingetretene) Schäden bezüglich der psychischen, seelischen oder körperlichen Gesundheit des Kindes/der Kinder feststellbar? Wenn ja, worauf sind diese zurückzuführen? Zunächst ist festzustellen, ob bereits Schäden eingetreten sind.

  (2) Ist zu erwarten, dass bei Rückführung des Kindes/der Kinder in den gemeinsamen elterlichen Haushalt oder nach endgültiger Trennung der Kindeseltern in den Haushalt eines Elternteils ein Schaden für das psychische, seeli-

254 Siehe FamRB 2016, 371.
255 NZFam 2020, 719, 724 f.
256 Unter Bezugnahme auf: „Der Sachverständigenbeweis in Kindschaftssachen – Arbeitshilfen und Vorschläge für eine effiziente Verfahrensausgestaltung", Verfasser: Arbeitskreis Sachverständigengutachten in Kindschaftssachen Nordrhein-Westfalen, Anhang, S. 28.

sche oder körperliche Wohl des einzelnen Kindes eintreten wird? Wenn ja, mit welcher Prognosesicherheit lässt sich diese Feststellung treffen? Gibt es weitere Faktoren, aus denen sich die Gefahr eines Schadens für das psychische, seelische oder körperliche Wohl des Kindes/der Kinder gibt?

Dem Gutachter sind die Anknüpfungstatsachen seiner Untersuchung vorzugeben. Daher ist hier zu definieren, welche Situation der Gutachter auf Gefahren für das Kindeswohl untersuchen soll. Eine allgemeine Frage nach generell vorliegenden Kindeswohlgefahren ohne Festlegung von Anknüpfungstatsachen führt dabei zumindest zu fraglichen Ergebnissen.

Unproblematisch ist es dabei allerdings, dem Gutachter aufzutragen, auch zu überprüfen, ob weitere Faktoren feststellbar sind, die einen Schadenseintritt befürchten lassen. Denn auch dies ist eine Tatsachenfrage.

(3) Kann der eingetretene oder zu befürchtende Schaden durch Hilfsmaßnahmen abgewehrt oder begrenzt werden? Wenn ja, welche sind dies?

Ggf. können hier auch bestimmte Maßnahmen abgefragt werden. Allerdings ist die Eignung verschiedener Hilfs- und Therapiemaßnahmen zur Abwehr einer Gefahr Teil einer fachlich begründbaren Bewertung und daher unproblematisch dem Gutachter übertragbar.

(4) Welche psychischen, seelischen und körperlichen Auswirkungen sind als Folge einer fortbestehenden Trennung der Kinder von den Kindeseltern für die Kinder zu erwarten?

Diese Frage nach den Auswirkungen der fortbestehenden Trennung der Kinder von den Kindeseltern ist aufgrund der Anforderungen der Verhältnismäßigkeitsprüfung stets auch festzustellen.

(5) Kann dieser zu befürchtende Schaden durch Hilfsmaßnahmen abgewehrt oder begrenzt werden? Wenn ja, welche sind dies?

Auch hiermit werden konkrete Tatsachen erfragt und in die fachlich prognostische Bewertung des Sachverständigen einbezogen. Die konkrete Auswahl der Hilfsmaßnahmen obliegt dann dem Gericht. Insbesondere ist aufgrund des Beweisergebnisses insoweit zu klären, ob neben einer etwaigen Entziehung des Aufenthaltsbestimmungsrechts aufgrund des konkreten Bedarfs der Kinder auch die Entziehung weiterer Teilbereiche der elterlichen Sorge (z. B. Gesundheitssorge oder das Recht, Anträge gemäß SGB VIII zu stellen, vgl. hierzu Bergmann, FamRB 2016, 364 ff.) angezeigt erscheint.

296 Soweit das Amtsgericht im Beweisbeschluss einzelne psychologische Fragen (Bindung der Kinder, Erziehungsfähigkeit der Eltern und angestrebte Perspektiven für das eigene Leben und das Leben der Kinder) benennt und die Rechtsfrage einer Kindeswohlgefährdung im Haushalt der Eltern stellt, ist dieses nicht zielführend und entspricht nicht den o. g. Anforderungen.

VII. Auswahl des Sachverständigen

Die Formulierung der Beweisfragen und die Auswahl des Sachverständigen stehen in engem Zusammenhang und bedingen einander wechselseitig. Erst wenn die Richterin (ungefähr) weiß, welche Fragen zu stellen sind, kann sie entscheiden, über welche Sachkunde der Sachverständige verfügen muss. Und erst der (in Aussicht genommene) Sachverständige kann entscheiden, ob er für die Fragen tatsächlich die Sachkunde hat („ob der Auftrag in sein Fachgebiet fällt", § 407a Abs. 1 ZPO) und ob die Fragen evtl. im Detail anders formuliert werden sollten und ob er den Auftrag innerhalb einer angemessenen Frist erledigen kann. Es spricht nichts dagegen, die Beweisfragen mit dem Sachverständigen vorab telefonisch zu erörtern,[257] die Beteiligten hiervon zu unterrichten und mit kurzer Frist zu den Beweisfragen anzuhören (§ 30 Abs. 1 FamFG i.V.m. §§ 404 Abs. 2, 404a Abs. 2 ZPO).[258] 297

Die telefonische Anhörung bereits des in Aussicht genommenen Sachverständigen verringert zudem die Gefahr, dass sich der Sachverständige erst nach seiner Beauftragung bei der ihm gemäß § 407a Abs. 1 ZPO (i.V.m. § 30 Abs. 1 FamFG) obliegenden Prüfung, ob der Auftrag in sein Fachgebiet fällt und ohne die Hinzuziehung weiterer Sachverständiger sowie innerhalb der vom Gericht gesetzten Frist erledigt werden kann, als ungeeignet oder jedenfalls als nicht optimale Wahl erweist. Diese Vorgehensweise entspricht dem Beschleunigungsgebot des § 155 Abs. 1 FamFG. 298

Praxistipp 299

→ **Familiengericht**

Es empfiehlt sich für die Richterin, den in Aussicht genommenen Sachverständigen zu den beabsichtigten Fragen telefonisch anzuhören.

Gemäß § 163 Abs. 1 FamFG ist das Gutachten durch einen geeigneten Sachverständigen zu erstatten, der mindestens über eine psychologische, psychotherapeutische, kinder- und jugendpsychiatrische, psychiatrische, ärztliche, pädagogische oder sozialpädagogische Berufsqualifikation verfügen soll. Verfügt der Sachverständige über eine pädagogische oder sozialpädagogische Berufsqualifikation, ist der Erwerb ausreichender diagnostischer und analytischer Kenntnisse durch eine anerkannte Zusatzqualifikation nachzuweisen.[259] 300

257 Zur Kontaktaufnahme des Gerichts mit dem in Aussicht genommenen Sachverständigen vor Abfassung des Beweisbeschlusses siehe auch Heilmann/*Heilmann*, § 163 FamFG Rn. 20.

258 Prütting/Helms/*Hammer*, § 163 FamFG Rn. 8b.

259 Anschaulicher Beispielsfall zur erforderlichen Qualifikation („interprofessionelles Gutachten"): OLG Schleswig, 7.5.2020 – 13 UF 4/20, NZFam 2020, 719. Einzelheiten bei Johannsen/Henrich/Althammer/*Döll*, § 163 FamFG Rn. 4 f.

VIII. Leitung der Sachverständigentätigkeit durch das Gericht (und Weisungen)

301 Das Gericht hat die Tätigkeit des Sachverständigen zu leiten und kann ihm für Art und Umfang seiner Tätigkeit Weisungen erteilen (§ 404a ZPO i.V.m. § 30 Abs. 1 FamFG).

302 Im Einzelnen lässt das Kammergericht[260] folgende Anordnungen zu:

- Bei einer sachverständigen Begutachtung kann eine Begleitperson des zu Untersuchenden nicht zugelassen werden;
- die Eltern haben keinen Anspruch darauf, dass ein Sachverständiger über seine Begutachtung des Kindes eine Ton- oder Videoaufzeichnung herstellt;
- selbst wenn der Sachverständige solche Aufzeichnungen erstellt hat, hat ein Beteiligter keinen Anspruch auf Überlassung von Kopien.

303 Das Gericht muss dem Sachverständigen eine **Frist** setzen, innerhalb derer er das von ihm unterschriebene Gutachten zu übermitteln hat (§ 411 Abs. 1 ZPO i.V.m. § 30 Abs. 1 FamFG). Die Länge der Frist richtet sich nach den Umständen des Einzelfalles.[261] Bei der Bemessung der Frist hat das Gericht nicht nur den Beschleunigungsgrundsatz, sondern auch die Komplexität des jeweiligen Falles und den voraussichtlichen Zeitaufwand im Hinblick auf den Umfang der Tatsachenfeststellung und der Beweisfragen zu berücksichtigen.[262] De facto wird eine Begutachtung in komplizierten Fällen, insbesondere bei psychisch belasteten Kindern, bei denen eventuell auch eine medizinische oder therapeutische Intervention erforderlich ist, Zeit benötigen. Auch der Erkenntnisgewinn durch eine Begutachtung, der ja über das, was ein erfahrener Richter aus seiner Alltagskenntnis heraus ohnehin weiß, hinausgehen soll, wird nicht immer durch ein „Blitzgutachten“ zu erzielen sein.[263] In der Regel kommt eine über einen Zeitraum von **drei bis vier Monaten** hinausreichende Frist in einer dem Beschleunigungsgrundsatz unterliegenden Kindesschutzsache nicht in Betracht.[264]

304 Insbesondere auch bei folgenden Fragen und Konstellationen hat der Sachverständige sich zur Herbeiführung einer Entscheidung an das Gericht zu wenden:

1. Audio-Video-Aufzeichnungen/Begleitpersonen[265]

305 Können die Eltern vom Sachverständigen verlangen, dass er Audio-/Video-Aufzeichnungen von der Exploration des Kindes oder eines Elternteils anfertigt? Darf

260 KG, 18.2.2021 – 3 UF 1069/20, ZKJ 2021, 331 = NZFam 2021, 416 m. Anm. *Köhler, 417*; dazu auch: *Streicher*, FamRZ 2022, 489, 495.
261 Johannsen/Henrich/Althammer/*Döll*, § 163 FamFG Rn. 3.
262 MüKoFamFG/*Schumann*, § 163 Rn. 7.
263 *Kölch/Fegert*, FamRZ 2008, 1573, 1579 f.
264 Heilmann/*Heilmann*, § 163 FamFG Rn. 21.
265 KG, 18.2.2021 – 3 UF 1069/20, FamRZ 2021, 1226 = NZFam 2021, 416 m. Anm. *Köhler*.

der Sachverständige von sich aus solche Aufzeichnungen anfertigen? Muss der Sachverständige solche Aufzeichnungen dem Gericht auf Verlangen herausgeben? Können die Eltern verlangen, dass bei der Exploration des Kindes ein Elternteil anwesend ist? Kann ein Elternteil verlangen, dass bei seiner eigenen Exploration eine Begleitperson anwesend ist?[266]

Das BVerfG hat entschieden, dass ein Anspruch der Eltern auf Videoübertragung der Anhörung des Kindes nicht besteht, weil auch hier die Gefahr der Beeinflussung der Kindesäußerung überwiegt.[267] Dies muss dann auch für die Untersuchung durch den Sachverständigen als Gehilfen des Gerichts gelten.[268] 306

2. Mitwirkung der Eltern

Sind die Eltern verpflichtet, selbst an Explorationen des Sachverständigen teilzunehmen, insbesondere sich begutachten und untersuchen zu lassen? Können Sie dazu gezwungen werden? 307

§ 27 Abs. 1 FamFG sieht vor, dass die Beteiligten – also auch die Eltern in einem Kindesschutzverfahren – an der Ermittlung des Sachverhalts mitwirken sollen. Allerdings ist diese Mitwirkung nicht erzwingbar.[269] 308

In einer Umgangssache hat das BVerfG entschieden, dass die gerichtlich angeordnete Exploration eines Elternteils in der Weise, dass der Umgang des Elternteils mit dem Kind in den Räumen des Sachverständigen und unter dessen Beaufsichtigung zum Zweck der Erstellung eines psychologischen Gutachtens stattfindet, in den Schutzbereich des Persönlichkeitsrechts des Elternteils eingreift; für eine solche Anordnung fehlt eine gesetzliche Grundlage.[270] 309

Der BGH hat in einem Verfahren nach § 1666 BGB in gleicher Weise entschieden: Ein Elternteil kann mangels einer gesetzlichen Grundlage nicht gezwungen werden, sich körperlich oder psychiatrisch/psychologisch untersuchen zu lassen und zu diesem Zweck bei einem Sachverständigen zu erscheinen. Verweigert ein Elternteil in Verfahren nach § 1666 BGB die Mitwirkung an der Begutachtung, kann dieses Verhalten nicht nach den Grundsätzen der Beweisvereitelung gewürdigt werden. In Betracht kommt allerdings, den die Begutachtung verweigernden El- 310

266 Ausführlich zu Einzelheiten: Prütting/Helms/*Hammer*, § 163 FamFG Rn. 20b–20e. Siehe auch: OLG Hamm, 3.2.2015 – 14 UF 135/14, ZKJ 2015, 198 = FamRZ 2015, 1126 (Anwesenheit einer Begleitperson des Elternteils bzw. Tonaufzeichnungen des Gesprächs mit der Sachverständigen); OVG Koblenz, 11.6.2013 – 2 A 11071/12, NVwZ-RR 2013, 972 (Anwesenheit einer dritten Person bei psychiatrischer Untersuchung eines Beamten).

267 BVerfG, 5.6.2019 – 1 BvR 675/19, FamRZ 2019, 1437.

268 Prütting/Helms/*Hammer*, § 163 FamFG Rn. 20e.

269 BT-Drs. 16/6308, S. 242; Prütting/Helms/*Hammer*, § 163 FamFG Rn. 21 mit weiteren Einzelheiten.

270 BVerfG, 20.5.2003 – 1 BvR 2222/01 – FamRZ 2004, 523. Siehe auch OLG Nürnberg, 16.8.2013 – 11 WF 1071/13, FamRZ 2014, 677 (familiengerichtliche Anordnung der ärztlichen Untersuchung eines Elternteils wegen des Verdachts einer Suchterkrankung/eines Alkoholmissbrauchs) und OLG Frankfurt, 7.4.2015 – 5 WF 66/15, ZKJ 2015, 328 (Anordnung der Haarprobenentnahme bei einem Elternteil).

ternteil in Anwesenheit eines Sachverständigen gerichtlich anzuhören und zu diesem Zweck das persönliche Erscheinen des Elternteils anzuordnen und gegebenenfalls gemäß § 33 FamFG durchzusetzen.[271]

311 Der vom BGH in dieser Misslichkeit aufgezeigte Weg kann nur als Verlegenheitslösung angesehen werden und hilft nicht in jedem Fall weiter.[272]

3. Einbeziehung des Kindes

312 Wie ist zu verfahren, wenn die Eltern mit der Untersuchung/Exploration des Kindes nicht einverstanden sind? Und wie, wenn die Eltern das Kind nicht zur Exploration bei dem Sachverständigen bringen?

313 Für die Begutachtung des Kindes ist die Zustimmung des gesetzlichen Vertreters (bei gemeinsamer Sorge die Zustimmung beider Eltern) erforderlich.[273]

314 Ist nur ein mitsorgeberechtigter Elternteil mit der Begutachtung des Kindes einverstanden, kann ihm die Entscheidungsbefugnis auf Antrag nach § 1628 BGB übertragen werden. Fehlt es zur Begutachtung an der Zustimmung des sorgeberechtigten Elternteils oder beider sorgeberechtigten Eltern, kann diese durch Beschluss im Wege einstweiliger Anordnung nach § 1666 Abs. 3 Nr. 5 BGB ersetzt werden, wenn gewichtige Anhaltspunkte für eine Kindeswohlgefährdung vorliegen.[274] Geht es darüber hinaus darum, das Kind zur Begutachtung bringen, ist der (einstweilige) Entzug der elterlichen Sorge mit dem Teilbereich der Entscheidung über die Begutachtung des Kindes sowie über Zuführung und Durchführung zur Begutachtung erforderlich, aber auch ausreichend.[275]

315 Das OLG Hamm[276] hat entschieden, dass zu prüfen sei, ob der Sachverständige auch ohne eingehende Exploration des Kindes eine ausreichende Datengrundlage gewinnen kann, um zu der Frage, ob eine Kindeswohlgefährdung zu bejahen ist, aus psychologischer Sicht Stellung nehmen zu können, bevor die verweigerte Zustimmung eines sorgeberechtigten Elternteils zur psychologischen Begutachtung eines Kindes gem. § 1666 Abs. 3 Nr. 5 BGB zur Abwehr einer Kindeswohlgefährdung ersetzt wird. Das Familiengericht sei in diesem Zusammenhang insbesondere befugt, auch gegen den Willen des sorgeberechtigten Elternteils das Kind in Anwesenheit und unter Mitwirkung des Sachverständigen gerichtlich anzuhören. Eine solche Vorgehensweise sei unter Verhältnismäßigkeitsgesichtspunkten als gegenüber der Ersetzung der Zustimmung des sorgeberechtigten Elternteils gem. § 1666 Abs. 3 Nr. 5 BGB milderes Mittel geboten.

---

271 BGH, 17.2.2010 – XII ZB 68/09, FamRZ 2010, 720.

272 *Utermark*, DRiZ 2020, 356 f.; *Bohnert*, NZFam 2014, 107, 112.

273 Prütting/Helms/*Hammer*, § 163 FamFG Rn. 22 mit weiteren Einzelheiten.

274 BGH, 17.2.2010 – XII ZB 68/09, FamRZ 2010, 720.

275 OLG Frankfurt, 28.8.2019 – 4 UF 189/19, NZFam 2019, 997. Siehe auch OLG Celle, 3.6.2019 – 10 WF 87/19, FamRZ 2019, 1930; OLG Jena, 23.3.2018 – 1 WF 67/18, FamRZ 2018, 1677; OLG Stuttgart, 28.9.2017 – 18 WF 128/17, FamRZ 2018, 455.

276 OLG Hamm, 4.9.2020 – II-2 UF 154/20, FamRZ 2021, 109 = NJW-RR 2020, 1329.

4. Eigene Ermittlungen des Sachverständigen

Darf der Sachverständige über die Exploration des Kindes und der Eltern hinaus eigene Ermittlungen anstellen? Darf er mit weiteren Personen und Institutionen Gespräche führen und bei diesen Erkundigungen einholen? **316**

Diese Frage wird im Bereich der Kindschaftssachen nahezu einhellig bejaht.[277] Das Gericht kann einem Sachverständigen wegen dessen besonderer Sachkunde die Entscheidung der Frage überlassen, welche Bezugspersonen des Kindes er in die Begutachtung einbezieht.[278] Ein im Kindschaftsverfahren tätiger Sachverständiger ist auch ohne Anweisung durch das Familiengericht befugt, durch Befragung von Auskunftspersonen **Anknüpfungstatsachen zu ermitteln**, die er für die Erstellung des Gutachtens für bedeutsam hält.[279] Der Sachverständige kann die erforderliche Abklärung mit den maßgeblichen Personen (Verantwortliche des Jugendhilfeträgers, Pflegekinderdienst, Bereitschaftspflegemütter, Mitarbeiter der Sozialpädagogischen Familienhilfe, Verfahrensbeistand, Kindeseltern) nach eigener Einschätzung sowohl durch Einzelgespräche als auch im Rahmen eines gemeinsamen Besprechungstermins herbeiführen.[280] Soweit der Sachverständige im Rahmen einer familienpsychologischen Begutachtung Anknüpfungstatsachen, die er für die Beantwortung der Beweisfragen für bedeutsam hält, mittels der Einholung von Auskünften von dritten Personen (z.B. Ärzten und Lehrern) erhebt, ist dies verfahrensrechtlich nicht zu beanstanden. Bei Weigerung der Eltern, die Schweigepflichtentbindungserklärung für das Kind zur Einholung von Auskünften bei dritten Personen zu erteilen, kann diese Erklärung gemäß § 1666 Abs. 3 Nr. 5 BGB ersetzt werden.[281] **317**

Die Mindestanforderungen an die Qualität von Sachverständigengutachten im Kindschaftsrecht[282] sprechen die Empfehlung an die Sachverständigen aus, bei unklaren Anknüpfungstatsachen keine Beweiswürdigung vorzunehmen, sondern Rücksprache mit dem Gericht zu halten. **318**

277 Anderer Ansicht soweit ersichtlich nur: *Korn-Bergmann/Purschke*, FamRB 2014, 25.
278 OLG Stuttgart, 27.6.2002 – 17 UF 122/2002, FamRZ 2003, 316.
279 OLG Frankfurt, 28.11.2016 – 6 WF 200/16, FamRZ 2017, 914.
280 OLG Celle, 26.8.2014 – 10 W 3/14, ZKJ 2014, 483.
281 OLG Schleswig, 22.6. 2017 – 10 UF 103/17, FamRZ 2018, 109.
282 Arbeitsgruppe Familienrechtliche Gutachten, 2. Auflage 2019, Anhang V.7., abgedruckt in ZKJ 2019, 409 ff.

IX. Wie ist das (schriftliche) Sachverständigengutachten in das Verfahren einzubringen?

1. Gelegenheit zur Stellungnahme, § 30 Abs. 4 FamFG

319 § 30 Abs. 4 FamFG verpflichtet das Gericht, den Beteiligten – ausreichend[283] – Gelegenheit zur Stellungnahme zum Ergebnis der Beweisaufnahme zu geben. Das Gericht darf seine Entscheidung nur auf solche Tatsachen und Beweisergebnisse stützen, zu denen die Beteiligten sich äußern konnten (§ 37 Abs. 2 FamFG).[284]

2. Mündliche Erläuterung des schriftlichen Gutachtens in einem Termin

320 Macht ein Beteiligter Einwendungen gegen ein Sachverständigengutachten geltend, bietet es sich an, den Sachverständigen zum Anhörungs- und Erörterungstermin zu laden und das schriftliche Gutachten mündlich erläutern zu lassen. Zwar ist einem Antrag eines Beteiligten auf Ladung des Sachverständigen zum Termin nicht in jedem Fall zu entsprechen. Eine Ladungspflicht besteht aber immer dann, wenn durch die mündliche Erläuterung weitere entscheidungserhebliche Erkenntnisse zu erwarten sind.[285]

321 Nach der Rechtsprechung des BVerfG umfasst der Anspruch auf rechtliches Gehör auch die Anhörung gerichtlicher Sachverständiger. Es besteht daher – auch im Verfahren der freiwilligen Gerichtsbarkeit – grundsätzlich die Pflicht, dem Antrag eines Verfahrensbeteiligten auf mündliche Befragung gerichtlicher Sachverständiger nachzukommen, wenn er nicht verspätet oder rechtsmissbräuchlich gestellt wurde. Dem Antrag auf **mündliche Erläuterung** eines Sachverständigengutachtens ist jedenfalls dann stattzugeben, wenn das Gericht die Aufklärung des Sachverhalts im Wesentlichen einem Sachverständigen überlassen hat. Es ist aber verfassungsrechtlich nicht unter allen Umständen geboten, einem Antrag auf mündliche Erläuterung eines Sachverständigengutachtens nachzukommen und Sachverständige mündlich anzuhören. Denn in kindschaftsrechtlichen Verfahren ist der allgemeine Grundsatz zu berücksichtigen, dass das Fachgericht selbst über den Umfang seiner Ermittlungen bestimmt, ohne hierbei an etwaige Anträge der Verfahrensbeteiligten gebunden zu sein.[286]

---

283 MüKoFamFG/*Ulrici*, § 30 Rn. 40.
284 Zur Praxis der Gegengutachten: *Britz*, PdR 2016, 11, 12; *Stößer*, FamRZ 2016, 1903 (Eindruck, dass „Geschäftsmodell für außergerichtliche Gegengutachten"). Zur Verwertbarkeit sog. methodenkritischer Stellungnahmen siehe Heilmann/*Heilmann*, § 163 FamFG Rn. 6.
285 OLG München, 22.10.2014 – 31 Wx 239/13, FamRZ 2015, 689 (Nachlasssache).
286 BVerfG, 5.7.2001 – 1 BvR 1055/01, FamRZ 2001, 1285.

In dem anzuberaumenden Termin steht (nur) den Beteiligten auch ein Fragerecht zu (§§ 402, 397 ZPO).[287] 322

Praxistipp 323

→ **Rechtsanwälte** → **Verfahrensbeistand** → **Jugendamt**
Verfahrensbevollmächtigte der Eltern, Verfahrensbeistand und Jugendamt sollten die Anberaumung eines Termins und die Ladung des Sachverständigen zum Zweck der mündlichen Erläuterung des schriftlichen Gutachtens immer dann einfordern, wenn sie Bedenken an dem schriftlichen Gutachten haben, die sich nicht durch einfache schriftliche Nachfrage ausräumen lassen. Im Termin sollten die Genannten von ihrem Fragerecht Gebrauch machen. Selbstverständlich sollten sie ihre Fragen unter Bezugnahme auf die jeweiligen Passagen des schriftlichen Gutachtens zum Termin vorbereitet haben.

3. Auswertung des Gutachtens

Das Gericht muss die Feststellungen des Sachverständigen im Rahmen der freien Beweiswürdigung (§ 37 Abs. 1 FamFG) eigenständig auf ihre rechtliche Relevanz hin auswerten.[288] Die Begründung einer Endentscheidung, die sich in der **bloßen Bezugnahme auf die Autorität** des Sachverständigen (oder des Verfahrensbeistands oder des Jugendamts) erschöpft, ist eine **Nichtbegründung**.[289] Nach der Rechtsprechung des BGH ist das Sachverständigengutachten daraufhin zu prüfen, ob es eine ausreichende Grundlage für den vom Gericht beabsichtigten Schluss bietet. Das Gericht muss den **Beweiswert des Sachverständigengutachtens hinterfragen**.[290] Das Sachverständigengutachten ist kritisch zu würdigen.[291] 324

Pauschalverweise auf Sachverständigengutachten sind zwar verfassungsrechtlich nicht von vornherein ausgeschlossen, sind aber umso problematischer, je schwächer ein Gutachten ist.[292] 325

Einzelne **Mängel eines Gutachtens** schließen nicht aus, dass das Gutachten insgesamt dazu beitragen kann, Ungewissheiten des Gerichts sinnvoll zu reduzieren.[293] Es führt nicht ohne Weiteres zur Verfassungswidrigkeit einer gerichtlichen Entscheidung, wenn ein Sachverständigengutachten für sich genommen keine verlässliche Grundlage für die Feststellung einer Kindeswohlgefährdung bietet, so- 326

287 Heilmann/*Heilmann*, § 163 FamFG Rn. 49.
288 BVerfG, 19.11.2014 – 1 BvR 1178/14, Rn. 27, FF 2015, 66.
289 *Ernst*, FF 2020, 195, 203.
290 BGH, 5.10.2016 – XII ZB 280/15, ZKJ 2017, 21 = FamRZ 2016, 2082. **Beispiel** für **ausführliche Würdigung** des Sachverständigengutachtens bei OLG Hamm, 6.6.2016 – 4 UF 186/15, FamRZ 2016, 1940.
291 Heilmann/*Heilmann*, § 163 FamFG Rn. 51.
292 *Britz*, PdR 2016, 10.
293 *Britz*, PdR 2016, 9.

weit die Entscheidung die Mängel thematisiert, die fachliche Qualifikation des Sachverständigen näher klärt und nachvollziehbar darlegt, inwiefern Aussagen aus dem Gutachten gleichwohl verwertbar sind und zur Entscheidungsfindung beitragen können. Selbst bei völliger Unverwertbarkeit einer sachverständigen Begutachtung hält eine Entscheidung verfassungsgerichtlicher Kontrolle stand, wenn sich das Vorliegen einer die Trennung von Kind und Eltern rechtfertigenden Kindeswohlgefährdung aus den Entscheidungsgründen auch ohne Einbeziehung der sachverständigen Aussagen hinreichend nachvollziehbar ergibt.[294]

327 Es ist nach der Rechtsprechung des BVerfG nicht ausgeschlossen, dass das Fachgericht im Einzelfall von den fachkundigen Feststellungen und Wertungen gerichtlich bestellter Sachverständiger abweicht. Insbesondere ist nicht ausgeschlossen, dass das Gericht zu einer **abweichenden Einschätzung** und Bewertung von Art und Ausmaß einer Kindeswohlgefährdung oder der dem Kindeswohl am besten entsprechenden Entscheidung gelangt. Es muss dann aber eine anderweitige verlässliche Grundlage für eine am Kindeswohl ausgerichtete Entscheidung haben und diese offenlegen. Ein Abweichen von den gegenläufigen Einschätzungen der Sachverständigen bedarf daher eingehender Begründung.[295]

328 ***Beispiel***

Sachverständigengutachten hinterfragen – Fallbeispiel nach BVerfG

„Auch dem vorliegenden Sachverständigengutachten, auf das das Oberlandesgericht seine Erwägungen maßgeblich stützt, lässt sich keine Feststellung einer aktuellen Kindeswohlgefährdung im Fall des Verbleibens des Kindes bei der Mutter entnehmen. Wie die Sachverständige zu der Ansicht gelangt ist, dass [das Kind] in den vergangenen Jahren starke Gewichtsverluste erlitten habe, die auf eine Essstörung [des Kindes] hindeuteten und Grund zur Sorge bereiteten, ist nicht nachvollziehbar. Die vorgelegten Arztberichte lassen einen solch massiven Gewichtsverlust jedenfalls nicht erkennen. In keinem der vorgelegten Arztberichte wird ein Verdacht auf das Vorliegen einer Essstörung bei [dem Kind] geäußert."[296]

329 Auch die „Mindestanforderungen an die Qualität von Sachverständigengutachten im Kindschaftsrecht"[297] geben dem Gericht und den Verfahrensbeteiligten gute Anhaltspunkte für die Prüfung von Gutachten.[298]

---

294 BVerfG, 27.4.2017 – 1 BvR 563/17, FamRZ 2017, 1055 (1056); BVerfG, 19.11.2014 – 1 BvR 1178/14, FamRZ 2015, 112 = NJW 2015, 223.

295 BVerfG, 14.4.2021 – 1 BvR 1839/20, FamRZ 2021, 1201; BVerfG, 6.9.2021 – 1 BvR 1750/21, FF 2021, 443.

296 BVerfG, 22.5.2014 – 1 BvR 3190/13, JAmt 2014, 415.

297 Arbeitsgruppe Familienrechtliche Gutachten, 2. Auflage 2019, Anhang V.7., abgedruckt in ZKJ 2019, 409 ff.

298 Prütting/Helms/*Hammer*, § 163 FamFG Rn. 29a; siehe auch OLG Hamm, 19.7.2016 – 11 WF 106/16, FamRZ 2017, 540 (Missachtung der Mindestanforderungen an ein familienpsychologisches Gutachten).

Checkliste Prüfung Sachverständigengutachten

330

Gemäß dem (nicht abschließenden) **Katalog nach *Hammer***[299] ist bei der Prüfung des Sachverständigengutachtens vor allem auf folgende Gesichtspunkte zu achten:[300]

- ❑ Ist die gerichtliche Beweisfrage zutreffend erfasst?
- ❑ Sind Darstellung von Untersuchungsergebnissen einerseits und darauf gründende Bewertungen/Schlussfolgerungen andererseits getrennt?
- ❑ Falls der Sachverständige Anknüpfungstatsachen selbst ermittelt hat: Hat er seine Informationsquellen offengelegt?
- ❑ Hat der Sachverständige hinzugezogene Hilfskräfte benannt? (Hintergrund: Begrenzte Zulässigkeit der Übertragung der Gutachtertätigkeit auf Gehilfen, vgl. § 407a ZPO. So darf bspw. der beauftragte Sachverständige im Rahmen der psychologischen Begutachtung nicht ohne gesonderte gerichtliche Anordnung einen Psychiater hinzuziehen.)[301]
- ❑ Ist der Sachverständige multimodal vorgegangen? D.h., hat er sich unterschiedlicher Datenquellen zur Begründung seiner Schlussfolgerungen bedient? Kriterien dürfen i.d.R. nur als gegeben erachtet werden, wenn sie sich auf mindestens zwei verschiedene Informationsquellen beziehen (aus den eigenen Untersuchungen oder laut Akte unstreitigen Tatsachen).
- ❑ Bei mehreren (Geschwister-)Kindern: Hat der Sachverständige für jedes Kind gesonderte Erhebungen und Schlussfolgerungen angestellt?
- ❑ Ist nachvollziehbar, auf welchen Tatsachen oder Erhebungen eine Schlussfolgerung beruht?
- ❑ Hat der Sachverständige sein Bewertungssystem offengelegt? Anhand welcher (wissenschaftlicher) Kriterien erfolgte eine Bewertung und welche alternativen Bewertungsmöglichkeiten gibt es?
- ❑ Hat der Sachverständige Unsicherheiten bei der Bewertung benannt?

---

299 Prütting/Helms/*Hammer*, § 163 FamFG Rn. 29a.
300 Siehe auch Heilmann/*Heilmann*, § 163 Rn. 51–57 (inkl. Übersicht: Überprüfung eines Gutachtens).
301 Siehe auch: OLG Schleswig, 31.5.2019 – 13 UF 13/19, FamRZ 2020, 596.

Kapitel 11: Vorrang- und Beschleunigungsgebot

331 § 155 Abs. 1 FamFG enthält im Interesse des Kindeswohls ein ausdrückliches und umfassendes Vorrang- und Beschleunigungsgebot für bestimmte Kindschaftssachen, zu denen auch die **Verfahren wegen Gefährdung des Kindeswohls** zählen.

332 Dieses Gebot richtet sich an das jeweils mit der Sache befasste Gericht in allen Rechtszügen. Die Vorschrift soll insbesondere eine Verkürzung der Verfahrensdauer in sorge- und umgangsrechtlichen Verfahren bewirken. Sie gilt auch für das Verfahren der einstweiligen Anordnung (§§ 49 ff. FamFG).[302] Gerade hier besteht ein besonderes Bedürfnis für eine zeitnahe Entscheidung. Die bevorzugte Erledigung der genannten Kindschaftssachen hat **im Notfall auf Kosten anderer anhängiger Sachen** zu erfolgen. Das Vorranggebot gilt in jeder Lage des Verfahrens. Es ist u.a. bei der Anberaumung von Terminen, bei der Fristsetzung für die Abgabe eines Sachverständigengutachtens (vgl. § 163 FamFG) und bei der Bekanntgabe von Entscheidungen zu beachten. Das Beschleunigungsgebot darf allerdings nicht schematisch gehandhabt werden. Im Einzelfall kann – jedenfalls in einem Hauptsacheverfahren – auch einmal ein Zuwarten mit dem Verfahrensabschluss oder ein zeitaufwändiger zusätzlicher Verfahrensschritt erforderlich oder sinnvoll sein. Ebenso kann im Einzelfall von einer frühen Terminierung abgesehen werden, wenn das Kindeswohl eine solche offensichtlich nicht erfordert. Der **Grundsatz des Kindeswohls prägt und begrenzt zugleich das Beschleunigungsgebot**. Dabei hat das Gericht die in § 155 Abs. 1 FamFG genannten Verfahren im Zweifelsfall vorrangig und beschleunigt zu bearbeiten. Die übrigen Vorschriften dieses Abschnitts geben dem Gericht in jedem Einzelfall ausreichend Spielraum für eine am Kindeswohl orientierte Verfahrensgestaltung.[303]

333 In Verfahren gemäß den §§ 1666, 1666a BGB dient das Vorrang- und Beschleunigungsgebot insbesondere dazu, dass sich das Gericht schnellstmöglich einen Überblick über die Gefährdungslage für das Kind verschafft.[304]

334 Vorrangigkeit bedeutet, dass andere Familien- und Familienstreitsachen ggf. liegen bleiben müssen, wenn eine der genannten Kindschaftssachen bei Gericht anhängig ist. Diese ist vorzuziehen. Der Gesetzgeber macht damit Vorgaben für die interne Organisation der familiengerichtlichen Spruchkörper.[305] Außerdem sind die genannten Verfahren beschleunigt zu bearbeiten. Dies ist während des gesamten Verfahrens zu beachten.[306]

---

302 Johannsen/Henrich/Althammer/*Döll*, § 155 FamFG Rn. 3.

303 Begründung des Gesetzentwurfs der Bundesregierung, BT-Drs. 16/6308, S. 235 f.

304 OLG Brandenburg, 13.8.2018 – 9 UF 148/18, FamRZ 2019, 822.

305 *Trunk*, JAmt 2009, 282, 283; Johannsen/Henrich/Althammer/*Döll*, § 155 FamFG Rn. 4.

306 *Trunk*, JAmt 2009, 282, 283.

Termine sind innerhalb kurzer Frist zu bestimmen. Bei der Einholung eines Sachverständigengutachtens ist dem Sachverständigen eine Frist zu setzen (§ 163 FamFG), Entscheidungen sind innerhalb kurzer Frist abzufassen und bekannt zu geben. Terminverschiebungen beim frühen Termin sind nur aus zwingenden Gründen zulässig (z.B. bei Krankheit). Dies ist auch von der Anwaltschaft zu beachten, da eine Terminverlegung aufgrund von Terminkollisionen nicht mehr möglich sein wird, sofern es sich bei dem kollidierenden Termin nicht ebenfalls um eine vorrangig zu behandelnde Kindschaftssache handelt.[307] **335**

Kommt es zu **Terminkollisionen**, müssen die von der Kollision betroffenen Beteiligten in den anderen (nicht dem Vorrang- und Beschleunigungsgebot unterliegenden) Verfahren zwingend einen Verlegungsantrag stellen.[308] **336**

Zwar richtet sich das Vorrang- und Beschleunigungsgebot in erster Linie an das Gericht. Daraus, dass der Gesetzgeber allen am Verfahren Beteiligten mit den §§ 155b, 155c FamFG das Recht zur **Beschleunigungsrüge und zur Beschleunigungsbeschwerde** eingeräumt hat, ergibt sich jedoch, dass insbesondere auch Verfahrensbeistand und Jugendamt im Sinne von *Checks and Balances* gehalten sind, mit auf die beschleunigte und vorrangige Durchführung des Verfahrens zu achten. **337**

Praxistipp **338**

▶ → ***Jugendamt*** → ***Verfahrensbeistand***

Jugendamt und Verfahrensbeistand können und sollten von Beginn eines Kindesschutzverfahrens an darauf achten, dass das Verfahren beschleunigt und vorrangig durchgeführt wird. Dazu können sie beispielsweise

- *auf die Einhaltung der Monatsfrist des § 155 Abs. 2 Satz 2 FamFG dringen,*
- *widersprechen, wenn ein anderer Verfahrensbeteiligter oder die Verfahrensbevollmächtigten der Eltern (ohne zwingende Gründe zu haben) die Verlegung eines anberaumten Termins begehren,*
- *darauf achten, dass im frühen Termin (§ 155 Abs. 2 FamFG) möglichst umfassend das weitere Ermittlungsprogramm geklärt wird (→ Kapitel 18 Rn. 192 bis 198),*
- *darauf achten, dass keine überflüssigen Sachverständigengutachten eingeholt werden,*
- *darauf achten, dass die einer Sachverständigen vorgelegten Beweisfragen nicht unnötig weit oder gar pauschal gefasst werden (denn: je umfangreicher der Beweisbeschluss, umso mehr Zeit nimmt die Begutachtung in Anspruch),*

307 *Trunk*, JAmt 2009, 282, 283.
308 OLG Brandenburg, 13.8.2018 – 9 UF 148/18, FamRZ 2019, 822.

- *darauf achten, dass der Sachverständigen eine angemessene Frist zur Vorlage des schriftlichen Gutachtens gesetzt wird,*
- *darauf achten, dass die dem Sachverständigen gesetzte Frist eingehalten wird,*
- *Akteneinsicht (§ 13 FamFG) nehmen, wenn der Eindruck besteht, dass das Gericht das Verfahren nicht wie geboten fördert, insbesondere wenn Anhaltspunkte dafür bestehen, dass „gerade gar nichts mehr passiert" (faktischer Verfahrensstillstand).*

Die Wahrnehmung dieser Rechte und zugleich Mitwirkungsaufgaben in der geschilderten Weise ist häufig wesentlich effektiver als das regelmäßig erst spät im Verfahren erfolgende oder gar zu spät kommende Anbringen der Beschleunigungsrüge.

Kapitel 12: Die Endentscheidung

Übersicht Rn.

I. Entscheidung durch Beschluss

339 Das Familiengericht entscheidet in Kinderschutzverfahren wie in anderen familienrechtlichen Verfahren durch Beschluss (§ 38 Abs. 1, § 116 FamFG). Es handelt sich um eine Endentscheidung, da in der Sache selbst entschieden und diese damit ganz oder teilweise erledigt wird (§ 38 Abs. 1 FamFG). Der Beschluss ist i.d.R. zu begründen (§ 38 Abs. 3–5 FamFG). Er muss gem. § 39 FamFG eine Rechtsbehelfsbelehrung enthalten. Gegen ihn ist das Rechtsmittel der Beschwerde gegeben.

II. Aufbau und Inhalt des Beschlusses

340 Beschlüsse in Verfahren nach §§ 1666, 1666a BGB sind nach dem üblichen Schema aufzubauen:

1. Überschrift
2. Beschlusseingang (Rubrum)
3. Beschlussformel (Tenor)
4. Gründe
5. Rechtsbehelfsbelehrung
6. Unterschrift

1. Überschrift und Beschlusseingang (Rubrum)

341 Nach der Überschrift „Beschluss" folgt das Rubrum. Im Rubrum sind alle am Verfahren Beteiligten sowie die die Entscheidung erlassende Richterin aufzuführen.

342 In Bezug auf das Jugendamt ist zu beachten, dass dieses **nicht als Antragsteller** im Rubrum aufzuführen ist, denn auch wenn das Jugendamt das Verfahren durch eine Anrufung gem. § 8a Abs. 2 SGB VIII angeregt hat, ist es nicht Antragsteller in dem Verfahren gem. §§ 1666, 1666a BGB. Das Kinderschutzverfahren vor dem Familiengericht ist ein Amtsverfahren, welches das Familiengericht von Amts wegen zu betreiben hat und in welchem es gerade nicht über einen Sachantrag eines Antragstellers entscheidet (Einzelheiten → Kapitel 7 Rn. 126 ff.). Entsprechend sind auch die Eltern im Rubrum nicht als Antragsgegner zu führen. Ein gegnerschaftliches Rubrum ist im Kindesschutzverfahren überhaupt zu vermeiden, also auch, wenn z.B. der getrenntlebende Vater die Entziehung der elterlichen Sorge der alleinsorgeberechtigten Mutter anregt.

343 ***Hinweis***

→ Familiengericht
Da das Jugendamt in Verfahren nach §§ 1666, 1666a BGB stets förmlich am Verfahren zu beteiligen ist (§ 162 Abs. 2 Satz 1 FamFG), ist es im Rubrum ebenso wie das Kind, die Eltern und der Verfahrensbeistand (§ 158b Abs. 3 Satz 1 FamFG)[309] als ***förmlicher Beteiligter*** *des Verfahrens aufzuführen. Deutlich werden muss im Rubrum die Abgrenzung zu den übrigen kindschaftsrechtlichen Verfahren, in denen das Jugendamt nicht förmlich zu beteiligen ist, wenn es dies nicht beantragt (§ 162 Abs. 2 Satz 1 FamFG). In diesen ist das „anzuhörende Jugendamt", solange es nicht seine förmliche Beteiligung beantragt hat, nach den Beteiligten aufzuführen (insbesondere um sicherzustellen, dass die Bekanntgabe des Beschlusses an das anzuhö-*

309 Zu den Neuregelungen betreffend den Verfahrensbeistand durch das Gesetz zur Bekämpfung sexualisierter Gewalt gegen Kinder, vgl. *Wierse*, JAmt 2022, 127 ff.

rende Jugendamt gemäß § 162 Abs. 3 Satz 1 FamFG – die von dessen Beteiligtenstellung unabhängig ist – nicht vergessen wird: „Zusätzlich: Jugendamt [ASD])".

Zu beachten ist, dass das Jugendamt in verschiedenen Funktionen am Kindesschutzverfahren beteiligt sein kann: als mitwirkende Fachbehörde und als Sorgeberechtigter des Kindes. Handelt es sich um ein Verfahren, in dem erstmalig über einen möglichen Eingriff in die elterliche Sorge zu entscheiden ist, ist das Jugendamt nur in seiner Funktion als mitwirkende Fachbehörde (§ 50 SGB VIII) beteiligt. Diese Aufgabe ist im Jugendamt organisatorisch üblicherweise dem Allgemeinen Sozialen Dienst (ASD, auch RSD oder SD) zugewiesen. **344**

Exkurs: örtliche Zuständigkeit des Jugendamts für die Mitwirkung im familiengerichtlichen Verfahren **345**

Die örtliche Zuständigkeit des Jugendamts für die Mitwirkung im familiengerichtlichen Verfahren richtet sich nach der örtlichen Zuständigkeit für die Gewährung von Leistungen nach dem SGB VIII (§ 87b Abs. 1 i.V.m § 86 Abs. 1–4 SGB VIII). Leben die Eltern zusammen, ist in der Regel das Jugendamt am gewöhnlichen Aufenthaltsort (gA) der Eltern zuständig, leben sie getrennt (und in verschiedenen Jugendamtsbezirken), ist in der Regel das Jugendamt am gewöhnlichen Aufenthaltsort des Personensorgeberechtigten bzw. – im Falle der gemeinsamen Sorge – das Jugendamt zuständig, in dessen Bezirk das Kind oder der Jugendliche vor Beginn der Leistung zuletzt seinen gewöhnlichen Aufenthalt hatte. Die einmal begründete örtliche Zuständigkeit bleibt bis zum Abschluss des Verfahrens bestehen, § 87b Abs. 2 Satz 1 SGB VIII (zur örtlichen Zuständigkeit für die Mitwirkung in einem Abänderungs- oder Beschwerdeverfahren → Kapitel 15 Rn. 592 f.).

Die örtliche Zuständigkeit des Familiengerichts und die örtliche Zuständigkeit des Jugendamts können auseinanderfallen, da sich erstere in der Regel nach dem gA des Kindes (§ 152 Abs. 2 FamFG), letztere in der Regel nach dem gA der Eltern richtet.

Hinweis **346**

! → **Jugendamt**

Im Falle großer Entfernung kann es sinnvoll sein, dass das zuständige Jugendamt das Jugendamt am Gerichtsort um Amtshilfe für die Mitwirkung im familiengerichtlichen Verfahren bittet. Entscheidend sollte hierbei sein, welches Jugendamt die Mitwirkungsaufgabe, also die Unterrichtung über erbrachte Leistungen und über die Entwicklung des Kindes, besser zu erfüllen vermag.[310]

310 DIJuF-Rechtsgutachten, JAmt 2017, 184.

347 Während im Ausgangsverfahren also in aller Regel nur das Jugendamt als ASD mitwirkt und zu beteiligen ist, ist in einem Beschwerde- oder Abänderungsverfahren nach einem (Teil-)Entzug der elterlichen Sorge (§ 166 Abs. 2 FamFG, § 1696 Abs. 2 BGB) und Bestellung des Jugendamts zum Amtsvormund bzw. -pfleger außerdem das Jugendamt in seiner Funktion als Amtsvormund bzw. -pfleger zu beteiligen. Als Inhaber der elterlichen Sorge bzw. Teilen der elterlichen Sorge ist das Jugendamt als Amtsvormund/-pfleger von einer möglichen Abänderung der sorgerechtlichen Entscheidung unmittelbar in seinen Rechten betroffen und folglich am Verfahren förmlich zu beteiligen (§ 7 Abs. 2 Nr. 1 FamFG).[311] Da das Jugendamt die Ausübung der Vormundschaft/Pflegschaft auf eine Fachkraft im Jugendamt überträgt, die damit zum gesetzlichen Vertreter des Kindes wird (§ 55 Abs. 2 Satz 1, Abs. 3 Satz 2 SGB VIII), ist in diesem Fall die einzelne Fachkraft und nicht das Jugendamt (Abteilung Amtsvormundschaften) als Beteiligter im Rubrum aufzuführen.[312]

348 ***Hinweis***

→ **Familiengericht**
*Um die **unterschiedlichen Funktionen des Jugendamts im Verfahren** kenntlich zu machen, muss das Jugendamt in diesen Fällen im Rubrum doppelt aufgeführt werden: einmal als „Jugendamt X (Allgemeiner Sozialer Dienst)" und einmal als „Hans Müller (Amtsvormund bzw. -pfleger, Jugendamt X)".*

349 ***Muster für die Bezeichnung der Beteiligten im Rubrum eines § 1666er-Beschlusses***

In der Kindschaftssache

betreffend das minderjährige Kind X, geboren am …

Weitere Beteiligte:

1) … Janine Müller (Mutter)

2) … Tim Müller (Vater)

3) … Verfahrensbeistand

4) … Jugendamt Kreis Walden (Jugendamt)

5) … Peter Meier (Amtsvormund, StJA Feldberg)

hat das Amtsgericht (Familiengericht) …

311 BGH, 28.9.2016 – XII ZB 251/16, JAmt 2017, 99 = ZKJ 2017, 26.
312 Heilmann/*Cirullies*, § 38 FamFG Rn. 5.

2. Beschlussformel

Die Beschlussformel in einem Verfahren gem. §§ 1666, 1666a BGB besteht wie in anderen familiengerichtlichen Verfahren aus der Regelung des Verfahrensgegenstands („Hauptgegenstand", vgl. Kostenverzeichnis – FamGKG) und der Kostenentscheidung. Nach § 55 Abs. 2 FamGKG hat das Gericht einen Verfahrenswert festzusetzen – in einem separaten Beschluss oder gemeinsam mit der Endentscheidung.[313] **350**

a) Regelung des Verfahrensgegenstands

aa) Maßnahme gem. § 1666 BGB

Die Regelung des Verfahrensgegenstands kann entweder darin bestehen, dass das Familiengericht eine kindesschutzrechtliche Maßnahme trifft, oder darin, dass es von einer solchen absieht (→ Kapitel 14 Rn. 512 f.). **351**

Hinweis **352**

→ Familiengericht
Auch wenn das Familiengericht eine sorgerechtliche Maßnahme zum Schutz des Kindes nicht für erforderlich hält, muss dies aus der Beschlussformel ersichtlich sein: „Von Maßnahmen nach den §§ 1666, 1666a BGB wird abgesehen" (vgl. Formulierung in § 166 Abs. 3 FamFG).

Aus dem Text der Formel muss sich – zumindest in Verbindung mit den Gründen – ergeben, welchen konkreten Inhalt die Entscheidung des Gerichts hat, weil sie nur so Grundlage für das weitere Handeln der Beteiligten und ggf. für die Entscheidung des Rechtsmittelgerichts sein kann.[314] Unterlässt das Gericht, wenn es von sorgerechtlichen Maßnahmen absieht, einen entsprechenden Ausspruch, ist für das Jugendamt oder andere Verfahrensbeteiligte nicht ersichtlich, gegen welche inhaltliche Entscheidung es ggf. Beschwerde einlegen könnte. **353**

bb) ggf. Anordnung der Herausgabe

Eine Entscheidung, die den Entzug der elterlichen Sorge anordnet, hat ebenso wie die Entscheidung, von Maßnahmen gem. § 1666 Abs. 3 BGB abzusehen, selbst keinen vollstreckungsfähigen Inhalt. Das bedeutet, dass ggf. zusätzlich über bestimmte aus der elterlichen Sorge folgende Rechte, insbesondere über einen **Herausgabeanspruch,** zu entscheiden ist. Das gilt insbesondere in der Konstellation, in der den Eltern die elterliche Sorge entzogen wird, jedoch nicht zu erwarten ist, dass sie das Kind freiwillig an das Jugendamt als Vormund/Ergänzungspfleger herausgeben werden. **354**

---

313 BeckOK Kostenrecht/*Siede*, § 55 FamGKG Rn. 26 (37. Ed., Stand: 1.4.2022).
314 Keidel/*Meyer-Holz*, § 38 FamFG Rn. 50.

355 Gemäß § 1632 Abs. 1 umfasst die Personensorge das Recht, die Herausgabe des Kindes von demjenigen zu verlangen, der es den Eltern oder einem Elternteil widerrechtlich vorenthält. Der Herausgabeanspruch steht auch dem Jugendamt als Amtsvormund bzw. Pfleger für die Aufenthaltsbestimmung zu (§ 1800 Satz 1, § 1915 Abs. 1 BGB).[315]

356 Nach dem Wortlaut der Vorschrift entscheidet das Familiengericht über einen Herausgabeanspruch nur auf **Antrag** eines Elternteils (§ 1632 Abs. 3 BGB) bzw. Personensorge- oder Aufenthaltsbestimmungsberechtigten.[316] Eine Fachkraft des ASD, die die Aufgabe der Mitwirkung des Jugendamts im familiengerichtlichen Verfahren übernimmt, ist nicht Personensorgeberechtigter. Folglich ist sie nicht antragsberechtigt i.S.d § 1632 Abs. 1 BGB. Allerdings zählt § 1666 Abs. 3 BGB die durch das Familiengericht zur Abwendung der Gefährdung möglichen Maßnahmen nicht abschließend auf, sodass das Familiengericht grundsätzlich weitere nicht ausdrücklich in der Vorschrift genannte Maßnahmen treffen kann. Ist die Gefahr für das Kind tatsächlich so akut, dass eine sofortige Herausnahme geboten ist, und ist außerdem zu erwarten, dass die Eltern sich einem Herausgabeverlangen des Vormunds (bzw. Pflegers mit dem Aufgabenkreis Aufenthaltsbestimmung) widersetzen werden, kann das Familiengericht neben dem Sorgerechtsentzug nach § 1666 Abs. 3 Nr. 6 BGB auch von Amts wegen die Herausgabe des Kindes an das Jugendamt anordnen.[317]

cc) Anordnung, Auswahl und Bestellung des Vormunds

357 Entzieht das Familiengericht den Eltern die elterliche Sorge, wird das Verfahren nach §§ 1666, 1666a BGB üblicherweise mit dem Verfahren über die Anordnung der Vormundschaft sowie den Verfahren über die Auswahl und Bestellung des Vormunds verbunden. Diese Verfahren fallen grundsätzlich in die funktionelle Zuständigkeit des Rechtspflegers (§ 3 Nr. 2 a, 14 RPflG). Da jedoch die Auswahl des Vormunds integraler Bestandteil der sorgerechtlichen Entscheidung über die Trennung eines Kindes von seiner Familie ist[318], hat darüber die Familienrichterin zu entscheiden (→ Kapitel 1 Rn. 39).

358 ***Hinweis***

! → **Familiengericht**

Bei der Anordnung von Vormundschaft darf das Familiengericht dem Vormund bzw. Ergänzungspfleger nicht aufgeben, wie er das Amt auszuüben hat. Eine Beschlussformel, die dem Vormund präventiv untersagt, vor Ablauf eines bestimmten Zeitpunktes den jetzigen Aufenthaltsort des Kindes bei

---

315 MüKoBGB/*Huber*, § 1632 Rn. 5; Palandt/*Götz*, § 1632 BGB Rn. 3.

316 MüKoBGB/*Huber*, § 1632 Rn. 15.

317 So im Ergebnis auch: BeckOGK BGB/*Kerscher*, § 1632 Rn. 49; zur umstrittenen Frage, ob es sich bei der Herausgabe um einen eigenständigen Verfahrensgegenstand i.S.v. § 151 Nr. 3 FamFG handelt, vgl. bejahend Johannsen/Henrich/Althammer/*Döll*, § 151 FamFG Rn. 4; wohl ablehnend MüKoFamFG/*Heilmann*, § 151 Rn. 42.

318 BVerfG, 22.9.2014 – 1 BvR 2108/14, FamRZ 2015, 208.

einer Pflegeperson ohne vorherige gerichtliche Anhörung zu verändern, ist unzulässig und kann durch den Vormund mit einer Beschwerde angegriffen werden.[319] *Denn in seinem Aufgaben- und Pflichtenkreis führt der Vormund bzw. Ergänzungspfleger sein* ***Amt*** *grundsätzlich* ***selbstständig und in eigener Verantwortung*** *(§ 1915 Abs. 1 §§ 1909, 1837 BGB).*[320] *Das Familiengericht „hat sich auf seine Unterstützung durch Beratung und auf die Beaufsichtigung zu beschränken und darf abgesehen von bestimmten Ermächtigungen nicht an Stelle des jeweiligen Amtsträgers handeln oder ihm über das Gesetz hinaus in Fragen, die seiner Entscheidung unterliegen, bindende Anweisungen erteilen."*[321]

Eine inhaltliche Weisung, wie die Vormundin oder Ergänzungspflegerin die über- **359**
tragenen Sorgerechtsanteile nutzt, ist somit unzulässig, es sei denn, es ist konkret zu befürchten, dass sie dem Kindeswohl zuwiderhandelt und es einer familiengerichtlichen Weisung bedarf, um gegen diese konkret drohende Pflichtwidrigkeit einzuschreiten.

b) Kostenentscheidung

Der Ausspruch zur Kostenentscheidung in Verfahren bei Kindeswohlgefährdung **360**
kann darin bestehen, dass von der **Erhebung der Kosten abzusehen** ist (§ 81 Abs. 1 Satz 2 FamFG) oder dass sie einem der Beteiligten nach billigem Ermessen ganz oder zum Teil auferlegt werden (§ 81 Abs. 1 Satz 1, Abs. 2 FamFG). Eine Kostenauferlegung auf das Jugendamt kommt in der Regel nicht in Betracht, denn dieses kommt mit seiner Anregung und Mitwirkung seinem Schutzauftrag aus § 8a Abs. 2 SGB VIII nach und darf sich nicht von möglichen negativen Kostenfolgen leiten lassen.[322] Zudem ist der Kostenbefreiungstatbestand des § 2 Abs. 2 FamGKG, § 64 Abs. 3 Satz 2 SGB X laut BGH bereits im Rahmen der Ermessenabwägungen nach § 81 FamFG zu berücksichtigen[323] (→ Kapitel 14 Rn. 541).

Beispiel für eine Beschlussformel in einem Verfahren gem. § 1666 BGB **361**

1. Den Eltern wird die elterliche Sorge für ihr Kind A. entzogen.
2. Es wird Vormundschaft für das Kind A angeordnet und das Jugendamt X zum Vormund ausgewählt und bestellt.
3. Von der Erhebung der Kosten ist abzusehen.
4. Der Verfahrenswert beträgt 4.000 EUR.

---

319 OLG Brandenburg, 19.5.2015 – 10 UF 11/15, JAmt 2016, 285.

320 Staudinger/*Veit*, § 1837 BGB Rn. 1.

321 OLG Hamm, 19.12.2011 – II-8 UF 220/10, 8 UF 220/10, FamRZ 2012, 1312; siehe auch OLG München 13.7.2009 – 33 Wx 005/09, 33 Wx 5/09, FamRZ 2009, 2119.

322 OLG Frankfurt, 13.3.2015 – 5 WF 313/14, JAmt 2015, 568; OLG Celle 4.5.2012 – 10 UF 69/12, ZKJ 2012, 321; DIJuF-Rechtsgutachten, JAmt 2013, 201.

323 Vgl. BGH, 28.11.2016 – XII ZB 251/16, ZKJ 2017, 26 = JAmt 2017, 99.

3. Begründung

362 Der Beschluss ist zu begründen (§ 38 Abs. 3 Satz 1 FamFG). Eine Ausnahme von der Begründungspflicht gem. § 38 Abs. 4 FamFG kommt in Kinderschutzverfahren regelmäßig nicht in Betracht (zum Rechtsmittelverzicht → unten Rn. 386)

a) Begründungsstruktur

363 Im Interesse der Verfahrensflexibilität verzichtet das FamFG darauf, bestimmte Anforderungen hinsichtlich der Begründung aufzustellen.[324] Dennoch bietet es sich auch in Kinderschutzverfahren an, zunächst den Sachverhalt zu beschreiben, dann die Erfüllung der Tatbestandsmerkmale des § 1666 Abs. 1 BGB darzulegen, um im Anschluss die Verhältnismäßigkeit der nach §§ 1666 Abs. 3, 1666a BGB angeordneten Maßnahme zu begründen. Entscheidet das Gericht, dass eine Maßnahme nicht zu treffen ist, muss es begründen, welche der Voraussetzungen des § 1666 Abs. 1 BGB nicht erfüllt sind.

> „Mit diesen materiell- und verfahrensrechtlichen Maßgaben korrespondieren Anforderungen an die Begründung der gerichtlichen Entscheidung. Hält das Gericht eine Trennung des Kindes von den Eltern nicht für erforderlich, obwohl Anhaltspunkte dafür bestehen, dass das Kind bei einem Verbleiben in der Familie oder bei einer Rückkehr dorthin in seinem körperlichen, geistigen oder seelischen Wohl nachhaltig gefährdet ist, hält die Entscheidung verfassungsgerichtlicher Kontrolle grds nur dann stand, wenn das Gericht in Auseinandersetzung mit den für eine nachhaltige Gefahr sprechenden Anhaltspunkten nachvollziehbar begründet, warum eine solche Gefahr für das Wohl des Kindes nicht vorliegt."[325]

364 ***Aufbau eines Beschlusses in einer Kinderschutzsache***

1. Kindeswohlgefährdung

a. bereits eingetretener Schaden für das geistige, körperliche und/oder seelische Wohl des Kindes

und/oder

b. drohender Schaden für das geistige, körperliche und/oder seelische Wohl des Kindes

(1) gegenwärtige Gefahr

(2) für eine erhebliche Schädigung

(3) die mit ziemlicher Sicherheit eintreten wird

---

324 BT-Drs. 16/6308, S. 195.

325 BVerfG, 3.2.2017 – 1 BvR 2569/16, ZKJ 2017, 225 = JAmt 2017, 384.

2. Nichtabwendung durch die Eltern
   a. fehlende Bereitschaft
      und/oder
   b. fehlende Fähigkeit der Eltern

3. verhältnismäßige familiengerichtliche Maßnahme
   a. Geeignetheit
   b. Erforderlichkeit
   c. Verhältnismäßigkeit

aa) Voraussetzung: Erfüllung der beiden Tatbestandsmerkmale des § 1666 Abs. 1 BGB

Eine Maßnahme nach §§ 1666, 1666a BGB darf und muss das Familiengericht anordnen, wenn beide Voraussetzungen der Vorschrift erfüllt sind, also eine Kindeswohlgefährdung vorliegt und diese durch die Eltern nicht abgewendet wird. **365**

Besonders anspruchsvoll ist die Begründung des Beschlusses, wenn der Schaden bei dem Kind noch nicht offensichtlich eingetreten ist, sondern „nur" droht. Nach der ständigen Rechtsprechung des BGH und des BVerfG kommt es insoweit darauf an, dass eine gegenwärtige, in einem solchen Maß vorhandene Gefahr besteht, dass sich bei der weiteren Entwicklung der Dinge eine erhebliche Schädigung des geistigen oder leiblichen Wohls des Kindes mit ziemlicher Sicherheit voraussehen lässt.[326] **366**

Das Familiengericht hat demnach sowohl zur **Gegenwärtigkeit der Gefahr** als auch zur Erheblichkeit der befürchteten Schädigung als auch zur ziemlichen Wahrscheinlichkeit des Schadenseintritts auszuführen. Gegenwärtig ist die Gefahr, wenn **367**

> „für einen in absehbarer, nicht erst fernerer Zukunft liegenden Zeitpunkt zu erwarten ist, dass die zur Beeinträchtigung des Kindeswohls führende Entwicklung ohne den hoheitlichen Eingriff nicht mehr aufgehalten oder umgekehrt werden kann. Die Beeinträchtigung des Kindeswohls kann zu dieser Zeit erst in weiterer Zukunft zu erwarten sein. Wenn wahrscheinlich ist, dass die Entwicklung zum Schaden in einem späteren Stadium des Verlaufs nicht mehr aufgehalten werden kann, dann besteht eine gegenwärtige, konkrete Gefahr, nicht nur ein Risiko."[327]

Das bedeutet, dass das Familiengericht prognostisch darlegen muss, **368**

1. welche Beeinträchtigung des Kindes zu erwarten ist und
2. dass diese nicht mehr aufgehalten werden kann, wenn nicht JETZT eingegriffen wird.

326 BVerfG, 23.4.2018 – 1 B 383/18, ZKJ 2018, 312; BGH, 23.11.2016 – XII ZB 149/16, ZKJ 2017, 108, jeweils m.w.N.
327 OLG Brandenburg, 4.12.2015 – 13 UF 95/15, FamRZ 2016, 616.

369 In Bezug auf die **Erheblichkeit der Schädigung** geht es insbesondere um die Abgrenzung zum sog. „positiven Standard." Das Familiengericht muss begründen, dass es bei der drohenden Schädigung nicht um Nachteile geht, die das Kind in seiner Förderung in Kauf nehmen muss, weil das Grundgesetz den Eltern die primäre Erziehungsverantwortung zuweist.[328]

370 In Bezug auf die **„ziemliche Sicherheit"** muss das Familiengericht zur Wahrscheinlichkeit des Schadenseintritts ausführen. Schwierigkeiten ergeben sich im Hinblick auf die jüngere BGH-Rechtsprechung, die den Tatbestand des § 1666 BGB auch dann bejaht, wenn der Schadenseintritt nur *hinreichend* wahrscheinlich ist, jedoch bei diesem Wahrscheinlichkeitsgrad nur weniger einschneidende sorgerechtliche Maßnahmen als die Trennung des Kindes von seiner Familie für verhältnismäßig hält[329] (ausführlich zu dieser Rechtsprechung → Kapitel 2 Rn. 95).

bb) Rechtsfolge: Verhältnismäßige Maßnahme gem. §§ 1666 Abs. 3, 1666a BGB

371 Sind beide Tatbestandsmerkmale begründet, ist darzulegen, dass die angeordnete Maßnahme verhältnismäßig, also geeignet, erforderlich und angemessen ist.

372 Geeignet ist die Maßnahme nur, wenn sie tatsächlich zu einer Verbesserung der Situation des Kindes führt (ausführlich hierzu → Kapitel 1 Rn. 30).[330] Längere Ausführungen sind unter diesem Punkt insbesondere dann angezeigt, wenn das Jugendamt, die Sachverständige oder die Verfahrensbeiständin die angeordnete Maßnahme als ungeeignet abgelehnt haben.

373 In der Regel wird der Schwerpunkt der Begründung jedoch bei der **Erforderlichkeit** und Angemessenheit der Maßnahme liegen. Im Rahmen der Erforderlichkeit geht es darum darzulegen,

- dass auf der einen Seite keine weniger eingreifende Maßnahme zur Abwendung der Gefährdung in Betracht kommt,
- dass aber auch auf der anderen Seite die Maßnahme auch ausreicht, um die Gefährdung abzuwenden.

374 Erteilt das Familiengericht bspw. den Eltern das Gebot, eine ambulante Hilfe in Form Sozialpädagogischer Familienhilfe beim Jugendamt zu beantragen, obwohl die Eltern gar keine Maßnahme für erforderlich halten, während das Jugendamt eine Herausnahme für unvermeidbar hält, muss das Familiengericht sorgfältig begründen, warum das Gebot notwendig, aber auch ausreichend ist.

375 Im Falle einer Trennung des Kindes von seiner Familie steht im Zentrum auszuführen, dass die Kindeswohlgefährdung nicht durch mildere Mittel, insbesondere die Inanspruchnahme öffentlicher Hilfen (i.d.R. ambulante Leistungen nach dem SGB VIII) abgewendet werden kann.

---

328 BVerfG, 17.2.1982 – 1 BvR 188/80, BVerfGE 60, 79 = FamRZ 1982, 567.
329 BGH, 6.2.2019 – XII ZB 408/18, JAmt 2019, 267.
330 BVerfG, 27.8.2014 – 1 BvR 1822/14, FamRZ 2014, 1772.

Hinweis 376

→ Jugendamt
In diesem Punkt ist das Einbringen der sozialpädagogischen Expertise des Jugendamts, z.B. dazu, warum das Kind im konkreten Fall auch bei einer gemeinsamen Unterbringung von Mutter und Kind gefährdet wäre, regelmäßig von entscheidender Bedeutung.

Schließlich muss das Familiengericht begründen, warum die angeordnete Maßnahme **angemessen** ist, also die negativen Folgen der Entscheidung nicht außer Verhältnis zum verfolgten Zweck der Maßnahme stehen. Als negative Folgen kommen insbesondere die Belastungen des Kindes, die es infolge der Trennung von seinen Eltern erleidet, in Betracht[331] (→ ausführlich zur Verhältnismäßigkeit der familiengerichtlichen Maßnahme Kapitel 1 Rn. 28 ff.). 377

b) Bezugnahme auf das Sachverständigengutachten und die Stellungnahme des Jugendamts

Von besonderer Bedeutung ist in Verfahren gem. § 1666 BGB die Darstellung von Bezugnahmen, insbesondere auf das Gutachten einer Sachverständigen, auf die Stellungnahme des Jugendamts oder des Verfahrensbeistands. Das Gericht entscheidet nach seiner **freien, aus dem gesamten Inhalt des Verfahrens gewonnenen Überzeugung** (§ 37 Abs. 1 FamFG).[332] Ein bloßer Verweis auf die Stellungnahme des Jugendamts reicht daher zur Begründung seiner Entscheidung nicht.[333] Das Familiengericht hat im Kinderschutzverfahren vielmehr in eigener Verantwortung zu beurteilen, ob z. B. öffentliche Hilfen noch erfolgversprechend sind.[334] Es darf sich nicht „blind" auf die Aussage des Jugendamts verlassen, dass weitere Hilfeangebote die Gefahr für das Wohl des Kindes nicht abwenden können (→ Kapitel 9 Rn. 261). 378

In Bezug auf die Verwertung eines **Sachverständigengutachtens** ist ebenfalls darauf zu achten, dass dieses nicht „blind" zur Begründung des Beschlusses übernommen wird. Gerade wenn es sich um ein mangelhaftes Gutachten handelt, müssen in den Gründen die Mängel des Gutachtens thematisiert, die fachliche Qualifikation des Sachverständigen näher geklärt und nachvollziehbar darlegt werden, inwiefern Aussagen aus dem Gutachten gleichwohl verwertbar sind und zur Entscheidungsfindung beitragen können[335] (→ Kapitel 10 Rn. 324 ff.). 379

331 Vgl. BVerfG, 24.3.2014 – 1 BvR 160/14, ZKJ 2014, 242.
332 Zur Rolle der verschiedenen Akteure und dem Gericht als eigentlichem Entscheider, siehe *Ernst*, FF 2020, 195.
333 Prütting/Helms/*Abramenko*, § 39 FamFG Rn. 19.
334 BVerfG, 24.3.2014, JAmt 2014, 223.
335 BVerfG, 27.4.2017 – 1 BvR 563/17, FamRZ 2017, 1055–1057; BVerfG, 29.12.2020 – 1 BvR 2652/20, FamRZ 2021, 595.

380 ***Hinweis***

In der Praxis kommt es immer wieder vor, dass ein Jugendamt zwar mit dem Ergebnis des Verfahrens selbst einverstanden ist, jedoch einzelnen Ausführungen in den Gründen nicht zustimmt. Dies gilt insbesondere, wenn in den Gründen auf „Fehler" des Jugendamts hingewiesen wird. Problematisch ist bei einer solchen Kritik insbesondere, dass sie die weitere Zusammenarbeit zwischen Jugendamt und der Familie erschweren kann, weil sich die Eltern in ihrer Abwehrhaltung gegenüber dem Jugendamt bestätigt sehen. Kritik am Vorgehen des Jugendamts sollte daher in den Entscheidungsgründen, wenn unvermeidbar, möglichst sachlich formuliert werden.

c) Keine Feststellung zur Rechtmäßigkeit einer vorangegangenen Inobhutnahme

381 Zu vermeiden sind in den Gründen außerdem Aussagen in Bezug auf eine **mögliche Rechtswidrigkeit einer vorausgegangenen Inobhutnahme**. Im Sprachgebrauch der Fachkräfte der ASD ist die Formulierung üblich, dass das „Familiengericht die Inobhutnahme bestätigt habe". Diese Aussage ist – vom faktischen Ergebnis aus betrachtet – richtig: Das Kind bleibt nach einem familiengerichtlichen Beschluss, der den Eltern die elterliche Sorge entzieht, von seinen Eltern getrennt. Dennoch handelt es sich um unterschiedliche Entscheidungsgrundlagen mit jeweils unterschiedlichen Voraussetzungen und Rechtswegzuständigkeiten: Ob das Jugendamt ein Kind in Obhut nehmen darf, bestimmt sich nach § 42 Abs. 1 SGB VIII; Voraussetzung ist, dass entweder das Kind um Obhut bittet, oder dass eine dringende Gefahr für das Wohl des Kindes oder Jugendlichen die Inobhutnahme erfordert.[336] Über die Rechtmäßigkeit der Inobhutnahme (als in der Vergangenheit liegendem Verwaltungsakt) haben die **Verwaltungsgerichte** zu entscheiden.[337] Das Familiengericht entscheidet dagegen darüber, ob für die Zukunft sorgerechtliche Maßnahmen zum Schutz des Kindes erforderlich sind. Es ist gerade nicht Aufgabe des Familiengerichts, (im Nachhinein) die Rechtmäßigkeit der Inobhutnahme zu überprüfen, sondern die (für die Zukunft) notwendigen sorgerechtlichen Maßnahmen zu treffen.[338]

382 So sind Konstellationen denkbar, in denen eine Inobhutnahme gerechtfertigt war, sorgerechtliche Maßnahmen jedoch nicht erforderlich sind, z. B. wenn das Jugendamt ein Kind in einer Situation massiver häuslicher Gewalt in Obhut nimmt, die Mutter nach dem Vorfall die Beziehung und Kontakt zum Vater jedoch entschieden abbricht und Hilfen durch das Jugendamt annimmt.

383 Umstritten und mit Unsicherheiten in der Praxis behaftet ist die Frage, in welchem Verhältnis – im Falle eines Herausgabeverlangens der Personensorgeberechtigten

336 Ausführlich zu den beiden Voraussetzungen FK-SGB VIII/*Trenczek/Beckmann*, § 42 Rn. 14 ff.
337 Zur Nachrangigkeit der Inobhutnahme gegenüber der familiengerichtlichen Entscheidung siehe OVG Münster, 29.10.2021 – 12 A 1403/18, ZKJ 2022, 27.
338 OLG Stuttgart, 7.10.2021 – 16 UF 95/21, NZFam 2021, 1022; *Ernst*, FamRZ 2017, 1120.

während der Inobhutnahme – das **familiengerichtliche und das verwaltungsgerichtliche Verfahren** stehen. In der jugendhilferechtlichen Literatur wird z.T. vertreten, dass – solange die Inobhutnahme andauert – das Familiengericht für die Entscheidung über den Widerspruch der Eltern gegen die Inobhutnahme zuständig sei. Es bestünde eine Sonderrechtswegzuständigkeit des Familiengerichts nach § 62 SGB X, § 40 VwGO, § 1632 Abs. 3 BGB und § 42 SGB VIII.[339] Der Verwaltungsrechtsweg sei nur insoweit eröffnet, als die Rechtmäßigkeit der Inobhutnahme bzw. deren Beendigung sozialrechtlich in Frage steht (z.B. im Hinblick auf die anschließende Kostenentscheidung)[340]. Nur so könnten Parallelverfahren mit sich u.U. widersprechenden Entscheidungen während des Infragestehens des faktischen Sorgerechtseingriffs vermieden werden.[341] Überwiegend wird jedoch vertreten, dass für die Sorgeberechtigten im Falle einer gegen ihren Willen aufrechterhaltenen Inobhutnahme (auch) der Verwaltungsrechtsweg eröffnet ist und sie auf diesem Weg eine Aufhebung der Inobhutnahme (und damit eine Herausgabe des Kindes) erwirken können:[342]

Leitsätze 1. – 3. des OLG Frankfurt a.M., Beschluss v. 22.1.2019 – 4 WF 145/18[343] 384

1. Während einer wirksamen Inobhutnahme wird ein Kind dem Personensorgeberechtigten nicht widerrechtlich vorenthalten, weshalb dieser gegen das Jugendamt auch keinen Anspruch auf Herausgabe des Kindes nach 1632 Abs. 1 BGB hat.
2. Die Inobhutnahme ist wirksam, wenn sie dem Personensorgeberechtigten bekannt gegeben worden ist und wenn – im Falle eines Widerspruchs des Personensorgeberechtigten – ihre sofortige Vollziehung angeordnet und schriftlich begründet worden ist (§ 80 Abs. 2 Satz 1 Nr. 4, Abs. 3 Satz 1 VwGO).
3. Gegen den Verwaltungsakt der Inobhutnahme ist der Verwaltungsrechtsweg eröffnet. Das Familiengericht entscheidet im Rahmen des von ihm nach erfolgter Mitteilung über die Inobhutnahme gemäß § 42 Abs. 3 Satz 2 SGB VIII einzuleitenden Verfahrens nicht über die Rechtmäßigkeit der Inobhutnahme, sondern lediglich über die Aufrechterhaltung der Fremdunterbringung und diesbezüglich zu ergreifende sorgerechtliche Maßnahmen. Erst wenn das Familiengericht die Ergreifung sorgerechtlicher Maßnahmen zur Aufrechterhaltung der Fremdunterbringung ablehnt und das Jugendamt die Inobhutnahme dennoch aufrecht erhält, entsteht ein Herausgabeanspruch der Personensorgeberechtigten, weil die Wirksamkeit der Inobhutnahme nach der Systematik des § 42 SGB VIII mit der Entscheidung des Familiengerichts über die zu ergreifenden sorgerechtlichen Maßnahmen endet. Entsprechendes gilt im Falle einer vorher-

339 *Trenczek/Meysen*, JAmt 2010, 543 (545).
340 FK-SGB VIII/*Trenczek/Beckmann*, § 42 Rn. 51.
341 *Trenczek/Meysen*, JAmt 2010, 543 (544); FK-SGB VIII/*Trenczek/Beckmann*, § 42 Rn. 52; a.A. Wiesner/Wapler/*Dürbeck*, § 42 SGB VIII Rn. 70.
342 OLG Frankfurt a. M., 22.1.2019 – 4 WF 145/18 m.w.N., ZKJ 2019, 185 = FamRZ 2019, 1059.
343 OLG Frankfurt a. M. a.a.O.

gehenden Aufhebung der Inobhutnahme oder Aussetzung ihrer sofortigen Vollziehung durch das hierfür zuständige Verwaltungsgericht.

385 Relevant ist die Frage des Rechtswegs insbesondere mit Blick auf die ggf. erforderliche Anordnung der **sofortigen Vollziehbarkeit der Inobhutnahme**. Die Inobhutnahme ist ein Verwaltungsakt, gegen den Widerspruch eingelegt werden kann. Dieser Widerspruch entfaltet grundsätzlich aufschiebende Wirkung mit der Folge, dass das Kind herauszugeben wäre – wenn das Jugendamt nicht die sofortige Vollziehung anordnet. Für Fachkräfte des Jugendamts erscheint es vor dem Hintergrund, dass die Eröffnung des Verwaltungsrechtswegs wohl überwiegend bejaht wird, unbedingt ratsam, die sofortige Vollziehbarkeit der Inobhutnahme anzuordnen und zu begründen (ggf. nachträglich; vgl. auch Finke, JAmt 2011, 257).

d) Rechtsmittelverzicht?

386 Gem. § 38 Abs. 4 Nr. 3 FamFG bedarf es keiner Begründung, wenn der Beschluss in Gegenwart aller Beteiligten mündlich bekannt gegeben wurde und alle Beteiligten auf Rechtsmittel verzichtet haben. Grundsätzlich ist ein **Rechtsmittelverzicht** wirksam, wenn alle Beteiligten, die beschwerdeberechtigt sind, ihn erklären.[344]

387 ***Praxishinweis***

! → **Jugendamt**

In einem Verfahren nach § 1666 BGB passt die Erklärung eines Rechtsmittelverzichts jedoch nicht. Zum einen ist ein Rechtsmittelverzicht schwerlich mit der möglichen dynamischen Entwicklung der familiären Situation vereinbar. Zum anderen handelt es sich bei dem Kinderschutzverfahren um ein Amtsverfahren, das das Jugendamt in Ausübung seines Schutzauftrags (Wächteramt) angeregt hat. Darauf, diese Aufgabe wahrzunehmen, kann es nicht verzichten. Außerdem entsteht im Falle einer fehlenden Begründung i.S.v. § 38 Abs. 4 Nr. 3 FamFG spätestens im Überprüfungs-/Änderungsverfahren gemäß § 166 Abs. 2 bzw. 3 FamFG das Problem, dass sich nicht mehr nachvollziehen lässt, von welchen im Erstverfahren festgestellten Tatsachen das Familiengericht bei seiner Entscheidung ausgegangen ist.

Vorschläge des Gerichts bzw. der Eltern und ihrer Verfahrensbevollmächtigten, einen Rechtsmittelverzicht zu erklären, sollten daher durch das Jugendamt stets abgelehnt werden.

344 Prütting/Helms/*Abramenko*, § 38 FamFG Rn. 30.

4. Rechtsbehelfsbelehrung

Die Rechtsbehelfsbelehrung muss über das statthafte Rechtsmittel, das Gericht, bei dem diese Rechtsbehelfe einzulegen sind, dessen Sitz und die einzuhaltende Form und Frist belehren (§ 39 Satz 1 FamFG). **388**

a) Fristen

Wichtig ist im Rahmen der Rechtsbehelfsbelehrung insbesondere die Unterscheidung der Frist zur Einlegung einer Beschwerde im Hauptsacheverfahren (= ein Monat, § 63 Abs. 1 FamFG) und der Frist zur Einlegung einer Beschwerde gegen eine Entscheidung im Verfahren der einstweiligen Anordnung (= zwei Wochen, § 63 Abs. 2 Nr. 1 FamFG). Aus der Rechtsbehelfsbelehrung muss für die Verfahrensbeteiligten außerdem ersichtlich werden, ob sie – wenn sie gegen eine einstweilige Anordnung vorgehen möchten – zunächst einen Antrag auf erneute Entscheidung auf Grund mündlicher Erörterung (Verhandlung)[345] stellen müssen, weil die Entscheidung ohne mündliche Erörterung (Verhandlung) ergangen ist (§ 54 Abs. 2 FamFG).[346] **389**

Handelt es sich um einen **Beschluss des Beschwerdegerichts**, bedarf es einer Rechtsbehelfsbelehrung nur, wenn die Rechtsbeschwerde zugelassen wurde (§ 70 FamFG).[347] **390**

b) Wiedereinsetzung

Sofern eine Rechtsbehelfsbelehrung fehlt oder fehlerhaft ist und eine Beschwerdefrist versäumt wird, kommt Antrag auf Wiedereinsetzung in den vorigen Stand gem. § 17 Abs. 2 FamFG in Betracht. Auch wenn gem. § 17 Abs. 2 FamFG ein Fehlen des Verschuldens grundsätzlich vermutet wird, sind die Hürden für eine Wiedereinsetzung hoch. Erforderlich ist ein **ursächlicher Zusammenhang zwischen Belehrungsmangel und Fristversäumnis**, an der es bei der Vertretung durch eine Rechtsanwältin regelmäßig fehlt, weil von dieser erwartet werden darf, dass sie Rechtsmittelfristen kennt und kontrolliert.[348] **391**

Gleiches gilt für das Jugendamt. Dieses kann sich nach einer Entscheidung des OLG Frankfurt als für die Mitwirkung in Kindschaftssachen zuständige Fachbehörde generell nicht auf eine Unkenntnis der einzuhaltenden Rechtsmittelfristen berufen. Die herausgehobene Stellung, die das Gesetz dem Jugendamt gemäß § 162 FamFG einräumt, rechtfertige, den gleichen Maßstab anzusetzen, der auch für am Verfahren mitwirkende Rechtsanwälte gilt.[349] **392**

---

345 Zur Bezeichnung siehe *Ernst*, NZFam 2020, 313 unter II.1. und (S. 316) III.
346 Keidel/*Meyer-Holz*, § 39 FamFG Rn. 9.
347 Prütting/Helms/*Abramenko*, § 39 FamFG Rn. 13.
348 Keidel/*Meyer-Holz*, § 39 FamFG Rn. 14; BGH, 9.7.2014 – XII ZB 709/13, FamRZ 2014, 1624.
349 OLG Frankfurt, 10.10.2016 – 4 UF 208/16, FamRZ 2017, 539.

393 *Praxishinweis*

→ Jugendamt

*Im Jugendamt ist durch **geeignete organisatorische Maßnahmen** sicherzustellen, dass die in Kinderschutzverfahren relevanten Fristen berechnet werden und die zuständige Fachkraft innerhalb dieser Frist die Einlegung eines Rechtsmittels prüfen und ggf. vornehmen kann.*

III. Wirksamkeit des Beschlusses

1. Bekanntgabe an den Beteiligten, für den er seinem wesentlichen Inhalt nach bestimmt ist

394 Der Beschluss in einem Verfahren gem. § 1666 BGB wird gem. § 40 Abs. 1 FamFG wirksam mit der **Bekanntgabe** an den Beteiligten, für den er seinem wesentlichen Inhalt nach bestimmt ist. Die Bekanntgabe kann entweder durch Verlesen der Beschlussformel (§ 41 Abs. 2 FamFG), Zustellung oder Aufgabe zur Post (§ 15 Abs. 2 FamFG) erfolgen. Widerspricht der Beschluss dem erklärten Willen eines Beteiligten, ist der Beschluss zwingend zuzustellen (§ 41 Abs. 1 Satz 2 FamFG).

395 Seinem wesentlichen Inhalt nach bestimmt ist der Beschluss für denjenigen, dessen Rechtsstellung durch die Entscheidung nach deren Inhalt und Zweck unmittelbar betroffen wird.[350] Betroffen sind durch die Entscheidung in einem Verfahren gem. § 1666 BGB regelmäßig die Eltern und das Kind.

2. Bekanntgabe an das Kind

396 Ist das Kind über 14 Jahre alt und nicht geschäftsunfähig, muss die Endentscheidung dem Kind selbst bekannt gegeben werden (§§ 60, 164 Satz 1 FamFG). Ansonsten erfolgt die Bekanntgabe gegenüber der gesetzlichen Vertreterin. Grundsätzlich ist dem Kind die gesamte Entscheidung bekannt zu geben, nur ausnahmsweise unterbleibt die Mitteilung der Gründe, wenn **Nachteile für dessen Entwicklung, Erziehung oder Gesundheit** zu befürchten sind (§ 164 Satz 2 FamFG). Das kann etwa der Fall sein, wenn in den Gründen Misshandlungen oder Missbrauch des Kindes durch seine Eltern geschildert werden und die Gefahr besteht, dass das wiederholte Lesen von der Gewalt das Kind erheblich belastet oder retraumatisiert.

350 MüKoFamFG/*Ulrici*, § 40 FamFG Rn. 6; Prütting/Helms/*Abramenko*, § 40 FamFG Rn. 5 m.w.N.

3. Bekanntgabe an das Jugendamt

Dem Jugendamt ist die Entscheidung gem. § 162 Abs. 3 Satz 1 FamFG stets be- 397
kannt zu geben. Diese Vorschrift bezieht sich auf das Jugendamt in seiner Rolle als mitwirkende Fachbehörde i.S.d. § 50 SGB VIII, sprich, erfordert eine **Bekanntgabe gegenüber dem ASD**. Erforderlich ist aber – wenn der Sorgerechtsentzug mit der Anordnung, Auswahl und Bestellung des Jugendamts als Vormund verbunden wird – auch die **Bekanntgabe gegenüber dem Jugendamt als Amtsvormund**. Denn die Bestellung des Jugendamts zum Amtsvormund betrifft das Jugendamt unmittelbar in seiner Rechtsstellung. Bedeutsam ist diese zweifache Bekanntgabe auch im Hinblick auf die unterschiedlichen Möglichkeiten der Beschwerde des ASD als in Kindesschutzsachen beteiligtem bzw. in allen anderen Kindschaftsverfahren anzuhörendem Jugendamt einerseits (voraussetzungsloses Beschwerderecht gemäß § 162 Abs. 3 Satz 2 FamFG) und der Amtsvormundschaft andererseits (Beschwerdebefugnis nur gemäß § 59 Abs. 1 FamFG).[351]

In der Praxis zeigt sich, dass Familiengerichte mancherorts keine **„doppelte Be-** 398
kanntgabe" praktizieren, sondern schlicht an „das Jugendamt" bekannt geben. Gestützt wird dieses Vorgehen auf § 170 Absatz 2 ZPO. Danach genügt die Zustellung an den Leiter (einer Behörde), wenn der Zustellungsadressat keine natürliche Person ist. Diese Auffassung verkennt jedoch, dass das Jugendamt als mitwirkende Fachbehörde und das Jugendamt als Amtsvormund völlig unterschiedliche Aufgaben erfüllen. Es sollte daher sichergestellt werden, dass die Entscheidung beiden bekannt gegeben wird und beide die Möglichkeit erhalten, rechtzeitig gegen den Beschluss Beschwerde einzulegen.

Praxishinweis 399

! → ***Jugendamt*** → ***Familiengericht***

Sieht das örtliche Familiengericht bislang von einer „doppelten Bekanntgabe ab", sollte das Jugendamt unter Hinweis auf diese beiden ganz unterschiedlichen Aufgaben und Perspektiven der jeweiligen Abteilungen des Jugendamts im Verfahren darum bitten, den Beschluss sowohl dem Jugendamt als Vormund als auch dem Jugendamt als ASD bekannt zu geben. Sofern vor Ort ein ***professionsübergreifender Arbeitskreis*** *besteht, könnte dieses Thema dort angeschnitten werden. Lässt sich das örtliche Familiengericht nicht auf diese Bitte ein, bleibt dem Jugendamt nur, amtsintern zu klären, wie im Jugendamt organisatorisch sichergestellt wird, dass die vom Familiengericht übersandten Beschlüssen umgehend auch an das jeweils andere Fachgebiet weitergeleitet werden.*[352]

351 OLG Saarbrücken, 26.3.2021 – 6 UF 46/21, NZFam 2021, 564.
352 Vgl. DIJuF-Rechtsgutachten, JAmt 2017, 227.

IV. Andere Möglichkeiten der Verfahrensbeendigung?

400 Andere Möglichkeiten der Verfahrensbeendigung als durch Sachentscheidung in Form eines Beschlusses kommen in Verfahren nach §§ 1666, 1666a BGB generell nicht in Betracht, weder eine Antragsrücknahme noch eine Erledigungserklärung noch ein Vergleich.

1. Keine Verfahrensbeendigung durch Antragsrücknahme, Erledigterklärung

401 Zwar kann gem. § 22 Abs. 1 FamFG ein Antrag bis zur Rechtskraft der Endentscheidung, nach Erlass der Endentscheidung nur mit Zustimmung der übrigen Beteiligten, zurückgenommen werden. Bei einem Verfahren nach §§ 1666, 1666a BGB handelt es sich jedoch nicht um ein Antragsverfahren, sondern um ein **Amtsverfahren**.

2. Keine Verfahrensbeendigung durch einen förmlichen Vergleich

402 Auch ein förmlicher Vergleich kann nicht zur Beendigung eines Verfahrens nach §§ 1666, 1666a BGB führen. Die Beteiligten eines Verfahrens können einen Vergleich nur schließen, soweit sie über den Gegenstand des Verfahrens verfügen können (§ 36 Abs. 1 FamFG). Diese sog. **Dispositionsbefugnis** steht den Beteiligten im Kinderschutzverfahren nicht zu, da es sich bei ihnen um Amtsverfahren handelt, in welchen den Beteiligten eine Dispositionsbefugnis grundsätzlich fehlt.

403 Vor dem Hintergrund der Frage, ob auch in Sorgerechtsverfahren nach § 1666 BGB eine Einigungsgebühr gemäß Nr. 1000 Abs. 1, 1003 RVG-VV anfalle, wenn der Verfahrensbevollmächtigte eines Elternteils am Zustandekommen einer Vereinbarung mitwirkt, wird in der Rechtsprechung vereinzelt die Auffassung vertreten, dass – auch wenn es sich bei einem Verfahren gem. § 1666 BGB um ein Amtsverfahren handle – eine Einigung, die eine familiengerichtliche Entscheidung entbehrlich mache, grundsätzlich möglich sei.[353] Dies wird von der ganz überwiegenden Rechtsprechung jedoch abgelehnt.[354]

353 OLG Karlsruhe, 6.6.2019 – 16 WF 57/19, FamRZ 2020, 364.

354 OLG Brandenburg, 21.5.2019 – 9 WF 11/19, NZFam 2019, 594; OLG Düsseldorf, 23.3.2017 – II-10 WF 1/17, RPfleger 2017, 592; OLG Koblenz, 10.10.2014 – 7 WF 859/14; OLG Hamm, 7.6.2013 – II-6 WF 117/13, 6 WF 117/13, MDR 2014, 37; weitere Nachweise: OLG Karlsruhe, 6.6.2019 – 16 WF 57/19, FamRZ 2020, 364.

Dass es in der Praxis gleichwohl immer wieder zu „Vergleichen" bzw. Vereinbarungen in Verfahren nach §§ 1666, 1666a BGB kommt, könnte darauf zurückzuführen sein, dass das **„Einvernehmensgebot" gem. § 156 Abs. 1 Satz 1 FamFG**, nach dem das Familiengericht in jeder Lage des Verfahrens auf ein Einvernehmen der Beteiligten hinwirken soll, wenn dies dem Kindeswohl nicht widerspricht, irrigerweise auf das Kinderschutzverfahren übertragen wird. Dieses Gebot gilt jedoch nur für Verfahren der elterlichen Sorge im Kontext von Trennung und Scheidung,[355] steht eine Kindeswohlgefährdung im Raum, geht § 157 FamFG vor.[356] **404**

Auch wenn ein förmlicher Vergleich gem. § 36 Abs. 1 FamFG wohl eher selten ist, kommt der Abschluss einer **„Vereinbarung" oder einer „Selbstverpflichtung der Eltern"** immer wieder vor. Hierbei handelt es sich nicht um einen förmlichen Vergleich i.S.d. § 36 Abs. 1 FamFG mit verfahrensbeendigender Wirkung. Typischerweise wird dieses Vorgehen in der Situation gewählt, in der die Eltern im Termin – ggf. unter dem Eindruck der Autorität des Gerichts – Mitwirkungsbereitschaft erklären, jedoch Zweifel an der Nachhaltigkeit ihrer Mitwirkungsbereitschaft bestehen. Die Erklärungen der Eltern werden dann in den Vermerk nach § 28 Abs. 4 FamFG aufgenommen und ggf. wird ein Folgetermin angesetzt bzw. eine Frist für eine Rückmeldung durch das Jugendamt vereinbart, um zu überprüfen, ob die Eltern entsprechend ihrer Erklärung handeln. **405**

Diese Art der Verfahrensgestaltung, also das **Verfahren in der Schwebe** zu lassen, kommt jedoch allenfalls dann in Betracht, wenn die Angelegenheit tatsächlich noch nicht entscheidungsreif ist und es weiterer Sachverhaltsaufklärung bedarf. Meist geht es jedoch darum, die Entwicklung in der Familie nach dem Termin zu beobachten. Eine Schwebephase, in der beobachtet wird, ob sich die Gefährdung durch die Eltern ggf. mit Hilfen abwenden lässt, ist mit Blick auf den erforderlichen Schutz des Kindes nicht zu rechtfertigen. Anders herum ist es auch nicht gerechtfertigt, die Eltern „unter Beobachtung zu stellen", wenn eine Kindeswohlgefährdung nicht festzustellen ist. Die Notwendigkeit, der dynamischen Entwicklung in der Familie gerecht zu werden, wird vielmehr über das Überprüfungsverfahren gem. § 166 FamFG abgebildet. Das Familiengericht ist aufgefordert, eine eigene Prognose zu treffen, ob die Eltern willens und in der Lage sein werden, die Gefahr ggf. mit Hilfen abzuwenden. Die Prognose darf sich nicht allein auf die verbale Absichtsbekundung der Eltern stützen, sondern muss v.a. ergeben, dass diese Erklärung der Eltern trägt, insbesondere in Stress- und/oder Krisenphasen. **406**

355 Prütting/Helms/*Hammer*, § 156 FamFG Rn. 10.
356 MüKoFamFG/*Schumann*, § 156 Rn. 6.

407 ***Hinweis***

! → ***Familiengericht***

Das Familiengericht ist daher aufgefordert, anstatt eine Vereinbarung aufzunehmen, zu entscheiden bzw. den Sachverhalt weiter aufzuklären. Nach einem Termin in einer Kinderschutzsache kommen demnach drei verschiedene Verfahrenssituationen in Betracht:

a) Es bedarf weiterer Ermittlungen.

⇒ Das Familiengericht hört weitere Personen an, holt ein Sachverständigengutachten ein usw.

b) Es liegt keine Kindeswohlgefährdung vor bzw. kann diese durch die Eltern abgewendet werden (ggf. mit öffentlichen Hilfen, die die Eltern freiwillig annehmen).

⇒ Das Familiengericht beendet das Verfahren mit einem Beschluss „Maßnahmen nach §§ 1666, 1666a BGB sind nicht erforderlich."

c) Es liegt eine Kindeswohlgefährdung vor, die nicht von den Eltern abgewendet wird.

⇒ Das Familiengericht ordnet die erforderliche Maßnahme durch Beschluss an.

408 ***Hinweis***

! → ***Jugendamt***

Für das Jugendamt stellt sich die Frage, wie es vorgehen kann, wenn es – entgegen den verfahrensrechtlichen Vorgaben – zu einem Vergleich kam. Schwierigkeiten bereitet ein vermeintlich förmlicher Vergleich insbesondere dann, wenn das Jugendamt mit dessen Inhalt nicht (mehr) einverstanden ist, etwa weil Eltern ihre Zusagen bezüglich ihrer Zusammenarbeit mit dem Jugendamt nicht halten können oder wollen. Dann stellt sich nämlich die Frage, wie dieser aus der Welt geschafft werden kann. Da das Verfahren nicht durch eine Endentscheidung beendet wurde, kann das Jugendamt keine Beschwerde einlegen (§ 58 Abs. 1 FamFG).

409 Für das Jugendamt kann sich die Situation auch so darstellen, dass es im Termin von dem Vergleichsvorschlag „überrumpelt" wurde. Vertiefte familienverfahrensrechtliche Kenntnisse sind nicht Teil der Ausbildung der Fachkräfte, sehr offensiv auftretende Rechtsanwältinnen können einschüchternd wirken. Zudem zählen das Stärken elterlicher Ressourcen und der Ansatz „Hilfe zur Selbsthilfe" zu den Grundprinzipien der Kinder- und Jugendhilfe, sodass ein Vergleich (vermeintlich) sinnvoll erscheinen kann.

Hinweis 410

- *Fachkräfte sollten daher von vornherein Vergleiche oder Vereinbarungen in Kinderschutzverfahren ablehnen.*
- *Ist es doch einmal zu einem Vergleich gekommen, muss das Jugendamt das Familiengericht entweder um Erlass eines beschwerdefähigen Beschlusses oder um Fortsetzung des Verfahrens ersuchen.*

3. Verfahrensbeendigung bzw. -fortgang nach einem Erörterungstermin gem. § 157 FamFG

411 Intention des Gesetzgebers bei der Einführung des § 157 FamFG war, in Verfahren gem. § 1666 BGB obligatorisch alle Beteiligten „an einen Tisch" zu bringen, um Eltern noch stärker in die Pflicht zu nehmen, öffentliche Hilfen anzunehmen und mit dem Jugendamt zu kooperieren.[357] Über die Funktion und Stellung des § 157 FamFG im Verfahren bestehen in der Praxis jedoch immer wieder Unsicherheiten (ausführlich zur Diskussion → Kapitel 8 Rn. 169 ff.).

412 Festzuhalten ist, dass nach hier vertretener Auffassung das Verfahren – auch wenn es bereits nach Durchführung eines Erörterungstermins gem. § 157 FamFG eingestellt wird – in jedem Fall durch einen **beschwerdefähigen Beschluss** zu beenden ist:

- Ist eine **Kindeswohlgefährdung** nach Ansicht des Gerichts **ausgeschlossen**, wird z.T. vertreten, dass der Beschluss lediglich die nach § 81 FamFG erforderliche Kostenentscheidung enthalten müsse,[358] wobei auch diese Entscheidung gem. § 166 Abs. 3 FamFG zu überprüfen sei.[359] Da es sich in dieser Konstellation aber eben nicht um eine Erledigung der Hauptsache (vgl. § 91a ZPO / § 22 Abs. 3 und 4 FamFG) handelt, ist nach hier vertretener Auffassung auch in dieser Konstellation ein Ausspruch zur Hauptsache erforderlich: „Von Maßnahmen nach den §§ 1666, 1666a BGB wird abgesehen."
- Liegt dagegen eine **Kindeswohlgefährdung vor und sind die Eltern bereit, Hilfe anzunehmen,** um diese abzuwenden, ist in dem Beschluss ebenfalls festzustellen, dass es kindesschutzrechtlicher Maßnahmen nicht bedarf. Ggf. kann zur Schaffung von mehr Verbindlichkeit den Eltern vom Gericht auch aufgegeben werden, die Hilfen in Anspruch zu nehmen.[360] Die Hilfen sind in der Beschlussformel (Tenor) möglichst konkret zu bezeichnen.

---

357 BT-Drs. 16/6308, S. 238.
358 Prütting/Helms/*Hammer*, § 157 FamFG Rn. 27.
359 A.A. Heilmann/*Cirullies*/ § 157 FamFG Rn. 7
360 Prütting/Helms/*Hammer*, § 157 FamFG Rn. 27.

- **Liegt eine Kindeswohlgefährdung vor und kann diese nicht durch öffentliche Hilfen, die die Eltern bereit sind anzunehmen, abgewendet werden**, sind die erforderlichen Maßnahmen nach § 1666 BGB zu erlassen.[361]

V. Anordnung des Familiengerichts gegenüber dem Jugendamt, eine bestimmte Hilfe zu gewähren?

413 Kommen Jugendamt und Familiengericht im Laufe des Verfahrens **nicht zu einer übereinstimmenden Einschätzung,** ob und ggf. welcher Maßnahmen es zum Schutz des Kindes bedarf, stellt sich die Frage, ob das Familiengericht das Jugendamt durch seinen Beschluss verpflichten kann, eine bestimmte Hilfe zu erbringen, die es selbst zur Abwendung der Gefährdung geeignet und ausreichend findet, die das Jugendamt aber als ungeeignet ablehnt. Probleme bereitet in der Praxis insbesondere die Konstellation, in der das Familiengericht überzeugt ist, dass das Kind bei Gewährung einer ambulanten Hilfe in der Familie bleiben kann, das Jugendamt die Gewährung weiterer ambulanter Hilfen jedoch nicht (mehr) für erfolgversprechend und eine Trennung des Kindes von seiner Familie für erforderlich hält.

414 Im Idealfall begreifen sich Familiengericht und Jugendamt als **Verantwortungsgemeinschaft** und finden im Interesse eines effektiven Kinderschutzes kooperative Lösungen.[362] Kann jedoch keine Übereinstimmung zwischen Familiengericht und Jugendamt über die geeignete Hilfe gefunden werden, bestehen in Rechtsprechung und Literatur unterschiedliche Auffassungen über die „Letztentscheidungsverantwortung" in Bezug auf die Gewährung von Hilfen nach dem SGB VIII.

415 Das **BVerfG** hat sich in dieser Frage nicht ausdrücklich, aber doch im Ausgangspunkt geäußert.[363] Nach dem BVerfG ist ungewiss, ob das Familiengericht befugt ist, das Jugendamt zur Gewährung öffentlicher Hilfen zu verpflichten. Jedoch können die Personensorgeberechtigten den Anspruch auf Hilfen nach §§ 27 ff. SGB VIII grundsätzlich vor den Verwaltungsgerichten durchsetzen.[364] Die gerichtliche Kontrolle der Entscheidungen des Jugendamts über die Gewährung öffentlicher Hilfen obliegt de lege lata nicht den Familiengerichten, sondern den Verwaltungsgerichten.[365]

416 Der **Verweis auf die Verwaltungsgerichtsbarkeit** ist in der Praxis jedoch in aller Regel kein gangbarer Weg: Gibt das Jugendamt klar zu erkennen, dass es die – aus Sicht des Familiengerichts geeignete Hilfe – nicht erbringen wird, ist das Verfahren blockiert: Es steht kein geeignetes, gegenüber einer Trennung des Kindes von sei-

361 Heilmann/*Cirullies*, § 157 FamFG Rn. 7.
362 *Meysen*, FamRZ 2008, 562 (568).
363 So *Schäder*, JAmt 2021, 2 ff. (5).
364 BVerfG, 24.3.2014 – 1 BvR 160/14, Rn. 52.
365 BVerfG, 24.3.2014 – 1 BvR 160/14, Rn. 50.

ner Familie milderes Mittel zur Verfügung, das die Kindeswohlgefährdung abwenden könnte. Das Familiengericht müsste das Verfahren daher aussetzen, bis die Eltern beim Verwaltungsgericht die Gewährung der Hilfe durch das Jugendamt erwirkt hätten.[366] Dieses Vorgehen wäre umständlich, zeitaufwändig und mit der Dringlichkeit von Kinderschutzsachen in der Regel kaum vereinbar. Zudem bestünde in vielen Fällen die Ungewissheit, ob die Eltern überhaupt bereit und in der Lage wären, eine entsprechende Klage beim Verwaltungsgericht einzureichen.

Teilweise wird daher vertreten, dass eine Letztverantwortung und damit ein Letztentscheidungsrecht des Familiengerichts über die Hilfegewährung gegeben sein müsse (Stichwort: „**Anordnungskompetenz**").[367] Zumindest dann, wenn das Jugendamt aus anderen als sozialpädagogischen Gründen Hilfen ablehnt oder mögliche und gebotene Hilfe unterlässt, könne das Familiengericht die Hilfeleistung durch das Jugendamt anordnen.[368] Gleiches gelte, wenn das Jugendamt keine geeigneten Hilfeansätze sieht, auf der Grundlage eines Sachverständigengutachtens die Geeignetheit der Hilfe jedoch belegt sei.[369] **417**

Wohl mehrheitlich wird jedoch ein **Entscheidungsprimat des Jugendamts** angenommen, ob und welche öffentlichen Hilfen in einem Gefährdungsfall zur Gefahrenabwendung geeignet sind.[370] Tatsächlich kann das Familiengericht zwar gem. § 1666 Abs. 3 Nr. 1 BGB den Eltern aufgeben, Leistungen nach dem SGB VIII in Anspruch zu nehmen,[371] es kann jedoch nicht das Jugendamt verpflichten, die entsprechende Hilfe zu gewähren. Denn die Entscheidung des Jugendamts über die Gewährung bzw. Nichtgewährung einer Leistung nach dem SGB VIII fällt nicht in seine Entscheidungskompetenz, sondern ist der Kontrolle der Verwaltungsgerichte unterworfen.[372] Das Jugendamt kann also nur über eine Klage der Eltern vor dem Verwaltungsgericht verpflichtet werden, die entsprechende Leistung zu gewähren. **418**

Klarstellende Funktion kommt insoweit § 36a Abs. 1 SGB VIII zu. Danach trägt der Träger der öffentlichen Jugendhilfe die Kosten der Hilfe grundsätzlich nur dann, wenn sie auf der Grundlage seiner Entscheidung nach Maßgabe des Hilfeplans unter Beachtung des Wunsch- und Wahlrechts erbracht wird. Ausdrücklich betont die Vorschrift, dass dies auch gilt, wenn Eltern durch das Familiengericht zur Inan- **419**

366 Siehe zum Parallelproblem beim begleiteten Umgang *Schäder*, JAmt 2021, 2 ff. (7).

367 *Lack/Heilmann*, ZKJ 2014, 308 (315); *Heilmann*, NJW 2014, 2904 (2909); Anm. *Fahl* zu BVerfG 29.7.2015 – 1 BvR 1468/15, NZFam 2015, 1004; Heilmann/*Köhler*, § 36a SGB VIII Rn. 5 ff. m.w.N.

368 Staudinger/*Coester*, § 1666a BGB Rn. 22.

369 Staudinger/*Coester*, § 1666a BGB Rn. 21.

370 MüKoBGB/*Lugani*, § 1666 Rn. 181; FK-SGB VIII/*Meysen*, § 36a Rn. 16; Wiesner/Wapler/*Gallep*, § 36a SGB VIII Rn. 17; *Meysen*, NZFam 2016, 580; weitere Nachweise bei Staudinger/*Coester*, § 1666a BGB Rn. 14.

371 Die Gewährung von Hilfen zur Erziehung gem. §§ 27 ff. SGB VIII setzt keinen förmlichen Antrag voraus. Ausreichend ist, dass die Personensorgeberechtigten sich mit der Hilfegewährung einverstanden erklären (FK-SGB VIII/*Tammen/Trenczek*, § 27 Rn. 44).

372 BVerfG, 24.3.2014 – 1 BvR 160/14 Rn. 50 m.w.N, JAmt 2014, 223; OLG Nürnberg, 17.11.2014 – 11 UF 1097/14, JAmt 2015, 109; OLG Oldenburg, 27.11.2007 – 4 WF 240/07, JAmt 2008, 331.

spruchnahme von Hilfen verpflichtet werden (Halbsatz 2). Wäre das Familiengericht befugt, das Jugendamt zur Leistungserbringung zu verpflichten, würde es nicht nur an die Stelle der Fachkraft treten, sondern würde außerdem seine Entscheidung an die Stelle des vorgesehenen kooperativen Entscheidungsprozesses setzen und unzulässigerweise das Jugendamt auf die Funktion eines Kostenträgers reduzieren.[373]

- Sind die Eltern bereit, die seitens des Familiengerichts als geeignet angesehene Hilfe in Anspruch zu nehmen, wäre eine Anordnung des Familiengerichts gegenüber den Eltern, diese Hilfe zu „beantragen", nicht zulässig, weil eine der Voraussetzungen für eine Maßnahme nach § 1666 BGB nicht erfüllt wäre, nämlich dass die Eltern nicht bereit sind, die Gefährdung abzuwenden. Das Familiengericht muss also einen Beschluss fassen, nach dem Maßnahmen gem. § 1666 BGB nicht angezeigt sind.
- Das Jugendamt muss in dieser Situation entscheiden, ob es sich der Einschätzung des Familiengerichts anschließen und die Hilfe gewähren kann. Tut es dies nicht, muss es konsequenterweise gegen den Beschluss des Familiengerichts Beschwerde einlegen mit dem Ziel, einen weitergehenden Eingriff in die elterliche Sorge, in der Regel einen (teilweisen) Entzug der elterlichen Sorge zu erreichen (ausführlich → Kapitel 15 Rn. 566 ff.).

373 Wiesner/Wapler/*Wapler*, § 8a SGB VIII Rn. 51.

Kapitel 13: Beschwerde und Rechtsbeschwerde

Übersicht Rn.

I. Begriffe, Funktionen, Bedeutung

1. Beschwerde

Die Beschwerde ist das Rechtsmittel, mit dem die erstinstanzliche Entscheidung des Amtsgerichts (Familiengerichts) zur Überprüfung vor die nächsthöhere Instanz gebracht wird. Nächsthöhere Instanz, also Beschwerdegericht, ist in allen Familiensachen, mithin auch in Kindesschutzsachen, gemäß § 119 Abs. 1 Nr. 1.a) GVG das **Oberlandesgericht** (**Senat für Familiensachen**; §§ 119 Abs. 2, 23b Abs. 1 GVG). **420**

421 Die Beschwerde ist ohne besondere Zulassung durch das erstinstanzliche Gericht

- gegen alle im Hauptsacheverfahren ergangenen **Endentscheidungen** (§ 58 Abs. 1 FamFG) und
- gegen alle im Verfahren der einstweiligen Anordnung aufgrund mündlicher Erörterung ergangenen Entscheidungen (§ 57 Satz 2 Nr. 1 FamFG)

statthaft. Ist eine Entscheidung in einer Kindesschutzsache im Verfahren der einstweiligen Anordnung nicht aufgrund mündlicher Erörterung ergangen, kann jeder Beteiligte beantragen, dass das erstinstanzliche Gericht (also das Amtsgericht) einen Termin zur mündlichen Erörterung anberaumt und sodann auf dieser Grundlage erneut entscheidet (§ 54 Abs. 2 FamFG).

422 Endentscheidungen sind gemäß § 38 Abs. 1 FamFG solche Entscheidungen, welche den Verfahrensgegenstand ganz oder teilweise erledigen,[374] in Kindesschutzverfahren also sowohl

- alle Entscheidungen, mit denen Maßnahmen nach den §§ 1666, 1666a BGB angeordnet werden, als auch
- Entscheidungen, mit denen das Familiengericht von solchen Maßnahmen absieht (vgl. § 166 Abs. 3 FamFG).

423 Im letzteren Fall kommt es nicht auf den Wortlaut der Beschlussformel („Von Maßnahmen gemäß den §§ 1666, 1666a BGB wird abgesehen"; „Kindesschutzmaßnahmen sind nicht veranlasst"; „Das Verfahren wird eingestellt") an. Entscheidend ist, dass das Gericht zum Ausdruck bringt, es halte Maßnahmen nicht für erforderlich.

424 Bei einer Endentscheidung gemäß § 1666 Abs. 3 Nr. 6 BGB (teilweise oder vollständige Entziehung der elterlichen Sorge) ist zu beachten, dass diese i.d.R. mit weiteren Entscheidungen verbunden wird, nämlich zum einen mit der Anordnung von Vormundschaft/Ergänzungspflegschaft (§§ 1773, 1774, 1915 Abs. 1 Satz 1 BGB) und zum anderen mit der Auswahl des Vormunds/Ergänzungspflegers (§§ 1779, 1915 Abs. 1 Satz 1 BGB) und dessen Bestellung (§§ 1789, 1915 Abs. 1 Satz 1 BGB). Dabei handelt es sich um in einem einzigen Beschluss miteinander verbundene Entscheidungen zu **unterschiedlichen Verfahrensgegenständen** i.S.d. § 151 Nr. 1, 4 und 5 FamFG.[375] In Betracht kommt deshalb die Anfechtung nur einer dieser Entscheidungen (**Teilanfechtung**)[376], etwa nur der Auswahl des Vormunds/Pflegers.[377] Wird die Beschwerde auf die Auswahl des Vormunds/Pflegers beschränkt, hat das Beschwerdegericht nicht über die Rechtmäßigkeit der Entzie-

374 MüKoFamFG/*A. Fischer*, § 58 Rn. 1.

375 So ausdrücklich für die Anordnung von Ergänzungspflegschaft und die Bestellung des Ergänzungspflegers (BGH, 23. 11. 2011 – XII ZB 293/11, FamRZ 2012, 292) bzw. für die Verfahren zur Anordnung der Vormundschaft, zur Auswahl der Person des Vormunds und zu seiner Bestellung (BeckOGK/*B. Hoffmann*, § 1774 BGB Rn. 49).

376 BGH, 26.4.2017 – XII ZB 100/17, FamRZ 2017, 1157; BGH, 3.2.2016 – XII ZB 493/15, FamRZ 2016, 626 – Beschränkung der Beschwerde auf die Betreuerauswahl.

377 Zöller/*Feskorn*, § 65 FamFG Rn. 5 f.

hung der elterlichen Sorge zu entscheiden. Die Entscheidungskompetenz des Beschwerdegerichts ist durch den Beschwerdegegenstand begrenzt.

Ferner ist es möglich, nur die Kostenentscheidung einer Endentscheidung anzufechten (**isolierte Kostenbeschwerde**). In diesem Fall muss die in § 61 Abs. 1 FamFG für vermögensrechtliche Angelegenheiten vorgesehene Mindestbeschwer von über 600 € *nicht* erreicht werden.[378] 425

Praxishinweis 426

Ist den Eltern die elterliche Sorge im Verfahren der einstweiligen Anordnung (aufgrund mündlicher Erörterung) ganz oder teilweise entzogen worden, ist diese Entscheidung gemäß § 57 Satz 2 Nr. 1 FamFG mit der Beschwerde anfechtbar. Ist zugleich Vormundschaft oder Ergänzungspflegschaft angeordnet und ein Vormund oder Ergänzungspfleger ausgewählt und bestellt worden, sind diese (letztgenannten) Entscheidungen keine Entscheidungen „über die elterliche Sorge für ein Kind" i.S.d. § 57 Satz 2 Nr. 1 FamFG, sondern bilden jeweils einen eigenen Verfahrensgegenstand[379] i.S.d. § 151 Nr. 4 oder 5 FamFG (Kindschaftssachen, die die Vormundschaft oder Pflegschaft betreffen), der nach der Entscheidung des Gesetzgebers im Verfahren der einstweiligen Anordnung unanfechtbar ist (§ 57 Satz 1 FamFG). Die isolierte Anfechtung der Auswahl des Vormunds/Ergänzungspflegers im Verfahren der einstweiligen Anordnung ist daher nicht möglich. Etwas anderes gilt nur dann, wenn etwa im Falle der Entziehung der elterlichen Sorge gegenüber der alleinsorgeberechtigten Mutter die Entscheidung über die Anordnung von Vormundschaft/Ergänzungspflegschaft zugleich eine Entscheidung gemäß § 1680 Abs. 2 und 3 BGB enthält, dem nicht sorgeberechtigten Elternteil nicht die elterliche Sorge zu übertragen; in diesem Fall handelt es sich wiederum um eine (auch im Verfahren der einstweiligen Anordnung) anfechtbare Entscheidung „über die elterliche Sorge für ein Kind". Diese Differenzierung zu erkennen, wird in der Praxis häufig noch dadurch erschwert, dass Kommentierungen ebenso wie Beschlussformeln (Tenorierungen) der Gerichte sie verwischen, indem unsauber und nicht in Übereinstimmung mit dem Gesetz formuliert wird (Beispiel: „Die elterliche Sorge wird einem Vormund übertragen").

Die Beschwerde eröffnet eine **volle zweite Tatsacheninstanz**[380], d.h., das Beschwerdegericht überprüft nicht nur die erstinstanzliche Entscheidung auf Rechtsfehler, sondern führt im Grundsatz (Ausnahmen → Rn. 487 ff.) das Verfahren vollständig neu durch (§ 68 Abs. 3 Satz 1 FamFG) und trifft nach eigener Ermittlung 427

378 BGH, 25.9.2013 – XII ZB 464/12, JAmt 2014, 208.

379 So ausdrücklich für die Anordnung von Ergänzungspflegschaft und die Bestellung des Ergänzungspflegers (BGH, 23.11.2011 – XII ZB 293/11, FamRZ 2012, 292) bzw. für die Verfahren zur Anordnung der Vormundschaft, zur Auswahl der Person des Vormunds und zu seiner Bestellung (BeckOGK/*B. Hoffmann*, § 1774 BGB Rn. 49).

380 Prütting/Helms/*Abramenko*, § 65 FamFG Rn. 11; Zöller/*Feskorn*, § 65 FamFG Rn. 7.

und Würdigung der Tatsachen und erhobenen Beweise eine eigene Sachentscheidung. Das Beschwerdegericht tritt in vollem Umfang an die Stelle des Erstgerichts und entscheidet unter Berücksichtigung des Sach- und Streitstands zum Zeitpunkt der Beschwerdeentscheidung über die Sache neu.[381] Insbesondere kann die Beschwerde auf neue Tatsachen und Beweismittel gestützt werden (§ 65 Abs. 3 FamFG).

428 Trifft das Familiengericht in einer Kindesschutzsache überhaupt keine Entscheidung, gibt es gegen diese Untätigkeit (anders als früher richterrechtlich anerkannt) **keine Untätigkeitsbeschwerde** (mehr).[382] In diesen Fällen kommt jedoch eine Beschleunigungsrüge und sodann ggf. Beschleunigungsbeschwerde (§§ 155b, 155c FamFG) in Betracht.

429 Die Einlegung der Beschwerde hat **keine aufschiebende Wirkung**.[383] Nach § 64 Abs. 3 FamFG besteht allerdings die Möglichkeit, beim Beschwerdegericht (Oberlandesgericht) den Erlass einer einstweiligen Anordnung anzuregen; eine solche Anordnung kann insbesondere darin bestehen, dass das Oberlandesgericht die Vollziehung des angefochtenen Beschlusses aussetzt.

430 ***Praxistipp***

In diesem Fall muss der Beschwerdeführer zweigleisig vorgehen: Zum einen beim Amtsgericht die Beschwerde einlegen, zum anderen beim Oberlandesgericht (idealerweise unter Hinweis auf die beim Amtsgericht – mit gleicher Post – eingelegte Beschwerde und Beifügung einer Abschrift der Beschwerdeschrift) den Erlass einer einstweiligen Anordnung anregen.

→ **Jugendamt**

Diese Möglichkeit ist insbesondere für das Jugendamt dann in Erwägung zu ziehen, wenn das Amtsgericht entschieden hat, dass kindesschutzrechtliche Maßnahmen nicht zu erlassen sind, nach sozialpädagogischer Einschätzung solche Maßnahmen jedoch dringend ergriffen werden müssen.

2. Rechtsbeschwerde

431 Die Rechtsbeschwerde ist das Rechtsmittel, mit dem die Entscheidung des Beschwerdegerichts zur Überprüfung auf Rechtsfehler vor die höchste Instanz, den Bundesgerichtshof (§ 133 GVG), gebracht wird. Die Rechtsbeschwerde ist in Kindesschutzverfahren (ausnahmslos!) nur eröffnet, wenn das Beschwerdegericht sie zulässt (§ 70 Abs. 1, 1. Alt. FamFG). Eine Beschwerde gegen die Nichtzulassung der Rechtsbeschwerde kennt das FamFG für den Bereich der Kindschaftssachen

381 BGH, 26.4.2017 – XII ZB 100/17, FamRZ 2017, 1157.

382 BGH, 30.4.2014 – XII ZB 136/14, FamRZ 2014, 1285; MüKoFamFG/*A. Fischer*, § 58 Rn. 120; BeckOK FamFG/*Obermann*, § 58 Rn. 31a; Dutta/Jacoby/Schwab/*Müther*, § 58 Rn. 11.3.

383 OLG Brandenburg, 28.8.2015 – 10 UF 74/15, FamRZ 2016, 161; Zöller/*Feskorn*, § 64 FamFG Rn. 10; Prütting/Helms/*Abramenko*, § 64 FamFG Rn. 20.

nicht.[384] Gegen eine im Verfahren der einstweiligen Anordnung ergangene Entscheidung ist die Rechtsbeschwerde nicht möglich (§ 70 Abs. 4 FamFG).

Die Rechtsbeschwerde dient allein der **Rechtskontrolle**.[385] Sie kann nur darauf gestützt werden, dass die angefochtene Entscheidung auf einer Verletzung des Rechts beruht; das Recht ist verletzt, wenn eine Rechtsnorm nicht oder nicht richtig angewendet worden ist (§ 72 Abs. 1 FamFG). Da das Rechtsbeschwerdegericht nicht Tatsacheninstanz ist, ist es an die Tatsachenfeststellungen des Beschwerdegerichts grundsätzlich gebunden.[386] 432

3. Verfassungsbeschwerde und Menschenrechtsbeschwerde

Keine Rechtsmittel, sondern außerordentliche Rechtsbehelfe sind die Verfassungsbeschwerde und die Menschenrechtsbeschwerde (→ Rn. 499 ff.). 433

II. Wer kann Beschwerde einlegen (Beschwerdeberechtigung/Beschwer/Befugnis, Rechtsmittel einzulegen)?

Die Beschwerde[387] steht demjenigen zu, der durch den Beschluss in seinen Rechten beeinträchtigt ist (§ 59 Abs. 1 FamFG). Die Beschwerdeberechtigung von Behörden bestimmt sich nach den besonderen Vorschriften des FamFG oder eines anderen Gesetzes (§ 59 Abs. 3 FamFG). Die Beschwerdebefugnis ist nicht identisch mit der Beteiligung am erstinstanzlichen Verfahren.[388] Ein (fehlerhaft) nicht am erstinstanzlichen Verfahren Beteiligter kann beschwerdeberechtigt sein, wie umgekehrt einem Beteiligten mangels Beschwer die Befugnis hierzu fehlen kann.[389] 434

---

384 Zur rechtspolitischen Kritik an diesem defizitären Zugang zum Bundesgerichtshof gerade in Kindschaftssachen: *Ernst*, FF 2020, 11.

385 BT-Drs. 16/6308, S. 210.

386 BeckOK FamFG/*Obermann*, § 74 Rn. 30c (Stand: 1.4.2022).

387 Zur **Rechts**beschwerdebefugnis allgemein siehe MüKoFamFG/*A. Fischer*, § 70 Rn. 52 ff.; Schulte-Bunert/Weinreich/*Roßmann*, § 70 FamFG Rn. 8; Prütting/Helms/*Abramenko*, § 70 FamFG Rn. 6.

388 BT-Drs. 16/6308, S. 204.

389 Prütting/Helms/*Abramenko*, § 59 Rn. 1; BT-Drs. 16/6308, S. 204.

1. Eltern

a) Rechtsprechung des Bundesgerichtshofs

435 Ein Elternteil ist nach § 59 Abs. 1 FamFG beschwerdeberechtigt, wenn in die elterliche Sorge als Bestandteil seines Elternrechts nach Art. 6 Abs. 2 GG eingegriffen worden ist.[390]

436 Der wegen einer Maßnahme nach § 1666 BGB nicht mehr sorgeberechtigte Elternteil, dem zu einem früheren Zeitpunkt die elterliche Alleinsorge entzogen worden war, ist gegen die im Abänderungsverfahren erfolgte Aufhebung der Amtsvormundschaft und die Übertragung des Sorgerechts auf den anderen Elternteil (§ 1680 Abs. 2 und 3 BGB) beschwerdeberechtigt, weil er durch diese Entscheidung unmittelbar in seinen Rechten im Sinne von § 59 Abs. 1 FamFG betroffen ist. Denn Maßnahmen nach § 1666 BGB sind mit erheblichen Eingriffen in das durch Art. 6 Abs. 2 und 3 GG geschützte Elternrecht verbunden und daher grundsätzlich nur als vorübergehend anzusehen und erwachsen nur in formelle, nicht jedoch in materielle Rechtskraft. Letzteres zeigt § 1696 Abs. 2 BGB. Nach dieser Vorschrift müssen die Maßnahmen von Amts wegen aufgehoben werden, wenn eine Gefahr für das Wohl des Kindes nicht mehr besteht oder die Erforderlichkeit der Maßnahme entfallen ist.

437 Die Vorschrift bringt damit den im Rechtsstaatsprinzip des Art. 20 Abs. 3 GG verankerten Grundsatz der Verhältnismäßigkeit nicht nur als Eingriffs-, sondern auch in zeitlicher Hinsicht als Bestandsvoraussetzung einer Maßnahme nach § 1666 BGB zum Ausdruck (BT-Drs. 16/6308, S. 346) und schützt insofern neben dem Kindeswohl unter den genannten Voraussetzungen auch das Recht von Eltern auf Rückübertragung des Sorgerechts, wenn diese von Maßnahmen nach § 1666 BGB betroffen waren. Im Rahmen einer Sorgerechtsentscheidung nach vorausgegangenem Entzug der elterlichen Sorge ist deshalb immer auch zu prüfen, ob der von der Maßnahme nach § 1666 BGB betroffene Elternteil die elterliche Sorge wiedererhalten kann. Indem das Gericht eine solche Rückübertragung der elterlichen Sorge nicht durchführt, greift es unmittelbar in die Rechtsstellung dieses Elternteils ein.[391]

438 Der Elternteil, dem u.a. das Aufenthaltsbestimmungsrecht entzogen worden ist, der aber noch über Teilbereiche des Sorgerechts verfügt, ist in dem von den Pflegeeltern und dem Ergänzungspfleger geführten Verfahren auf Anordnung des Verbleibs des Kindes in der Pflegefamilie nach § 1632 Abs. 4 BGB grundsätzlich zu beteiligen und auch beschwerdeberechtigt, weil die Entscheidung darüber, wo das Kind verbleibt, den Elternteil unmittelbar in der Ausübung des ihm verbliebenen Sorgerechts und damit in seinem Elternrecht betrifft.[392]

---

390 BGH, 29.6.2016 – XII ZB 300/15, NJW 2016, 3032 – Anordnung einer Ergänzungspflegschaft gemäß den §§ 1638 Abs. 1, 1909 Abs. 1 BGB.

391 BGH, 27.4.2016 – XII ZB 67/14, FamRZ 2016, 1146 m. Anm. *A. Fischer.*

392 BGH, 4.6.2014 – XII ZB 353/13, FamRZ 2014, 1357.

Wird der allein sorgeberechtigten Mutter das Aufenthaltsbestimmungsrecht entzogen, so kann der Vater des Kindes insoweit die Übertragung des Sorgerechts auf sich beantragen und ist gegen eine ablehnende Entscheidung des Familiengerichts auch beschwerdeberechtigt. Denn im Fall des Sorgerechtsentzugs hat das Familiengericht nach § 1680 Abs. 3, Abs. 2 BGB die elterliche Sorge dem Vater zu übertragen, wenn dies dem Wohl des Kindes dient. Diese Regelung begründet ein subjektives Recht des Vaters, aus dem sich auch dessen Beschwerdeberechtigung – im entschiedenen Fall (nach Art. 111 Abs. 1 FGG-RG) gemäß § 20 FGG – ergibt.[393] Im Hinblick auf die Rechtsprechung des EGMR[394] ausdrücklich offen gelassen hat der BGH in dieser Entscheidung, ob er an seiner früheren Rechtsprechung[395] – wonach nach der allgemeinen Regelung in § 20 FGG dem von vornherein nicht sorgeberechtigten Vater kein Beschwerderecht gegen einen Beschluss zusteht, durch den Maßnahmen nach § 1666 BGB **abgelehnt** worden sind, weil ein berechtigtes Interesse nicht ausreicht und auch das Elternrecht aus Art. 6 Abs. 2 GG für sich genommen keine Beschwerdeberechtigung begründet – festhält. 439

b) Rechtsprechung der Oberlandesgerichte

Lehnt das Amtsgericht den **Antrag des nichtsorgeberechtigten Vaters ab, gemäß § 7 FamFG an dem Kindesschutzverfahren beteiligt** zu werden, ist er gegen diese Entscheidung beschwerdeberechtigt (§ 7 Abs. 5 Satz 2 FamFG). Denn – so das OLG Schleswig – er ist durch das Verfahren, das die Prüfung des Sorgerechtsentzuges der Mutter (§ 1666 BGB) zum Gegenstand hat, unmittelbar in eigenen Rechten betroffen (§ 7 Abs. 2 Nr. 1 FamFG), auch wenn er nicht Inhaber der elterlichen Sorge ist. Das OLG Schleswig hat es dahinstehen lassen, ob dem Vater allein aufgrund seines Elternrechtes aus Art. 6 Abs. 2 GG das Recht zusteht, die vom Familiengericht zu treffende Entscheidung, insbesondere im Falle der Ablehnung von Maßnahmen nach § 1666 BGB, durch Einlegung eines Rechtsmittels überprüfen zu lassen (was der BGH im Jahre 2008 noch abgelehnt, später aber offengelassen hatte; s.o.). Jedenfalls begründe § 1680 Abs. 3, Abs. 2 BGB ein subjektives Recht des Vaters, aus dem sich auch dessen Beschwerdeberechtigung ergibt.[396] 440

Einem infolge der Übertragung der Alleinsorge auf den anderen Elternteil nicht mehr sorgeberechtigten Elternteil fehlt die Beschwerdebefugnis – so das OLG Brandenburg[397] –, **wenn kindesschutzrechtliche Maßnahmen abgelehnt werden**. Ein Elternteil hat keinen Anspruch auf hoheitliches Einschreiten zur Gefahrenabwehr gegenüber dem anderen Elternteil. Dass er ein berechtigtes Interesse an der Entscheidung haben mag, genügt nicht, um eine materiell-rechtliche subjektive Berechtigung und damit eine Beschwerdebefugnis zu begründen. Der nicht sorgeberechtigte Elternteil wird nur von einer Entziehung der elterlichen 441

393 BGH, 16.6.2010 – XII ZB 35/10, FamRZ 2010, 1242 m. Anm. *Motzer* 1324.
394 EGMR, 3.12.2009, FamRZ 2010, 103.
395 BGH, 26.11.2008 – XII ZB 103/08, FamRZ 2009, 220.
396 OLG Schleswig, 4.5.2011 – 12 UF 83/11, FamRZ 2012, 725.
397 OLG Brandenburg, 31.3.2014 – 13 UF 50/14, FamRZ 2014, 1649.

Sorge gegenüber dem anderen Elternteil in eigenen Rechten betroffen. Nur dann ist zugleich auch zu entscheiden, wem die Sorge nun zustehen soll. § 1680 Abs. 2 BGB sieht vor, dem anderen bislang nicht sorgeberechtigten Elternteil die Sorge zu übertragen, wenn dies dem Kindeswohl nicht widerspricht. Lehnt das Amtsgericht die Sorgeentziehung aber ab, so braucht es nicht darüber zu entscheiden, wer die Sorge zukünftig ausüben soll. Diese ablehnende Entscheidung betrifft das Recht des anderen Elternteils nicht.

442 Ein nicht sorgeberechtigter Elternteil ist beschwerdebefugt, wenn sein Antrag zurückgewiesen wird, den vom Familiengericht **ausgewählten Vereinsvormund** durch einen Verwandten des Mündels als Einzelvormund zu ersetzen. Daran – so das Kammergericht zu den §§ 20 Abs. 1, 57 Abs. 1 Nr. 9 FGG[398] – ändert grundsätzlich nichts der Umstand, dass dem Elternteil das Sorgerecht entzogen wurde. Die engen verwandtschaftlichen Beziehungen zu dem Mündel bleiben bestehen und rechtfertigen es, dass der nichtsorgeberechtigte Elternteil als Beschwerdeführer die Interessen des Mündels wahrnimmt.

443 Demgegenüber hat das OLG Celle entschieden, dass dies nach den Bestimmungen des FamFG nicht weitergilt. Soweit unter Geltung des vor dem 1.9.2009 maßgeblichen Verfahrensrechts eine Beschwerdebefugnis des von der elterlichen Sorge insgesamt ausgeschlossenen Elternteils aus § 57 Abs. 1 Nr. 9 FGG, also aufgrund der Erweiterung der Beschwerdebefugnis in Sorgerechtsverfahren auf Personen mit einem berechtigten Interesse an der Änderung der Entscheidung, abgeleitet wurde (vgl. etwa *KG,* a. a. O.), sei eine vergleichbare Erweiterung der Beschwerdebefugnis bewusst nicht in das FamFG übernommen worden. Deshalb fehle einem Elternteil, der „an der elterlichen Sorge in keiner Weise mehr beteiligt ist", die Beschwerdebefugnis gemäß § 59 Abs. 1 FamFG, weil er durch die Auswahl und Bestellung des Ergänzungspflegers nicht in eigenen Rechen betroffen sei.[399]

444 Die Auswahl des Vormundes für sein Kind gemäß § 1779 BGB kann ein nicht sorgeberechtigter Elternteil grundsätzlich nicht anfechten. Die Eigenschaft als Vater – so das OLG Brandenburg[400] – des betroffenen Kindes bzw. seine damit in Verbindung stehende verfahrensrechtliche Stellung rufen dagegen keine Beschwer für die Auswahlentscheidung hervor. Weder das gemäß Art. 6 GG grundrechtlich geschützte Elternrecht noch die Verpflichtung zu der Anhörung eines Elternteils nach § 1779 Abs. 2 Satz 2 BGB schaffen für den nicht sorgeberechtigten Elternteil ein Beschwerderecht hinsichtlich der Auswahl des Vormundes für seine Kinder.

445 Gegen die Entscheidung über die Auswahl des Vormunds steht dem nicht sorgeberechtigten Elternteil – nach Ansicht des OLG Düsseldorf – keine Beschwerdebefugnis zu. Durch Anordnung, Aufhebung oder Beschränkung einer Pflegschaft bzw. Vormundschaft sowie durch Entscheidungen über die Auswahl oder Entlassung des Pflegers bzw. Vormunds wird nur in die Rechte des **sorgeberechtigten**

---

398 KG, 1.7.2008 – 1 W 360/07 und 1 W 361/07, FamRZ 2008, 2306.
399 OLG Celle, 9.8.2012 – 10 UF 192/12, FamRZ 2012, 1826.
400 OLG Brandenburg, 24.2.2012 – 9 UF 27/12, FamRZ 2012, 1578.

Elternteils, des Kindes und des entlassenen Pflegers bzw. Vormunds eingegriffen.[401]

Nach Ansicht des OLG Frankfurt a.M. sind auch nicht sorgeberechtigte Elternteile durch die Auswahlentscheidung in Bezug auf den Vormund in eigenen Rechten betroffen (§ 59 Abs. 1 FamFG) und daher beschwerdeberechtigt.[402] 446

Wurde den Eltern bereits die gesamte elterliche Sorge entzogen, beeinträchtigt eine im Rahmen des § 1837 BGB ergehende Entscheidung des Familiengerichts, durch die dem Vormund gestattet wird, die bereits vollzogene Trennung des Kindes von den Eltern dadurch zu vertiefen, dass das Kind aus einer Wohngruppe in eine Pflegefamilie vermittelt wird, kein subjektives Recht der Eltern i.S. von § 59 Abs. 1 FamFG.[403] 447

Gegen eine Verbleibensanordnung steht dem nicht sorgeberechtigten Elternteil kein Beschwerderecht zu.[404] 448

2. Kind

Aus § 60 FamFG folgt kein eigenständiges, von den Voraussetzungen des § 59 Abs. 1 FamFG unabhängiges Beschwerderecht.[405] Eine Beeinträchtigung in eigenen Rechten muss auch hier vorliegen. § 60 FamFG regelt nur, wann ein Minderjähriger nach Vollendung des 14. Lebensjahres ein nach diesen Vorschriften bestehendes Beschwerderecht unabhängig vom Willen der ihn gesetzlich vertretenden Person ausüben kann.[406] 449

Das Kind selbst ist bei Ablehnung seiner Anregung von Maßnahmen nach § 1666 BGB oder gegen ihre Befristung beschwerdebefugt.[407] 450

In Verfahren wegen Gefährdung des Kindeswohls (§ 1666 BGB) besteht sein Beschwerderecht nicht nur gegen die Ablehnung von Maßnahmen, sondern auch gegen deren Anordnung, weil jeder Eingriff in die elterliche Sorge sein eigenes Recht auf Ausübung dieser Sorge durch den hierfür von Gesetzes wegen bestimmten Elternteil beeinträchtigen kann.[408] Mit der den Eltern durch Art. 6 Abs. 2 Satz 1 GG auferlegten Pflicht gegenüber dem Kind, es zu pflegen und zu erziehen, korrespondiert ein eigenes Recht des Kindes auf Pflege und Erziehung gegenüber seinen Eltern und auf den Schutz des Staats, notfalls zur Gefahrenabwehr einzugrei- 451

401 OLG Düsseldorf, 19.8.2014 – II-6 WF 128/14, FamRZ 2015, 1046.
402 OLG Frankfurt a.M., 14.12.2015 – 5 UF 235/15, FamRZ 2016, 1473.
403 OLG Hamm, 20.10.2011 – 2 UF 140/11 – NJW-RR 2012, 388.
404 OLG Koblenz, 19.3.2014 – 9 UF 824/13, FamRZ 2014, 1393.
405 Prütting/Helms/*Abramenko*, § 60 FamFG Rn. 1; OLG Brandenburg, 31.3.2014 – 13 UF 50/14, FamRZ 2014, 1649; OLG Düsseldorf, 10.1.2011 – II-3 WF 148/10, FamRB 2011, 172; OLG Nürnberg, 8.9.2011 – 7 UF 883/11, FamRZ 2012, 804.
406 BT-Drs. 16/6308, S. 204.
407 Prütting/Helms/*Abramenko*, § 59 FamFG Rn. 29; OLG Brandenburg, 31.3.2014 – 13 UF 50/14, FamRZ 2014, 1649.
408 OLG Stuttgart, 26.10.2009 – 18 WF 229/09, FamRZ 2010, 1166; **a.A.** OLG Düsseldorf, 10.1.2011 – 3 WF 148/10, FamRZ 2011, 1081.

fen.[409] Bezugspunkt dieser Rechtsbeziehung und damit Gegenstand des nach § 1666 BGB geführten Verfahrens ist die elterliche Sorge und damit ein nach bürgerlichem Recht dem Kind zustehendes Recht. Das Kind ist deshalb in jedem Verfahren nach § 1666 BGB sowohl zu beteiligten (§ 7 Abs. 2 Nr. 1 FamFG) als auch zur Beschwerde befugt (§ 59 FamFG).

452 In einem Verfahren, in dem das Amtsgericht Ergänzungspflegschaft mit dem Wirkungskreis „Wahrnehmung der Rechte der Kinder im familiengerichtlichen Genehmigungsverfahren zur Abschichtungsvereinbarung" angeordnet hatte, hat das Kammergericht entschieden, dass das Kind gegen jeden Eingriff in die elterliche Sorge beschwerdeberechtigt ist, weil dadurch sein aus dem allgemeinen Persönlichkeitsrecht folgendes Recht auf Ausübung dieser Sorge durch den hierfür von Gesetzes wegen bestimmten Elternteil beeinträchtigt wird.[410]

3. Verfahrensbeistand

453 § 158b Abs. 3 Satz 2 FamFG stellt klar, dass der Verfahrensbeistand im Interesse des Kindes Rechtsmittel einlegen kann (und zwar unabhängig von der Beeinträchtigung eigener materieller Rechte).[411] Da der Verfahrensbeistand kein Verfahrensbevollmächtigter des Kindes ist, sondern vom Gericht mit der Wahrnehmung der Interessen des Kindes beauftragt ist, muss er (unabhängig von etwaigen Wünschen des Kindes) prüfen, ob die Einlegung eines Rechtsmittels den Interessen des Kindes entspricht.[412] Daher können auch der Verfahrensbeistand und das beschwerdeberechtigte Kind (§ 60 FamFG →oben Rn. 449 ff.) unabhängig voneinander Rechtsmittel einlegen. Das vom Verfahrensbeistand eingelegte Rechtsmittel kann auch nicht vom beschwerdeberechtigten Kind zurückgenommen werden und umgekehrt. Auch der gesetzliche Vertreter und der Verfahrensbeistand können unabhängig voneinander für das Kind Rechtsmittel einlegen.[413]

4. Jugendamt[414]

454 Dem Jugendamt hat der Gesetzgeber in allen Verfahren, die die Person des Kindes betreffen, eine umfassende, von einer Beeinträchtigung in eigenen Rechten unabhängige Beschwerdebefugnis verliehen (§§ 59 Abs. 3, 162 Abs. 3 Satz 2 FamFG).[415]

---

409 OLG Brandenburg, 31.3.2014 – 13 UF 50/14, FamRZ 2014, 1649; siehe jetzt zu § 9 FamFG: BGH, 12.5.2021 – XII ZB 34/21, JAmt 2021, 528 = ZKJ 2021, 417.

410 KG, 23.7.2018 – 13 UF 105/18, FamRZ 2018, 1673.

411 Entspricht inhaltlich unverändert § 158 Abs. 4 Satz 5 FamFG a.F. (dazu: BT-Drs. 16/6308, S. 239), vgl. BT-Drs. 19/23707, S. 56.

412 *Balloff/Koritz*, Praxishandbuch für Verfahrensbeistände, Rn. 8.3.

413 MüKoFamFG/*Schumann*, § 158 Rn. 39.

414 Zur **Rechts**beschwerdebefugnis des Jugendamts siehe BGH, 15.7.2015 – XII ZB 30/15, NJW-RR 2015, 1281 und MüKoFamFG/*A.Fischer*, § 70 Rn. 54.

415 OLG Nürnberg, 19.7.2016 – 7 UF 746/16, FamRZ 2017, 298. **A.A.** (für eine restriktive Auslegung) MüKoFamFG/*Schumann*, § 162 Rn. 23, wobei kaum praktische Fälle vorstellbar sind, in denen sich diese Unterscheidung auswirkt.

Beschwerdebefugt ist allein dasjenige Jugendamt i.S. von § 59 Abs. 3 FamFG i.V.m. § 162 Abs. 3 Satz 2 FamFG, welches nach § 162 Abs. 1 Satz 1 FamFG anzuhören und hierfür (nach den Bestimmungen des SGB VIII örtlich) zuständig ist.[416] 455

Praxishinweis 456

! → ***Jugendamt***

Das Jugendamt ist anders als die unter 1.bis 3. Genannten nicht frei darin, ob es Beschwerde eingelegt oder nicht. Als staatliche Behörde und damit als Teil der an Gesetz und Recht gebundenen vollziehenden Gewalt (Art. 20 Abs. 3 GG) muss das Jugendamt in jedem Einzelfall nach pflichtgemäßem Ermessen prüfen, ob es von der ihm durch den Gesetzgeber eingeräumten Befugnis zur Beschwerdeeinlegung Gebrauch macht oder nicht.[417]

Die **Prüfung** in jedem Einzelfall, **ob** das Jugendamt gegen die amtsgerichtliche Entscheidung **Beschwerde** einlegen (also das Beschwerdegericht anrufen) soll oder nicht, gehört ebenso wie die Anrufung des erstinstanzlichen Gerichts (bei Vorliegen der Voraussetzungen des § 8a Abs. 2 Satz 1 SGB VIII) zum **Schutzauftrag des Jugendamts**. 457

Nach Rückmeldungen aus der Praxis legen Jugendämter eher selten Beschwerde ein.[418] Teils befürchten – gerade kleinere – Jugendämter eine Belastung der Arbeitsbeziehung zum Familiengericht, teils bestehen Unsicherheiten über die rechtlichen Voraussetzungen. Auch das vermeintliche (→ Kapitel 14 Rn. 540 ff.) Kostenrisiko dürfte eine Rolle spielen. Im Ergebnis kann keiner dieser Gründe überzeugen: Das Unterbleiben staatlicher (familiengerichtlicher) Schutzmaßnahmen kann eine Verletzung der Grundrechte des Kindes bedeuten. Eltern können über ihre Anwälte ihre eigenen Rechte i.d.R. gut selbst verwirklichen. Kinder sind darauf angewiesen, dass andere (Verfahrensbeistand, Jugendamt, Gericht) ihre Rechte wahrnehmen. Eigene Rechte werden i.d.R. intensiver, hartnäckiger und nachhaltiger wahrgenommen als fremde Rechte. So sind Rechtsmitteleinlegungen von Eltern (gegen aus ihrer Sicht zu weitgehende Kinderschutzmaßnahmen / mit dem Ziel, Kinderschutzmaßnahmen abzuwehren) wesentlich häufiger als Rechtsmitteleinlegungen der Verfahrensbeistände und Jugendämter (gegen aus ihrer Sicht nicht hinreichende Kinderschutzmaßnahmen bzw. mit dem Ziel, Kinderschutzmaßnahmen zu erwirken). Wenn der Beschluss des Familiengerichts die Gefährdung des Kindes nicht abwendet, erscheint es jedoch fachlich geboten, Beschwerde einzulegen. Das (vermeintliche) **Kostenrisiko** ist dann im Rahmen der pflichtgemäßen Ausübung des Ermessens **kein sachliches Kriterium**, die Beschwerdeeinlegung zu unterlassen. Auch sollten sich Jugendämter nicht von er- 458

---

416 OLG Saarbrücken, 26.3.2021 – 6 UF 46/21, FamRZ 2021, 1223 = NZFam 2021, 564 (*Dürbeck*).

417 *Lohse*, JAmt 2021, 546, 547. Siehe auch *Kepert* u.a., Praxishandbuch Kinderschutz, 22, mit dem Hinweis, dass das JA nicht ausschließlich als sozialpädagogische Fachbehörde wahrgenommen werden sollte, sondern das Handeln des JA in erster Linie einem rechtlichen Maßstab unterliegt.

418 So auch MüKoFamFG/*Schumann*, § 162 Rn. 22 zur Rechtslage vor Inkrafttreten des FamFG (gemäß § 57 Abs. 1 Nr. 9 FGG).

folglosen[419] Beschwerden demotivieren lassen; eine Erfolgsgarantie für Beschwerden gibt es nicht. Rechtliche Unsicherheiten schließlich lassen sich durch Fortbildungen oder in geeigneten Fällen Mandatierung eines Rechtsanwalts überwinden. Vor diesem Hintergrund ist es auch und gerade Leitungsaufgabe, die Fachkräfte zum Prüfen und ggf. Einlegen von Beschwerden zu motivieren. Wer innerhalb des Jugendamts über das Einlegen einer Beschwerde entscheidet, liegt in der Organisationsfreiheit des Jugendamts; im Rechtsverkehr reicht jedenfalls die Unterschrift der Fachkraft – in Wahrnehmung der Pflichten aus den laufenden Verwaltungsgeschäften[420] – und braucht es nicht zwingend die Unterschrift der Amtsleitung.[421]

459 Die Enquete-Kommission „Kinderschutz und Kinderrechte weitere stärken …" der Bürgerschaft der Freien und Hansestadt Hamburg empfiehlt in ihrem Abschlussbericht vom 19.12.2018, in Kinderschutzverfahren im ASD regelmäßig zu prüfen, ob in den Verfahren Beschwerde eingelegt werden soll. Dies ist immer dann der Fall, wenn in dem Verfahren anders als vom Jugendamt angestrebt entschieden wurde.[422]

5. Vormund/Ergänzungspfleger: Beschwerde (nur) gegen die Auswahlentscheidung (§ 1779 BGB)

460 Falls den Eltern die elterliche Sorge teilweise oder vollständig entzogen wird (§ 1666 Abs. 3 Nr. 6 BGB), hat die Richterin von Amts wegen Ergänzungspflegschaft bzw. Vormundschaft anzuordnen (§§ 1773 Abs. 1, 1774 Satz 1, 1915 Abs. 1 Satz 1 BGB). Das Familiengericht hat nach Anhörung des Jugendamts (ASD) den Vormund auszuwählen (§ 1779 Abs. 1 BGB) und zu bestellen (§ 1789 BGB). Nach dem Wortlaut des Gesetzes ist der Rechtspfleger funktional zuständig (§§ 3 Nr. 2 lit. a, 14 RPflG).

461 Nach richtiger Ansicht ist aus verfassungsrechtlichen Gründen jedoch von der **Verpflichtung des Familienrichters zur Anordnung der Vormundschaft/Ergänzungspflegschaft und zur Auswahl und Bestellung des Vormunds** auszugehen, wenn eine Vormundschaft/Ergänzungspflegschaft in Folge eines Eingriffs in die elterliche Sorge nach §§ 1666 Abs. 3, 1666a BGB anzuordnen ist. Für die Bewertung des Eingriffs in die elterliche Sorge als verhältnismäßig ist von wesentlicher Bedeutung, wer als Vormund bzw. Ergänzungspfleger ausgewählt und bestellt wird. Die **Auswahl** ist daher **integraler Bestandteil der Sorgerechtsent-**

419 Beispiel einer erfolglosen Beschwerde des Jugendamts: OLG Stuttgart, 7.10.2021 – 16 UF 95/21, FamRZ 2022, 457 m. Anm. *Meysen* (455).
420 *Lohse*, JAmt 2018, 177 (Editorial).
421 *Lohse/Ernst/Katzenstein*, JAmt 2019, 234 (239).
422 www.buergerschaft-hh.de/parldok/dokument/65251/bericht_der_enquete_kommission_kinderschutz_und_kinderrechte_weiter_staerken_ueberpruefung_weiterentwicklung_umsetzung_und_einhaltung_gesetzlicher_gru.pdf (letzter Abruf: 17.7.2022).

scheidung.[423] Regelungen des RPflG stehen nicht entgegen, denn nach § 6 RPflG soll der Richter die gesamte Angelegenheit bearbeiten, wenn ein übertragenes Geschäft mit einem vom Richter wahrzunehmenden Geschäft in einem so engen Zusammenhang steht, dass eine getrennte Bearbeitung nicht sachdienlich wäre.[424]

Unabhängig davon, ob der Richter oder der Rechtspfleger diese Auswahlentscheidung trifft, ist sie mit der Beschwerde angreifbar (§ 58 Abs. 1 FamFG, § 11 Abs. 1 RPflG). **462**

Das im Verfahren als Fachbehörde mitwirkende Jugendamt ist nach § 162 Abs. 3 Satz 2 FamFG zur Beschwerde befugt. Es kann seine Beschwerde damit begründen, dass das Familiengericht eine ungeeignete Person ausgewählt hat, hingegen nicht damit, dass das Familiengericht von seinem Auswahlermessen unter mehreren geeigneten Personen Gebrauch gemacht hat. **463**

Wählt das Familiengericht das **Jugendamt als Vormund oder Ergänzungspfleger** aus, ist das **ausgewählte Jugendamt** (in dieser Funktion) zudem nach **§ 59 Abs. 1 FamFG** zur Beschwerde befugt,[425] wenn es der Auffassung ist, dass es als ungeeignet anzusehen ist.[426] **464**

Der bisherige Vereinsvormund ist gemäß § 59 Abs. 1 FamFG beschwerdeberechtigt, weil er durch die ablehnende Entscheidung des Amtsgerichts in seinem Anspruch auf Entlassung als Vormund und Auswahl und Bestellung einer Mitarbeiterin zum „Vereinsvormund" bzw. „Vereinsersatzvormund" in eigenen Rechten verletzt sein kann.[427] **465**

Eine vom Familiengericht ausgewählte Person, die die Vormundschaft als ehrenamtliche Einzelvormundschaft führen würde, kann ihre Verletzung in eigenen Rechten nur damit begründen, dass sie nicht verpflichtet sei, das Amt zu übernehmen, da sie das Amt ablehnen könne (§ 1786) oder müsse (§ 1785). Hingegen kann sie vor dem Hintergrund der nach § 1785 bestehenden Übernahmepflicht nicht geltend machen, ihr fehle die Eignung i.S.d. § 1779.[428] **466**

---

423 BVerfG 22.9.2014 – 1 BvR 2108/14, FamRZ 2015, 208, dazu: *Meysen*, JAmt 2015, 324; Schwab/Ernst/*Schäder*, § 5 Rn. 245; BeckOK Streitwert/*Dürbeck* Familienrecht – Sorgerechtsverfahren, Rn. 91 (Stand: 1.4.2022).

424 BeckOGK/*B. Hoffmann*, § 1779 BGB Rn. 92 (Stand: 1.5.2022); *Hammer*, JAmt 2015, 291.

425 Diese Beschwerdeberechtigung beschränkt sich auf die Auswahl/Bestellung des Jugendamts als Vormund/Ergänzungspfleger; vgl. BGH, 23.11.2011 – XII ZB 293/11, FamRZ 2012, 292; OLG Frankfurt a.M., 24.4.2017 – 5 UF 35/17, FamRZ 2017, 1942; KG, 3.2.2016 – 3 WF 8/16, FamRZ 2016, 649 m. Anm. *Hammer*; KG, 13.8.2014 – 3 WF 119/15, FamRZ 2015, 2079 m. Anm. *Zorn*.

426 BeckOGK/*B. Hoffmann*, § 1779 BGB Rn. 153 (Stand: 1.5.2022).

427 OLG Nürnberg, 21.6.2017 – 7 WF 493/17, FamRZ 2018, 112.

428 BeckOGK/*B. Hoffmann*, § 1779 BGB Rn. 132 (Stand: 1.5.2022).

6. Großeltern und andere Verwandte

467 Großeltern, die das minderjährige Kind nach dem Tod der allein sorgeberechtigten Mutter betreut haben und betreuen, sind gegen eine familiengerichtliche Entscheidung, die das Sorgerecht dem Vater und wichtige Einzelbefugnisse einem Pfleger überträgt, grundsätzlich nicht beschwerdeberechtigt. Allein aus der Stellung als Verwandter oder Verschwägerter folgt ein die Beschwerdeberechtigung begründendes subjektives Recht noch nicht.[429]

468 Das Recht der Großeltern auf Beachtung ihrer nahen Verwandtenstellung bei der Auswahl des Vormunds umfasst grundsätzlich nicht die Beschwerdeberechtigung nach 59 Abs. 1 FamFG.[430]

469 Zur Begründung einer Beschwerdeberechtigung im Verfahren betreffend die elterliche Sorge für ein Kind reicht alleine ein nachvollziehbares Interesse des Beschwerdeführers an der Änderung oder Beseitigung einer vom Familiengericht getroffenen Maßnahme nicht aus; erforderlich ist vielmehr, dass der Beschwerdeführer in einem ihm selbst durch Gesetz oder durch die Rechtsordnung anerkannten und von der Staatsgewalt geschützten materiellen Recht unmittelbar betroffen ist. Danach sind Großeltern ebenso wie andere Verwandte in Verfahren wegen Kindeswohlgefährdung (§ 1666, 1666a BGB) nicht beschwerdeberechtigt.[431]

470 Erst recht steht dem „Stiefgroßvater" (Ehemann der Großmutter mütterlicherseits) des betroffenen Kindes, der im Falle des Wegfalls des persönlichen Sorgerechts der Eltern (durch Tod oder Entzug des Sorgerechts) als Vormund oder Ergänzungspfleger des Kindes eingesetzt werden möchte, kein Beschwerderecht zu.[432]

7. Pflegeeltern

471 Pflegeeltern sind wie Großeltern durch Entscheidungen zur Auswahl des Vormunds ungeachtet ihres Antragsrechts aus § 1887 Abs. 2 BGB nicht in eigenen Rechten im Sinne des § 59 Abs. 1 FamFG betroffen und daher nicht beschwerdebefugt.[433]

---

429 BGH, 2.2.2011 – XII ZB 241/09, FamRZ 2011, 552 – zu §§ 20 Abs. 1, 57 Abs. 1 Nr. 9 FGG.
430 BGH, 26.6.2013 – XII ZB 31/13, FamRZ 2013, 1380.
431 OLG Hamm, 9.7.2012 – II-9 UF 74/12, FamRZ 2013, 140.
432 OLG Brandenburg, 18.5.2018 – 9 UF 72/18, FamRZ 2018, 1767.
433 OLG Nürnberg, 14.3.2014 – 11 WF 141/14 – NJW 2014, 2883; OLG Nürnberg, 12.5.2014 – 11 WF 1596/13, FamRZ 2014, 1864; OLG Karlsruhe, 26.6.2013 – 18 UF 296/11, FamRZ 2013, 1665 m. Anm. *Salgo*.

III. Wie ist die Beschwerde einzulegen (Form und Frist)?

Die Beschwerde 472

- gegen eine Endentscheidung im Hauptsacheverfahren ist innerhalb **eines Monats** (§ 63 Abs. 1 FamFG),
- gegen eine Endentscheidung im Verfahren der einstweiligen Anordnung innerhalb von **zwei Wochen** (§ 63 Abs. 2 Nr. 1 FamFG)

seit schriftlicher Bekanntgabe an den Beteiligten (§ 63 Abs. 3 Satz 1 FamFG) einzulegen.

Die Beschwerde ist durch Einreichung einer **Beschwerdeschrift** (auch per Telefax[434] oder als elektronisches Dokument gemäß den §§ 14 Abs. 2 FamFG, 130a ZPO; aber: eine bloße E-Mail ist kein elektronisches Dokument[435]) oder zur Niederschrift der Geschäftsstelle (§ 64 Abs. 2 Satz 1 FamFG) bei dem Gericht einzulegen, dessen Beschluss angefochten wird (§ 64 Abs. 1 Satz 1 FamFG), in Kindesschutzsachen also **bei dem Amtsgericht**. Die Beschwerdeeinlegung durch Niederschrift der Geschäftsstelle kann vor der Geschäftsstelle eines beliebigen Amtsgerichts erfolgen, die Frist wird aber nur dann gewahrt, wenn diese Erklärung nach Weiterleitung bei demjenigen Amtsgericht, dessen Beschluss angefochten wird, rechtzeitig eingeht (§ 25 Abs. 2 und Abs. 3 FamFG). 473

Rechtsanwält*innen und Jugendamt **müssen** seit dem 1.1.2022 die Beschwerdeschrift als **elektronisches Dokument** an das Gericht übermitteln (§ 14b FamFG).[436] 474

Die Beschwerdeschrift muss die Bezeichnung des angefochtenen Beschlusses sowie die Erklärung enthalten, dass Beschwerde gegen diesen Beschluss eingelegt wird (§ 64 Abs. 2 Satz 3 FamFG). 475

Die Beschwerdeschrift ist von dem Beschwerdeführer oder von seinem Bevollmächtigten zu unterzeichnen (§ 64 Abs. 2 Satz 4 FamFG). 476

Hat der Beschwerdeführer die **Frist versäumt**, ist also die Beschwerdeschrift nach Ablauf der (Monats- bzw. Zwei-Wochen-)Frist beim Amtsgericht eingegangen, kann er beantragen, dass das Beschwerdegericht ihm Wiedereinsetzung in den vorigen Stand gewährt. Dies setzt allerdings voraus, dass der Beschwerdeführer die Frist ohne sein Verschulden versäumt hat (§ 17 Abs. 1 FamFG). Bei unzureichender 477

434 BGH, 3.12.1996 – XI ZB 20/96, NJW 1997, 948.

435 Zöller/*Heßler*, § 519 ZPO Rn. 18a; ausführlich: *Hergenröder*, Antragstellung mittels E-Mail in Verfahren nach dem FamFG, FamRZ 2020, 1982.

436 Dazu: *Walther*, JAmt 2021, 598; OLG Frakfurt a.M., 15.2.2022 – 4 UF 8/22, ZKJ 2022, 189 = FamRZ 2022, 802 m. Anm. *Müther*.

Rechtsmittelbelehrung vermutet das Gesetz ein Fehlen des Verschuldens (§ 17 Abs. 2 FamFG).[437]

478 Wird die Beschwerde bei einem anderen Gericht, beispielsweise trotz der im erstinstanzlichen Beschluss enthaltenen Rechtsmittelbelehrung (§ 39 FamFG) beim Beschwerdegericht, eingelegt, wahrt dies die Frist nicht. Das (für die Einreichung der Beschwerde) unzuständige Gericht ist aber verpflichtet, die Beschwerdeschrift im normalen Geschäftsgang an das erstinstanzliche Gericht weiterzuleiten. Sofern dies nicht geschieht, kommt eine Wiedereinsetzung in den vorigen Stand (§ 17 FamFG) in Betracht. Sofern der angefochtene Beschluss aber eine zutreffende Rechtsbehelfsbelehrung enthält, ist die Fristversäumung i.d.R. nicht unverschuldet.[438]

479 Zwar ist die Beschwerde beim Amtsgericht einzulegen. Das **Amtsgericht** hat jedoch **keine Abhilfebefugnis** (§ 68 Abs. 1 Satz 2 FamFG). Es muss die Beschwerde **unverzüglich dem Beschwerdegericht vorlegen** (§ 68 Abs. 1 Satz 1 FamFG). Dies gilt auch für eine Entscheidung im Verfahren der einstweiligen Anordnung, weil es sich auch dabei um eine Endentscheidung handelt.[439]

IV. Beschwerdebegründung

480 Der Beschwerdeführer soll seine Beschwerde begründen (§ 65 Abs. 1 FamFG). Die Beschwerdebegründung kann sowohl beim erstinstanzlichen Gericht als auch beim Beschwerdegericht eingereicht werden.[440] Die Begründungspflicht soll der Verfahrensförderung dienen.[441] Die Begründung der Beschwerde muss aber nicht gleichzeitig mit der Einlegung der Beschwerde erfolgen, sondern kann nachgereicht werden. Das Beschwerdegericht oder sein Vorsitzender können eine Frist zur Beschwerdebegründung setzen (§ 65 Abs. 2 FamFG). Damit soll dem Beschwerdeführer erkennbar werden, ab welchem Zeitpunkt er mit einer weiteren Verfahrensförderung durch das Gericht und ggf. einer Entscheidung rechnen kann.[442] Ein Verstoß gegen die Verpflichtung zur Begründung führt allerdings nicht zur Unzulässigkeit der Beschwerde; die Beschwerde ist auch zulässig, wenn der Beschwerdeführer weder bei Einreichung des Rechtsmittels noch innerhalb einer durch das Beschwerdegericht gesetzten Frist eine förmliche Begründung nachreicht.[443] Eine **Begründung** ist gleichwohl sachgerecht und **sollte immer erfolgen**, um das Be-

437 Zu den weiteren Voraussetzungen und dem Verfahren bei einem Wiedereinsetzungsantrag: §§ 18, 19 FamFG.

438 Zöller/*Feskorn*, § 64 FamFG Rn. 3.

439 Zöller/*Feskorn*, § 68 FamFG Rn. 2; Prütting/Helms/*Dürbeck*, § 57 FamFG Rn. 17; Schulte-Bunert/Weinreich/*Schwonberg*, § 57 FamFG Rn. 28; a.A. OLG Hamm, 30.7.2010 – II-10 WF 121/10, FamRZ 2011, 234.

440 Zöller/*Feskorn*, § 65 FamFG Rn. 2.

441 Begründung des Regierungsentwurfs, BT-Drs. 16/6308, S. 206.

442 Begründung des Regierungsentwurfs, BT-Drs. 16/6308, S. 206.

443 OLG Düsseldorf, 25.10.2013 – I-3 Wx 191/13, FGPrax 2014, 82; Prütting/Helms/*Abramenko*, § 65 FamFG Rn. 2; Zöller/*Feskorn*, § 65 FamFG Rn. 2.

schwerdegericht auf – aus Sicht des Beschwerdeführers – problematische Gesichtspunkte der angefochtenen Entscheidung hinzuweisen.[444]

Für die **Begründung der Beschwerde des Jugendamts** oder **des Verfahrensbeistands** gegen die Entscheidung des Amtsgerichts, die vom Jugendamt bzw. vom Verfahrensbeistand für erforderlich gehaltenen kindesschutzrechtlichen Maßnahmen nicht anzuordnen, kann auf folgende Formulierung aus einer Entscheidung des BVerfG zurückgegriffen werden: **481**

„[…] Mit diesen materiell- und verfahrensrechtlichen Maßgaben korrespondieren Anforderungen an die Begründung der gerichtlichen Entscheidung. Hält das Gericht eine Trennung des Kindes von den Eltern nicht für erforderlich, obwohl Anhaltspunkte dafür bestehen, dass das Kind bei einem Verbleiben in der Familie oder bei einer Rückkehr dorthin in seinem körperlichen, geistigen oder seelischen Wohl nachhaltig gefährdet ist, hält die Entscheidung verfassungsgerichtlicher Kontrolle grds. nur dann stand, wenn das Gericht in Auseinandersetzung mit den für eine nachhaltige Gefahr sprechenden Anhaltspunkten nachvollziehbar begründet, warum eine solche Gefahr für das Wohl des Kindes nicht vorliegt."[445] Ebenso kann die Beschwerde darauf gestützt werden, dass das Amtsgericht **482**

- die Fähigkeit und/oder den Willen der Eltern, die Kindeswohlgefährdung selbst (effektiv) zu beheben, falsch eingeschätzt hat,
- nicht geeignete (insbesondere nicht ausreichend) Maßnahmen zur Gefahrenabwehr angeordnet hat.

Daraus ergibt sich folgende **mögliche Begründungsstruktur** der Beschwerde: **483**

(1) Es liegen Anhaltspunkte dafür vor, dass das Kind bei einem Verbleiben in der Familie in seinem körperlichen, geistigen oder seelischen Wohl gefährdet ist. *(weiter ausführen)* **484**

(2) Das Amtsgericht hat nicht nachvollziehbar begründet, warum eine solche Gefahr für das Wohl des Kindes nicht vorliegt. *(weiter ausführen)*

(3) Die Annahme des Amtsgerichts, die Eltern seien willens und in der Lage, die Kindeswohlgefährdung selbst abzuwenden, ist unzutreffend. Denn … *(weiter ausführen)*

(4) Das vom Amtsgericht in der angefochtenen Entscheidung den Eltern auferlegte Gebot, eine sozialpädagogische Familienhilfe im Umfang von … Stunden in Anspruch zu nehmen, ist ungeeignet, um die Kindeswohlgefährdung effektiv abzuwenden. Denn … *(weiter ausführen)*

444 Zöller/*Feskorn*, § 65 FamFG Rn. 2.
445 BVerfG, 3.2.2017 – 1 BvR 2569/16, NZFam 2017, 261 = FamRZ 2017, 524 m. Anm. *Salgo*.

V. Beschwerdeverfahren vor dem OLG

1. Prüfung der Zulässigkeit der Beschwerde

485 Das Beschwerdegericht prüft zunächst die Zulässigkeit der Beschwerde. Die Zulässigkeitsprüfung hat sich über den Wortlaut von § 68 Abs. 2 Satz 1 FamFG (Wahrung der gesetzlichen Form und Frist) hinaus auch auf die weiteren Zulässigkeitsvoraussetzungen zu erstrecken,[446] insbesondere auf die Fragen, ob ein Rechtsschutzbedürfnis besteht und ob der Beschwerdeführer beschwerdeberechtigt (§§ 59, 60 FamFG) ist.[447]

486 Eine **unzulässige Beschwerde** ist zu **verwerfen** (§ 68 Abs. 2 Satz 2 FamFG); die Entscheidung ergeht durch Beschluss, den das Beschwerdegericht begründen muss (§ 69 Abs. 2 FamFG). Vor einer Verwerfung der Beschwerde ist dem Beschwerdeführer rechtliches Gehör zu gewähren; auf Bedenken zur Zulässigkeit ist zur Vermeidung einer Überraschungsentscheidung hinzuweisen.[448]

2. Beschwerdeverfahren bei zulässiger Beschwerde

487 Ist die Beschwerde zulässig, überprüft das Beschwerdegericht nicht nur die erstinstanzliche Entscheidung auf Rechtsfehler, sondern führt im Grundsatz das Verfahren vollständig neu durch (§ 68 Abs. 3 Satz 1 FamFG) und trifft **nach eigener Ermittlung und Würdigung der Tatsachen und erhobenen Beweise eine eigene Sachentscheidung**. Das Beschwerdegericht tritt in vollem Umfang an die Stelle des Erstgerichts und entscheidet unter Berücksichtigung des Sach- und Streitstands zum Zeitpunkt der Beschwerdeentscheidung über die Sache neu.

488 Dem entspricht es, dass § 68 Abs. 3 Satz 1 FamFG als **Regel** formuliert: Das **Beschwerdeverfahren** bestimmt sich nach den **Vorschriften über das Verfahren im ersten Rechtszug**.

489 Und erst in Satz 2 folgt die **Ausnahme**: Das Beschwerdegericht kann **von der Durchführung** eines Termins oder einzelner **Verfahrenshandlungen absehen**, wenn diese bereits im ersten Rechtszug vorgenommen wurden und von einer erneuten Vornahme keine zusätzlichen Erkenntnisse zu erwarten sind.

490 Nur wenn beide Voraussetzungen vorliegen, nämlich

1. erstinstanzlich Anhörungen, persönliche Anhörungen, Erörterungstermin und sonstige Verfahrenshandlungen ordnungsgemäß durchgeführt und ihr wesentlicher Inhalt jeweils gemäß § 28 Abs. 4 FamFG in einem Vermerk[449] festgehalten worden sind **und**

---

446 Prütting/Helms/*Abramenko*, § 68 FamFG Rn. 18; Zöller/*Feskorn*, § 68 FamFG Rn. 3.
447 Zöller/*Feskorn*, § 68 FamFG Rn. 3.
448 Keidel/*Sternal*, § 68 FamFG Rn. 83; Zöller/*Feskorn*, § 68 FamFG Rn. 4.
449 MüKoFamFG/*A. Fischer*, § 68 Rn. 59: Substanzielle aktenkundige Dokumentation des Anhörungsergebnisses.

2. das Beschwerdegericht zu der Prognose gelangt, dass von einer Wiederholung keine zusätzlichen Erkenntnisse zu erwarten sind,

ist das Ermessen des Beschwerdegerichts eröffnet, von der erneuten Vornahme einzelner oder aller Verfahrenshandlungen abzusehen.[450]

Der Gesetzgeber hat mit Wirkung zum 1.7.2021 die Bestimmungen über das Beschwerdeverfahren geändert und die Ausnahmen eingeschränkt (§ 68 Abs. 5 FamFG n.F.).[451] Wenn in einem Hauptsacheverfahren[452] die **teilweise oder vollständige Entziehung der Personensorge nach den §§ 1666 f. BGB** oder der Ausschluss des Umgangsrechts nach § 1684 BGB oder eine Verbleibensanordnung nach §§ 1632 Abs. 4, 1682 BGB in Betracht kommen, darf das Beschwerdegericht (OLG) nicht mehr – auch nicht, wenn es die Beschwerde für offensichtlich unbegründet hält[453] – von der Durchführung eines (Anhörungs- und Erörterungs-)Termins absehen, ebenso wenig von der persönlichen Anhörung des Kindes und der Eltern.[454] In diesen Fällen darf das Beschwerdegericht die Beschwerde auch nicht auf ein Senatsmitglied als Einzelrichter übertragen. **491**

Allerdings kann das Beschwerdegericht in allen Beschwerdeverfahren nunmehr die persönliche Anhörung des Kindes durch Beschluss einem seiner Mitglieder als beauftragtem Richter übertragen, wenn es dies aus Gründen des Kindeswohls für sachgerecht hält oder das Kind offensichtlich nicht in der Lage ist, seine Neigungen und seinen Willen kundzutun; Gleiches gilt für die Verschaffung eines persönlichen Eindrucks von dem Kind (§ 68 Abs. 4 Sätze 2 und 3 FamFG n.F.). **492**

Kommt in einem Kindesschutzverfahren **nicht** die teilweise oder vollständige Entziehung der Personensorge nach den §§ 1666 f. BGB in Betracht, bleibt es bei der Regelung des § 68 Abs. 3 Satz 2 FamFG, sodass das Beschwerdegericht von der Durchführung eines Termins oder einzelner Verfahrenshandlungen (insbesondere der persönlichen Anhörung des Kindes) absehen kann, wenn die beiden oben zu (1.) und (2.) genannten Voraussetzungen vorliegen. **493**

In Bezug auf die besondere persönliche Anhörung des Kindes durch das Beschwerdegericht sind diese Voraussetzungen nur dann erfüllt, wenn die erstinstanzliche Anhörung des Kindes nur kurze Zeit zurückliegt, sich nach dem Akteninhalt keine neuen entscheidungserheblichen Tatsachen oder rechtlichen Gesichtspunkte ergeben, das Beschwerdegericht das in den Akten dokumentierte Ergebnis der erstin-

---

450 BVerfG, 17.9.2016 – 1 BvR 1547/16, ZKJ 2016, 457: Das Oberlandesgericht ist aus verfassungsrechtlichen Gründen nicht gehalten, einen Anhörungstermin durchzuführen, wenn das Amtsgericht bereits alle notwendigen Ermittlungen durchgeführt hat und weder vorgetragen wird noch sonst ersichtlich ist, welchen weiteren Erkenntnisgewinn die erneute mündliche Anhörung der Beteiligten im Beschwerdeverfahren hätte haben können.

451 Siehe *Witt*, FamRZ 2021, 1510 ff.; *Ernst*, FamRZ 2021, 993 ff.

452 Für Beschwerde-Verfahren der einstweiligen Anordnung gelten die Verschärfungen der Neuregelung nicht.

453 *Witt*, FamRZ 2021, 1510, 1513.

454 *Witt*, FamRZ 2021, 1510, 1513.

stanzlichen Anhörung nicht abweichend werten will und es auf den persönlichen Eindruck des Beschwerdegerichts von dem betroffenen Kind nicht ankommt; macht das Beschwerdegericht von dieser Möglichkeit Gebrauch, muss es in seiner Entscheidung die Gründe hierfür in nachvollziehbarer Weise darlegen.[455]

VI. Beschwerdeentscheidung

494 Das Beschwerdegericht hat in der Sache selbst zu entscheiden (§ 69 Abs. 1 Satz 1 FamFG). Es darf die Sache unter Aufhebung des angefochtenen Beschlusses und des Verfahrens nur dann an das Gericht erster Instanz zurückverweisen, wenn entweder

- dieses in der Sache noch nicht entschieden hat (§ 69 Abs. 1 Satz 2 FamFG) oder
- das Verfahren an einem wesentlichen Mangel leidet und zur Entscheidung eine umfangreiche oder aufwändige Beweiserhebung notwendig wäre und ein Beteiligter die Zurückverweisung beantragt (§ 69 Abs. 1 Satz 3 FamFG).

495 In der Sache noch nicht entschieden i.S.v. § 69 Abs. 1 Satz 2 FamFG hat das Amtsgericht insbesondere dann, wenn in erster Instanz ein notwendig zu Beteiligender nicht am Verfahren beteiligt wurde. Denn dann kann die Entscheidung gegen den fehlerhaft nicht hinzugezogenen Beteiligten nicht wirksam werden, sodass ihm gegenüber auch keine Entscheidung in der Sache getroffen ist.[456]

496 Liegen diese Voraussetzungen vor, ist das Beschwerdegericht zur **Aufhebung und Zurückverweisung** befugt, aber nicht verpflichtet.[457]

497 Ein Verbot der **reformatio in peius** besteht im Verfahren nach den §§ 1666, 1666a BGB nicht, weil die Dispositionsmaxime nicht gilt und deshalb vom Rechtsmittelführer im Interesse des Kindeswohls auch eine Schlechterstellung (gegenüber der von ihm angefochtenen Entscheidung) hinzunehmen ist.[458]

498 Zur Entscheidung des Beschwerdegerichts gehört auch eine Entscheidung über die **Kosten** des Beschwerdeverfahrens bzw. des Verfahrens beider Instanzen (→ Kapitel 14 Rn. 539).

---

455 BGH, 6.11.2013 – XII ZB 650/12, FamRZ 2014, 293; BGH, 2.3.2011 – XII ZB 346/10, NJW 2011, 2365 = FamRZ 2011, 805 m. Anm. *Schmidt-Recla*; bestätigt von BVerfG, 13.5.2020 – 1 BvR 663/19, FamRZ 2020, 1579.

456 OLG Köln, 30.09.2010 – II-4 UF 42/10, FamRZ 2011, 753.

457 Prütting/Helms/*Abramenko*, § 69 FamFG Rn. 8.

458 BGH, 6.7.2016 – XII ZB 47/15, NJW 2016, 1089 (1093); OLG Karlsruhe, 11.7.2017 – 18 UF 118/16, FamRZ 2018, 196.

VII. Außerordentliche Rechtsbehelfe: Verfassungsbeschwerde und Menschenrechtsbeschwerde

1. Verfassungsbeschwerde

a) Zum BVerfG nach dem GG

Die „jedermann“ zustehende Verfassungsbeschwerde (Art. 93 Abs. 1 Nr. 4a GG, § 13 Nr. 8a BVerfGG) gewährleistet den **Individualrechtsschutz des Bürgers gegen Grundrechtsverletzungen** durch die deutsche Staatsgewalt, d.h. durch Gesetzgebung, vollziehende Gewalt oder Rechtsprechung. Sie garantiert mit Verfassungsrang ein subjektiv-öffentliches Recht und sichert die unmittelbare Geltung der Grundrechte gegenüber den drei Gewalten gemäß Art. 1 Abs. 3 GG, dient jedoch nicht nur der Sicherung und Durchsetzung subjektiver Rechtspositionen, sondern auch der Einhaltung, Auslegung und Fortbildung des objektiven Verfassungsrechts.[459] Die Verfassungsbeschwerde ist kein zusätzlicher Rechtsbehelf zum fachgerichtlichen (in Kindesschutzsachen also: familiengerichtlichen) Verfahren, der sich diesem in gleicher Funktion ohne Weiteres anschlösse,[460] m.a.W. keine Verlängerung des Instanzenzuges durch ein weiteres Rechtsmittel, sondern ein **außerordentlicher Rechtsbehelf**[461]. 499

Entscheidungsmaßstab sind die Grundrechte nach Art. 1–19 GG (in Kindesschutzfällen v.a. Art. 6 Abs. 2 und 3 GG) sowie die grundrechtsähnlichen Rechte gemäß Art. 20 Abs. 4, 33, 38, 101, 103 und 104 GG (in Kindesschutzfällen v.a. das Grundrecht auf rechtliches Gehör vor Gericht nach Art. 103 Abs. 1 GG). Eine Grundrechtsverletzung durch den Richter (also in Kindesschutzfällen durch das Amtsgericht oder das Oberlandesgericht) liegt nur dann vor, wenn der Einfluss der Grundrechte ganz bzw. grundsätzlich verkannt wurde, die Rechtsanwendung grob und offensichtlich willkürlich ist oder die Grenzen richterlicher Rechtsfortbildung überschritten wurden.[462] 500

Das BVerfG überprüft die fachgerichtliche Auslegung und Anwendung des einfachen Rechts nach allgemeinen Grundsätzen. Danach sind die Gestaltung des Verfahrens, die Feststellung und Würdigung des Tatbestands sowie die Auslegung und Anwendung verfassungsrechtlich unbedenklicher Regelungen im einzelnen Fall Angelegenheit der zuständigen Fachgerichte und der Nachprüfung durch das BVerfG entzogen. Dem BVerfG obliegt lediglich die Kontrolle, ob die angegriffene Entscheidung Auslegungsfehler erkennen lässt, die auf einer grundsätzlich unrich- 501

459 BeckOK GG/*Morgenthaler*, Art. 93 Rn. 49 (Stand: 1.5.2022).
460 BVerfG, 30.4.2003 – 1 PBvU 1/02, NJW 2003, 1924 (1927); st. Rspr.
461 BVerfG, 27.1.1965 – 1 BvR 213/58 u.a., NJW 1965, 435.
462 *Jarass/Pieroth*, Rn. 73; BeckOK GG/*Morgenthaler*, Art. 93 Rn. 52 (Stand: 1.5.2022).

tigen Auffassung von der Bedeutung eines Grundrechts oder vom Umfang seines Schutzbereichs beruhen.

502 Anderes – nämlich eine strenge verfassungsgerichtliche Kontrolle – gilt, wenn ein Kind von seinen Eltern gegen deren Willen getrennt wird. Bei **gerichtlichen Entscheidungen, die Eltern zum Zweck der Trennung des Kindes von den Eltern das Sorgerecht für ihr Kind entziehen**, besteht nach ständiger Rechtsprechung des BVerfG wegen des sachlichen Gewichts der Beeinträchtigung der Grundrechte von Eltern und Kindern Anlass, über den grundsätzlichen Prüfungsumfang hinauszugehen. Vor allem prüft das BVerfG dann, ob das Familiengericht (Amtsgericht oder Oberlandesgericht) in nachvollziehbarer Weise angenommen hat, es bestehe eine nachhaltige Gefährdung des Kindeswohls und diese sei nur durch die Trennung des Kindes von den Eltern, nicht aber durch weniger eingreifende Maßnahmen abwendbar. Dabei kann sich die **verfassungsgerichtliche Kontrolle** wegen des besonderen Eingriffsgewichts **ausnahmsweise** auch auf einzelne **Auslegungsfehler** sowie auf deutliche **Fehler bei der Feststellung und Würdigung des Sachverhalts** erstrecken. Diese **strenge verfassungsgerichtliche Kontrolle** betrifft die Wahrung der Grundrechte der Eltern und des Kindes, denen nach Art. 6 Abs. 2 Satz 1 und Abs. 3 GG (Eltern) und nach Art. 2 Abs. 1 i.V.m. Art. 6 Abs. 2 Satz 1 und Abs. 3 GG (Kind) im Fall der Trennung besonderer verfassungsrechtlicher Schutz zuteilwird.[463]

503 Wird der Verfassungsbeschwerde gegen eine Entscheidung eines Fachgerichts, also in Kindesschutzsachen eines Oberlandesgerichts, stattgegeben, so hebt das BVerfG die betreffende Fachgerichtsentscheidung auf und verweist die Sache zurück (§ 95 Abs. 2 BVerfGG).

504 Die Verfassungsbeschwerde spielt in Kindesschutzsachen eine große Rolle. In zahlreichen Fällen gehen Eltern damit (auch mangels Zugangs zum Bundesgerichtshof) gegen Sorgerechtseingriffe vor, und zwar immer wieder auch erfolgreich. Wegen der bedeutsamen Zahl an Verfassungsbeschwerden (v.a. von Eltern) einerseits und wegen des strengen verfassungsgerichtlichen Kontrollmaßstabes andererseits kommt dadurch der Rechtsprechung des BVerfG bei der Auslegung und Handhabung der materiell-rechtlichen und der verfahrensrechtlichen Kinderschutzvorschriften enorme Bedeutung zu.

463 BVerfG, 24.6.2014 – 1 BvR 2926/13, NJW 2014, 2853; BVerfG, 12.10.1988 – 1 BvR 818/88, NJW 1989, 519; BVerfG, 18.6.1986 – 1 BvR 857/85, NJW 1986, 3129; BVerfG, 17.2.1982 – 1 BvR 188/80, NJW 1982, 1379.

Hinweis **505**

→ **Verfahrensbeistand**

Der Verfahrensbeistand ist aufgrund seiner Bestellung im fachgerichtlichen (also amts- oder oberlandesgerichtlichen) Kinderschutzverfahren befugt, Verfassungsbeschwerde einzulegen und mit dieser – ausnahmsweise – fremde Rechte in eigenem Namen geltend zu machen.[464]

Dem **Jugendamt** fehlt als Teil einer Gebietskörperschaft des öffentlichen Rechts die Grundrechtsfähigkeit zur Geltendmachung von Rechten aus Art. 6 Abs. 2 GG. Aus dem staatlichen Wächteramt ergibt sich kein materielles Grundrecht oder grundrechtsähnliches Recht des Staates. Das Wächteramt enthält die zum Anspruch des Kindes auf Schutz spiegelbildliche Pflicht des Staates, diesen Schutz auch zu gewährleisten. Rechte gegenüber dem Staat hat insoweit allein das Kind, dessen Grundrechte aus Art. 2 Abs. 1 und 2 GG durch diesen Anspruch gerade geschützt sind. Ein subjektives Recht der mit dem Wächteramt befassten Behörden kann hieraus jedoch nicht hergeleitet werden. **506**

Auch soweit das Jugendamt seine Aufgaben der Jugendhilfe im Rahmen der Selbstverwaltung als Teil einer kommunalen Gebietskörperschaft ausführt, kann es sich auf kein Grundrecht oder grundrechtsähnliches Recht berufen.[465]

Hinweis **507**

→ **Jugendamt**

Das Jugendamt ist nicht berechtigt, im Wege der Verfassungsbeschwerde Rechte des Kindes im Wege der Prozessstandschaft geltend zu machen.

Auf die Verletzung des dem Kind gemäß Art. 6 Abs. 2 Satz 2 GG zustehenden Anspruchs auf Schutz durch den Staat (also durch Amtsgericht und OLG) kann sich das Jugendamt mit der Verfassungsbeschwerde nicht berufen.

b) Zu den Landesverfassungsgerichten nach der jeweiligen Landesverfassung

Neben dem GG kennen auch die Verfassungen der Bundesländer den Rechtsbehelf der Verfassungsbeschwerde zu ihrem jeweiligen Landesverfassungsgericht. **508**

464 BVerfG, 30.4.2018 – 1 BvR 393/18, JAmt 2018, 574 = FamRZ 2018, 1092; BVerfG, 3.2.2017 – 1 BvR 2569/16, NZFam 2017, 261 = FamRZ 2017, 524 m. Anm. *Salgo*.

465 BVerfG, 15.12.2020 – 1 BvR 1395/19, NJW 2021, 1665 = FamRZ 2021, 512 m. Anm. *Hornung*.

2. Beschwerde zum Europäischen Gerichtshof für Menschenrechte (EGMR)

509 Mit der Individualbeschwerde gemäß Art. 34 Abs. 1 EMRK kann jede natürliche Person, die behauptet, durch einen EMRK-Vertragsstaat, also auch durch ein deutsches Gericht, in einem der in der EMRK anerkannten Rechte verletzt zu sein, den Europäischen Gerichtshof für Menschenrechte anrufen. In Kindesschutzverfahren kommt als verletztes Recht das Recht auf Achtung des Familienlebens (Art. 8 Abs. 1 EMRK) in Betracht.[466]

466 EGMR, 10.1.2019 – 18925/15, JAmt 2019, 213 (Ls.) – Verweigerung des Schulbesuchs (Homeschooling). Einzelheiten bei *Meyer-Ladewig/Nettesheim*, Art. 8 EMRK Rn. 69–75.

Kapitel 14: Die Kosten des Verfahrens (inkl. Verfahrenskostenhilfe)

Übersicht Rn.

Insbesondere für Fachkräfte des Jugendamts stellt sich immer wieder die Frage, ob und inwieweit durch bestimmte Handlungen (Anregungen, Anträge) des Jugendamts im Rahmen des gerichtlichen Kindesschutzverfahrens ein Kostenrisiko entsteht. Die Frage spielt erfahrungsgemäß eine große Rolle bei der Prüfung, ob das Jugendamt Beschwerde einlegen soll. Darüber hinaus kursiert das Gerücht, das Jugendamt müsse die Kosten eines von ihm angeregten/beantragten und sodann vom Gericht eingeholten Sachverständigengutachtens tragen. Der vorliegende Abschnitt verfolgt insbesondere den Zweck, Licht in das Dunkel dieser Fragen und Gerüchte zu bringen sowie zu verhindern, dass fachlich für geboten gehaltene Mitwirkungshandlungen und v.a. die Einlegung einer Beschwerde aus Gründen eines vermeintlichen Kostenrisikos unterbleiben. 510

I. Kosten und Kostentragung in Kindesschutzverfahren[467]

1. Definition der Kosten

511 Kosten sind die Gerichtskosten (Gebühren und Auslagen) und die zur Durchführung des Verfahrens notwendigen Aufwendungen der Beteiligten (§ 80 Satz 1 FamFG).

Übersicht: Kosten des Verfahrens

Kosten des Verfahrens (§ 80 Satz 1 FamFG)

↓ ↓

Gerichtskosten		zur Durchführung des Verfahrens notwendige Aufwendungen (= außergerichtliche Kosten)
↓		↓
Gebühren (FamGKG)	Auslagen: a) SV-Honorar (§ 9 Abs. 1 JVEG) b) VB-Vergütung (§ 158c FamFG) c) Dolmetscher-Honorar (§ 9 Abs. 5 JVEG)	Insbesondere Rechtsanwaltskosten (RVG)

a) Gebühren

512 Die Gerichtsgebühren richten sich nach dem Wert des Verfahrensgegenstands (Verfahrenswert) und werden nach dem Kostenverzeichnis (Anlage 1 zum FamGKG) erhoben (§ 3 FamGKG).

513 In einer Kindesschutzsache als einer Kindschaftssache beträgt der Verfahrenswert eines Hauptsacheverfahrens **4.000 Euro** (§ 45 Abs. 1 Nr. 1 FamGKG). Eine Kindschaftssache ist auch dann als ein Gegenstand zu bewerten, wenn sie mehrere Kinder betrifft (§ 45 Abs. 2 FamGKG). Das Gericht kann einen höheren oder einen niedrigeren Wert festsetzen, wenn der Regelwert (4.000 Euro) nach den besonderen Umständen des Einzelfalles unbillig ist (§ 45 Abs. 3 FamGKG). Im Verfahren der einstweiligen Anordnung ist in der Regel von der Hälfte des für die Hauptsache bestimmten Wertes auszugehen (§ 41 FamGKG), also von **2.000 Euro.**

467 Zu den „Kosten in Kindschaftssachen" allgemein: *Dürbeck/Schneider*, FamRZ 2021, 1341 ff.

Gemäß Nr. 1310 des Kostenverzeichnisses (Anlage 1) zum FamGKG (im Folgenden: KV FamGKG) wird in einer Kindschaftssache vor dem Familiengericht eine Gebühr in Höhe von 0,5 erhoben. Nach § 28 Abs. 1 FamGKG in Verbindung mit der Gebührentabelle (Anlage 2) beträgt die Gebühr bei einem Wert von 4.000 Euro 0,5 x 140 Euro = **70 Euro**. Im Verfahren der einstweiligen Anordnung wird gemäß Nr. 1410 eine in Höhe von 0,3 erhoben, also **42 Euro**. **514**

Gemäß Nr. 1314 des Kostenverzeichnisses wird für das Beschwerdeverfahren in einer Kindschaftssache eine Gebühr in Höhe von 1,0 erhoben, also **140 Euro**. Für die Beschwerde gegen eine Entscheidung im Verfahren der einstweiligen Anordnung wird gemäß Nr. 1411 des Kostenverzeichnisses eine Gebühr in Höhe von 0,5 erhoben, also **70 Euro**. **515**

Übersicht: Gerichtsgebühren

Gerichtsgebühren in einer Kindesschutzsache		
	Familiengericht	**Oberlandesgericht**
Hauptsacheverfahren (4.000 €)	70,00 €	140,00 €
Verfahren der einstweiligen Anordnung (2.000 €)	42,00 €	70,00 €

b) Auslagen

Zu den Auslagen gehören namentlich gemäß Nr. 2005 des Kostenverzeichnisses die nach dem JVEG zu zahlenden Beträge für Sachverständige und Dolmetscher/Übersetzer sowie gemäß Nr. 2013 des Kostenverzeichnisses die an den Verfahrensbeistand zu zahlenden Beträge. Der **psychologische Sachverständige** erhält für jede Stunde (§ 9 Abs. 1 Satz 1 JVEG in Verbindung mit Anlage 1 zum JVEG, Teil 2 Honorargruppe M3) ein Honorar von 120 Euro. Das Honorar des **Dolmetschers** beträgt für jede Stunde 85 Euro (§ 9 Abs. 5 Satz 1 JVEG). Der **berufsmäßige Verfahrensbeistand** erhält in jedem Rechtszug pro Kind 350 Euro bzw. bei Übertragung von Aufgaben nach § 158b Abs. 2 FamFG 550 Euro (§ 158c Abs. 1 Sätze 1 und 2 FamFG). **516**

c) Zur Durchführung des Verfahrens notwendige Aufwendungen der Beteiligten

Zu den notwendigen Aufwendungen der Beteiligten gehören z.B. die Kosten der Reise zum Gerichtstermin.[468] Die wichtigsten Aufwendungen der Beteiligten sind jedoch die Rechtsanwaltskosten. Sie berechnen sich nach dem Rechtsanwaltsvergütungsgesetz (RVG). **517**

468 Zu Einzelheiten: MüKoFamFG/*Weber*, § 80 Rn. 5 ff., 10 ff.

518 Die **Rechtsanwaltsvergütung** beträgt in einem Hauptsacheverfahren bei einem Verfahrenswert von 4.000 Euro [Verfahren der einstweiligen Anordnung bei einem Verfahrenswert von 2.000 Euro]:

519 (1) in **erster Instanz** (Familiengericht):

Verfahrensgebühr 1,3 (Nr. 3100 Vergütungsverzeichnis zum RVG)	
Terminsgebühr 1,2 (Nr. 3104 VV RVG)	
= 2,5 Gebühren x 278,00 Euro (gemäß Gebührentabelle, Anlage 2 zu § 13 Abs. 1 Satz 3 RVG) =	695,00 €
Zzgl. Auslagenpauschale (Nr. 7002 VV RVG) Euro	20,00 €
Zwischensumme	715,00 €
Zzgl. Umsatzsteuer 19 % (Nr. 7008 VV RVG)	135,85 €
Summe	**850,85 €**

[Verfahren der einstweiligen Anordnung: 2,5 Gebühren x 166,00 Euro = 415,00 Euro + 20,00 Euro = 435,00 Euro + USt (19 %) = **517,65 Euro**]

520 (2) in **zweiter Instanz** (Beschwerdeverfahren vor dem OLG):

Verfahrensgebühr 1,6 (Nr. 3200 VV RVG)	
Terminsgebühr 1,2 (Nr. 3202 VV RVG)	
= 2,8 Gebühren x 278,00 Euro (gemäß Gebührentabelle, Anlage 2 zu § 13 Abs. 1 Satz 3 RVG) =	778,40 €
Zzgl. Auslagenpauschale (Nr. 7002 VV RVG) Euro	20,00 €
Zwischensumme	798,40 €
Zzgl. Umsatzsteuer 19% (Nr. 7008 VV RVG)	151,70 €
Summe	**950,10 €**

521 [Verfahren der einstweiligen Anordnung: 2,8 x 166,00 Euro = 464,80 Euro + 20,00 Euro = 484,80 Euro + USt (19 %) = **576,91 Euro**]

Übersicht: Rechtsanwaltsvergütung

Rechtsanwaltsvergütung in einer Kindesschutzsache		
	Familiengericht	**Oberlandesgericht**
Hauptsacheverfahren (4.000 €)	850,85 €	950,10 €
Verfahren der einstweiligen Anordnung (2.000 €)	517,65 €	576,91 €

d) Problemfall: mehrere Gebührentatbestände/ Verfahrensgegenstände?

Umstritten ist die Frage, welcher Wert nach dem FamGKG festzusetzen ist im Hinblick darauf, dass in der Endentscheidung neben der eigentlichen 522

- **Maßnahme nach § 1666 BGB** auch die
- **Anordnung der Vormundschaft/Ergänzungspflegschaft** und – wie vom BVerfG verlangt, weil integraler Bestandteil des (Teil-)Sorgerechtsentzugs[469] durch die Richterin selbst anstelle des gemäß § 3 Nr. 2a RPflG vorgesehenen Rechtspflegers – die
- **Auswahl des Ergänzungspflegers/Vormunds** vorgenommen wird (→ Kapitel 3 Rn. 180 und Kapitel 13 Rn. 461).

In diesen Fällen ergeht eine Endentscheidung über mehrere Verfahrensgegenstände, nämlich einerseits in einem Verfahren betreffend die elterliche Sorge (§ 151 Nr. 1 FamFG) und andererseits in einem Verfahren betreffend die Vormundschaft (§ 151 Nr. 4 FamFG). 523

(1) Hierzu wird teilweise die Auffassung vertreten, Nr. 1310 Abs. 1 Nr. 3 KV FamGKG sei (im Falle der Anordnung von Ergänzungspflegschaft unmittelbar, im Falle der Anordnung von Vormundschaft analog) anzuwenden, weil das Verfahren „mit der Anordnung einer Pflegschaft i.S. einer Dauerpflegschaft ende. Für die Sorgesache sei daher kein Wert festzusetzen."[470] Soweit aber die erstinstanzlichen Rechtsanwaltsgebühren betroffen sind, sind sowohl die Sorgerechtssache als auch die Vormundschafts- bzw. Pflegschaftssache auf Antrag nach § 22 Abs. 1 RVG gesondert zu bewerten und zu addieren.[471] 524

(2) Nach der hier vertretenen Auffassung ist Nr. 1310 Abs. 1 Nr. 3 KV FamGKG auf die fragliche Konstellation nicht anzuwenden. Denn der Ausgangspunkt, dass das Sorgerechtsverfahren mit der Anordnung einer Pflegschaft ende (Nr. 1310 Abs. 1 Nr. 3 KV FamGKG), ist unzutreffend. Das Sorgerechtsverfahren (§ 151 Nr. 1 FamFG) endet mit der Anordnung einer Maßnahme i.S.d. § 1666 Abs. 3 Nr. 6 BGB. Die in derselben Endentscheidung getroffene Anordnung der Vormundschaft/Ergänzungspflegschaft und ggf. die Auswahl des Vormundes/Ergänzungspflegers sind als mit dem Sorgerechtsverfahren verbundenes (§ 20 FamFG) Verfahren i.S.v. § 151 Nr. 4 FamFG zu sehen (→ Kapitel 13 Rn. 424). Es handelt sich um **zwei Verfahren**, nämlich einerseits ein Verfahren betreffend die elterliche Sorge (§ 151 Nr. 1 FamFG) und andererseits ein Verfahren betreffend die Vormundschaft (§ 151 Nr. 4 FamFG). Es liegt ein Fall der verfassungsrechtlich gebotenen Verfahrensverbindung (§ 20 FamFG) vor. Und das **Verfahren** betreffend die elterliche Sorge**, in dem** als Maßnahme gemäß § 1666 Abs. 3 Nr. 6 BGB **die elterliche Sorge teilweise oder ganz entzogen wird, ist *nicht* das Verfahren** im Sinne von Nr. 1310 Abs. 1 Nr. 3 525

469 BVerfG 22.9.2014 – 1 BvR 2108/14, FamRZ 2015, 208.
470 *Dürbeck*, in: BeckOK Streitwert – Sorgerechtsverfahren, Rn. 9a, (Stand: 1.4.2022); NK-GK/ *H. Schneider*, FamGKG KV 1310 Rn. 62a; *Schneider*, NZFam 2020, 927 f.
471 *Dürbeck*, a.a.O., Rn. 9b.

KV FamGKG, **das „mit der Anordnung einer Pflegschaft endet"**. Hinzu kommt, dass die Formulierung der Nr. 1310 Abs. 1 KV FamGKG auf dem 2. Kostenrechtsmodernisierungsgesetz beruht. In der Begründung des Gesetzentwurfs der Bundesregierung vom 14.11.2012[472] heißt es: „Der Gebührentatbestand der Nummer 1310 soll redaktionell an den Sprachgebrauch für die Verfahrensgebühr in allen Kostengesetzen angepasst werden. Absatz 1 der Anmerkung zu Nummer 1310 KV FamGKG soll die klarere Formulierung in der Anmerkung zu Nummer 11100 KV GNotKG-E erhalten." Nr. 11100 KV GNotKG betrifft das Verfahren vor dem Betreuungsgericht. Die Anmerkung Nr. 3 dazu lautet: „Die Gebühr entsteht nicht für Verfahren, […] 3. die mit der Bestellung eines Betreuers oder der Anordnung einer Pflegschaft enden." Im Betreuungsrecht gilt der Grundsatz der Einheitsentscheidung, während im Vormundschaftsrecht zwischen der Anordnungs- und der Personalentscheidung differenziert wird. Die so konzentrierte Entscheidung ist im Betreuungsrecht möglich, weil die betroffene erwachsene Person anders als früher nicht mehr entmündigt – also ihrer Geschäftsfähigkeit entkleidet – wird.[473] Insoweit besteht ein grundlegender Unterschied zum (teilweisen oder vollständigen) Entzug der elterlichen Sorge und der davon zu trennenden Anordnung von Vormundschaft/Ergänzungspflegschaft sowie der Auswahl von Vormund/Ergänzungspfleger. Auch die Voraussetzungen einer Analogie (auf die die Auffassung (1) zurückgreifen muss – die Anmerkung Abs. 1 Nr. 3 spricht nur von Pflegschaft, nicht aber von Vormundschaft –, wenn nach einem *vollständigen* Entzug der elterlichen Sorge Vormundschaft angeordnet und ein Vormund ausgewählt wird) liegen nicht vor. Eine planwidrige Regelungslücke in der Anmerkung Abs. 1 Nr. 3 ist vor dem Hintergrund, dass in Abs. 1 Nr. 1 Vormundschaft und Pflegschaft genannt werden, nicht ersichtlich. Dass der Gesetzgeber in Nr. 1 die Vormundschaft neben der Pflegschaft genannt und in Nr. 3 die Vormundschaft planwidrig nicht genannt, also übersehen haben soll, ist unwahrscheinlich.

526 **(3)** Das OLG Frankfurt[474] wiederum hat zu dieser Konstellation folgende Leitsätze aufgestellt:

1. Kommt es in einem familiengerichtlichen Kindschaftsverfahren zu einem vollständigen oder teilweisen Entzug der elterlichen Sorge (§§ 1666, 1666a BGB), Anordnung von Vormundschaft oder Ergänzungspflegschaft und Bestellung des Vormunds oder Pflegers, werden zwei unterschiedliche Gebührentatbestände verwirklicht (vgl. §§ 151 Nr. 1 FamFG, 45 Abs. 1 Nr. 1 FamGKG und § 151 Nr. 4 FamFG; Nrn. 1311, 1312 KV FamGKG).
2. Für die Festsetzung des Werts des Gegenstands der anwaltlichen Tätigkeit nach § 33 I RVG sind der Wert des Sorgerechtsverfahrens (§ 45 Abs. 1 Nr. 1 FamGKG) und der Wert der Auswahl des Vormunds/Pflegers (nach §§ 23 Abs. 1 Satz 2 RVG, 42 Abs. 2 und 3 FamGKG) zu addieren; § 22 Abs. 1 RVG. Die Bewertung der Auswahlentscheidung nach § 1779 BGB ist dabei davon abhängig, welchen

472 BT-Drs. 17/11471, S. 252.
473 BeckOGK BGB/*Schmidt-Recla*, § 1896 Rn. 16 (Stand: 1.2.2022).
474 OLG Frankfurt, 23.6.2020 – 4 WF 97/20, FamRZ 2021, 136 = NZFam 2020, 927 (*N. Schneider*).

Aufwand das Familiengericht betreiben musste. Ist dieser – wie in der Regel – gering, kommt ein Wert von 1.500 € bis 2.000 € in Betracht.

3. Bei der Festsetzung des für die Bestimmung der Gerichtsgebühren maßgeblichen Werts findet dagegen im Hinblick auf die analog zur Anwendung gelangende Anrechnungsvorschrift der Nr. 1310 I Nr. 3 KV FamGKG eine Addition nicht statt. Hier bleibt es bei § 45 Abs. 1 Nr. 1 FamGKG.

2. Kostengrundentscheidung je Instanz und je Verfahren

In Familiensachen hat das Gericht stets von Amts wegen über die Kosten zu entscheiden (§ 81 Abs. 1 Satz 3 FamFG). Dies gilt sowohl für das Hauptsacheverfahren als auch für das Verfahren der einstweiligen Anordnung. Die Kostengrundentscheidung kann erst mit dem Abschluss des jeweiligen Verfahrens getroffen werden[475] und ist Teil der Endentscheidung (§ 82 FamFG). Die Kostengrundentscheidung im Hauptsacheverfahren ist mit der Beschwerde isoliert (also auch dann, wenn die Hauptsacheentscheidung selbst nicht angegriffen wird) anfechtbar (§ 58 FamFG → Kapitel 13 Rn. 425). **527**

Die §§ 81 bis 84 FamFG regeln, wem in welchem Fall nach welchen Gesichtspunkten Kosten aufzuerlegen sind. **528**

Generell gilt zweierlei: **529**

(1) Dem Verfahrensbeistand sind nie Kosten aufzuerlegen (§ 158c Abs. 4 FamFG).

(2) Einem minderjährigen Beteiligten können Kosten in Kindschaftssachen, die seine Person betreffen, nicht auferlegt werden (§ 81 Abs. 3 FamFG).[476]

II. Erstinstanzliche Entscheidung des Familiengerichts

1. Allgemeine Regelung

Gemäß § 81 Abs. 1 FamFG kann das Gericht die Kosten des Verfahrens nach billigem Ermessen **den Beteiligten** ganz oder zum Teil auferlegen; es kann auch anordnen, dass von der Erhebung von Kosten abzusehen ist. In § 81 Abs. 2 FamFG wird dieses weitgehende Ermessen durch Aufzählung von eng gefassten[477] Regel- **530**

---

475 Musielak/*Borth*, § 81 FamFG Rn. 2.

476 Dies gilt auch, wenn der minderjährige Beteiligte ein erfolglos gebliebenes Rechtsmittel eingelegt hat: KG, 12.6.2015 – 3 UF 191/14, FamRZ 2016, 81; OLG Frankfurt, 11.3.2013 – 4 UF 305/12, ZKJ 2013, 298; Dutta/Jacoby/Schwab/*Bartels*, § 84 Rn. 13; **a.A.** Zöller/*Feskorn*, § 84 FamFG Rn. 6.

477 Keidel/*Weber*, § 81 FamFG Rn. 37.

beispielen – die verschiedene Fallgruppen schuldhaften[478] Verhaltens eines Beteiligten beschreiben – dahin eingeschränkt, dass das Gericht bei Vorliegen eines Regelbeispiels die Kosten einem Beteiligten ganz oder teilweise auferlegen soll. Liegen die Voraussetzungen eines Regelbeispiels vor, bedarf die Kostenauferlegung auf den betreffenden Beteiligten keiner weiteren Rechtfertigung und Begründung.[479]

531 Die Kostenentscheidung ist damit schwieriger als eine Entscheidung nach § 91 ZPO, deren Inhalt sich nur nach dem Verhältnis zwischen Obsiegen und Unterliegen richtet, und erfordert sorgfältige Abwägung aller Gesichtspunkte des Einzelfalls und deren **Niederlegung in der Begründung** des Beschlusses.[480] Der in der Praxis häufig anzutreffende bloße Hinweis in den Beschlussgründen auf die Norm des § 81 FamFG ist deshalb eine Nicht-Begründung der Kostenentscheidung.

532 Einem **Dritten** (Nichtbeteiligten) können Kosten des Verfahrens nur auferlegt werden, soweit die Tätigkeit des Gerichts durch ihn veranlasst wurde und ihn ein grobes Verschulden trifft (§ 81 Abs. 4 FamFG).

2. Kostenauferlegung auf das Jugendamt?

533 Ausgangspunkt der Überlegungen ist, dass das Jugendamt einerseits im Kindesschutzverfahren Muss- Beteiligter ist (§ 162 Abs. 2 Satz 1 FamFG). Andererseits nimmt das Jugendamt als sozialpädagogische Fachbehörde im Kindesschutzverfahren eine gesetzliche, das Familiengericht unterstützende Mitwirkungsaufgabe wahr (§§ 8a Abs. 2, 50 SGB VIII) und ist gemäß § 64 Abs. 3 Satz 2 SGB X i.V.m. § 2 Abs. 2 FamGKG u.a. in Verfahren nach dem FamFG als Träger der Jugendhilfe von den Gerichtskosten befreit.[481] „Von Kosten befreit" bedeutet, dass bei dem Kostenbefreiten Kosten nicht zu erheben sind.

534 Der Bundesgerichtshof[482] hat in einem Fall (dessen Gegenstand allerdings keine Kindesschutzsache im Sinne der §§ 1666, 1666a BGB, sondern eine Umgangssache betraf und in dem das Jugendamt als Amtsvormund beteiligt war) entschieden, dass folgende zwei Gesichtspunkte bei der Ermessensausübung gemäß § 81 FamFG bedeutsam sind und vom Gericht berücksichtigt werden müssen:

535 (1) Das Jugendamt wird **allein im öffentlichen Interesse als ausschließlich dem Kindeswohl verpflichteter Sachwalter** tätig. Deshalb wird regelmäßig eine Auferlegung von Kosten auf das Jugendamt nur unter den Voraussetzungen

478 BeckOK FamFG/*Weber*, § 81 Rn. 21 (Stand: 1.4.2022).

479 MüKoFamFG/*Schindler*, § 81 Rn. 33.

480 BeckOK FamFG/*Weber*, § 81 Rn. 10 (Stand: 1.4.2022) unter Hinweis auf LG Leipzig, 21.7.2016 – 2 OH 5/15, NotBZ 2016, 435.

481 Zu Einzelheiten: *Mutschler*, in: Kasseler Kommentar zum Sozialversicherungsrecht, 108. EL März 2020, § 64 SGB X Rn. 5 und 17 ff.

482 BGH, 28.9.2016 – XII ZB 251/16, ZKJ 2017, 99 m. Anm. *Hoffmann*, JAmt 2017, 102; Anm. *Fischer*, FamRZ 2017, 53; Anm. *Bartels*, FamRB 2017, 17.

eines der in § 81 Abs. 2 FamFG aufgezählten Fälle oder bei Vorliegen eines hiermit vergleichbaren Falles angebracht sein.[483]

(2) Dass ein Beteiligter im Ergebnis (bestimmte) Kosten wegen einer **Kostenbefreiung** – wie im Falle des Jugendamts gemäß den §§ 2 Abs. 2 FamGKG, 64 Abs. 3 Satz 2 SGB X – nicht tragen muss, stellt einen Umstand dar, der die Ermessensentscheidung nach § 81 FamFG beeinflussen kann und deshalb vom Gericht **in** seine **Überlegungen einzubeziehen** ist.[484] 536

Diese beiden Gesichtspunkte – Rn. 21–24 und 25–32 in den Gründen der Entscheidung des BGH – sind ohne Weiteres auf die Fälle übertragbar, in denen das **Jugendamt** nicht wie im entschiedenen Fall in seiner Aufgabe als Amtsvormund (§§ 2 Abs. 3 Nr. 11, 55 f. SGB VIII), sondern **in seiner Aufgabe als im familiengerichtlichen Verfahren mitwirkende Behörde** (§§ 2 Abs. 3 Nr. 6, 50 SGB VIII) tätig wird.[485] Die Ausführungen des BGH, die sich mit den Besonderheiten des Falles im Hinblick auf die Rolle des Jugendamts als Amtsvormund befassen (Rn. 11–19 der Gründe), betreffen ausschließlich die (vom BGH im Ergebnis bejahte) Frage, ob dem Jugendamt als Amtsvormund (oder aber nur dem von ihm vertretenen minderjährigen Kind) die Stellung eines Beteiligten im Sinne des § 7 Abs. 2 Nr. 1 FamFG zukam (was grundsätzlich Voraussetzung für eine Kostenauferlegung nach § 81 FamFG ist). Die vereinzelt gebliebene Kritik[486] an der Entscheidung des BGH kann nicht überzeugen. 537

Praxistipp 538

→ Jugendamt

Falls ein Familiengericht dem Jugendamt in einer Kindesschutzsache im Hauptsacheverfahren Kosten auferlegt, sollte das Jugendamt (isoliert gegen die Kostenentscheidung) Beschwerde gemäß § 58 FamFG einlegen. Sollte die Beschwerde erfolglos bleiben, weil das Beschwerdegericht (OLG) nicht der BGH-Linie folgt, muss das Jugendamt gleichwohl die Gerichtskosten wegen der Kostenfreiheit nicht zahlen; von der Kostenfreiheit nicht umfasst sind freilich die „zur Durchführung des Verfahrens notwendigen Aufwendungen der Beteiligten", also v.a. die Rechtsanwaltskosten der Eltern. Im Verfahren der einstweiligen Anordnung ist dagegen die isolierte Beschwerde gegen die Kostenentscheidung nach zutreffender Ansicht[487] *gemäß § 57 Satz 1 FamFG nicht statthaft.*

Dass dem Jugendamt die Kosten eines von ihm angeregten/beantragten und vom Gericht eingeholten Sachverständigengutachtens auferlegt werden können, entbehrt jeder rechtlichen Grundlage und ist tatsächlich ein Gerücht.

483 BGH, 28.9.2016 – XII ZB 251/16, Rn. 21–24.
484 BGH, 28.9.2016 – XII ZB 251/16, Rn. 25–32.
485 So auch DIJuF-Rechtsgutachten vom 20.2.2017 – Vf 1.180 Lh, JAmt 2017, 226; siehe bereits OLG Celle, 4.5.2012 – 10 UF 69/12, ZKJ 2012, 321 und OLG Frankfurt, 13.3.2015 – 5 WF 313/14, JAmt 2015, 568.
486 Prinz, NZFam 2019, 1073; *Dürbeck*, ZKJ 2017, 19; Heilmann/*Dürbeck*, § 81 FamFG Rn. 7.
487 Siehe Zöller/*Feskorn*, § 57 FamFG Rn. 3 m.w.N.

Die Kosten des Sachverständigengutachtens sind als „Auslagen" Teil der Gerichtskosten (§ 80 Satz 1 FamFG) und von der Kostenfreiheit des Jugendamts umfasst, von ihm also unter keinem denkbaren Gesichtspunkt zu bezahlen.

III. Beschwerdeentscheidung des Oberlandesgerichts

1. Allgemeine Regelung

539 Für den Fall einer erfolglos bleibenden Beschwerde sieht § 84 FamFG eine Sonderregelung vor. Das Gericht soll die Kosten eines ohne Erfolg eingelegten Rechtsmittels dem Beteiligten auferlegen, der es eingelegt hat. Ohne Erfolg geblieben ist eine Beschwerde, wenn sie als unzulässig verworfen, als unbegründet zurückgewiesen oder zurückgenommen wurde.[488] Es entspricht der Billigkeit, den Erfolglosen haften zu lassen. Mit der „Soll"-Regelung kann das Gericht in besonders gelagerten Fällen abweichend entscheiden.[489]

2. Kostenauferlegung auf das Jugendamt?

540 Falls eine vom Jugendamt eingelegte Beschwerde gegen eine für fachlich falsch gehaltene Endentscheidung (im Hauptsacheverfahren oder im Verfahren der einstweiligen Anordnung) erfolglos bleibt, greift die „Soll"-Regelung des § 84 FamFG.

541 ***Praxistipp***

▶ → ***Jugendamt***

Ist im Laufe des Beschwerdeverfahrens (etwa nach einem Hinweis des Beschwerdegerichts) absehbar, dass die Beschwerde keinen Erfolg haben wird, sollte das Jugendamt beim Beschwerdegericht (OLG) anregen, von der Soll-Regelung abweichend zu entscheiden, und argumentieren, dass der Fall deshalb besonders gelagert ist, weil das Jugendamt die Beschwerde im Rahmen seines gesetzlichen Schutzauftrages eingelegt hat. Sollte diese Anregung fruchtlos bleiben, weil das Beschwerdegericht nicht der BGH-Linie folgt, gilt das oben Gesagte: Das Jugendamt muss gleichwohl die Gerichtskosten wegen der Kostenfreiheit nicht zahlen; von der Kostenfreiheit nicht umfasst sind allerdings die „zur Durchführung des Verfahrens notwendigen Aufwendungen der Beteiligten", also v.a. die Rechtsanwaltskosten der Eltern. Diese nehmen einen überschaubaren Umfang an (→ oben Rn. 521).

488 Zöller/*Feskorn*, § 84 FamFG Rn. 3; OLG Hamm, 3.9.2015 – 10 W 161/14, juris (Rücknahme); OLG Frankfurt, 6.8.2013 – 20 W 40/13, FamRZ 2014, 688 (Rücknahme).

489 Gesetzentwurf der Bundesregierung, BT-Drs. 16/6308, S. 216; Zöller/*Feskorn*, § 84 FamFG Rn. 5.

Als Jugendamt eine Beschwerde gegen eine fachlich für falsch gehaltene Entscheidung des Familiengerichts in einer Kindesschutzsache nur deshalb nicht einzulegen, weil das Jugendamt das Risiko der Haftung für die Rechtsanwaltskosten der Eltern nicht eingehen will, ist eine nicht dem Schutzauftrag des Jugendamts gerecht werdende, weil von sachfremden Erwägungen getragene Entscheidung (→ Kapitel 13 Rn. 458 f.). **542**

IV. Verfahrenskostenhilfe

In einer Kindesschutzsache ist den **Eltern** auf Antrag unter den Voraussetzungen der §§ 76 Abs. 1 FamFG, 114 ff. ZPO Verfahrenskostenhilfe zu bewilligen und ihnen gemäß § 78 Abs. 2 FamFG ein zur Vertretung bereiter Rechtsanwalt ihrer Wahl beizuordnen, wenn wegen der Schwierigkeit der Sach- und Rechtslage die Vertretung durch einen Rechtsanwalt erforderlich erscheint. **543**

Dem **minderjährigen Kind** (auch nicht dem mindestens 14 Jahre alten Kind) kann dagegen nicht auf eigenen Antrag Verfahrenskostenhilfe bewilligt werden, weil es mangels Verfahrensfähigkeit (§ 9 Abs. 1 Nr. 3 FamFG) weder selbst einen Rechtsanwalt beauftragen und noch einen wirksamen Verfahrenskostenhilfeantrag stellen kann.[490] **544**

Das OLG Frankfurt hat entschieden, dass das Verfahren nach § 166 Abs. 3 FamFG zur Prüfung der erneuten Einleitung eines Kindesschutzverfahrens – auch kostenrechtlich – Teil des Ursprungsverfahrens und unter dessen Aktenzeichen zu führen ist. Es ist auch in Bezug auf etwaige Rechtsanwaltsgebühren keine besondere Angelegenheit; eine im Ursprungsverfahren erfolgte Beiordnung eines Rechtsanwalts erstreckt sich auf das **Überprüfungsverfahren**. Eine erneute Bewilligung von Verfahrenskostenhilfe kommt nur in Betracht, wenn das Familiengericht als Ergebnis der Prüfung nach § 166 Abs. 3 FamFG ein erneutes Verfahren zur Prüfung der Ergreifung gerichtlicher Maßnahmen in Bezug auf die elterliche Sorge nach § 1666 BGB einleitet.[491] **545**

1. Bedürftigkeit

Das Gericht muss die Bedürftigkeit (§§ 114 f. ZPO) der Eltern ermitteln. Dem Antrag auf Bewilligung von Verfahrenskostenhilfe (§§ 76 Abs. 1 FamFG, 117 Abs. 1 ZPO) muss unter Verwendung des Formulars eine Erklärung der Eltern über ihre persönlichen und wirtschaftlichen Verhältnisse nebst entsprechenden Belegen beigefügt werden (§ 117 Abs. 2 ZPO). **546**

490 BGH, 12.5.2021 – XII ZB 34/21, NJW 2021, 2734 m. Anm. *Lack* = NZFam 2021 751 m. Anm. *Dürbeck* = FamRZ 2021, 1402 m. Anm. *Zorn*.
491 OLG Frankfurt a.M., 22.6.2021 – 4 WF 82/21, FamRZ 2021, 1985, siehe aber unten Rn. 554.

547 ***Praxistipp***

→ **Rechtsanwälte**

In der gerichtlichen Praxis reichen die Eltern das Formular häufig zu spät, nicht vollständig ausgefüllt oder ohne die erforderlichen Belege ein. Sie gehen damit das Risiko ein, dass das Verfahrenskostenhilfegesuch zurückgewiesen wird.

2. Hinreichende Erfolgsaussicht und fehlende Mutwilligkeit der Rechtsverteidigung

548 An die Erfolgsaussichten sind schon allgemein **keine überspannten Anforderungen** zu stellen.[492] In dem als Amtsverfahren ausgestalteten Kindesschutzverfahren kommt hinzu, dass die im Raum stehende gerichtliche Maßnahme grundrechtsrelevanten Eingriffscharakter hat. Außerdem kann eine Prognose über die Erfolgsaussicht in dem dem Amtsermittlungsgrundsatz unterliegenden Verfahren am Anfang nur schwer getroffen werden; oft hängt das Ergebnis von erst noch einzuholenden Gutachten ab. Für die Erfolgsaussicht genügt es hier, dass unter Zugrundelegung des Vorbringens des Beteiligten eine Beeinträchtigung seiner Rechte durch den Verfahrensausgang hinreichend wahrscheinlich ist und dass die beabsichtigte Rechtsverteidigung nicht offensichtlich ohne Aussicht auf Erfolg ist. Hierbei ist ein **weiter Maßstab anzulegen**. Nur wenn die Rechtsverteidigung unter keinem möglichen Aspekt zum Erfolg führen kann, ist die Bewilligung von Verfahrenskostenhilfe abzulehnen. Erfolgsaussicht kann z.B. schon dann anzunehmen sein, wenn der Beteiligte im Verfahren ein nach der Verfahrensordnung vorgesehenes Ziel verfolgt bzw. seine Lage im Verfahren verbessern kann und will.[493]

3. Schwierigkeit der Sach- und Rechtslage erfordert die Vertretung durch einen Rechtsanwalt

549 Ob die Sach- und Rechtslage schwierig ist, ist nicht nur anhand eines objektiven Maßstabes zu beurteilen. Vielmehr sind grundsätzlich auch **subjektive Kriterien** zu berücksichtigen, weil nur so dem aus dem Sozialstaats- und Rechtsstaatsprinzip folgenden Gebot der Gleichstellung von Bemittelten und Unbemittelten zur Verwirklichung eines effektiven Rechtsschutzes Genüge getan wird.[494] Abzustellen ist dabei nicht auf den Kenntnisstand eines erfahrenen Familienrichters, sondern die **Perspektive eines juristischen Laien,** der ohne besondere Vorkenntnisse um

492 BVerfG, 16.4.2019 – 1 BvR 2111/17, NJW 2020, 40 (LS) = NVwZ-RR 2020, 137; 13.3.1990 – 2 BvR 94/88, NJW 1991, 413 – in ständiger Rechtsprechung.

493 Keidel/*Weber*, § 76 FamFG Rn. 15 unter Hinweis auf BGH, 16.1.2014 – XII ZB 413/12, FamRZ 2014, 551.

494 BeckOK FamFG/*Weber*, § 78 Rn. 6 (Stand: 1.4.2022).

Rechtsschutz nachsucht.[495] In Verfahren nach § 1666 BGB sollte den betroffenen (mittellosen) Eltern schon aus verfassungsrechtlichen Gründen in aller Regel Verfahrenskostenhilfe bewilligt werden, und zwar auch dann, wenn sie der von dem Jugendamt angeregten Maßnahme zustimmen.[496]

Einzelne Entscheidungen der Oberlandesgerichte:

- Da Sorgerechtsregelungen gravierend in den Lebens- und Rechtskreis der Beteiligten eingreifen, besteht grundsätzlich ein Bedürfnis nach anwaltlicher Unterstützung. Dabei beurteilt sich das Vorliegen der Voraussetzungen der Beiordnung eines Rechtsanwalts im Einzelfall nicht nur nach Umfang und Schwierigkeit der Sache, sondern auch nach der Fähigkeit des Rechtsuchenden, sich mündlich und schriftlich auszudrücken. Weiter ist zu prüfen, ob tatsächliche Fragen im Streit sind, deren Beantwortung vom Ergebnis eines Sachverständigengutachtens abhängen wird.[497] **550**
- In Verfahren nach § 1666 BGB ist dem Elternteil, in dessen Sorgerecht eingegriffen werden soll, regelmäßig Verfahrenskostenhilfe zu bewilligen, unabhängig davon, ob dieser der vom Jugendamt angeregten Maßnahme zustimmt oder sich eher widersetzt. Diese Bewilligung von Verfahrenskostenhilfe gebietet der in Art. 6 Abs. 2 GG und Art. 8 EMRK verbürgte Schutz des Elternrechts.[498] **551**
- Im Rahmen eines familiengerichtlichen Sorgerechtsverfahrens zur Prüfung einer möglichen Kindeswohlgefährdung i.S. der §§ 1666, 166a BGB ist dem sorgeberechtigten Elternteil in der Regel ein Rechtsanwalt beizuordnen. Denn auch ein bemittelter Beteiligter wird dabei im Regelfall wegen der Bedeutung der Sache einen Anwalt hinzuziehen.[499] **552**
- Grundsätzlich gilt, dass eine hinreichende Aussicht auf Erfolg für die Bewilligung von Verfahrenskostenhilfe in einem vom Amtsermittlungsgrundsatz (§ 26 FamFG) beherrschten Sorgerechtsverfahren bereits dann gegeben ist, wenn das Familiengericht aufgrund des eingeleiteten Verfahrens den Sachverhalt zu ermitteln hat, gegebenenfalls eine Regelung treffen muss und sich nicht darauf beschränken kann, den Antrag ohne Weiteres, also ohne jede Ermittlung und ohne jede Anhörung der Beteiligten, zurückzuweisen. Es kommt hinzu, dass den Beteiligten in einem Sorgerechtsverfahren teilweise nicht die volle Dispositionsbefugnis über den Verfahrensgegenstand zusteht und sie eine rechtlich verbindliche Regelung nicht ohne eine gerichtliche Entscheidung oder zumindest ohne eine gerichtliche Bestätigung treffen können. Des Weiteren ergeben sich Einschränkungen des genannten Grundsatzes auch daraus, dass die Anträge der Beteiligten in diesen Verfahren lediglich als Anregungen an das Gericht zu verstehen sind, die zwar das Verfahren einleiten, das Gericht jedoch nicht binden können, da es den entscheidungserheblichen Sachverhalt von Amts wegen **553**

495 BeckOK FamFG/*Weber*, § 78 Rn. 6 (Stand: 1.4.2022).
496 MüKoFamFG/*Viefhues*, § 76 Rn. 37.
497 OLG Stuttgart, 1.3.2011 – 11 WF 38/11, FamRZ 2011, 1160.
498 OLG Schleswig, 20.11.2015 – 10 WF 184/15, FamRZ 2016, 1480.
499 OLG Schleswig, 28.10.2011 – 10 WF 185/11, NJW 2012, 1014.

ermitteln muss und sodann eine Entscheidung zu treffen hat, die zwar die Interessen der Kindeseltern als Verfahrensbeteiligte berücksichtigt, jedoch in erster Linie dem Kindeswohl verpflichtet ist.[500]

554 • Die Erfolgsaussicht darf im **Verfahren zur Überprüfung einer Entziehung der elterlichen Sorge** (§ 1696 Abs. 2 BGB, § 166 Abs. 2 FamFG) nicht danach beurteilt werden, ob der Vortrag des Beteiligten geeignet ist, das von ihm angestrebte Verfahrensergebnis zu erreichen. Verfahrenskostenhilfe ist vielmehr schon dann zu bewilligen, wenn der Verfahrensgegenstand einen ernsthaften Anlass zu eingehender Überprüfung erkennen lässt und zu erwarten ist, der Beteiligte werde Tatsachenschilderungen und Rechtsansichten vortragen können, um seine Rechte geltend zu machen.[501]

4. Besonderheiten im Beschwerdeverfahren

555 Begehren die Eltern für eine von ihnen eingelegte Beschwerde gegen eine Kindesschutzentscheidung Verfahrenskostenhilfe für das Beschwerdeverfahren, kommt es auf die Erfolgsaussicht der Beschwerde an.[502]

556 Soweit dagegen bei einer Anhörung der Kindesmutter innerhalb der Beschwerdeinstanz möglicherweise dann aufgrund des Ergebnisses der Anhörung ihrer Beschwerde Erfolg zukäme, ist zu berücksichtigen, dass sie dieses bereits erstinstanzlich hätte vorbringen können. Hat aber ein Rechtsmittel nur aufgrund neuen Vorbringens, das der Rechtsmittelführer auch in der Vorinstanz hätte geltend machen können, Aussicht auf Erfolg, so ist die Rechtsverfolgung in der Rechtsmittelinstanz mutwillig im Sinne von § 114 ZPO.[503]

500 OLG Hamm, 16.8.2016 – 2 WF 46/16, FamRZ 2016, 1948.
501 OLG Brandenburg, 23.2.2018 – 13 WF 38/18, FamRZ 2018, 1159.
502 OLG Schleswig, 22.6.2017 – 10 UF 103/17, FamRZ 2018, 109.
503 OLG Brandenburg, 13.8.2018 – 9 UF 148/18, FamRZ 2019, 822 (Kindesschutzsache).

Kapitel 15: Wie weiter nach der Endentscheidung? (inkl. Überprüfung/Abänderungsverfahren)

Übersicht Rn.

Wird das Kindesschutzverfahren schließlich mit dem Beschluss beendet, stellt sich die Frage, wie es nun weitergeht. Unmittelbar im Anschluss an den Beschluss geht es zunächst um die Frage, ob einer der Verfahrensbeteiligten gegen den familiengerichtlichen Beschluss mittels **Beschwerde** vorgehen möchte. Hier spielt die Beschwerdebefugnis des Jugendamts als mitwirkende Fachbehörde eine zentrale Rolle. Im weiteren Verlauf ist dann im Blick zu behalten, ob der **Beschluss zu einem gewissen Zeitpunkt angepasst** werden muss. Familiensituationen sind dynamisch, d.h., sie entwickeln sich nach dem familiengerichtlichen Beschluss wei- 557 ter, die Situation kann sich verbessern, aber auch verschlechtern. Das Wächteramt, das Jugendamt und Familiengericht in gemeinsamer Verantwortung ausüben, endet daher für keine der beiden Institutionen mit dem familiengerichtlichen Beschluss. Beide Akteure müssen aktiv bleiben, um eine Änderung der familiären Situation wahrzunehmen und ggf. auf diese zu reagieren.

558 Im Folgenden wird zunächst dargestellt, wie das Jugendamt vorzugehen hat, wenn es den familiengerichtlichen Beschluss für unzureichend hält (I.). Anschließend wird das familiengerichtliche Abänderungs- und Überprüfungsverfahren vorgestellt (II.). Und schließlich wird auf die nach dem Staufener Missbrauchsfall virulent gewordene Frage, wer für die Überwachung der Einhaltung familiengerichtlicher Ge- oder Verbote i.S.d. § 1666 Abs. 3 BGB zuständig ist, eingegangen (III.).[504]

I. Handlungsmöglichkeiten und -pflichten des Jugendamts bei abweichender Einschätzung

559 Der Schutzauftrag des Jugendamts gem. §§ 8a, 42 SGB VIII und sein Hilfeauftrag enden nicht mit dem familiengerichtlichen Beschluss. Ob eine Handlungsverpflichtung für das Jugendamt nach Erlass des familiengerichtlichen Beschlusses besteht (weitere Klärung der Situation des Kindes, Einlegung einer Beschwerde, Hilfe anbieten, ggf. sogar erneute Inobhutnahme), hat es in eigener Entscheidungshoheit nach Maßgabe des SGB VIII zu prüfen.

1. Prüfen einer Beschwerde

560 Die Erfahrung zeigt, dass Jugendämter eher zurückhaltend sind, wenn es darum geht, Beschwerde einzulegen, obwohl das Gesetz ihnen gegen Beschlüsse in Verfahren, die die Person des Kindes betreffen, ausdrücklich eine **Beschwerdeberechtigung** als Behörde zuweist (§§ 59 Abs. 3, 162 Abs. 3 Satz 2 FamFG).[505] Oft wird mangels Dissens mit der familiengerichtlichen Entscheidung eine Beschwerde nicht erforderlich sein. Dass die Beschwerdeeinlegung mitunter aber auch unterbleibt, obwohl das Jugendamt anderer Auffassung als das Familiengericht ist, lässt sich auf verschiedene Gründe zurückführen: Rechtsunsicherheiten spielen eine Rolle, aber auch Bedenken wegen der Kosten oder die Sorge, eine Beschwerde könnte die gute Beziehung zum Familiengericht belasten.[506]

504 Die folgenden Ausführungen finden sich als gekürzter Vorabdruck des Kapitels auch in JAmt 2021, 546.

505 Nach OLG Saarbrücken, 29.3.2021 – 6 UF 46/21, ZKJ 2022, 66, ist nur das Jugendamt, das gem. § 162 Abs. 1 FamFG anzuhören ist, zur Beschwerde berechtigt (entgegen OLG Karlsruhe, 21.12.2018 – 18 UF 254/18, Rn. 10, FamRZ 2020, 265).

506 *DIJuF/SFK 2*, Beschwerdemöglichkeiten des Familiengerichts, 5.

Das Jugendamt hat jedoch grundsätzlich jeden Beschluss des Familiengerichts in einem Kinderschutzverfahren auf eine mögliche Beschwerde hin zu prüfen. Dies ist in der Praxis der Jugendämter bislang oft noch nicht systematisch verankert, lässt sich aber wie folgt begründen: Der Gesetzgeber hat dem Jugendamt in § 162 Abs. 3 Satz 2 FamFG eine vom Vorliegen einer eigenen Beschwer i.S.d. § 59 Abs. 1 FamFG **unabhängige Beschwerdebefugnis** eingeräumt.[507] Sinn und Zweck dieser unabhängigen Beschwerdebefugnis ist, die **Rolle des Jugendamts als mitwirkende Fachbehörde** zu stärken; Stärkung nicht nur seiner aktiven Rolle im Verfahren – wie dies die Mussbeteiligung des Jugendamts in Verfahren bei Kindeswohlgefährdung gem. § 162 Abs. 2 Satz 1 FamFG deutlich macht –, sondern auch als Fachbehörde, die das Ergebnis des erstinstanzlichen Verfahrens aus fachlicher, sprich sozial-pädagogischer Perspektive hinterfragt. **561**

Zwar beschreibt das SGB VIII in § 50 Abs. 2 Satz 1 SGB VIII die Mitwirkungsaufgabe des Jugendamts in erster Linie als das Unterrichten über erbrachte Leistungen und das Einbringen sozialpädagogischer Gesichtspunkte im Verfahren, sodass sich aus dem Wortlaut der maßgeblichen Vorschrift des SGB VIII zur Mitwirkung unmittelbar keine Aufgabe zur Überprüfung der familiengerichtlichen Entscheidung unter fachlichen Gesichtspunkten herauslesen lässt. Auch dem Wortlaut des § 8a Abs. 1 Satz 1 SGB VIII lässt sich eine entsprechende Verpflichtung des Jugendamts nicht unmittelbar entnehmen. Danach hat das Jugendamt das Familiengericht anzurufen, wenn es das Tätigwerden des Familiengerichts für erforderlich hält. **562**

Konsequenterweise ist die Formulierung jedoch so zu verstehen, dass das Jugendamt das Familiengericht nicht nur anzurufen hat, wenn es eine gerichtliche Entscheidung für erforderlich hält, sondern **auch Beschwerde** einzulegen hat, **wenn es eine *ober*gerichtliche Entscheidung für erforderlich hält**. Denn im Sinne eines effektiven Kinderschutzes ist es wenig überzeugend, das Jugendamt – wenn es sorgerechtliche Maßnahmen für erforderlich hält – „nur" zur Anrufung der ersten Instanz zu verpflichten, nicht aber dazu, den Rechtsweg auszuschöpfen. Das Jugendamt ist als staatliche Behörde und damit als Teil der vollziehenden Gewalt an Gesetz und Recht gebunden (Art. 20 Abs. 3 GG). Wenn das Gesetz dem Jugendamt dann eine Rechtsmittelbefugnis einräumt, ist das Jugendamt nicht wie eine Privatperson frei darin zu entscheiden, ob es von dieser Befugnis Gebrauch macht oder nicht. Vielmehr muss das Jugendamt nach pflichtgemäßem Ermessen prüfen, ob es von der Befugnis Gebrauch macht. Und die Kriterien für die Ausübung des pflichtgemäßen Ermessens sind die gleichen wie in § 8a Abs. 2 SGB VIII, also sinngemäß: Wenn das Jugendamt nach Bekanntgabe des erstinstanzlichen Beschlusses das Tätigwerden der zweiten Instanz des Familiengerichts für erforderlich hält, so hat es das Beschwerdegericht anzurufen = Beschwerde einzulegen. **563**

507 BT-Drs. 16/6308, S. 241.

564 ***Praxistipp***

→ **Jugendamt**

Von besonderer Bedeutung ist die Prüfung einer Beschwerde in den Fällen, in denen das Familiengericht „weniger" beschließt, als das Jugendamt angeregt hat bzw. – auch nach Anhörung der anderen Verfahrensbeteiligten und ggf. der Sachverständigen – zum Schutz des Kindes für notwendig hält. Das Jugendamt kann und muss ggf. auch Beschwerde einlegen, wenn das Familiengericht „zu viel" beschließt, also z.B. die Herausnahme des Kindes aus der Familie anordnet, obwohl aus sozialpädagogischer Perspektive das Kind mit Unterstützung durch ambulante Hilfen weiter bei seinen Eltern leben könnte.

→ Wenn nach Einschätzung des Jugendamts der Schutz des Kindes durch den erstinstanzlichen Beschluss nicht sichergestellt ist und auch mit Hilfen nicht gewährleistet werden kann, ist die Einlegung einer Beschwerde geboten. (→ Beschwerde, Kapitel 13).

565 Keine Beschwerdeeinlegung ist selbstverständlich erforderlich, wenn das Jugendamt im Laufe des Verfahrens zu der fachlichen Überzeugung gelangt ist, dass sein ursprünglicher „Entscheidungsvorschlag" zu weit geht und z.B. ambulante Hilfen doch ausreichen, um die Gefährdung abzuwenden. Das Jugendamt ist **nicht an seine ursprüngliche Anregung gebunden**. Das Jugendamt begleitet und beobachtet die Familie und ihre Situation in ihrer dynamischen Entwicklung. Je nach Entwicklung in der Familie hat es die Situation immer wieder neu zu bewerten. So kann sich nach dem Durchlaufen und unter dem Eindruck des familiengerichtlichen Verfahrens die familiäre Situation ganz anders darstellen, es können neue Räume für eine Zusammenarbeit von Jugendamt und Familie entstanden sein.

2. (Weiter-)Gewährung einer aus Sicht des Jugendamts nicht geeigneten ambulanten Hilfe?

566 Schwieriger zu beantworten ist die Frage, ob das Jugendamt verpflichtet ist, eine (in der Regel ambulante) **Hilfe zu gewähren, die aus seiner Sicht nicht geeignet** ist, die das Familiengericht aber zur Abwendung einer Gefährdung für ausreichend hält. Zwar hat das Familiengericht die Erfolgsaussichten von Jugendhilfemaßnahmen in eigener Verantwortung zu überprüfen und ist insoweit nicht an die Einschätzungen des Jugendamts gebunden.[508] Es ist jedoch nicht befugt, dem Jugendamt aufzugeben, eine bestimmte Hilfe zu erbringen[509] (→ Kapitel 12

508 Siehe hierzu auch BVerfG, 24.3.2014 – 1 BvR 160/14, Rn. 50, JAmt 2014, 223 = ZKJ 2014, 242.

509 LPK-SGB VIII/*Berneiser/Diehl*, § 50 Rn. 9 ff.

Rn. 413 ff.), sondern kann lediglich, den Eltern aufgeben, Leistungen der Kinder und Jugendhilfe in Anspruch zu nehmen (§ 1666 Abs. 3 Nr. 1 BGB).[510]

Zunächst wird das Jugendamt in dieser Situation prüfen, ob vor dem Hintergrund 567
der aktuellen Entwicklung die ambulante Hilfe, deren Inanspruchnahme das Familiengericht den Eltern aufgegeben hat, oder eine andere Hilfe zur Abwendung der Gefährdung doch geeignet ist. Dann hat es diese selbstverständlich anzubieten (§ 27 Abs. 1 SGB VIII). Hält das Jugendamt die gegenüber den Eltern angeordnete Maßnahme aber nach wie vor für nicht geeignet, um den Schutz des Kindes sicherzustellen, muss es Beschwerde einlegen. Denn das Kind ist – selbst wenn das Jugendamt die ungeeignete Hilfe gewähren würde – aus seiner Sicht nicht ausreichend geschützt.

Entscheidet auch das Oberlandesgericht, dass die Anordnung gegenüber den 568
Eltern, eine ambulante Hilfe in Anspruch zu nehmen, ausreicht, müsste das Jugendamt zunächst die Einlegung einer Rechtsbeschwerde prüfen. Voraussetzung für eine Rechtsbeschwerde wäre, dass das OLG diese zugelassen hat (§ 70 FamFG) – was in der Praxis eher selten ist (→ Kapitel 13 Rn. 431). Meist steht das Jugendamt also vor der Situation, dass es mit dem – aus seiner Sicht unzureichenden – Beschluss des OLG umzugehen hat. Nun könnte das Jugendamt auf seiner Entscheidungshoheit „beharren", die Hilfegewährung ablehnen und abwarten, ob die Eltern versuchen, die Hilfegewährung auf dem Verwaltungsrechtsweg durchzusetzen. Zu bedenken ist allerdings, dass das Jugendamt gleichwohl weiterhin seinem **Schutzauftrag** nachkommen muss und zudem unstreitig ein **erzieherischer Bedarf i.S.d. § 27 Abs. 1 SGB VIII** besteht, sodass es verpflichtet bleibt, eine geeignete, ggf. alternative Hilfe anzubieten.

Hinweis 569

- → *Eine Anordnung des Familiengerichts gegenüber den Eltern, eine Hilfe in Anspruch zu nehmen, die das Jugendamt aus sozialpädagogischen Gründen ablehnt, wird in der Regel keine geeignete Maßnahme zum Schutz des Kindes sein.*
- → *Ein etwaiger Dissens über die Geeignetheit und Erforderlichkeit der Maßnahme sollte nach Möglichkeit durch weiteren Austausch und ggf. Hinzuziehung weiterer Expertise aufgelöst werden. Das Familiengericht kann bei Zweifeln an der Einschätzung des Jugendamts ein sozialpädagogisches Gutachten einholen.*[511]
- → *Dem Jugendamt hat, wenn der familiengerichtliche Beschluss den Eltern aufgibt, eine – aus Sicht des Jugendamts – nicht ausreichende Hilfe zur Gefährdungsabwendung in Anspruch zu nehmen, das Einlegen einer Beschwerde zu prüfen.*

---

510 So in der Konstellation BGH, 6.2.2019 – XII ZB 408/18, JAmt 2019, 267 = FamRZ 2019, 598 m. Anm. *Hammer.*

511 *Hammer*, JAmt 2015, 291.

→ *Ist der Rechtsweg erschöpft, liegen die Voraussetzungen nach § 27 Abs. 1 SGB VIII, dass eine dem Wohl des Kindes oder des Jugendlichen entsprechende Erziehung nicht gewährleistet ist, gleichwohl vor, sodass das Jugendamt aufgefordert ist, eine (ggf. alternative) geeignete Hilfe anzubieten.*

3. Erneute Inobhutnahme?

570 Hatte das Jugendamt das Kind in Obhut genommen und entscheidet das Familiengericht im Anschluss, dass die Voraussetzungen für einen Entzug der elterlichen Sorge nicht vorliegen, muss das Kind in den elterlichen Haushalt zurückgeführt werden. Hält das Jugendamt diese familiengerichtliche Entscheidung für „falsch" und das Kind bei einer Rückführung in den elterlichen Haushalt für gefährdet, stellt sich Fachkräften oft die Frage, ob sie das Kind erneut in Obhut nehmen dürfen.

571 ***Hinweis***

! → **Jugendamt**
Allein der Anlass, dass das Jugendamt – anders als das Familiengericht – das Kind bei einer Rückführung in den elterlichen Haushalt für gefährdet hält, genügt nicht, um eine Inobhutnahme zu rechtfertigen. Der Lebenssachverhalt, also die Umstände der Familie (Handlungen, Erziehungskompetenzen, Verhalten des Kindes etc.), die im familiengerichtlichen Verfahren schon „verhandelt" worden sind, dürfen nicht zum Anlass für eine erneute Inobhutnahme genommen werden, dieser Sachverhalt ist durch den familiengerichtlichen Beschluss insoweit „abgeschlossen". Teilt das Jugendamt die Entscheidung des Familiengerichts über diesen Sachverhalt nicht, muss das Jugendamt Beschwerde einlegen und ggf. beim Oberlandesgericht gemäß § 64 Abs. 3 FamFG die Aussetzung der Vollziehung bzw. den Erlass einer einstweiligen Anordnung zu beantragen, um so die Rückführung des Kindes in den elterlichen Haushalt zu verhindern (→ Kapitel 13 Rn. 429).

572 Eine **(erneute) Inobhutnahme gem. § 42 SGB VIII** sowie eine **erneute Anrufung des Familiengerichts** ist dagegen jederzeit möglich, wenn das Jugendamt aufgrund von Veränderungen der tatsächlichen Umstände ein Eingreifen des Gerichts[512] bzw. aufgrund einer (neuen) aktuellen, dringlichen Gefährdung eine Inobhutnahme des Kindes oder Jugendlichen für erforderlich hält. Wobei auch hier wieder gilt, dass eine Inobhutnahme nur rechtmäßig ist, wenn eine erneute familiengerichtliche Entscheidung bzw. Abänderung der familiengerichtlichen Entscheidung nicht rechtzeitig eingeholt werden konnte (§ 42 Abs. 1 Satz 1 Nr. 2b SGB VIII).

512 Hauck/Noftz/*Bohnert*, § 8a SGB VIII, Rn. 34.

II. Überprüfungs- und Abänderungsverfahren

1. Keine materielle Rechtskraft von Kinderschutzentscheidungen

Beschlüsse in Verfahren nach §§ 1666, 1666a BGB sind **mit Bekanntgabe *wirksam*** (§ 40 FamFG). Sie erwachsen auch in ***formelle* Rechtskraft**, d.h., sie sind nach Ablauf der Beschwerdefrist nicht mehr mit einer Beschwerde angreifbar. Mit Blick auf die oben beschriebene dynamische Entwicklung familiärer Situationen erwachsen Beschlüsse in Verfahren nach §§ 1666, 1666a BGB jedoch **nicht in *materieller* Rechtskraft**.[513] Sorgerechtsentscheidungen sind im Zweifel an die tatsächlichen Gegebenheiten anzupassen. Das bedeutet zwar, dass sich die Beteiligten nicht auf den Bestand einer einmal getroffenen Entscheidung verlassen können, aber die „Fürsorge gegenüber dem Minderjährigen [muss konsequenterweise] stets Vorrang vor der Endgültigkeit einer einmal getroffenen Entscheidung [haben]."[514] 573

2. Überprüfung und Abänderung von Entscheidungen in der Hauptsache (§ 1696 Abs. 2 BGB, § 166 Abs. 2 und 3 FamFG)

Das Gesetz sieht entsprechend vor, dass das Familiengericht Beschlüsse in Kinderschutzverfahren in einem gewissen Zeitabstand zu **überprüfen** hat. Das gilt sowohl, wenn es Maßnahmen nach § 1666 Abs. 1 und 3 BGB zur Abwendung der Gefahr getroffen hat[515], als auch, wenn es von der Anordnung solcher Maßnahme abgesehen hat. Unterschiede können sich insbesondere im Hinblick auf den zeitlichen Abstand, nach welchem eine Überprüfung angezeigt ist, ergeben. 574

Das Gesetz sieht dabei ein **zweistufiges Vorgehen** für das Familiengericht vor: In einem ersten Schritt muss es prüfen, ob die Einleitung eines Änderungsverfahrens geboten ist (= Überprüfungsverfahren), und im zweiten Schritt prüft es dann, ob es einer Änderung der Ausgangsentscheidung bedarf (Abänderungsverfahren).[516] 575

513 Grüneberg/*Götz*, § 1696 BGB Rn. 1.

514 BVerfG, 5.4.2005 – 1 BvR 1664/04, FamRZ 2005, 783.

515 Vgl. zum Verhältnis von § 166 Abs. 1 und 3 FamFG: *Ernst*, FPR 2008, 602 (603): „Nicht abschließend zu verstehender Maßnahmenkatalog mit Beispielcharakter".

516 *Socha*, JAmt 2017, 522 (522).

a) … wenn das Familiengericht eine Maßnahme gem. § 1666 Abs. 3 BGB getroffen hat

aa) Materiell-rechtliche Voraussetzungen der Abänderung einer getroffenen Maßnahme

576 Die materiell-rechtlichen Voraussetzungen, wann ein Beschluss, mit dem das Familiengericht eine Maßnahme nach § 1666 [Abs. 3] BGB angeordnet hat, aufzuheben ist, ergeben sich aus § 1696 Abs. 2 BGB: Danach ist eine kinderschutzrechtliche Maßnahme aufzuheben, „wenn eine **Gefahr für das Wohl des Kindes nicht mehr besteht** oder die **Erforderlichkeit der Maßnahme entfallen** ist." Der mit dem FamFG formulierte neue Abs. 2 entspricht dem ehemaligen Abs. 3[517] und soll klarstellen, dass die Überprüfungspflicht des Gerichts für alle länger dauernden Maßnahmen besteht, bei denen die Eingriffsschwelle über die Kindeswohlgefährdung oder die Voraussetzung der Erforderlichkeit der Maßnahme für das Kindeswohl definiert ist.[518] Die Gefahr besteht nicht mehr, wenn eine der beiden Voraussetzungen des § 1666 Abs. 1 BGB entfallen ist (→ Kapitel 2 Rn. 58 ff.). Nicht mehr erforderlich ist eine Maßnahme z.B., wenn die Eltern inzwischen mit der Unterbringung ihres Kindes in einer Pflegefamilie einverstanden sind und die entsprechende Jugendhilfeleistung tatsächlich in Anspruch nehmen.

577 Während die Voraussetzungen für eine vollständige Aufhebung der kinderschutzrechtlichen Maßnahme klar dem § 1696 Abs. 2 BGB zu entnehmen sind, werden für die Situation, dass eine ***inhaltliche Abänderung*** **der kinderschutzrechtlichen Maßnahme** erforderlich ist, in der Literatur unterschiedliche Meinungen vertreten, welcher **Maßstab** gelten soll: **§ 1696 Abs. 1 BGB**, wonach eine Abänderung des Beschlusses vorzunehmen ist, wenn dies aus triftigen, das Wohl des Kindes nachhaltig berührenden Gründen angezeigt ist, oder **§ 1666 BGB**, der eine Kindeswohlgefährdung verlangt. Für die vorrangige Anwendung von § 1696 Abs. 1 BGB wird der Verhältnismäßigkeitsgrundsatz angeführt.[519] Jedenfalls dann, wenn die Kindeswohlgefährdung durch die Übertragung der elterlichen Sorge auf einen bzw. den anderen Elternteil ausreiche, um die Kindeswohlgefährdung abzuwenden, sei eine Orientierung an § 1666 BGB nicht gerechtfertigt, weil ein (Teil-)Entzug der elterlichen Sorge nur als letztes im Rahmen der Ausübung des staatlichen Wächteramts auf dem Gebiet des Kinderschutzes zur Verfügung stehendes Mittel in Betracht käme.[520] Die vorrangige Anwendbarkeit des § 1666 BGB wird dagegen damit begründet, dass die in ihm formulierten hohen Voraussetzungen für einen Eingriff in die elterliche Sorge nicht unterlaufen werden dürften.[521]

517 Mit dem zum 10.6.2021 in Kraft getretenen Kinder- und Jugendstärkungsgesetz wurde der Vorschrift ein „neuer" Absatz 3 hinzugefügt, der die Aufhebung einer (Dauer-)Verbleibensanordnung gem. § 1632 Abs. 4 BGB regelt.

518 BT-Drs. 16/6308, S. 242.

519 OLG München, 19.1.2018 – 4 WF 1674/17; LG Arnsberg, 6.5.1997 – 6 T 129/97, FamRZ 1989, 960.

520 OLG München, 19.1.2018 – 4 WF 1674/17; NK-BGB/*Harms/Bisping*, § 1969 BGB Rn. 21.

521 BVerfG, 17.6.2009 – 1 BvR 467/09, FamRZ 2009, 1472; Grüneberg/*Götz*, § 1696 BGB Rn. 4.

Im Ergebnis dürfte zwischen einer **„Abmilderung"** und einer **„Ausweitung"** der kinderschutzrechtlichen Maßnahme zu unterscheiden sein: Aus Art. 1696 Abs. 2 BGB und dem Verhältnismäßigkeitsgrundsatz (Art. 6 Abs. 3 GG, § 1666a BGB) ergibt sich, dass eine kinderschutzrechtliche Maßnahme abgemildert werden muss, wenn die mildere Maßnahme ausreicht, um das Kindeswohl zu schützen (z. B. Aufhebung des Entzugs des Aufenthaltsbestimmungsrechts und Rückführung zu den Eltern bei gleichzeitiger Anordnung, ambulante Hilfen zur Erziehung zu beantragen). **578**

Geht es dagegen um eine Ausweitung der kinderschutzrechtlichen Maßnahme (z. B. vollständiger Entzug der elterlichen Sorge, nachdem zunächst nur die Gesundheitssorge entzogen worden war), greift notwendigerweise der Maßstab des § 1666 BGB. Denn ein derartig tiefgreifender Eingriff in das elterliche Sorgerecht ist nur unter den hohen Voraussetzungen dieser Vorschrift gerechtfertigt. **579**

bb) Zeitpunkt der Überprüfung

Nach § 166 Abs. 2 FamFG hat das Gericht eine länger dauernde kindesschutzrechtliche Maßnahme (Legaldefinition siehe § 1696 Abs. 2 BGB) ***in angemessenen*** **Zeitabständen** zu überprüfen. Die Bestimmung des angemessenen Zeitabstands bestimmt sich nach den Begebenheiten im Einzelfall, insbesondere nach dem Alter des Kindes, der Art der Gefährdung, der Schwere des Eingriffs sowie der ggf. eingesetzten Hilfe.[522] **580**

Neu eingefügt wurde in § 166 Abs. 2 FamFG mit dem zum 10.6.2021 in Kraft getretenen Kinder- und Jugendstärkungsgesetz (KJSG) der Relativsatz „kindesschutzrechtliche Maßnahme, *die von Amts wegen geändert werden kann"*. Die Begrenzung der Überprüfungspflicht auf **amtswegig angeordnete Maßnahmen** ist im Kontext der Einführung der sog. Dauerverbleibensanordnung zu lesen. § 1632 Abs. 4 Satz 2 BGB ermöglicht nun ausdrücklich eine Anordnung des Verbleibs eines Kindes bei seinen Pflegeeltern auf Dauer. Hintergrund ist das Bestreben, Pflegekindern, die oft schon viele Aufenthaltswechsel hinter sich haben, eine verlässlichere Möglichkeit zur Sicherung ihres Aufenthalts bei den Pflegeeltern zu eröffnen. Dieses Ziel würde unterlaufen, wenn der **Dauer-Verbleib** immer wieder in angemessenen Zeitabständen von Amts wegen durch das Familiengericht überprüft würde. Denn jedes Überprüfungsverfahren würde eine erneute Ungewissheit und Verunsicherung für das Kind hinsichtlich seiner Lebensperspektive mit sich bringen. Eine (Dauer-)Verbleibensanordnung ist daher nur auf Antrag der Eltern aufzuheben und muss nicht in angemessenen Zeitabständen überprüft werden (§ 1696 Abs. 3 BGB, § 166 Abs. 2 FamFG).[523] **581**

---

522 Staudinger/*Coester*, § 1666 BGB Rn. 295; Prütting/Helms/*Hammer*, § 166 FamFG Rn. 16.
523 Ausführlich hierzu Meysen u.a./*Lohse*, 158 ff.

b) … wenn das Familiengericht keine Maßnahme gem. § 1666 Abs. 3 BGB getroffen hat

582 Eine Überprüfung verlangt das Gesetz auch, wenn das Familiengericht *keine* Kindesschutzmaßnahme getroffen hat (§ 166 Abs. 3 FamFG). Ziel ist, dass das Gericht Kenntnis erhält, falls sich die Verhältnisse zum Nachteil des Kindes geändert haben, etwa weil die Eltern abgegebene Zusagen nicht eingehalten, insbesondere Jugendhilfeleistungen nicht in Anspruch genommen haben oder die Zusammenarbeit mit dem Jugendamt nicht fortsetzen.[524] Die Überprüfungspflicht ergibt sich aus dem **prognostischen Charakter** der Kindesschutzentscheidung: Diese Prognose ist wie alle Prognosen mit Unsicherheit behaftet. Dem trägt die Überprüfung Rechnung.

583 Maßstab für eine Abänderung ist in diesem Fall, dass nun die Voraussetzungen für eine Maßnahme nach § 1666 BGB vorliegen. Es wäre widersprüchlich und würde die hohen verfassungsrechtlichen Anforderungen für einen Eingriff in die elterliche Sorge unterlaufen, würde man im Sinne von § 1696 Abs. 1 BGB darauf abstellen, ob aus triftigen, das Wohl des Kindes nachhaltig berührenden Gründen nun eine kinderschutzrechtliche Maßnahme angezeigt ist.

584 In der Konstellation, dass das Familiengericht keine kindesschutzrechtliche Maßnahme erlassen hat, gibt das Gesetz vor, dass der angemessene Zeitabstand, nach dem die Entscheidung überprüft werden soll, in der Regel **drei Monate** beträgt.

585 Die Ausgestaltung des § 166 Abs. 3 FamFG als Soll-Vorschrift ermöglicht es dem Familiengericht, von einer Überprüfung **in offensichtlich unbegründeten Fällen** abzusehen,[525] insbesondere wenn auch das Jugendamt sich im Laufe des Verfahrens oder im Anschluss dergestalt geäußert hat, dass es gerichtliche Maßnahmen nicht für erforderlich hält,[526] oder die Maßnahme offensichtlich unbegründet war.[527] Ob nach einer ersten Überprüfung eine weitere Überprüfung stattfindet, hängt von den Erkenntnissen im Rahmen der ersten Überprüfung ab.[528]

c) Amtsermittlungspflicht des Familiengerichts

586 Die Einleitung des Überprüfungsverfahrens hat das Familiengericht **von Amts wegen** vorzunehmen. Maßgeblich ist insoweit das Ausgangsverfahren, und das Verfahren bei Kindeswohlgefährdung ist ein Amtsverfahren (→ Kapitel 5 Rn. 48).[529] Die Betroffenen oder auch Dritte können die Einleitung des Überprüfungs- und Abänderungsverfahrens jedoch **anregen** (§ 24 FamFG). Das Jugendamt ist unter den Voraussetzungen des § 8a Abs. 2 SGB VIII sogar verpflichtet, ein neues bzw. ein Abänderungs- und Überprüfungsverfahren anzuregen.

524 Bumiller/Harders/*Bumiller*, § 166 FamFG Rn. 6.
525 MüKoFamFG/*Heilmann*, § 166 Rn. 24.
526 Bumiller/Harders/*Bumiller*, § 166 FamFG Rn. 7; *Kemper/Schreiber*, § 166 FamFG Rn. 5.
527 Prütting/Helms/*Hammer*, § 166 FamFG Rn. 21.
528 Zöller/*Lorenz*, § 166 FamFG Rn. 5.
529 Prütting/Helms/*Hammer*, § 166 FamFG Rn. 10 f.

Lehnt das Gericht die Einleitung eines Überprüfungs- und/oder Abänderungsverfahrens ab, kann gegen die Ablehnung der Einleitung eines Überprüfungs- und oder Änderungsverfahrens **Beschwerde gem. §§ 58 ff FamFG** eingelegt werden.[530] **587**

Das Gericht hat im Überprüfungs- wie Abänderungsverfahren mögliche Umstände, die eine Abänderung verlangen, **von Amts wegen** nach § 26 FamFG zu ermitteln.[531] Was das Familiengericht konkret unternimmt, um etwaige Abänderungsgründe zu ermitteln, bestimmt sich nach den Umständen im jeweiligen Einzelfall. In der Regel wird es das Jugendamt, die Eltern, das Kind, aber ggf. auch die Vormundin, die Pflegeeltern oder weitere Personen anhören.[532] In der Literatur wird vertreten, dass es u.U. ausreicht, wenn das Familiengericht die zuständige Fachkraft des Jugendamts anruft und in den Akten deren Bestätigung vermerkt, dass die Eltern ordnungsgemäß mit der Jugendhilfe zusammenarbeiten und die Kindeswohlgefährdung daher ausreichend abgewendet ist, und dann von der Einleitung eines Abänderungsverfahrens absieht.[533] **588**

d) Verhältnis zu § 54 FamFG

Zu beachten ist, dass § 166 FamFG nur für Entscheidungen in Hauptsacheverfahren gilt. Die Abänderung einer Entscheidung wegen Kindeswohlgefährdung, die im Wege einer einstweiligen Anordnung ergangen ist, richtet sich nach § 54 FamFG.[534] Das Gericht kann eine einstweilige Anordnung in einem Amtsverfahren jederzeit von Amts wegen aufheben oder ändern.[535] **589**

e) Örtliche Zuständigkeit

aa) … des Familiengerichts

Nach h.M. ist das Überprüfungsverfahren als ein selbstständiges Verfahren zu qualifizieren.[536] Folglich ist die örtliche Zuständigkeit des Familiengerichts für das Überprüfungsverfahren **neu zu bestimmen** und es kann sich eine andere Zuständigkeit als im Ausgangsverfahren ergeben.[537] **590**

530 Bumiller/Harders/*Bumiller*, § 166 FamFG Rn. 6; BVerfG, 17.9.2016 – 1 BvR 1547/16; Prütting/Helms/*Hammer*, § 166 FamFG Rn. 11.

531 Bumiller/Harders/*Bumiller*, § 166 FamFG Rn. 6.

532 Bumiller/Harders /*Bumiller*, § 166 FamFG Rn. 7.

533 *Kemper/Schreiber*, § 166 FamFG Rn. 4.

534 Bumiller/Harders /*Bumiller*, § 166 FamFG Rn. 1, 5; Prütting/Helms/*Hammer*, § 166 FamFG Rn. 9

535 Bumiller/Harders /*Bumiller*, § 166 FamFG Rn. 5.

536 Prütting/Helms/*Hammer*, § 166 FamFG Rn. 12; MüKoFamFG/*Heilmann*, § 166 Rn. 21 („nicht förmliches Verfahren sui generis"); OLG Brandenburg, 23.11.2017 – 9 AR 9/17 (SAF), Rn. 7, FamRZ 2018, 1594 (LS).

537 OLG Brandenburg, 23.11.2017 – 9 AR 9/17 (SAF), FamRZ 2018, 1595; Prütting/Helms/*Hammer*, § 166 FamFG Rn. 12; MüKoFamFG/*Heilmann*, § 166 Rn. 2.

591 ***Praxishinweis***

→ Familiengericht
In Kindesschutzverfahren kommt eine erneute Bewilligung von ***Verfahrenskostenhilfe*** *nur in Betracht, wenn das FamG als Ergebnis der Prüfung nach § 166 Abs. 3 FamFG ein erneutes Verfahren zur Prüfung der Ergreifung gerichtlicher Maßnahmen nach § 1666 BGB einleitet. Andernfalls bleibt das Überprüfungsverfahren Teil des Ursprungsverfahrens.*[538]

bb) … des Jugendamts

592 Die örtliche Zuständigkeit für die Mitwirkung in familiengerichtlichen Verfahren (§ 50 SGB VIII) richtet sich nach § 87b SGB VIII. Gemäß § 87b Abs. 2 Satz 1 SGB VIII bleibt die nach Abs. 1 begründete Zuständigkeit **bis zum Abschluss des Verfahrens** bestehen. Unter Abschluss des Verfahrens ist grundsätzlich die Verfahrensbeendigung durch eine rechtskräftige Entscheidung zu verstehen.[539]

593 Ob eine verfahrensabschließende rechtskräftige Entscheidung vorliegt, bestimmt sich nach den jeweiligen Verfahrensvorschriften. In der jugendhilferechtlichen Literatur wird zum Teil vertreten, dass für die Mitwirkung im Überprüfungs- und Abänderungsverfahren auf das „alte" Verfahren abzustellen sei.[540] Mit Blick darauf, dass das Überprüfungsverfahren jedoch nach h.M. als ein selbstständiges Verfahren zu qualifizieren ist,[541] spricht mehr dafür, insoweit von einem „neuen" Verfahren auszugehen und die örtliche Zuständigkeit für die Mitwirkung im Überprüfungsverfahren **neu zu bestimmen**.[542] Für dieses Ergebnis spricht auch, dass das Jugendamt, das mit der Mitwirkung im Überprüfungsverfahren befasst ist, ohnehin auch für die Mitwirkung im Änderungsverfahren zuständig wäre und es **verfahrensökonomischer** ist, wenn dasselbe Jugendamt für das Überprüfungs- *und* Abänderungsverfahren zuständig ist (zum Auseinanderfallen der örtlichen Zuständigkeit von Jugendamt und Familiengericht → Kapitel 12 Rn. 345).

f) Praktische Umsetzung

594 In der Praxis handhaben Familiengerichte die Durchführung von Überprüfungs- und Abänderungsverfahren nicht einheitlich.[543] Einige Gerichte fordern einen Bericht des Jugendamts an und notieren auf dieser Grundlage eine neue Frist in den Akten. Andere Gerichte beraumen einen Anhörungstermin an oder geben Gelegenheit zur schriftlichen Stellungnahme.[544] Auch wenn es sich um selbstständige

538 *Streicher*, FamRZ 2022, 489, 491 unter Hinweis auf OLG Frankfurt, 22.6.2021 – 4 WF 82/20.
539 FK-SGB VIII/*Eschelbach/Schindler*, § 87b Rn. 5; Wiesner/Wapler/*Wiesner*, § 87b SGB VIII Rn. 6.
540 Befürwortend: DIJuF-Rechtsgutachten JAmt 2015, 306; Eschelbach/Nickel/Gläss/*Nickel*, § 87b SGB VIII Rn. 25 ff.
541 Prütting/Helms/*Hammer*, § 166 FamFG Rn. 12.
542 DIJuF-Rechtsgutachten, JAmt 2017, 184.
543 *Socha*, JAmt 2017, 522.
544 *Socha*, JAmt 2017, 522.

Verfahren eigenständiger Art handelt, wird wohl überwiegend vertreten, dass das Verfahren **aktenmäßig** im Ursprungsverfahren stattzufinden hat.[545]

III. Überwachung der Einhaltung familiengerichtlicher Ge- und Verbote durch das Familiengericht und das Jugendamt

Das Familiengericht kann zur Abwendung einer Kindeswohlgefährdung Ge- oder Verbote gegenüber den Sorgeberechtigten oder auch Dritten erlassen, z.B. ein Kontaktverbot (§ 1666 Abs. 3, 4 BGB). Nach dem Staufener Missbrauchsfall ist die Frage ins Zentrum gerückt, wer für die **Überwachung der Einhaltung solcher familiengerichtlichen Ge- oder Verbote** zuständig ist. Das Familiengericht hatte gegenüber der Mutter u.a. die Weisung erteilt, zu verhindern, dass sich ihr Lebensgefährte in der von Mutter und Kind bewohnten Wohnung aufhält, und sicherzustellen, dass keine gemeinsamen Unternehmungen des Lebensgefährten und des Kindes stattfinden.[546] Das Oberlandesgericht hatte die Gebote bestätigt.[547] Später stellte sich heraus, dass die Mutter diese Gebote nie umgesetzt hat und der Junge weiter brutal missbraucht wurde. Im Rahmen der Aufarbeitung dieses fehlgeschlagenen Kinderschutzfalls wurde deutlich, dass weder das Jugendamt noch das Familiengericht sich für die Überwachung der Einhaltung des Kontaktverbots zuständig gefühlt hatten.[548] 595

1. Überprüfungspflicht des Familiengerichts

Das Familiengericht ist dafür verantwortlich, seine Entscheidung in einem angemessenen Zeitrahmen zu überprüfen (§ 166 Abs. 2, 3 FamFG). Maßstab der Überprüfung ist, ob die angeordnete Maßnahme noch erforderlich ist bzw. ob sie noch ausreicht, um das Kind zu schützen. 596

Hinweis 597

→ **Familiengericht**

Es geht nicht nur darum zu prüfen, ob die Maßnahme wieder aufgehoben und das Kind zurückgeführt werden kann, sondern eben auch andersherum darum sicherzustellen, dass die Maßnahme, die vor dem Beschluss als ausreichend angesehen wurde, geeignet und ausreichend ist, ***um die Gefährdung auch weiterhin abzuwenden****. Stellt sich im Rahmen der Überprü-*

545 Zöller/*Lorenz*, § 166 FamFG Rn. 4; MüKoFamFG/*Heilmann*, § 166 Rn. 21.
546 AG Freiburg i.Br., 11.4.2017 – 46 F 798/17, JAmt 2018, 401.
547 OLG Karlsruhe, 27.7.2017 – 18 UF 112/17, JAmt 2018, 402.
548 *OLG Karlsruhe/AG Freiburg i.Br.*, Abschlussbericht, 2018, 25.

fung heraus, dass ein Kontaktverbot nicht eingehalten wird, die Gefahr aber fortbesteht, ist dieses Verbot zum Schutz des Kindes nicht mehr geeignet und ausreichend.

Das Familiengericht darf sich bei der Prüfung der fortgesetzten Eignung seiner Maßnahme nicht allein auf ***selbstinitiative Mitteilungen vom Jugendamt*** *verlassen. Aus seiner Pflicht gem. § 166 Abs. 2, 3 FamFG, die weitere Eignung bzw. Erforderlichkeit der angeordneten Maßnahme in dem im Einzelfall angemessenen Zeitraum zu überprüfen, folgt, dass das Familiengericht selbst die tatsächliche Wirksamkeit seiner Maßnahmen im Blick haben und behalten muss. Gerade bei* ***hochdynamischen Entwicklungen*** *und evtl. bestehenden Restunsicherheiten im Hinblick auf die Bereitschaft von Eltern zur Umsetzung eines Kontaktverbots kann daher u.U. eine* ***sehr kurzfristige Überprüfung*** *der Maßnahmen erforderlich sein.*

598 Aufgegriffen wurde dieser Aspekt in einem Gesetzentwurf des Bundesrats zur Verbesserung des Kinderschutzes im Familienverfahrensrecht, der u.a. vorschlug, § 166 FamFG um einen neuen Absatz 2a zu ergänzen:

> „Wird eine Anordnung nach § 1666 Absatz 3 des Bürgerlichen Gesetzbuchs getroffen, hat das Gericht in angemessenen Zeitabständen zu überprüfen, ob die Anordnung umgesetzt wurde und die Maßnahme wirksam ist."[549]

599 Im Rahmen des KJSG wurde dieser Gesetzentwurf nicht aufgegriffen. Letztlich hätte dieser neue Absatz auch keine Neuregelung, sondern „nur" eine Konkretisierung und Klarstellung bedeutet.

2. Überwachungspflicht des Jugendamts

600 Diskutiert wurde, ob neben der Überprüfungspflicht des Familiengerichts das Jugendamt für die konkrete Überwachung der Einhaltung familiengerichtlicher Ge- oder Verbote, insbesondere eines Kontaktverbots, zuständig ist.

a) … im Rahmen des Schutzauftrags?

601 Die Nichteinhaltung familiengerichtlicher Ge- oder Verbote nach § 1666 BGB wird in der Regel einen (neuen) gewichtigen Anhaltspunkt für eine Gefährdung des Wohls eines Kindes oder einer Jugendlichen i.S.d. § 8a Abs. 1 SGB VIII darstellen, sodass das Jugendamt, sobald es von der Nichteinhaltung des Ge- oder Verbots erfährt, (erneut) eine **Gefährdungseinschätzung** nach § 8a Abs. 1 SGB VIII vornehmen muss. In der Praxis kann das Jugendamt insbesondere im Zusammenhang mit der Hilfeerbringung erfahren, dass ein familiengerichtliches Ge- oder Verbot nicht eingehalten wird. Das Jugendamt ist dann in seinem Schutzauftrag (erneut) aktiviert. Auch wenn es auf anderem Wege, z.B. über Dritte, von der Nichteinhal-

549 BR-Drs. 19/23567, abrufbar unter https://dserver.bundestag.de/btd/19/235/1923567.pdf (letzter Aufruf: 12.7.2022).

tung eines familiengerichtlichen Ge- oder Verbots zur Abwendung einer Kindeswohlgefährdung erfährt, ist es in seinem Schutzauftrag (erneut) aktiviert.

Ohne entsprechende Hinweise ist das Jugendamt auf Grundlage von § 8a Abs. 1 SGB VIII jedoch nicht verpflichtet zu kontrollieren, ob ein familiengerichtliches Ge- oder Verbot eingehalten wird. Denn nach § 8a Abs. 1 SGB VIII setzt der (erneute) Schutzauftrag mit Bekanntwerden (neuer) gewichtiger Anhaltspunkte ein.[550] Das Jugendamt ist grundsätzlich nicht verpflichtet, Eltern *vorbeugend* zu überwachen und Kindeswohlgefährdungen aufzuspüren.[551] Erst wenn konkrete Hinweise auf die Nichteinhaltung des Ge- oder Verbots bekannt werden, wird es daher in seinem Schutzauftrag gem. § 8a Abs. 1 SGB VIII aktiviert. 602

b) … im Rahmen einer Hilfe zur Erziehung?

Im Abschlussbericht zum Staufener Missbrauchsfall wird zur Überwachung familiengerichtlicher Ge- oder Verbote folgendes Vorgehen skizziert: 603

- Zunächst könne den Personensorgeberechtigten auferlegt werden, eine bestimmte Hilfe (z.B. eine SPFH) in Anspruch zu nehmen.
- Durch diese Hilfe könne die Einhaltung sonstiger Ge- und Verbote überwacht werden – mit der Einschränkung, dass ein **Kontrollauftrag** nicht originäres Ziel dieser Maßnahme und die Kontrolldichte gering sei, da eine SPFH i.d.R. nur stundenweise in der Familie und die Kontrolldichte abhängig von den Kompetenzen der Fachkraft sei.[552]

Ähnlich argumentiert der BGH in seiner Entscheidung vom 6.2.2019.[553] Verkürzt geht es in der Entscheidung darum, ob eine SPFH eine geeignete Hilfe ist, wenn ein (eher geringes) Risiko besteht, dass der neue Lebenspartner der Mutter die Tochter sexuell missbraucht. Der BGH bejaht, dass der Einsatz einer Familienhelferin zur Abwendung der Missbrauchsgefahr geeignet ist, mit der Begründung, dass – auch wenn die Kontrolle nicht originäres Ziel der Familienhilfe sei – eine Familienhelferin nicht gehindert sei, „dem Familiengericht zeitnah von möglichen Veränderungen zu berichten, sodass hinreichend Gelegenheit bestünde, den Sachverhalt aufzuklären und angemessen zu reagieren."[554] Der BGH geht somit von einer automatischen **Kontrolle durch die Familienhelferin** sowie von einer eindeutigen Verpflichtung und (datenschutzrechtlichen) Befugnis der Familienhelferin, dem Familiengericht eine „Verschlechterung der familiären Situation" mitzuteilen, aus. 604

Tatsächlich sind einer SPFH gewisse Kontrollelemente immanent. Der Schutzauftrag ist – wie sich aus seiner systematischen Stellung ergibt – eine Querschnitts- 605

550 Zum Einsetzen des Schutzauftrags mit *Bekanntwerden* gewichtiger Anhaltspunkte, siehe LPK-SGB VIII/*Bringewat,* § 8a Rn. 45 ff.; FK-SGB VIII/*Meysen,* § 8a Rn. 19; *Kunkel*, ZKJ 2008, 52; Wiesner/Wapler/*Wiesner,* § 8a SGB VIII Rn. 14 (Fn. 5); jurisPK/*Kößler,* § 8a SGB VIII Rn. 21, 22.
551 FK-SGB VIII/*Meysen,* § 8a Rn. 19 mit Verw. auf *Wiesner,* FPR 2007, 6 (9); *Kunkel,* ZKJ 2008, 52.
552 *OLG Karlsruhe/AG Freiburg i.Br.*, Abschlussbericht, 27 f. (Fn. 11).
553 BGH, 6.2.2019 – XII ZB 408/18, JAmt 2019, 267.
554 BGH, 6.2.2019 – XII ZB 408/18, JAmt 2019, 267.

aufgabe[555] und wirkt folglich auch im Rahmen erbrachter Hilfen. Insbesondere muss im Rahmen einer Hilfe, die eine Kindeswohlgefährdung abwenden soll, fortlaufend reflektiert werden, ob die angestrebte Gefährdungsabwendung tatsächlich gelingt. Und wenn tatsächlich neue Anhaltspunkte für eine Gefährdung bekannt werden, wie die Nichteinhaltung eines Kontaktverbots, so ist mit diesen entsprechend der gesetzlichen Gestaltung umzugehen. Allerdings ist es fachliche Aufgabe der Familienhelferin, die Hilfeerbringung so zu gestalten, dass der **Leistungscharakter der Hilfe im Vordergrund** bleibt – auch wenn parallel Achtsamkeit auf etwaige (neue) Gefährdungen des Kindes gerichtet ist. Dieser Perspektivwechsel ist eine Errungenschaft des KJHG, das die Kinder- und Jugendhilfe weg von der Eingriffsverwaltung hin zur Leistungsverwaltung, vom reaktiven Eingriff in die elterliche Erziehungsverantwortung zur (pro-)aktiven Stärkung des Eltern-Kind-Systems brachte.[556] Eine verstärkte Wahrnehmung der Jugendhilfe als Kontrollinstanz würde einen Rückfall in die Zeit vor dem KJHG bedeuten und das Risiko von Abschottungstendenzen bei den Eltern bergen.[557] Die Familiengerichtsbarkeit darf also in eine SPFH nicht dergestalt ausgedehnte Kontrollelemente interpretieren, dass ihr Charakter als *Hilfe* verlorengeht und die fachliche Arbeit der Helferinnen auf Überwachung determiniert wird.

606 Eine selbstinitiative Mitteilungspflicht des Jugendamts an das Familiengerichts (in der Phase zwischen Beschluss und Überprüfungsverfahren) ergibt sich erst, wenn die Voraussetzungen des § 8a Abs. 2 SGB VIII vorliegen, also das Jugendamt das Tätigwerden des Familiengerichts für erforderlich hält bzw. die Eltern bei der Einschätzung der Gefährdung der Hilfe nicht mitwirken. Eine „Mitteilungspflicht" des Jugendamts im Fall der „*Verschlechterung der familiären Situation*" kann sich also nur ergeben, wenn entweder die Voraussetzungen von § 8a Abs. 2 SGB VIII vorliegen oder wenn das Jugendamt gem. § 50 SGB VIII im Überprüfungsverfahren mitwirkt.

607 Da die Hilfe i.d.R. nicht vom Jugendamt selbst erbracht wird, sondern von einem **freien Träger**, stellt sich darüber hinaus Frage, wie die Information, dass eine neue Gefährdung des Kindes wegen der Nichteinhaltung familiengerichtlicher Ge- oder Verbote vorliegt, an das Familiengericht gelangt. Direkte Anrufungen von Mitarbeiterinnen sind **datenschutzrechtlich** nur in engen Grenzen (**Einwilligung, Notstand**) denkbar,[558] in der Praxis äußerst selten und im Kinderschutzsystem nicht angelegt: Der Schutzauftrag gem. § 8a Abs. 1, 2 SGB VIII verpflichtet unmittelbar nur das Jugendamt.[559] Freie Träger berichten im Rahmen der Hilfeplanung über den Hilfeverlauf und werden zudem über Vereinbarungen verpflichtet, bei Anhaltspunkten für eine Gefährdung das Jugendamt zu informieren, falls die Ge-

555 *Urban-Stahl*, ForE 2012, 267.
556 *Wiesner*, Das Jugendamt – zwischen Dienstleistung und fürsorglicher Belagerung – ein Blick zurück nach vorn!, Vortrag DIJuF-Zweijahrestagung 2010.
557 *Schone*, ForE 2012, 260.
558 Vgl. auch *Kepert*, JAmt 2019, 378.
559 Wiesner/Wapler/*Wapler*, § 8a SGB VIII Rn. 10.

fährdung nicht anders abgewendet werden kann (§ 8a Abs. 4 SGB VIII). Das Jugendamt hat dann ggf. das Familiengericht anzurufen.

Zusammenfassend ist also festzuhalten, dass im Rahmen der Hilfeerbringung tatsächlich über den freien Träger beim Jugendamt Hinweise auf die Nichteinhaltung eines familiengerichtlichen Gebots eingehen können. Das Familiengericht informieren muss das Jugendamt dann, wenn aus der Nichteinhaltung des Ge- oder Verbots eine Gefährdung für das Wohl des Kindes folgt, für deren Abwendung es Maßnahmen des Familiengerichts braucht (was in Fällen drohenden sexuellen Missbrauchs regelmäßig naheliegen wird). 608

c) … als Teil der Mitwirkungsaufgabe des Jugendamts?

Um im Rahmen der Mitwirkungsaufgabe gem. § 50 Abs. 2 SGB VIII, die das Jugendamt auch im Überprüfungsverfahren hat, auf „weitere Möglichkeiten der Hilfe hinweisen" zu können, muss das Jugendamt grundsätzlich die Wirksamkeit der bereits angeordneten Maßnahmen beurteilen. Vorrangig wird das Jugendamt hierbei die Wirksamkeit von Hilfen nach dem SGB VIII in den Blick nehmen. Gleichwohl ist die Mitwirkungsaufgabe des Jugendamts ganzheitlich zu verstehen: Das Jugendamt soll aus **sozial-pädagogischer Perspektive** einschätzen, **ob das bestehende Schutzkonzept ausreicht**, um Gefahren für das Wohl des Kindes abzuwenden. In diese Einschätzung hat also auch einzufließen, ob die familiengerichtlichen Ge- oder Verbote effektiv sind. 609

Allerdings darf die Mitwirkungsaufgabe nicht so weit ausgelegt werden, dass das Jugendamt verpflichtet wäre, selbst ein Überprüfungsverfahren zu initiieren, um die Einhaltung eines familiengerichtlichen Ge- oder Verbots zu kontrollieren. Für die **Anregung zur Einleitung** eines Überprüfungsverfahrens gilt wiederum der **Maßstab des § 8a Abs. 2 SGB VIII**. Liegen dessen Voraussetzungen nicht vor, setzt die Mitwirkungsaufgabe gem. § 50 SGB VIII erst ein, wenn das Familiengericht das Überprüfungs- und ggf. Änderungsverfahren eingeleitet und das Jugendamt um Stellungnahme gebeten hat. Das Jugendamt hat keine nachsorgende, kontinuierliche Berichtspflicht gegenüber dem Familiengericht. 610

IV. Zusammenfassung

- Weicht die Einschätzung des Jugendamts von der des Familiengerichts ab, hat es die **Notwendigkeit einer Beschwerdeeinlegung** zu prüfen. Ist das Kind oder der Jugendliche durch die unterbleibende oder angeordnete familiengerichtliche Maßnahme aus seiner Sicht nicht ausreichend geschützt und kann die Gefahr auch nicht durch eine andere Hilfe abgewendet werden, ist das Jugendamt aufgefordert, Beschwerde einzulegen. 611
- Das Familiengericht hat im Rahmen seiner Überprüfungspflicht gem. § 166 Abs. 2, 3 FamFG nicht nur zu prüfen, ob die **angeordnete Maßnahme** aufgehoben werden kann, sondern auch, ob sie **ausgeweitet** werden muss. Ggfs. 612

sind **sehr kurze Überprüfungsfristen** anzusetzen, gerade wenn die Effektivität der angeordneten Maßnahme ungewiss ist.

613 • Das Jugendamt trifft aus dem SGB VIII **keine von seinen sonstigen Aufgaben unabhängige Pflicht**, die Einhaltung familiengerichtlicher Ge- oder Verbote zu überwachen.

614 • Das Jugendamt ist jedoch verpflichtet, das Familiengericht zu **informieren**, wenn ihm (im Rahmen der Hilfeerbringung durch den freien Träger oder durch sonstige Hinweise) **gewichtige Anhaltspunkte für eine weitere bzw. neue Gefährdung des Wohls des Kindes** bekannt werden und es das Tätigwerden des Familiengerichts für erforderlich hält (§ 8a Abs. 2 SGB VIII). Wird die Nichteinhaltung familiengerichtlicher Ge- oder Verbote bekannt, liegt in aller Regel ein gewichtiger Anhaltspunkt für eine Kindeswohlgefährdung i.S.d. § 8a Abs. 1 SGB VIII vor, der eine erneute Gefährdungseinschätzung sowie ggf. die Anrufung des Familiengerichts erforderlich macht. Eine „Verschlechterung der familiären Situation" allein reicht dagegen nicht aus, um eine Mitteilungspflicht des Jugendamts an das Familiengericht auszulösen. Auch dürfen die **Kontrollelemente** bei der Leistungserbringung nicht derart dominieren, dass der Hilfecharakter völlig in den Hintergrund tritt.

615 • Das Jugendamt kann außerdem im Rahmen seiner **Mitwirkungsverpflichtung** im Überprüfungsverfahren (§ 166 FamFG, § 50 SGB VIII) verpflichtet sein, **über die Einhaltung familiengerichtlicher Ge- oder Verbote zu berichten**, sofern ihm darüber infolge seiner eigenen Aufgabenerfüllung Kenntnis vorliegt. Seine Mitwirkungspflicht setzt allerdings erst mit Einleitung des Überprüfungsverfahrens ein.

616 Insgesamt lässt sich festhalten, dass sowohl Familiengericht als auch Jugendamt kritisch zu prüfen haben, ob ein familiengerichtliches Ge- oder Verbot im konkreten Fall **tatsächlich geeignet** ist, um die Gefährdung abzuwenden. Angesichts der **geringen Kontrollmöglichkeiten** wird ein familiengerichtliches Ge- oder Verbot, insbesondere ein Kontaktverbot, tendenziell nur infrage kommen, wenn Jugendamt und Familiengericht von der freiwilligen und verlässlichen Einhaltung durch den bzw. die Elternteil/e überzeugt sind. Wobei sich in Fällen, in denen das Gericht von der verlässlichen Einhaltung des Kontaktverbots überzeugt ist, letztlich schon die Frage stellt, ob die gerichtliche Anordnung eines Kontaktverbots überhaupt erforderlich und damit verhältnismäßig ist. Anders gewendet: Muss im Fall eines drohenden sexuellen Missbrauchs durch den Lebensgefährten ein Kontaktverbot erst angeordnet werden, ist die Eignung der Maßnahme ohnehin schon fraglich.

Teil 3

Datenschutz und Datenaustausch zwischen den Akteuren

Kapitel 16: Datenschutzrechtliche Vorgaben für Familiengericht und Jugendamt im Überblick

Übersicht Rn.

I. Vorbemerkungen

Die Kooperation im Kindesschutz wird gefördert, wenn einem Akteur im Kindesschutz nicht nur die für ihn selbst geltenden Regelungen zur Datenerhebung und zur Datenübermittlung bekannt sind, sondern ihm zumindest die Grundsätze der für die anderen Akteure geltenden Regelungen vertraut sind. Gerade die für das Jugendamt nach DSGVO, SGB X, SGB I und SGB VIII geltenden Regelungen erschließen sich wegen des Nebeneinanders von Vertrauensschutz einerseits und Durchbrechung des Vertrauensschutzes andererseits für andere Akteure in familiengerichtlichen Kindesschutzverfahren eher nicht auf den ersten Blick. So kann für das Familiengericht etwa der Eindruck entstehen, dass ihm das Jugendamt Informationen ohne Grund vorenthält, die es wegen datenschutzrechtlicher Vorgaben gar nicht übermitteln darf. Fachkräfte der Jugendämter können hinsichtlich der datenschutzrechtlichen Vorgaben für das Familiengericht unsicher sein, fragen sich etwa, in welchem Umfang die einem Familiengericht durch die Fachkraft eines Jugendamts übermittelten Sozialdaten weiterhin geschützt sind. Das folgende Kapitel will zunächst einen **Überblick** über die **datenschutzrechtlichen Rahmenbedingungen**[1] für Familiengericht bzw. Jugendamt geben, für die als Behörden vielfach ähnliche Vorgaben gelten. 1

Hinweis 2

> *Kindesschutz erlaubt keinen Verzicht auf Datenschutz! Allerdings gelten in Kindesschutzfällen-/verfahren vielfach besondere datenschutzrechtliche Regelungen.*

1 Zu den datenschutzrechtlichen Rahmenbedingungen für Sachverständige und Verfahrensbeistände vgl. die ausführliche Darstellung von *Hoffmann*, ZKJ 2020, 249.

II. Verhältnis der DSGVO zu den Regelungen im FamFG und im SGB

3 Sowohl die Tätigkeit eines Familiengerichts, auch dessen justizielle Tätigkeit,[2] als auch die eines Jugendamts fällt in den Anwendungsbereich der DSGVO.[3] Beide haben bei allen datenverarbeitenden Vorgängen i.S.d. Art. 4 Nr. 2 DSGVO – etwa dem Erheben von Daten durch persönliches Befragen, Beobachten im Rahmen eines Hausbesuchs etc. oder dem Übermitteln von Daten im Rahmen der Kooperation – die Regelungen in der **DSGVO**, die als Verordnung (EU) **unmittelbar gilt**, vorrangig zu beachten, sofern der Gesetzgeber nicht eine der zahlreichen Öffnungsklauseln in der DSGVO genutzt hat, die es erlauben, abweichende oder spezifizierende nationale Regelungen zu erlassen, die dann den Regelungen in der DSGVO vorgehen.

4 Der deutsche **Gesetzgeber** hat die **Öffnungsklauseln** der DSGVO (auch) in dem Sinne umfangreich **genutzt**, als er es für möglich hielt, die jeweiligen für ein familiengerichtliches bzw. ein jugendamtliches Verfahren vor dem Inkrafttreten der DSGVO geltenden Regelungen als aufgrund der Öffnungsklauseln konform mit der DSGVO bestehen zu lassen. Wesentliche Veränderungen und eine unmittelbare Anwendung der DSGVO finden sich insbesondere bei den Rechten der betroffenen Personen und dem Umfang der Informationspflichten eines Familiengerichts bzw. eines Jugendamts. Letztere Verpflichtungen spiegeln die zahlreichen im Internet zu findenden „Informationen zum Datenschutz" bzw. „Datenschutzhinweise" der Amtsgerichte und Jugendämter. Zudem hat das Inkrafttreten der DSGVO dazu geführt, dass alle an familiengerichtlichen Kindesschutzverfahren mitwirkenden, beteiligten bzw. diese durchführenden Personen die datenschutzrechtlichen Rahmenbedingungen ihrer Tätigkeit verstärkt hinter- bzw. nachfragen.

5 Für die justizielle Tätigkeit eines **Familiengerichts** gilt nach § 1 Abs. 1 Nr. 2 BDSG das BDSG, wenn das jeweilige LDSG wie die Mehrzahl der LDSG[4] diese Tätigkeit der Gerichte aus ihrem Anwendungsbereich ausnehmen.[5] Ein **Vorrang** der datenschutzrechtlichen Regelungen in den für das familiengerichtliche Verfahren einschlägigen Prozessordnungen, also insbesondere dem **FamFG**, ergibt sich bei Geltung des BDSG aus § 1 Abs. 2 Satz 1 BDSG.[6] Datenschutzrechtliche Regelungen finden sich etwa in §§ 29 f. FamFG für die Beweiserhebung, in den §§ 159 ff. FamFG zur Anhörung und Mitwirkung oder in § 13 FamFG zur Akteneinsicht.[7] Hinsichtlich durch das Jugendamt übermittelter Daten ergeben sich weitere Vorgaben

2 *Bieresborn*, DRiZ 2019, 18; *Bieresborn/Giesberts-Kaminski*, SGb 2018, 449.
3 Anders für die Tätigkeit der Strafgerichte, vgl. Art. 2 Abs. 2 Buchst. d DSGVO: Hier ist die Richtlinie (EU) 2016/680 vom 27.4.2016 anzuwenden, die Bund und Länder mit den besonderen Teilen des BDSG bzw. jeweiligen LDSG mittlerweile in nationales Recht umgesetzt haben.
4 So etwa § 2 Abs. 3 Satz 1 LDSG-BW, hingegen nicht § 2 LDSG-Hbg.
5 *Bieresborn*, DRiZ 2019, 18; *Bieresborn/Giesberts-Kaminski*, SGb 2018, 449; *Kunkel*, FPR 2013, 487.
6 *Bieresborn*, DRiZ 2019, 18; *Bieresborn/Giesberts-Kaminski*, SGb 2018, 449; *Leopold*, NZS 2018, 357; bezogen auf § 13 FamFG Keidel/*Sternal*, § 13 FamFG Rn. 7.
7 *Deinert*, BtPrax 2019, 19.

aus den Regelungen zur Verlängerung des Sozialdatenschutzes in § 78 Abs. 1 SGB X bzw. in §§ 65 Abs. 1 Satz 2, 68 Abs. 4 SGB VIII.[8]

Hinweis 6

> *Ob eine Vorschrift eine datenschutzrechtliche Regelung beinhaltet, ergibt sich allein aus dem Inhalt der Norm.*

Als im Verhältnis zur DSGVO speziellere Regelungen hat das **Jugendamt** die Regelungen im **SGB I, SGB X** und **SGB VIII vorrangig** zu beachten. Dabei gehen die Regelungen im SGB VIII wiederum denen im SGB X vor.[9] Insgesamt sind die Regelungen zum Sozialdatenschutz in der DSGVO und im SGB für die Tätigkeit eines Jugendamts nach § 35 Abs. 2 Satz 1 SGB I abschließend und gehen anderen datenschutzrechtlichen Regelungen – etwa den jeweiligen LDSG – vor.[10] 7

III. Verantwortlicher i.S.d. DSGVO und zu schützende Daten

Zu schützen sind durch Familiengericht und Jugendamt **personenbezogene Daten**, die in Art. 4 Nr. 1 Halbsatz 1 DSGVO als Informationen bezeichnet werden, die sich auf eine identifizierte oder identifizierbare natürliche Person, die „betroffene Person", beziehen. Solche Informationen sind etwa: Name, Geschlecht, Anschrift, Familienstand, Geburtsdatum, Alter, die beruflichen, wirtschaftlichen, familiären, gesundheitlichen Verhältnisse, das äußere Erscheinungsbild, Charaktereigenschaften, persönliche Überzeugungen, Einkommen, Vermögen, vertragliche oder sonstige Beziehungen zu Dritten, Werturteile und Vermutungen von Fachkräften etc. Oder in anderen Worten: **Jegliche Information**, die einem Familiengericht oder einem Jugendamt bei dem Wahrnehmen seiner Aufgaben bekannt wird, etwa durch einen Anruf, oder die von ihnen erhoben wird,[11] etwa durch einen Hausbesuch, ist ein zu schützendes Datum der betroffenen Person. Ob das Datum nur dem Familiengericht oder dem Jugendamt bekannt ist, es „geheim" ist oder nicht, ist unerheblich. 8

8 Keidel/*Sternal*, § 13 FamFG Rn. 7a.

9 VGH Kassel, 16.9.2014 – 10 A 500/13, ZKJ 2014, 493.

10 VGH Kassel, 16.9.2014 – 10 A 500/13, ZKJ 2014, 493; VG Düsseldorf, 18.3.2014 – 26 K 5849/12.

11 Zur Auslegung des Begriffs Erheben nach dem Inkrafttreten der DSGVO bzw. der Unterscheidung zwischen „to collect" und „to obtain" vgl. *Bieresborn*, DRiZ 2019, 18; *Bieresborn/Giesberts-Kaminski*, SGb 2018, 449.

9 ***Hinweis***

Jegliche im Arbeitskontext bekanntwerdenden Daten sind zu schützen, allerdings unterliegen bestimmte Daten einem weitergehenden, besonderen Schutz.

10 Familiengericht und **Jugendamt**[12] sind jeweils **Verantwortliche** i.S.d. Art. 4 Nr. 7 DSGVO, demnach zueinander Dritte i.S.d. Art. 4 Nr. 10 DSGVO. Bezogen auf das Familiengericht gilt zudem, dass die verschiedenen **Spruchkörper**[13] **eines Familiengerichts** eigenständige Verantwortliche i.S.d. DSGVO sind. Dies ist von Bedeutung, weil die Vorgaben für die Verarbeitung von Daten zwischen der Offenlegung von Daten innerhalb eines Verantwortlichen und der Offenlegung von Daten gegenüber Dritten, etwa durch ein Übermitteln, differenzieren.

11 ***Hinweis***

Das gemeinsame Ziel, der Schutz eines bestimmten Kindes, führt nicht zu einer gemeinsamen datenschutzrechtlichen Verantwortung.

IV. Verhältnis datenschutzrechtlicher Regelungen zur Pflicht zur Amtsermittlung

12 Nach § 26 FamFG ermittelt das Familiengericht, nach § 20 SGB X bzw. bezogen auf die Mitwirkung in familiengerichtlichen Verfahren nach § 20 SGB X analog[14] ermittelt das Jugendamt den Sachverhalt von Amts wegen. Bei ihren Ermittlungen haben sowohl das Familiengericht als auch das Jugendamt die für sie geltenden datenschutzrechtlichen Vorgaben zu beachten. Die gesetzlichen Regelungen, die zur Amtsermittlung verpflichten, sind selbst keine Rechtsgrundlage für eine Datenverarbeitung, legitimieren etwa eine Datenerhebung bzw. Datenübermittlung nicht.[15] Vielmehr nehmen das Familiengericht und das Jugendamt ihre Aufgaben inklusive der für die Aufgabenwahrnehmung erforderlichen **Amtsermittlung** nur rechtmäßig wahr, wenn sie bei ihrer Tätigkeit die für sie geltenden **datenschutzrechtlichen Vorgaben einhalten**. Werden Daten entgegen den datenschutz-

12 Wiesner/Wapler/*Walther*, Anh. 4 – Datenschutz Rn. 6.
13 *Erkelenz/Leopold*, NZS 2019, 926; *Bieresborn*, DRiZ 2019, 18; *Bieresborn/Giesberts-Kaminski*, SGb 2018, 449.
14 FK-SGB VIII/*Trenczek*, § 50 Rn. 32.
15 *Bieresborn*, DRiZ 2019, 18; *Bieresborn/Giesberts-Kaminski*, SGb 2018, 449.

rechtlichen Regelungen unzulässig erhoben und/oder übermittelt, können die Daten einem Verwertungsverbot unterliegen.[16]

Praxistipp 13

Zu Beginn jeder Amtsermittlung ist zu überlegen, auf welche Weise im konkreten Fall datenschutzrechtlich zulässig Daten erhoben werden können.

Hinsichtlich des Umfangs der zulässig erhebbaren Daten gilt das **Erforderlichkeitsprinzip**: Ein Familiengericht darf nach § 29 Abs. 1 Satz 1 FamFG nur die für das konkrete familiengerichtliche Verfahren erforderlichen Beweise erheben bzw. das Jugendamt nach § 62 Abs. 1 SGB VIII nur die Daten, deren Kenntnis zur Erfüllung der jeweiligen Aufgabe erforderlich ist. Das für Familiengericht und Jugendamt geltende Erforderlichkeitsprinzip steht nicht zur Disposition der betroffenen Person. Es dürfen demnach weder das Familiengericht noch das Jugendamt – auch nicht mit Einwilligung der betroffenen Person – mehr Daten als erforderlich erheben.[17] Wesentliche Unterschiede bestehen hingegen in den datenschutzrechtlichen Vorgaben für die Art und Weise, auf die das Familiengericht bzw. das Jugendamt die erforderlichen Daten rechtmäßig erheben bzw. übermitteln können. 14

Hinweis 15

Auch eine Einwilligung der betroffenen Person befugt nicht zur Erhebung nicht erforderlicher Daten.

16 *Bieresborn*, DRiZ 2019, 18; *Bieresborn/Giesberts-Kaminski*, SGb 2018, 449; BVerfG, 20.1.2005, 1 BvR 2717/04, 1 BvR 2748/04, NJW-RR 2005, 657; ausführlich zur Diskussion bezogen auf familiengerichtliche Verfahren MüKoFamFG/*Ulrici*, § 37 Rn. 6 ff.

17 *Bieresborn/Giesberts-Kaminski*, SGb 2018, 449; ausführlich FK-SGB VIII/*Hoffmann*, § 62 Rn. 14 ff.

Kapitel 17: Die Anrufung des Familiengerichts aus datenschutzrechtlicher Perspektive

Übersicht Rn.

I. Die Anrufung des Familiengerichts durch das Jugendamt

1. Datenerhebung und Anrufung des Familiengerichts

16 Wie in Kapitel 4 beschrieben, ist das Jugendamt in drei Konstellationen verpflichtet, das Familiengericht anzurufen, nämlich nach § 42 Abs. 3 Satz 2 Nr. 2 SGB VIII, wenn die Personensorge- oder Erziehungsberechtigten einer Inobhutnahme widersprechen, nach § 8a Abs. 2 Satz 1 Halbsatz 1 SGB VIII, wenn es zur Abwendung der Gefährdung eines Kindes das Tätigwerden des Familiengerichts für erforderlich hält, und nach § 8a Abs. 2 Satz 1 Halbsatz 2 SGB VIII, wenn die Erziehungsberechtigten nicht bereit oder in der Lage sind, bei der Abschätzung des Gefährdungsrisikos mitzuwirken.[18] Aus datenschutzrechtlicher Perspektive stellt die **Anrufung eines Familiengerichts** durch das Jugendamt eine **Datenübermittlung** dar. Da bei den Übermittlungsbefugnissen in SGB X und SGB VIII nach dem Kontext der Datenerhebung zu differenzieren ist, werden im Folgenden zunächst die für die Datenerhebung bedeutsamen Vorgaben dargestellt.

17 Auch bezogen auf die **Datenerhebung** im Kontext des **Schutzauftrags** gilt zunächst der in § 62 Abs. 2 SGB VIII normierte Grundsatz des Vorrangs der Datenerhebung bei der betroffenen Person. Eine Erhebung von Daten bei Dritten mit Einwilligung der betroffenen Person gilt dabei ebenfalls als Erhebung bei der betroffe-

18 Zur Abgrenzung der Amtsermittlungspflichten von Jugendämtern nach § 8a SGB VIII von denen des Familiengerichtes nach § 26 FamFG – insbesondere im Hinblick auf die Einholung eines Sachverständigengutachtens – vgl. DIJuF, JAmt 2019, 263.

nen Person.[19] Abweichend von diesem Grundsatz kommt für die Prüfung des Vorliegens der Voraussetzungen einer Inobhutnahme nach § 42 Abs. 1 Satz 1 Nr. 2 Buchst. b SGB VIII oder im Rahmen einer Gefährdungseinschätzung nach § 8a Abs. 1 SGB VIII das Erheben der erforderlichen Daten **ohne Mitwirkung der betroffenen Person** in Betracht. § 62 Abs. 3 Nr. 2 SGB VIII normiert zwei Fallgruppen, in denen das Erheben von Daten ohne Mitwirkung der betroffenen Person zulässig ist, nämlich zum einen, wenn ein Erheben bei der betroffenen Person objektiv oder subjektiv[20] nicht möglich ist (erste Fallgruppe), und zum anderen, wenn die jeweilige **Aufgabe** ihrer Art nach eine Erhebung bei anderen **erfordert** (zweite Fallgruppe). Ihrer Art nach erfordert eine Aufgabe das Erheben von Daten bei Dritten (zweite Fallgruppe) insbesondere dann, wenn die Aufgabe unabhängig von einer Mitwirkung der betroffenen Person besteht. Dies gilt für **alle Aufgaben** im Kontext des **staatlichen Wächteramts**.

Bei beiden Fallgruppen muss die Kenntnis der Daten jedoch zusätzlich für einen **18**
der in den § 62 Abs. 3 Nr. 2a bis 2d SGB VIII genannten Zwecke erforderlich sein. Als Zwecke normiert § 62 Abs. 3 Nr. 2c SGB VIII das Wahrnehmen von Aufgaben nach den §§ 42–48a, 52 SGB VIII. Zudem können nach § 42 Abs. 3 Nr. 2d SGB VIII zur Erfüllung des Schutzauftrags bei Kindeswohlgefährdung – inklusive der Sachverhaltsermittlung – nach § 8a SGB VIII und zur Gefährdungsabwendung nach § 4 KKG Daten bei Dritten erhoben werden.[21] Bei der Entscheidung für die Datenerhebung ohne Mitwirkung sind mögliche **negative Folgen für das Vertrauensverhältnis** zu den betroffenen Personen durch die nicht durch eine Einwilligung legitimierte Kontaktaufnahme zu Dritten wie zu Schule, Kindergarten, Hort, Nachbarn etc. in die Abwägung einzustellen. Zudem ist nach § 62 Abs. 3 Nr. 4 SGB VIII eine Datenerhebung ohne Mitwirkung zulässig, wenn das Erheben der Daten bei der betroffenen Person den Zugang zur Hilfe ernsthaft gefährden könnte. So kann eine Datenerhebung bei demjenigen, von dessen Verhalten nach dem Stand der Ermittlungen die Gefährdung für das Kind oder den Jugendlichen auszugehen scheint, dazu führen, dass sich die Gefährdungssituation verschärft, oder es kann sich der Druck auf das Kind erhöhen, nicht zu sprechen. Durch diese Zielrichtung „Zugang zur Hilfe" unterscheidet sich § 62 Abs. 3 Nr. 4 SGB VIII von § 62 Abs. 3 Nr. 2d SGB VIII, der auf das Wahrnehmen des Schutzauftrags fokussiert.[22] Die mit jedem Erheben von Daten bei einem Dritten verbundene Übermittlung von Daten der betroffenen Person an den Dritten legitimiert § 69 Abs. 1 Nr. 1 SGB X.

---

19 Vgl. FK-SGB VIII/*Hoffmann*, § 62 Rn. 18, 31 f.; zu den Anforderungen an eine wirksame Einwilligung vgl. unten Kapitel 18 Rn. 45 f.

20 LPK-SGB VIII/*Kunkel*, § 62 Rn. 15; FK-SGB VIII/*Hoffmann*, § 62 Rn. 37.

21 VG Münster, 2.4.2009 – 6 K 1929/07, JAmt 2009, 264.

22 FK-SGB VIII/*Hoffmann*, § 62 Rn. 47.

19 ***Praxistipp***

Die Gründe, aus denen abweichend vom Grundsatz der Ersterhebung bei der betroffenen Person eine Datenerhebung bei Dritten erfolgt, sind zu dokumentieren.

20 Nach Art. 14 Abs. 1, 2 DSGVO bestehen bei einer Datenerhebung ohne Mitwirkung grundsätzlich die gleichen **Informationspflichten**[23] gegenüber der betroffenen Person wie in den Fällen, in denen Daten bei der betroffenen Person selbst erhoben werden.[24] Diese Informationspflichten werden u.a. in § 82a Abs. 1, 4 SGB X eingeschränkt. Eine Pflicht besteht u.a. nicht, wenn nach § 82a Abs. 1 Nr. 1a SGB X die Erteilung der Information die ordnungsgemäße Erfüllung der Aufgaben des Jugendamts gefährden würde und deswegen das Interesse der betroffenen Person an der Auskunftserteilung zurücktreten muss. Der Vorrang der Datenerhebung bei der betroffenen Person, in Kombination mit den Möglichkeiten, beim Vorliegen gewichtiger Anhaltspunkte für die Gefährdung des Wohls eines Kindes Daten auch ohne Mitwirkung und ohne Information der betroffenen Person zu erheben, zeigt, dass Kindes- und Datenschutz nicht im Widerspruch zueinanderstehen.

21 ***Praxistipp***

Die Gründe, aus denen keine Information der betroffenen Person über die Dritterhebung erfolgt, sind zu dokumentieren.

2. Datenübermittlung zur Anrufung des Familiengerichts

22 Die Datenübermittlung durch das Jugendamt zur Anrufung eines Familiengerichts bedarf einer Rechtsgrundlage, denn auch insoweit gilt, dass eine Regelung, die eine Aufgabe normiert – wie § 8a SGB VIII den Schutzauftrag – selbst keine datenschutzrechtliche Legitimationsgrundlage darstellt. Bei der Übermittlung von Daten an das Familiengericht zur Erfüllung der Pflichten aus § 42 Abs. 3 Satz 2 Nr. 2 SGB VIII, § 8a Abs. 2 Satz 1 Halbsatz 1 SGB VIII, § 8a Abs. 2 Satz 1 Halbsatz 2 SGB VIII handelt es sich um eine zweckändernde Verarbeitung, denn anders als im Rahmen der Mitwirkung nach § 50 SGB VIII erhebt das Jugendamt die Daten im Kontext seines Schutzauftrags nicht, um sie dem Familiengericht zu übermitteln. Erst dann, wenn das Jugendamt mit den ihm zur Verfügung stehenden Mitteln die Gefährdung nicht abwenden oder einschätzen kann, hat es nach § 8a Abs. 2 Satz 2 SGB VIII das zuständige Familiengericht anzurufen. Als Rechtsgrundlage für die Übermittlung von Daten zur Anrufung des Familiengerichts kommt daher nur

23 Ausführlich zu den Informationspflichten Wiesner/Wapler/*Walther*, § 62 Rn. 16 ff.
24 FK-SGB VIII/*Hoffmann*, § 62 Rn. 50.

§ 69 Abs. 1 Nr. 1 Alt. 2 SGB X – **zweckändernde Übermittlung zur Wahrnehmung einer eigenen Aufgabe** – in Betracht.

An sich bestehende Übermittlungsbefugnisse nach § 69 Abs. 1 Nr. 1 SGB X werden durch § 64 Abs. 2 SGB VIII eingeschränkt. Nach dieser Regelung ist eine Datenübermittlung nur zulässig, soweit dadurch der **Erfolg** einer noch zu gewährenden, bereits gewährten und abgeschlossenen oder gewährten laufenden **Leistung nicht infrage gestellt wird**.[25] Die Regelung stellt eine gesetzliche Konkretisierung des Verhältnismäßigkeitsprinzips dar. Bezogen auf familiengerichtliche Kindesschutzverfahren ergeben sich in der Regel aus § 64 Abs. 2 SGB VIII keine Beschränkungen für eine Übermittlung von Daten an das Familiengericht, da die (anzunehmende) Erfolglosigkeit der (bisherigen) Angebote und Maßnahmen eines Jugendamts gerade Anlass für die Anrufung eines Familiengerichts ist. 23

Praxistipp 24

Die Befugnis zur zweckändernden Datenverarbeitung ergibt sich aus den Darstellungen in der fachlichen Stellungnahme im Kontext der Anrufung, wenn dargestellt wird, warum die bisher erbrachten oder angebotenen Leistungen die Gefährdung nicht abwenden konnten.

Zu beachten ist ferner, dass Daten, die einer Fachkraft im Rahmen einer **persönlichen und erzieherischen Hilfe** i.S.d. § 65 SGB VIII anvertraut wurden, von dieser nur beim Vorliegen einer der in § 65 Abs. 1 Satz 1 Nr. 1 bis Nr. 6 SGB VIII normierten Erlaubnistatbestände übermittelt werden dürfen. Der Begriff der „persönlichen und erzieherischen Hilfe" knüpft an § 11 Satz 2 SGB I an und umfasst alle Formen persönlicher Betreuung, Beratung und Unterstützung im Rahmen der Erbringung von Leistungen, aber auch bei der Wahrnehmung anderer Aufgaben nach dem SGB VIII.[26] Entscheidend ist letztlich, ob ein Datum – etwa eine Beobachtung im Rahmen eines Hausbesuchs – einer Fachkraft im Rahmen eines zu schützenden Vertrauensverhältnisses zu der betroffenen Person bekannt wurde. Da das Jugendamt bei Anzeichen für eine Gefährdung des Kindeswohls zunächst versucht, die Gefährdung in Kooperation mit der Familie abzuwenden, ist vor der Anrufung des Familiengerichts regelmäßig zu prüfen, ob überhaupt bzw. in welchem Umfang anvertraute Daten an das Familiengericht übermittelt werden dürfen. 25

Generell dürfen **anvertraute Daten** durch die Fachkraft nach § 65 Abs. 1 Satz 1 Nr. 1 SGB VIII nur mit Einwilligung der betroffenen Person an andere Personen, auch an jede andere Fachkraft im Jugendamt, weitergegeben werden, denn § 65 SGB VIII verpflichtet die einzelne Fachkraft. § 65 Abs. 1 Satz 1 Nr. 2 bis Nr. 6 SGB VIII normieren Ausnahmen von diesem Prinzip. **Ohne Einwilligung** dürfen nach § 65 Abs. 1 Satz 1 Nr. 2 SGB VIII anvertraute Daten – auch solche aus der Hilfeplanung[27] – zur Erfüllung der Aufgaben nach § 8a Abs. 2 SGB VIII an das Fami- 26

25 Wiesner/Wapler/*Walther*, Anh. 1 Rn. 41.
26 Wiesner/Wapler/*Walther*, § 65 Rn. 13.
27 FK-SGB VIII/*Trenczek*, § 50 Rn. 34.

liengericht übermittelt werden, wenn und soweit angesichts der Gefährdung des Wohls eines Kindes ohne diese Mitteilung eine für die Gewährung von Leistungen notwendige gerichtliche Entscheidung nicht ermöglicht werden könnte[28] oder wenn aus der Perspektive des Jugendamts andere Maßnahmen nach § 1666 Abs. 3 BGB zur Abwendung der Gefährdung erforderlich erscheinen.[29]

27 ***Hinweis***

> *Nicht das Bestehen einer Kindeswohlgefährdung legitimiert die Übermittlung anvertrauter Daten ohne Einwilligung, sondern die Erforderlichkeit familiengerichtlicher Maßnahmen zur Abwendung der Gefährdung.*

28 Es dürfen nur die Daten übermittelt werden, die für das Wahrnehmen der konkreten Aufgabe erforderlich sind, es demnach dem zuständigen Familiengericht ermöglichen einzuschätzen, ob ein familiengerichtliches Kindesschutzverfahren, etwa der Erlass einer einstweiligen Anordnung, einzuleiten ist oder nicht. Dabei besteht im Rahmen der Anrufung nach § 8a Abs. 2 SGB VIII keine Pflicht zur Vorlage des Hilfeplans, sofern ein solcher bereits vorhanden ist. Ist ein Hilfeplan vorhanden, wäre dieser zwar im Rahmen der weiteren Mitwirkung im Verfahren nach § 50 Abs. 2 Satz 2 SGB VIII grundsätzlich vorzulegen, allerdings nach § 50 Abs. 2 Satz 6 SGB VIII ebenfalls nur unter Beachtung der jede Übermittlung von Daten durch das Jugendamt einschränkenden Regelungen in §§ 64 Abs. 2, 65 Abs. 1 Satz 1 Nr. 1, Nr. 2 SGB VIII. Unter Beachtung dieser einschränkenden Regelungen steht die Vorlage des **Hilfeplans** im Rahmen der Anrufung im **pflichtgemäßen Ermessen** des Jugendamts.[30]

29 Nach der überwiegenden Rechtsprechung[31] ist auch der Name eines Informationsgebers ein dem besonderen Vertrauensschutz unterliegendes Sozialdatum, das daher nach § 65 Abs. 1 Satz 1 Nr. 1 SGB VIII grundsätzlich nur mit seiner Einwilligung an Dritte – wie das Familiengericht – weitergegeben werden kann, denn die Mitteilung des Namens des Informationsgebers wird regelmäßig nicht i.S.d. § 65 Abs. 1 Satz 1 Nr. 2 SGB VIII für die Entscheidung eines Familiengerichts darüber, ob ein Verfahren einzuleiten ist oder nicht, erforderlich sein.[32] Etwas anderes gilt ganz ausnahmsweise, wenn ausreichende Anhaltspunkte für die Annahme vorlägen, dass der Behördeninformant wider besseres Wissen und in der vorgefassten Absicht, den Ruf der betroffenen Person zu schädigen, gehandelt oder leichtfertig falsche Informationen übermittelt haben könnte.[33]

---

28 *Kepert*, JAmt 2019, 378; Schellhorn/Fischer/Mann/Kern/*Mann*, §§ 61–68 SGB VIII Rn. 94
29 Ebenso bereits für das geltende Recht *Kepert*, ZKJ 2020, 164.
30 Wiesner/Wapler/*Wapler*, § 50 Rn. 54b.
31 Zuletzt etwa OVG Münster, 22.2.2021 – 12 E 36/20, JAmt 2021, 412.
32 HB-VB/*Bauer*, Rn. 441.
33 OVG Münster, 22.2.2021 – 12 E 36/20, JAmt 2021, 412.

Hinweis 30

Der Name einer Person, die dem Jugendamt Anzeichen für eine Kindeswohlgefährdung übermittelt, ist dem Familiengericht nur mit Einwilligung der Person zu übermitteln.

Ein Jugendamt hat nach Art. 13 Abs. 3 DSGVO in Bezug auf bei der betroffenen Person erhobene Daten, nach Art. 14 Abs. 4 DSGVO in Bezug auf bei Dritten erhobenen Daten **Folgeinformationspflichten**, wenn es Daten zu einem anderen Zweck als den, für den sie erhoben wurden, übermitteln will. Die Informationspflichten nach der DSGVO werden jedoch in § 82 Abs. 1, 2 SGB X in Bezug auf die bei der betroffenen Person erhobenen Daten, in § 82a Abs. 1, 4 SGB X in Bezug auf nicht bei der betroffenen Person erhobene Daten **begrenzt**. Die dort geregelten Ausnahmen führen im Ergebnis dazu, dass das Jugendamt einem Familiengericht Daten ohne Information der betroffenen Person übermitteln darf, wenn deren Information zu einer (weiteren) Gefährdung des Wohls des Kindes führen könnte, etwa, da anzunehmen ist, dass die Eltern des Kindes familiengerichtlichen Maßnahmen durch die Verbringung des Kindes ins Ausland zuvorkommen. 31

3. Datenschutzrechtliche Vorgaben für den Umgang des Familiengerichts mit ihm zur Anrufung übermittelten Sozialdaten aus dem SGB

Werden einem Familiengericht durch das Jugendamt Daten übermittelt, hat es im Umgang mit diesen Daten die sogenannte Verlängerung des Sozialdatenschutzes bei Übermittlung von Daten an weitere Dritte zu beachten. Das heißt konkret, dass das Familiengericht nach § 78 Abs. 1 Satz 1 SGB X ihm durch das Jugendamt übermittelte Daten nur zu dem Zweck verarbeiten darf, zu dem sie ihm befugt übermittelt wurden, und dass es die Daten nach § 78 Abs. 1 Satz 3 SGB X **im selben Umfang geheim zu halten hat** wie das Jugendamt selbst.[34] Das Gleiche regelt § 65 Abs. 1 Satz 2 SGB VIII für die dem besonderen Vertrauensschutz aus persönlichen oder erzieherischen Hilfen unterliegenden Daten. Als Dritte im datenschutzrechtlichen Sinne sind dabei auch der Sachverständige und der Verfahrensbeistand anzusehen.[35] 32

Zweck der Anrufung des Familiengerichts durch das Jugendamt ist die Durchführung eines familiengerichtlichen Kindesschutzverfahrens. Das Familiengericht kann daher, ohne dass eine zweckändernde Verarbeitung vorliegt, ihm durch das Jugendamt im Rahmen der Anrufung **ohne Einwilligung** der betroffenen Person übermittelte anvertraute Daten **an die Beteiligten des Verfahrens** einschließlich des Verfahrensbeistands sowie an den Sachverständigen übermitteln, ohne zuvor 33

34 Auch die Rechte der betroffenen Person gegenüber einem Familiengericht richten sich in Bezug auf diese Daten nach dem SGB, *Bieresborn/Giesberts-Kaminski*, SGb 2018, 449.

35 *Hoffmann*, ZKJ 2020, 249.

eine Einwilligung der betroffenen Person einholen zu müssen, obgleich es sich um im datenschutzrechtlichen Sinne Dritte – als solcher ist auch der Sachverständige anzusehen, obgleich er Gehilfe des Gerichts ist[36] – handelt. Es muss darüberhinausgehend nach § 13 Abs. 1 FamFG den Beteiligten die Einsicht in die Gerichtsakten gestatten, soweit nicht schwerwiegende Interessen eines Beteiligten oder eines Dritten entgegenstehen.

34 ***Praxistipp***

Soweit aus der Perspektive des Jugendamts einer Einsicht in die Gerichtsakten durch bestimmte Beteiligte schwerwiegende Interessen eines anderen Beteiligten, insbesondere des Kindes, entgegenstehen, sollte dies bereits im Rahmen der Anrufung dargelegt werden.

4. Anrufung des Familiengerichts durch die Fachkraft, die die Aufgaben des Jugendamts als Vormund/Pfleger wahrnimmt

35 Auch die Fachkraft, die die Aufgaben eines Jugendamts als Vormund/Pfleger wahrnimmt, kann ein familiengerichtliches Kindesschutzverfahren anregen. Sie wird dies etwa erwägen, wenn an der Schnittstelle zwischen der Befugnis eines Jugendamts als zur Bestimmung des Aufenthalts berechtigtem Pfleger und der Befugnis teilweise sorgeberechtigter Eltern zur Bestimmung des Umgangs das Wohl des Kindes gefährdende Konflikte entstehen. Rechtsgrundlage für die Übermittlung der erforderlichen Daten an das Familiengericht ist in dieser Konstellation § 68 Abs. 1 Satz 1 SGB VIII. Hinsichtlich der durch das Jugendamt als Vormund/Pfleger übermittelten Daten hat das Familiengericht die Verlängerung von deren Schutz in § 68 Abs. 4 SGB VIII zu beachten, nach dem das Familiengericht die Daten nur zu dem Zweck verarbeiten darf, zu dem sie ihm durch das Jugendamt als Vormund/Pfleger befugt übermittelt wurden.

---

36 *Bieresborn/Giesberts-Kaminski*, SGb 2018, 530, 532: „Sowohl der … als auch der gerichtliche Sachverständige, der zwar Gehilfe des Gerichts ist, jedoch bei der Erstattung des Gutachtens nicht als Mitglied des Gerichts fungiert, sondern mit der Sachverständigentätigkeit wie ein Zeuge zugleich eine staatsbürgerliche Pflicht erfüllt, sind Dritte i.S.v. Art. 4 Nr. 10 DSGVO."

II. Anregung eines familiengerichtlichen Verfahrens durch Berufsgeheimnisträger und Fachkräfte eines Trägers der freien Jugendhilfe

Familiengerichtliche Kindesschutzverfahren können als Amtsverfahren von jedermann angeregt werden. Eine Person, die in einem beruflichen Kontext gewichtige Anhaltspunkte für eine Gefährdung des Kindeswohl wahrnimmt, hat jedoch zu überlegen, ob sie mit der (unmittelbaren) Information eines Familiengerichts ihre zivilrechtlichen, in der Regel vertraglichen Pflichten – etwa aus dem ärztlichen oder psychologischen Behandlungsvertrag, aus dem Vertrag über eine Sozialpädagogische Familienhilfe etc. – verletzt. **Berufsgeheimnisträger** haben sich, wenn sie gewichtige Anhaltspunkte für die Gefährdung des Kindeswohls wahrnehmen, bei ihrer Vorgehensweise **an den Regelungen in § 4 KKG** zu orientieren. Für Fachkräfte der Träger der **freien Jugendhilfe** ergeben sich zudem Vorgaben aus der **Vereinbarung nach § 8a Abs. 4 SGB VIII** mit dem Träger der öffentlichen Jugendhilfe. 36

Die sich aus § 4 KKG bzw. aus der Vereinbarung nach § 8a Abs. 4 SGB VIII ergebenden Vorgaben sind inhaltlich weitgehend identisch. Sowohl in § 4 KKG als auch in § 8a Abs. 4 SGB VIII wird festgehalten, dass ein Berufsgeheimnisträger bzw. die Fachkraft eines Trägers der freien Jugendhilfe dann, wenn ihm/ihr in Ausübung seiner/ihrer beruflichen Tätigkeit gewichtige Anhaltspunkte für die Gefährdung des Wohls eines Kindes bekannt werden, **zunächst** mit dem Minderjährigen und den Personensorge-/Erziehungsberechtigten die Situation **erörtern** und, soweit erforderlich, bei den Personensorge-/Erziehungsberechtigten auf die Inanspruchnahme von Hilfen hinwirken soll, soweit hierdurch der wirksame Schutz des Kindes nicht infrage gestellt wird. Sofern eine Abwendung der Gefährdung auf diesem Wege ausscheidet oder **erfolglos geblieben** ist und sie ein Tätigwerden des Jugendamtes subjektiv[37] für erforderlich halten, um eine Gefährdung des Wohls des Kindes abzuwenden, kann – bezogen auf Berufsgeheimnisträger – bzw. muss – bezogen auf durch Vereinbarungen nach § 8a Abs. 4 SGB VIII verpflichtete Fachkräfte eines Trägers der freien Jugendhilfe – der Berufsgeheimnisträger bzw. die Fachkraft das **Jugendamt informieren**. Auch für Berufsgeheimnisträger besteht eine Verpflichtung zur Information, wenn sie – etwa aus einem Behandlungsvertrag – eine Garantenstellung gegenüber dem Kind besitzen.[38] Erhält das Jugendamt eine Gefährdungsmitteilung durch einen Berufsgeheimnisträger, soll es nach § 4 Abs. 4 KKG dem Berufsgeheimnisträger zeitnah eine **Rückmeldung** geben, ob es die gewichtigen Anhaltspunkte für die Gefährdung des Wohls bestätigt sieht und ob es zum Schutz des betroffenen Kindes tätig geworden ist und noch tätig ist.[39] 37

---

37 LPK-SGB VIII/*Kunkel*, Anhang 1 zu § 61–§ 4 KKG Rn. 12.
38 LPK-SGB VIII/*Kunkel*, Anhang 1 zu § 61–§ 4 KKG Rn. 14.
39 § 64 Abs. 4 SGB VIII normiert insoweit eine entsprechende Befugnis zur Datenübermittlung.

38 ***Praxistipp***

> *Die durch das Kinder- und Jugendstärkungsgesetz eingeführte Pflicht zur Rückmeldung des Jugendamts nach einer Meldung durch einen Berufsgeheimnisträger sollte Anlass sein, die Zusammenarbeit zwischen Berufsgeheimnisträgern und Jugendamt*[40] *im Kindesschutz zu vertiefen.*

39 Die unmittelbare Information eines Familiengerichts ist vor dem Hintergrund dieser Regelungen in der Praxis äußerst selten. Gleichwohl stellt sich die Frage, ob überhaupt bzw. unter welchen Voraussetzungen Berufsgeheimnisträger bzw. Fachkräfte der Träger der freien Jugendhilfe befugt sind, sich unmittelbar an das Familiengericht zu wenden, ohne gegen ihre zivilrechtlichen Verschwiegenheitspflichten zu verstoßen. Die Regelungen in § 4 Abs. 3 KKG bzw. in § 8a SGB VIII sind Ausdruck einer Abwägung zwischen dem Schutz des Kindes vor Gefahren für sein Wohl und dem Recht der betroffenen Person auf Geheimhaltung ihrer Daten. Daher ist davon auszugehen, dass jede Weitergabe von Informationen ohne Einwilligung der betroffenen Person die zivilrechtlichen Verschwiegenheitspflichten verletzt, wenn nicht zuvor versucht wurde, um die Inanspruchnahme von Hilfen zu werben, bzw., wenn ein entsprechendes Werben nicht offensichtlich aussichtslos erscheint.[41] Das Hinwirken und Einbeziehen umfasst dabei auch den **Versuch**, sich von der **Schweigepflicht entbinden** zu lassen.[42] Die gleichen Grundsätze gelten bei der Berufung auf einen rechtfertigenden Notstand i.S.d. § 34 StGB, auf den sich neben § 4 KKG berufen werden kann.[43]

40 Weitergehend ergibt sich aus den Regelungen in § 4 KKG und § 8a SGB VIII und dies auch bezogen auf § 34 StGB, dass **zunächst das Jugendamt** als zuständige Fachbehörde zu informieren ist, um es diesem zu ermöglichen, die Leistungen anzubieten, die nach seiner Meinung zur Abwendung der Gefährdung erforderlich sind. Den bzw. dem Personensorgeberechtigten muss vor der Information eines Jugendamts mitgeteilt werden, dass geplant ist, das Jugendamt zu informieren.[44] Die Information zunächst eines Jugendamts ist nur dann nicht erforderlich, wenn eine hinreichende Gefährdungsabwendung durch das Jugendamt von vornherein ausgeschlossen erscheint.[45] Dies kann etwa in Konstellationen der Fall sein, in denen eine akute Gefährdungssituation ein zeitnahes, mit unmittelbarem Zwang verbundenes Eingreifen erfordert und daher eine Information der Polizei erforderlich ist. Die Verletzung der Verschwiegenheitspflicht ist dann nach § 34 StGB gerechtfertigt. Konstellationen, in denen gerade die dem Familiengericht möglichen Maßnahmen wie der Erlass einer einstweiligen Anordnung nach §§ 1666, 1666a BGB ein unmittelbares Kontaktieren des Familiengerichts ohne vorherige Information

---

40 Zur derzeitigen Praxis und ihren Problemen vgl. *Heimann/Berthold/Clemens/Witt/Fegert*, JAmt 2021, 68, sowie *Goldberg/Radewagen*, JAmt 2020, 622.

41 FK-SGB VIII/*Meysen*, Anhang I – KKG Rn. 96.

42 FK-SGB VIII/*Meysen*, Anhang I – KKG Rn. 98.

43 FK-SGB VIII/*Meysen*, Anhang I – KKG Rn. 105.

44 LPK-SGB VIII/*Kunkel*, Anhang zu § 61–§ 4 KKG Rn. 12.

45 FK-SGB VIII/*Meysen*, § 8a Rn. 76.

des Jugendamts erforderlich machen könnten, sind eher nicht denkbar, auch, da das Jugendamt durch die Möglichkeit einer Inobhutnahme nach § 42 SGB VIII jederzeit vorläufige Maßnahmen zum Schutz des Kindes ergreifen kann.

Es ist daher im Ergebnis davon auszugehen, dass ein Berufsgeheimnisträger oder **41**
die Fachkraft eines Trägers der freien Jugendhilfe ihre Verpflichtung zur Verschwiegenheit aus der zivilrechtlichen Beziehung mit den bzw. dem Personensorgeberechtigten grundsätzlich verletzt, wenn sie nach dem Scheitern der Bemühungen, auf die bzw. den Personensorgeberechtigten einzuwirken, oder der von ihr angenommenen Erfolglosigkeit entsprechender Bemühungen unmittelbar das Familiengericht kontaktiert.[46] Denkbar bleibt die Anrufung eines Familiengerichts und die damit verbundene Datenübermittlung ohne Verletzung zivilrechtlicher Pflichten letztlich nur in Konstellationen, in denen ein Berufsgeheimnisträger oder die Fachkraft eines Trägers der freien Jugendhilfe nach der Information eines Jugendamts den Eindruck gewinnt, dass das Jugendamt anders als sie selbst keine weiteren Maßnahmen für erforderlich hält, und der Berufsgeheimnisträger oder die Fachkraft eines Trägers der freien Jugendhilfe davon ausgeht, dass die Gefährdung des Kindeswohl fortbesteht.[47] Eine Informationsweitergabe ist dann nach § 34 StGB gerechtfertigt bzw. kann, wenn sich im Nachhinein herausstellt, dass die Einschätzung des Berufsgeheimnisträgers bzw. der Fachkraft eines Trägers der freien Jugendhilfe unzutreffend gewesen ist, nach § 35 Abs. 2 Satz 1 StGB entschuldigt sein.

46 Im Ergebnis ebenso LPK-SGB VIII/*Kunkel*, Anhang 1 zu § 61–§ 4 KKG Rn. 2, der jedoch davon ausgeht, dass § 4 KKG als lex specialis zu § 34 StGB anzusehen ist.
47 Im Ergebnis ebenso LPK-SGB VIII/*Kunkel*, Anhang 1 zu § 61–§ 4 KKG Rn. 13.

Kapitel 18: Amtsermittlungen für ein Kindesschutzverfahren aus datenschutzrechtlicher Perspektive

Übersicht Rn.

I. Die weitere Mitwirkung des Jugendamts aus datenschutzrechtlicher Perspektive

42 Die Anrufung des Familiengerichts nach § 8a Abs. 2 SGB VIII, die bezogen auf die Anrufung wegen festgestellter Kindeswohlgefährdung vor Einführung des § 8a SGB VIII wortgleich in § 50 Abs. 3 SGB VIII normiert war, ist ein Element der Mitwirkung des Jugendamts speziell in familiengerichtlichen Kindesschutzverfahren.[48] Rechtsgrundlage der **weiteren Mitwirkung** des Jugendamts im Kindesschutzverfahren **nach der Anrufung** ist § 50 SGB VIII. Insoweit ergeben sich im Grundsatz – auch aus datenschutzrechtlicher Perspektive – keine Unterschiede zur Mitwirkung in anderen familiengerichtlichen Verfahren, die nicht durch das Jugendamt initiiert werden. Es werden, um die datenschutzrechtlichen Vorgaben für die Amtsermittlung eines Familiengerichts und die Vorgaben für die Übermittlung von Daten durch das Familiengericht – etwa an einen Sachverständigen oder im Rahmen der Akteneinsicht für Beteiligte – im Zusammenhang darzustellen, zunächst die datenschutzrechtlichen Vorgaben für die weitere Amtsermittlung des Jugendamts dargestellt. Dabei nimmt das Jugendamt mit der weiteren Mitwirkung eigene Aufgaben und nicht solche des Familiengerichts wahr[49] und leistet insoweit auch keine Amtshilfe[50] für das Familiengericht.

48 FK-SGB VIII/Meysen, § 8a Rn. 39.

49 FK-SGB VIII/*Trenczek,* vor §§ 50–52 Rn. 12; Wiesner/Wapler/*Wapler,* § 50 Rn. 7, 11; Heilmann/*Dürbeck,* § 162 FamFG Rn. 28.

50 FK-SGB VIII/*Trenczek*, vor §§ 50–52 Rn. 19.

1. Vorgaben für die Datenerhebung

Auch für die Mitwirkung im familiengerichtlichen Kindesschutzverfahren nach § 50 Abs. 1 Satz 2 Nr. 1 SGB VIII gilt der in § 62 Abs. 2 SGB VIII normierte Grundsatz der **Ersterhebung** von Daten bei der **betroffenen Person** bzw. unter Mitwirkung der betroffenen Person. Da sich die Datenerhebung für die Mitwirkung im familiengerichtlichen Verfahren nach § 50 SGB VIII unter keinen der in § 62 Abs. 3 Nr. 2a bis 2d SGB VIII genannten Zwecke subsumieren lässt, **scheidet** die **Erhebung von Daten bei Dritten** für die Mitwirkung im familiengerichtlichen Kindesschutzverfahren nach § 50 SGB VIII anders als im Rahmen der Anrufung des Familiengerichts nach § 8a SGB VIII **aus**.[51] Zulässig ist nur die Datenerhebung bei den betroffenen Personen selbst, insbesondere bei Mutter, Vater und Kind. Weitergehende Befugnisse für das Jugendamt sind im Hinblick auf die Befugnisse eines Familiengerichts nicht erforderlich.[52] Allerdings dürfen Daten anderer Personen aus dem Familiensystem (z.B. Daten von Geschwistern) nach § 62 Abs. 4 Satz 2 SGB VIII auch bei der betroffenen Person erhoben werden, sofern diese Daten für das Wahrnehmen der Aufgaben aus der Mitwirkung erforderlich sind.[53] 43

Hinweis 44

> **!** *Nach Beginn des familiengerichtlichen Kindesschutzverfahrens ist dem Jugendamt eine Datenerhebung bei Dritten ohne Einwilligung der betroffenen Person nicht mehr erlaubt.*

Als Datenerhebung bei der betroffenen Person bzw. unter deren Mitwirkung gilt auch die Datenerhebung bei einem Dritten, wenn die betroffene Person wirksam in die **Datenerhebung** bei diesem **Dritten** eingewilligt hat.[54] Die Fachkraft hat zu prüfen, ob eine wirksame **Einwilligung der betroffenen Person** vorliegt, und muss deren Vorliegen nach Art. 7 Abs. 1 DSGVO nachweisen können. Eine wirksame Einwilligung setzt insbesondere voraus, dass die betroffene Person vor der Datenerhebung über Gegenstand, Umfang, Art und Weise etc. der geplanten Datenerhebung informiert wurde, ihr etwa erläutert wurde, welche Fragen eine Fachkraft mit dem Lehrer oder der Kinderärztin etc. besprechen will und warum. Freiwilligkeit der Einwilligung i.S.d. DSGVO kann angenommen werden, obgleich die Einwilligung gegenüber einer Behörde erklärt wird, da die betroffene Person analog § 21 Abs. 2 SGB X an der Ermittlung des Sachverhalts mitwirken soll.[55] Auch ist klarzustellen, dass die Daten mit dem Ziel erhoben werden, diese an das Familiengericht zu übermitteln, und dass die Daten am familiengerichtlichen Verfahren Beteiligtem sowie dem Sachverständigen offenbar werden. 45

---

51 VGH Kassel, 16.9.2014 – 10 A 500/13, ZKJ 2014, 493.

52 VGH Kassel, 16.9.2014 – 10 A 500/13, ZKJ 2014, 493.

53 Ausführlich, auch zu den Informationspflichten gegenüber dem Dritten in dieser Konstellation DIJuF, JAmt 2019, 505.

54 FK-SGB VIII/*Hoffmann*, § 62 Rn. 18, 31 f.

55 *Bieresborn*, DRiZ 2019, 18; *Bieresborn/Giesberts-Kaminski*, SGb 2018, 449; FK-SGB VIII/*Hoffmann*, § 61 Rn. 56 ff.

46 ***Praxistipp***

> *Im Hinblick auf die Nachweispflichten sollten die Information und die Erklärung der Einwilligung dokumentiert werden.*

47 Unabhängig von der Frage der Voraussetzungen für eine wirksame Einwilligung ist die betroffene Person über die Rechtsgrundlage der Erhebung sowie die Zweckbestimmungen der weiteren Verarbeitung aufzuklären, soweit diese nicht offenkundig sind. **Information über Zweck und Rechtsgrundlage** meint, dass die betroffene Person auf § 62 Abs. 2 SGB VIII i.V.m. der jeweiligen Aufgabennorm des SGB VIII – bezogen auf die Mitwirkung im Verfahren demnach auf § 50 SGB VIII – hinzuweisen ist. Der betroffenen Person ist darzulegen, dass das Jugendamt keine Möglichkeit hat, die betroffene Person zu Aussagen oder zum Erteilen einer Einwilligung in die Erhebung von Daten bei einem Dritten zu zwingen,[56] sie ihre Mitwirkung an der Datenerhebung verweigern kann. In die Akten über die Mitwirkung besteht kein Anspruch auf Akteneinsicht nach § 25 SGB X, da es sich bei der Mitwirkung nicht um ein Verwaltungsverfahren i.S.d. SGB X handelt.[57]

48 Fraglich ist, in welchem Umfang die im Verfahren mitwirkende Fachkraft auf im Jugendamt bereits vorhandene Daten zurückgreifen kann, die dem Familiengericht nicht bereits im Rahmen der Anrufung übermittelt wurden. Insoweit gilt, dass die die Aufgaben des Jugendamts als mitwirkende Fachbehörde wahrnehmende Fachkraft nach Einleitung des familiengerichtlichen Kindesschutzverfahrens nicht unmittelbar auf im Jugendamt aus der Wahrnehmung anderer Aufgaben vorhandene Daten zurückgreifen darf, denn dies stellt eine zweckändernde Datenverarbeitung innerhalb des Jugendamts als Verantwortlichem dar.[58] Etwas anderes ist insoweit anzunehmen, als das Jugendamt nach § 50 Abs. 2 Satz 2 SGB VIII verpflichtet ist, dem Familiengericht den **Hilfeplan vorzulegen.** Bezogen auf den Hilfeplan sind die sich aus § 50 Abs. 2 Satz 6 i.V.m § 65 SGB VIII ergebenden Beschränkungen bei der Datenweitergabe im Jugendamt selbst zu beachten.[59]

2. Vorgaben für die Datenübermittlung

49 Bei der Übermittlung von für die Mitwirkung erhobener Daten durch das Jugendamt an das Familiengericht handelt es sich um eine zweckidentische Verarbeitung der Daten. Übermittlungsgrundlage ist daher § 69 Abs. 1 Nr. 1 Alt. 1 SGB X.[60] Einer Einwilligung der betroffenen Person mit der Übermittlung bedarf es nicht. Nach allgemeinen Grundsätzen dürfen allein die für das Wahrnehmen der Aufgaben eines Jugendamts als mitwirkende Fachbehörde **erforderlichen Daten** übermittelt werden. Welche Daten erforderlich sind, obliegt der fachlichen Einschätzung der Fachkraft eines Jugendamts. Insoweit handelt es sich nicht um eine vorwegge-

---

56 Wiesner/Wapler/*Wapler*, § 50 Rn. 13.
57 VG Köln, Urteil v. 13.12.2017 – 26 K 134/17; VG Ansbach, 1.3.2010 – AN 14 E 10.00205.
58 Zum Verantwortlichen i.S.d. DSGVO in einem Jugendamt vgl. oben Kapitel 16 Rn. 10.
59 Wiesner/Wapler/*Wapler*, § 50 Rn. 54b.
60 FK-SGB VIII/*Hoffmann*, § 64 Rn. 33.

nommene Beweisaufnahme.[61] Gerade im Fall von **noch nicht verifizierten Informationen** kann eine vorzeitige Weitergabe von Daten an das Familiengericht weitere Ermittlungen zur Verifizierung gefährden oder sogar unmöglich machen.[62]

Nach § 64 Abs. 2 SGB VIII ist auch im Rahmen der Mitwirkung zu prüfen, ob bei einer Übermittlung der Daten der **Erfolg** einer zu gewährenden **Leistung** nach dem SGB VIII **nicht infrage gestellt** wird. In den Kindesschutzverfahren, in denen die Anrufung eines Familiengerichts durch das Jugendamt erfolgt, wird dies regelmäßig nicht der Fall sein, denn eine entsprechende Prüfung hat bereits bei der Anrufung des Familiengerichts stattgefunden. Im Einzelfall ist denkbar, dass eine mittlerweile bestehende Hilfeakzeptanz durch eine Übermittlung von Daten an das Familiengericht erneut gefährdet würde. Nur selten wird auch anzunehmen sein, dass im Rahmen der Mitwirkung zugleich persönliche und erzieherische Hilfen i.S.d. § 65 SGB VIII erbracht werden und Daten daher (teilweise) einem besonderen Vertrauensschutz unterliegen.[63] 50

Hinweis 51

> *Im Rahmen der Mitwirkung im familiengerichtlichen Verfahren nach § 50 SGB VIII ist ein Jugendamt weder verpflichtet noch berechtigt, alle durch es erhobenen Daten an das Familiengericht zu übermitteln.*

Zu den nach § 69 Abs. 1 Nr. 1 Alt. 1 SGB X als erforderlich zu übermittelnden Daten zählt nach § 50 Abs. 2 Satz 2 SGB VIII auch der **Hilfeplan**, sofern ein solcher bereits vorhanden ist und soweit – entsprechend § 50 Abs. 2 Satz 6 SGB VIII – nicht die eine bestehende Übermittlungsbefugnis nach § 69 SGB X einschränkenden Regelungen in §§ 64 Abs. 2, 65 SGB VIII einer Übermittlung entgegenstehen.[64] Dabei hält § 50 Abs. 2 Satz 3 SGB VIII ausdrücklich fest, dass der Hilfeplan allein das **Ergebnis der Bedarfsfeststellung**, die vereinbarte **Art der Hilfegewährung** einschließlich der hiervon umfassten Leistungen sowie das Ergebnis etwaiger Überprüfungen dieser Feststellungen dokumentiert – wie dies ähnlich in § 36 Abs. 2 Satz 2 SGB VIII formuliert wird. Im Hinblick auf die Einschränkungen einer Übermittlung durch § 65 SGB VIII ist zu beachten, dass anders als im Rahmen der Anrufung eine Übermittlung von Daten, die unter den besonderen Vertrauensschutz in den persönlichen und erzieherischen Hilfen fallen, nur nach § 65 Abs. 1 Satz 1 Nr. 1 SGB VIII, also nur, wenn eine Einwilligung der betroffenen Person vorliegt, in Betracht kommt. Eine Übermittlung ohne Einwilligung der betroffenen Person erlaubt § 65 Abs. 1 Satz 1 Nr. 2 SGB VIII nur im Rahmen der Anrufung des Familiengerichts nach § 8a Abs. 2 SGB VIII. 52

---

61 A.A. *Heilmann*, FamRZ 2018, 1797.

62 *OLG Karlsruhe/AG Freiburg i.Br.*, Abschlussbericht zur Untersuchung der Kommunikation im „Staufener Missbrauchsfall", 2018, 21; a.A. wohl *Heilmann*, FamRZ 2018, 1797, 1801: Verifizierung sollte, nicht zuletzt aufgrund seiner verfahrensrechtlichen Möglichkeiten, dem Gericht überlassen bleiben.

63 Etwas anderes kann in Kindschaftssachen gelten, in denen das Jugendamt zugleich beratende Funktionen nach §§ 17, 18 SGB VIII wahrnimmt, vgl. VG Köln, 13.12.2017 – 26 K 134/17.

64 Wiesner/Wapler/*Wapler*, § 50 Rn. 54b.

II. (Daten-)Beweiserhebung durch das Familiengericht

1. Vorgaben für die (Daten-)Beweiserhebung durch das Familiengericht

53 § 26 FamFG verpflichtet das Familiengericht zur **eigenständigen Ermittlung** des Sachverhalts.[65] Es kann den Sachverhalt nicht durch das zuständige Jugendamt, den Sachverständigen oder den Verfahrensbeistand ermitteln lassen, sollte selbst Ärzte, Lehrer, Polizisten, Bereitschaftspflegeeltern, Familienhelfer etc. befragen.[66] Zudem soll nach § 30 Abs. 3 FamFG ein **Strengbeweis** stattfinden, wenn das Familiengericht seine Entscheidung maßgeblich auf die Feststellung einer Tatsache stützen will, deren Richtigkeit von einem Beteiligten ausdrücklich bestritten wird. Zudem würde es dem Prinzip der Beteiligtenöffentlichkeit der § 30 Abs. 1 FamFG i.V.m. § 397 ZPO widersprechen, wenn Aussagen Dritter allein über das Jugendamt oder einen Sachverständigen in das Verfahren eingebracht werden würden.

54 Als Vorgaben für die erforderliche (Daten-)Beweiserhebung enthält das FamFG bezogen auf Kindschaftssachen primär Regelungen, die festhalten, dass das Familiengericht Daten bei bestimmten Personen auf eine bestimmte Art und Weise zu erheben hat. So lassen sich die Regelungen in §§ 159 f. FamFG, die die (persönliche) Anhörung[67] der an einem familiengerichtlichen Kindesschutzverfahren beteiligten Personen normieren, als Verpflichtung zur Datenerhebung bei der betroffenen Person verstehen. Im **Freibeweisverfahren** nach § 29 Abs. 1 FamFG stehen einem Familiengericht alle *erdenklichen Möglichkeiten* zur Erhebung der nach seiner Überzeugung erforderlichen Daten zur Verfügung[68] wie das Einholen eines Auszugs aus dem Bundeszentralregister bzw. dem Erziehungsregister nach § 41 BZRG. Es ist auch nicht verpflichtet, stets das „sachnächste" Beweismittel zu nutzen.[69]

55 Aus der Befugnis zur Datenerhebung eines Familiengerichts ergibt sich keine Befugnis für einen Dritten, dem Familiengericht Daten zu übermitteln. Ein zur Datenübermittlung aufgeforderter Dritter hat vielmehr zu prüfen, ob überhaupt und, gegebenenfalls, in welchem Umfang er berechtigt ist, Daten an das Familiengericht zu übermitteln. Durch die Verweisung in § 29 Abs. 2 FamFG auf die Vorschriften in

65 Nicht vertieft werden kann die Datenerhebung für die Überwachung der Einhaltung familiengerichtlicher Gebote und Verbote, vgl. insoweit den Abschlussbericht zur Untersuchung der Kommunikation im „Staufener Missbrauchsfall", 2018, 21, sowie *Kepert*, JAmt 2019, 378.

66 Vgl. *Heilmann*, FamRZ 2018, 1797, der die Bedeutung eigenständiger Ermittlungen durch das Familiengericht im Hinblick auf das Vorrang- und Beschleunigungsgebot des § 155 Abs. 1 FamFG betont – etwa, weil diese das Einholen eines Sachverständigengutachtens entbehrlich machen.

67 Zur Verpflichtung, das Kind auch im Freibeweisverfahren nach § 29 Abs. 2 FamFG i.V.m. § 383 Abs. 2 ZPO über sein Zeugnisverweigerungsrecht zu belehren, vgl. OLG Stuttgart, 16.12.2014 – 17 UF 142/14, ZKJ 2015, 159.

68 BeckOK/*Burschel*, FamFG § 29 Rn. 9 (42. Ed. Stand: 1.4.2022).

69 Keidel/*Sternal*, § 29 FamFG Rn. 17.

der ZPO über die Vernehmung bei Amtsverschwiegenheit und das Recht der Zeugnisverweigerung unterliegt zudem bereits die Datenerhebung eines Familiengerichts **Beschränkungen zum Schutz von Auskunftspersonen**.[70] Im Folgenden werden primär die Beschränkungen bzw. Vorgaben für Dritte näher betrachtet, in Bezug auf die das Familiengericht in besonderem Maße selbst verpflichtet ist, zu prüfen bzw. zu begründen, ob bzw. in welchem Umfang Dritte ihm Daten übermitteln dürfen, nämlich das Zeugnisverweigerungsrecht von Personen, die beruflich mit der vom familiengerichtlichen Kindesschutzverfahren betroffenen Familien in Kontakt stehen bzw. standen und die Voraussetzungen für das Übermitteln von Daten an das Familiengericht aus anderen gerichtlichen Verfahren, also die Beiziehung von Akten.

Hinweis 56

Aus der Befugnis des Familiengerichts zur Datenerhebung bei Dritten ergibt sich keine Befugnis des Dritten zur Datenübermittlung an das Familiengericht.

2. Zeugnisverweigerungsrecht von Auskunftspersonen nach §§ 29 Abs. 2, 30 FamFG i.V.m. § 383 Abs. 1 Nr. 6 ZPO

Nach §§ 29 Abs. 2, 30 FamFG i.V.m. § 383 Abs. 1 Nr. 6 ZPO sind Personen, denen 57
kraft ihres Amts, Stands oder Gewerbes Tatsachen anvertraut sind, deren Geheimhaltung durch ihre Natur oder durch gesetzliche Vorschrift geboten ist, hinsichtlich der Tatsachen, auf welche sich die Verpflichtung zur Verschwiegenheit bezieht, zur Verweigerung des Zeugnisses berechtigt.[71] Anvertraut i.S.d. Regelung sind dabei auch Tatsachen, die bei Gelegenheit der Ausübung der beruflichen Tätigkeit – etwa bei einem Hausbesuch durch Beobachtung – erfahren werden.[72] Sofern die Person zudem zur Amtsverschwiegenheit verpflichtet ist, hat sie ein persönliches Zeugnisverweigerungsrecht auch dann, wenn ihr vom Dienstherrn eine Aussagegenehmigung erteilt wurde.[73] In familiengerichtlichen Kindesschutzverfahren sind **Auskunftspersonen vielfach zur Verschwiegenheit verpflichtet**. Dies sind zunächst alle Auskunftspersonen, die nach § 203 Abs. 1 StGB schweigepflichtig sind, wie etwa Ärzte,[74] Psychologen mit staatlich anerkannter wissenschaftlicher Abschlussprüfung, staatlich anerkannte Sozialarbeiter oder Ehe-, Familien-, Erziehungs- bzw. Jugendberater, die in einer staatlich anerkannten Beratungsstelle ar-

70 Keidel/*Sternal*, § 29 Rn. FamFG 24.
71 Vgl. auch Hoffmann, ZKJ 2020, 45.
72 Keidel/*Sternal*, § 30 FamFG Rn. 65; Musielak/Voit/*Huber*, § 383 ZPO Rn. 4.
73 OLG Saarbrücken, 27.4.2015 – 9 WF 13/15, JAmt 2016, 211.
74 HB-VB/*Bauer*, Rn. 441.

beiten.[75] Auch der Verfahrensbeistand hat als parteilicher Interessenvertreter des Kindes ein Zeugnisverweigerungsrecht.[76]

58 Die Fachkraft eines Jugendamts ist zudem als Person unabhängig von ihrer Profession nach § 65 Abs. 1 SGB VIII zur Verschwiegenheit über die Daten verpflichtet, die ihr im Rahmen einer persönlichen und erzieherischen Hilfe anvertraut worden sind. Ihr **Zeugnisverweigerungsrecht** lässt sich dabei nicht nur familienverfahrensrechtlich, sondern über § 35 Abs. 3 SGB I auch sozialverfahrensrechtlich begründen.[77] Die gleiche Verpflichtung trifft die Fachkraft eines Trägers der freien Jugendhilfe, sofern der Sozialdatenschutz gesetzlich verlängert ist – wie im Hinblick auf im Rahmen der Hilfeplanung anvertraute Daten nach § 65 Abs. 1 Satz 2 SGB VIII.[78] Doch auch in Bezug auf Daten, die der Fachkraft eines Trägers der freien Jugendhilfe bei der Erbringung von Leistungen unmittelbar durch die betroffene Person anvertraut werden, ergibt sich bei einer Gesamtbetrachtung eine Verlängerung der sozialdatenschutzrechtlichen Vorgaben dann, wenn ein Träger der freien Jugendhilfe durch einen Träger der öffentlichen Jugendhilfe finanzierte Leistungen – etwa ambulante Hilfen zur Erziehung[79] – erbringt, da der Träger der öffentlichen Jugendhilfe durch das Angebot des Trägers der freien Jugendhilfe seiner in § 79 SGB VIII normierten Gesamtverantwortung nachkommt. Dem entspricht, dass ein Träger der öffentlichen Jugendhilfe nach § 61 Abs. 3 SGB VIII verpflichtet ist, den Datenschutz durch einen Träger der freien Jugendhilfe durch den Abschluss einer Vereinbarung „in entsprechender Weise zu gewährleisten".[80]

59 Die Aussage einer schweigepflichtigen und daher zur Verweigerung des Zeugnisses berechtigten Person setzt grundsätzlich voraus, dass sie zuvor von der betroffenen Person von der **Schweigepflicht entbunden** wurde, also die betroffene Person in die Aussage eingewilligt hat.[81] Ist die betroffene Person minderjährig, ist zu prüfen, ob ihre Einwilligung erforderlich ist, da sie im Hinblick auf ihr Recht auf informationelle Selbstbestimmung bereits als selbst entscheidungsfähig anzusehen ist, oder die ihres gesetzlichen Vertreters.[82] Sofern ein erheblicher Interessenkonflikt anzunehmen ist, kann nach § 1789 Abs. 2 BGB i.d.F. ab dem 1.1.2023 (bzw. § 1796 BGB i.d.F. bis 31.12.2022) ein Ergänzungspfleger für die Entschei-

---

75 BeckOK FamFG/*Burschel*, § 30 Rn. 28 (42. Ed. Stand: 1.4.2022); Musielak/Voit/*Huber*, § 383 ZPO Rn. 6; bezogen auf Sozialarbeiter – unter Hinweis auf ältere Rechtsprechung – a.A. Keidel/*Sternal*, § 30 FamFG Rn. 66.

76 OLG Braunschweig, 20.2.2012 – 1 WF 19/12, FamRZ 2012, 1408 = ZKJ 2012, 276; Büchner, NZFam 2020, 234; Heilmann/*Keuter*, § 158 FamFG Rn. 25; ausführlich zu den unterschiedlichen Begründungen für ein Zeugnisverweigerungsrecht des Verfahrensbeistands vgl. *Menne*, FamRZ 2012, 1356; a.A. OLG Frankfurt, Beschluss v. 15.12.2016 – 2 Ws 119/16, ZKJ 2017, 200, kritisch zur Entscheidung auch *Nehls*, ZKJ 2017, 185.

77 LPK-SGB VIII/*Kunkel*, § 61 Rn. 222; FK-SGB VIII/*Hoffmann*, § 64 Rn. 94.

78 FK-SGB VIII/*Hoffmann*, § 64 Rn. 101; *Kunkel/Rosteck/Vetter*, StV 2017, 829.

79 Ausführlich *Kepert*, JAmt 2019, 378.

80 FK-SGB VIII/*Hoffmann*, § 61 Rn. 173 ff.

81 HB-VB/*Bauer*, Rn. 441; bezogen auf ärztliche Aussagen in *sozialgerichtlichen* Verfahren *Bieresborn*, DRiZ 2019, 18; bezogen auf private Versicherungsverhältnisse OLG Karlsruhe, 3.12.2015 – 12 U 57/15, ArztR 2017, 9.

82 Ausführlich FK-SGB VIII/*Hoffmann*, § 61 Rn. 63 ff.

dung zu bestellen sein.[83] Die Entbindung von der Verpflichtung zur Verschwiegenheit kann gegenüber der betroffenen Person oder gegenüber dem Familiengericht erklärt werden.[84]

Praxistipp 60

> *Es empfiehlt sich regelmäßig, dass das Familiengericht selbst die betroffene Person um die Entbindung eines Zeugen von der Schweigepflicht ersucht.*

Die Einwilligung hat den Anforderungen der Art. 4 Nr. 11, Nr. 7 DSGVO zu entsprechen, nach denen eine **Einwilligung** eine freiwillig, für einen bestimmten Fall in informierter Weise und unmissverständlich abgegebene Willensbekundung in Form einer Erklärung oder einer sonstigen eindeutig bestätigenden Handlung ist. In seinem Ersuchen um eine Schweigepflichtentbindung hat das Familiengericht demnach darzulegen, zu welchen Tatsachen die Auskunftsperson befragt werden soll.[85] **Freiwilligkeit** kann angenommen werden, obgleich die Einwilligung gegenüber dem Familiengericht als Behörde i.S.d. DSGVO erklärt wird, da die betroffene Person nach § 27 FamFG an der Ermittlung des Sachverhalts mitwirken soll.[86] 61

Zur Erteilung einer Einwilligung ist die betroffene Person nicht verpflichtet. Wurde die Auskunftsperson jedoch von der Verpflichtung zur Verschwiegenheit entbunden, ist sie nach §§ 29 Abs. 2, 30 FamFG i.V.m. § 385 Abs. 2 ZPO nicht mehr berechtigt, das Zeugnis zu verweigern. Sofern sie zudem der Amtsverschwiegenheit unterliegt, setzt ihre Aussage voraus, dass ihr nach §§ 29 Abs. 2, 30 FamFG i.V.m. § 376 ZPO eine Aussagegenehmigung erteilt wurde.[87] Ein Träger der öffentlichen Jugendhilfe ist als Dienstherr einer Fachkraft des Jugendamts bei der Prüfung der Frage, ob eine **Aussagegenehmigung** erteilt werden kann, nach § 35 Abs. 3 SGB I an die sozialdatenschutzrechtlichen Vorgaben gebunden. Regelmäßig wird er daher allenfalls eine Aussagegenehmigung erteilen, die die unter § 65 SGB VIII fallenden Daten ausnimmt, sofern die betroffene Person nicht in deren Übermittlung eingewilligt hat. 62

Praxistipp 63

> *Im Hinblick auf die partnerschaftliche Zusammenarbeit von Familiengericht und Jugendamt sollte von der Ladung der Fachkraft eines Jugendamts als Zeuge in einem familiengerichtlichen Kindesschutzverfahren generell abgesehen werden.*

83 HB-VB/*Bauer*, Rn. 442.
84 Musielak/Voit/*Huber*, § 385 ZPO Rn. 8.
85 Zu den Informationspflichten im Einzelnen FK-SGB VIII/*Hoffmann*, § 61 Rn. 73 ff.
86 *Bieresborn*, DRiZ 2019, 18; *Bieresborn/Giesberts-Kaminski*, SGb 2018, 449; FK-SGB VIII/*Hoffmann*, § 61 Rn. 57 ff.
87 Musielak/Voit/*Huber*, § 385 ZPO Rn. 6; Keidel/*Sternal*, § 29 FamFG Rn. 24.

64 Wird keine Einwilligung erteilt, hat das Familiengericht die Vorgaben zu beachten, die sich aus §§ 29 Abs. 2, 30 FamFG i.V.m. § 383 Abs. 3 ZPO ergeben. Nach diesen Regelungen darf das Familiengericht bei der Befragung einer Auskunftsperson, die ein Zeugnisverweigerungsrecht nach §§ 29 Abs. 2, 30 FamFG i.V.m. § 383 Abs. 1 Nr. 6 ZPO besitzt, seine Befragung unabhängig davon, ob die Auskunftsperson das Zeugnis verweigert oder nicht, nicht auf Tatsachen richten, in Bezug auf die anzunehmen ist, dass eine Auskunft nicht ohne Verletzung der Verpflichtung zur Verschwiegenheit erfolgen kann. Umstritten ist, ob eine trotz des Bestehens einer Verpflichtung zur Verschwiegenheit mangels Einwilligung bewusst oder unbewusst getätigte Aussage verwertbar bleibt.[88] Nach hier vertretener Auffassung besteht ein **Verwertungsverbot,**[89] da eine Auskunftsperson, die schweigepflichtig ist, in familiengerichtlichen Kindesschutzverfahren meist mit jeder Aussage zum Beweisthema offensichtlich – und demnach auch für das Familiengericht erkennbar – gegen ihre Schweigepflicht verstößt.[90] Ausnahmsweise kann der Bruch der Schweigepflicht aufgrund des Vorliegens der Voraussetzungen des § 34 StGB bzw. des § 65 Abs. 1 Satz 1 Nr. 5 SGB VIII i.V.m. § 34 StGB in familiengerichtlichen Kindesschutzverfahren gerechtfertigt sein, wenn die Übermittlung der Daten zur Abwendung einer gegenwärtigen, nicht anders abwendbaren Gefahr für das Kind erforderlich ist,[91] und es unterliegen die dem Familiengericht übermittelten Daten dann keinem Verwertungsverbot.[92] Zudem bleibt eine Tatsache immer verwertbar, wenn das Familiengericht sie auf andere Weise verifiziert.[93] Über das Verwertungsverbot entscheidet nach allgemeinen Regeln das das Verfahren durchführende Familiengericht.

3. Beiziehung von Akten aus anderen gerichtlichen Verfahren

65 Die Beiziehung von Akten aus anderen Verfahren[94] – etwa anderen kindschafts- oder betreuungsrechtlichen Verfahren, (Jugend-)Straf-, Ordnungswidrigkeits- und Gewaltschutzverfahren, aber auch Räumungsverfahren etc. – auf Ersuchen des ein Kindesschutzverfahren durchführenden Gerichts kann eine wesentliche Hilfe bei

88 Bejahend Keidel/*Sternal*, § 30 FamFG Rn. 62.

89 Ähnlich LPK-SGB VIII/*Kunkel*, § 61 Rn. 243 und BVerfG, 20.1.2005 –1 BvR 2717/04, 1 BvR 2748/04, NJW-RR 2005, 657.

90 Ausdrücklich offenlassend, wie in einer solchen Konstellation zu entscheiden sei, BGH, 16.2.2016 – VI ZR 441/14, NJW-RR 2016, 683.

91 HB-VB/*Bauer*, Rn. 442.

92 Zum Wegfall des Zeugnisverweigerungsrechts in Statusverfahren zur Feststellung der Mutterschaft KG, 31.5.2017 – 3 WF 22/17, FamRZ 2018, 1923 bzw. der Vaterschaft OLG Saarbrücken, 27.4.2015 – 9 WF 13/15, NJW 2015, 2740.

93 BVerfG, 20.1.2005 – 1 BvR 2717/04, 1 BvR 2748/04, NJW-RR 2005, 657; MüKoFamFG/*Ulrici*, § 37 Rn. 6.

94 Vgl. *Hoffmann*, auch ZKJ 2020, 49.

der Ermittlung des Sachverhalts sein.[95] Bei der Beiziehung von Akten als Amtshilfe i.S.d. Art. 35 GG[96] hat das Familiengericht zu prüfen, ob sein Ersuchen – als Datenerhebung i.S.d. Art. 4 Nr. 7 DSGVO – rechtmäßig ist, das Gericht, das um das Übersenden seiner Akten als Tätigkeit der Justizverwaltung[97] gebeten wird, ob bzw. in welchem Umfang es durch das Übersenden der Akte – als Datenübermittlung i.S.d. Art. 4 Nr. 7 DSGV0 – **datenschutzrechtlich zulässig Amtshilfe** leisten darf.[98] Dies verdeutlichen § 5 Abs. 2 Satz 1 Nr. 1 VwVfG bzw. die inhaltsgleichen Regelungen in den LVwVfG, nach denen die ersuchte Behörde Hilfe nicht leistet, wenn sie hierzu aus rechtlichen Gründen nicht in der Lage ist, und § 5 Abs. 2 Satz 2 VwVfG bzw. die inhaltsgleichen Regelungen in den LVwVfG, nach der sie zur Vorlage von Urkunden oder Akten sowie zur Erteilung von Auskünften nicht verpflichtet ist, wenn die Vorgänge nach einem Gesetz oder ihrem Wesen nach geheim gehalten werden müssen.

Die grundsätzliche Zulässigkeit der (Daten-)Beweiserhebung durch die Beiziehung **66**
von Akten ergibt sich aus §§ 26, 29 FamFG.[99] Die datenschutzrechtlichen Voraussetzungen ergeben sich aus §§ 25 Abs. 1 Satz 1, 23 BDSG[100] bzw. – wenn das Familiengericht nicht das BDSG, sondern das jeweilige LDSG anzuwenden hat – aus dem einschlägigen LDSG.[101] In seinem **konkreten Ersuchen** hat das Familiengericht das Vorliegen der Voraussetzung für eine Beiziehung darzulegen, also nach § 25 Abs. 1 Satz 1 BDSG, **warum** die Beiziehung der Daten zur Erfüllung seiner Aufgaben **erforderlich** ist und dass eine der in § 23 Abs. 1 BDSG genannten Voraussetzungen für eine zweckändernde Verarbeitung vorliegt.[102] Diese Grundsätze gelten auch, wenn das Familiengericht die Akten nicht zur Beweiserhebung, sondern i.S.d. § 273 Abs. 2 Nr. 2 ZPO lediglich beweisvorbereitend beiziehen will.[103] Eine Übermittlungsbefugnis ergibt sich nicht aus § 13 Abs. 2 FamFG, da in dieser Norm nur die Voraussetzungen einer Akteneinsicht durch nicht am Verfah-

---

95 Nicht erörtert werden die Möglichkeiten bzw. Verpflichtungen von Gerichten – etwa nach MiStra, MiZi, §§ 12 ff. EGGVG oder der bereichsspezifischen Regelung in § 22a FamFG – von sich aus, also ohne Ersuchen, Daten an das Familiengericht zu übermitteln.

96 BayObLG, 6.8.2020 – 1 VA 33/20, FamRZ 2020, 1942; OLG München, 25.9.2017 – 9 VA 9/10.

97 H.M. vgl. zuletzt OLG Brandenburg, 11.3.2020 – 11 VA 10/18. Auch in einem noch laufenden Verfahren handelt es sich nicht um eine spruchrichterliche Tätigkeit BVerfG, 2.12.2014 – 1 BvR 3106/09, FamRZ 2015, 473, insoweit a.A. OLG Dresden, 22.04.2016 – 3 VA 6/16, FamRZ 2016, 1389.

98 BayObLG, 6.8.2020 – 1 VA 33/20; *Bieresborn/Giesberts-Kaminski*, SGb 2018, 449.

99 Für die Verwertung eines gerichtlich eingeholten Sachverständigengutachtens aus einem anderen Verfahren trifft § 411a ZPO eine Sonderregelung.

100 *Bieresborn/Giesberts-Kaminski*, SGb 2018, 449.

101 Die Regelung in den LDSG sind inhaltsgleich mit der Regelung in § 25 Abs. 1 Satz 1 BDSG. Bei Anwendung des LDSG-Bayern ebenso BayObLG, 6.8.2020 – 1 VA 33/20, FamRZ 2020, 1942; bei Anwendung des LDSG-Hamburg ebenso OLG Hamburg, 9.7.2018 – 2 VA 9/18, FamRZ 2019, 1730.

102 Ohne Bezug zu einem DSG ebenso OLG München, 25.9.2017 – 9 VA 9/10; OLG Naumburg, 11.9.2017 – 3 WF 95/17.

103 OLG München, 25.9.2017 – 9 VA 9/10.

ren beteiligte Personen, jedoch nicht die durch ein anderes Gericht bzw. eine andere Behörde geregelt werden.[104]

67 Als Erlaubnistatbestände nach § 23 Abs. 1 BDSG kommen insbesondere § 23 Abs. 1 Satz 1 Nr. 2 BDSG – Überprüfung von Angaben der betroffenen Person, weil tatsächliche Anhaltspunkte für deren Unrichtigkeit bestehen – und § 23 Abs. 1 Satz 1 Nr. 5 BDSG – Erforderlichkeit zur Abwehr schwerwiegender Beeinträchtigungen der Rechte einer anderen Person – in Betracht.[105] Hinsichtlich des Tatbestands nach § 23 Abs. 1 Satz 1 Nr. 5 BDSG gilt, dass die Übermittlung einen wesentlichen Beitrag zur Abwendung der Gefährdung leisten können muss. Eine schwerwiegende Beeinträchtigung der Rechte einer anderen Person liegt vor, wenn hochrangige Rechtsgüter der Person wie ihr Leib oder ihr Leben konkret gefährdet erscheinen.[106] Sie steht in familiengerichtlichen Kindesschutzverfahren somit immer im Raum.[107] Die drohende **schwerwiegende Beeinträchtigung** der **Rechtsgüter eines Kindes** ist mit der Beeinträchtigung des Rechts auf informationelle Selbstbestimmung der Person, die von der zweckändernden Übermittlung von Daten ohne ihre Einwilligung betroffen ist, abzuwägen.[108]

68 ***Praxistipp***

Das ein Kindesschutzverfahren durchführende Familiengericht hat konkret zu begründen, warum eine (teilweise) Akteneinsicht auch unter Berücksichtigung der Rechte der betroffenen Person erforderlich ist.

69 Dabei ist die Beiziehung nur erforderlich, wenn die Akte im Hinblick auf bestimmte Tatsachen die **einzige**[109] für die Durchführung des Verfahrens erforderliche **Erkenntnisquelle** ist. Das ersuchende Familiengericht trägt die Verantwortung für die Richtigkeit seiner Angaben.

Nach Eingang des Ersuchens hat das Gericht, dessen Akte beigezogen werden sollen, zu prüfen, ob sich aus dem Ersuchen des Familiengerichts das Vorliegen der Voraussetzungen für eine Datenübermittlung ergibt.[110] Die verfahrensrechtliche

104 OLG Hamburg, 9.7.2018 – 2 VA 9/18, FamRZ 2019, 1730; Keidel/*Sternal*, § 13 FamFG Rn. 47; Heilmann/*Cirullies*, § 13 FamFG Rn. 5; a.A. noch *Hoffmann*, FPR 2011, 304.
105 Die Regelungen in den LDSG sind inhaltsgleich mit der Regelung in § 23 Abs. 1 Nr. 5 BDSG.
106 Gola/*Sandfuchs*, § 23 BDSG Rn. 26.
107 OLG Hamburg, 9.7.2018 – 2 VA 9/18, FamRZ 2019, 1730; OLG Hamm, 7.10.2008 – 15 VA 7-9/08, FamRZ 2009, 806.
108 OLG Hamburg, 9.7.2018 – 2 VA 9/18, FamRZ 2019, 1730; OLG München, 25.9.2017 – 9 VA 9/10; OLG Hamm, 7.10.2008 – 15 VA 7-9/08, FamRZ 2009, 806.
109 OLG Naumburg, 11.9.2017 – 3 WF 95/17; OLG München, 25.9.2017 – 9 VA 9/10; BeckOK Datenschutzrecht/*Schild*, Syst. E. Datenschutz bei Gerichten und Staatsanwaltschaften Rn. 32 (39. Ed., Stand: 1.2.2022).
110 BeckOK Datenschutzrecht/*Schild*, Syst. E. Datenschutz bei Gerichten und Staatsanwaltschaften Rn. 32 (39. Ed. Stand: 1.2.2022).

Verwertbarkeit und beweisrechtliche Überzeugungskraft der Daten für das kindesschutzrechtliche Verfahren hat es nicht zu prüfen, denn dies würde dem Grundsatz des Art. 19 Abs. 4 GG widersprechen.[111] Die Entscheidung über das Gewähren von Akteneinsicht trifft als Akt der Justizverwaltung der Vorstand des Gerichts. Er kann die Entscheidung an den für das Verfahren zuständigen Richter delegieren.[112]

Aus den veröffentlichten Entscheidungen ergibt sich nicht, in welchem Umfang Familiengerichte, deren Akten ein anderes Gericht beiziehen will, geprüft haben, in welchem Umfang für Teile der Akte die sozialdatenschutzrechtlichen Regelungen zur **Verlängerung des Sozialdatenschutzes**, die den Regelungen im BDSG bzw. in den jeweiligen LDSG vorgehen,[113] zu beachten sind. So darf nach § 78 Abs. 1 Satz 4 SGB X das Familiengericht an es durch das Jugendamt übermittelte Sozialdaten nur dann weiter übermitteln, wenn das Jugendamt selbst zu dieser zweckändernden Übermittlung der Daten an den weiteren Dritten befugt gewesen wäre, etwa nach § 69 Abs. 1 Nr. 1 SGB X, §§ 8a, 65 Abs. 1 Satz 1 Nr. 2 SGB VIII wegen seines Schutzauftrags. **70**

Speziell in familiengerichtlichen Kindesschutzverfahren werden – anders als etwa für ein Strafverfahren[114] – regelmäßig die sozialrechtlichen Voraussetzungen für die Übermittlung von Daten vorliegen, für die der verlängerte Sozialdatenschutz gilt, wenn die Voraussetzungen für eine Datenübermittlung nach dem BDSG bzw. nach dem jeweiligen LDSG vorliegen.[115] Zudem ist zu beachten, dass das Gestatten von Akteneinsicht nach § 13 Abs. 1 FamFG in durch das ersuchende Familiengericht beigezogene Akten voraussetzt, dass das ersuchte Familiengericht der Akteneinsicht zugestimmt hat.[116]

111 *Bieresborn/Giesberts-Kaminski*, SGb 2018, 449.
112 OLG Naumburg, 11.9.2017 – 3 WF 95/17 und OLG Köln, 27.3.2015 – 7 VA 1/15, FamRZ 2015, 1926 lassen dies bewusst offen.
113 FK-SGB VIII/*Hoffmann*, § 61 Rn. 18 ff.; *Bieresborn/Giesberts-Kaminski*, SGb 2018, 449; Keidel/*Sternal*, § 13 FamFG Rn. 7a.
114 BayObLG, 6.8.2020 – 1 VA 33/20, FamRZ 2020, 1942 bezogen auf Akten des Betreuungsgerichts.
115 So ohne ausdrücklichen Bezug auf § 78 SGB X OLG Hamburg, 9.7.2018 – 2 VA 9/18, FamRZ 2019, 1730 und OLG Hamm, 7.10.2008 – 15 VA 7-9/08, FamRZ 2009, 806.
116 BeckOK FamFG/*Burschel*, § 13 Rn. 13b (42. Ed. Stand: 1.4.2022); HB-VB/*Bauer*, Rn. 386.

III. Exkurs: Datenerhebung durch Verfahrensbeistände und Sachverständige

71 Im Folgenden wird die Datenerhebung durch Verfahrensbeistände und Sachverständige für ihre Tätigkeit in familiengerichtlichen Kindesschutzverfahren allein in Bezug auf die Verpflichtung/**Befugnis Dritter** bzw. am Verfahren Beteiligter **zur Übermittlung** von Daten an Verfahrensbeistände und Sachverständige erörtert. Nicht diskutiert wird, unter welchen Voraussetzungen in welchem Umfang eine Datenerhebung durch Verfahrensbeistände und Sachverständige erforderlich ist.[117] Gesetzliche Grundlage der Datenerhebung durch den Verfahrensbeistand ist Art. 6 Abs. 1 Buchst. e, 9 Abs. 2 Buchst. f Alt. 1 DSGVO i.V.m. §§ 158 ff. FamFG,[118] der durch den Sachverständigen Art. 6 Abs. 1 Buchst. e, 9 Abs. 2 Buchst. f Alt. 1 DSGVO i.V.m. § 30 Abs. 1 FamFG, §§ 402 ff. ZPO.

72 Bezogen auf die Erstellung eines Sachverständigengutachtens ist zunächst festzuhalten, dass die Beteiligten zwar nach § 27 Abs. 1 FamFG am Verfahren mitwirken sollen, ihre **Mitwirkung** an einer Begutachtung jedoch **nicht erzwungen werden** kann, sondern ihr Einverständnis bzw. bei einem noch nicht selbst entscheidungsfähigen Kind die Erklärung eines Einverständnisses durch den bzw. die gesetzlichen Vertreter des Kindes voraussetzt.[119] Im Einzelfall kommt in Betracht, dass das Familiengericht sorgeberechtigten Eltern die Befugnis zur Einwilligung in die Begutachtung ihres nicht selbst entscheidungsfähigen Kindes nach § 1666 Abs. 3 Nr. 6 BGB bzw. § 1666 Abs. 3 Nr. 5 BGB entzieht und für diese Entscheidung einen Ergänzungspfleger bestellt.[120]

73 Eingriffe in die elterliche Sorge kommen jedoch nur in Betracht, wenn das Familiengericht nicht auch ohne eingehende Exploration des Kindes allein durch eine **Datenerhebung im Rahmen der Anhörung** des Kindes eine ausreichende Datengrundlage für seine Feststellungen gewinnen kann, denn eine solche Vorgehensweise ist unter dem Aspekt der Verhältnismäßigkeit ein milderes Mittel.[121] Ebenso kann das Familiengericht den eine Begutachtung verweigernden Elternteil in Anwesenheit eines Sachverständigen gerichtlich anhören, zu diesem Zweck das **persönliche Erscheinen des Elternteils anordnen** und gegebenenfalls gemäß § 33 FGG durchsetzen.[122] Es handelt sich insoweit um eine Datenerhebung durch

117 Insoweit ausführlich *Hoffmann*, ZKJ 2020, 249.

118 A.A. *Kunkel*, FPR 2013, 487: Erhebungsbefugnis eines Verfahrensbeistands analog § 68 Abs. 1 Satz 1 SGB VIII; wie hier HB-VB/*Bauer*, Rn. 431 ff.; vgl. insgesamt *Hoffmann*, ZKJ 2020, 249.

119 BGH, 17. 2.2010 – XII ZB 68/09, BGHZ 184, 269 = FamRZ 2010. 720; BVerfG, 2.4.2009 – 1 BvR 683/09, FamRZ 2009, 944.

120 OLG Frankfurt, 28.8.2019 – 4 UF 189/19, FamRZ 2020, 177; OLG Celle, 3.6.2019 – 10 WF 87/19, NZFam 2019, 740.

121 OLG Hamm, 4.9.2020 – II-2 UF 154/20, FamRZ 2021, 109.

122 BGH, 17. 2.2010 – XII ZB 68/09, BGHZ 184, 269 = FamRZ 2010. 720.

das Familiengericht,[123] bei der das Familiengericht, wenn ihm die notwendige Sachkunde fehlt, um aus den so erhobenen Daten selbst Schlüsse zu ziehen, befugt ist, sich hinsichtlich deren Würdigung der Hilfe des Sachverständigen zu bedienen. Der Sachverständige ist insoweit lediglich Gehilfe des Familiengerichts, der diesem die notwendige Sachkunde vermittelt. Der mit der Würdigung einhergehende Eingriff in die Rechte der betroffenen Person wird durch die Hinzuziehung des Sachverständigen nicht intensiviert und es ist kein mit einer Exploration vergleichbarer Eingriff damit verbunden.[124]

Praxistipp 74

▶ *In der Anordnung einer Ergänzungspflegschaft zur Erteilung einer Einwilligung in eine Exploration ist zu begründen, warum eine Datenerhebung im Rahmen der Anhörung nicht ausreichend ist.*

Hinsichtlich der Übermittlung von Daten durch das **Jugendamt an einen Verfahrensbeistand** ist zu beachten, dass ein Verfahrensbeistand nach § 158 Abs. 3 Satz 3 FamFG kein gesetzlicher Vertreter des Kindes ist und daher keinen generellen Anspruch auf Einsichtnahme in die Akten des Allgemeinen Sozialen Diensts eines Jugendamts hat, um sich Einblick in den bisherigen Hilfeverlauf zu verschaffen.[125] Seine Akteneinsicht bedarf grundsätzlich und insbesondere im Hinblick auf i.S.d. § 65 Abs. 1 SGB VIII anvertrauter Daten der **Einwilligung** der betroffenen Personen bzw., wenn diese noch nicht selbst entscheidungsfähig ist, der ihres oder ihrer gesetzlichen Vertreter/s.[126] Mit der Übermittlung an einen Sachverständigen oder einen Verfahrensbeistand nimmt das Jugendamt auch keine eigenen Aufgaben nach dem SGB VIII wahr, denn zur Abwendung einer Kindeswohlgefährdung bestehen Übermittlungsbefugnisse allein gegenüber einem Familiengericht.[127] 75

Im Rahmen der Mitwirkung im familiengerichtlichen Verfahren ist es einem Jugendamt daher **nicht erlaubt**, seine Stellungnahme unmittelbar (auch) an einen vom Familiengericht bestellten **Sachverständigen** zu übermitteln, sofern nicht eine Einwilligung der betroffenen Person vorliegt.[128] Ein Familiengericht hat vor der Weiterleitung der Stellungnahme zu prüfen, ob der Weiterleitung der Stellungnahme datenschutzrechtliche Hindernisse entgegenstehen. Dabei ist auch ein Sachverständiger nicht als Auftragsverarbeiter i.S.v. Art. 28 DSGVO anzusehen,[129] sondern, obgleich er Gehilfe des Gerichts ist, als im datenschutzrechtlichen Sinne 76

123 *Utermark*, DRiZ 2020, 356 fordert de lege ferenda eine Stärkung der gerichtlichen Ermittlung in Kindesschutzverfahren durch den Gesetzgeber.
124 BGH, 17. 2.2010 – XII ZB 68/09, BGHZ 184, 269 = FamRZ 2010. 720.
125 HB-VB/*Bauer*, Rn. 439 f.
126 Heilmann/*Keuter*, § 158 FamFG Rn. 56; DIJuF JAmt 2014, 444.
127 Wohl a.A. Heilmann/*Keuter*, § 158 FamFG Rn. 56.
128 *Kunkel*, FPR 2013, 487.
129 A.A. bezogen auf kindschaftsrechtliche Verfahren *Heinz*, RPsych 2019, 6; *Weber*, NZFam 2018, 865; DIJuF JAmt 2008, 473.

Dritter.[130] Sachverständiger und Verfahrensbeistand haben zu beachten, dass sie die ihnen durch das Familiengericht übermittelten Daten eines Jugendamts nach § 78 Abs. 1 Satz 2 SGB X nur unter den Voraussetzungen weiterübermitteln dürfen, unter denen auch das Jugendamt selbst zu deren Übermittlung befugt gewesen wäre.[131]

77 Dritte wie Lehrer, Erzieher oder der behandelnde Arzt sind ebenfalls weder gegenüber einem Verfahrensbeistand noch einem Sachverständigen zur Übermittlung von Daten verpflichtet, sondern haben zu prüfen, ob sie zu einer Übermittlung von Daten an diese berechtigt sind. Regelmäßig sind **Dritte nur** zur Übermittlung von Daten an einen Sachverständigen oder Verfahrensbeistand berechtigt, wenn und insoweit die **betroffene Person** – etwa ein Elternteil oder das bereits selbst entscheidungsfähige Kind – oder der gesetzliche Vertreter einer Person – etwa die sorgeberechtigten Eltern für ihr noch nicht selbst entscheidungsfähiges Kind – im Rahmen ihrer Mitwirkung im familiengerichtlichen Verfahren ihre **Einwilligung**[132] mit der Weitergabe von Daten an den Verfahrensbeistand bzw. den Sachverständigen erklärt haben. Letztlich gilt insoweit demnach nichts anderes als in Bezug auf die Aussage von Dritten als Zeuge in einem familiengerichtlichen Verfahren.

78 Es bietet sich an, dass nicht der Verfahrensbeistand oder der Sachverständige Erklärungen zur **Entbindung** von der Schweigepflicht **einholen**, sondern das Familiengericht.[133] Zudem können Sachverständige und Verfahrensbeistände das Familiengericht ersuchen, ihnen im Rahmen ihrer Möglichkeiten zur Amtsermittlung nach § 26 FamFG Informationen zu beschaffen,[134] es bitten, auf Mitwirkungspflichten hinzuweisen oder einen Erörterungstermin anzuberaumen.[135]

---

130 Wie hier bezogen auf das sozialgerichtliche Verfahren *Erkelenz/Leopold*, NZS 2019, 926; *Bieresborn/Giesberts-Kaminski*, SGb 2018, 530.

131 *Kunkel*, FPR 2013, 487.

132 Zu den Anforderungen an eine Einwilligung vgl. oben Rn. 45 f.

133 Heilmann/*Heilmann*, § 163 FamFG Rn. 39.

134 Heilmann/*Keuter*, § 158 FamFG Rn. 57.

135 Heilmann/*Heilmann*, § 163 FamFG Rn. 41.

Kapitel 19: Datenübermittlung im Verfahren

Übersicht Rn.

I. Datenübermittlung an die Beteiligten/den Sachverständigen durch das Familiengericht

Entsprechend dem Grundsatz des rechtlichen Gehörs des Art. 103 Abs. 1 GG hat das Familiengericht auch in Kindesschutzverfahren alle ihm übermittelten Daten, die nach seiner Auffassung für den Ausgang des Verfahrens von Bedeutung sein könnten, die es also seiner Entscheidung zugrunde legen will, **den Beteiligten**[136] rechtzeitig vor der Durchführung des Anhörungs- und Erörterungstermins **zur Verfügung zu stellen**, sie über die Beiziehung von Akten etc. zu informieren.[137] Insbesondere dürfen den Beteiligten die Namen von Zeugen oder Auskunftspersonen oder die Stellungnahme des Jugendamts grundsätzlich nicht vorenthalten werden.[138] Die Weiterleitung der Stellungnahme eines Jugendamts im Rahmen seiner Mitwirkung nach § 50 Abs. 1 SGB VIII an die Beteiligten eines familiengerichtlichen Verfahrens ist eine zweckidentische Verwendung der Daten i.S.d. § 78 Abs. 1 Satz 1 SGB X durch das Familiengericht und setzt eine weitere Einwilligung der betroffenen Person nicht voraus. Dem Sachverständigen sind alle Daten zur Verfügung zu stellen, die er für die Begutachtung braucht. 79

Rechtswidrig erhobene und/oder übermittelte Daten, etwa unter Verletzung von Schweigepflichten erhobene Daten, unterliegen einem **Verwertungsverbot**.[139] Da das Familiengericht seine Entscheidung nicht auf diese Daten stützen darf, sind sie den Beteiligten **nicht zur Verfügung zu stellen**, sondern sind sie 80

136 Einem Jugendamt sind als mitwirkender und beschwerdeberechtigter Fachbehörde Gutachten etc. auch weiterzuleiten, wenn es nicht wie in Kindesschutzverfahren kraft Gesetzes beteiligt ist, Keidel/*Sternal*, § 13 FamFG Rn. 7; DIJuF JAmt 2010, 25.

137 *OLG Karlsruhe/AG Freiburg i.Br.*, Abschlussbericht zur Untersuchung der Kommunikation im „Staufener Missbrauchsfall", 2018, 19; *Heilmann*, FamRZ 2018, 1797; ausführlich zum Informationsfluss im Verfahren *Kunkel* FPR 2013, 487.

138 Bumiller/Harders/*Schwamb*, § 13 FamFG Rn. 6.

139 OLG München, 25.9.2017 – 9 VA 9/10; BVerfG, 20.1.2005 – 1 BvR 2717/04, 1 BvR 2748/04, NJW-RR 2005, 657.

zu löschen bzw. ist eine beigezogene Akte zurückzusenden etc.[140] Zudem ist sicherzustellen, dass die Entscheidung nicht durch diese Informationen beeinflusst wird. Das Gleiche gilt für die einem Familiengericht rechtmäßig übermittelten Daten, etwa Aussagen von im Verhältnis zu den Beteiligten nicht schweigepflichtigen Personen wie Nachbarn, wenn zugleich mit der Übermittlung der Daten ausdrücklich erklärt wird, dass die Daten geheim gehalten werden sollen.[141]

81 Grundsätzlich kann das Familiengericht von einer **konkludenten Einwilligung** desjenigen, der ihm Daten übermittelt, **in die Weiterleitung** der Daten an die Beteiligten eines familiengerichtlichen Verfahrens ausgehen. So wird das Übersenden einer Akte durch ein anderes Gericht[142] regelmäßig als konkludente Einwilligung[143] in das Gestatten von Einsicht in diese Akte auch durch die Beteiligten anzusehen sein. Ebenso ist bezogen auf die gegenüber dem Sachverständigen preisgegebenen Daten von einer konkludenten Einwilligung in deren Übermittlung an das Familiengericht und die Beteiligten des Verfahrens auch dann auszugehen, wenn der Sachverständige einer Profession angehört, die nach § 203 Abs. 1 StGB schweigepflichtig ist,[144] sofern der Sachverständige über seine Rolle im Verfahren hinreichend aufgeklärt hat.[145]

II. Exkurs: Datenübermittlung durch Verfahrensbeistand und Sachverständigen an das Familiengericht

82 Die rechtlichen Grundlagen für die Datenübermittlung an das Familiengericht[146] im Umfang der jeweiligen Aufgaben des Verfahrensbeistands bzw. des Sachverständigen unterscheiden sich nicht von denen für die Datenerhebung.[147] Da eine gesetzliche Grundlage vorhanden ist, bedarf die Übermittlung der durch einen Sachverständigen **rechtmäßig** – insbesondere unter Aufklärung über seinen Auftrag – **erhobenen** und in einem Gutachten gespeicherten Daten an das Familiengericht **keiner Einwilligung** der betroffenen Person.[148] Dies gilt jedoch nur für die Daten, die im Rahmen des Beweisthemas verarbeitet werden. Die Übermittlung

140 Zur Bedeutung des sofortigen Zurücksendens im Hinblick auf (die Höhe) eines Schadensersatzanspruchs nach Art. 82 DSGVO vgl. OLG München, 25.9.2017 – 9 VA 9/10.

141 Bumiller/Harders/*Schwamb*, § 13 FamFG Rn. 5.

142 MüKoFamFG/*Pabst*, § 13 Rn. 39.

143 Zur konkludenten Einwilligung i.S.d. DSGVO vgl. FK-SGB VIII/*Hoffmann*, § 61 Rn. 82 f.

144 Ausführlich zur Bedeutung von § 203 StGB im Kontext familiengerichtlicher Verfahren für Verfahrensbeistand und Sachverständigem *Hoffmann*, ZKJ 2020, 249.

145 BGH, 5.2.2020 – XII ZB 252/19; BGH, 6.2. 2019 – XII ZB 393/18, FamRZ 2019, 724.

146 Ein unmittelbarer Datenaustausch zwischen Verfahrensbeistand oder Sachverständigen setzt eine Einwilligung der betroffenen Personen voraus.

147 Vgl. bezogen auf einen Verfahrensbeistand V. 2., bezogen auf einen Sachverständigen V. 3.

148 Ebenso besteht kein Widerspruchsrecht nach Art. 21 DSGVO, vgl. *Erkelenz/Leopold*, NZS 2019, 926, sowie *Bieresborn*, DRiZ 2019, 18, die auch die Bedeutung weiterer Rechte betroffener Personen nach der DSGVO im Kontext (sozial-)gerichtlicher Verfahren darstellen.

weiterer Daten ist bei einem nach § 203 Abs. 1 StGB schweigepflichtigen Sachverständigen nur zulässig, wenn er von der Schweigepflicht entbunden wurde.[149]

Auch die Übermittlung von durch den **Verfahrensbeistand** rechtmäßig erhobenen Daten bedarf grundsätzlich keiner weiteren Einwilligung der betroffenen Person oder bezogen auf ein nicht selbst einwilligungsfähiges Kind einer seines Sorgeberechtigten. Abweichend wird angenommen, dass eine Übermittlung von Daten, die der Verfahrensbeistand beim **selbst einwilligungsfähigen Kind** erhoben hat, an das Familiengericht nur in Betracht kommt, wenn das Kind mit deren Übermittlung an das Familiengericht **einverstanden** ist oder ohne die Übermittlung eine Kindeswohlgefährdung anzunehmen ist.[150] Im Hinblick auf die Funktion des Verfahrensbeistands als parteilichem Interessenvertreter des Kindes ist dieser Auffassung zuzustimmen. 83

III. Verbindung von Verfahren

Bei der Verbindung von Verfahren[151] werden ebenfalls Daten offengelegt werden. 84
Insoweit stellen die im FamFG enthaltenen Regelungen zur Verbindung von Verfahren datenschutzrechtliche Übermittlungsbefugnisse dar. Anders als in Abstammungssachen in § 179 FamFG und in Adoptionssachen in § 196 FamFG wurde für Kindschaftssachen keine gesonderte Regelung getroffen. Es gilt die **allgemeine Regelung** in § 20 FamFG, nach der ein Gericht Verfahren verbinden kann, wenn es dies für **sachdienlich** hält, die Verbindung also der Eigenart der Verfahren entspricht und verfahrensfördernd ist. Eine Verbindung kommt auch in Betracht, wenn die Verfahren verschiedene Beteiligte haben, sofern die Verfahrensgegenstände auf einem weitgehend gleichartigen tatsächlichen oder rechtlichen Grund beruhen.[152] Die Entscheidung für eine Verbindung steht im **pflichtgemäßen Ermessen** des Gerichts.[153] Bei der Ausübung seines Ermessens hat das Gericht die mit der Verbindung der Verfahren verbundene Verletzung des Rechts auf informationelle Selbstbestimmung der betroffenen Personen mit den Gesichtspunkten, die für eine Verbindung sprechen wie einem unmittelbaren Sachzusammenhang, der möglichen Beschleunigung der Verfahren etc. abzuwägen.[154]

149 *Bieresborn*, SR 2019, 245.
150 HB-VB/*Bauer*, Rn. 434; Keidel/*Engelhardt*, § 158 FamFG Rn. 22; MüKoFamFG/*Schumann*, § 158 Rn. 26.
151 Vgl. auch *Hoffmann*, ZKJ 2020, 45.
152 MüKoFamFG/*Pabst*, § 20 Rn. 3.
153 MüKoFamFG/*Pabst*, § 20 Rn. 1, 4.
154 Heilmann/*Köhler*, § 20 FamFG Rn. 6 f.

85 ***Praxistipp***

▶ *Werden Verfahren verbunden, hat das Familiengericht zu begründen, warum die für eine Verbindung sprechenden Gesichtspunkt im Verhältnis zur Verletzung des Rechts auf informationelle Selbstbestimmung der betroffenen Personen überwiegen.*

86 Derzeit ist es allgemein üblich, wenn nicht nur das Wohl eines Kindes durch seine gemeinsam sorgeberechtigten Eltern, sondern das Wohl jedes Kindes der Eltern gefährdet erscheint, die an sich für jedes einzelne Kind getrennt zu führenden Verfahren mit den jeweils anderen Verfahren nach § 20 FamFG zu verbinden. Hingegen wird eine Verbindung von Verfahren, die sich auf mehrere Kinder einer Mutter mit verschiedenen Vätern beziehen, im Hinblick auf das Recht auf informationelle Selbstbestimmung des jeweiligen Vaters gesondert zu begründen sein.[155]

155 In der Tendenz bejahend Heilmann/*Köhler*, § 20 FamFG Rn. 6 f.

Teil 4

Kinder-, jugend- und familienpsychologisches Wissen

Kapitel 20: Human- und sozialwissenschaftliche Erkenntnisse im familiengerichtlichen Verfahren: Bedeutung und Probleme

Übersicht Rn.

Vorbemerkung

Dieser Teil des Praxishandbuchs begibt sich in das Feld der Human- und Sozialwissenschaften, also vor allem der Medizin, Psychologie, Soziologie und Sozialarbeitswissenschaft, soweit deren Ergebnisse für familiengerichtliche Kinderschutzverfahren bedeutsam sind. Im Verhältnis zu Rechtswissenschaft und Rechtsanwendung, in denen geltende Rechtsnormen eine gemeinsame Grundlage darstellen, sind die Human- und Sozialwissenschaften strukturell offener, eigenwillige Einzelmeinungen sind häufiger und ein Selbstverständnis als sich entwickelnde Lerngemeinschaft ist verbreitet. 1

I. Bedeutung human- und sozialwissenschaftlicher Erkenntnisse im Kinderschutzverfahren

Über unbestimmte Rechtsbegriffe im Kinderschutzrecht und die Notwendigkeit, bei der Konkretisierung dieser Begriffe human- und sozialwissenschaftliche Erkenntnisse zu nutzen, wird Vielfalt und Dynamik in den Human- und Sozialwissenschaften für kinderschutzrechtliche Verfahren relevant. Um möglichst wenig auf schwankenden Boden zu geraten, besteht aus der Familiengerichtsbarkeit heraus ein **besonderes Interesse an gesicherten Befundlagen**. Eine zentrale, umfassende und aktuelle Zusammenstellung gesicherter Befundlagen gibt es aber nicht. Dies bedeutet, dass die Frage, **von welchen Erkenntnissen in den Human- und Sozialwissenschaften ausgegangen werden kann**, oft deutlich schwerer zu beantworten ist als die Frage, von welchen Rechtsnormen ausgegangen werden kann. Eine **schwerer zu beantwortende Frage** ist allerdings keine beliebig zu beantwortende Frage. Eine vereinheitlichende Wirkung entfalten in den Human- 2 und Sozialwissenschaften zum einen **methodische Regeln**, wie Erkenntnisse am sichersten gewonnen werden können, die dann zum Maßstab bei der Beurteilung vorliegender Befunde werden, und zum anderen **Zusammenfassungen des Forschungsstandes**, die zu einem bestimmten Zeitpunkt zusammentragen, welche Befundlagen mit welcher Qualität vorliegen. Damit wird eine **Bandbreite** von gut gesicherten Erkenntnissen bis hin zu schwach begründeten Spekulationen oder gar empirisch widerlegten Behauptungen aufgemacht. Für kinderschutzrelevante Forschung sind derzeit insbesondere ein Bericht der National Academy of Sciences der Vereinigten Staaten sowie Beiträge in verschiedenen Handbüchern grundlegend.[1] Für Praxisfragen im medizinischen Kinderschutz gibt es zudem eine Leitlinie mehrerer Fachgesellschaften, die auf einer Analyse des Forschungsstandes aufbaut.[2] Zu spezifischen Fragen erscheinen weiter in dichter Folge sogenannte systematische Forschungsübersichten und Meta-Analysen. Systematische Forschungsübersichten zeichnen sich dadurch aus, dass sie in nachprüfbarer Weise die ganze in Literaturdatenbanken enthaltene Forschung zu einer Frage mittels genau angegebener Suchbegriffe erschließen und zusammenfassen. Meta-Analysen sind systematische Forschungsübersichten, die darüber hinaus zahlenmäßig erfassen, wie eng oder stark im Durchschnitt der vorliegenden Studien Effekte oder Zusammenhänge sind. Gemeint sind etwa Effekte bestimmter Schutzmaßnahmen oder Hilfen bzw. Zusammenhänge zwischen bestimmten Gefährdungsformen und Beeinträchtigungen des Kindeswohls. Für Kinderschutzverfahren liegen bereits **mehrere Hundert relevanter systematischer Forschungsübersichten und Meta-Analysen** vor, von denen Sachverständige zumindest die Wichtigsten kennen sollten.[3]

3 Während in den Rechtswissenschaften englischsprachige Publikationen ohne ausdrücklichen Bezug zur Rechtsordnung in Deutschland von nachrangiger Bedeu-

---

1 *Petersen et al.*, New Directions in Child Abuse and Neglect Research. Washington, 2014; *Sturge-Apple et al.*, Parental Maltreatment, in: Handbook of Parenting Vol. 4: Social conditions and applied parenting, 2019, 556–589; *Cicchetti und Toth*, Child Maltreatment, in: Handbook of Child Psychology Vol. 3: Socioemotional Processes, 2015, 513–563.

2 *Arbeitsgemeinschaft der wissenschaftlichen medizinischen Fachgesellschaften (AWMF)*, 2019, Kindesmisshandlung, -missbrauch, -vernachlässigung unter Einbindung der Jugendhilfe und Pädagogik (Kinderschutzleitlinie).

3 Für die Folgen von Misshandlung, Vernachlässigung und sexuellem Missbrauch: (a) *Norman et al.*, The long-term health consequences of child physical abuse, emotional abuse, and neglect: a systematic review and meta-analysis. PLOS med 2012, e1001349; (b) *Carr et al.*, A systematic review of reviews of the outcome of noninstitutional child maltreatment, Trauma, Violence, & Abuse 2020, 828–843. Bezüglich relevanter Faktoren für die Wahrscheinlichkeit (wiederholter) Misshandlung, Vernachlässigung oder wiederholten Missbrauchs: (a) White et al., Risk factors for child maltreatment recurrence: An updated systematic review. Medicine, Science and the Law 2015, 259–277; (b) *Mulder et al.*, Risk factors for child neglect: A meta-analytic review, Child Abuse & Neglect 2018, 198–210, (c) *Assink et al.*, Risk factors for child sexual abuse victimization: A meta-analytic review, Psychological Bulletin 2019, 459–489. Im Hinblick auf die Wirkung von Hilfen: (a) *Schrader-McMillan/Barlow*, Improving the Effectiveness of the Child Protection System, 2017 (b) *Whitcombe-Dobbs/Tarren-Sweeney*, What evidence is there that parenting interventions reduce child abuse and neglect among maltreating families? A systematic review, Developmental Child Welfare 2019, 374–393, (c) *Isokuortti et al.*, Effectiveness of child protection practice models: a systematic review, Child Abuse & Neglect, Vol. 108, 2020, DOI: 10.1016/j.chiabu.2020.104632.

tung sind, ist dies in den Human- und Sozialwissenschaften anders. Wissenschaftlich hochkarätige Untersuchungen, auch wenn die Studien in Deutschland durchgeführt wurden, werden bevorzugt in Englisch, der Lingua franca der Human- und Sozialwissenschaften, veröffentlicht, sodass entsprechende Zitierungen kein Manko darstellen. Dies gilt insbesondere für Veröffentlichungen in den für den Kinderschutz wichtigsten Fachzeitschriften.[4]

Natürlich gibt es zwischen prinzipiell vorhandenem und im Verfahren präsenten 4
bzw. zur Anwendung gebrachtem Wissen mitunter Unterschiede. Angesichts der Bedeutung der im familiengerichtlichen Kinderschutzverfahren verhandelten Fragen und der beständigen Weiterentwicklung human- und sozialwissenschaftlichen Wissens im Kinderschutz, an der aber nicht immer alle Fachkräfte gleichermaßen teilhaben, ist es mehr als gerechtfertigt, wenn **Juristinnen und Juristen sich Vorgehensweisen und Bewertungen, die auf human- und sozialwissenschaftliche Erkenntnisse zurückgreifen, genau erklären lassen**.

Zumindest Sachverständige, deren Gutachten als wissenschaftliche Werke anzuse- 5
hen sind, sollten dabei auf nachprüfbare Befundlagen Bezug nehmen können (→ Kapitel 4 Rn. 25). Angesichts von Berichten über Mängel in Sachverständigengutachten[5] **sichert eine Erörterung kritischer Nachfragen Vertrauen**. Die sozialpädagogischen Fachkräfte der Jugendämter, die im Studium bislang mehrheitlich keine vertiefte Ausbildung zu wissenschaftlichen Methoden erhalten, werden seltener auf Befundlagen Bezug nehmen können. Entsprechend sichern Jugendämter die Qualität ihrer Gefährdungseinschätzungen, die für die große Mehrzahl der gerichtlichen Kindesschutzverfahren den Anstoß geben, über einen Dreiklang von (a) qualitätssichernden Vorgaben zum jugendamtlichen Verfahren, (b) ein Zusammenwirken mehrerer Fachkräfte im Verfahren und (c) eine Förderung der Sachkunde der Mitarbeitenden durch Schulungen. In jedes der Elemente dieses Dreiklangs fließen wissenschaftliche Erkenntnisse ein, auch wenn sie von den Fachkräften meist nicht zitiert werden können.

Im Unterschied zur familiengerichtlichen Praxis, die sich der Notwendigkeit 6
zur Entscheidung im Einzelfall nicht entziehen kann, lebt **Wissenschaft** von und mit einem **Bewusstsein ihrer Lücken und Unsicherheiten und** dadurch **beschränkter Auskunftsmöglichkeiten**. Wird auf solche Wissenslücken und Unsicherheiten in Verfahren hingewiesen, so läuft dies zwar einem Wunsch von Gerichten und Verfahrensbeteiligten nach klaren Sachverhalten und eindeutigen Bewertungen zuwider, ist aber gleichzeitig realistisch und angemessen. Voraussetzung ist jedoch immer, dass die für den Einzelfall beste verfügbare Evidenz herangezogen wird, vorhandene Erkenntnisse also auch nicht untertrieben oder übersehen werden.

4 Die wichtigsten internationalen Fachzeitschriften sind: Child Abuse & Neglect, Child Maltreatment, Trauma, Violence & Abuse, Aggression and Violent Behavior. Häufiger von Interesse, wenngleich mit etwas wechselnder Qualität, sind die Zeitschriften Family Court Review und Children and Youth Services Review.

5 *Salewski/Stürmer*, Qualität familienrechtspsychologischer Gutachten, ZKJ 2015, 4–9.

II. Probleme beim Umgang mit human- und sozialwissenschaftlichem Wissen in familiengerichtlichen Kinderschutzverfahren

7 Beim Umgang mit human- und sozialwissenschaftlichem Wissen in familiengerichtlichen Kinderschutzverfahren können mehrere Arten von Problemen auftreten, von denen drei kurz erörtert werden:

8 (a) **Das Beiwerk-Problem**. Damit ist gemeint, dass Ausführungen zu Wissenshintergründen bei Einschätzungen und Empfehlungen in Kinderschutzverfahren von Gerichten und Anwältinnen bzw. Anwälten manchmal als bestenfalls schmückendes Beiwerk, schlimmstenfalls als Anlass für endlose Nachfragen und Kontroversen gesehen werden, da es doch allein um den Fall gehen soll, der im Mittelpunkt des Verfahrens steht. Diese Sichtweise beruht auf der **falschen Annahme**, so etwas wie ein **rein fallbezogener Sachvortrag ohne „Beiwerk"**, d.h. ohne einen relevanten Hintergrund an wissenschaftlichen Befunden, sei möglich. Selbst in Fällen mit eindeutig feststehenden gefährdenden Handlungen von Sorgeberechtigten sind aber Prognosen zum Fortbestehen der Gefährdung ohne Intervention und zu Wirkungen von Maßnahmen der Gefährdungsabwehr notwendig (→ Kapitel 2 Rn. 94). Solche Prognosen können grundsätzlich nie allein aus dem Fall abgeleitet werden, sondern beinhalten stets den Rückgriff auf Wissen aus anderen möglichst vergleichbaren Fällen, entweder in der Form von schwer überprüfbarer Erfahrung von Fachpersonen oder eben in der Form eines Rückgriffs auf Befundlagen. Ein **Rückgriff auf Befundlagen** und damit auf andere Fälle ist ebenfalls **notwendig**, wenn bestritten wird, dass ein bestimmtes Tun oder Unterlassen von Sorgeberechtigten erheblich schädigend wirkt und dies daher geklärt werden muss. Weiter steckt in jeder Form der Testdiagnostik zur Beschreibung von Kindern oder Familien ein Rückgriff auf andere Fälle, nämlich die Fälle aus der Normierungsstichprobe bei der Testentwicklung, die dann zur Bewertung des Einzelfalls herangezogen werden können, wenn ein hinreichendes Maß an Ähnlichkeit mit dem Fall im Verfahren gegeben ist. Wird auf die Vorstellung und Erörterung des „Beiwerks" von Befundlagen und ihrer Bedeutung für einen vorliegenden Fall verzichtet, können sich Fehler einschleichen, etwa wenn mehrere Akteure im Verfahren **falschen**, aber mitunter gemeinsamen **Intuitionen** folgen. Beispielsweise scheinen im Moment viele Gerichte der Intuition zu folgen, der sexuelle Missbrauch stelle die schädlichste Gefährdungsform dar, während tatsächlich die anderen Gefährdungsformen dem sexuellen Missbrauch an Schädigungspotenzial um nichts nachstehen.[6] Informationen zu den wissenschaftlichen Hintergründen von Bewertungen einzufordern, bietet bereits einen guten Schutz vor diesem Problem. Aller-

6 Siehe etwa (a) *Cecil et al.*, Disentangling the mental health impact of childhood abuse and neglect, Child abuse & neglect 2017, 106–119; (b) *Strathearn et al.*, Long-term cognitive, psychological, and health outcomes associated with child abuse and neglect, Pediatrics 2020, e20200438.

dings verkennen Fachkräfte oder Sachverständige Befundlagen manchmal, sodass sie auf Befunde verweisen, die tatsächlich aber nicht als Beleg taugen.

Hinweis 9

→ **Familiengericht**
*Da Gerichte behauptete Belege in der empirischen Literatur kaum überprüfen können, sind zusätzliche Strukturen der Qualitätssicherung als **Schutz vor wissenschaftlich verbrämten Fiktionen** sinnvoll, etwa Variation bei Auswahl von Sachverständigen, Fortbildungen zum Kinderschutz und die Beteiligung an interdisziplinären Arbeitskreisen.*

(b) **Das Problem der scheinbaren Ähnlichkeit**: Im Kinderschutzverfahren geht es um Vernachlässigung, Misshandlung und sexuellen Missbrauch. Auch in der Kinderschutzforschung geht es um Vernachlässigung, Misshandlung und sexuellen Missbrauch. Trotzdem ist teilweise nicht genau das Gleiche gemeint, weil in den Sozial- und Humanwissenschaften nicht ohne Weiteres der rechtliche Gefährdungsbegriff zugrunde gelegt wird. Der **Rechtsbegriff der Kindeswohlgefährdung** beinhaltet ein **Kriterium für den Schweregrad der zu erwartenden Schädigung** eines Kindes, wenn dessen Situation sich nicht deutlich verbessert. In einer ergebnisoffenen Forschung werden vielfach aber auch leichtere Formen von Gewalt gegen Kinder oder unterdurchschnittlicher elterlicher Fürsorge einbezogen und als Misshandlung oder Vernachlässigung bezeichnet, selbst wenn hier erhebliche Schädigungen eher unwahrscheinlich sind. Offenbar wird dieses Problem etwa dann, wenn wissenschaftliche Studien zu dem Ergebnis kommen, ein erheblicher Anteil der Kinder und Jugendlichen in der Bevölkerung habe Misshandlung oder Vernachlässigung erlebt.[7] Dies meint nicht, bei den betroffenen Kindern und Jugendlichen sei durchgängig staatliches Eingreifen (jenseits angebotener, aber freiwilliger Hilfe) erforderlich gewesen. Weiter gefasst stellt sich das Problem der scheinbaren Ähnlichkeit in Verfahren immer dann, wenn unter ein und derselben Überschrift nicht gerechtfertigte Generalisierungen vorgenommen werden. Ein Beispiel wäre, wenn unter der Überschrift „Folgen miterlebter häuslicher Gewalt" aus Befunden zu schwer belasteten Kindern in Frauenhäusern, die in der Regel wiederholte und schwere Partnerschaftsgewalt miterleben mussten, in einem Verfahren auf Kinder geschlossen wird, die eine einzelne gewalttätige Eskalation eines elterlichen Streits miterleben mussten.[8] Beikommen lässt sich dem Problem der nur scheinbaren Ähnlichkeit mit kritischem Bewusstsein aller Professionellen im Kinderschutzverfahren und mehr Aufmerksamkeit dafür, was in Einzelfällen und den für die Einschätzung herangezogenen Befunden jeweils mit **Etiketten wie Misshandlung oder Vernachlässigung** genau gemeint ist. 10

7 Beispielsweise *Witt et al.*, Trends in child maltreatment in Germany: comparison of two representative population-based studies, Child and adolescent psychiatry and mental health 2018, 1–12.

8 Zur Rolle der „Dosis" miterlebter Partnerschaftsgewalt siehe etwa *Fergusson/Horwood*, Exposure to interparental violence in childhood and psychosocial adjustment in young adulthood, Child Abuse & Neglect 1998, 339–357.

11 (c) **Probabilistische Missverständnisse**: Prognosen sind in Kinderschutzverfahren unumgänglich, gleichzeitig haftet **Wahrscheinlichkeitsaussagen** aus juristischer Sicht ein Geruch von Abstraktheit an, der Zurückhaltung auslöst. Die Human- und Sozialwissenschaften begegnen solchen Vorbehalten teilweise mit Unverständnis, da sie die Wahrscheinlichkeitsrechnung wesentlich in ihre Methodik integriert haben. Die **Debatte um den Erkenntniswert und die juristische Bedeutung von Wahrscheinlichkeitsaussagen** ist nicht ohne Komplexität.[9] Als gemeinsame Grundlage ist wichtig, dass Aussagen zu Wahrscheinlichkeiten nur auf einer Gruppenebene untersucht und belegt werden können. Im Einzelfall tritt ein vorherzusagendes Ereignis (z.B. ein erneuter sexueller Missbrauch) entweder ein oder nicht. Einzelfallbezogene Wahrscheinlichkeitsaussagen sind daher stets Formen des Schlussfolgerns, wobei prognostisch relevante Tatsachen des Einzelfalls vor dem Hintergrund der Erfahrungen mit vergleichbaren Fällen nach möglichst geprüften Regeln (z.B. im Rahmen eines geprüften Risikoeinschätzungsverfahrens) verarbeitet werden. **Wahrscheinlichkeitsaussagen zu Gefahren** bewegen sich damit auf einer Dimension mit den Polen „konkrete Gefahr" und „abstrakte Gefahr", je nachdem, wie intensiv einzelfallbezogene Informationen einbezogen werden. Sie bewegen sich darüber hinaus auf einer Qualitätsdimension, je nachdem, wie passend und umfassend der Hintergrund an Vergleichsfällen und wie gut abgesichert die Schlussfolgerungsregeln sind. Ein anderes, manchmal in Gerichtssälen auftretendes probabilistisches Missverständnis betrifft **fehlerhafte Umkehrungen in der Richtung von statistischen Aussagen**. Aus der Aussage, dass 80 % misshandelter Kinder desorganisierte Bindungsbeziehungen zu ihren Eltern aufweisen, wird dann plötzlich die Aussage, dass Kinder mit desorganisierter Bindung mit 80 % Wahrscheinlichkeit misshandelt wurden. Ein anderes Beispiel wäre die **Verdrehung der Aussage**, dass im Kindergartenalter viele sexuell missbrauchte Kinder sexualisiertes Verhalten zeigen, hin zu der Aussage, Kindergartenkinder mit sexualisiertem Verhalten seien mit hoher Wahrscheinlichkeit sexuell missbraucht worden.[10] **Missverständnisse im Umgang mit Wahrscheinlichkeiten** können am ehesten über einen Einsatz geprüfter Risikoeinschätzungsverfahren und beharrliches Nachfragen im Verfahren vermieden werden. In Fortbildungen werden Grundlagen zum Umgang mit Wahrscheinlichkeitsaussagen in der Regel nicht besprochen und auf Deutsch scheint derzeit auch leider kein

9 Für eine gute Einführung in die Diskussion siehe *Haack S.*, Evidence Matters, Science, Proof, and Truth in the Law, 2014.

10 Für die mathematische Erläuterung, warum solche Umkehrungen von Aussagen falsch sind, siehe etwa *Wood*, Weighing evidence in sexual abuse evaluations: An introduction to Bayes's Theorem, Child Maltreatment 1996, 25–36.

Text greifbar, der die Grundlagen anschaulich im Hinblick auf Kinderschutzverfahren vermittelt.[11]

Der Einsatz human- und sozialwissenschaftlichen Wissens in Kinderschutzverfahren ist alternativlos, auch wenn, wie dargestellt, die Möglichkeit von Missverständnissen und Fehlinterpretationen besteht. Daher gilt es, in Qualifizierung und Kritikfähigkeit zu investieren. **Bloßes Vertrauen in die Sachvorträge von Jugendämtern und Sachverständigen** stellt **keine Alternative** dar, da solche Sachvorträge im Verfahren und vom Gericht kritisch hinterfragt werden müssen und nicht einfach übernommen werden können. Die veröffentlichte Rechtsprechung ist hier bislang keine große Hilfe, da dort in der Regel nur solche Ergebnisse von Sachvorträgen und Tatsachen im Einzelfall wiedergegeben werden, an denen dann rechtliche Wertungen zu Tatbestandsmerkmalen und Rechtsfolgen ansetzen. Erörterte Fragen zur Gültigkeit von Sachvorträgen werden kaum wiedergegeben. So ist es zu verstehen, dass in der veröffentlichten Rechtsprechung immer wieder **Exzessprognosen**, d.h. Schlussfolgerungen und Vorhersagen, die wesentlich über empirische Befundlagen hinausgehen und diese gravierend überdehnen, von Gerichten in ihren Überlegungen unhinterfragt übernommen werden. Als Beispiele kann eine Entscheidung des Bundesgerichtshofs dienen.[12] In einem Fall mit elterlicher Hochstrittigkeit und einem aktuell unauffälligen Kind wurde hier die Prognose einer wahrscheinlichen späteren „Neurose" bzw. „Bindungsstörung" und resultierender Therapiebedürftigkeit des Kindes und deshalb eine Einordnung der Situation als Kindeswohlgefährdung akzeptiert, obwohl dies die Befundlage klar erkennbar wesentlich überdehnt. Tatsächlich leiden von elterlicher Hochstrittigkeit betroffene Kinder nahezu durchgängig an dieser Situation und es gibt Hinweise auf eine langfristig sehr viel häufigere Distanzierung von den Eltern. Die Prognose einer ziemlich sicheren oder hinreichend wahrscheinlichen schweren Beeinträchtigung der späteren psychischen Gesundheit bei einem aktuell unauffälligen Kind durch die elterliche Hochstrittigkeit entbehrt aber einer empirischen Grundlage (→ Kapitel 21 Rn. 25). Zu fragen wäre, ob veröffentlichte Entscheidungen mehr als bisher in manchen Fällen **Prüfungen der Tragfähigkeit von Sachvorträgen von Jugendämtern und Sachverständigen** durch Gerichte abbilden sollten, der Prozess der Sachverhaltsaufklärung also intensiver dargestellt werden sollte. **12**

---

11 Die Royal Statistical Society in England hat, allerdings mit Anwendungsbeispielen aus dem Strafrecht, eine entsprechende Einführung für Gerichte und Verfahrensbeteiligte erstellt, die kostenlos heruntergeladen werden kann: *Aitken et al.,* Fundamentals of probability and statistical evidence in criminal proceedings: guidance for judges, lawyers, forensic scientists and expert witnesses, 2010. Unter den populärwissenschaftlichen, nicht-technischen Büchern zu Wahrscheinlichkeiten werden vielleicht manche folgendes Buch als erhellend empfinden: *Hand/Roller,* Die Macht des Unwahrscheinlichen: Warum Zufälle, Wunder und unglaubliche Dinge jeden Tag passieren, 2015.

12 BGH, 26.10.2011 – XII ZB 247/11, FamRZ 2012, 99–103.

Kapitel 21: Formen von Kindeswohlgefährdung

Übersicht Rn.

I. Unterscheidung zwischen Tun und Unterlassen

13 Welche Gefährdungsformen in der Rechtsprechung zum Kinderschutz eine Rolle spielen, baut auf der human- und sozialwissenschaftlichen Systematik auf. Daher gibt es hier keine fundamentalen Unterschiede in den Einteilungen (→ Kapitel 2 Rn. 104 bis 107). Allerdings ist die, in den Human- und Sozialwissenschaften zunächst einmal grundlegende Unterscheidung zwischen einem schädlichen Tun von Eltern und einem elterlichen Unterlassen notwendiger Fürsorge und Erziehung in der Familiengerichtsbarkeit nicht durchgängig verbreitet. In den Bereich des schädlichen Tuns fallen die Gefährdungsformen der körperlichen und der psychischen Misshandlung sowie des sexuellen Missbrauchs durch eine sorgeberechtigte Person. In den Bereich des Unterlassens von notwendiger Fürsorge und Erziehung fallen alle Formen von Vernachlässigung, einschließlich des ausbleibenden Schutzes vor Gefahren. Die Unterscheidung zwischen schädlichem Tun und dem Unterlassen von notwendiger Fürsorge bzw. Erziehung hilft, Wissensbestände zu organisieren und anwendbar zu machen. Sie ist aber nicht in jedem Einzelfall trennscharf. Der sexuelle Missbrauch eines Kindes kann beispielsweise gleichzeitig ein schädliches Tun und ein Unterlassen von notwendigem Schutz darstellen, wenn beispielsweise ein Elternteil den Missbrauch verübt und ein zweiter Elternteil trotz Anhaltspunkten nicht zum Schutz des Kindes tätig wird. Auch ist bei der offensiven Verweigerung von Fürsorge (z.B. Einsperren eines Kindes und Aufdrehen von Musik, um dessen Weinen zu übertönen) **mitunter kaum zu unterscheiden, ob mehr das schädliche Tun oder das Unterlassen von Fürsorge im Vordergrund steht**.

14 In der Betrachtungsweise der Human- und Sozialwissenschaften werden meist die Erfahrungen des Kindes in den Mittelpunkt gerückt, sodass bei einem Kind, das durch einen nicht-sorgeberechtigten Partner der Mutter misshandelt oder missbraucht wird, in der Regel von einem Misshandlungs- oder Missbrauchsfall gesprochen wird. In der juristischen Betrachtungsweise muss bei der Auswahl der Maßnahme von den Sorgeberechtigten aus gedacht werden, in deren Rechte unter

Umständen eingegriffen werden muss, sodass die Frage nicht gewährten Schutzes und damit ein Aspekt von Vernachlässigung in den Vordergrund rückt.

Praxishinweis 15

→ Familiengericht

*Um hier Missverständnisse zu vermeiden, kann es sinnvoll sein, im **Beweisbeschluss** oder in der **Anhörung** explizit danach zu fragen, ob und, falls ja, aus welchen Gründen das eventuelle schädliche Tun einer nicht-sorgeberechtigten Person als Vernachlässigung in Form mangelnden Schutzes durch einen sorgeberechtigten Elternteil gewertet werden muss und inwieweit gegebenenfalls Bereitschaft und Fähigkeit zum Schutz des Kindes durch Hilfen wiederhergestellt werden können.*

Im Recht wie in den Human- und Sozialwissenschaften ist eine **Mütterzentrierung** tief verankert, was unter anderem durch die Möglichkeit, alternativ eher das schädliche Tun einer Person oder einen korrespondierenden mangelnden Schutz durch eine andere Person in den Vordergrund zu rücken, gefördert wird. Entsprechend kann es sein, dass etwa bei häuslicher Gewalt durch einen Vater bzw. Partner der Mutter **Einschätzungen und Maßnahmen, die beim Vater bzw. Partner ansetzen, nicht ausreichend betrachtet** werden und ausschließlich auf die Bereitschaft und Fähigkeit der Mutter, durch eine Trennung für das Ende der Gewalt zu sorgen, abgestellt wird.[13] Manchmal werden zudem die Schwierigkeiten einer solchen Trennungsentscheidung, etwa aufgrund von Tötungsdrohungen für den Fall einer Trennung, nicht angemessen berücksichtigt. In ähnlicher Weise kann es sein, dass Vernachlässigung in unangemessener Weise als ausschließliches Thema mütterlicher Fürsorgebereitschaft und Kompetenz betrachtet wird und Väter bzw. Partner als Risiko oder Ressource nicht ausreichend betrachtet werden.[14] 16

Praxistipp 17

→ Familiengericht

*In Kinderschutzverfahren mit zwei Elternteilen sollte darauf geachtet werden, dass **beide Elternteile** bei eventuellen Beweisbeschlüssen, der Erörterung einer Gefährdung und der Suche nach Möglichkeiten der Gefahrenabwehr **angemessenen Raum** einnehmen. Bei Kinderschutzverfahren mit einer alleinerziehenden Mutter und einem nicht-sorgeberechtigten Partner sollte sichergestellt sein, dass Einflüsse aus der Partnerschaft und der Anwesenheit des Partners auf Gefährdungslagen und Schutzmöglichkeiten angemessen berücksichtigt werden.*

13 *Edleson*, Responsible mothers and invisible men: Child protection in the case of adult domestic violence. Journal of Interpersonal Violence, 1998, 294–298; *Nixon et al.*, Do good intentions beget good policy? A review of child protection policies to address intimate partner violence. Children and Youth Services Review 2007, 1469–1486.

14 *Swift*, Manufacturing 'Bad Mothers'. A Critical Perspective on Child Neglect, 1995.

II. „Klassische" Gefährdungsformen

18 Aufbauend auf der grundlegenden Unterscheidung von schädlichem Tun und Unterlassen notwendiger Fürsorge bzw. Erziehung werden sozial- und humanwissenschaftlich in der Regel **vier klassische Formen** von Gefährdung unterschieden: (a) körperliche Kindesmisshandlung, (b) psychische Kindesmisshandlung, (c) sexueller Kindesmissbrauch und (d) Kindesvernachlässigung.

19 Als „klassisch" werden diese Formen von Gefährdung aus zwei Gründen bezeichnet: Zum einen beschäftigen sie die Kinderschutzsysteme weltweit bereits seit Langem, zum anderen zeigen wichtige Langzeitstudien, dass Kinder, die unter Bedingungen von Misshandlung, Vernachlässigung oder Missbrauch aufwachsen müssen, mehrheitlich erhebliche Schädigungen erleiden (→ Kapitel 23 Rn. 81). Daher kann es zwar eine große Herausforderung darstellen zu klären, ob im Einzelfall Misshandlung, Vernachlässigung oder Missbrauch im Sinne dieser Studien vorliegt. Wenn dies als belegt gelten kann, ist die rechtliche Würdigung als Kindeswohlgefährdung allerdings eher unproblematisch. **Problematisch** wird die Einordnung von Einzelfällen aus diesen „klassischen" Fallgruppen in den Bereich der Kindeswohlgefährdung allerdings dann, wenn von Fachkräften oder Sachverständigen mit **weit gefassten Begriffen** von Misshandlung oder Vernachlässigung operiert wird. Wird beispielsweise Kindesmisshandlung in Anlehnung an eine Konsensdefinition aus den Gesundheitswissenschaften so gefasst, dass „alle Handlungen" darunterfallen, „die Kinder schädigen, potenziell schädigen oder die Drohung einer Schädigung beinhalten",[15] so ist dies unter der Perspektive von Gesundheitsförderung angemessen, als Grundlage für die Vorhersage einer mit ziemlicher Sicherheit vorhersehbaren erheblichen Schädigung aber zu weitgehend.

20 ***Praxistipp***

→ **Jugendamt** → **Sachverständige**

Falls Unsicherheiten bestehen, ob Fachkräften oder Sachverständigen, die noch wenig Erfahrungen mit dem Kinderschutzrecht sammeln konnten, die Definition des Rechtsbegriffs einer Kindeswohlgefährdung bekannt ist, sollte frühzeitig darauf hingewiesen werden, dass nicht alle (potenziell) schädlichen Handlungen oder Unterlassungen von Sorgeberechtigten als Kindeswohlgefährdung angesehen werden können.

21 Für die klassischen Gefährdungsformen sind teilweise auch andere Begrifflichkeiten gebräuchlich, so wird etwa anstelle von **psychischer Misshandlung** manch-

15 *Leeb et al.*, Child maltreatment surveillance. Uniform definitions for public health and recommended data elements, 2008, definiert „child maltreatment" als: „Any act or series of acts of commission or omission by a parent or other caregiver that results in harm, potential for harm, or threat of harm to a child" (S. 11).

mal auch von **„seelischer Misshandlung"** gesprochen.[16] Der Begriff des **sexuellen Missbrauchs** wird teilweise durch Begriffe wie **sexuelle Misshandlung**, **sexuelle Gewalt** oder **sexualisierte Gewalt** gegen Kinder bzw. Jugendliche ersetzt. Der große Bereich der Vernachlässigung zerfällt in eine Reihe von Unterformen, von denen manchmal vorrangig die Rede ist. Insbesondere werden hier **körperliche, emotionale und erzieherische Vernachlässigung** sowie **mangelnde Beaufsichtigung**, **Gesundheitsfürsorge** und **Gefahrenvorsorge** unterschieden.[17] Die verschiedenen Gefährdungsformen sind unterschiedlich gut untersucht. Mit Abstand am meisten Veröffentlichungen gibt es zum sexuellen Missbrauch, allerdings ganz überwiegend ohne Fokus auf innerfamiliären sexuellen Missbrauch, der für das Familienrecht besonders wichtig ist, weshalb hierfür die Befundlage deutlich überschaubarer ist.[18] Vergleichsweise wenig untersucht sind psychische Kindesmisshandlung und Kindesvernachlässigung.[19] Vor allem bezüglich der **Vernachlässigung** von Kindern ist dies nicht leicht zu verstehen, da sie **die häufigste Form von Kindeswohlgefährdung** in Deutschland und vielen anderen Ländern darstellt. Es wird daher von der „Vernachlässigung der Vernachlässigung" gesprochen.[20] Möglicherweise spielt hier eine Rolle, dass **Gefahren durch elterliches Unterlassen in Praxis und Wissenschaft weniger aktivierend wirken** als (gleich starke) Gefahren aufgrund elterlichen Handelns.[21] Als vielgestaltiges Phänomen ist Vernachlässigung zudem vergleichsweise schwer zu erfassen und bei durchschnittlich vier oder mehr gravierenden Problemen pro chronischer Vernachlässigungsfamilie[22] als Forschungsthema auch ein wenig entmutigend. Falls dies zutrifft, würde es für die Praxis bedeuten, dass Vernachlässigungsfälle besonders schwer zu lösen sind und gleichzeitig in der Gefahr stehen, keine ausreichende Aufmerksamkeit zu erhalten.

III. Belastungserfahrungen: Miterleben von Partnerschaftsgewalt und Hochstrittigkeit

Neben den klassischen Gefährdungsformen gibt eine Reihe von Belastungserfahrungen durch Eltern, bei denen darüber debattiert wird, inwieweit sie regelmäßig als Form von Kindeswohlgefährdung anzusehen sind. In erster Linie betrifft dies **22**

16 *Kindler/Schwabe-Höllein*, Aspekte seelischer Kindesmisshandlung, Praxis der Rechtspsychologie 2012, 404–418.
17 *Galm/Hees/Kindler*, Kindesvernachlässigung – verstehen, erkennen, helfen, 2016.
18 *Kindler*, Sexuelle Gewalt in Familien, in: *Melzer et al.*, Handbuch Aggression, Gewalt und Kriminalität bei Kindern und Jugendlichen, 2015, 244–249.
19 *Behl et al.*, Trends in child maltreatment literature, Child Abuse & Neglect 2003, 215–229.
20 *Wolock/Horowitz*, Child maltreatment as a social problem: the neglect of neglect, American Journal of Orthopsychiatry, 1983, 530–543.
21 *Stokes/Taylor*, Does type of harm matter? A factorial survey examining the influence of child neglect on child protection decision-making, Child Care in Practice 2014, 383–398.
22 *Jones/ Logan-Greene*, Understanding and responding to chronic neglect: A mixed methods case record examination, Children and Youth Services Review 2016, 212–219.

das wiederholte Miterleben von Partnerschaftsgewalt und fortgesetzte elterliche Streitigkeiten zu Fragen von elterlicher Sorge und Kontakt (Hochstrittigkeit).

23 **Zum Beitrag der Human- und Sozialwissenschaft bei der Einschätzung einer Kindeswohlgefährdung**

Die Diskussion wirft grundlegend die Frage auf, wie in den Human- und Sozialwissenschaften überhaupt geklärt werden kann, **welche Erfahrungen von Kindern mit ziemlicher Sicherheit zu einer erheblichen Beeinträchtigung des Kindeswohls führen**.[23] Im Gerichtsalltag kann diese Frage in der Regel nicht erörtert werden. Für das Verständnis der Argumentationsweise in den Human- und Sozialwissenschaften sind in erster Linie zwei Punkte wichtig: (a) Weil das Kindeswohl im Familienrecht umfassend verstanden wird, empirische Untersuchungen aber notwendig genau spezifizieren müssen, was erfasst werden soll, kann keine einzelne Studie alle Aspekte des Kindeswohls abdecken. Wie sich elterliches Tun oder Unterlassen auf das Kindeswohl auswirkt, kann damit, soweit nicht unmittelbar schwere Verletzungen verursacht werden, wie etwa beim Schütteltrauma[24] oder einer Genitalverstümmelung bei Mädchen[25], regelmäßig erst dann einigermaßen sicher beurteilt werden, wenn für bestimmte elterliche Verhaltensweisen eine ausreichend große Anzahl an Studien zu verschiedenen Aspekten des Kindeswohls vorliegt. (b) Da Experimente als Goldstandard zum Nachweis von Ursächlichkeit aus ethischen Gründen ausscheiden, wird in der Forschung auf ein Set an **Kriterien** zurückgegriffen, die im Fall eines Nachweises zusammengenommen einem Beleg dafür nahekommen, **dass bestimmte elterliche Verhaltensmuster ursächlich zu erheblichen Schädigungen führen**. Folgende Kriterien müssen erfüllt sein:

(aa) Das Kriterium der robusten statistischen Assoziation, d.h., ein bestimmtes elterliches Tun oder Unterlassen muss in Studien regelmäßig und überzufällig mit Schädigungen bei Kindern einhergehen,

(bb) das Kriterium der zeitlichen Ordnung, d.h., die Schädigungen sind in Längsschnittstudien erst nach und nicht bereits vor dem in Frage stehenden elterlichen Tun oder Unterlassen beobachtbar,

---

23 Für eine ausführliche Darstellung siehe *Kindler*, Operationalisierungen von Kindeswohl und Kindeswohlgefährdung in den Sozial- und Humanwissenschaften, in: Katzenstein et al., Das Recht als Partner der Fachlichkeit in der Kinder- und Jugendhilfe, 2018, 181–224.

24 Angesichts jüngerer Angriffe auf die Eindeutigkeit medizinischer Sachverständigengutachten in Fällen mit Schütteltrauma sind weltweit eine Reihe klarstellender Statements medizinischer Fachgesellschaften erschienen, insbesondere *Royal College of Paediatrics and Child Health*, Child Protection Evidence – Systematic review on Head and Spinal Injuries, 2019; *Narang et al.*, Abusive head trauma in infants and children. Pediatrics, 2020; *Herrmann et al.*, Konsensus Statement von 7 Fachgesellschaften und der Medizinischen Kinderschutzhotline zur Diagnostizierbarkeit des Schütteltraumas, 2021.

25 Für eine Forschungsübersicht siehe *Andro et al.*, Female Genital Mutilation. Overview and Current Knowledge, Population 2017, 217–296; eine Rechtsprechungsübersicht findet sich bei *Göttsche*, Weibliche Genitalverstümmelung/Beschneidung, 2020.

(cc) das Kriterium des Dosis-Wirkungs-Zusammenhangs, d.h., bei Kindern, die einem fraglichen schädlichen Tun oder Unterlassen länger oder intensiver ausgesetzt sind, müssen im Mittel vergleichsweise schwerere Schädigungen beobachtbar sein,

(dd) das Kriterium des möglichst weitgehenden Ausschlusses alternativer Erklärungen, d.h., die Schädigungen müssen auch auftreten, wenn möglichst viele alternative Erklärungen in Studien ausgeschlossen werden (z.B. eine Vermittlung über ungünstige gemeinsame genetische Merkmale von Eltern und Kindern oder eine Verursachung der Schädigung durch andere Belastungen) und

(ee) das Kriterium aufgeklärter Vermittlungswege, d.h., Prozesse, durch die bestimmte elterliche Verhaltensweisen Schädigungen hervorrufen sollen (z.B. innerpsychische Verarbeitungsschritte bei betroffenen Kindern), können in Längsschnittstudien nachgewiesen werden und stellen den Zusammenhang zwischen elterlichem Tun bzw. Unterlassen und Schädigungen bei Kindern her.

Werden diese Prüfkriterien an miterlebte Partnerschaftsgewalt als mögliche Form von Kindeswohlgefährdung angelegt, so lässt sich zeigen, dass für alle Aspekte mittlerweile mehrere empirische Belege vorliegen.[26] Gezeigt werden kann, dass **miterlebte Partnerschaftsgewalt von nahezu allen jemals hierzu befragten Kindern als belastend erlebt** wird und bei einer substanziellen Minderheit der Kinder mit klinisch relevanten Beeinträchtigungen der psychischen Gesundheit einhergeht. Diese Beeinträchtigungen treten in Längsschnittstudien nach der miterlebten Partnerschaftsgewalt auf und nehmen im Lauf der Zeit zu. Es besteht ein **deutlicher Dosis-Wirkungs-Zusammenhang**. Insbesondere Kinder, die mehrfach verletzungsträchtige Partnerschaftsgewalt miterleben mussten, nehmen Schaden. Auch eine Einbettung körperlicher Gewalt in ein **Muster ständiger Kontrolle und Demütigung eines Elternteils** durch den anderen verstärkt den Belastungseffekt. Schädigungen zeigen sich auch bei Kindern aus Pflege- und Adoptivfamilien, in denen es zu Partnerschaftsgewalt gekommen ist, sodass ungünstige, den Eltern und Kindern gemeinsame genetische Anlagen den Effekt nicht erklären. Gleiches gilt für andere Belastungen, insbesondere körperliche Kindesmisshandlungen. Auch Kinder, die ziemlich sicher selbst keine körperlichen Misshandlungen erdulden mussten, reagieren mit Belastung auf miterlebte Partnerschaftsgewalt, wobei ein Zusammenspiel mit eigenen Gewalterfahrungen Auffälligkeiten bei Kindern verstärkt. Wie die Erfahrung miterlebter Gewalt ihre Belastungswirkung entfaltet, hängt etwas vom Alter, Stressphysiologie und Vorerfahrungen von Kindern ab. Wesentlich scheinen aber ein **Verlust emotionaler Sicherheit** in der Familie und **Schuldgefühle** zu sein. In der Summe ergibt sich, dass miterlebte Partnerschaftsgewalt zwar nicht in jedem Fall, aber insbesondere 24

26 *Kindler*, Partnergewalt und Beeinträchtigungen kindlicher Entwicklung: Ein aktualisierter Forschungsüberblick, in: *Kavemann/Kreyssig*, Handbuch Kinder und häusliche Gewalt, 2013, 27–46.

in schweren Fällen als Form von Kindeswohlgefährdung angesehen werden sollte, da dann bei einer Fortsetzung der Gewalt in der Regel mit ziemlicher Sicherheit eine erhebliche durch die miterlebte Partnerschaftsgewalt verursachte Schädigung vorhergesagt werden kann.

25 Deutlich anders ist die Befundlage zu einem Aufwachsen unter Bedingungen **elterlicher Hochstrittigkeit**.[27] Zunächst einmal fehlt hier bislang eine ausreichende Anzahl an Längsschnittstudien. Was an Befunden vorliegt, deutet darauf hin, dass zwar auch hier betroffene Kinder die elterlichen Streitigkeiten regelhaft als belastend erleben und eine substanzielle Minderheit der Kinder zeitweise klinisch relevante Auffälligkeiten entwickelt. Auf längere Zeit betrachtet scheint der Anteil anhaltender Auffälligkeiten aber eher gering, da die Mehrzahl betroffener Kinder sich im Verlauf der Zeit von einem Elternteil, beiden Eltern oder dem elterlichen Konflikt distanziert. Unter ungünstigen Umständen, wozu auch erzwungene häufige Kontakte bzw. Wechsel zählen, können bestehende klinische Auffälligkeiten aber sehr intensiv werden oder chronifizieren, sodass zwar nicht bei der Fallgruppe insgesamt, aber in Einzelfällen mit bereits sichtbaren Auffälligkeiten des Kindes eine mit ziemlicher Sicherheit vorhersehbare erhebliche Schädigung anzunehmen ist.

IV. Weitere Risikolagen, insbesondere Missbrauchs- oder Kinderpornografietäter

26 Neben den klassischen bzw. in der Diskussion befindlichen Gefährdungsformen gibt es noch **zugespitzte Risikolagen**, in denen Gefährdungsereignisse, die bereits stattgefunden haben, (noch) nicht im Raum stehen, aber mit hinreichender Wahrscheinlichkeit vorhersehbar erscheinen. Zu denken ist etwa an schwer psychisch erkrankte oder suchtkranke alleinerziehende Elternteile kurz nach der Geburt eines Kindes.[28] Beherrscht wird die Diskussion in Deutschland derzeit aber von einer anderen Risikolage, die entsteht, wenn Missbrauchstäter oder Kinderpornografietäter über eine (neue) Partnerschaft (potenziell) Kontakt zu Kindern erhalten.

---

27 Eine nach wie vor sehr gute Forschungsübersicht stammt von *Johnston/Roseby/Kuehnle*, In the name of the child: A developmental approach to understanding and helping children of conflicted and violent divorce, 2009; neuere Literatur verarbeiten *Smyth/Moloney*, Post-separation parenting disputes and the many faces of high conflict: Theory and research, Australian and New Zealand Journal of Family Therapy 2019, 74–84; einen Blick auf Bewältigungsreaktionen von Kindern und Jugendlichen werfen *Stokkebekk et al.*, „Keeping balance", „Keeping distance" and „Keeping on with life": Child positions in divorced families with prolonged conflicts, Children and Youth Services Review 2019, 108–119.

28 Für eine aktuelle Analyse unter Einbeziehung Deutschlands siehe *Luhamaa et al.*, Services and support for mothers and newborn babies in vulnerable situations: A study of eight European jurisdictions, Children and Youth Services Review 2021, Vol. 120, DOI: 10.1016/j.childyouth.2020.105762.

Zu den genannten Risikolagen ist die empirische Befundlage dünn, wenn auch aus verschiedenen Gründen.

Bei schwer **psychisch erkrankten oder suchtkranken alleinerziehenden Elternteilen kurz nach der Geburt eines Kindes** intervenieren zunächst einmal alle Kinderschutzsysteme, aus denen Untersuchungen vorliegen, sodass Studien allenfalls zu den Chancen einer Wiederherstellung der elterlichen Erziehungsfähigkeit möglich sind. Das Fehlen von Studien ist hier in der Regel aber kein großes Problem, da gravierende Einschränkungen der Erziehungsfähigkeit im Einzelfall in der Regel gut nachweisbar sind (→ Kapitel 24 Rn. 102 bis 105). **27**

Bei **Missbrauchstätern** gibt es aus dem Bereich des Strafrechts Studien zu einschlägigen erneuten Verurteilungen mit Rückfallraten im einstelligen oder niedrigen zweistelligen Bereich.[29] Allenfalls vorübergehend als Informationsgrundlage akzeptabel sind diese Studien, weil (a) nur sehr wenige Missbrauchstaten strafrechtlich sanktioniert werden, (b) sich die Raten und Risikoeinschätzungen nicht auf diejenigen Kinder beziehen, die mit der Person in einem familiären Zusammenhang leben, und (c) Aspekte des sozialen Umfeldes, insbesondere die Schutzhaltung der Mutter, keine Berücksichtigung finden. Besser geeignet sind vom Strafrecht losgelöste Kinderschutzstatistiken, die zumindest aus den USA vorliegen. Auf viereinhalb Jahre gerechnet gingen hier zu 31 % von 1.350 Missbrauchstätern in einer Elternrolle erneut Gefährdungsmitteilungen ein, wobei es auch erfasst wurde, wenn die Person in einer neuen Partnerschaft mit anderen Kindern eine Gefährdung verursachte.[30] Auch diese Zahlen unterschätzen die tatsächliche **Rate wiederholter Gefährdungsereignisse**, da nicht für Zeiten korrigiert werden konnte, in denen die Person nicht in einer Familie mit Kindern lebte. Bei **Kinderpornografietätern** stellen sich prinzipiell ähnliche Probleme wie bei Missbrauchstätern, nur dass die Anzahl der vorliegenden Studien noch sehr viel geringer ist und Kinderschutzstatistiken fehlen.[31] Entsprechend ist es hier noch schwieriger, den Familiengerichten empirische Orientierung zur Verfügung zu stellen, sodass bezüglich dieser wachsenden Gruppe an Personen dringender Forschungsbedarf besteht. **28**

Zumindest für die klassischen Gefährdungsformen legen einige epidemiologische Grundinformationen vor. Wichtig ist vor allem, dass nach einem bekannt gewordenen Gefährdungsereignis die Grundrate erneuter Gefährdungen relativ hoch ist. In der weltweit größten aus den USA stammenden Studie hierzu gab es in den 4,5 Jahren nach einem bekannt gewordenen Missbrauchs-, Misshandlungs- bzw. Vernachlässigungsereignis bei 35 % der missbrauchten Kinder, 41 % der misshandelten Kinder und 50 % der vernachlässigten Kinder erneute Gefährdungsmittei- **29**

29 Für eine Forschungsübersicht siehe *Graf/Bovenschen/Kindler*, Erwachsene verurteilte Missbrauchstäter in Familien mit Kindern, Praxis der Rechtspsychologie 2018, 5–34.

30 *Jonson-Reid et al.*, Cross-type recidivism among child maltreatment victims and perpetrators, Child Abuse & Neglect 2003, 899–917.

31 Für eine Forschungsübersicht siehe *Wössner*, Sexueller Missbrauch durch Kinderpornografie-Konsumenten (m/w/d), JAmt 2021, 12–15.

lungen.[32] In einer deutschen Untersuchung mussten innerhalb von 3 Jahren 28 % der misshandelten und 39 % der vernachlässigten Kinder weitere Gefährdungsereignisse erleben.[33]

30 ***Praxistipp***

*Die **Wiederholungsraten** nach bekannt gewordenen Gefährdungsereignissen sind **unakzeptabel hoch**. Daher sind nach bekannt gewordenen Missbrauchs-, Misshandlungs- und Vernachlässigungsereignissen in aller Regel Maßnahmen angezeigt, um das Wiederholungsrisiko zu senken. Dies gilt **auch dann, wenn die Sorgeberechtigten glaubwürdig erschrocken sind und versichern, zukünftig jede Art von Gefährdung zu vermeiden**. Welche Maßnahmen erforderlich und geeignet sind, hängt von einzelfallbezogenen Merkmalen ab (→ Kapitel 24).*

V. Kumulation von Gefährdungsformen

31 Bedeutsam ist schließlich noch, dass aus rückblickenden Befragungen von Erwachsenen und Jugendlichen bekannt ist, dass die Mehrzahl der Kinder, die Gegenstand eines Kinderschutzverfahrens werden, im Verlauf der Jahre des Aufwachsens und oft auch **zeitgleich mehrere Formen von Gefährdung erlebt** haben.[34] Beispielsweise wurden in einer Analyse von Kinderschutzverfahren bei Familiengerichten von den Jugendämtern im Schnitt zwei Gefährdungsformen angegeben.[35] Da Kindern, die mehrere Formen von Gefährdung erleben müssen, im Mittel noch schwerere Schädigungen drohen und zugleich manchmal nur besonders ins Auge springende Gefährdungen im Verfahren angesprochen werden, ist der Punkt der Systematik bei der Abklärung für Kinderschutzverfahren wichtig.

32 ***Praxistipp***

→ Jugendamt

*Bei Anrufungen sollte dem Gericht regelhaft mitgeteilt werden, inwieweit jenseits des Inhalts einer Gefährdungsmitteilung nach § 8a SGB VIII auch **andere Gefährdungsformen angesprochen und abgeprüft** wurden. Wenn dies nicht der Fall ist, sollten in Anhörungen und Explorationen des Kindes **mindestens eine offene Frage nach anderen belastenden und bedrohlichen Erfahrungen gestellt** werden.*

32 *Jonson-Reid et al.*, Fn. 30.

33 *Florence/Jagusch/Kindler/Müller/DePaz,* 3-Jahres Katamnese von Kinderschutzfällen eines großstädtischen Jugendamtes, in Vorb.

34 *Debowska et al.*, What do we know about child abuse and neglect patterns of co-occurrence? A systematic review of profiling studies and recommendations for future research, Child Abuse & Neglect 2017, 100–111.

35 *Münder,* Kindeswohl zwischen Jugendhilfe und Justiz, 2017, 134.

Kapitel 22: Ursachen von Kindeswohlgefährdung

Übersicht Rn.

33 Bei der Feststellung einer Kindeswohlgefährdung kommt es zunächst einmal nicht auf deren Ursache(n), sondern auf Art und Ausmaß des schädlichen Tuns von Sorgeberechtigten bzw. des Unterlassens notwendiger Fürsorge und Erziehung an. In Einzelfällen ist zudem das Vorliegen einer zugespitzten Risikolage entscheidend. Trotzdem spielen **dahinterstehende Ursachen** bereits hier eine Rolle, da sie **die Wiederholungsgefahr** und damit **die Vorhersehbarkeit** erheblicher Schädigungen des Kindes **beeinflussen** und so für die Feststellung des ersten Tatbestandsmerkmals des § 1666 BGB relevant werden. In ähnlicher Weise kommt Ursachen einer Kindeswohlgefährdung auch für das zweite Tatbestandsmerkmal des § 1666 BGB, die Bereitschaft und Fähigkeit der Sorgeberechtigten zur (Mitarbeit bei Maßnahmen zur) Abwendung der Gefahren, Bedeutung zu, insofern **manche Ursachen schwerer zu verändern sind als andere** bzw. **elterlichen Willensentscheidungen eher entzogen sind als andere**. Gleiches gilt schließlich für die Rechtsfolgen, also die Auswahl von Maßnahmen, die im Einzelfall zur Abwehr der Gefahren geeignet und erforderlich sind, da sich eine Trennung vor allem dann vermeiden lässt, wenn die im Einzelfall relevanten Ursachen der Gefährdung positiv verändert werden können. Es ist daher sinnvoll, einen Blick auf den Wissensstand zu Ursachen von Kindeswohlgefährdung zu werfen, wobei die Fachdiskussion hier sehr deutlich zwischen Misshandlung und Vernachlässigung auf der einen Seite und sexuellem Missbrauch auf der anderen Seite unterscheidet.

I. Ursachen/Risikofaktoren für Misshandlung bzw. Vernachlässigung

34 Um Misshandlung bzw. Vernachlässigung zu erklären, wird meist ein **ökologisches Modell** herangezogen, wobei „ökologisch" in diesem Zusammenhang meint, dass verschiedenen Ebenen und Lebensbereichen zugeordnete Einflussfaktoren gemeinsam betrachtet werden. Es geht dann um Belastungen, Defizite und ungünstige Bedingungen, die Eltern, Kinder, familiäre Umwelt und außerfamiliäre Umgebung betreffen können und die zusammen zu Misshandlung bzw. Vernachlässigung führen.[36] Ein solches Modell ist im Alltag der Kinderschutzpraxis weit

36 Die bekannteste Ausformulierung dieses Ansatzes stammt von *Belsky*, Etiology of child maltreatment: A developmental-ecological analysis, Psychological Bulletin 1993, 413–434.

verbreitet. Viele Richterinnen und Richter sowie Sachverständige, Fachkräfte und andere Professionelle fragen sich beispielsweise bei einem Fall mit einem misshandelten Säugling nahezu unwillkürlich, ob vielleicht das Kind ein Schreibaby ist, auf der Elternebene eine Suchterkrankung bzw. postpartale Depression vorliegt, die Familie finanzielle Sorgen hat oder sozial isoliert ist. Damit werden sofort mehrere mögliche Belastungen auf verschiedenen Ebenen angesprochen, die im Einzelfall zu Gefährdungsereignissen beitragen können. Auf der Grundlage von Studien zum gehäuften Auftreten solcher Faktoren in Familien mit Misshandlung bzw. Vernachlässigung werden sie herangezogen, um im Rückblick das Geschehene verständlicher zu machen. Aus der Sicht vieler Philosophien und großer Teile der Psychologie stellt ein solches sinnhaftes Deuten ein grundlegendes Anliegen von Menschen dar.[37] Allerdings können nachträgliche Erklärungen meist allenfalls plausibel[38] gemacht werden und die potenzielle Rolle elterlicher Willensentscheidungen, ein Kind zu misshandeln bzw. zu vernachlässigen oder eben nicht, bleibt dabei konzeptuell ein blinder Fleck.[39]

35 Trotzdem haben solche Erklärungsversuche einen praktischen Nutzen, der in der Möglichkeit liegt, Erfahrungen aus Fällen mit ähnlich gelagerten Risiken übertragen zu können. Richtet sich der Blick in die Zukunft, geht es darum, **im Einzelfall aus vorliegenden Belastungen eine Einschätzung abzuleiten**, wie groß die Gefahr wiederholter Vernachlässigung bzw. Misshandlung ist und welche Belastungen durch Interventionen veränderbar sind. Die Vorhersagekraft solcher Prognosen lässt sich zumindest auf der Gruppenebene in Längsschnittstudien testen, sodass hier wissenschaftlich festerer Boden erreicht wird. Tatsächlich lassen sich verschieden hohe Raten erneut auftretender Gefährdung bei Familien mit unterschiedlichen bzw. unterschiedlich vielen Risiken belegen. In einer deutschen Studie wurde etwa die Risikolage nach einem Gefährdungsereignis mit einer standardisierten Liste wichtiger Risikofaktoren eingeschätzt. Bei maximal einem vorliegenden Risiko kam in den nächsten drei Jahren in keinem der Fälle ein Kind in den be-

---

37 Für eine philosophische Herleitung des Anliegens von Menschen, sich selbst und andere verstehen zu können, siehe *Scruton*, On human nature, 2017. In der Psychologie hat in den letzten Jahrzehnten vor allem *Roy Baumeister* Beiträge zu diesem Thema geleistet, für einen Überblick siehe *Baumeister/Landau*, Finding the meaning of meaning: Emerging insights on four grand questions, Review of General Psychology 2018, 1–10.

38 Das Problem rückblickender Erklärungen entsteht unter anderem deshalb, weil die Vergangenheit in der Regel nur teilweise bekannt ist und zudem schwer zu bestimmen ist, was bei Ursachenketten als Ausgangspunkt verwendet werden soll. Die Geschichtswissenschaft kann von solchen Problemen ein Lied singen (z.B. *Schnepf*, Geschichte erklären, 2011), die Human- und Sozialwissenschaften sind aber genauso betroffen.

39 Für einen ausgezeichneten Beitrag zu diesem für das Verhältnis von Recht und Psychologie wichtigen Punkt eines Spannungsverhältnisses zwischen dem potenziell deterministischen Erklärungsansatz der Human- und Sozialwissenschaften und den im Recht eingebauten Verantwortungszuschreibungen siehe *Montada*, Verantwortlichkeit und das Menschenbild in der Psychologie, in: *Jüttemann*, Psychologie in der Veränderung, 1983, 162–188; seitdem wurde viel Energie auf die Diskussion rechtlicher Implikationen angreifbarer neurowissenschaftlicher Befunde zur Willensfreiheit verwandt. Das zentrale Gegenargument stammt von Dworkin, der herausstellt, dass, selbst wenn eigenes und fremdes Verhalten determiniert wäre, uns das Ergebnis determinierender Prozesse nicht bewusst ist und wir deshalb Entscheidungen treffen müssen: *Dworkin*, Gerechtigkeit für Igel, 2014.

treffenden Familien zu Schaden, bei zwei bis drei Risiken lag die Rate bei 13 %, bei vier oder mehr Risiken waren es dann bereits 52 %.[40] Ein solcher **massiver Anstieg bei sich häufenden Risiken** findet sich in vielen Untersuchungen[41] und die Unterschiede zwischen verschiedenen Risikoniveaus sind offenkundig praktisch bedeutsam. Deutlich wird aber auch: Ein Determinismus, der eine **perfekte Vorhersage** anstreben würde, ist **in keiner Weise in Sicht**. Dies entspricht grundlegend einem Menschenbild, das Raum für Selbstverantwortung lässt. Es wäre aber auch gar nicht möglich zu testen, ob es bei bestimmten Risikolagen zukünftig in allen Fällen zu Gefährdungsereignissen kommt, weil in dieser und allen anderen Studien zu Risikoeinschätzungen Hilfen aus ethischen wie rechtlichen Gründen nicht verweigert werden können und dadurch Veränderungen in Familien angestoßen werden. Dass die **Risikolagen trotzdem empirisch belegbar durchschlagen**, ist ein Argument dafür, ihnen in der Praxis **systematisch Aufmerksamkeit** zu **schenken**.

Praxistipp 36

→ **Familiengericht**

In Kinderschutzverfahren mit Vernachlässigung bzw. Misshandlung sollten ***Risiken fortgesetzter oder wiederholter Gefährdungsereignisse systematisch analysiert*** *werden. Wenn im Verfahren Zweifel entstehen, ob dies geschehen ist, kann es sinnvoll sein, das Jugendamt bzw. die oder den Sachverständigen um eine Erläuterung zu bitten, ob das Wiederholungsrisiko eingeschätzt wurde, wie die Herangehensweise an diese Aufgabe war und gegebenenfalls von welcher Zusammenstellung relevanter Faktoren ausgegangen wurde. Bei Bedarf kann um eine ergänzende Stellungnahme gebeten werden, in der eine solche systematische Analyse nachgeholt wird.*

Derzeit sind etwa **30 Faktoren bekannt**, die die Wahrscheinlichkeit von Miss- 37
handlung bzw. Vernachlässigung belegbar erhöhen.[42] Als belegt werden Risiken hier dann angesehen, wenn sie in mindestens zwei Längsschnittstudien in einer gegen den Zufall abgrenzbaren Weise, d.h. statistisch signifikant, mit einer späteren (erneuten) Vernachlässigung bzw. Misshandlung in Zusammenhang standen. Einige, aber nicht alle dieser Faktoren entsprechen **stereotypen Vorstellungen** von Misshandlung bzw. Vernachlässigung, in denen misshandelnde Eltern meist als aggressiv und feindselig sowie vernachlässigende Eltern als emotional distan-

---

40 *Kindler/Lukaszyk/Reich*, Evaluation des Diagnoseinstruments zur Gefährdungseinschätzung des Kindeswohls, Nachrichtendienst des deutschen Vereins für öffentliche und private Fürsorge, 2009, 63–71.

41 Für eine Forschungsübersicht siehe *MacKenzie/Kotch/Lee*, Toward a cumulative ecological risk model for the etiology of child maltreatment, Children and Youth Services Review 2011, 1638–1647; für einen entsprechenden Befund aus Deutschland siehe *Liel et al.*, Risk factors for child abuse, neglect and exposure to intimate partner violence in early childhood, Child Abuse & Neglect, Vol. 106, 2020, DOI: 10.1016/j.chiabu.2020.104487.

42 *Stith et al.*, Risk factors in child maltreatment: A meta-analytic review of the literature, Aggression and Violent Behavior 2009, 13–29; *Mulder et al.*, Risk factors for child neglect: A meta-analytic review, Child Abuse & Neglect 2018, 198–210.

ziert und arm porträtiert werden. Entsprechend würden viele Fachkräfte und Sachverständige ein hohes Maß an elterlicher Impulsivität und Ärger zutreffend als Risiko für (weitere) Misshandlung beurteilen. Dass **ausgeprägte Ängste** eines Elternteils einen nahezu gleich aussagekräftigen Risikofaktor darstellen, wird dagegen manchmal ausgeblendet, weil es dem Stereotyp misshandelnder Eltern nicht entspricht. In ähnlicher Weise werden bei Kindesvernachlässigung eine elterliche **Depression**, gleich mehrere jüngere Kinder, die versorgt werden müssen, und Armut häufig zutreffend als Risikofaktoren erkannt. Hingegen wird die dem Stereotyp widersprechende, aber ebenfalls gewichtige Rolle einer elterlichen Geschichte von **Kriminalität** und **antisozialen Handlungen** häufig fälschlich nicht berücksichtigt. Eine Risikoanalyse stellt deshalb eine fachliche Aufgabe dar, die nicht nebenbei und ohne Fachkenntnisse erledigt werden kann.

38 Viele Fachkräfte aus der Kinder- und Jugendhilfe, Sachverständige und teilweise auch Angehörige der juristischen Professionen kennen aus der Scheidungsforschung das **Risiko-Schutzfaktoren-Modell**, wonach es vom Verhältnis bestimmter Risiko- und Schutzfaktoren abhängt, wie gut und schnell Kinder eine Trennung der Eltern bewältigen.[43] Hinzu kommt, dass zumindest in der **Sozialpädagogik**, die die große Mehrheit der Fachkräfte in der **Kinder- und Jugendhilfe** studiert hat, eine **Orientierung auf Stärken und Ressourcen von Familien** ein **Arbeitsprinzip** darstellt. Daher wird häufig danach gefragt, welche Rolle Schutzfaktoren bei der Wahrscheinlichkeit wiederholter Misshandlung und Vernachlässigung spielen. Die Antwort lautet, dass bislang kaum Schutzfaktoren bekannt sind, die dem Auftreten erneuter Vernachlässigung oder Misshandlung belegbar entgegenwirken.[44] Die einzige Ausnahme stellt eine positive und verlässliche soziale Unterstützung von Eltern(-teilen) dar.[45] Daher ist die Einschätzung der Wahrscheinlichkeit erneuter Misshandlung bzw. Vernachlässigung derzeit im Wesentlichen eine Einschätzung vorliegender oder nicht vorliegender Risiken. Dies wird hoffentlich nicht so bleiben, beschreibt aber den gegenwärtigen Stand. Anders ist die Situation im Hinblick auf die Bewältigung erfahrener Vernachlässigung und Misshandlung durch betroffene Kinder. Hier sind (analog zur Bewältigung von Scheidungsfolgen) mehrere Faktoren bekannt, die einen günstigen Verlauf wahrscheinlicher machen.[46]

39 Zwischen belegten Risikofaktoren für Vernachlässigung und Misshandlung bestehen Unterschiede in der **Vorhersagekraft**. Wird hierauf im Verfahren nicht eingegangen, bleibt es sehr stark der Phantasie der Beteiligten überlassen, für wie gewichtig sie einen Aspekt halten. Wenn etwa in einer Akte mitgeteilt wird, eine Mutter sei selbst in ihrer Kindheit misshandelt worden, kann es sehr unterschiedli-

43 Für eine Übersicht siehe *Hetherington/Bridges/Insabella*, What matters? What does not? Five perspectives on the association between marital transitions and children's adjustment, American Psychologist 1998, 167–184.

44 *Austin/Lesak/Shanahan*, Risk and protective factors for child maltreatment: a review, Current Epidemiology Reports 2020, 334–342.

45 *Schofield/Lee/Merrick*, Safe, stable, nurturing relationships as a moderator of intergenerational continuity of child maltreatment, Journal of Adolescent Health 2013, S32–S38.

46 Für eine Forschungsübersicht zu Bewältigungsprozessen von Kindern siehe Kapitel 24 Fn. 135.

che Einschätzungen dazu geben, wie wahrscheinlich dann eine Misshandlung ihrer Kinder ist. Tatsächlich ist die Rate von Gefährdungsereignissen bei Kindern von **Müttern mit eigenen Misshandlungserfahrungen** im Verhältnis zu Müttern, die keine solchen Erfahrungen machen mussten, im Mittel der vorliegenden Studien **drei- bis sechsfach erhöht**. Dies gilt nicht nur, wenn die Misshandlung in der Kindheit der Mutter anhand alter Akten von Kinderschutzbehörden festgestellt wird. Vielmehr zeigt sich der Zusammenhang auch dann, wenn Berichte der Mutter selbst zu ihrer Kindheit herangezogen werden, sodass es sich nicht um einen Scheinzusammenhang aufgrund des Umstandes handelt, dass das **Kinderschutzsystem ehemalige Klientinnen und Klienten vergleichsweise stärker im Blick behält** (**surveillance bias**).[47] Misshandlungserfahrungen von Eltern in ihrer Kindheit zählen damit zu den mittelstarken Vorhersagefaktoren.

Ähnlich vorhersagestark ist etwa eine **elterliche Alkoholerkrankung** oder eine **40** diagnostizierte **Depression**. Zu den gegenüber dem Zufall abgrenzbaren, aber nur schwach vorhersagekräftigen, d.h. mit einer maximal zwei bis dreifachen Erhöhung des Risikos von Vernachlässigung bzw. Misshandlung einhergehenden Faktoren zählen etwa **relative Armut** im Hinblick auf Vernachlässigung oder andere Merkmale der **sozialen Lage** einer Familie (Arbeitslosigkeit, Wohnquartier u.a.). Eine stärkere Vorhersagekraft im Bereich einer sechs- bis zehnfachen Erhöhung der Rate an Misshandlung bzw. Vernachlässigung weisen beispielsweise eine **Abhängigkeit von illegalen Suchtstoffen** (außer Cannabis), wiederholte und **verletzungsträchtige Partnerschaftsgewalt** sowie eine **emotional instabile Persönlichkeitsstörung** auf.[48]

Besonders wichtig ist das **Wissen um die Vorhersagestärke** verschiedener Risi- **41** kofaktoren, wenn in Verfahren Behauptungen aufgestellt werden, ein bestimmtes Risiko sei entscheidend und mache die Herausnahme eines Kindes unausweichlich. Solche Behauptungen werden etwa manchmal aufgestellt, wenn (a) Eltern eines Kindes mit Misshandlungsverletzungen zwar ernsthaft bereit sind, Hilfen anzunehmen, aber die Misshandlung nicht einräumen, (b) bereits ein bis zwei Kinder einer Mutter bzw. Familie wegen Vernachlässigung fremduntergebracht wurden und nun ein neues Kind geboren wird oder (c) eine Mutter mit Gefährdungserfahrungen in ihrer Kindheit eine Psychotherapie ablehnt. Alle drei genannten Punkte stellen prognostisch ungünstige Fallumstände dar, die berücksichtigt werden müssen. Die betreffenden Risikofaktoren sind aber für sich genommen jeweils nur moderat vorhersagekräftig und können daher allein nicht ausschlaggebend sein.

---

47 Zum Beispiel *Armfield et al.*, Intergenerational transmission of child maltreatment in South Australia, The Lancet Public Health 2021, E 450–E461, DOI: 10.1016/S2468-2667(21)00024-4; *Pears/Capaldi*, Intergenerational transmission of abuse: A two-generational prospective study of an at-risk sample, Child Abuse and Neglect 2001,1439–1461; für eine Forschungsübersicht siehe *Madigan* et al., Testing the cycle of maltreatment hypothesis: Meta-analytic evidence of the intergenerational transmission of child maltreatment. Development and Psychopathology 2019, 23–51.

48 Für eine Übersicht zur Vorhersagestärke verschiedener Faktoren siehe Kindler, Wie können Misshandlungs- und Vernachlässigungsrisiken eingeschätzt werden? In Kindler et al., Handbuch ASD und Kindeswohlgefährdung nach § 1666 BGB, 2006, 440–453.

42 In der Wissenschaft gibt es, wie seit der SARS-CoV-2 Pandemie Allgemeingut geworden ist, verschiedene Möglichkeiten, Risikoindizes zu bilden und die **Vorhersagekraft von Risikofaktoren** auszudrücken, deren Interpretation sich intuitiv meist nicht oder nicht vollumfänglich erschließt.[49] In den vorhergehenden Absätzen wurde der Faktor, um den sich die Häufigkeit von Misshandlung bzw. Vernachlässigung bei Eltern mit einem Risiko im Vergleich zu Eltern ohne dieses Risiko in den vorliegenden Studien erhöht (z.B. zwei- bis dreifach erhöhtes Risiko), als Maß verwandt. Dieses relativ verständliche Maß wird als ***Risk Ratio*** (RR) bezeichnet. Aber: Wie bei allen Maßzahlen für die relative Erhöhung des Risikos hängt die praktische Bedeutung stark von der **Grundwahrscheinlichkeit** von Vernachlässigung bzw. Misshandlung ab. In einer bekannt gewordenen englischen Studie in der Allgemeinbevölkerung lag die Grundwahrscheinlichkeit für eine erstmalige Vernachlässigung bzw. Misshandlung eines Kindes in seinen ersten 13 Lebensmonaten beispielsweise bei 0,6 %.[50] Die in dieser Studie 11-fach erhöhte Rate gefährdeter Kinder bei Eltern, die Gefährdung in der eigenen Kindheit berichteten, resultierte dann darin, dass bei 6,7 % der Kinder dieser Eltern Misshandlung bzw. Vernachlässigung erkannt wurde. Selbst wenn in Rechnung gestellt wird, dass Misshandlung bei Säuglingen vergleichsweise häufig zu schwereren Verletzungen führt und der Bundesgerichtshof bei der Feststellung einer Kindeswohlgefährdung ausdrücklich eine geringere Eintrittswahrscheinlichkeit des Schädigungsereignisses akzeptiert hat, wenn dafür der Schweregrad der zu erwartenden Schädigung sehr hoch ist,[51] wird auf der Grundlage solcher Zahlen wohl kaum ein Gericht bereit sein, bei Eltern, die in ihrer eigenen Kindheit Misshandlung oder Vernachlässigung erleben mussten, allein deshalb eine Kindeswohlgefährdung zu bejahen. Ganz anders die Situation, wenn es im Einzelfall ernsthafte Hinweise auf eine bereits erfolgte Misshandlung eines Säuglings gibt und es um die Wiederholungsgefahr geht. Hier ist die Grundwahrscheinlichkeit einer erneuten Misshandlung wesentlich größer und liegt im Bereich von 30–40 %.[52] Wenn dann im Einzelfall Umstände vorliegen, die die Wiederholungsgefahr zusätzlich erhöhen, wird sehr viel eher ein Ausmaß an Risiko erreicht, das bei schweren drohenden Schädigungen ein Schutzhandeln gerechtfertigt erscheinen lässt.[53] Dies ist auch genau der Grund, warum es bei der allgemeinen Prävention erstmaliger Kindeswohlgefährdung in aller Regel um (Frühe) Hilfen geht und nicht um das Erkennen zukünftig vernachlässigender oder misshandelnder Eltern, bei denen dann Schutzmaßnahmen eingeleitet werden müssten. Ausnahmen gibt es nur bei sehr zugespitzten Ri-

---

49 Für eine Einführung siehe *Kraemer et al.,* Measuring the potency of risk factors for clinical or policy significance, Psychological Methods 1999, 257–271; für eine Einführung in Risikokommunikation siehe *Wilson/Crouch*, Risk assessment and comparisons: An introduction, Science 1987, 267–270.

50 *Dixon et al.*, Risk factors of parents abused as children, Journal of Child Psychology and Psychiatry 2005, 47–57.

51 Z.B. BGH, 23.11.2016 – XII ZB 149/16, Rn. 14 m.w.N.

52 Vgl. Kapitel 21 Fn. 30.

53 Für eine Übersicht zu den wichtigsten Faktoren, die eine wiederholte Misshandlung bzw. Vernachlässigung vorhersagen, siehe *White et al.*, Risk factors for child maltreatment recurrence: An updated systematic review. Medicine, Science and the Law 2015, 259–277.

sikolagen (z.B. schwer psychotische, alleinerziehende Mutter steht mit Neugeborenem vor der Entlassung aus der Geburtsklinik und lehnt Hilfen ab). Der Platz von Risikoeinschätzungen im Kinderschutzverfahren ist die Einschätzung der Gefahr erneuter Vernachlässigung und Misshandlung, also die Einschätzung in Fällen mit sehr wahrscheinlicher oder belegter Vernachlässigung bzw. Misshandlung in der Vorgeschichte.

Praxistipp 43

→ **Familiengericht**

Klarheit in der Risikokommunikation *im Kinderschutzverfahren ist wichtig, d.h., fragen Sie nach, wenn in Verfahren von „schweren" oder „gewichtigen" Risikofaktoren oder einer „hohen" bzw. „sehr hohen" Wahrscheinlichkeit von (erneuter) Misshandlung bzw. Vernachlässigung die Rede ist, was damit gemeint ist. Die Verwendung von* ***Adjektiven wie „schwer" oder „hoch"*** *im Verfahren ist nicht an sich problematisch oder falsch und gegenüber einer eventuell nur scheinbar exakten, weil unzureichend fundierten Prozentangabe einer Wahrscheinlichkeit von Misshandlung bzw. Vernachlässigung sogar zu bevorzugen. Nur ist es wichtig, dass im Verfahren ein gemeinsames Bild entsteht, was gemeint ist und in welcher Größenordnung Jugendamt bzw. Sachverständige das Wiederholungsrisiko in etwa ansiedeln.*

Das **ökologische Modell** der Entstehung von Vernachlässigung und Misshandlung kann als empirisch gut gesichert gelten und ist Grundlage belegbar aussagekräftiger Risikoeinschätzungsverfahren, die sich gegenüber der rein klinischen Eindrucksbildung als überlegen erwiesen haben.[54] Trotzdem gibt es **Weiterentwicklungsbedarf**. Insbesondere kann das ökologische Modell bislang nicht genau erklären, wie und auf welchen Wegen das Vorhandensein verschiedener Belastungen und Risiken eigentlich zu Vernachlässigung und Misshandlung führt. Ausgedrückt in der Sprache der Wissenschaft bedeutet dies, es wurde zwar viel Wissen über Risikofaktoren gesammelt, aber die **Risikomechanismen** sind **vielfach noch unklar**. Es geht dabei nicht um eine bloße Abrundung der Theorie. Vielmehr ist das Verständnis der Prozesse, wie aus einer Anhäufung oder Konstellationen von Risiken dann vernachlässigendes oder misshandelndes Verhalten wird, wichtig, um möglichst zielgerichtet intervenieren zu können. 44

In der Praxis gibt es hier Ideen, die nahezu alle Professionellen in Kinderschutzverfahren kennen. Bei Kindesmisshandlung wird etwa häufig angenommen, es sei eine mit Risiken und Belastungen verbundene Stressbelastung gewesen, die dann 45

54 Für eine Forschungsübersicht zur Aussagekraft von Risikoeinschätzungsverfahren siehe *van der Put/Assink/van Solinge*, Predicting child maltreatment: A meta-analysis of the predictive validity of risk assessment instruments, Child Abuse & Neglect 2017, 71–88; zur Überlegenheit gegenüber der bloßen Eindrucksbildung durch Fachkräfte siehe etwa *Johnson,* The validity and utility of the California Family Risk Assessment under practice conditions in the field: A prospective study, Child Abuse & Neglect 2011, 18–28.

in Form eines aggressiven Ausbruchs zu einer Misshandlung geführt hat (**Überforderungsmisshandlung**). Bei Misshandlungen ohne Risiken und Belastungen wird dann in der Rechtsprechung manchmal das aus dem Verkehrsrecht stammende **Konzept des „Augenblicksversagens"** herangezogen, d.h., es wird ein kurzzeitiger, sich in der Regel nicht wiederholender aggressiver Ausbruch bei solchen Eltern angenommen, die eben keine Kumulation von Risiken und Belastungen zeigen.[55] Bei Vernachlässigung wird dagegen häufig eine **Mischung aus Überforderung und Kompetenzmängeln** angenommen, um zu erklären, warum belastete Lebensgeschichten und Risiken zu gravierenden Versorgungs- und Erziehungsmängeln geführt haben. Die genannten Erklärungen haben Auswirkungen auf das Kinderschutzhandeln im familiengerichtlichen Verfahren. Nach Misshandlung wird oft nach Wegen gesucht, um den Stress in der Familie zu verringern und weiteren krisenhaften Zuspitzungen vorzubeugen, nach Vernachlässigung stehen häufig die Vermittlung von Fürsorgefähigkeiten sowie eine unterstützende Begleitung im Mittelpunkt.

46 Tatsächlich hat die Forschung aber mittlerweile mehr als diese beiden Risikomechanismen aufgedeckt, also mehr Prozesse, die im Einzelfall zu Misshandlung oder Vernachlässigung führen können[56]. *Kindler & Jud* (2021)[57] führen etwa folgende Risikomechanismen auf und benennen Folgerungen für die Planung von Hilfen:

47 • **Lebensgeschichtlich verzerrte Vorstellungen von Fürsorge und Erziehung**: Elternteile, die in ihrer Kindheit selbst Vernachlässigung oder Misshandlung erfahren mussten, entwickeln teilweise sehr lückenhafte Vorstellungen davon, was Kinder für eine positive Entwicklung brauchen. Dies kann zu Vernachlässigung in der nächsten Generation führen, aber durch sehr konkrete Anleitung aufgefangen werden. Teilweise entwickeln betroffene Elternteile vor dem Hintergrund negativer Erfahrungen in der Kindheit ein erhöhtes Misstrauen, das zu **feindseligen Deutungen kindlicher Signale** führt. Der Elternteil nimmt etwa (fälschlich) Ablehnung bzw. bewusste Provokation durch das Kind wahr und fühlt sich dann berechtigt, dieses zu bestrafen oder zu ignorieren. Auch Hilfen werden durch erhöhtes Misstrauen erschwert. Ein Weg aus dieser Falle kann über Angebote führen, die beim Verständnis kindlicher Signale helfen und den Bindungsaufbau fördern, aber auch Raum für die geduldige Entwicklung einer positiven Hilfebeziehung schaffen.

48 • **Konflikte mit eigenen Entwicklungsaufgaben bei jungen Eltern**: Junge Eltern haben häufig noch wichtige eigene Entwicklungsaufgaben zu lösen, die viel Zeit und Energie erfordern (z.B. jemanden für eine Partnerschaft zu finden).

---

55 Z.B. OLG Köln, 13.10.2016 – 21 UF 56/16; kritisch hierzu BVerfG, 3.2.2017 – 1 BvR 2569/16.

56 *Kindler*, What explains dangerous parenting and how can it be changed?, Zeitschrift für Familienforschung 2017, Sonderheft 11, 195–214; *Kindler et al.*, Unterstützungsbogen für die Jugendhilfe, JAmt 2008, 467–470.

57 *Kindler/Jud*, Ätiologie von Misshandlung, Vernachlässigung und sexuellem Missbrauch. In: Gute Kinderschutzverfahren – Modellprojekt zur Qualitätssicherung und Qualitätsentwicklung für eine kindgerechte Justiz durch interdisziplinäre Fortbildung unter Einbindung eines E-Learning-Angebots, 2020, siehe https://guteverfahren.elearning-kinderschutz.de (Abruf: 20.5.2022)

Die Anforderungen durch die Bedürfnisse eines Kindes lösen dann teilweise Ärger und Wut aus, was zu Misshandlung führen kann, oder es gibt Versuche der Kompromissbildung, die in Vernachlässigung umschlagen. Lösungen bestehen hier nicht nur in der Vermittlung von Kompetenzen im Umgang mit dem Kind, sondern in der Suche nach kindeswohlverträglichen **Arrangements, die Bedürfnissen des Kindes und Entwicklungsaufgaben der jungen Eltern Rechnung tragen**.

- **Überforderung infolge generell herabgesetzter Belastbarkeit**: Durch eine vorübergehend (z.B. postpartale Depression) oder dauerhaft herabgesetzte Belastbarkeit kommt es zu einer Überforderung in vielen Lebensbereichen, was immer neue Krisen und belastende Lebensereignisse bedingt (z.B. ungeöffnete Post führt zu Mietkündigung und Stromsperre, Vernachlässigung führt zu Verhaltensauffälligkeiten der Kinder). Innerhalb dieser **Spirale nach unten** kann die Situation so eskalieren, dass es zu Misshandlungen oder einem Zusammenbruch von Fürsorge kommt. **Interventionen Dritter, die die Eltern stark kritisieren, entmutigen diese weiter** und begünstigen langfristig ungünstige Bewältigungsstrategien (z.B. Behörden alles versprechen). Geeignete fachliche Interventionen erfordern hier eine gute Abklärung, inwieweit Gründe für eine herabgesetzte Belastbarkeit verändert werden können (z.B. Depressionsbehandlung) oder Bewältigungsfähigkeiten gestärkt werden können (z.B. hauswirtschaftliches Training). Zudem sind eine Sozialarbeit, die alle betroffenen Lebensbereiche umfasst, sowie eine Förderung der Mitbestimmung der Eltern wichtig. 49
- **Suchterkrankung bindet Aufmerksamkeit, Ressourcen und Zeit der Eltern**: Nach Zeitbudget-Studien erfordert insbesondere eine Abhängigkeit von illegalen Suchtstoffen **ähnlich viel Zeit wie eine Vollzeitbeschäftigung**, nur dass dadurch die finanziellen Ressourcen der Familie auch noch deutlich gemindert werden. Zudem kann es bei einem fehlenden Suchtstoff oder einer nachlassenden Wirkung zu Aggressionen oder während der Intoxikation zu fehlenden oder ungeeigneten Reaktionen auf kindliche Bedürfnisse kommen. Kommt es im Kontext einer Suchterkrankung zu einer Kindeswohlgefährdung, so steht die Suchtbehandlung am Anfang der Intervention. Teilweise werden im Verlauf aber weitere psychische Belastungen oder Einschränkungen der Erziehungsfähigkeit sichtbar, die dann weitere Hilfen erforderlich machen. 50
- Eine **antisoziale Entwicklungsgeschichte von Eltern** begünstigt Gewalt, mangelnde Regelsozialisation und Eltern-Kind-Zwangszirkel: Elternteile, die in ihrer Entwicklungsgeschichte **gelernt haben, sich** bei Einschränkungen **mit Zwang und Gewalt durchzusetzen**, reagieren manchmal ohne langes Überlegen mit Gewalt auf Einschränkungen durch Kinder (z.B. anhaltendes Weinen), auch wenn sie dies unter Umständen später glaubhaft sehr bereuen. Zudem wird **Fürsorge und** die **Vermittlung von Regeln** relativ **stark an eigenen Bedürfnissen ausgerichtet** und bleibt daher **inkonsistent**, was Verhaltensauffälligkeiten bei Kindern begünstigt. Erzieherische Versuche der Kontrolle von Verhaltensauffälligkeiten in der Familie können dann zu eskalieren- 51

den, in Gewalt oder ein Ignorieren des Kindes umschlagenden Konflikten führen. Dieser Weg ist schwer zu verändern. Unter Umständen ist eine Eltern-Kind-Einrichtung in Verbindung mit einem Anti-Aggressivitätstraining und ggfs. therapeutischer Hilfe für ein bereits verhaltensauffälliges Kind geeignet. Fremdunterbringungen sind aber häufig.

52 • **Negative Selbstwirksamkeit von Eltern** führt zu einem schnell wahrgenommenen Scheitern an der Elternrolle: Vor dem Hintergrund vielfachen Scheiterns in ihrem Leben nähern sich manche Eltern der neuen Aufgabe der Elternschaft mit der **Vermutung, auch an der Elternrolle zu scheitern**. Gleichzeitig bestehen oft intensive Hoffnungen, das Kind möge einen positiven Wendepunkt in ihrem Leben darstellen. Wenn es dann zu Misserfolgen in der Elternrolle kommt (die nahezu alle Eltern kennen), reagieren betroffene Eltern manchmal mit verzweifelter Wut, was zu Misshandlung führen kann, oder sie geben auf, was zu Vernachlässigung führen kann. Liegt dieser Risikomechanismus vor, scheint es wichtig, vorhandene positive Ansätze im Fürsorgeverhalten zu verstärken. Häufig ist zudem eine psychotherapeutische Stützung und Begleitung sinnvoll.

53 Vermutlich sind bislang nicht alle relevanten Risikomechanismen für Vernachlässigung und Misshandlung bekannt, zumal empirische Belege aufwendiger Untersuchungen bedürfen, da entweder Längsschnittstudien benötigt werden, in denen Risikomechanismen erhoben werden, oder Interventionsstudien, die zielgerichtet bei bestimmten Risikomechanismen ansetzen. Im Einzelfall können mehrere Risikomechanismen in einer Familie vorkommen. Welche dies sind, kann über eine Fallanalyse des Jugendamtes oder im Sachverständigengutachten plausibel gemacht werden. Der Gedanke besteht dabei immer darin, **über ein Verständnis solcher Mechanismen zu möglichst passenden und daher eher wirksamen Hilfe- und Schutzkonzepten zu kommen**. Deshalb kann der Aufwand einer solchen Analyse sehr lohnend sein.

54 ***Praxistipp***

→ **Familiengericht** → **Jugendamt** → **Sachverständige**

In manchen Anhörungen springt die Erörterung von der Frage, ob eine Gefährdung vorliegt, direkt zur Frage nach Hilfen und Schutzmaßnahmen. Wenn sich hier Uneinigkeit oder Ratlosigkeit einstellt bzw. nur wenig konkrete Ideen geäußert werden, kann das Jugendamt oder eine bzw. ein Sachverständiger in einem Zwischenschritt gebeten werden darzulegen, ***welche Prozesse vermutlich zur Gefährdung geführt haben****. Wenn diese Analyse überzeugt, kann sie als Grundlage für einen neuerlichen Anlauf für fundierte Absprachen zur Abwendung der Gefahr dienen.*

II. Ursachen/Risikofaktoren für innerfamiliäre sexualisierte Gewalt

Im Hinblick auf die **Entstehung (Ätiologie) innerfamiliärer sexualisierter Gewalt** gegen Kinder bzw. Jugendliche vertreten **Laien** manchmal eine **Theorie**, wonach im Wesentlichen das Vorhandensein einer Person mit einer sexuellen Orientierung auf Kinder (Pädophilie) oder Jugendliche (Hebephilie) eine Erklärung darstellt. Diese Vorstellung übersieht, dass (a) ein wesentlicher Anteil bislang untersuchter Missbrauchstäter in Familien keine entsprechende Störung der Sexualpräferenz aufweist,[58] (b) ein nicht genau bekannter, aber vermutlich bedeutsamer Anteil der Menschen mit pädophiler oder hebephiler sexueller Orientierung keine sexualisierte Gewalt gegen Kinder bzw. Jugendliche im Umfeld ausübt und auch keine Missbrauchsdarstellungen nutzt[59] sowie (c) bei den Risikofaktoren für eine sexuelle Viktimisierung in der Kindheit auch viele Umfeldfaktoren eine wichtige Rolle spielen (z.B. durch Sucht oder psychische Erkrankungen eingeschränkte Schutzfähigkeiten des hauptsächlich betreuenden Elternteils).[60] 55

Daher beschreibt etwa *Finkelhor* (1984) in seinem bekannten **Modell der Entstehungsbedingungen sexualisierter Gewalt gegen Kinder und Jugendliche** vier Faktoren, die zusammenkommen müssen, damit sich sexuelle Übergriffe gegen Kinder bzw. Jugendliche ereignen.[61] Angepasst auf innerfamiliäre sexualisierte Gewalt lauten diese Faktoren: (a) Es muss in der Familie eine Person geben, die zu sexualisierter Gewalt gegen ein Kind motiviert ist, (b) diese Person muss ihre inneren Hemmungen überwinden und ebenso (c) den Widerstand des Kindes, schließlich (d) muss das familiäre Umfeld für die sexualisierte Gewalt geeignete Situationen zulassen. Entsprechend diesem Modell besteht die erste und anfänglich häufig alternativlose Reaktion auf innerfamiliäre sexuelle Gewalt im familiengerichtlichen Kinderschutzverfahren in einem Ausschluss der zu sexualisierter Gewalt motivierten Person aus der Familie oder zumindest einer Unterbrechung des Kontaktes zu betroffenen und eventuell weiteren gefährdeten Kindern (Punkt a). Mittel- und langfristig können therapeutische Strategien helfen, um bei motivierten Personen innere Widerstände zu stärken (Punkt b). Ebenso können pädagogische und vereinzelt auch therapeutische Strategien helfen, um nicht-missbrauchende Erwachsene darin zu unterstützen, das familiäre Umfeld so zu gestalten, dass von sexualisierter Gewalt bereits betroffene und gefährdete Kinder sich sicher fühlen können (Punkt d). Eine Stärkung der Fähigkeiten von Kindern, sexualisierter Gewalt Wider- 56

58 Für eine Forschungsübersicht siehe *Seto et al.*, The puzzle of intrafamilial child sexual abuse: A meta-analysis comparing intrafamilial and extrafamilial offenders with child victims, Clinical Psychology Review 2015, 42–57.

59 Z.B. *Kärgel et al.*, Evidence for superior neurobiological and behavioral inhibitory control abilities in non-offending as compared to offending pedophiles, Human Brain Mapping 2017, 1092–1104.

60 *Assink et al.*, Risk factors for child sexual abuse victimization: A meta-analytic review. Psychological Bulletin 2019, 459–489.

61 *Finkelhor*, Child sexual abuse, 1984.

stand entgegenzusetzen oder zumindest umgehend Hilfe zu suchen, besteht nach bereits erfolgter sexualisierter Gewalt vor allem in einer Aufarbeitung des Erlebten (Punkt c).

57 Ohnehin kann **Minderjährigen nur sehr beschränkt die Verantwortung für den eigenen Schutz übertragen werden**, insbesondere gegenüber Bezugspersonen, die Einfluss auf und unter Umständen große emotionale Bedeutung für Betroffene haben.[62] Unter einer Lebenslaufperspektive ist eine pädagogische Aufgabe erfolgten Missbrauchs allerdings von großer Bedeutung, da sich gezeigt hat, dass Kinder und Jugendliche, die einen sexuellen Missbrauch erleben mussten, im Jugend- und jungen Erwachsenenalter überdurchschnittlich häufig erneut sexuelle Gewalt im Kreis der Gleichaltrigen erleben, und zwar auch dann, wenn eine Herausnahme aus dem familiären Milieu erfolgte. Ein schwaches Bewusstsein eigener sexueller Integrität und sexueller Rechte stellt hier einen wichtigen Einflussfaktor dar und bietet pädagogische Ansatzpunkte.[63]

58 In der derzeit größten Studie, in der Verläufe bei der Entstehung innerfamiliärer sexualisierter Gewalt gegen Kinder durch Personen in einer Vaterrolle analysiert wurden, konnten *Leclerc* et al.[64] drei Pfade unterscheiden:

- Bei einem durch sexuelle Devianz gekennzeichneten Pfad handelte es sich um Männer mit ausgeprägten devianten (abweichenden) sexuellen Phantasien und häufig negativem Selbstbild. Vor dem ersten tatsächlichen Übergriff verstärkten sich Phantasien des Übergriffs, Partnerschaftsprobleme und sozialer Rückzug gegenseitig. Übergriffe wurden geplant und überwiegend durch manipulative Strategien vorbereitet.
- Beim zweiten Pfad ohne deviante Phantasien, aber mit kumulierenden psychischen und sozialen Problemen reagierten betroffene Männer mit einem ständigen Kreisen um das Thema Sexualität, die als Gegenwelt zum Alltag aufgebaut wurde. Vor tatsächlichen Übergriffen kam es häufig zu einer Zuspitzung realer Probleme.
- Auf dem dritten Pfad wurden schließlich weder deviante Sexualphantasien noch ausgeprägte psychosoziale Probleme geschildert. Vielmehr schien hier vor allem eine wahrgenommene „günstige" Gelegenheit für sexuelle Handlungen, häufig in Verbindung mit akutem Suchtmittelgebrauch, ausschlaggebend.

59 Bei allen drei Pfaden sind Schutzmaßnahmen nach einem sexuellen Übergriff gerechtfertigt. Es wird aber zudem deutlich, dass die Frage, **was im Fall einer fortgesetzten Partnerschaft** getan werden kann, um mittel- und langfristig der Gefahr weiterer sexueller Übergriffe vorzubeugen (Punkt b bei *Finkelhor*), je nach

62 *Katz/Field*, Unspoken: Child–Perpetrator Dynamic in the Context of Intrafamilial Child Sexual Abuse, Journal of interpersonal violence 2022, NP 3585–3604.

63 *Kindler et al.*, Missbrauch und Vertrauen. Pädagogische Prävention einer Re-Viktimisierung bei Mädchen mit sexuellem Missbrauch in der stationären Jugendhilfe, Zeitschrift für Pädagogik 2018, Sonderheft 64 (Sexuelle Gewalt in Kindheit und Jugend), 125–137.

64 *Leclerc/Beauregard/Forouzan*, Offending pathways of intrafamilial child sexual offenders, in *Proulx* et al., Pathways to sexual aggression, 2014, 170–192.

Pfad Unterschiedliches beinhalten muss. In der dritten Fallgruppe sind beispielsweise Suchtbehandlungen ebenso wie eine Auseinandersetzung mit antisozialen (opportunistischen) Einstellungen nötig, während es in der ersten Fallgruppe sehr viel stärker um ein verantwortliches Leben mit bestimmten sexuellen Orientierungen und Phantasien geht.

Eine repräsentative Bevölkerungsbefragung in Deutschland hat gezeigt, dass von sexualisierter Gewalt in der Kindheit Betroffene zu etwas mehr als 10 % berichten, die **Mutter** sei **am Missbrauch aktiv beteiligt**, in seltenen Fällen sogar alleinige Täterin gewesen. Zudem nannte etwas mehr als ein Drittel der Betroffenen die **Mutter als Mitwisserin**, die aber nichts unternommen habe.[65] Zwar muss betont werden, dass mit großer Mehrheit Mütter infolge sexualisierter Gewalt gegen ihre Kinder indirekt ebenfalls viktimisiert werden und Unterstützung benötigen, da vielfach Überforderung oder zumindest eine starke Verunsicherung berichtet wird. Zudem hat etwa die **Hälfte betroffener Mütter selbst Missbrauch oder Partnerschaftsgewalt erlebt**.[66] Hilfe kommt hier auch betroffenen Kindern zugute, da deren Unterstützung durch nicht-missbrauchende Elternteile ein wichtiger Vorhersagefaktor für gelingende Bewältigung ist.[67] Gelegentlich werden bei Familiengerichten aber eben auch Fälle anhängig, in denen geprüft werden muss, ob sexualisierte Gewalt von der Mutter ausging, unterstützt wurde oder sehr **eingeschränkte mütterliche Schutzfähigkeiten** Maßnahmen des Gerichts rechtfertigen, um fortgesetzte sexualisierte Gewalt zu verhindern. In einigen Fällen stellen eingeschränkte Schutzfähigkeiten auch einen Anhaltspunkt für insgesamt gravierend eingeschränkte Erziehungsfähigkeiten dar. Es gibt bislang keine größeren empirischen Analysen zu den lebensgeschichtlichen und persönlichen Hintergründen eines aktiv schädigenden oder vernachlässigenden Verhaltens in Form verweigerten Schutzes angesichts sexueller Gewalt bei manchen Müttern. Diskutiert werden, gestützt auf kleinere Studien, bislang vor allem eine ausgeprägte Hilflosigkeit aufgrund einer Traumatisierung, starke Trennungsängste gegenüber dem Partner und Einschränkungen aufgrund von psychischen oder Suchterkrankungen.[68] 60

Praxistipp 61

→ **Familiengericht** → **Jugendamt**

Setzen Sie in Fällen innerfamiliarer sexueller Gewalt gegen Kinder und Jugendliche nicht einfach voraus, dass die Gewalt hinter dem Rücken der Mutter erfolgt ist und diese die entstandene Situation ohne Hilfe bewältigen kann. Vielmehr kann im Verfahren, etwa in einem Beweisbeschluss, ***offen***

65 *Gerke* et al., Mothers as perpetrators and bystanders of child sexual abuse, Child Abuse & Neglect, Vol 117, 2021, DOI: 10.1016/j.chiabu.2021.105068.

66 *Langevin/Hébert/Wallace*, The intersection of intimate partner violence and childhood sexual abuse in mother-child dyads, Child Abuse & Neglect, Vol. 120, 2021, DOI: 10.1016/j.chiabu.2021.105218.

67 Z.B.: *Zajac et al.*, Maternal support following childhood sexual abuse: Associations with children's adjustment post-disclosure and at 9-month follow-up, Child Abuse & Neglect 2015, 66–75.

68 *Graf et al.*, Erwachsene verurteilte Missbrauchstäter in Familien mit Kindern, Praxis der Rechtspsychologie 2018, 5–34.

nach den Schutzfähigkeiten der Mutter gefragt *werden. Unterstützungsbedarfe von Müttern können teilweise im Kontext einer Erörterung der Bedarfe von Kindern nach erfahrener sexualisierter Gewalt zumindest angesprochen werden.*

Kapitel 23: Folgen von Gefährdungserfahrungen

Übersicht Rn.

Für Juristinnen und Juristen sowie Fachkräfte im familiengerichtlichen Kinderschutzverfahren dürfte klar sein, dass Vernachlässigung, Misshandlung sowie sexualisierte Gewalt für Kinder schädlich sind. Weshalb also einen Abschnitt über Folgen von Gefährdungserfahrungen lesen, in dem vermutlich genau dies die Essenz ist? **62**

In Anbetracht dieses berechtigten Einwands konzentriert sich dieser Abschnitt auf drei besonders relevante und häufig unklare Punkte und verweist ansonsten auf mehrere ausgezeichnete Forschungsübersichten:[69] **63**

(1) Der erste Punkt, auf den eingegangen wird, betrifft bei Kindern **fortlaufende innere Schädigungsprozesse nach erfahrener Gefährdung** und erklärt, warum es im Verfahren manchmal nicht ausreicht, dafür zu sorgen, dass Kinder nicht weiter vernachlässigt, misshandelt oder missbraucht werden. In diesem Zusammenhang wird ein Gesamtmodell präsentiert, wie Vernachlässigung, Misshandlung und Missbrauch das Kindeswohl eigentlich schädigen.

(2) Ein zweiter Punkt greift den vom Bundesgerichtshof formulierten **Konnex** zwischen der erforderlichen **Eintrittswahrscheinlichkeit einer Schädigung** und dem zu erwartenden **Ausmaß der Schädigung** bei der Feststellung einer Kindeswohlgefährdung auf.[70] Gefragt wird, ob die in der obergerichtlichen Rechtsprechung nun teilweise sichtbar werdende Charakterisierung des sexuellen Missbrauchs als ganz besonders schädlich[71] eigentlich gerechtfertigt ist oder ob hier die Belastungswirkung anderer Gefährdungsformen unterschätzt wird.

(3) Schließlich wird noch auf den Punkt der **Belastungswirkung von Fremdunterbringungen** eingegangen, da Gerichte gegebenenfalls gezwungen sind, entsprechend der Rechtsprechung des Bundesverfassungsgerichts (z.B.

---

69 Eine Dokumentation der Forschungsübersichten zu den Folgen von Gefährdungserfahrungen finden sich oben unter Kapitel 20 Fn. 3. Für eilige Leserinnen und Leser kann auch eine gerade erschienene Forschungsübersicht empfohlen werden, die Vernachlässigung als häufigste Gefährdungsform angemessen berücksichtigt und zudem auf Online-Missbrauch und weibliche Genitalverstümmelung eingeht: *Vizard/Gray/Bentovim*, The impact of child maltreatment on the mental and physical health of child victims: a review of the evidence, British Journal of Psychiatry Advances 2022, Vol. 28, 60–70, DOI: 10.1192/bja.2021.10.

70 BGH, 23.11.2016 – XII ZB 149/16, ZKJ 2017, 212 = JAmt 2017, 187.

71 Z.B. OLG Karlsruhe, 3.8.2018 – 18 UF 91/18, Rn. 64, FamRZ 2018, 1830 = JAmt 2018, 511.

BVerfG Nichtannahmebeschluss vom 27.11.2020 – 1 BvR 836/20, Rn. 25) Abwägungen zwischen beabsichtigten Schutzwirkungen und dadurch möglicherweise ausgelösten belastenden Effekten anzustellen.

I. Fortlaufende Schädigungsprozesse beim Kind

64 Im familiengerichtlichen Verfahren wird regelmäßig darum gerungen, wie nach Vernachlässigung, Misshandlung und Missbrauch erneute Gefährdungsereignisse verhindert werden können. Weniger regelmäßig wird darum gerungen, wie infolge der Gefährdung bei Kindern bereits **entstandene Schädigungen abgemildert oder ausgeglichen** werden können. Vielfach besteht die (unausgesprochene) Hoffnung, die Entwicklung des Kindes werde sich schon normalisieren, wenn die Gefährdung beendet ist. Auch wird manchmal darauf verwiesen, dass Kinder kein Recht auf bestmögliche Fürsorge, Erziehung und Förderung hätten.[72] Insbesondere aber wird die in § 1666 Abs. 1 BGB geforderte „Abwendung der Gefahr" so interpretiert, dass vor allem unmittelbar von den Sorgeberechtigten ausgehende Gefahren fokussiert, beim Kind bereits angestoßene und fortlaufende innere Schädigungsprozesse aber nicht gezielt betrachtet werden. Wer will, kann darin einen **Teil der noch nicht überwundenen Erwachsenenzentrierung im Kinderschutzsystem** sehen, die auch Gespräche mit Kindern und deren Einbezug in die Entscheidungsfindung zu fachlich unterschätzten Aufgaben macht.

65 Ein derart enggeführtes Verständnis von der Abwehr vorhandener Gefahren ist aber aus drei Gründen nicht angebracht:

66 **(a)** Zunächst zeigen Studien, dass trotz Kinderschutzinterventionen ein erheblicher Teil der von Vernachlässigung, Misshandlung oder Missbrauch betroffenen Kinder **langfristig**, etwa als junge Erwachsene, **erhebliche Beeinträchtigungen** aufweist, sich die **Hoffnung auf** eine **Normalisierung** der Entwicklung nach einer Kinderschutzintervention also häufig **nicht erfüllt**. In einer solchen Studie aus Schweden, da dort die Bestimmungen solche Langzeitstudien erlauben, hatten gut 45 % junger Erwachsener mit einer Kinderschutzintervention in der Vorgeschichte erhebliche Probleme mit der psychischen Gesundheit, dem Einhalten von Regeln oder dem ökonomischen Selbsterhalt.[73] In einer deutschen Studie mit einer 3-Jahres-Nachschau nach Gefährdungsmitteilungen beschrieben Jugendamtsfachkräfte bei 60 % der vernachlässigten Kinder, die die mit Abstand größte Gruppe an Gefährdungsfällen darstellten, einen insgesamt ungünstigen Entwicklungsverlauf.[74]

72 Z.B. BVerfG, 20.1.2016 – 1 BvR 2742/15, Rn. 12, FamRZ 2016, 439 = JAmt 2016, 280.

73 *Vinnerljung et al.*, Former Stockholm child protection cases as young adults: Do outcomes differ between those that received services and those that did not?, Children and Youth Services Review 2006, 59–77.

74 *Kindler et al.*, 3-Jahres Katamnese von Kinderschutzfällen eines großstädtischen Jugendamtes, in Vorb.

(b) Weiter gibt es Untersuchungen, die für die Jahre des Aufwachsens von Kindern eruiert haben, in welchen Entwicklungsperioden bzw. Altersabschnitten sie Vernachlässigung, Misshandlung oder Missbrauch erleben mussten. Diese Studien haben gezeigt, dass Gefährdungserfahrungen im Kleinkind- oder Kindergartenalter und teilweise auch in der mittleren Kindheit selbst dann mit Schädigungen einhergehen, wenn später keine Gefährdung mehr auftritt.[75] Dies deutet auf **weiterlaufende innere Schädigungsprozesse** bei zumindest einem Teil der Kinder hin. 67

(c) Schließlich gibt es zunehmend mehr Forschung zu sogenannten **Kaskaden**, also aufeinander aufbauenden Schritten bei der Entfaltung von Problemen.[76] Beispielsweise beginnt eine empirisch sehr gut belegte Problem-Kaskade mit erzieherischer **Vernachlässigung in der frühen Kindheit**, woraufhin **Kinder lernen**, dass sie **sich unangenehmen elterlichen Anforderungen entziehen** können, indem sie Konflikte mit den Eltern eskalieren (z.B. sich weigern oder einen Wutanfall bekommen). Über viele Erfahrungen hinweg wird dies bei Kindern ein nahezu automatisches Verhalten mit der Folge, dass betroffene Eltern sich noch weiter aus der Erziehung zurückziehen. Im Kindergarten und in der Schule können Fach- und Lehrkräfte diesen Weg aber nicht wählen, weshalb betroffene Kinder dann viele Konflikte erleben, an Verhaltens- und Lernanforderungen, die Anstrengung verlangen, scheitern und häufig auch Ausgrenzung erfahren. Im Übergang zum Jugendalter führt der Weg aus der Ausgrenzung heraus dann über die Gruppenbildung mit Gleichaltrigen, die ebenfalls viel Distanz zu Erwachsenen und zu Regeln aufweisen, und es wird gemeinsam mit regelbrechendem Verhalten experimentiert.[77] Die Kaskade **zeigt, wie frühe Vernachlässigung nachwirkt** und Selbstbild, Lernstand und Verhaltensmöglichkeiten von Kindern auch jenseits der Familie prägt. Andere Kaskaden betreffen **kumulierende Lernrückstände** und die nachfolgende Entwicklung von Lernstörungen bei kognitiv vernachlässigten Kindern oder posttraumatische Symptome bei manchen **sexuell missbrauchten Kindern** und die nachfolgende Entwicklung von **selbstverletzendem Verhalten** und einem **betäubenden Suchtmittelgebrauch**. Gemeinsam ist all diesen Prozessen, dass sie jenseits notwendiger Anstrengungen zum Schutz vor erneuter Vernachlässigung, Misshandlung und Missbrauch zusätzlich kindbezogene Interventionen verlangen, wenn die entstandene Gefährdung tatsächlich abgewehrt werden soll. 68

75 Zum Beispiel *Manly et al.*, Dimensions of child maltreatment and children's adjustment: Contributions of developmental timing and subtype, Development and Psychopathology 2001, 759–782; *Cowell et al.*, Childhood maltreatment and its effect on neurocognitive functioning: Timing and chronicity matter, Development and Psychopathology 2015, 521–533.

76 Für eine Forschungsübersicht siehe *Widom*, Longterm consequences of child maltreatment, in: *Korbin, J./Krugman, P. (Hrsg.)*, Handbook of child maltreatment, 2014, 225–247.

77 *Patterson/Reid/Dishion*, Antisocial boys, 1992.

69 *Praxistipp*

→ **Familiengericht** → **Jugendamt**
Stellen Sie in Kinderschutzverfahren nicht nur die Frage, was Sorgeberechtigte brauchen oder ihnen auferlegt werden muss, damit es nicht wieder zu Vernachlässigung, Misshandlung oder Missbrauch kommt, sondern fragen Sie auch danach, was Sorgeberechtigte oder Vormünder bzw. Ergänzungspfleger ***für ein Kind leisten oder veranlassen müssen, damit bereits entstandene Beeinträchtigungen nicht weiter die Entwicklung schädigen****.*

70 Um einen offenen Blick dafür zu bekommen, über welche Wege sich Schädigungen bei Kindern nach Gefährdung entfalten können, ist eine Übersicht hilfreich, die auch von Jugendämtern, Verfahrensbeiständen sowie Sachverständigen genutzt werden kann, wenn im Verfahren dargelegt werden soll, inwieweit es Hinweise auf bereits erfolgte und weiter wirksame Schädigungen gibt und welche Maßnahmen deshalb gegebenenfalls erforderlich sind.

71 Zunächst sind für einen solchen Sachvortrag die eher **offensichtlichen Punkte** wichtig wie (a) gewaltbedingte Verletzungen bzw. Beeinträchtigungen der körperlichen Gesundheit aufgrund von Vernachlässigung (z.B. Hauterkrankungen wie Krätze oder massive Zahnschäden), (b) psychiatrische Diagnosen und Beeinträchtigungen der Verhaltensanpassung, die plausibel mit Belastungserlebnissen erklärt werden können (z.B. posttraumatische Belastungsstörungen nach einem sexuellen Missbrauch) sowie (c) Entwicklungs- und Lernrückstände, die plausibel als Folge mangelnder Anregung und Förderung interpretiert werden können. Alle drei Punkte können **langfristig auch nach einem Ende des gefährdenden Verhaltens von Eltern Wirkung entfalten**, etwa über erworbene Behinderungen, soziale Ausgrenzung infolge von Verhaltensauffälligkeiten oder eine nachhaltige Entmutigung aufgrund nicht aufholbarer Lernrückstände gegenüber Gleichaltrigen.

72 Es gibt aber **mindestens vier weitere Schädigungsprozesse**, die relevant sein können.

73 Zu nennen sind (d) ein **negativ verzerrtes Selbstbild** und **belastende selbstevaluative Gefühle** (z.B. Scham). Kinder erfahren Vernachlässigung, Misshandlung und Missbrauch auch als Botschaft über sich selbst und viele Betroffene sehen sich in der Folge als grundlegend nicht liebenswürdig oder nur liebenswürdig, wenn sie sich in einer bestimmten Weise verhalten (z.B. sexualisiert). Vor allem vernachlässigte Kinder bilden zudem oft eine sehr geringe Selbstwirksamkeit aus, d.h., vor dem Hintergrund von Bezugspersonen, die wenig auf sie reagieren, trauen sie sich wenig zu und gehen nicht davon aus, dass sie andere für sich interessieren zu können. Deshalb scheinen zum Beispiel vernachlässigte Kinder in der Schule häufig passiv, uninteressiert und zurückgezogen.[78] Misshandelte und miss-

78 *Eckenrode et al.*, School performance and disciplinary problems among abused and neglected children, Developmental Psychology 2003, 53–62.

brauchte Kinder wiederum entwickeln zum Teil sehr negative selbstevaluative Gefühle, schämen sich oder lehnen sich selbst ab.[79] Ein negatives Selbstbild und negative Selbstbewertungen schränken die Handlungsfähigkeit von Kindern ein. Zudem werden Selbstverletzungen und selbstdestruktives Verhalten gefördert und die seelische Widerstandskraft wird geschwächt.

(e) Ein weiterer Schädigungsmechanismus besteht in einem **überlernten, fehlangepassten Beziehungsverhalten**. Der Begriff „überlernt" meint über viele Erfahrungen hinweg automatisiertes Verhalten (wie etwa beim Autofahren). Ein Beispiel sind unwillkürliche Wahrnehmungen des Verhaltens anderer als feindselig bei misshandelten Kindern, was dann Konflikte mit Gleichaltrigen, in späteren Partnerschaften oder gegenüber späteren eigenen Kindern bedingt.[80] Ein anderes Beispiel sind Kinder, die gegenüber vernachlässigenden, psychisch instabilen Eltern im Lauf der Zeit **in eine Fürsorgerolle rutschen** und die dann chronische Stresserkrankungen entwickeln und eigene Entwicklungsaufgaben vernachlässigen, weil sie sich innerlich beständig für das Wohlergehen des Elternteils verantwortlich fühlen. **74**

(f) Einen anhaltenden Einfluss auf den Entwicklungsverlauf kann auch die **Beeinträchtigung selbstregulativer Fähigkeiten** ausüben. Selbstregulative Fähigkeiten betreffen etwa das Kontrollieren starker eigener Gefühle oder die Steuerung der eigenen Konzentration. Beides ist für die Bewältigung von Aufgaben, etwa in der Schule, und die Gestaltung von Beziehungen sehr wichtig und wird in frühen Beziehungen mit Hilfe der Bindungspersonen grundgelegt. Vernachlässigende, misshandelnde oder missbrauchende Elternteile stehen für diese Elternaufgabe aber kaum zur Verfügung, sondern überfordern im Gegenteil die selbstregulativen Fähigkeiten ihrer Kinder durch ihr Verhalten noch zusätzlich. In der Folge entwickeln viele der betroffenen Kinder hier nur schwache Fähigkeiten.[81] Sie erscheinen leicht zu provozieren, wenig ausdauernd und erleben in der Folge häufig Ausgrenzung und Misserfolge. **75**

Zuletzt ist (g) noch ein Mechanismus zu nennen, der meist nur im Rahmen der Forschung sichtbar wird, auch wenn er praktisch sehr schädigend wirken kann. Als Überschrift dient der Begriff **„allostatische Last"**. Gemeint sind damit physiologische Anpassungen an ein Aufwachsen unter Bedingungen von Vernachlässigung, Misshandlung und Missbrauch, die kurzfristig einen Vorteil, langfristig aber eine Belastung darstellen.[82] Ein Beispiel ist das Stresshormonsystem von Kindern, das unter Bedingungen von Gefährdung „lernt", schneller zu reagieren und manchmal sogar daueraktiviert zu bleiben. Kurzfristig ist dies eine Anpassung an eine ge- **76**

---

79 *Trickett et al.*, The impact of sexual abuse on female development: Lessons from a multigenerational, longitudinal research study, Development and Psychopathology 2011, 453–476.

80 *Dodge et al.*, Social information-processing patterns partially mediate the effect of early physical abuse on later conduct problems, Journal of abnormal psychology 1995, 632–643.

81 Beispielsweise: *Kim-Spoon et al.*, A longitudinal study of emotion regulation, emotion lability-negativity, and internalizing symptomatology in maltreated and nonmaltreated children, Child Development 2013, 512–527.

82 *Widom et al.*, Childhood maltreatment predicts allostatic load in adulthood, Child Abuse & Neglect 2015, 59–69.

fährliche familiäre Umwelt. Langfristig werden aber Verhaltensstörungen und Stresserkrankungen begünstigt. Im Kinderschutzverfahren bleiben solche Veränderungen unsichtbar, allenfalls wird darüber gesprochen, dass betroffene Kinder sehr unruhig sind, schlecht schlafen und nach Umgangskontakten massiv reagieren. Vor allem am Beispiel von Pflegekindern ist untersucht, dass entsprechende Veränderungen in der Stressphysiologie sich unter Bedingungen guter Fürsorge unter Umständen wieder zurückbilden.[83] Dies geschieht aber eher langsam, sodass es auch um Prozesse geht, die zunächst einmal fortwirken, auch wenn es nicht mehr zu Vernachlässigung, Misshandlung oder Missbrauch kommt.

77 ***Praxistipp***

→ **Jugendamt**

Das Modell mit den sieben in Fällen erkennbaren Punkten (fortwirkende Beeinträchtigungen der körperlichen Gesundheit, fortwirkende psychische Auffälligkeiten, Entwicklungs- und Lernrückstände, negatives Selbstbild und negative selbstbewertende Gefühle, fehlangepasstes Verhalten in Beziehungen und Schwächen in der Selbstkontrolle) ist als Orientierung für Fachkräfte gedacht, die im Kinderschutzverfahren vortragen, inwieweit Kinder durch Gefährdungsereignisse bereits geschädigt scheinen. Eine entsprechende Analyse kann als Grundlage dienen, um zu besprechen, was betroffene Kinder von Sorgeberechtigten benötigen, damit auch aufgrund innerlich fortlaufender Schädigungsprozesse entstehende Gefahren abgewehrt werden können.

II. Eintrittswahrscheinlichkeit einer Schädigung bei chronischen Gefährdungen?

78 Familiengerichte kommen selten in die Verlegenheit, verschiedene Gefährdungsformen hinsichtlich ihres Schädigungspotenzials vergleichen zu müssen, weil im familiengerichtlichen Verfahren ein starker Fokus auf dem Einzelfall liegt und zudem mit dem Begriff der Kindeswohlgefährdung ein einheitlicher über alle Gefährdungsformen hinweg anzuwendender Maßstab existiert. Trotzdem sind auch Familienrichterinnen und Familienrichter von dem Phänomen betroffen, dass **diskrete Schädigungsereignisse einfacher greif- und handhabbar** sind **als kontinuierliche Schädigungsprozesse**, sei es die beständige Mangelversorgung (chronische Vernachlässigung) oder die beständige Ablehnung (psychische Misshandlung) eines Kindes. Im Fall kontinuierlicher Schädigungsprozesse lässt sich die

83 *Fisher et al.*, Effects of therapeutic interventions for foster children on behavioral problems, caregiver attachment, and stress regulatory neural systems, Annals of the New York Academy of Sciences 2006, 215–225.

vom Bundesgerichtshof entwickelte Idee, bei der Entscheidung, ob eine Kindeswohlgefährdung vorliegt, die Wahrscheinlichkeit des Schadenseintritts mit der Schwere des drohenden Schadens regelhaft zusammen zu denken, offensichtlich auch nicht so leicht anwenden. Im Fall **körperlicher Kindesmisshandlung** und **sexuellen Missbrauchs** fällt der **Schadenseintritt mit dem Ereignis der Misshandlung bzw. des Missbrauchs zusammen**, wodurch sich dann eine mehr oder weniger große Schädigungswirkung entwickelt.

79 Worauf aber soll sich die **Wahrscheinlichkeit des Schadenseintritts bei chronischen Schädigungsprozessen** beziehen, da sich hier die Situationen, die in der Summe zur Schädigung des Kindes führen, tagtäglich ereignen und jede einzelne Situation nur einen kleinen Beitrag zur letztlich entstehenden Schädigungswirkung leistet. Leicht erkennbar hat der **Bundesgerichtshof** hier also eine **Terminologie entwickelt**, die **für die Mehrzahl der Kinderschutzfälle, die chronische Gefährdung betreffen, schlecht passt**. Wenn hieraus gefolgert werden würde, dass bei chronisch vernachlässigten und psychisch misshandelten Kindern eben gewartet werden müsse, bis die erhebliche Schädigung sichtbar sei, während bei sexuellem Missbrauch und körperlicher Misshandlung möglichst schon vor dem Schädigungsereignis eingegriffen werden könne, würde dies zu einer systematischen Ungleichbehandlung der Gefährdungsformen und der hiervon betroffenen Kinder führen.

Lösungsansatz 80

Möglicherweise wäre es eine Lösung, bei chronischen Gefährdungsformen die Wahrscheinlichkeit eines Schadenseintritts gedanklich nicht von einem bestimmten Ereignis, sondern von der Beständigkeit der schädigenden Situation abhängig zu machen. Eine Kindeswohlgefährdung wäre dann umso eher zu bejahen, je mehr ein Muster schädigenden Verhaltens aufgezeigt werden kann und je schwerer der drohende Schaden wiegt. Die ***Entwicklung eines begrifflichen rechtlichen Instrumentariums, das auch chronischen Gefährdungsformen gerecht wird****, ist für Familiengerichte wichtig, nicht nur weil es sich um die Mehrheit der Gefährdungsfälle handelt, sondern weil Längsschnittstudien zeigen, dass alle klassischen Gefährdungsformen, auch die eher chronischen Formen der Kindesvernachlässigung und psychischen Misshandlung, das Potenzial haben, Kinder erheblich zu schädigen.*

81 Als Beispiel hierfür zeigt die unten stehende Tabelle Ergebnisse aus der Minnesota-Hochrisiko-Längsschnittstichprobe.[84] Wissenschaftlich begleitet wurde eine Gruppe sozioökonomisch benachteiligter Familien. Gefährdung erlebte aber nur ein Teil der Kinder. Abgebildet sind im Jugendalter sichtbare Raten erheblicher Schädigungen der psychischen Gesundheit bei Kindern in der Stichprobe, die in den ersten

84 *Sroufe et al.*, The development of the person: The Minnesota study of risk and adaptation from birth to adulthood, 2009, S. 249.

fünf Lebensjahren verschiedene Formen von Gefährdung erleben mussten, wobei das Besondere der Studie darin besteht, dass Vernachlässigung über Hausbesuche und Beobachtung bestimmt wurde. Dies ist im Verhältnis zum sonst in der Forschung üblichen Selbstbericht der Eltern oder späteren Auskünften der jungen Menschen selbst eine wesentlich zuverlässigere Methode, gerade in der frühen Kindheit. Als Kriterium für eine erhebliche Schädigung der psychischen Gesundheit diente das Vorliegen von zwei oder mehr psychiatrischen Diagnosen, da mit maximal einer Diagnose (und natürlich auch ohne Diagnose) viele junge Menschen ein weitgehend eigenständiges Leben führen können. Wie zu sehen ist, gehen alle klassischen Gefährdungsformen mehrheitlich mit **erheblichen Schädigungen** einher, **auch die chronischen Gefährdungsformen der körperlichen und emotionalen Vernachlässigung**.

Gefährdungsform (0–5 Jahre)	Rate (%) junger Menschen mit zwei oder mehr psychischen Störungen im Alter von 17 Jahren
Körperliche Misshandlung	60 %
Sexueller Missbrauch	73 %
Körperliche Vernachlässigung	54 %
Emotionale Vernachlässigung	73 %
Kontrollgruppe	30 %

Tabelle 1: Raten Jugendlicher mit zwei oder mehr psychischen Störungen in der Minnesota-Hochrisiko-Längsschnittstudie in Abhängigkeit von Gefährdungserfahrungen in der frühen Kindheit (Quelle Sroufe et al., The development of the person: The Minnesota study of risk and adaptation from birth to adulthood, S. 249).

82 Ähnlich lässt sich anhand der vorliegenden Befunde auch für eine **chronische psychische Misshandlung** argumentieren.[85] Einige Studien deuten sogar darauf hin, dass ein Aufwachsen unter Bedingungen psychischer Misshandlung im Vergleich zu den anderen Gefährdungsformen die seelische Gesundheit besonders stark schädigt.[86] Der Umstand, dass unser Denken eher auf Ereignisse und nicht auf schleichende Prozesse ausgerichtet ist, ändert an diesen Befunden natürlich nichts, kann aber ein Anlass sein zu reflektieren, ob wir in unserem Kinderschutzsystem, einschließlich der familiengerichtlichen Kinderschutzverfahren, chronischen Gefährdungsformen ausreichend Aufmerksamkeit schenken.

85 Für eine aktuelle Forschungsübersicht siehe *Brassard/Hart/Glaser*, Psychological maltreatment: an international challenge to children's safety and well being, Child Abuse & Neglect, Vol. 110, Part 1, 2020, DOI: 10.1016/j.chiabu.2020.104611.

86 Für ein Beispiel siehe *Cecil et al.*, Disentangling the mental health impact of childhood abuse and neglect, Child Abuse & Neglect 2017, 106–119.

III. Effekte von Fremdunterbringungen

Ausgehend von dem Befund, dass ein Aufwachsen unter Bedingungen von Vernachlässigung, Misshandlung oder Missbrauch Kinder mit ziemlicher Sicherheit erheblich schädigt, ist in allen Kinderschutzsystemen westlicher Demokratien klar, dass das Hauptziel der Fallarbeit darin besteht, die Situation betroffener Kinder deutlich zu verbessern. Sind Sorgeberechtigte hierfür nicht zu gewinnen oder bleiben entsprechende Versuche erfolglos, stellt sich zwangsläufig die Frage einer Fremdunterbringung betroffener Kinder. **83**

Wie in Deutschland[87] wird es hierbei aber auch in anderen Rechtsordnungen als **Voraussetzung** gesehen, **dass Kinder durch die ihnen zugedachten Schutzmaßnahmen nicht weiter geschädigt werden**, sondern **insgesamt** – zumindest mittelfristig – **in ihrem Wohl gefördert** werden. Daher haben sich eine ganze Reihe von Studien mit den Effekten von Herausnahmen und Fremdunterbringungen beschäftigt. Das Forschungsfeld ist allerdings aus mehreren Gründen nicht ganz einfach.[88] Zunächst gibt es in allen Rechtsordnungen bei Gefährdung einen Handlungsimperativ, d.h., Kontrollgruppen, in denen der Verlauf nur beobachtet wird, sind nicht möglich, allenfalls können Fälle mit ambulanten Hilfen und Fälle mit einer Fremdunterbringung von Kindern verglichen werden. Weiter wird in allen Rechtsordnungen mit zunehmender Gefährdung eine Fremdunterbringung wahrscheinlicher. Um also nicht weniger gefährdete Kinder (ambulante Hilfen) mit stärker gefährdeten Kindern (Fremdunterbringung) zu vergleichen, die dann häufig auch schon mehr Schädigungen mitbringen, hat sich ein **Forschungsansatz** durchgesetzt, in dem **nur Kinder mit möglichst ähnlichen Vorerfahrungen, Entwicklungsständen und Verhaltensproblemen**, aber verschiedenen Interventionen (ambulante Hilfe vs. Fremdunterbringung) **miteinander verglichen** werden. Damit bewegen sich die Studien aber meistens in einem Bereich „mittelschwerer" Gefährdung, weil bei den sehr stark gefährdeten Kindern eine Fremdunterbringung häufig alternativlos ist. Praktisch muss diese Einschränkung in der Forschung kein Nachteil sein, weil sich Gerichten genau in diesen „mittelschweren" Fällen Fragen der Abwägung von Vor- und Nachteilen einer massiveren Intervention besonders dringlich stellen. Trotzdem ist auf den Punkt hinzuweisen, damit nicht das **Missverständnis** entsteht, **ambulante Hilfen seien in jedem Gefährdungsfall eine tatsächliche Option**. **84**

Aus der mittlerweile vorliegenden Forschung lassen sich mindestens vier Schlussfolgerungen ziehen: **85**

(a) Trennungserfahrungen belasten Kinder. Diese Belastung nimmt mit der Anzahl der Trennungserfahrungen im Mittel zu, ohne dass gut vorhersagbar wäre, wann beim einzelnen Kind klinische Auffälligkeiten oder deutliche Beeinträchti- **86**

87 Z.B. BVerfG, 24.3.2014 – 1 BvR 160/14, Rn. 38, JAmt 2014, 223 = ZKJ 2014, 242.

88 *Maclean et al.*, Out-of-home care versus in-home care for children who have been maltreated: A systematic review of health and wellbeing outcomes, Child Abuse Review 2016, 251–272.

gungen der Bereitschaft und Fähigkeit, neue Bindungen einzugehen, auftreten.[89] Die Belastungswirkungen von Trennungen und Fremdunterbringungen schlagen im Mittel der bislang in Studien verglichenen Fälle nicht derart auf die Befindlichkeit und psychische Gesundheit der Kinder durch, dass Kinder in Fremdunterbringung eine vergleichsweise stärkere Belastung zeigen würden als Kinder, die bei den Eltern verbleiben.[90] Wenn die Fremdunterbringung als einzige Möglichkeit erscheint, um Kindern ein Aufwachsen mit leidvollen Erfahrungen von Vernachlässigung, Misshandlung oder Missbrauch zu ersparen, dann sind denkbare negative Folgen im Mittel der Fälle kein Grund, um von einer Fremdunterbringung abzusehen.

87 **(b)** Im Gegenteil entwickeln **Pflegekinder mehrheitlich sichere Bindungsmuster gegenüber der Pflegemutter** und haben damit eine Chance auf korrigierende Bindungserfahrungen. Ebenso können Kinder **in stationären Einrichtungen** der Kinder- und Jugendhilfe, zumindest in Deutschland, **mehrheitlich bestehende Verhaltensauffälligkeiten wesentlich oder gänzlich abbauen**.[91]

88 **(c)** Zum **Zeitpunkt der Entscheidung über eine Herausnahme** äußern Kinder auch bei vorliegender Gefährdung überwiegend den **Wunsch, in der Familie zu verbleiben**.[92] Aus Deutschland gibt es keine Längsschnittuntersuchung, ob und bei wie vielen Kindern sich dieser Wille ändert, wenn sie nach einer Herausnahme ein Aufwachsen ohne Gefährdung erleben. International deuten Studien darauf hin, dass **nach einiger Zeit eine Mehrheit der Kinder sich** dann einen **Verbleib in der Fremdplatzierung wünscht**.[93]

89 **(d)** Die im Einzelfall nötigen Abwägungen werden durch den Umstand erschwert, dass es **erhebliche für die Verläufe bedeutsame Unterschiede zwischen Pflegefamilien und stationären Einrichtungen** der Kinder- und Jugendhilfe gibt.[94] Da die Pflegefamilie bzw. Einrichtung für einen längerfristigen Verbleib zum Zeitpunkt des familiengerichtlichen Verfahrens meist noch nicht feststeht, bedingt dies zwangsläufig einige Unschärfen in der Abwägung des Gerichts. Das Thema der Entscheidung über eine Fremdunterbringung wird einzelfallbezogen in Kapitel 25 noch einmal aufgegriffen.

---

89 Für eine Forschungsübersicht siehe *Kindler*, Trennungen zwischen Kindern und Bindungspersonen, FPR 2013, 194–200.

90 *Berger et al.*, Estimating the "impact" of out-of-home placement on child well-being: Approaching the problem of selection bias, Child Development 2009, 1856–1876; *Baldwin et al.*, Disentangling the effect of out-of-home care on child mental health, Child Abuse & Neglect 2019, 189–200.

91 *Van den Dries et al.*, Fostering security? A meta-analysis of attachment in adopted children, Children and Youth Services Review 2009, 410–421; *Macsenaere/Schemenau*, Erfolg und Misserfolg in der Heimerziehung. Ergebnisse und Erfahrungen aus der Evaluation Erzieherischer Hilfen (EVAS), Unsere Jugend 2008, 26–33.

92 *Kratky*, Familienrechtliche Verfahren zum Kinderschutz: Eine Gerichtsaktenanalyse zur Rolle von elterlicher psychischer Gesundheit, Alleinerziehung und des Kindeswillens im Verfahrensverlauf, 2020.

93 *Chapman/Christ*, Attitudes toward out-of-home care over 18 months: Changing perceptions of youths in foster care, Social Work Research 2008, 135–145.

94 Zum Beispiel: *De Swart et al.*, The effectiveness of institutional youth care over the past three decades: A meta-analysis, Children and Youth Services Review 2012, 1818–1824.

Kapitel 24: Vorgehen im Einzelfall

Übersicht Rn.

In familiengerichtlichen Kinderschutzverfahren gibt es klare Fälle, in denen etwa über einen Krankenhausbericht die Misshandlung eines Säuglings gut belegt ist, die Eltern nicht nur die Misshandlung abstreiten, obwohl sich das Kind in ihrer Obhut befunden hat, sondern auch die Zusammenarbeit verweigern, sodass das Jugendamt den plausiblen Vorschlag macht, das bereits in Obhut genommene Kind in einer Dauerpflegestelle unterzubringen. In solch klaren Fällen ist das wichtigste Qualitätsmerkmal eines gelungenen Kinderschutzverfahrens vermutlich eine rasche Entscheidungsfindung, ohne freilich Beteiligungsrechte von Eltern und Kindern zu missachten.[95] **90**

In anderen Fällen sind einer oder mehrere Punkte unklar, etwa **91**

- wie die alltägliche Fürsorge und Erziehung in einer Familie tatsächlich aussieht,
- ob im Raum stehende herausgehobene Gefährdungsereignisse geschehen sind oder nicht,
- ob die Fakten über alltägliche Fürsorge und Erziehung und/oder herausgehobene Ereignisse bzw. zugespitzte Risikolagen nun den Schluss auf das Vorliegen einer Kindeswohlgefährdung rechtfertigen oder nicht,
- wie es um die Bereitschaft und Fähigkeit der Sorgeberechtigten zu Abwehr einer vorliegenden Gefahr bestellt ist.

Zu jedem der vier Punkte lassen sich Vorgehensweisen und relevante Aspekte beschreiben, um zu möglichst aussagekräftigen (validen) Beschreibungen bzw. Einschätzungen zu kommen. Die beschriebenen Vorgehensweisen adressieren unmit- **92**

95 *DIJuF/Ständige Fachkonferenz 2,* Situation, Perspektiven und Entwicklungsbedarf verlässlicher Qualitätsstandards und klarer Rollengestaltung im familiengerichtlichen Verfahren im Kinderschutz, 2010.

telbar in erster Linie Sachverständige bzw. Fachkräfte der Jugendämter. Hinweise zu Explorationen von Kindern bzw. Eltern können aber auch für Anhörungen durch das Familiengericht oder Gespräche im Rahmen einer Verfahrensbeistandschaft nützlich sein. Mittelbar sollen die genannten Punkte das Familiengericht bei der Beurteilung der Qualität von Sachvorträgen durch Sachverständige oder Jugendämter unterstützen. Soweit mehrere Vorgehensweisen und Anhaltspunkte beschrieben werden, ist eine Zusammenschau und Würdigung aller vorliegenden Erkenntnisse nötig.

I. Wenn Informationen zur Qualität alltäglicher Fürsorge und Erziehung gesammelt werden müssen

93 Die von Kindern **alltäglich erfahrene Fürsorge und Erziehung** rückt vor allem dann in den Mittelpunkt, wenn strittig oder unklar ist, inwieweit chronische Gefährdungsformen wie Vernachlässigung oder psychische Misshandlung vorliegen und für diese Beurteilung erst einmal eine belastbare Grundlage in Form einer Beschreibung alltäglicher Fürsorge und Erziehung in einer Familie geschaffen werden muss. In einigen Fällen ist der Aspekt zusätzlich zu Klärungen im Hinblick auf im Raum stehende herausgehobene Gefährdungsereignisse relevant, um die Situation betroffener Kinder umfassend in den Blick nehmen zu können. Da es schwierig ist, von außen Einblick in den Alltag einer Familie zu bekommen, gilt der Einbezug mehrerer Methoden (z.B. Beobachtung, Hausbesuch, Gespräch) und Informationsquellen als Standard bei der Beschreibung alltäglicher Fürsorge und Erziehung.[96] Es wird von einem „**multimodalen Vorgehen**" gesprochen. Im Hintergrund steht der Befund, dass die Zusammenschau mehrerer, für sich genommen unter Umständen schwach aussagekräftiger, Anhaltspunkte zu einer insgesamt wesentlich aussagekräftigeren Bewertung führt.[97] Dies wird als **Aggregationsprinzip** bezeichnet und wurde vom Bundesgerichtshof in einer Entscheidung zur aussagepsychologischen Begutachtung, die das Prinzip ebenfalls nutzt, ausdrücklich anerkannt.[98]

---

96 *American Psychological Association*, Guidelines for psychological evaluations in child protection matters, American Psychologist 2013, 20–31; *Arbeitsgruppe Familienrechtliche Gutachten*, Mindestanforderungen an die Qualität von Sachverständigengutachten im Kindschaftsrecht, 2019.

97 *Rushton et al.*, Behavioral development and construct validity: The principle of aggregation, Psychological Bulletin 1983, 18–38.

98 BGH, 30.7.1999 – 1 StR 618/98, Rn. 22, BGHSt 45, 164 = FamRZ 1999, 1648.

1. Arten der Informationserhebung

Folgende sechs Arten von Informationen können im Einzelfall zu einem tragfähigen Bild alltäglicher Fürsorge und Erziehung in einer Familie beitragen: 94

- Vor allem bei körperlicher Vernachlässigung und einer Vernachlässigung der Aufsichtspflicht finden sich manchmal **körperliche Anhaltspunkte bei Kindern**, etwa in Form eines auffällig reduzierten Pflegezustandes bei Hausbesuchen, einer ungewöhnlichen Häufung von Behandlungen aufgrund von Unfällen oder feststellbarer Mangelerscheinungen bzw. anderer gesundheitlicher Beeinträchtigungen (z.B. schwere Zahnschäden aufgrund fehlenden Zähneputzens), die (zahn)ärztlich auf mangelnde Versorgung zurückgeführt werden können. Fachkräfte von Jugendämtern und Sachverständige sollten in der Lage sein, den Pflegezustand jüngerer Kinder, die im Alltag noch auf Pflege angewiesen sind, bei Hausbesuchen zu erheben und dies auch tun. Die Beobachtung einer Wickelsituation unterstützt hierbei, da Entzündungen im Windelbereich sowie lange nicht gewechselte Windeln dabei sichtbar werden. Bei Auffälligkeiten (z.B. massive Windeldermatitis, Untergewicht im Kindervorsorgeuntersuchungsheft ohne plausible medizinische Erklärung) ist zur Absicherung eine ärztliche Einschätzung nötig. Körperliche Anhaltspunkte finden sich vor allem bei eher schwereren Fällen von Vernachlässigung. 95
- Eine zweite unter Umständen vorhandene Informationsquelle stellen **Fach- bzw. Lehrkräfte** dar, **die mit dem Alltag von Fürsorge und Erziehung in der Familie vertraut sind** (z.B. in der Familie eingesetzte ambulante Hilfe zur Erziehung, Familienhebamme) oder die im Alltag Kontakt zu betroffenen Kindern haben (z.B. Kita, Schule). Bei in der Familie eingesetzten Fachkräften kann nach Tagesablauf, Beaufsichtigung und alltäglicher Versorgung, emotionaler Zuwendung, Anregung, geltenden Regeln und erzieherischem Einwirken auf das Kind gefragt werden, sodass potenziell die gesamte Bandbreite von möglicher Vernachlässigung und psychischer Misshandlung in den Blick gerät. Kita-Fachkräfte und Lehrkräfte können nur nach Beobachtungen zum Pflegezustand eines Kindes, eventuellen spontanen Angaben des Kindes zur familiären Versorgung sowie manchmal zu Beobachtungen beim Bringen und Holen eines Kindes befragt werden. Der letzte Punkt, insbesondere das Verhalten von Kindern in der Wiedervereinigung mit familiären Bezugspersonen, gibt einen Hinweis auf Bindungsbeziehungen und damit auf die emotionale Versorgung eines Kindes.[99] Die ersten beiden Punkte (Pflegezustand und spontane Angaben eines Kindes) erlauben unter Umständen weitere Rückschlüsse auf die Qualität von Fürsorge und Erziehung in der Familie. Generell gilt, dass bei der Exploration von Fach- bzw. Lehrkräften sowohl offen formulierte Fragen nach Wahrnehmungen zum Kind und seiner Versorgung als auch spezifische Nachfragen 96

99 *Bick/Dozier/Perkins*, Convergence between attachment classifications and natural reunion behavior among children and parents in a child care setting, Attachment & Human Development 2012, 1–10.

zu den genannten Punkten gestellt werden sollten, da beides zusammen unter Umständen zu erkennbar mehr Informationen führt. Soweit die befragten Fach- oder Lehrkräfte Bewertungen äußern, sind diese nur insoweit relevant, als sie durch konkrete Beispiele und Episoden gestützt werden können.

97 • Die **Inaugenscheinnahme des Lebensumfeldes** eines Kindes (Wohnung) kann insbesondere bei der Abklärung von Hinweisen auf körperliche Vernachlässigung und gegebenenfalls eine eingeschränkte Gefahrenabwehr von Bedeutung sein. Empfehlenswert ist eine systematische Herangehensweise, die einen Hausbesuch bzw. eine Inaugenscheinnahme deutlich informativer machen kann als ein unstrukturiertes Vorgehen.

  - Wichtig ist zunächst die grundlegende Infrastruktur der Wohnung. Hier sollte geprüft werden, ob Nahrung und Wasser erwärmt werden können, Nahrungsmittel gekühlt werden können, eine funktionsfähige Toilette und Waschgelegenheit vorhanden sind, eine Heizmöglichkeit (in der Heizperiode) existiert und die Familie Zugang zu einer Möglichkeit hat, Wäsche zu waschen.
  - In einem zweiten Schritt sind erkennbare Unfallgefahren in dem Teil der Wohnung zu prüfen, der für Kinder zugänglich ist (z.B. Sturzgefahr bei Vermüllung in einem Treppenbereich, Gefahr von Verbrennungen durch einen nicht gesicherten Holzofen, Vergiftungsgefahr durch offen zugängliche verdorbene Lebensmittel, Genussmittel oder Medikamente).
  - Ein dritter Schritt ist die Inaugenscheinnahme von Bereichen des Kindes (Schlafplatz, Platz zum Spielen, ggfs. Platz für Hausaufgaben, Bademöglichkeit bei Säuglingen und Kleinkindern). Steht körperliche Vernachlässigung eines Säuglings oder Kleinkindes im Raum, sollten die Eltern auch gebeten werden, Vorräte an Windeln und Nahrungsmitteln für das Kind vorzuzeigen. In Einzelfällen (z.B. bei chronischen Erkrankungen oder ausgeprägten Entwicklungsverzögerungen) kann es bedeutsam sein zu prüfen, inwieweit die Eltern Voraussetzungen für empfohlene und ihnen bekannte Behandlungs- und Fördermaßnahmen geschaffen haben (z.B. Hautcreme bei Windeldermatitis, Inhalationsgerät bei Asthma, Bilderbücher oder andere Spielzeuge für eine Beschäftigung mit dem Kind bei Entwicklungsverzögerungen).

  Ziel ist die Benennung konkreter Gefahren und konkreter Hinweise auf Versorgungsmängel bzw. die Feststellung, dass solche konkreten Gefahren nicht vorhanden sind. Es geht nicht um den Vergleich mit den durchschnittlichen Lebensbedingungen von Kindern in Deutschland. Vor Gericht vorgetragene Bewertungen (z.B. „völlig vermüllte Wohnung") sind nur dann beachtenswert, wenn sie durch konkrete Beschreibungen unterlegt werden. In Einzelfällen sind Einschätzung durch Spezialdienste erforderlich (z.B. Gesundheitsamt bei starkem Schimmelbefall, Veterinäramt bei gefährlich erscheinenden Haustieren). Angekündigte einmalige Hausbesuche vermitteln unter Umständen kein aussagekräftiges Bild, sodass gegebenenfalls weitere Termine ins Auge zu fassen sind.

- **Beobachtungen der Interaktion von Eltern und Kindern** stellen eine vierte wichtige Erkenntnisquelle dar. Vor allem Hinweise auf emotionale Vernachlässigung eines jüngeren Kindes können anders oft nur schwer abgeprüft werden. Daneben können Informationen zu Pflege und Versorgung sowie (bei Kindern ab dem 2. Lebensjahr) zum Umgang mit Regeln und Grenzen gesammelt werden. Beobachtungen mit Fokus auf dem elterlichen Verhalten bilden deren Kompetenz, aber nicht notwendig die alltägliche Praxis der Eltern ab. Werden bei Beobachtungen Fähigkeitsmängel sichtbar (z.B. Unsicherheit beim Wickeln oder Füttern des Kindes, Überforderung bei der Durchsetzung von Regeln, hohe Wahrnehmungsschwelle gegenüber emotionalen Signalen des Kindes), schlagen diese vermutlich auf den Alltag durch. Umgekehrt gilt dies nicht unbedingt, d.h., Eltern mit positiven Fürsorgekompetenzen können Kinder unter Umständen trotzdem vernachlässigen (z.B. wenn sie durch eine bestehende Sucht abgelenkt sind). Ergänzende Beobachtungen, die den Fokus auf das kindliche Verhalten legen, haben zwei Funktionen. Zum einen werden hier unter Umständen besondere vom Kind gestellte Erziehungs- und Fürsorgeanforderungen im Hinblick auf Temperament oder Entwicklungsstand erkennbar. Zum anderen spiegeln manche Verhaltensmuster von Kindern deren alltägliche Erfahrungen mit den Eltern: 98
  - Gut gesichert ist beispielsweise, dass Kinder gegenüber misshandelnden bzw. vernachlässigten Bezugspersonen mit großer Mehrheit unsichere Bindungsmuster entwickeln.[100] Bei einem beobachtbar sicheren Bindungsmuster, d.h. bei Kindern, die im Fall von Verunsicherung und Belastung Kontakt und Nähe zu ihren Bindungspersonen suchen, Belastung offen kommunizieren und die aus der Nähe zu Bindungspersonen dann auch emotionale Sicherheit ziehen können, sind einzelne Gefährdungsereignisse durch diese Bindungspersonen zwar nicht völlig ausgeschlossen, aber es ist unwahrscheinlich, dass diese den Alltag prägen. Stattdessen sind, etwa bei emotionaler Vernachlässigung, eher unsichere oder desorganisierte Bindungsmuster zu erwarten. Wann immer vor Gericht mit unsicheren oder desorganisierten Bindungsmustern argumentiert wird, sollte allerdings klar sein, dass emotionale Vernachlässigung oder andere Gefährdungsformen nicht allein aus dem Bindungsverhalten eines Kindes erschlossen werden können, da unsichere oder desorganisierte Bindungsmuster verschiedene Wurzeln haben können, darunter auch solche, die nichts mit Kinderschutz zu tun haben.[101]

100 *Baer/Martinez*, Child maltreatment and insecure attachment: A meta-analysis, Journal of reproductive and infant psychology 2006, 187–197; *Cyr et al.*, Attachment security and disorganization in maltreating and high-risk families: A series of meta-analyses, Development and Psychopathology 2010, 87–108.

101 *Forslund et al.*, Attachment goes to court: child protection and custody issues, Attachment & Human Development 2022, 1–52.

- Andere Beispiele für kindliche Verhaltensweisen, die auf problematische Erfahrungen mit Fürsorge und Erziehung hindeuten, sind etwa ein ängstliches Erstarren (*frozen watchfulness*), wenn eine Bezugsperson Ärger zeigt, oder ein ständiges Eskalieren von Konflikten durch das Kind, wenn Bezugspersonen Grenzen oder Anforderungen formulieren (Zwangszirkel).

Beobachtungen werden als fachliche Aufgabe und Methode manchmal unterschätzt. Kennzeichnend für fachlich geprägte Beobachtungen ist die Einordnung und Auswertung des Gesehenen im Hinblick auf Fachkonzepte.[102] In der Regel geht es dabei nicht um ein Zählen einzelner leicht erkennbarer Verhaltensweisen (z.B. Körperkontakt, Lachen), sondern um das Einschätzen von Mustern (z.B. Erziehungsstil, Feinfühligkeit, Bindungsmuster), die mehr Bedeutung tragen und mehr Vorhersagekraft aufweisen als isolierte Verhaltensweisen.[103] Die Einschätzung solcher Muster verlangt ein Verständnis dahinterstehender Konzepte und Training. Entsprechende Beobachtungen unterscheiden sich im Mittel der vorliegenden Studien deutlich von verbalen elterlichen Angaben zu ihrem Fürsorge- und Erziehungsverhalten[104] und sind im Hinblick auf die Entwicklung von Kindern im Mittel vorhersagekräftiger.[105] Allerdings ist es wichtig, welche Bandbreite an Situationen eine Beobachtung enthält: Unbelastete Spielsituationen als einzige Beobachtungssituation sind eher unzureichend, um Informationen über die Qualität emotionaler Versorgung und die Vermittlung von Regeln zu liefern, da in ihnen unter Umständen weder bindungsrelevante Situationen, d.h. Situationen, in denen das Bindungsverhaltenssystem des Kindes aufgrund von Belastung aktiviert ist, noch Situationen, in denen Eltern Grenzen setzen müssen, enthalten sind. Selbst Eltern, bei denen bekannt ist, dass sie ein Kind gefährdet, etwa misshandelt haben, erscheinen in kurzen unbelasteten Spielsituation häufig unauffällig.[106] Umso bedeutsamer ist es, wenn schon in kurzen Spielterminen eine deutliche Überforderung sichtbar wird. Aussagekräftiger sind aber häufig alltagsnähere Beobachtungen der Eltern-Kind-Interaktion am Rand von Hausbesuchen, etwa durch das Jugendamt. Zudem kann zumindest von Sachverständigen erwartet werden, dass sie bei Beobachtungen mehrere unterschiedliche Situationen einbauen, also etwa eine Spielsituation, eine Pflegesituation und eine Aufgabensituation (z.B. gemeinsames Anschauen eines mitgebrachten Bilderbuchs, gemeinsames Aufräumen nach dem Spiel).

102 Für eine Einführung in Beobachtung als Methode siehe *Pellegrini et al.*, Observing children in their natural worlds: A methodological primer, 2012.

103 In der Literatur zu Eltern-Kind Beobachtung werden solche Maße daher als „high inference measures" bezeichnet, also als Maße, die vergleichsweise viel Schlussfolgerung bei der Einordnung des Gesehenen verlangen.

104 *Hendriks et al.*, The association between parent-reported and observed parenting: A multi-level meta-analysis, Psychological Assessment, 2018, 621–633.

105 Z.B. *Zaslow et al.*, Longitudinal prediction of child outcomes from differing measures of parenting in a low-income sample, Developmental Psychology 2006, 27–37.

106 *Wilson et al.*, Comparing physically abusive, neglectful, and non-maltreating parents during interactions with their children: A meta-analysis of observational studies, Child Abuse & Neglect 2008, 897–911.

- Für den Aufbau von **Gesprächen mit Kindern** zu alltäglich erfahrener Fürsorge und Erziehung im Kontext von Kinderschutzverfahren, die eine fünfte Informationsquelle darstellen, gibt es bislang keine empirisch fundierten Empfehlungen, aber Vorschläge: 99
  - Ein möglicher Ablauf wäre, mit einer Tageslaufschilderung zu beginnen. Damit kann ab dem Kindergartenalter meist ein Überblick über Routinen in der Familie aus der Sicht eines Kindes gewonnen werden. Bei manchen Vernachlässigungsfamilien fallen hier Betreuungslücken auf (z.B.: *Dann stehe ich auf und mache mir mein Frühstück.*) oder es werden ungewöhnliche Fürsorgeleistungen oder Sorgen des Kindes deutlich (z.B.: *Abends bringe ich dann meinen kleinen Bruder ins Bett; wenn ich von der Schule komme, schaue ich als Erstes, ob es der Mama gut geht.*).
  - Meist wird die Qualität von Fürsorge aber nur deutlich, wenn zu sensiblen Stellen bzw. Stellen, zu denen Probleme in der Akte berichtet werden, nachgefragt wird (z.B. nach dem Zähneputzen und der Körperpflege, wenn von der Schule hierzu Auffälligkeiten berichtet werden).
  - Ausnahmen von Routinen (z.B. am Wochenende manchmal fehlendes Geld für Nahrungsmittel) werden im Rahmen einer Tageslaufschilderung von Kindern eher selten spontan erwähnt, weil sie aus kindlicher Sicht kein Teil der regelmäßigen Abläufe sind. Daher ist es sinnvoll, hierzu einige Fragen zu stellen (z.B. hungrig sein, allein sein).
  - Zum familiären Alltag von Kindern zählen noch erzieherische Regeln und ihre Handhabung in der Familie, die ebenfalls direkt angesprochen werden müssen, da sie kein regelmäßiges Element im Tagesablauf sind. Ein Zugang kann über Unterschiede zwischen Familien bei konkreten Regeln erfolgen (z.B.: *In manchen Familien gibt es feste Zeiten, wann Kinder ins Bett gehen. In anderen nicht. Wie ist es denn bei Dir?*). Neben Regeln sollten Strafen angesprochen werden.
  - Sinnvoll ist es darüber hinaus, herausgehobene Gefühle als weiteren thematischen Zugang zu nutzen und zu fragen, wann ein Kind dieses Gefühl zuletzt erlebt hat, da intensive Gefühle und die zugehörige Situation relativ leicht erinnert werden können (z.B.: *Die meisten Kinder haben manchmal Angst. Wie ist das bei Dir, hast Du manchmal Angst? Kannst Du mir erzählen, wann Du das letzte Mal ziemlich Angst hattest?*). Fragen nach Gefühlen bieten zudem eine Möglichkeit, auch positive Gefühle des Kindes in der Familie anzusprechen.

Um die Exploration von Kindern zu ihren alltäglichen Fürsorge- und Erziehungserfahrungen möglichst vollständig zu gestalten, ist es sinnvoll, sich vorab einen Ablauf zu überlegen und Punkte, die aufgrund der Akte angesprochen werden sollten, zu notieren. Im Rahmen von Begutachtungen können ab dem Kindergartenalter auch standardisierte Verfahren zu Anwendung kommen, die als Interviewverfahren für die Bindungserfahrungen von Kindern und als Interview- sowie Fragebogenverfahren für die Erfahrungen von Kindern mit der Erziehungshaltung ihrer Eltern zur Verfügung stehen.[107] Allerdings sind diese Verfahren nicht für den Kinderschutz entwickelt und normiert. Sie sind zudem nicht darauf ausgelegt, konkrete, im Raum stehende Vorwürfe zur alltäglichen Fürsorge und Erziehung abzufragen, sondern hellen eher den Hintergrund auf und haben insofern ergänzenden Charakter.

100 • Auch für den Aufbau der **Explorationen von Eltern** zur alltäglichen Fürsorge und Erziehung ihrer Kinder im Kinderschutzverfahren gibt es bislang keinen empirisch fundierten Vorschlag. Es existieren aber mehrere Ansatzpunkte für das Gespräch, die genutzt und kombiniert werden können:

  - Hierzu zählen zunächst einmal Fragen, die das Bild der Eltern vom Kind und von seinen alltäglichen Bedürfnissen betreffen, da bekannt ist, dass körperlich und psychisch misshandelnde Eltern ihr Kind häufig in negativ verzerrter Weise als auffällig und problematisch erleben, was innerlich als Rechtfertigung für eine harsche, strafende Behandlung dient.[108] Auch bei vernachlässigenden Eltern findet sich dieses Muster teilweise, teilweise tritt aber mehr hervor, dass Bedürfnisse des Kindes nach Fürsorge und Erziehung nur sehr lückenhaft wahrgenommen werden und dessen Selbstständigkeit gravierend überschätzt wird, was als auch distanziertes Fürsorgemuster bezeichnet wird.[109]
  - Ein zweiter Gesprächszugang kann über Erziehungsziele und die geschilderten Erfahrungen bei deren alltäglicher Umsetzung laufen. Wichtig ist, wenn Erziehungsziele genannt werden, nach Episoden, wie diese im Alltag umgesetzt werden, zu fragen. Bei misshandelnden Eltern finden sich in diesem Bereich gehäuft sehr harsche Vorstellungen mit einer Akzeptanz harter Strafen oder idealisierende Muster, bei denen die alltägliche Umsetzung von Zielen kaum beschrieben werden kann. Vernachlässigende Eltern beschreiben sich hier teilweise in der alltäglichen Umsetzung als hilflos und überfordert, teilweise betonen sie vor allem die eigene Bedürftigkeit.[110]
  - Ein weiterer Gesprächszugang kann über Gefühle in der Elternrolle und wann diese im Alltag auftreten (z.B. Freude und Stolz, Ärger, Angst und ein Gefühl der Überforderung) erfolgen sowie über eine Tageslaufschilderung mit gezielten Nachfragen zu Punkten, die in vielen Familien für Konflikte sorgen (z.B. Kinder dazu zu bewegen, Computer- oder Handyspiele zu been-

---

107 Für bindungsorientierte Verfahren siehe *Gloger-Tippelt/König*, Bindung in der mittleren Kindheit, 2016; für den Bereich der Regelvermittlung siehe *Zumbach et al.*, Psychologische Diagnostik in familienrechtlichen Verfahren, 2020, 79 ff.

108 *Camilo et al.*, The social information processing model in child physical abuse and neglect: A meta-analytic review, Child Abuse & Neglect, Vol. 108, 2020, DOI: 10.1016/j.chiabu.2020.104666.

109 *George*, A representational perspective of child abuse and prevention: Internal working models of attachment and caregiving. Child Abuse & Neglect, 1996, 411–424.

110 Z.B. *George/Solomon*, Caregiving helplessness. In *Solomon/George (Hrsg.)*, Disorganized attachment and caregiving, 2011, 133–166.

den) oder die aufgrund der Aktenlage besondere Aufmerksamkeit verdienen.

Für das Gespräch mit Eltern zu alltäglicher Fürsorge und Erziehung ist der Abgleich mit anderen Informationsquellen (z.B. den Angaben der Kinder) und die Thematisierung von Widersprüchen gewinnbringend (z.B.: *Ich hätte jetzt aufgrund der Akte eher gedacht, dass ihnen feste Schlafenszeiten der Kinder nicht so wichtig sind. Vielleicht können sie daher noch etwas mehr dazu sagen.*).[111] Deshalb macht es häufig Sinn, solche Diskrepanzen am Ende der Datenerhebung im Rahmen einer Begutachtung oder der Gespräche zum Fall zu stellen.

Nicht immer stehen alle aufgezählten Informationsquellen zur Verfügung. Beispielsweise kann es sein, dass Kinder für eine Exploration noch zu jung sind oder es zum Zeitpunkt des Kinderschutzverfahrens keine Fachkräfte gibt, die relevante Einblicke in den Alltag einer Familie berichten könnten. Der methodische Standard sollte daher darin bestehen, dass zuverlässig darüber reflektiert wird, welche Informationszugänge im Einzelfall möglich sind, und alle vorhandenen Zugänge in einer methodisch angemessenen Weise genutzt und integriert werden. **101**

2. Beschreibung der „Erziehungsfähigkeit"

Die Beschreibung alltäglicher Erziehung und Fürsorge in einer Familie läuft teilweise unter dem Begriff einer Begutachtung oder Einschätzung der „Erziehungsfähigkeit" von Eltern.[112] Modelle der Erziehungsfähigkeit betonen die **Multidimensionalität von Fürsorge und Erziehung**, d.h., die fallbezogenen Befunde und Eindrücke sollten dem Gericht sinnvoll geordnet präsentiert werden. So können etwa die Fähigkeiten der Eltern in verschiedenen Bereichen von Fürsorge und Erziehung beschrieben werden. Im Hintergrund dieses Ansatzes stehen Befunde aus der Entwicklungs- und Familienpsychologie, wonach bestimmte Aspekte von Fürsorge und der Eltern-Kind-Beziehung für bestimmte Entwicklungsbereiche von Kindern besonders bedeutsam sind.[113] **102**

Ein solches Modell der Erziehungsfähigkeit unterscheidet etwa die **Bereiche** (a) Pflege und Versorgung, einschließlich Gesundheitsfürsorge und Gefahrenabwehr, (b) Bindung bzw. emotionale Geborgenheit, (c) Vermittlung von Regeln und Werten sowie (d) Förderung.[114] Im Einzelfall kann es Umstände geben, die die Bedeutung einer bestimmten Dimension der Erziehungsfähigkeit hervorheben, etwa die **103**

111 *Schofield et al.*, Optimal assessment of parenting, or how I learned to stop worrying and love reporter disagreement, Journal of Family Psychology 2016, 614–624.

112 Für eine Einführung siehe *Zumbach/Oster*, Elterliche Erziehungsfähigkeit: Definitionen, Indikatoren und Erfassungsmöglichkeiten, Zeitschrift für Kinder- und Jugendpsychiatrie und Psychotherapie, 2021, 37–50.

113 Für einen Überblick: *Maccoby*, The uniqueness of the parent–child relationship, In *Collins/ Laursen* (Hrsg.), Relationships as developmental contexts, 1999, 171–189.

114 *Kindler et al.*, Handbuch ASD und Kindeswohlgefährdung nach § 1666 BGB, 2006.

schwere chronische Erkrankung eines Kindes die Pflegedimension[115] oder eine diagnostizierte kindliche Störung des Sozialverhaltens die Dimension der Regelvermittlung, da bekannt ist, dass betroffene Kinder in besonderer Weise auf Anleitung und Erziehung angewiesen sind.[116] Auch das Alter der betroffenen Kinder spielt eine Rolle, da sich die Anforderungen in den verschiedenen Dimensionen von Erziehung und Fürsorge altersabhängig verändern. Regelvermittlung beginnt beispielsweise in westlichen Kulturen im zweiten Lebensjahr eines Kindes,[117] sodass der Punkt in der Regel keine größere Rolle spielt, wenn die Erziehungsfähigkeit kurz nach der Geburt eines Kindes beschrieben werden soll. Auch ein Wissen über **kulturelle Einflüsse** auf elterliche Fürsorge und Erziehung ist für die Beschreibung bedeutsam, da es etwa Kulturen gibt, in denen mit der Regelsozialisation typischerweise später begonnen wird als in westlichen Kulturen und bei jüngeren Kindern vor allem auf Strategien von Ablenkung und Abschirmung gesetzt wird. Auch Vorstellungen von der Förderung eines Kindes können sich kulturabhängig unterscheiden. Beispielsweise fördern westliche Kulturen häufig stark die Fähigkeit von Kindern, Interessen zu artikulieren und eine Auswahl vorzunehmen (z.B.: *Willst Du das oder das spielen?*), während andere Kulturen dies weniger als wünschenswert ansehen und Kinder eher ermutigen, sich durch Beobachtung und Mittun in alltägliche Haushaltsroutinen einzufädeln. Eine Reihe von Handbüchern haben Befundlagen zu kulturellen Einflüssen auf elterliche Fürsorge und Erziehung zusammengetragen, ohne ein übergroßes Maß an Einheitlichkeit innerhalb einer Kultur zu suggerieren.[118]

104 Über die geordnete Beschreibung alltäglicher Fürsorge und Erziehung hinaus bietet eine Begutachtung der Erziehungsfähigkeit durch Sachverständige in der Regel zwei zusätzliche Elemente:

- Zum einen wird die von den Eltern im Alltag geleistete Fürsorge und Erziehung **zu den Bedürfnissen betroffener Kinder ins Verhältnis gesetzt**. Erziehungsfähigkeit ist ein relationales Konstrukt, d.h., Eltern, die etwa mit einem gut angepassten Kind noch zurechtkommen, können bei einem Kind mit besonderen Erziehungsanforderungen unter Umständen überfordert sein.
- Zum anderen werden auch die persönlichen und sozialen Voraussetzungen für eine Übernahme der Fürsorge- und Erziehungsrolle mit in den Blick genommen (z.B. psychische Gesundheit, anhaltende soziale Belastung durch Partnerschaftsgewalt).

---

115 *Power et al.*, Parenting Children With a Chronic Health Condition. In: *Bornstein (Hrsg.)*, Handbook of Parenting, Vol. 1., 2019, 597–624.

116 *Malti et al.*, Parenting Aggressive Children. In: *Bornstein (Hrsg.)*, Handbook of Parenting, Vol. 1., 2019, 496–522.

117 Siehe beispielsweise *Smetana/Kochanska/Chuang*, Mothers' conceptions of everyday rules for young toddlers: A longitudinal investigation, Merrill-Palmer Quarterly 2000, 391–416.

118 Für einen guten Überblick siehe *Selin*, Parenting Across Cultures, 2014. Ergänzend wurden gerade in einer großen Längsschnittstudie Entwicklung und Bedeutung, Gemeinsamkeiten und Unterschiede im elterlichen Fürsorgeverhalten in neun über den Erdkreis verteilten Kulturen untersucht, siehe *Lansford et al.*, Parenting Across Cultures from Childhood to Adolescence: Development in Nine Countries, 2021.

Bezüglich psychischer Erkrankungen von Eltern ist wichtig, dass Menschen mit ein und derselben Diagnose sich in ihren Fürsorge- und Erziehungsfähigkeiten beträchtlich unterscheiden können. Daher erübrigt sich die genaue Beschreibung alltäglicher Fürsorge und Erziehung auch bei psychiatrischen Auffälligkeiten von Eltern in der Regel nicht.[119] Dies wird auch als das **Prinzip der funktionalen Orientierung** bezeichnet, d.h., auch Eltern mit psychiatrischen Auffälligkeiten haben in der Regel Anspruch darauf, dass ihre Fähigkeit, elterliche Funktionen auszufüllen, im Einzelfall geprüft und nicht unmittelbar und nahtlos aus ihrer Erkrankung auf eine erhebliche Einschränkung der Erziehungsfähigkeit, die im Ausmaß als kindeswohlgefährdend zu werten ist, geschlossen wird. Ausnahmen sind allenfalls für sehr schwere psychische Erkrankungen denkbar, die etwa eine Hospitalisierung erforderlich machen. Auf die Notwendigkeit einer funktionalen Orientierung zu verweisen, bedeutet nicht, dass **psychiatrische Befunde** für familiengerichtliche Kinderschutzverfahren irrelevant wären. Im Gegenteil stellen sie eine wichtige Hintergrundinformation dar und psychiatrische Behandlungen können in entsprechenden Fällen zur Wiederherstellung der Erziehungsfähigkeit nötig sein. Zudem stellen sich in Fällen mit einem psychiatrisch erkrankten Elternteil spezifische zusätzliche Fragen, insbesondere wie betroffene Elternteile, Partner und Umfeld gegenüber den Kindern mit Symptomen und Folgen der Erkrankung umgehen, da einerseits ein Einbezug des Kindes in Symptome schädlich sein kann (z.B. ein Kind eines Elternteils mit Angsterkrankung, das die Wohnung ebenfalls nicht verlässt), während andererseits eine altersangemessene Aufklärung von Kindern über elterliche Erkrankungen sehr entlastend wirken kann.[120] 105

Praxistipp 106

→ Familiengericht

Bestehen im Kinderschutzverfahren Unsicherheiten, welche alltägliche Fürsorge und Erziehung Kinder erleben und ggfs. wie die Erziehungsfähigkeit von Eltern(teilen) sich beschreiben lässt, sollten Gerichte darauf achten, dass ihnen eine ***Beschreibung der Erfahrungen von Kindern*** *gestützt auf* ***mehrere Informationsquellen*** *und Verfahren vorgelegt wird, auf der dann die Bewertung des Vorliegens oder Nicht-Vorliegens einer Kindeswohlgefährdung aufbauen kann. Bei Beschreibungen der Erziehungsfähigkeit sollte darauf geachtet werden, dass die relevanten Dimensionen von Fürsorge und Erziehung beschrieben und ins Verhältnis zu Bedürfnissen betroffener Kinder gesetzt werden sowie die persönlichen und sozialen Voraussetzungen der Eltern erörtert werden.*

119 *Benjet et al.*, Evaluating the parental fitness of psychiatrically diagnosed individuals: Advocating a functional-contextual analysis of parenting, Journal of Family Psychology 2003, 238–251.
120 Für eine Forschungsübersicht siehe *Wiegand-Grefe et al.*, Kinder psychisch kranker Eltern, 2019.

II. Wenn im Raum stehende herausgehobene Gefährdungsereignisse abgeklärt werden müssen

1. Möglichkeiten der Sachverhaltsermittlung

107 In manchen Fällen stehen einzelne herausgehobene Gefährdungsereignisse im Raum, die, wenn sie tatsächlich geschehen sind und eine Wiederholung droht, Schutzmaßnahmen begründen. Werden solche im Raum stehenden Gefährdungsereignisse von den Sorgeberechtigten bestritten, kann es sein, dass im familiengerichtlichen Kinderschutzverfahren der Versuch unternommen werden muss zu klären, **ob von diesen Gefährdungsereignissen auszugehen ist oder nicht**. Genauer wird ein Versuch der Klärung immer dann notwendig, wenn das Gericht (zu einem Zeitpunkt im Verfahren) seine Entscheidung maßgeblich auf Feststellungen zu den im Raum stehenden Gefährdungsereignissen stützen will. Als Beweismaß dient nach § 286 Abs. 1 ZPO bzw. § 37 Abs. 1 FamFG die Überzeugung des Gerichts, „ob eine tatsächliche Behauptung für wahr oder für nicht wahr zu erachten sei". Für eine solche Überzeugung ist nach der höchstrichterlichen Rechtsprechung ein im praktischen Leben brauchbarer Grad von Gewissheit maßgeblich, der Zweifeln Schweigen gebietet, ohne sie völlig auszuschließen (→ Kapitel 6 Rn. 80). Da das Gericht seine Überzeugung begründen können muss, sind Tatsachen und empirisch gestützte Schlussfolgerungen erforderlich, die wesentliches Material für die Überzeugungsbildung bereitstellen. Prinzipiell können fünf verschiedene Arten von Informationen substanziell zu einer Klärung beitragen, ob im Raum stehende herausgehobene Gefährdungsereignisse (z.B. ein innerfamiliärer sexueller Missbrauch) geschehen sind oder nicht.[121] Eine Übersicht über prinzipiell relevante Informationen, deren Aussagekraft sowie ein sachkundiges Vorgehen bei der Erhebung ist wichtig, um sowohl eine unzureichende Sachverhaltsaufklärung, aber auch unnötige, weil wenig Erfolg versprechende, trotzdem aber für Kinder belastende Klärungsschritte zu vermeiden.

108 • **Körperliche Befunde:** Vor allem in Fällen schwerer körperlicher Misshandlung kommt der Rechtsmedizin häufig sehr große Bedeutung zu, da einige Verletzungsmuster (z.B. beim Schütteltraumata bei Kindern) Rückschlüsse auf die Art der Verursachung erlauben. Angaben zu den hier gegenwärtig am besten fundierten diagnostischen Vorgehensweisen enthält die medizinische Kinder-

121 Die meiste Fachliteratur hierzu fokussiert sexuelle Gewalt gegen Kinder bzw. Jugendliche, das entwickelte Modell lässt sich jedoch generalisieren, vgl. *Unterstaller*, Wie kann ein Verdacht auf sexuellen Missbrauch abgeklärt werden?, In: *Kindler et al.*, Handbuch Kindeswohlgefährdung nach § 1666 BGB und Allgemeiner Sozialer Dienst (ASD), 2006, 430–438; *Vrolijk-Bosschaart et al.*, Clinical practice: recognizing child sexual abuse – what makes it so difficult? European Journal of Pediatrics 2018, 1343–1350.

schutzleitlinie,[122] die zur Orientierung herangezogen werden kann, wenn Unsicherheiten oder Streitigkeiten im Verfahren auftreten. In einigen Fällen können Verletzungen (z.B. Hämatome) zwar als misshandlungsverdächtig oder elterliche Angaben zur Entstehungsweise von Verletzungen als unrichtig eingestuft werden, jedoch bedarf es eines Zusammenspiels mit anderen Erkenntnissen, um über einen plausiblen Verdacht hinaus zu einer Klärung im Raum stehender Misshandlungsereignisse zu kommen. Im Unterschied zum Strafrecht, das individuell zurechenbare Verantwortlichkeiten anstrebt, zielt das familiengerichtliche Kinderschutzverfahren vor allem auf die zukunftsgerichtete Verhinderung weiterer Schädigungen von Kindern, sodass **weniger der individuelle Schuldnachweis als vielmehr die Frage bedeutsam ist, inwieweit Sorgeberechtigten zuzutrauen ist, dass sie ihr Kind vor weiteren Verletzungen, durch wen auch immer, schützen können**. Die vergangenheitsbezogene Klärung steht also strikt im Interesse zukünftigen Schutzes, sodass rechtsmedizinische Befunde, die in der Regel keine Auskunft darüber geben können, wer einem Kind bestimmte Verletzungen zugefügt hat, ausreichend sein können, wenn feststeht, dass das Kind im Verantwortungsbereich der Eltern verletzt wurde. Vergleichsweise geringer sind die Chancen, eine im Raum stehende innerfamiliäre sexuelle Gewalt durch körperliche Befunde klären zu können, da über 90 % belegbar von sexuellem Missbrauch betroffene und körperlich untersuchte Kinder und Jugendlicher einen Normalbefund aufweisen.[123] In Einzelfällen sind jedoch für sexuelle Gewalt bzw. sexuelle Kontakte beweisende Befunde möglich, zu denen bestimmte anogenitale Verletzungen und sexuell übertragbare Erkrankungen, eine Schwangerschaft und Spermanachweise zählen, die dann im Kontext von Alter und Lebenswelt eines jungen Menschen bewertet werden müssen.[124] Da Untersuchungen im Intimbereich von vielen Kindern bzw. Jugendlichen als belastend empfunden werden,[125] werden sie vor allem dann empfohlen, wenn Missbrauchshandlungen beschrieben werden, bei denen Verletzungen möglich sind (z.B. ein Eindringen in den Körper des Kindes), und angegeben wird, die Missbrauchshandlungen seien erst vor Kurzem erfolgt, oder wenn Schmerzen im Intimbereich bzw. vergleichbare Symptome berichtet werden.

- **Sachbeweise**: In seltenen Fällen spielen Sachbeweise eine wichtige Rolle bei 109
der Klärung im Raum stehender Gefährdungsereignisse, beispielsweise in Form

122 *Arbeitsgemeinschaft der Wissenschaftlichen Medizinischen Fachgesellschaften (AWMF)*, Kindesmisshandlung, – missbrauch, -vernachlässigung unter Einbindung der Jugendhilfe und Pädagogik (Kinderschutzleitlinie), Langfassung, 2019, online abrufbar unter: www.awmf.org/leitlinien/detail/ll/027-069.html (Abruf: 20.5.2022).

123 *Debertin/Banaschak*, Sexueller Missbrauch von Kindern aus medizinischer Sicht, Kindesmisshandlung und -vernachlässigung, Interdisziplinäre Fachzeitschrift für Prävention und Intervention 2013, 4–11.

124 *Banaschak/Rothschild*, Körperliche Befunde bei sexuellem Kindesmissbrauch, in: *Fegert et al.*, Sexueller Missbrauch von Kindern und Jugendlichen, 2015, 179–84.

125 *Broaddus-Shea et al.*, A review of the literature on good practice considerations for initial health system response to child and adolescent sexual abuse, Child Abuse & Neglect, Vol. 116, 2019, DOI: 10.1016/j.chiabu.2019.104225.

von Videoaufnahmen eines sexuellen Missbrauchs, SMS-Nachrichten, in denen Partnerschaftsgewalt vor den Kindern eingestanden oder mit einer Falschbeschuldigung gedroht wird, oder eines Rohrstocks in einem Misshandlungsfall, der an einer vom Kind angegebenen Stelle versteckt war. Meist können Sachbeweise nur dann ins familiengerichtliche Kinderschutzverfahren eingeführt werden, wenn vorgängig oder parallel ein Ermittlungsverfahren mit seinen spezifischen Erkenntnismitteln geführt wurde bzw. wird. Im Einzelfall müssen dessen Ergebnisse abgewartet werden, wenn davon ein wesentlicher Klärungsfortschritt zu erwarten ist. Häufig reicht es allerdings aus, das Ergebnis wichtiger Beweiserhebungen im Ermittlungsverfahren abzuwarten, etwa ein Sachverständigengutachten zu beschlagnahmten elektronischen Medien, wenn es Hinweise darauf gibt, dass Missbrauchshandlungen gefilmt wurden. Entsprechende Sachverständigengutachten können nach § 411a ZPO im familiengerichtlichen Verfahren verwertet werden. Werden Sachbeweise oder andere Beweismittel im Strafverfahren für eine Verurteilung als nicht ausreichend angesehen, so bindet dies das Familiengericht nicht, da im familiengerichtlichen Kinderschutzverfahren nicht der individuelle Tatnachweis, sondern die Prognoseentscheidung im Mittelpunkt steht, ob sich ein Kind insgesamt in einer kindeswohlgefährdenden Situation befindet, zu deren Abwendung ein Einschreiten des Gerichts erforderlich ist. In der Vergangenheit hat sich wiederholt, teilweise auch in spektakulären Fällen gezeigt, dass die Einstellung strafrechtlicher Ermittlungen eine Prüfung notwendiger Kinderschutzmaßnahmen keinesfalls erübrigt.[126]

110 • Ebenfalls eher selten lassen sich im Raum stehende Gefährdungsereignisse durch **Angaben Dritter** klären, etwa wenn Kinder in Anwesenheit weiterer Personen körperlich misshandelt wurden oder mehrere Kinder in Missbrauchshandlungen einbezogen waren. Nur in Ausnahmen handelt es sich dabei um Angaben Außenstehender, denen Neutralität zugebilligt werden kann, da sich Gefährdungsereignisse typischerweise eher verdeckt ereignen, jedenfalls gegenüber der familiären Außenwelt ganz überwiegend verborgen werden. Manchmal teilen getrenntlebende Elternteile[127] oder frühere Partner bzw. Partnerinnen Gefährdungsereignisse proaktiv mit oder machen Angaben, wenn sie hierzu befragt werden. Einige Befunde deuten darauf hin, dass die Grundraten von **Falschbeschuldigung** in solchen Kontexten erhöht sind, insofern sich viele Angaben nicht ausreichend konkretisieren lassen und durch betroffene Kinder nicht oder nur unkonkret bestätigt werden.[128] Als mögliche Hintergründe für Falschbeschuldigungen sind Rache, über die Trennung hinausrei-

126 Z.B. Bürgerschaft der Freien und Hansestadt Hamburg, Drucksache 20/14100.

127 Beschuldigungen durch andere Elternteile erfolgen allerdings häufig nicht im Kontext eines familiengerichtlichen Kinderschutzverfahrens nach § 1666 BGB, sondern werden im Rahmen von Verfahren nach §§ 1671, 1684 BGB geäußert.

128 Z.B. *Busse et al.*, Mißbrauchsverdacht in familiengerichtlichen Verfahren, Praxis der Rechtspsychologie, 2000 (Sonderheft 2), 3–98; für eine neuere Forschungsübersicht siehe *Saini et al.*, Gatekeeping by allegations, Family Court Review 2020, 417–431.

chende Kontrollwünsche und angestrebte zukünftige Anträge zum Sorgerecht denkbar.

Hinweis 111

→ **Familiengericht**
Aus einem eventuell vorhandenen Motiv für eine Falschbeschuldigung lässt sich aber im Einzelfall natürlich nicht folgern, dass tatsächlich eine Falschbeschuldigung vorliegt, sodass eine ergebnisoffene Prüfung entsprechender Gefährdungshinweise erfolgen muss. Vor allem bei im Raum stehenden wiederholten Gefährdungsereignissen kann überlegt werden, ob getrenntlebende Elternteile bzw. frühere Partner bzw. Partnerinnen kontaktiert und zu eventuellen Wahrnehmungen befragt werden. Da die kritische Würdigung der Angaben von getrenntlebenden Elternteilen bzw. früheren Partnern bzw. Partnerinnen meist unterhalb der Schwelle einer aussagepsychologischen Analyse bleibt, kommt den von vielen Richterinnen und Richtern in ihrer Praxis erworbenen Fähigkeiten und Wissensbeständen bei der Beurteilung von Zeugenaussagen große Bedeutung zu.[129]

- Bei im Raum stehenden körperlichen Misshandlungen und vermuteter innerfamiliärer sexueller Gewalt räumen Eltern manchmal Gefährdungsereignisse ein und führen dadurch eine (zumindest teilweise) Klärung herbei. Empirische Befunde zur Häufigkeit solcher **Angaben von Eltern** im familiengerichtlichen Kinderschutzverfahren liegen, soweit ersichtlich, nicht vor. Fälle, in denen Eltern Gefährdungsereignisse bereits beim Jugendamt einräumen, erreichen aber vermutlich eher selten die Schwellen des Gerichts. 112

Praxistipp 113

→ **Familiengericht**
Inklusiver Ansatz im Erörterungstermin (§ 157 FamFG): *Im Hintergrund insbesondere des § 157 FamFG steht ja aber (neben der Möglichkeit des Gerichts, gegen den Willen der Eltern Schutzmaßnahmen zu ergreifen) auch der Gedanke, dass in manchen Fällen der Rahmen des familiengerichtlichen Kinderschutzverfahrens Eltern, die gegenüber dem Jugendamt noch ablehnend aufgetreten sind, zu einem Einlenken bewegen kann. Für Kinderschutzverfahren bei Jugendämtern ist bekannt, dass ein* ***inklusiver Ansatz****, der* ***Eltern nicht auf gefährdendes Verhalten reduziert****, sondern positive Seiten des elterlichen Verhaltens ebenfalls wahrnimmt, der Hoffnung auf die Möglichkeit von positiver Veränderung ausstrahlt und der die Bedeutung elterliche Mitentscheidung und Mitarbeit betont, eher dazu führt, dass Gefährdungsereignisse eingestanden werden und auch langfristig eine posi-*

129 Für eine praxisorientierte Erörterung siehe *Greipel*, Beweisführung und Lügenerkennung vor Gericht, 2020.

tive Zusammenarbeit zustande kommt.[130] *Eventuell begünstigen ähnliche Faktoren, verbunden mit der* ***Autorität des Gerichts****, auch im familiengerichtlichen Verfahren ein Einlenken von Eltern. Allerdings brauchen Gerichte hierfür von Jugendämtern, die in der Regel Kinderschutzverfahren einleiten, Informationen, nicht nur über im Raum stehendende Gefährdungsereignisse und unkooperatives elterliches Verhalten, sondern auch über Hinweise auf gelingende Seiten von Fürsorge und Erziehung in der Familie. Für die* ***Strategie in einer Anhörung*** *könnte dies bedeuten, dass ein Gericht zunächst herausstellt, die Anhörung diene dazu, dass Eltern sich äußern können. Im Anschluss könnte proaktiv klargestellt werden, dass das Gericht, sollte es zu Gefährdungsereignissen gekommen sein, es positiv würdige, wenn Eltern dies einräumen könnten. Damit werde eine Grundlage für eine Zusammenarbeit gelegt und dies sei der beste Weg, wenn Gefahren vorhanden seien. Zudem habe das Gericht vom Jugendamt auch etwas über Stärken der Eltern erfahren. Diese bräuchten also keine Sorge haben, dass es nur um ihre Probleme gehe. Nun aber sei es an den Eltern, sich zu äußern.*

Die Forschung zu Geständnissen in Strafverfahren hat darüber hinaus gezeigt, dass die Überzeugungskraft anderer Belege, etwa von Angaben betroffener Kinder, die Wahrscheinlichkeit erhöht, dass sexuelle Gewalt und andere Straftaten gegen Kinder eingeräumt werden.[131]

Daher erübrigen Angaben von Eltern zu im Raum stehenden Gefährdungsereignissen andere Schritte der Sachverhaltsaufklärung häufig nicht, sondern hängen im Gegenteil davon ab, was die **Bedeutung eines guten Sachvortrags des Jugendamtes** unterstreicht, da die Ergebnisse zu Beweisbeschlüssen des Gerichts zum Zeitpunkt der ersten Anhörung der Eltern regelmäßig noch nicht vorliegen. Angaben von Eltern zu im Raum stehenden, tatsächlich geschehenen Gefährdungsereignissen klären diese deshalb häufig nur teilweise, weil es, selbst wenn Gefährdungsereignisse grundsätzlich eingeräumt werden, mehrere Stufen von Verantwortungsabwehr gibt.[132] Es ist daher möglich, dass Eltern zwar Gefährdungsereignisse prinzipiell einräumen, diese aber in ihrer Häufigkeit, Intensität und Gefährlichkeit herunterspielen (z.B. wird aus einem Schlag ein Klaps oder das aktuellste Ereignis wird zugunsten länger zurückliegender Ereignisse verschwiegen) oder die Verantwortlichkeit und die Wiederholungsgefahr werden minimiert (z.B.: *„Ich trinke sonst nie, aber da hatte ich getrunken und dann hatte ich einen Blackout, das gab es sonst noch nie."*). Auch die Gefährdungsform spielt hier eine Rolle. Da sexuelle Gewalt deutlich stärker als andere Gefährdungsformen als willentliches Verhalten von

130 Für eine aktuelle Forschungsübersicht siehe *Charest-Belzile* et al., Parental engagement in child protection services: A multidimensional, longitudinal and interactive framework, Children and Youth Services Review, Vol. 116, 2020, DOI: 10.1016/j.childyouth.2020.105162.

131 Siehe etwa *Lippert et al.,* Suspect confession of child sexual abuse to investigators, Child Maltreatment 2010, 161–170.

132 Grundlegend hier *Deegener*, Kindesmissbrauch, 2010, 152 ff.

Eltern verstanden und entsprechend stärker moralisch und strafrechtlich sanktioniert wird, sind die Hürden vor einem Eingestehen innerfamiliärer sexueller Gewalt höher. Dass es verschiedene Stufen der Verantwortungsabwehr gibt, hat zur Folge, dass die Frage, welche Schutz- und Hilfemaßnahmen erforderlich und verhältnismäßig sind, nicht allein aufgrund elterlicher Angaben, sondern erst in der Zusammenschau verschiedener Informationsquellen im Hinblick auf im Raum stehende Gefährdungsereignisse beurteilt werden sollte.

- Nachdem Sachbeweise und Angaben Dritter meist nicht zur Verfügung stehen, **114** aussagekräftige körperliche Befunde nur bei einem Teil der Gefährdungsfälle zu erwarten sind und Angaben von Eltern häufig allein nicht ausreichend belastbar scheinen, kommt den **Angaben von betroffenen Kindern** erkennbar in vielen Fällen Gewicht zu. Dies macht verständlich, warum sich die Forschung intensiv damit beschäftigt hat, wie mit Kindern am besten über Gefährdungsereignisse gesprochen werden kann.[133] Allerdings gibt es natürlich betroffene Kinder, die aufgrund von Alter und Entwicklungsstand nicht in der Lage sind, über Gefährdungsereignisse Auskunft zu geben. Mehrheitlich sind Kinder und Jugendliche zudem zumindest zögerlich, Misshandlungs- oder Missbrauchsereignisse Erwachsenen anzuvertrauen.[134] Rückblickende Befragungen zeigen, dass Kinder, die Misshandlung oder sexuelle Gewalt erleben mussten, sich meist schämen, mitschuldig fühlen oder negative Folgen eines Anvertrauens fürchten.[135] Umgekehrt begünstigen Zeit für einen Vertrauensaufbau und eine geschulte, unterstützende Haltung befragender Personen, dass Kinder und Jugendliche sich gegenüber dem Kinderschutzsystem hinsichtlich ihrer Erfahrungen öffnen können, ohne dass dadurch falsche oder übertriebene Beschuldigungen wahrscheinlicher werden.[136] Daher ist **die in Deutschland verbreitete Praxis einmaliger und eher kurzer Befragungen von Kindern** zu ihren Erfahrungen **durch verschiedene Personen** (Jugendamt, Sachverständige, Gericht) bei zögerlichen und zurückhaltenden Kindern **teilweise kontraproduktiv**. Trotzdem öffnen sich manche betroffenen Kinder, weil sie dringlich auf der Suche nach Hilfe und Schutz sind oder positive Folgen von Hilfe und Schutz bereits erlebt haben. Natürlich sind auch Falschbeschuldigungen möglich, also behauptete Gefährdungsereignisse, die in Wirklichkeit nicht stattgefunden haben. Vor allem im Kontext elterlicher Konflikte gibt es jedenfalls eine erhöhte Anzahl auffällig unkonkret von Kindern geschilderter Vorwürfe von

133 *Lamb et al.*, Tell me what happened: Questioning children about abuse, 2018.

134 *Lahtinen et al.*, Children's disclosures of sexual abuse in a population-based sample, Child Abuse & Neglect 2018, 84–94; *Lahtinen et al.*, Children's disclosures of physical abuse in a population-based sample, Journal of interpersonal violence 2022, 2011–2036.

135 *Kindler*, Wie verstehen Kinder Vernachlässigung, Misshandlung und Missbrauch? In: Gute Kinderschutzverfahren – Modellprojekt zur Qualitätssicherung und Qualitätsentwicklung für eine kindgerechte Justiz, 2020, siehe https://guteverfahren.elearning-kinderschutz.de (Abruf: 22.5.2022)

136 *Hershkowitz et al.*, Allegation rates and credibility assessment in forensic interviews of alleged child abuse victims: Comparing the revised and standard NICHD protocols, Psychology, Public Policy, and Law 2020, 176–184.

Gefährdung.[137] Generell sollten Familiengerichte **von Kindern geschilderte Gefährdungsereignisse** Schutzmaßnahmen nur dann zugrunde legen, wenn Kinder ihrem Entwicklungsstand entsprechend, nachvollziehbar und durch Nachfragen ergänzbar über diese Erlebnisse berichten. Für Zweifelsfälle steht zudem mit der kriterienorientierten Aussagenanalyse durch Sachverständige eine belegbar aussagekräftige Entscheidungshilfe zur Hilfe.[138] Allerdings kann es erforderlich sein, aussagepsychologische Sachverständige auf relevante Unterschiede zwischen familiengerichtlichem Kinderschutzverfahren und dem häufigeren Anwendungskontext eines Strafverfahrens hinzuweisen, insbesondere die andere Schadensmatrix und den daraus resultierenden Wegfall einer einfachen „Non-liquet"-Option („es ist nicht klar"), d.h. die Bitte, in jedem Fall abzuwägen, was aus aussagepsychologischer Sicht für, was gegen erlebnisbegründete Angaben des Kindes spricht.

2. Vorgehen bei der Anhörung von Kindern

115 Zur Frage, wie Angaben von Kindern zu im Raum stehenden Gefährdungsereignissen am besten erhoben werden können, gibt es mittlerweile eine gesicherte Befundlage,[139] die in erster Linie für Fachkräfte der Jugendämter und Sachverständige wichtig ist. In einigen Fällen kann es aber für Familienrichterinnen und -richter relevant sein, selbst mit Kindern über Gefährdungsereignisse zu sprechen. Auch dann ist ein fachlich fundiertes Vorgehen wichtig. Empfohlen wird ein Vorgehen in mehreren Schritten. Im Kern besteht das Gespräch zu Gefährdungsereignissen aus fünf Teilen: einer (1) Einleitungsphase, dem (2) freien Bericht, einer (3) Phase des Nachfragens und Verstehens geschilderter Erlebnisse, einem darauf aufbauenden (4) Gespräch über Gedanken und Gefühle des Kindes im Hinblick auf Veränderung und (5) einer Phase des Ausklangs.

116 • **Einleitungsphase:** In dieser Phase geht es darum, sich als Gericht oder andere befragende Person dem Kind vorzustellen und einige grundlegende Erläuterungen zum Gespräch, ggfs. auch zum Verfahren insgesamt, zu geben. Einige Formulierungsvorschläge hierzu finden sich in Kapitel 26 Rn. 163 bis 167 sowie in der Literatur.[140] Auch beinhaltet die Einleitungsphase Zeit für Kontaktaufbau und ein allgemeines Kennenlernen des Kindes. Wenn Gefährdungsereignisse angesprochen werden sollen, wird meist empfohlen, bei den Regeln für die Anhörung bzw. das Gespräch zu erklären, es sei wichtig, dass das Kind nur Erleb-

137 Vgl. Fn. 128.

138 *Oberlader et al.*, Validity of content-based techniques to distinguish true and fabricated statements, Law and Human Behavior 2016, 440–457; *Oberlader et al.*, Validity of content-based techniques for credibility assessment – How telling is an extended meta-analysis taking research bias into account? Applied Cognitive Psychology 2021, 393–410.

139 Für einen Überblick siehe Fn. 133.

140 Für einen Überblick siehe *Kindler*, Rechtliche Vorgaben zur Kindesanhörung und kindgerechte Anhörung, In: Gute Kinderschutzverfahren – Modellprojekt zur Qualitätssicherung und Qualitätsentwicklung für eine kindgerechte Justiz, 2021, siehe https://guteverfahren.elearning-kinderschutz.de (Abruf: 22.5.2022)

nisse erzähle, die es tatsächlich erlebt habe. Die Richterin bzw. der Richter (oder eine andere Befragungsperson) seien nicht dabei gewesen sei. Deshalb sei es wichtig, dass das Kind alles so genau wie möglich erkläre.[141]

- **Freier Bericht:** Im Kern besteht die Phase des freien Berichts darin, ein Kind möglichst lange frei von Erlebnissen erzählen zu lassen. Dies ist wichtig, weil in der Phase des freien Berichts die meisten belastbaren und gegebenenfalls auch neuen Informationen gegeben werden. Häufig fällt das Zuhören Erwachsenen schwer, weil Kinder Erlebnisse, zumal belastende Erlebnisse, selten geordnet von Anfang bis Ende und zudem noch nachvollziehbar berichten. Erwachsene neigen deshalb dazu, rasch zu unterbrechen und strukturierende Nachfragen zu stellen. Damit geht allerdings der günstige Effekt des freien Berichts verloren. Soweit Gefährdungsereignisse vom Kind nicht spontan berichtet werden, müssen sie in einer möglichst nicht beeinflussenden (suggestiven) Weise angesprochen werden, d.h. ohne Unterstellung, dass es sich um reale bzw. nur erfundene Ereignisse handelt. Dafür gibt es mehrere Möglichkeiten. Eine Vorgehensweise besteht darin, offen zu fragen, ob das Kind weiß, warum es heute zur Anhörung gekommen ist (z.B.: *„Jetzt kenne ich Dich schon ein bisschen. Vielen Dank. Weiß Du denn, warum ich heute mit Dir reden will?"*). Kommt das Kind dann auf Gefährdungserfahrungen zu sprechen, wurde dies nicht vom Gericht vorgegeben. Aber natürlich kann es sein, dass das Kind keinen Grund weiß oder einen anderen Grund nennt. Eine zweite Möglichkeit besteht deshalb darin, Äußerungen des Kindes gegenüber Dritten, die auf Gefährdungsereignisse hindeuten, oder andere Anhaltspunkte aufzugreifen und das Kind hierauf anzusprechen. Dabei gibt es zwei Regeln: Zum Ersten ist es wichtig, dem Kind ganz klar zu sagen, dass die Richterin bzw. der Richter (oder eine andere Befragungsperson) nicht weiß, ob bzw. was passiert ist (z.B.: *„Ich hab gehört, Du hast Deiner Lehrerin, der Frau Meyer, erzählt, was bei Dir daheim los war. Jetzt weiß ich aber gar nicht, ob ich das richtig verstanden habe. Deshalb frage ich Dich noch einmal."*). Derartige Formulierungen sind wichtig, damit das Kind sich möglichst wenig an bereits Gesagtes gebunden fühlt. Zweitens ist es erforderlich, einen Anhaltspunkt nicht konkret, sondern nur allgemein zu benennen (z.B. dass *„etwas los war"*, *„die Polizei da war"* oder *„du im Krankenhaus warst"*). Damit wird ausgeschlossen, dass eventuelle Äußerungen des Kindes zu Gefährdungsereignissen de facto nur die vorher vom Gericht gegebene Information aufgreifen. Wenn ein Kind zu berichten beginnt, ist es zunächst die Aufgabe zuzuhören und das Kind durch offene Nachfragen (z.B.: *„Wie ist es dann weitergegangen?"*, *„Kannst Du noch mehr dazu erzählen?"*) zum Weitererzählen zu ermutigen. Ein freier Bericht geht bei Kindergarten- oder Grundschulkindern selten über 10 Minuten hinaus. Bei älteren Kindern kann etwas mehr Zeit benötigt werden. Wenn deutlich wird, dass sich der freie Bericht erschöpft hat, erfolgt der Übergang in diese Phase des Nachfragens und Verstehens. 117

141 *Poole*, Interviewing Children, 2016.

118 • **Nachfragen und Verstehen**: In dieser Phase der Anhörung geht es um drei Dinge: (a) das Schließen von Lücken und das Ansprechen von möglichen Widersprüchen, (b) die moderate Ergänzung geschilderter Ereignisse im Hinblick auf die Vorgeschichte und Nachwirkungen sowie (c) die Vergewisserung, dass die Angaben des Kindes richtig verstanden wurden. Fragen zu Lücken und Widersprüchen sollten möglichst offen formuliert sein (z.B.: *„Kannst Du mir noch mehr darüber sagen?"*). Wenn dies nicht zu einer Klärung führt, können notfalls mehrere Möglichkeiten, einschließlich der Option, dass sich das Kind nicht erinnert, genannt werden (z.B.: *„Weißt Du noch, ob das ein Tag mit Kindergarten war?" oder „Hattest Du frei?" oder „Weißt Du es gar nicht mehr?"*). Eine Lücke kann auch das innere Erleben des Kindes betreffen, da manche Kinder sehr bei den Abläufen bleiben, soweit sie sie verstanden haben. Auch hier ist es wichtig, offen nachzufragen (z.B.: *„Wie hast Du dich denn da gefühlt?"*) und nichts vorzugeben, also etwa nicht zu fragen: *„Das war bestimmt schlimm für dich, oder?"* Auch dies kann für Erwachsene schwer sein, die gerne ihr Mitgefühl ausdrücken wollen. Wenn Kinder Einzelereignisse schildern, trägt es sehr zur Abrundung des Bildes bei, wenn gefragt wird, ob das Kind noch weiß, was vorher passiert ist und wie es nach dem Ereignis weitergegangen ist. Manchmal werden hier für Entscheidungen wichtige Anhaltspunkte sichtbar (z.B.: *„Dann hat die Mama geweint und gesagt, dass sie mich nie wieder so haut."*). Zuletzt geht es um die Vergewisserung, dass der Kern der Angaben des Kindes richtig verstanden wurde, indem Angaben des Kindes wiederholt werden und das Kind gebeten wird, diese zu bestätigen oder zu korrigieren. Je weniger sich ein Kind sicher ausdrücken kann, desto bedeutsamer ist diese Vergewisserung. Werden einzelne Gefährdungsereignisse Thema, wird das Gericht oder eine andere Befragungsperson sich regelmäßig Notizen machen. Hierzu wird empfohlen, bei notierten Kernäußerungen möglichst nah an der Ausdrucksweise des Kindes zu bleiben und auch die gestellten Fragen zu dokumentieren, da diese bei der rückblickenden Reflexion und der eventuellen Weiterverwendung der Angaben in einem Strafverfahren für die Beurteilung des suggestiven Potenzials der Befragung wesentlich sind.

119 • **Gespräch über Gedanken und Gefühle des Kindes**: Im vorletzten Schritt der Befragung geht es wesentlich um Gedanken und Gefühle des Kindes zu Veränderung, Schutz und Hilfe. Wichtig ist, dass diese Aspekte in Strafverfahren, die sich regelhaft sehr genau mit Angaben zum Geschehen auseinandersetzen, keine größere Rolle spielen. Kinder nicht einfach nur als Informanten zum Geschehen zu begreifen und familiäre Ohnmachtserfahrungen im Verfahren nicht zu doppeln, ist aber eine wichtige Aufgabe familiengerichtlicher Kinderschutzverfahren. Vorgeschlagen wird, potenziell drei Aspekte anzusprechen. Ein erster Aspekt, vor allem bei Explorationen durch Jugendamt bzw. Sachverständige, betrifft den Umgang des Kindes mit geschilderten Belastungserfahrungen. So kann etwa danach gefragt werden, ob das Kind oft an diese Erfahrungen denken müsse (z.B.: *„Musst Du eigentlich oft daran denken, was Du mit XY erlebt hast oder nicht so? Wann fällt Dir das denn meistens ein?"*). Die Antwort auf diese Frage und auch die nonverbalen Reaktionen des Kindes

darauf vermitteln der Fachkraft häufig einen ersten Eindruck davon, wie belastet das Kind ist und wie sehr eventuell beschriebene Gefährdungserfahrungen in den Alltag des Kindes hineinreichen. Darüber hinaus wird mit der Frage auch angetestet, ob eine posttraumatische Reaktion, die sich unter anderem durch ein ungewolltes inneres Wiedererleben des Belastungsgeschehens auszeichnet, ein Thema für weitere Abklärungen sein könnte. Weiter kann nach Gefühlsreaktionen des Kindes gefragt werden (z.B.: *„Manche der Kinder, die mit mir reden, erzählen mir, dass sie ziemlich traurig sind. Andere sind eher wütend oder haben Angst. Manche sagen auch, dass sie keine solchen Gefühle haben. Wie ist es denn bei Dir?"*). Die Frage zielt zum einen darauf ab, wie sehr das Erlebte die Befindlichkeit des Kindes überschattet. Zum anderen geht es aber auch um einen ersten Eindruck vom Bewältigungsstil des Kindes, der langfristig sehr wichtig sein kann.[142] Manche Kinder haben zu wenig Erfahrung mit der Benennung ihrer Gefühle, um die Frage beantworten zu können. Dann kann sie so stehen gelassen werden. Wenn aber belastende Gefühle genannt werden, ist es wichtig nachzufragen, wie das Kind damit umgeht (z.B.: *„Und weißt du denn schon, was du machen kannst, damit du nicht mehr so traurig bzw. wütend bist bzw. nicht mehr so viel Angst hast?"*). Am häufigsten werden dann Strategien des Rückzugs und der Ablenkung genannt. Manche Kinder schildern aber eine positive Rolle von Bindungspersonen (z.B.: *„Ich geh dann zur Oma, weil die sagt dann, ‚wird schon'"*). Diese Information ist für die Planung von Maßnahmen sehr wichtig. Scheint das Kind eigenen belastenden Gefühlen sehr hilflos gegenüberzustehen, ist dies eine klare Indikation, dass Maßnahmen zum Schutz vor weiteren Gefährdungsereignissen alleine nicht ausreichen, sondern das Kind auch persönlich Unterstützung benötigt. Ein zweiter Aspekt, der in diesem Gesprächsteil angesprochen werden sollte, betrifft die Offenheit des Kindes im Hinblick auf ein Gespräch der Fachkraft, der Sachverständigen oder des Gerichts mit den Eltern über geschilderte Belastungsgeschehnisse (z.B.: *„Wenn Kinder mir so etwas erzählen, wie du jetzt, dann rede ich mit den Eltern, was sie machen können oder auch müssen, damit XY nicht mehr passiert. Was denkst denn du, ist das bei deinen Eltern eine gute Idee oder nicht so?"*). Die Reaktion des Kindes auf diese Frage ist von offenkundiger Bedeutung für die Art und Weise, wie dieses Gespräch geplant und mit dem Kind vorbesprochen wird. Manchmal wird an dieser Stelle des Gesprächs auch deutlich, dass (vorläufige) Schutzmaßnahmen nötig sein könnten, damit das Kind sich sicher fühlt. Schließlich ist es, drittens, notwendig, einen Eindruck von Ideen des Kindes zu Veränderung und Reaktion auf mögliche Schutzmaßnahmen, etwa eine Fremdunterbringung, zu bekommen, Letzteres allerdings nur, wenn dies nach vorläufiger Einschätzung auch tatsächlich eine Option darstellt (z.B.: *„Manche Kinder haben die Idee, dass sie Mama und Papa besuchen, aber ansonsten woanders leben, wo ihnen nichts mehr passiert. Andere Kinder wollen aber eher, dass es daheim besser wird. Weißt Du denn, zu welche Gruppe von Kindern du eher gehörst oder weißt du das gar nicht?"*). Zudem kann offen nach Ideen des

142 *Simon et al.*, Making meaning of traumatic events, Child Maltreatment 2010, 229–241.

Kindes zur Vermeidung weiterer Gefährdungssituationen gefragt werden. Wenn auch selten gibt es durchaus manchmal Kinder, die sich hier intensiv Gedanken gemacht haben (z.B.: *„Vielleicht könnte ich ja bei Oma und Opa wohnen oder ich könnte doch Tabletten nehmen, damit der Papa nicht mehr so oft wütend auf mich wird."*). Zudem sollten Fachkraft, Sachverständige oder Gericht dem Kind den weiteren Ablauf erklären (z.B.: *„Danke, dass Du mir so viel erklärt hast. Ich möchte, dass dir XY nicht mehr passiert. Ich setze mich jetzt noch einmal mit Deinen Eltern und der Frau XY, deiner Verfahrensbeiständin, zusammen und dann entscheide ich, was zu tun ist. Aus dem Gespräch mit Dir erzähle ich Folgendes ..."*).

120 • Zum **Gesprächsausklang** ist es sinnvoll, das Kind wieder mit einigen Fragen in seinen Alltag zurückzuführen (z.B.: *„Wenn wir jetzt fertiggeredet haben, was machst Du dann heute noch?"*) oder ein emotional eher positives Thema an den Schluss des Gesprächs zu setzen (z.B.: *„Weißt du, was ich dich beim Kennenlernen gar nicht gefragt habe? Eigentlich will ich auch immer wissen, was das Lieblingshandyspiel (Computerspiel/Fernsehserie) eines Kindes ist. Magst Du mir noch erzählen, was du am liebsten hast? Wie funktioniert das?"*).

121 Leider gibt es keine Befunde zur derzeitigen Qualität von Explorationen und Anhörungen zu Gefährdungsereignissen in Kinderschutzverfahren in Deutschland. International legen Studien nahe, dass Trainings in der Exploration von Kindern sich positiv auf die Bereitschaft von Kindern, sich mitzuteilen, und den Informationsgehalt und die Verwendbarkeit der Angaben auswirken.[143] Dies weckt die Hoffnung, dass auch insgesamt durch eine Qualifizierung von Abklärungsprozessen bei im Raum stehenden Gefährdungsereignissen die Rate unklar bleibender Vorkommnisse gesenkt werden könnte.

III. Wenn strittig ist, wie die Situation im Hinblick auf die Gefährdungsschwelle bewertet werden kann

122 In manchen Fällen steht nach den Ermittlungen des Gerichts fest, welchen besonderen Ereignissen bzw. welcher Art von alltäglicher Fürsorge und Erziehung ein Kind in einer Familie ausgesetzt ist. Eine größere Unsicherheit liegt dann unter Umständen bei der Frage, **ob diese Situation denn nun als Kindeswohlgefährdung zu bewerten ist**, also als Situation, in der eine erhebliche Schädigung des Kindes mit ziemlicher bzw. hinreichender Sicherheit vorhergesagt werden kann, wenn es nicht (mit Hilfe des Gerichts) zu einer deutlichen Verbesserung kommt. Diese Frage stellt sich weniger bei ganz klassischen Formen der Kindeswohlgefähr-

143 Siehe beispielsweise *Lamb et al.*, The effects of intensive training and ongoing supervision on the quality of investigative interviews with alleged sex abuse victims, Applied Developmental Science 2002, 114–125.

dung wie schweren körperlichen Misshandlungen oder innerfamiliärer sexueller Gewalt. Zwar kann es in diesen Fällen eine große Herausforderung sein zu prüfen, ob es zu solchen Ereignissen gekommen ist. Wenn körperliche Misshandlungen oder innerfamiliäre sexuelle Gewalt nach Überzeugung des Gerichts stattgefunden haben, wird die Bewertung der Situation als Kindeswohlgefährdung aber meist unproblematisch sein, da (a) schon seit Längerem gezeigt wurde, dass ein Aufwachsen unter diesen Bedingungen eine deutliche Mehrheit betroffener Kinder erheblich schädigt. Entsprechend liegt in den großen hierzu vorhandenen Studien die Rate resilienter Kinder, d.h. von Kindern, die trotz chronischer Misshandlung oder chronischen Missbrauchs eine unauffällige Entwicklung durchlaufen, unter 10 Prozent.[144] Zudem steht (b) fest, dass sich die Grundraten wiederholter Gefährdungsereignisse, d.h. die Häufigkeiten wiederholter Gefährdungsereignisse über alle Fälle hinweg, in Größenordnungen bewegen, die in aller Regel Maßnahmen zur Verringerung des Wiederholungsrisikos angezeigt erscheinen lassen.[145] Kritisch wird die Frage aber unter Umständen bei Gefährdungsformen mit einem breiten Übergangsbereich zu bloßen Hilfebedarfen (Vernachlässigung, psychische Misshandlung) oder bei nicht-klassischen Formen von Gefährdung (z.B. miterlebte Partnerschaftsgewalt, Hochstrittigkeit), die allenfalls in einem Teil der Fälle als Kindeswohlgefährdung einzuordnen sind.

Drängt die Frage in den Vordergrund, ob die **Situation** im Fall **oberhalb oder unterhalb der Schwelle zur Kindeswohlgefährdung** anzusiedeln ist, so sind zwei Arten von Informationen für Gerichte besonders relevant, sodass sie von Jugendämtern und Sachverständigen bevorzugt vorgetragen bzw. vom Gericht eingefordert werden sollten: **123**

(1) Zum einen **Informationen über Verläufe und Schädigungen bei Kindern in grob vergleichbaren Fällen**. Beispielsweise zeigen Beobachtungsstudien bei der Mehrzahl der in der frühen Kindheit emotional schwer vernachlässigten Kinder erhebliche langfristige Schädigungen.[146] Gleiches gilt für einen großen Teil der Kinder, die wiederholte, verletzungsträchtige und in Muster von Kontrolle und Demütigung eingebettete Partnerschaftsgewalt miterleben müssen,[147] während bei chronischer Hochstrittigkeit der Eltern nur ein kleiner Teil der Kinder langfristige Beeinträchtigungen der psychischen Gesundheit zu erleiden scheint und stattdessen im Verlauf häufig eine starke oder vorzeitige Distanzierung von den Eltern eintritt.[148]

(2) Zum Zweiten ist ausgehend von diesen Hintergrundinformationen anhand von **Befindlichkeit, Verhaltensanpassung und Bewältigungsstrategien des**

---

144 *Bolger/Patterson*, Sequelae of child maltreatment: Vulnerability and resilience, in: *Luthar*, Resilience and vulnerability, 2003, 156–181.

145 Vgl. Kapitel 21 Rn. 29 f.

146 *Egeland*, Mediators of the effects of child maltreatment on developmental adaptation in adolescence, in: *Cicchetti/Toth*, The Effects of Trauma on the Developmental Process, 1997, 404–434.

147 *Vu et al.*, Children's exposure to intimate partner violence: A meta-analysis of longitudinal associations with child adjustment problems, Clinical Psychology Review 2016, 25–33.

148 *Johnston et al.*, In the name of the child, 2009.

einzelnen Kindes zu erörtern, inwieweit diese Punkte im Einzelfall eine genauere Einschätzung ermöglichen. Tatsächlich kann etwa eine schwere depressive oder suizidale Entwicklung bei einem Kind mit hochstrittigen Eltern eine Bewertung der Situation als Kindeswohlgefährdung im Einzelfall rechtfertigen, auch wenn dies nicht generell für die ganze Fallgruppe gilt. Die Möglichkeit zur genaueren Prognose im Einzelfall besteht teilweise deshalb, weil Befunde zu natürlichen Verläufen von Störungen und Entwicklungsauffälligkeiten,[149] zu Problemkaskaden, also aufeinander aufbauenden Abfolgen von Problemen,[150] und zur Wirkung ungünstiger Bewältigungsformen vorliegen,[151] auf die sich Fachkräfte und Sachverständige hier stützen können. Nötig für die Anwendung solchen Wissens im Einzelfall ist aber nicht nur eine Auseinandersetzung damit, was das konkret im Mittelpunkt stehende Kind erlebt hat, sondern auch damit, wie es mit diesen Belastungen umgeht, was als Schritt in Richtung eines tatsächlich mehr kindzentrierten Kinderschutzsystems verstanden werden kann. Jenseits prognostischer Relevanz, die von der etablierten Definition des Begriffs der Kindeswohlgefährdung betont wird, sind viele Gerichte auch bereit, gegenwärtiges Leiden eines Kindes, also erhebliche Beeinträchtigungen der Befindlichkeit, bei der Beurteilung des Vorliegens einer Kindeswohlgefährdung zu berücksichtigen. Hierzu Informationen vorzutragen, ist daher sinnvoll.

124 In manchen Fällen wird von sorgeberechtigten Eltern gar nicht bestritten, dass es zu Gefährdungsereignissen gekommen ist. Bestritten wird im Verfahren stattdessen, dass die Gefahr erneuter Gefährdungsereignisse besteht. Beispielsweise kann es sein, dass mit einem elterlichen „Augenblicksversagen", das sich nicht wiederholen wird, mit Wirkungen von Reue oder einer bedeutsamen Veränderung der persönlichen oder familiären Situation argumentiert wird. Ohne eine **fortbestehende Gefahr** macht die Feststellung einer Kindeswohlgefährdung meist wenig Sinn, zumindest aber sind Eingriffe in Elternrechte ausgeschlossen, da es ihnen an Erforderlichkeit mangelt. Sind Aussagen zur Frage einer fortbestehenden Gefahr weiterer Gefährdungsereignisse zentral, so kommt es auf eine **Objektivierung der Wiederholungsgefahr** an, wobei nach der Rechtsprechung von Bundesgerichtshof (BGH) und Bundesverfassungsgericht die Schwere des zu erwartenden Schadens bei (erneuten) Gefährdungsereignissen berücksichtigt werden kann,[152] sodass etwa bei jüngeren und daher noch besonders verletzlichen Kindern eine vergleichsweise geringere Wiederholungsgefahr für das Bejahen einer Kindeswohlgefährdung ausreicht. Eine Objektivierung der Wiederholungsgefahr kann in erster Linie über belegbar aussagekräftige, standardisierte Verfahren zur Einschätzung des Risikos wiederholter Gefährdung erreicht werden. Mehrere solcher Ver-

149 Für eine Forschungsübersicht siehe *Koenen et al.*, A life course approach to mental disorders, 2013.

150 Z.B. *Patterson et al.*, Antisocial boys, 1992.

151 Vgl. Fn. 142.

152 Siehe etwa BVerfG, 7.4.2014 – 1 BvR 3121/13, ZKJ 2014, 281 = JAmt 2014, 406.

fahren liegen vor.[153] Es wird empfohlen, dass zumindest von Sachverständigen zu Vergleichszwecken mindestens zwei Verfahren angewandt und die Ergebnisse ins Verfahren eingebracht werden. Bei ungewöhnlichen Fallkonstellationen, in denen kein standardisiertes Verfahren anwendbar erscheint, sollte eine einzelfallbezogene, nicht-standardisierte Analyse und Bewertung von erkennbaren Risiken und Schutzfaktoren erfolgen.

Ein ähnliches zweischrittiges Vorgehen wird auch empfohlen, wenn es um die vom Bundesverfassungsgericht wiederholt im Kontext der Feststellung einer Kindeswohlgefährdung angemahnte Benennung der einem Kind ***konkret* drohenden Schädigungen** geht.[154] Die Anforderung des Bundesverfassungsgerichts ist aus zwei Gründen nicht einfach zu erfüllen: **125**

- Zum einen gilt für die psychischen Folgen von Vernachlässigung, Misshandlung und sexueller Gewalt das Prinzip der Multifinalität.[155] Damit ist gemeint, dass ähnliche Gefährdungserfahrungen bei verschiedenen Kindern zu verschiedenen psychischen Belastungsfolgen führen können (z.B. aufgrund unterschiedlicher genetischer Anlagen oder Verhaltensdispositionen). Es handelt sich um die Kehrseite des Befundes, dass es kein spezifisches Profil oder Syndrom der psychischen Folgen von Vernachlässigung, Misshandlung und sexueller Gewalt gibt, aus dem dann auf das Vorliegen solcher Erfahrungen rückgeschlossen werden könnte. In der Folge lässt sich zwar anhand von Verlaufsstudien aussagen, dass (entsprechend dem Kriterium der Kindeswohlgefährdung) die große Mehrheit betroffener Kinder erhebliche Schädigungen im Hinblick auf psychische Gesundheit, soziale und geistige Entwicklung erleidet. Wie das Profil der psychischen Schädigungen im Einzelfall genau aussehen wird, lässt sich aber kaum vorhersagen. **126**
- Wenn es, zum anderen, um körperliche Verletzungsfolgen von Gefährdung geht, gilt das Prinzip der Multifinalität natürlich nicht. Das Schütteln eines Säuglings führt zu einem spezifischen Verletzungsbild. Deshalb sind hier teilweise Rückschlüsse aus Verletzungsmustern auf Gefährdungsereignisse möglich. Jenseits bereits eingetretener Schädigungen besteht das Problem hier eher darin, dass zwar Aussagen zur Gefahr wiederholter Misshandlung gemacht werden können und die damit drohenden Verletzungsgefahren hervorgehoben werden können. Die spezifische Form misshandelnden Verhaltens (z.B. Schütteln, Schlagen, Reißen am Arm) kann aber nicht vorhergesagt werden, womit auch die an sich spezifischen Verletzungsfolgen nur schwer vorhergesagt werden können. Selbst zwischen den Gefährdungsformen gibt es im Verlauf einiges an Wech- **127**

153 Für eine Forschungsübersicht siehe *van der Put et al.*, Predicting child maltreatment: A meta-analysis of the predictive validity of risk assessment instruments, Child Abuse & Neglect 2017, 71–88; Speziell die Situation in Deutschland erörtern zudem *Zumbach et al.*, Psychologische Diagnostik in familienrechtlichen Verfahren, 2020, 120 ff.

154 Z.B. BVerfG, 29.10.2010 – 1 BvR 374/09, Rn. 42, FamRZ 2010, 173.

155 *Cicchetti/Rogosch*, Equifinality and multifinality in developmental psychopathology, Development and Psychopathology 1996, 597–600.

sel,[156] weshalb zwar Aussagen zur Gefährlichkeit einer Familie oder einzelner Bezugspersonen möglich sind, konkret drohende Verletzungen aber trotzdem nur ungenau genannt werden können.

128 Die Anforderung des Bundesverfassungsgerichts kann daher in der Regel nur auf einem mittleren Niveau von Abstraktheit bzw. Allgemeinheit erfüllt werden. In einem ersten Schritt wird empfohlen festzuhalten, welche langfristigen Folgen bei bestimmten vorliegenden Gefährdungsformen, bei denen Wiederholung droht, besonders häufig auftreten. Beispielsweise kann bei Fällen mit früher körperlicher Vernachlässigung, körperlicher Kindesmisshandlung und innerfamiliärer sexueller Gewalt gegen ein Kind ausgeführt werden, dass Beeinträchtigungen der psychischen Gesundheit und der sozialen Entwicklung, bei körperlicher Misshandlung und früher körperlicher Vernachlässigung zusätzlich körperliche Schädigungen drohen. Bei schwerwiegender emotionaler Vernachlässigung in der frühen Kindheit (0–5 Jahre) gibt es, um ein weiteres Beispiel zu nennen, Belege, wonach sich hier mit ziemlicher Sicherheit erhebliche Schädigungen bei der Mehrheit betroffener Kinder vorhersehen lassen. Diese liegen vor allem in Beeinträchtigungen des seelischen und geistigen Wohls der Kinder.[157] In einigen Fällen kommt es aber auch zu nichtorganischen Gedeihstörungen, d.h. Verzögerungen in der körperlichen Entwicklung, die nicht oder nicht vorrangig auf körperliche Erkrankungen des Kindes zurückgeführt werden können. Eine Übersicht, welche Formulierungen für welche Gefährdungsformen durch die Befundlage gedeckt erscheinen, findet sich bei Gerber & Kindler (2020).[158] In einem zweiten Schritt können dann ein oder zwei Sätze angeschlossen werden, inwieweit im Einzelfall bereits sichtbare Beeinträchtigungen, Auffälligkeiten oder Verletzungen mit möglichen Dauerfolgen bei Kindern eine noch stärkere Konkretisierung der zu erwartenden Schädigungen erlauben.

---

156 *Jonson-Reid et al.*, Cross-type recidivism among child maltreatment victims and perpetrators, Child Abuse & Neglect 2003, 899–917.

157 So stellen etwa *Erickson et al.* (2018) in ihrer Übersichtsarbeit zu Kindesvernachlässigung in Bezug auf ihre Minnesota-Hochrisiko-Längsschnittstichprobe fest: „In adolescence, teens with a history of early emotional neglect had more social problems, delinquency, aggression, suicidality, and mental health disorders; indeed, 73 % of emotionally neglected children met criteria for two or more psychiatric disorders. Although the maltreatment experienced by emotionally neglected children was the most subtle of all forms, the consequences were very serious" (S. 133): *Erickson et al.*, Child neglect, in: *Klika et al.*, APSAC handbook on child maltreatment, 2017, 127–144.

158 *Gerber/Kindler*, Kriterien einer qualifizierten Gefährdungseinschätzung. Expertise im Rahmen des Projekts „Qualitätsentwicklung im Kinderschutz in Baden-Württemberg", 2020, siehe www.dji.de/QuaKi (Abruf: 5.5.2022).

IV. Wenn die Bereitschaft und Fähigkeit von Sorgeberechtigten zur Abwehr der Gefahr unklar ist

In manchen Fällen besteht eine wesentliche Unsicherheit darin, inwieweit die Sorgeberechtigten bei einer als gesichert anzusehenden Kindeswohlgefährdung tatsächlich dazu **bereit und in der Lage sind, bei einer Abwehr der vorhandenen Gefahren mitzuarbeiten**. Nur wenn Eltern ihr Abwehrprimat nicht ausüben wollen oder können, kommen staatliche Eingriffe in ansonsten geschützte Elternrechte in Betracht. Allerdings **schätzen Eltern ihre Veränderungsmöglichkeiten manchmal unrealistisch** ein oder sie versuchen, der unangenehmen Situation eines Kinderschutzverfahrens durch **verbales Bekunden einer tatsächlich nicht oder nicht ausreichend vorhandenen Veränderungsmotivation** zu entkommen. Tatsächlich zeigen Analysen problematischer Kinderschutzverläufe, dass die einfache, ungeprüfte Gleichsetzung verbaler elterlicher Bekundungen mit der tatsächlichen Bereitschaft bzw. Fähigkeit zur (Mitarbeit bei der) Abwendung einer Gefährdung für Fehlschläge im Kinderschutz ursächlich sein kann.[159] Deshalb hat sich international eine Diskussion um die Frage entwickelt, **wie diese Bereitschaft und Fähigkeit von Eltern zutreffend eingeschätzt werden kann**.[160] Standardisierte und mit belegbaren Qualitätskriterien versehene Einschätzungshilfen liegen noch nicht vor. Wohl aber gibt es Vorschläge zu Faktoren, die bei einer Beurteilung berücksichtigt werden sollten:[161] 129

- **Zufriedenheit der Eltern mit ihrer gegenwärtigen Situation**: Ein Hinweis zur Veränderungsmotivation ergibt sich aus der elterlichen Wahrnehmung der Lebenssituation der Familie, insbesondere der der Kinder. Können auf offene Fragen Gefahren und Belastungen nicht oder nur sehr eingeschränkt gesehen werden, so ist es für Eltern schwer, eine tragfähige eigene Veränderungsmotivation aufzubauen.
- **Selbstvertrauen und realistische Hoffnung auf Veränderung**: Aus einer Position der Hilf- und Hoffnungslosigkeit heraus ist es für Eltern schwer möglich, die für eine Mitarbeit an Veränderungsprozessen nötige Kraft und Ausdauer aufzubringen. Die Einschätzung von Selbstvertrauen und Hoffnung der Eltern sollte Äußerungen über Zukunftsperspektiven, in der Vergangenheit erreichte Ziele und positive Ausnahmesituationen ebenso einbeziehen wie die beobachtbare Stimmung.

---

159 Z.B. *Gerber/Lillig*, Gemeinsam lernen aus Kinderschutzverläufen. Eine systemorientierte Methode zur Analyse von Kinderschutzfällen und Ergebnisse aus fünf Fallanalysen, 2018.

160 Z.B. *Platt/Riches*, Assessing parental capacity to change: The missing jigsaw piece in the assessment of a child's welfare? Children and Youth Services Review 2016, 141–148.

161 *Kindler*, Probleme und Lösungsansätze bei Einschätzungsaufgaben in familiengerichtlichen Kinderschutzverfahren, NZFam 2020, 376–380.

- **Subjektive Normen zur Annahme von Hilfe**: In manchen Fällen machen subjektive Normen der Eltern erfolgreiche Hilfen unmöglich. Dies kann etwa der Fall sein, wenn Eltern ihre Privatsphäre sehr stark betonen, Autoritäten oder Glaubenssätze vorhanden sind, die nicht infrage gestellt werden dürfen, oder die Eltern von einer Nutzlosigkeit der angebotenen Hilfen überzeugt sind.
- **Haltung gegenüber belegbaren Gefährdungsereignissen**: Eine die Verantwortung verleugnende Haltung von Eltern gegenüber belegbaren Gefährdungsereignissen erhöht die Wiederholungsgefahr und erschwert den Vertrauensaufbau zwischen Fachkräften und Eltern. Zudem kann unter diesen Umständen über Auslöser für kindeswohlgefährdende Situationen nur spekuliert werden. Allerdings deuten mehrere Studien darauf hin, dass manche Eltern, die vordringlich aus sozialen und strafrechtlichen Gründen Verantwortung ablehnen, sich dennoch erfolgreich auf geeignete Hilfen zur Erziehung einlassen und in deren Verlauf angemessene Strategien zum Schutz betroffener Kinder erarbeiten können. Eine anfängliche Verleugnung von Verantwortung sollte daher berücksichtigt, aber nicht als allein ausschlaggebender Faktor für eine negative Beurteilung elterlicher Veränderungsbereitschaft angesehen werden.
- **Geschichte der Inanspruchnahme und Wirkung von Hilfen**: Eine Geschichte mangelnder oder sehr instabiler Mitarbeit bei früheren Hilfen muss, ebenso wie eine unzureichende Wirkung früherer prinzipiell geeigneter Hilfen Zweifel an der Veränderungsbereitschaft und -fähigkeit von Eltern wecken. Umgekehrt erhöhen in der Vergangenheit positiv verlaufene Hilfeprozesse vielfach die Bereitschaft zur Mitwirkung. Inanspruchnahme und Wirkung früherer Hilfen sollten nicht allein aufgrund der Aktenlage, sondern unter Einbezug eines Gesprächs mit den Eltern beurteilt werden.
- **Überdauernde oder nur langfristig zu verändernde Einschränkungen der elterlichen Fähigkeit, von Hilfen zu profitieren**: In manchen Fällen ist bei Eltern weniger die Veränderungsbereitschaft als vielmehr die Fähigkeit, von verfügbaren Hilfen zur Erziehung zu profitieren, eingeschränkt. Dies kann sich etwa aus chronischen Bedingungen ergeben (z.B. geistige Behinderung, Residualsyndrome bei psychischer Erkrankung) oder aus Erkrankungen, die eine langwierige Behandlung erforderlich machen (z.B. Persönlichkeitsstörungen, Suchterkrankungen). Im Fall erforderlicher langwieriger Behandlungen kann sich die Beurteilung einer erheblich eingeschränkten Veränderungsfähigkeit dann aus dem Vergleich mit den Entwicklungsanforderungen und der Zeitperspektive betroffener Kinder ergeben.

130 ***Praxistipp***

▶ → **Familiengericht**

*Einige Punkte, etwa die Zufriedenheit der Eltern mit ihrer gegenwärtigen Situation oder die elterliche Haltung gegenüber belegten Gefährdungsumständen, lassen sich in Anhörungen ansprechen (z.B.: „**Können Sie bitte etwas dazu sagen, wo sie selbst unzufrieden damit sind, wie sie XY bislang versorgt und erzogen haben**?“).*

Für andere Punkte ist ein differenzierter Sachvortrag des Jugendamtes (z.B. Geschichte der Wirkung von Hilfen) oder von Sachverständigen erforderlich. Empfohlen wird, eine Beurteilung erst nach einer Zusammenschau der relevanten Informationen vorzunehmen.

Steht die Vermutung im Raum, dass Eltern bislang unangemessen konfrontativ angesprochen wurden und deshalb ihre Kooperationsbereitschaft nicht wirklich beurteilt werden kann, ist es sinnvoll, Eltern und Jugendamt um einen neuerlichen Gesprächsversuch zu bitten, sofern dies nicht aus anderen Gründen (z.B. einer erheblich eingeschränkten Fähigkeit, von Hilfen zu profitieren) nicht erfolgversprechend ist.

V. Einholung von Sachverständigengutachten

In familiengerichtlichen Kinderschutzverfahren werden häufig **Sachverständigengutachten** (→ Kapitel 10) eingeholt, um deren Qualität eine teilweise kritische Diskussion geführt wird.[162] Von den medizinischen Fachgesellschaften wurden in der Folge sehr konkrete, evidenzbasierte Empfehlungen für diagnostische Vorgehensweisen im Kinderschutz beschlossen.[163] Zudem hat eine interdisziplinäre Arbeitsgruppe, in der juristische, psychologische und medizinische Fachverbände, die Bundesrechtsanwalts- und Bundespsychotherapeutenkammer vertreten waren und die vom Bundesministerium für Justiz und Verbraucherschutz begleitet wurde, allgemein gehaltene Empfehlungen für *„Mindestanforderungen an die Qualität von Sachverständigengutachten im Kindschaftsrecht"* erarbeitet, die 2019 in einer zweiten überarbeiteten Fassung veröffentlicht wurden.[164] Den Empfehlungen liegt ein Werkgedanke zugrunde, d.h., es werden Anforderungen formuliert, die eine Beurteilung von Gutachten als Gesamtwerk ermöglichen sollen. Der Werkansatz kontrastiert etwas mit der Entwicklung der Diskussion im angloamerikanischen Raum, die sich stärker auf die Beurteilung der Wissenschaftlichkeit herausgehobener, für die Entscheidungsfindung eines Gerichts im Einzelfall besonders wichtiger Aussagen konzentriert.[165] **131**

162 Siehe etwa Fn. 5.

163 Vgl. Fn. 122.

164 Abzurufen auf dem Internetauftritt des Bundesministeriums für Justiz und Verbraucherschutz: www.bmj.de/SharedDocs/Downloads/DE/PDF/Themenseiten/FamilieUndPartnerschaft/MindestanforderungenSachverstaendigengutachtenKindschaftsrecht.html (Abruf 20.5.2022).

165 *Kindler/Fegert*, Auswertung und Qualitätsprüfung von Sachverständigengutachten, In: Gute Kinderschutzverfahren – Modellprojekt zur Qualitätssicherung und Qualitätsentwicklung für eine kindgerechte Justiz, 2021, siehe https://guteverfahren.elearning-kinderschutz.de (Abruf: 22.5.2022)

Eine Beurteilung der Verwendbarkeit von Sachverständigengutachten als Gesamtwerk kann bei vier Leitfragen ansetzen:

132 • Gibt es in einem Gutachten **Hinweise auf Voreingenommenheit** gegenüber der zu begutachtenden Familie (z.B. pauschale Abwertungen einer bestimmten Herkunft, kulturellen oder religiösen Zugehörigkeit oder sexuellen Orientierung), gegenüber beteiligten Institutionen (z.B. pauschal negative Sicht auf Jugendämter oder stationäre Einrichtungen) oder in Frage kommenden Maßnahmen (z.B. nicht begründete Ablehnung oder Aussparung ambulanter Hilfen zur Erziehung)?

133 • Gibt es Anzeichen für ein falsches **Verständnis des Rahmens der Begutachtung**, indem etwa Kindeswohldienlichkeit und Kindeswohlgefährdung verwechselt werden, fehlerhaft argumentiert wird, die Eltern hätten ihre Erziehungsfähigkeit nicht nachweisen können, oder die Fragestellung nicht beantwortet wird?

134 • Gibt es grundlegende Zweifel an der **Wissenschaftlichkeit der Begutachtung insgesamt** oder am Verständnis der Rolle von Wissenschaft? Zwar ist nicht unumstritten, was zu den Kernbeständen von Wissenschaftlichkeit zählt, jedoch gibt es einige weitgehend konsensfähige Merkmale,[166] insbesondere dass (a) Wissenschaft einen kollektiven Lernprozess darstellt und daher der Auseinandersetzung mit anderen Wissenschaftlerinnen und Wissenschaftlern bedarf, (b) Schlussfolgerungen der argumentativen oder empirischen Herleitung bedürfen und (c) Subjektivität bei Schlussfolgerungen methodisch kontrolliert und begrenzt werden muss.

Vor diesem Hintergrund steht die Wissenschaftlichkeit eines Gutachtens vor allem dann deutlich in Zweifel, wenn Schlussfolgerungen mangels Struktur im Gutachten nicht als solche erkannt werden können, sie ohne Begründung für sich stehen oder selbst nahe liegende Zweifel an der Gültigkeit von Schlussfolgerungen nicht erörtert werden (z.B. fehlende Sprachkenntnisse als alternative Erklärung für auffällige Testresultate). Ein weiterer Grund für Zweifel an der Wissenschaftlichkeit eines Gutachtens könnte darin bestehen, dass ein „Erfahrungsbericht" vorgelegt wird, der sich weder wissenschaftlicher Erhebungsmethoden noch des Rückgriffs auf wissenschaftliche Literatur bedient, um das eigene Erleben der oder des Sachverständigen zu kontrollieren.

135 • Fehlt es einem Gutachten insgesamt an **Nachvollziehbarkeit**? Wissenschaftlichkeit fördert generell Nachvollziehbarkeit. Im Einzelfall kann aber eine Sprache, die keinerlei Rücksicht darauf nimmt, dass Gutachten im familiengerichtlichen Verfahren nicht für andere Wissenschaftler, sondern für Laien geschrieben werden, selbst zur Hürde für die Nachvollziehbarkeit werden. Ein zweites grundsätzlicheres und von der Wissenschaftlichkeit des Vorgehens unabhängiges Problem kann sich ergeben, wenn aus der Fragestellung des Gerichts zwar fachwissenschaftliche Fragen abgeleitet und beantwortet werden, es aber un-

---

166 Für eine vertiefende Erörterung siehe *Oreskes*, Why trust Science?, 2019.

klar bleibt, was daraus nun für das Gericht folgen soll. Ein Gutachten, das etwa verschiedene Probleme im Fürsorgeverhalten von Eltern auflistet, aber keine klaren Hinweise darauf gibt, ob dies nun aus Sicht der bzw. des Sachverständigen mit ziemlicher Sicherheit zu einer erheblichen Schädigung betroffener Kinder führt, ist unter Umständen für ein Gericht nur sehr schwer verwertbar.

Sofern sich Gerichten keine grundlegenden Zweifel an der Verwendbarkeit eines Sachverständigengutachtens insgesamt aufdrängen oder vorgetragen werden und daher geprüft werden müssen, können die Ausführungen in Kapitel 24 dazu genutzt werden, um die Belastbarkeit konkreter Vorgehensweisen von Sachverständigen bei der Klärung im Einzelfall besonders wichtiger Punkte kritisch zu prüfen und im Verfahren zu diskutieren.[167] **136**

167 Für eine genauere Ausarbeitung siehe Fn. 165.

Kapitel 25: Wirkung von Maßnahmen zur Abwehr von Gefahren

Übersicht Rn.

I. Befundlage

137 Liegen die Voraussetzungen für Maßnahmen nach § 1666 Abs. 3 BGB vor, so stellt sich zwangsläufig die Frage nach der Auswahl erforderlicher und verhältnismäßiger Maßnahmen. Der Vorrang möglichst milder Eingriffe, die zur Abwehr einer Gefährdung des Kindeswohls aber noch geeignet sind, gilt generell, besonders aber, wenn eine Trennung von Eltern und Kindern gegen deren Willen im Raum steht (§ 1666a Abs. 1 BGB). Sozialwissenschaftliche Befunde können prinzipiell auf dreierlei Weise zu solchen Auswahlentscheidungen beitragen:

- Verläufe nach familiengerichtlichen Kinderschutzverfahren können untersucht werden, sodass Fallkonstellationen offenbar werden, in denen Gefahren häufig unter- oder überschätzt werden;
- Entscheidungsprozesse durch Richterinnen bzw. Richter können empirisch rekonstruiert und so einer Reflexion im Hinblick auf Fehlerquellen zugänglich gemacht werden;
- Schließlich können mittels Wirkungsforschung besonders geeignete Hilfe- und Schutzkonzepte für bestimmte Fallkonstellationen entwickelt werden, die dann für familiengerichtliche Kinderschutzverfahren empfohlen werden können und, wenn es um ambulante Hilfen geht, helfen können, Eltern-Kind Trennungen in manchen Fällen überflüssig zu machen.

138 Die Befundlagen zu diesen drei Punkten werden nachfolgend kurz und mit relativ ernüchterndem Ergebnis vorgestellt. Vielfach noch fehlende Studien können nur teilweise durch ähnliche Forschungsergebnisse aus anderen Rechtsordnungen bzw. Befunde aus jugendamtlichen Kinderschutzverfahren kompensiert werden, was zur Folge hat, dass die Unterstützung der familiengerichtlichen Praxis durch die Sozial- und Humanwissenschaften nicht so ausfällt, wie es möglich wäre.

139 Wie es **Kindern in den Jahren nach einem familiengerichtlichen Kinderschutzverfahren** ergeht, wurde in Deutschland bislang in keiner einzigen methodisch belastbaren Studie untersucht. Aus Verlaufsstudien und Nacherhebungen von Kinderschutzverfahren beim Jugendamt, bei denen sich aber nur in einem kleinen Prozentsatz ein familiengerichtliches Verfahren anschließt, ist bekannt, dass etwa bei einem Drittel der Kinder im Verlauf der nächsten Jahre weitere Gefährdungsereignisse bekannt werden. In vielen deutschen wie internationalen Studien ist die **Rate fortgesetzter oder erneut auftretender Gefährdung bei vernachlässigten Kindern am höchsten** und die Entwicklungsverläufe **vernachlässigter Kinder** sind am ungünstigsten, d.h., bei ihnen sind die ergriffenen **Schutz- und Hilfemaßnahmen am häufigsten unzureichend**.[168] Zudem zeigen die Verlaufsstudien, dass zum Zeitpunkt eines Kinderschutzverfahrens bereits erlebte Gefährdungsereignisse häufig in Form sich chronifizierender Entwicklungsauffälligkeiten weiterwirken.[169] Aus der Verlaufsforschung gibt es im Hinblick auf die Praxis von Schutzmaßnahmen und Hilfen im Kinderschutz also besonderen Anlass, zwei Punkte kritisch zu reflektieren. Der erste Punkt betrifft die Bereitschaft, zum Schutz vernachlässigter Kinder einzugreifen bzw. hier qualifizierte Hilfen zur Verfügung zu stellen, der zweite Punkt dreht sich um die Zuverlässigkeit, mit der bereits entstandene Schädigungen und im Kind fortlaufende Schädigungsprozesse in den Blick genommen werden, und die Anforderungen, die sich daraus ergeben, bei Entscheidungen über Auflagen für Eltern bzw. bei der Auswahl von Ergänzungspflegern berücksichtigt werden.

In einer Reihe von Studien, auch in Deutschland,[170] wurde versucht, **Entscheidungen in familiengerichtlichen Kinderschutzverfahren zu rekonstruieren** und **140**
für Entscheidungen besonders vorhersagestarke Fallmerkmale herauszuarbeiten, an denen sich wohl viele Richterinnen und Richter orientieren. Vor allem psychische Erkrankungen und Suchterkrankungen der Mutter, ein Status als Alleinerziehende und eine fehlende elterliche Kooperationsbereitschaft haben sich für die Vorhersage von Eingriffen und Fremdunterbringungen als wichtig erwiesen. Problematisch erscheint, dass die **psychische Gesundheit von Vätern bzw. Partnern kaum berücksichtigt** wird und überhaupt noch wenig Systematik bei der Risikoeinschätzung sichtbar wird. Bei einer elterlichen Suchtproblematik scheinen sich Verfahren besonders häufig in die Länge zu ziehen.[171] Zumindest in einer Studie konnte gezeigt werden, dass (entsprechend dem Grundsatz der funktionalen Orientierung) bei strukturierten Risikoeinschätzungen keine Stigmatisierung psychisch kranker Eltern mehr erkennbar ist, sondern Eingriffe nur noch bei Einschränkungen in den elterlichen Funktionen erfolgten.[172] Einige, vor allem internationale Studien, lassen vermuten, dass Richterinnen und Richter sich prinzipiell bei der Ent-

168 Für eine Forschungsübersicht siehe *Galm et al.*, Kindesvernachlässigung, 2016.

169 Vgl. Kapitel 23 Rn. 64 bis 68.

170 *Kratky/Schröder-Abé*, How are parental functioning and single parenthood associated with court outcomes? An analysis of child protection cases, Child Abuse & Neglect 2018, 95–105.

171 *De Bortoli et al.*, Parental substance misuse and compliance as factors determining child removal: A sample from the Victorian Children's Court in Australia, Children and Youth Services Review 2013, 1319–1326.

172 *Roscoe et al.*, Understanding child protection decisions involving parents with mental illness and substance abuse, Child Abuse & Neglect 2018, 235–248.

scheidungsfindung mit ähnlichen Risiken kognitiver Verzerrungen auseinandersetzen müssen, wie andere Berufsgruppen.[173] Dies gilt beispielsweise für den Bestätigungsfehler (**confirmation bias**), also die Neigung entscheidungsrelevante Informationen im Licht unvermeidlicher Intuitionen zu einem Fall wahrzunehmen und bestätigenden Informationen vergleichsweise mehr Gewicht zu verleihen.[174] Ein anderes Beispiel sind **Ankereffekte**, also sachlich nicht begründbare Einflüsse der unmittelbar zuvor durchgeführten Anhörungen oder von Verfahren bei Verwandten der Eltern. Im Recht gibt es traditionell einen starken Impuls über Verfahrensvorschriften Verzerrungen und Vorurteilen entgegen zu wirken.[175] Jedoch bleibt die Gefahr, dass sich diese über die Psychologie handelnder Personen immer wieder einschleichen. Daher liefern Rekonstruktionen von Entscheidungen und die Forschung zu kognitiven Verzerrungen in Gerichtsverfahren kritische Impulse für Kinderschutzverfahren, etwa im Hinblick auf das Vermeiden einer Stigmatisierung psychisch kranker Mütter und eine übermäßige Orientierung an herausstechenden Einzelfaktoren im Fall, die dann ein unverhältnismäßiges Gewicht erhalten.

141 **Wirkungsforschung** untersucht in einer Kombination mehrerer verschiedener Arten von Studien, inwieweit bestimmte neue Interventionskonzepte im Vergleich zur üblichen Praxis bei bestimmten Fallgruppen zu besseren Ergebnissen führen und dieser Vorteil unter Praxisbedingungen beibehalten werden kann.[176] Als vorteilhaft gilt es im Bereich der Interventionen im Kinderschutz, wenn die Häufigkeit wiederholter Gefährdung gesenkt, eine positive Fürsorge und Erziehung für Kinder gefördert, durch frühere Gefährdung entstandene Nachteile für Kinder möglichst weitgehend ausgeglichen und ein möglichst hohes Maß an Zustimmung bei Eltern und Kindern erreicht werden kann.[177] Wirkungsforschung stellt international mittlerweile einen Schwerpunkt der Forschung im Kinderschutz dar.[178] Beispielsweise wurden über mehrere Schritte ambulante Hilfekonzepte für vernachlässigende Familien entwickelt und in Modellprojekten sowie unter Praxisbedingungen positiv auf Wirksamkeit geprüft.[179] Ähnliche Entwicklungen gibt es bezüglich umfassender, gesundheitliche und pädagogische Maßnahmen vereinender Hilfekonzepte für Eltern mit Suchtproblemen[180] und bezüglich der Unterstützung

173 *Berthet*, The impact of cognitive biases on professionals' decision-making: A review of four occupational areas, Frontiers in Psychology 2022, e6139.

174 *Meterko/Cooper*, Cognitive Biases in Criminal Case Evaluation: A Review of the Research, Journal of Police and Criminial Psychology 2022, 101-122.

175 *Edmond /Martire*, Just cognition: scientific research on bias and some implications for legal procedure and decision-making, The Modern Law Review 2019, 633-664.

176 Für eine schnelle Einführung in Wirkungsforschung siehe *Fraser et al.*, Intervention Research, 2009.

177 *Kindler/Spangler*, Wirksamkeit ambulanter Jugendhilfemaßnahmen bei Misshandlung bzw. Vernachlässigung, Kindesmisshandlung und -vernachlässigung, 2005, 101–116.

178 Vgl. Fn. 3.

179 *Rogers-Brown et al.*, Behavior change across implementations of the SafeCare model in real world settings, Children and Youth Services Review, Vol 117, 2020, DOI: 10.1016/j.child youth.2020.105284.

180 *Neo et al.*, Integrated treatment programmes for mothers with substance use problems: A systematic review and meta-analysis of interventions to prevent out-of-home child placements, Journal of Child and Family Studies 2021, 2877–2889.

von Kindern, die nach Gefährdung in Pflegefamilien untergebracht werden müssen.[181] In Deutschland fehlt Wirkungsforschung im Kinderschutz bislang nahezu gänzlich und international erfolgreich auf Wirksamkeit hin überprüfte Interventionskonzepte sind allenfalls an einigen Orten vorhanden.[182] Dies bedeutet, dass Jugendämter und Sachverständige, die im familiengerichtlichen Kinderschutzverfahren Empfehlungen dazu formulieren sollen, ob im Fall einer vorliegenden Gefährdung ein ambulantes Hilfe- und Schutzkonzept als milderes Mittel verantwortbar erscheint und wie es gegebenenfalls auszugestalten ist, sich nur grob an belastbaren wissenschaftlichen Befunden orientieren können und Erfahrungswerte sowie örtliche Gegebenheiten stark berücksichtigen müssen.

II. Auswahl von Hilfe- und Schutzkonzepten

Damit sind derzeit nur relativ grobe Vorschläge möglich, die in der Praxis bei der Auswahl von Hilfe- und Schutzkonzepten im familiengerichtlichen Kinderschutzverfahren als Orientierungspunkte dienen können. Solche Vorschläge liegen derzeit zu drei Themen vor. Dabei geht es (a) um eine Systematik der Gründe, die als Ausschlussgründe für ambulante Hilfe- und Schutzkonzepte fungieren können, (b) um Merkmale, die eher erfolgreiche ambulante Hilfekonzepte nach Kindesmisshandlung bzw. Kindesvernachlässigung auszeichnen und die daher bei der Planung berücksichtigt werden können und (c) um eine Systematik der Aspekte, die bei Schutzkonzepten eine Rolle spielen können und deshalb hier in geeigneten Fällen zu erörtern sind. 142

1. Ausschluss ambulanter Hilfe- und Schutzsysteme

Vier Arten möglicher **Ausschlussgründe** für ambulante Hilfen bei bestehender Kindeswohlgefährdung (und bei Eltern, die eine Trennung vom Kind vermeiden wollen) können im Einzelfall diskutiert werden, wenn darüber zu entscheiden ist, ob ein solcher Ansatz verantwortbar ist:[183] 143

- **Risiko wiederholter Gefährdung**: Zumindest hinsichtlich Kindesvernachlässigung und Misshandlung gibt es mittlerweile Einschätzungshilfen mit belegter Vorhersagekraft, die zwischen Fällen mit hohem, mittlerem und geringem Wiederholungsrisiko differenzieren und die von geschulten Jugendamtsfachkräften und Sachverständigen angewandt werden können. Vor allem bei einem hohen Wiederholungsrisiko und einem noch nicht oder kaum zum Selbstschutz fähigen Kind ist zu bedenken, dass ambulante Hilfen zur Erziehung erneute Gefährdungsereignisse in nicht betreuten Zeiten nicht ausschließen können. Zudem 144

181 *Dozier et al.*, Attachment and biobehavioral catch-up, in: *Steele/Steele*, The handbook of attachment-based interventions, 2017, 27–49.
182 *Schmutz/de Paz Martínez*, Nationaler Forschungsstand und Strategien zur Qualitätsentwicklung im Kinderschutz, 2018.
183 Vgl. Fn. 177.

entfalten auch gelingende ambulante Hilfen erst über mehrere Monate Wirkung, sodass unter Umständen zu Beginn der Maßnahme eine Schutzlücke entsteht.

145 • **Fehlende Koproduktion**: Ambulante Hilfen zur Erziehung sind für ihre Wirkung auf eine inhaltliche Zusammenarbeit mit den Eltern angewiesen. Die Effekte ambulanter Hilfe werden „koproduziert". Wenn Eltern in der Anhörung nur bereit sind, Hausbesuche zuzulassen, aber keine Veränderungsthemen benennen können, ist die Grundwahrscheinlichkeit eines Scheiterns der Maßnahme hoch.

146 • **Überdauernder Einschränkungen in der Fähigkeit der Eltern, von ambulanter Hilfe zu profitieren**: In manchen Fällen weisen Eltern oder ihre Lebenssituation Merkmale auf, von denen bekannt ist, dass sie Wirkung ambulanter Hilfen aufheben oder deutlich mindern. Hierzu zählen etwa Hochstressbedingungen wie Partnerschaftsgewalt oder Suchterkrankungen. Damit eine ambulante Hilfe zur Erziehung greifen kann, müssen zunächst diese Bedingungen verändert werden, was unter Umständen einige Zeit in Anspruch nimmt. Zumindest in dieser Zeit sind ambulante Hilfen nicht geeignet, eine bestehende Gefährdung abzuwehren.

147 • **Zeitablauf**: In manchen Fällen erscheinen schließlich langfristig positive Veränderungen durch eine ambulante Hilfe zur Erziehung zwar prinzipiell erreichbar. Gleichzeitig sind Kinder aber bereits sehr auffällig und altersbedingt besteht nur noch wenig Zeit für eine deutliche, positive Veränderung des Entwicklungsverlaufs, sodass (zumindest für einige Zeit) die starke Intervention des Wechsels in ein therapeutisches Milieu erforderlich ist.

2. Erfolgsfaktoren bei ambulanten Hilfen

148 Kommen ambulante Hilfen in Frage, liegt also kein Ausschlussgrund vor, so gibt es im Hinblick auf deren Planung und Arbeitsweise einige generelle **Erfolgsfaktoren** wie Wertschätzung für die Familie, Beteiligung der Familie, Alltags- und Ressourcenorientierung.[184] Grundsätzlich ist anzunehmen, dass diese Faktoren auch in Gefährdungsfällen eine gewisse Rolle spielen. Zudem lassen sich einige grobe Prinzipien benennen, die in internationalen Wirkungsstudien nach Kindesvernachlässigung bzw. Kindesmisshandlung empirisch eher erfolgreiche Hilfekonzepte im Vergleich zu weniger erfolgreichen Konzepten ausgezeichnet haben.[185] Bei **Vernachlässigung** scheinen insbesondere solche Hilfekonzepte zu greifen, in denen

- aufsuchend gearbeitet wird, Fachkräfte also in die Lebenswelt der Familie gehen, und die Maßnahme langfristig angelegt ist;
- nicht nur auf gerade aktuelle Probleme und Krisen reagiert wird oder einfache Formen von Selbstmanagement (Ziele setzen, immer wieder überprüfen und

184 Siehe etwa Bundesarbeitsgemeinschaft der Landesjugendämter (2015); *Baumeister* u.a. (2016).
185 Vgl. Fn. 174.

besprechen) vermittelt werden, sondern im Hinblick auf Fürsorge und Erziehung konkrete, anschauliche und systematische Anleitung und Unterstützung geboten wird, also tatsächlich Elternkompetenzen vermittelt werden. Mit einer systematischen Anleitung ist zudem gemeint, dass eine Bandbreite an Fürsorge- und Erziehungsthemen aktiv angesprochen und bearbeitet wird. Dabei geht es um Themen, die vom Alter und Entwicklungsstand der Kinder in der Familie her wichtig sind oder bald wichtig werden (z.B. Gesundheitsfürsorge, Unfallverhütung, Grenzsetzung, Sprachförderung);

- bei elterlichen Suchtproblemen, Depression und Partnerschaftsgewalt spezialisierte Angebote hinzugezogen werden.

Nach **Kindesmisshandlung** scheinen besonders wirksame Hilfekonzepte 149

- sowohl den Umgang mit Erziehungskonflikten als auch den positiven Eltern-Kind Beziehungsaufbau als gleichgewichtige Arbeitsschwerpunkte in den Blick zu nehmen,
- allgemein familienentlastende Hilfestellungen (z.B. Umgang mit Geld, Partnerschaftskonflikte) zwar zu geben, ohne dass sie aber im Mittelpunkt stehen oder die Themen Erziehungskonflikte und positive Beziehungsgestaltung verdrängen,
- bei elterlichen Suchtproblemen und Partnerschaftsgewalt über die Möglichkeit eines Einbezugs von spezialisierten Angeboten zu verfügen.

Im familiengerichtlichen Kinderschutzverfahren gibt es eine Versuchung, Inhalt 150
und Vorgehensweisen ambulanter Hilfen zur Abwehr von Gefahren auszublenden, da hierüber vom Jugendamt entschieden wird und es den Gerichten an Anordnungskompetenz mangelt (→ Kapitel 12 Rn. 413 bis 419). Auf der anderen Seite spricht für eine gründlichere Erörterung, dass zum einen das Gericht tatsächlich davon überzeugt sein muss, ein ambulantes Hilfe- und Schutzkonzept sei zur Abwehr bestehender Gefahren geeignet, und genau hierzu ja auch häufig Vorschläge von Sachverständigen eingeholt werden, über die dann gesprochen werden muss. Zum anderen können Sorgeberechtigte sich auch nur zu einigermaßen klaren Hilfe- und Schutzkonzepten verhalten, also etwa einwilligen und damit eventuell einen Sorgerechtseingriff vermeiden. Eine **Einwilligung in ein unkonkretes Konstrukt, das nur als Kürzel (z.B. sozialpädagogische Familienhilfe) im Verfahren genannt wird, ist möglicherweise überhaupt nicht tragfähig**. Zudem sind auch Jugendämter oft auf der Suche nach geeigneten ambulanten Hilfe- und Schutzkonzepten, sodass eine Thematisierung in aller Regel nicht in erster Linie als Einmischung verstanden wird. Zumindest wenn den oben genannten Grundorientierungen für ambulante Hilfen gefolgt wird, werden die meisten Jugendämter auch Zeit benötigen, um abzuklären, ob geeignete Träger vorhanden sind. Vertiefend können Hinweise für die Entwicklung eines ambulanten Hilfekonzepts in Abhängigkeit von relevanten Ursachen der Kindeswohlgefährdung im Einzelfall berücksichtigt werden.[186]

186 *Kindler et al.*, Unterstützungsbogen für die Jugendhilfe, JAmt 2008, 467–470.

3. Elemente erfolgreicher Schutzkonzepte

151 Kann eine Fremdunterbringung vermieden werden, so sind ambulante Hilfekonzepte, deren Erfolg ja nie sicher ist, häufig eingebettet in weitergehende Absprachen, die dem Schutz betroffener Kinder dienen oder die Gefahr von erneuten Gefährdungsereignissen verringern sollen. Daher wird mittlerweile häufig von Hilfe- und Schutzkonzepten gesprochen. Einige solche Absprachen können bei Bedarf in Maßnahmen nach § 1666 Abs. 3 BGB verwandelt werden, andere können nur besprochen und im Terminsvermerk festgehalten werden, da sie nicht die Sorgeberechtigten, sondern Dritte betreffen. Eine Systematik möglicher **Elemente von Schutzkonzepten** könnte folgende Bausteine beinhalten:

- Ausschluss oder Beschränkung risikobehafteter Kontakte (z.B. Verbot, dass ein risikobehafteter Partner der Mutter die Kinder alleine betreut),
- aktivierende Absprachen zu zusätzlichen Kontakten, die die Gefahr elterlicher Überforderung mildern (z.B. Großeltern, die bereit sind, ein Kind während bestimmter Zeiten zu sich zu nehmen),
- Absprachen, die Aufmerksamkeit fokussieren (z.B. Verabredungen zwischen Jugendamt und Schule, beim Umkleiden zum Sportunterricht auf Hämatome zu achten),
- Absprachen, die Hilfesuche bahnen und erleichtern (z.B. Verabredung mit einem Kind zur Ansprechbarkeit der Schulsozialarbeiterin),
- Festlegungen zu Informationsfluss und Reaktionsgeschwindigkeit (z.B. Verabredung zwischen Jugendamt und Suchtberatungsstelle über monatliche Mitteilungen zu wahrgenommenen Terminen, Absprache mit ambulanter Familienhilfe über sofortige Rückmeldung, wenn ein Termin ungeplant ausfällt),
- Auflagen oder Selbstverpflichtungen von Sorge- oder Erziehungsberechtigten zu angemessenen Verhaltensweisen (z.B. für einen regelmäßigen Kita-Besuch zu sorgen, keine Suchtstoffe mehr zu konsumieren, wenn Kinder im Haushalt sind).

152 Das erste und letzte Element der Aufzählung kann unmittelbar Gegenstand eines Beschlusses nach § 1666 BGB sein. Für die meisten anderen Elemente gilt, dass entsprechende Schweigepflichtentbindungen vorhanden sein müssen, die sinnvollerweise bereits im Verfahren erteilt werden. Im Unterschied zur Situation bei Partnerschaftsgewalt, wo die Wirkung von Schutzanordnungen intensiv beforscht und grosso modo bestätigt wurde, wenngleich sie aufgrund eher kleiner Effekte in Hochrisikofällen nicht als ausreichend angesehen werden können,[187] gibt es zur Wirkung von Auflagen und Schutzkonzepten im Kinderschutz noch keine Befunde.

187 *Dowling et al.*, Protection orders for domestic violence: A systematic review, Trends & Issues in Crime and Criminal Justice 2018, e551.

Praxistipp **153**

→ **Familiengericht**

In mehr als einem problematisch verlaufenen Kinderschutzfall ist aber deutlich geworden, dass die Einhaltung von Auflagen und Schutzkonzepten nicht unbesprochen bleiben kann, sondern zu empfehlen ist, hierzu im Verfahren eine Absprache in den Terminsvermerk aufzunehmen.

Kapitel 26: Kommunikation mit Kindern im Verfahren

Übersicht Rn.

154 Fachkräfte verschiedener Professionen, auch Richterinnen und Richter, fühlen sich hinsichtlich des Einbezugs von Kindern in Kinderschutzverfahren teilweise innerlich etwas hin- und hergerissen. Einerseits erkennen sie, wie mit der letzten Veränderung des § 159 FamFG durch das „Gesetz zur Bekämpfung sexualisierter Gewalt gegen Kinder" in 2021 noch einmal unterstrichen wurde, das Recht von Kindern auf Einbezug an. Andererseits fürchten sie, Kinder durch einen Einbezug zu überfordern und zu belasten. Daher ist es wichtig zu betonen, dass die Forschung mit Kindern zu ihrem Einbezug in familiengerichtliche Verfahren ein weitgehend konsistentes Bild ergeben hat. Durchgängig und in Bezug auf verschiedene Verfahrensgegenstände hat die große Mehrheit befragter Kinder angegeben, dass sie bei wichtigen sie betreffenden Entscheidungen beteiligt und nach ihren Wünschen und Erfahrungen gefragt werden wollen.[188] Dies gilt auch für Kinderschutzverfahren. In einer der aussagekräftigsten Studien hierzu wurden Kinder mit und ohne Anhörung im Kinderschutzverfahren befragt.[189] Die große Mehrzahl aller Kinder wünschte sich eine Beteiligung und tatsächlich angehörte Kinder bestätigten diese Sichtweise auch nach ihrer Anhörung. Dies **bedeutet aber nicht, dass Kinder die Verantwortung für ihren Schutz oder eine Entscheidung zugeschoben bekommen wollen**. Zudem gab es in den vorliegenden Studien auch immer eine kleinere Gruppe von Kindern, die sich nicht äußern wollten oder zumindest diesbezügliche Sorgen äußerten. Manche Kinder empfanden es als zu schwierig, über Themen von Gefährdung und Schutz zu sprechen, andere fürchteten, ihre Eltern zu verletzen oder bestraft zu werden. Aus den Befunden ist insgesamt zu folgern, dass es wichtig ist, Kindern eine Möglichkeit zu geben, sich zu äußern, sie aber nicht zu Äußerungen oder Entscheidungen gedrängt werden dürfen.

---

188 Für eine Forschungsübersicht siehe *Zimmermann et al.*, Berücksichtigung des Kindeswillens aus psychologischer Perspektive, JAmt 2021, 367–371.

189 *Weisz et al.*, Children's participation in foster care hearings, Child Abuse & Neglect 2011, 267–272.

I. Entwicklung der Kommunikationsfähigkeit von Kindern

Zunehmend häufiger wird die Kommunikation mit Kindern als wichtige fachliche Aufgabe verstanden, am Familiengericht wie in einigen anderen Tätigkeiten (z.B. am Jugendamt oder in der Verfahrensbeistandschaft). Diese Entwicklung spiegelt sich in einer zunehmend umfangreichen Literatur zu Verständnis- und Äußerungsmöglichkeiten von sowie Kommunikationsprozessen mit Kindern.[190] Mindestens sechs Punkte zu sich entwickelnden Fähigkeiten von Kindern und ihrer Situation in Anhörungen in Kinderschutzverfahren sind hervorzuheben:[191] **155**

- **Vom konkreten Tun zu komplexen Abläufen und psychologischen Erklärungen**: Wird mit Kindern über das Leben in ihrer Familie gesprochen, beginnen die Verständnis- und Antwortmöglichkeiten von Kindern im Vorschulalter bei konkreten, einfachen Aktivitäten. Entsprechend ist die Frage: „*Was machst Du mit Mama und Papa*?" für viele Kinder im Vorschulalter bereits gut beantwortbar. Schilderungen einfacher Aktivitäten werden zunächst häufig als Reihung oder Aufzählung organisiert, manchmal mit wenig Rücksicht auf zeitliche Abfolgen und innere Zusammenhänge zwischen den Handlungen. Spiegelbildlich ist es für jüngere Kinder auch schwierig, Warum-Fragen zu beantworten.[192] Im Verlauf des Grundschulalters werden Kinder dann immer besser darin, kompliziertere Abläufe zu beschreiben (z.B., wie ein Familienstreit abgelaufen ist) und psychologische Schlussfolgerungen zu ziehen (z.B., was an den Eltern insgesamt toll oder nicht so gut ist). **156**
- **Vom Sprechen über Routinen und besondere Ereignisse**: Ab dem Grundschulalter verfügen die meisten Kinder über guten Fähigkeiten, Routinen und regelmäßige Abläufe zu beschreiben. Wenn sie dazu befragt werden, kommen sie aber selten von sich aus auf besondere Ereignisse zu sprechen (z.B. eine Misshandlung oder Hunger am Monatsende aufgrund dann fehlender Lebensmittel). Besondere Ereignisse müssen daher meist gesondert angesprochen werden. Wenn Kinder solche besonderen Ereignisse schildern, geschieht dies oft stockend und mit Unsicherheiten, insbesondere wenn die Schilderung nicht geübt ist oder Elemente enthält, für die es Kindern an Wörtern fehlt (z.B. im Zusammenhang mit Sexualität). Generell neigen Kinder dazu, bekannte oder einfach auszusprechende Wörter zu verwenden, selbst wenn diese nicht genau passen. Es kann aber auch sein, dass Kinder Wörter verwenden, die sie aufgeschnappt haben und von denen sie nur denken, dass sie die Bedeutung kennen (z.B. in einem Interview des Autors: „*Papa hat mich misshandelt*", um zu bezeichnen, dass der Vater das Kind falsch „behandelt" hatte, nämlich einen Tee **157**

190 Siehe insbesondere *Poole*, Interviewing Children, 2018; *Graffam-Walker et al.*, Handbook on Questioning Children, 2013, und *Jones*, Communicating with vulnerable children, 2003.

191 Vgl. Fn. 140.

192 *Malloy et al.*, "How" and "Why" prompts in forensic investigative interviews with preschool children, Applied Developmental Science 2017, 58–66.

gegen Bauchweh gegeben hatte, der aber ohne Wirkung blieb). Nachfragen sind in Gesprächen mit Kindern daher sehr wichtig. Falsche Angaben passieren manchmal, weil Kinder verschiedene, aber ähnliche Ereignisse zusammenwürfeln, unverstandene Elemente weglassen bzw. umdeuten oder Erklärungen von Autoritäten als Tatsache berichten (z.B.: *„Dann hat der Papa die Mama gehauen, weil sie wieder nicht aufgeräumt hat."*). Noch wenig gefestigte Strukturen von Unter- und Oberbegriffen sowie Schwierigkeiten beim Aufruf von Gedächtnisepisoden können zu inkonsistent erscheinenden Antworten führen. So kann es etwa sein, dass ein Kind eine Misshandlung beim letzten Umgang beschreibt, aber die allgemeine Frage verneint, ob beim letzten Umgang etwas Besonderes geschehen sei. Ebenso kann es sein, dass ein Kind bei zwei Explorationen zu ein und demselben Ereignis verschiedene, wenn auch nicht widersprüchliche Details erinnert. Dies begründet, warum Gefährdungsereignisse häufig mehrfach auf verschiedene Weise angesprochen werden müssen, und es ist einer der Gründe, warum in der Regel mehrfach mit Kindern gesprochen werden muss.[193]

158 • **Von einfachen zu gemischten Gefühlen und von eindimensionalen zu mehrdimensionalen, abwägenden Begründungen**: Kinder lernen in der Regel im Kleinkind- und Kindergartenalter, grundlegende Gefühle zu benennen, sodass Unterhaltungen über positive und belastende Gefühle meist schon früh prinzipiell möglich sind.[194] Gemischte Gefühle (z.B. bei vernachlässigten Kindern: Erleichterung über eine gesicherte Versorgung in einer Pflegefamilie und zugleich Traurigkeit aufgrund der Trennung von den Eltern) können meist aber erst ab dem Ende der Grundschule grundsätzlich erkannt und benannt werden, sodass Angaben zu Gefühlen davor oft monolithischer ausfallen, als sie bei einer Beobachtung des Kindes tatsächlich sind. Große Veränderungen zeigen sich auch in den Fähigkeiten von Kindern, ihre Wünsche zu überdenken und im Hinblick auf grundlegende eigene Interessen zu reflektieren. Beispielsweise gelingt es Kindern meist erst ab dem frühen Jugendalter, mehrere vorhandene vorab selbst formulierte Ziele bei einer Entscheidung zu berücksichtigen und gegeneinander abzuwägen.[195] Im Hinblick auf Inobhutnahmen oder Fremdunterbringungen ergeben sich hieraus manchmal sehr wechselnde Äußerungen. In ähnlicher Weise vollzieht sich im Übergang von der Kindheit ins Jugendalter, also zwischen 11 und 13 Jahren, auch ein Wandel in der Zukunftsorientierung von einem starken Fokus auf Gegenwart und unmittelbare Zukunft hin zur Möglichkeit, über mehrere Jahre vorauszudenken.[196] Schwierig

193 Für eine Zusammenfassung des Forschungsstandes zur Art und Weise, wie Kinder besondere Ereignisse beschreiben, siehe *Brubacher et al.*, How children talk about events: Implications for eliciting and analyzing eyewitness reports, Developmental Review 2019, 70–89.

194 *Sroufe*, Emotional Development, 1996.

195 Z.B. *Kuhn*, Adolescent thinking, in: *Lerner/Steinberg*, Handbook of adolescent psychology: Individual bases of adolescent development, 2009, 152–186.

196 *Loose/Vasquez Echeverria*, Understanding future thinking among school-age children: A review of studies. European Journal of Developmental Psychology, im Druck, DOI: 10.1080/17405629.2021.1932457.

kann für Kinder auch die komplexe Anforderung sein, zwar im Alltagsleben auf andere Rücksicht nehmen zu sollen, bei der Anhörung im Gericht dann aber vor allem die eigenen Interessen und das eigene Wohlergehen in den Mittelpunkt zu rücken, also eine begründete Ausnahme von einer ansonsten in unserer Gesellschaft sehr wertgeschätzten altruistischen Orientierung zu machen. Auch hier sind Jugendliche eher in der Lage, die Ausnahme und ihren Sinn zu verstehen.

- **Kinder bringen Erwartungen und Vorverständnisse mit in die Anhörung**: Viele Kinder bringen etwa die Annahme mit, Fragen von Erwachsenen, zumal von Autoritäten, müssten beantwortet werden. Daher versuchen manche Kinder, richtige Antworten zu erraten, oder sie verstehen Fragen danach, wo sie leben wollten, nicht als Einladung, sich zu äußern, sondern als (belastende) Pflicht, sich zu entscheiden. Deshalb wird es in Fachliteratur auch nahezu durchgängig empfohlen, Kindern proaktiv zu erklären, dass es manchmal Kinder gebe, die auf eine Frage keine Antwort wüssten und es völlig in Ordnung sei, das zu sagen.[197] Ebenso wird empfohlen, vor Entscheidungsfragen proaktiv zu erklären, dass es Kinder gebe, die sich nicht entscheiden wollten, und dass das auch in Ordnung sei. 159
- **Erfahrene Gefährdung beeinflusst die Art und Weise, wie Kinder sich äußern**: Zu den grundlegenden Einsichten aus der Kinderschutzforschung zählt der Zusammenhang zwischen erfahrener Vernachlässigung, Misshandlung oder Missbrauch durch Bezugspersonen und dem Selbstbild von Kindern. Selbst Menschen, die als Erwachsene Opfer von (sexueller) Gewalt werden, fühlen sich häufig schuldig oder schämen sich und können nur schwer neutral bzw. distanziert über ihre Erfahrungen sprechen. Bei Kindern, die schon früh im Leben Gefährdung erfahren haben, ist dies noch mehr so, und betroffene Kinder halten sich vielfach für nicht liebenswürdig oder nehmen an, dass sie eine entsprechende Behandlung durch ihre Eltern verdient haben, zumal sie genau dies häufig auch von gefährdenden Eltern(teilen) hören. Gerichte sollten sich daher bewusst sein, dass ein Gespräch über Gefährdungserfahrungen für Kinder meist scham- oder angstbesetzt ist.[198] Dies bedeutet nicht, dass betroffene Kinder sich regelmäßig nicht äußern wollen. Manche Kinder haben einen großen Problemdruck, bereits positive Erfahrungen mit einer Fremdunterbringung oder sind voller Hoffnung auf eine positive Veränderung in der Familie, sodass sie offen über ihre Erfahrungen sprechen. Ebenso gibt es aber Kinder, die aus Angst, Scham oder einem Mangel an Vertrauen schweigen. Zudem fürchten viele Kinder, dass es ihnen in einer Fremdunterbringung nicht besser ergeht als in der Familie, sie aber überdies noch jede Zuneigung von Eltern und Geschwistern verlieren. 160

197 Z.B. *Saywitz et al.*, Interviewing children in custody cases: Implications of research and policy for practice. Behavioral Sciences & the Law 2010, 542–562.

198 Für eine Forschungsübersicht siehe *Gorin*, Understanding what children say: Children's experiences of domestic violence, parental substance misuse and parental health problems, 2004.

161 • **Informationen über die Gesprächssituation entlasten Kinder**: Wie Erwachsene fühlen sich auch Kinder in der Regel entlastet, wenn sie Informationen über eine wichtige Gesprächssituation erhalten und sich gedanklich etwas vorbereiten können. Für die Gesprächssituationen im Kontext familiengerichtlicher Verfahren ist dieser Effekt mehrfach belegt worden.[199]

II. Information des Kindes über Gegenstand, Ablauf und möglichen Ausgang des Verfahrens

162 Neben der Aufklärung durch die Verfahrensbeiständin bzw. den Verfahrensbeistand zählt es, entsprechend § 159 Abs. 4 Satz 1 FamFG, zu den originären Aufgaben des Gerichts, das Kind ebenfalls über Gegenstand, Ablauf und mögliche Ausgänge des Verfahrens zu informieren. Dies ist auch sinnvoll, da nur das Gericht sagen kann, wie es die Anhörung konkret durchführen will, und zudem Kinder frühere Erläuterungen zu Ereignissen, die sie nicht gut greifen können, auch leicht wieder vergessen. Für die Information des Kindes und das Herstellen einer möglichst positiven Gesprächsatmosphäre ist die Gestaltung des Auftakts einer Anhörung von besonderer Bedeutung. Hierfür lassen sich mehrere Punkte empfehlen:[200]

163 • **Lassen Sie das Kind von Anfang an zu Wort kommen**: Startet die Anhörung mit einer längeren Erklärung durch das Gericht, wächst die Wahrscheinlichkeit, dass ein Kind innerlich verstummt. Bauen Sie deshalb von Anfang an Fragen an das Kind ein (z.B.: *„Ich heiße Frau Müller und freue mich, dass Du hier bist. Ich bin hier Richterin. Weißt Du denn, was eine Richterin macht?"*). Die Antworten auf solche Fragen können genutzt werden, um nachfolgende Erläuterungen an das einzelne Kind anzupassen. Eine andere Möglichkeit für eine Gesprächseröffnung wäre: *„Ich bin hier Richterin und spreche mit vielen Kindern. Manche Kinder sind vor dem Gespräch mit mir aufgeregt, manche nicht so. Wie ist es denn bei Dir?"*

164 • **Beschreiben Sie Ihre Tätigkeit und beziehen Sie die Anhörung dabei ein**: Die meisten Richterinnen und Richter eignen sich im Lauf der Zeit einige Sätze an, mit denen sie ihre Arbeit kurz, aber verständlich erklären, beispielsweise: *„Manchmal höre ich, dass es in einer Familie vielleicht große Probleme gibt. Solche Probleme sind für Kinder oft nicht gut. Dann rede ich mit allen, auch mit den Kindern, ob das stimmt. Und manchmal muss ich dann eine Lösung suchen, damit Kindern nichts passiert und sie alles haben, was sie brauchen. Das mache ich als Richterin."* In der Regel kommt es hier auf kurze, einfache Sätze

---

199 *Quas et al.*, Child victims in dependency court, in: *Bottoms et al.*, Children as victims, witnesses, and offenders, 2009, 128–149.

200 Für eine etwas genauere Erläuterung siehe Fn. 140.

ohne Fremdwörter an und viele verschiedene Formulierungen sind möglich. Eher ungeeignet sind Beschreibungen, die unrealistisch sind (z.B.: *„Ich bin dafür da, dass es allen Kindern gut geht."*), die Fehler von den Eltern betonen, weil auch gefährdete Kinder häufig ihren Eltern gegenüber loyal sein wollen (z.B.: *„Wenn Eltern etwas falsch machen und das Jugendamt oder ein Kind sagen mir das, dann kann ich dem Kind helfen."*), oder die betonen, wie belastet betroffene Kinder sind, weil Kinder ihre Gefühle und Situation sehr unterschiedlich zusammenfassen (z.B.: *„Wenn es Kindern nicht gut geht, kann ich entscheiden, dass etwas getan werden muss."*). Gut ist es dagegen, wenn Anhörungen von Kindern in der Beschreibung der Tätigkeit vorkommen, weil dies für das gerade angehörte Kind dann ein stimmigeres Bild ergibt, beispielsweise: *„Weißt Du, meine Arbeit ist, dass ich mit Kindern und Eltern rede, wenn es großen Streit oder vielleicht große Probleme gibt. Dann suche ich eine möglichst gute Lösung für die Kinder. Und heute rede ich mit Dir. Hast Du denn eine Idee, warum genau ich mit Dir reden will?"*

- **Beschreiben Sie grob den Ablauf der Anhörung**: Anhörungen sind jenseits 165
der Erfahrungswelt der meisten Kinder. Daher haben Kinder in der Regel keine Vorstellung davon, was bei einer Anhörung besprochen wird. Entsprechend können einige kurze Hinweise Kindern Orientierung geben. Beispielsweise könnte einem Kind erklärt werden: *„Wenn ich mit Kindern rede, heißt das Anhörung. Hat Dir denn schon jemand erklärt, wie eine Anhörung abläuft? Nicht? Also, am Anfang will ich das Kind, also Dich, gerne besser kennenlernen. Da frage ich zum Beispiel, was ein Kind gerne macht oder nicht so gern. Dann möchte ich gerne wissen, was in der Familie gut ist und was sich ändern sollte. Manchmal überlege ich dann mit dem Kind, wie das gehen könnte, dass sich etwas ändert. Am Schluss spreche ich hier rein (Diktiergerät), was das Kind gesagt hat und frage, ob ich alles richtig verstanden habe."*
- **Erklären Sie einige Grundregeln für die Anhörung**: Es wird häufig empfoh- 166
len, Kindern zwei bis drei einfache Grundregeln zu erklären, um Missverständnissen entgegenzuwirken.[201] Ob solche Erklärungen etwas bewirken, ist empirisch nicht klar. Am häufigsten wird vorgeschlagen, Kindern ausdrücklich zu erklären und zu erlauben, dass sie es sagen können, wenn sie eine Frage nicht verstehen oder nicht beantworten können. Beide Grundregeln setzen daran an, dass Kinder in Gesprächen mit Erwachsenen manchmal versuchen, das korrekte Verständnis einer Frage oder die „richtige" Antwort zu erraten, woraus sich Missverständnisse entwickeln können. Beispielsweise könnte formuliert werden: *„Weißt Du, was mir noch wichtig ist? Manchmal passe ich nicht auf. Dann stelle ich eine Frage, die das Kind gar nicht versteht. Dann ist es prima, wenn Du sagst, das versteh ich nicht. Oder ich frage etwas, was das Kind gar nicht weiß. Dann ist es prima, wenn Du sagst, das weiß ich nicht. Wenn ich Dich*

201 Z.B. *Bublath et al.*, Hinweise für das Gespräch mit dem Kind im familiengerichtlichen Verfahren, NZFam 2021, 477 ff.

jetzt zum Beispiel etwas auf Chinesisch frage, was sagst Du dann? Oder wenn ich Dich frage, wie meine Katze heißt, was sagst Du dann?"

167 • **Zeit zum Kennenlernen ist gut investierte Zeit**: In Studien hat sich gezeigt, dass der Aufbau eines freundlichen Kontaktes Kindern bei Befragungen zu sensiblen Themen hilft, relevante Angaben zu machen.[202] Daher ist es sinnvoll, zu Beginn einer Anhörung einige freundliche Fragen zu Vorlieben und gegebenenfalls auch Abneigungen eines Kindes zu stellen. Denkbar sind etwa Fragen danach, was das Kind besonders gut kann, was es am liebsten macht, wenn es nicht in der Schule ist, was es gar nicht leiden kann oder was das derzeitige Lieblings-Handy- oder Computerspiel ist. Um Irritationen bei Kindern zu vermeiden, ist es notwendig auszusprechen, dass es bei diesen ersten Fragen darum geht, das Kind besser kennenzulernen. Gut sind zudem unterstützende Bemerkungen, etwa Lob (z.B.: *„Du hörst wirklich gut zu und antwortest genau auf meine Fragen."*) oder Dank (z.B.: *„Ich danke Dir, dass ich Dich besser kennenlernen kann."*). Wenn die Fragen zum Kennenlernen zu Ende gehen und die nächste Phase der Anhörung beginnt, ist es sinnvoll, den Übergang sprachlich deutlich zu markieren (z.B.: *„Jetzt kenne ich Dich schon besser, das ist gut, nun würde ich gerne darüber reden, wie es bei Mama und Papa ist."*).

III. Aufbau der Anhörung

168 Kindesanhörungen in Kinderschutzverfahren können sich in ihren thematischen Schwerpunkten voneinander unterscheiden. In einigen Fällen liegen Schwerpunkte im Gespräch über den Alltag in der Familie oder im Raum stehende herausgehobene Gefährdungsereignisse. Vorschläge, wie Anhörungen hierzu aufgebaut werden können, finden sich in Kapitel 24 Rn. 93 ff. und Rn. 107 ff. Meist liegen den Gerichten zum Zeitpunkt der Kindesanhörung hierzu allerdings schon vertiefende Informationen aus Explorationen des Kindes durch das Jugendamt oder eine bestellte Verfahrensbeiständin bzw. einen Verfahrensbeistand vor oder solche Informationen werden im Rahmen einer Begutachtung eingeholt. Für diesen Fall wäre ein Aufbau der Anhörung mit drei Schritten möglich: (1) Rekapitulation positiver und negativer Punkte des Lebens in der Familie, (2) Gespräch über eventuelle Vorstellungen des Kindes zu Veränderung und Hilfe sowie (3) Erkundung der Reaktionen des Kindes auf bereits angedachte oder im Raum stehende Eingriffe und Schutzmaßmaßnahmen.

169 • **Was soll sich in der Familie ändern, was ist schon gut?** Ein wesentlicher Hintergrund für das Verständnis der Sichtweisen des Kindes auf die Entscheidungsgegenstände im Verfahren ist das kindliche Erleben des Lebens in der Familie. Der Punkt sollte an den Anfang gestellt werden, damit ein umfassenderes Bild entstehen kann und nicht nur Gründe für oder gegen einzelne Maßnah-

202 *Lavoie et al.*, Meta-analysis of the effects of two interviewing practices on children's disclosures of sensitive information: Rapport practices and question type. Child Abuse & Neglect, Vol. 113, 2020, DOI: 10.1016/j.chiabu.2021.104930.

men gesammelt werden. Am Anfang dieses Teils der Anhörung kann (nach dem Kennenlernen) beispielsweise gefragt werden: *„Nun kenne ich Dich schon ein bisschen. Jetzt möchte ich noch etwas anderes wissen. Erzähl mir bitte, wie bei Dir ein normaler Tag abläuft. Wie ist das mit dem Aufstehen und wie geht es dann weiter?"* Eine solche Tageslaufschilderung kann einen Überblick über Routinen in der Familie bieten. Zu in der Akte berichteten Versorgungsmängeln muss in der Regel nachgefragt werden (z.B.: *„Jetzt habe ich gelesen, dass es der Mama manchmal nicht gut geht und sie kein Essen für Dich machen kann. Aber ich weiß gar nicht, ob ich das richtig verstanden habe. Darum habe ich mir gedacht, ich frage Dich einmal."*). Häufig wird im Rahmen einer Anhörung aber die Zeit fehlen, um den Tagesablauf eines Kindes vertieft zu erfragen. Wenn trotzdem empfohlen wird, einzelne Fragen zum Tagesablauf zu stellen, so ist es deren Aufgabe dann meist nicht, ganz neue Informationen zu generieren, sondern den Alltag in der Familie wachzurufen, damit dann sinnvoll über Sichtweisen des Kindes auf Veränderung, Hilfe und Schutz gesprochen werden kann. Zum familiären Alltag von Kindern zählen auch erzieherische Regeln und ihre Handhabung. Dies wird bei der Schilderung eines Tagesablaufs meist nicht deutlich und stellt daher ein zweites mögliches Thema für die Einstimmung dar. Zum Beispiel kann gefragt werden: *„Bei Dir in der Familie, wofür wirst Du geschimpft und was darfst Du?"* Auch hier sind Vertiefungen, etwa zu Strafen oder Vorinformationen aus der Akte über ein fehlendes erzieherisches Einwirken der Eltern, prinzipiell möglich. Wenn die Sicht des Kindes auf den Alltag in der Familie einigermaßen im Raum präsent ist, kann das Kind gebeten werden zu benennen, was in der Familie bereits gut läuft und was sich ändern sollte. Hierfür stehen eine Reihe von Methoden zur Verfügung, von denen die 3-Häuser-Technik vermutlich zu den bekanntesten zählt.[203] Dabei werden auf drei Blätter Papier drei Häuser gezeichnet oder mit den Kindern gemalt, die als „Haus der guten Dinge", „Haus der Sorgen" und „Haus der Wünsche" bezeichnet werden. Die Kinder werden gebeten, meist beginnend mit dem „Haus der guten Dinge", in die drei Häuser zu zeichnen oder zu schreiben, was ihnen wichtig ist. Denkbar ist auch, dass mit der Verfahrensbeiständin bzw. dem Verfahrensbeistand bereits beschriftete Häuser vorbereitet und in der Anhörung nur vom Kind vorgestellt werden, da der Zeitaufwand für die Methode allein ansonsten bei mindestens 20 Minuten liegt. Manche Kinder können keine Wünsche bzw. keinen Veränderungsbedarf benennen, weil ihnen die Vorstellung von oder Hoffnung auf Veränderung fehlt. Wenn Kinder aber Wünsche benennen (z.B.: *„Der Papa soll mich nicht mehr hauen."*), kann dies im Verfahren wichtig sein. Manche Kinder benennen keine Wünsche bezogen auf ihre Familie, sondern bezogen auf ihre Situation (z.B.: *„Ich will wieder bei Mama und Papa sein."*). Dies kann aufgegriffen und nachgefragt werden, z.B.: *„Was wäre besonders schön, wenn Du wieder bei Mama und Papa wärst? Was soll sich daheim ändern, damit Du wieder bei Mama und Papa sein kannst?"*

203 *Turnell*, The Signs of Safety Workbook, 2012.

170 • **Ideen zu Veränderung, Hilfe und Schutz**: In einem zweiten Schritt kann, am besten aufbauend auf Wünschen des Kindes, notfalls aber auch aufbauend auf Gründen für das Kinderschutzverfahren, soweit sie dem Kind bekannt sind, gefragt werden, ob das Kind schon einmal alleine oder mit anderen überlegt hat, wie die Veränderung zu schaffen ist? Beispielsweise kann gefragt werden: *„Du hast Dir ja gewünscht, dass der Papa Dich nicht mehr haut. Hast Du denn allein oder mit jemand anderen schon mal überlegt, wie der Papa das schaffen kann?"* Ein anderes Beispiel wäre: *„Danke, dass Du mir schon so viel erzählt hast. Jetzt hat mir ja das Jugendamt geschrieben, dass die Mama so viel trinkt, dass sie sich gar nicht mehr richtig um Dich kümmern kann. Hast Du denn allein oder mit jemand anderen schon mal überlegt, wie das gehen kann, dass sich immer jemand um Dich kümmert?"* Manche Kinder verneinen entsprechende Überlegungen, sodass dieser Schritt in der Anhörung teilweise schnell vorüber ist. Die genannten Fragen zu stellen, ist aber wichtig, weil ungeeignete wie geeignete Veränderungsideen den Hintergrund für Willensäußerungen des Kindes zu eventuell im Raum stehenden Schutzmaßnahmen bilden und dem Gericht daher bekannt sein sollten. So kann es etwa sein, dass Kinder auf ihr eigenes Verhalten hinweisen (z.B.: *„Ich muss halt immer ganz brav sein, dann haut mich der Papa ja nicht."*) oder auf Versprechen von Erwachsenen beruhende Ideen (z.B.: *„Die Mama hat gesagt, wenn ich wieder daheim bin, trinkt sie nicht mehr."*) anbieten. Andere Vorschläge erscheinen geeignet und können in der Anhörung bzw. im Verfahren aufgegriffen werden (z.B.: *„Die Mama hat gesagt, sie geht ins Krankenhaus, dann trinkt sie nicht mehr und ich kann wieder heim"*, oder *„Vielleicht kann ich bei der Oma wohnen, dann kann mich der Papa nicht mehr hauen, weil die Oma sonst schimpft."*).

171 • **Haltung des Kindes zu angedachten Maßnahmen des Gerichts oder im Verfahren von einer Seite empfohlenen Maßnahmen**: Soweit für ein Kind spürbare Maßnahmen vom Gericht angedacht sind oder vorgeschlagen wurden, können diese im dritten Schritt thematisiert und Reaktionen erfragt werden. Dabei kann es sinnvoll sein, solche Maßnahmen indirekt, nämlich über andere Fälle des Gerichts, zu thematisieren, beispielsweise: *„Weißt Du, ich habe ja schon mit anderen Kindern gesprochen, die daheim sehr gehauen wurden. Damit das nicht mehr passiert, habe ich dann manchmal bestimmt, dass das Kind erst einmal woanders wohnt und Mama und Papa besucht. Manche Kinder haben mir gesagt, sie seien deshalb froh. Andere Kinder haben gesagt, sie seien traurig. Wieder andere Kinder haben gesagt, sie wüssten es nicht oder sie wollten dazu nichts sagen. Zu welchen Kindern gehörst Du denn?"* Der Vorteil einer solch indirekten Ansprache besteht darin, dass der Fall für das Kind aus der Vereinzelung geholt und eine Bandbreite an möglichen Reaktionen aufgemacht wird. Wichtig ist, die Antwortoptionen eines Kindes, das nicht weiß, was es will, sowie eines Kindes, das sich nicht entscheiden will, ausdrücklich zu erwähnen, da auf Anhörungen bezogene Ängste von Kindern häufig um den vermuteten Druck, sich entscheiden zu müssen, kreisen.

Bisherige Befundlagen deuten darauf hin, dass Kinder in Kinderschutzverfahren auch bei einer bestätigten Kindeswohlgefährdung mehrheitlich weiter bei den gefährdenden Personen leben wollen.[204] Droht fortgesetzte oder wiederholte Gefährdung, müssen sich Gerichte daher häufig mit der Frage auseinandersetzen, ob die Abwehr der Gefährdung ein Übergehen des Kindeswillens erforderlich macht. Wissen über mehrheitlich positive Entwicklungsverläufe von Kindern in Fremdunterbringung ist daher wichtig.[205] Dass Willensäußerungen von Kindern in Kinderschutzverfahren der Charakter einer Momentaufnahme zukommt, bei deren Bewertung Ängste und mangelnde Erfahrung zu berücksichtigen sind, wird auch in Längsschnittstudien deutlich, die zeigen, dass einige Kinder ihre Präferenzen verändern, wenn sie in der Fremdunterbringung ein Leben ohne Gefährdungserfahrungen kennengelernt haben.[206] Kinder haben mit Recht die Erwartung, dass im Verfahren eine ernsthafte Auseinandersetzung mit ihren Willensäußerungen erfolgt, und akzeptieren dann häufig auch eine abweichende Entscheidung.[207] Trotzdem besteht Konsens, dass ein Abweichen vom Kindeswillen in wesentlichen Punkten nicht ohne Not erfolgen darf. **172**

204 Vgl. Fn. 92.
205 Vgl. Kapitel 23 Rn. 87.
206 Vgl. Fn. 93.
207 Vgl. Fn. 188.

Anhang – Rechtsgrundlagen

Dieser Anhang beschränkt sich auf die wichtigsten Rechtsgrundlagen, die bei der Lektüre des Werks hilfreich sind und kann eine umfassende Kenntnis aller erforderlichen Rechtstexte der am familiengerichtlichen Verfahren beteiligten Personenkreise nicht ersetzen. Der Rechtsstand entspricht dem Redaktionsschluss des Werks (31.5.2022). Die vollständigen und stets aktuellen Fassungen der Gesetze sind über das Internet abrufbar, z.B. über die Seite www.gesetze-im-internet.de. Die Links zum jeweiligen Gesetz sind im Folgenden angegeben.

I. Grundgesetz für die Bundesrepublik Deutschland (GG)

vom 23. Mai 1949 (BGBl. S. 1), zuletzt geändert durch das Gesetz vom 28. Juni 2022 (BGBl. I S. 968)

Hinweis: Eine vollständige, stets aktuelle Fassung des Gesetzes ist online abrufbar unter www.gesetze-im-internet.de/gg/.

...

Artikel 6 [Ehe, Familie, nicht eheliche Kinder]

(1) Ehe und Familie stehen unter dem besonderen Schutze der staatlichen Ordnung.

(2) [1]Pflege und Erziehung der Kinder sind das natürliche Recht der Eltern und die zuvörderst ihnen obliegende Pflicht. [2]Über ihre Betätigung wacht die staatliche Gemeinschaft.

(3) Gegen den Willen der Erziehungsberechtigten dürfen Kinder nur auf Grund eines Gesetzes von der Familie getrennt werden, wenn die Erziehungsberechtigten versagen oder wenn die Kinder aus anderen Gründen zu verwahrlosen drohen.

(4) Jede Mutter hat Anspruch auf den Schutz und die Fürsorge der Gemeinschaft.

(5) Den unehelichen Kindern sind durch die Gesetzgebung die gleichen Bedingungen für ihre leibliche und seelische Entwicklung und ihre Stellung in der Gesellschaft zu schaffen wie den ehelichen Kindern.

...

II. Bürgerliches Gesetzbuch (BGB)

in der Fassung der Bekanntmachung vom 2. Januar 2002 (BGBl. I S. 42, 2909; 2003 I S. 738), zuletzt geändert durch das Gesetz vom 15. Juli 2022 (BGBl. I S. 1146)

Hinweis: Eine vollständige, stets aktuelle Fassung des Gesetzes ist online abrufbar unter www.gesetze-im-internet.de/bgb/.

...

§ 1666 Eintritt der Volljährigkeit

(1) Wird das körperliche, geistige oder seelische Wohl des Kindes oder sein Vermögen gefährdet und sind die Eltern nicht gewillt oder nicht in der Lage, die Gefahr abzuwenden, so hat das Familiengericht die Maßnahmen zu treffen, die zur Abwendung der Gefahr erforderlich sind.

(2) In der Regel ist anzunehmen, dass das Vermögen des Kindes gefährdet ist, wenn der Inhaber der Vermögenssorge seine Unterhaltspflicht gegenüber dem Kind oder

seine mit der Vermögenssorge verbundenen Pflichten verletzt oder Anordnungen des Gerichts, die sich auf die Vermögenssorge beziehen, nicht befolgt.

(3) Zu den gerichtlichen Maßnahmen nach Absatz 1 gehören insbesondere

1. Gebote, öffentliche Hilfen wie zum Beispiel Leistungen der Kinder- und Jugendhilfe und der Gesundheitsfürsorge in Anspruch zu nehmen,
2. Gebote, für die Einhaltung der Schulpflicht zu sorgen,
3. Verbote, vorübergehend oder auf unbestimmte Zeit die Familienwohnung oder eine andere Wohnung zu nutzen, sich in einem bestimmten Umkreis der Wohnung aufzuhalten oder zu bestimmende andere Orte aufzusuchen, an denen sich das Kind regelmäßig aufhält,
4. Verbote, Verbindung zum Kind aufzunehmen oder ein Zusammentreffen mit dem Kind herbeizuführen,
5. die Ersetzung von Erklärungen des Inhabers der elterlichen Sorge,
6. die teilweise oder vollständige Entziehung der elterlichen Sorge.

(4) In Angelegenheiten der Personensorge kann das Gericht auch Maßnahmen mit Wirkung gegen einen Dritten treffen.

§ 1666a Grundsatz der Verhältnismäßigkeit; Vorrang öffentlicher Hilfen

(1) [1]Maßnahmen, mit denen eine Trennung des Kindes von der elterlichen Familie verbunden ist, sind nur zulässig, wenn der Gefahr nicht auf andere Weise, auch nicht durch öffentliche Hilfen, begegnet werden kann. [2]Dies gilt auch, wenn einem Elternteil vorübergehend oder auf unbestimmte Zeit die Nutzung der Familienwohnung untersagt werden soll. [3]Wird einem Elternteil oder einem Dritten die Nutzung der vom Kind mitbewohnten oder einer anderen Wohnung untersagt, ist bei der Bemessung der Dauer der Maßnahme auch zu berücksichtigen, ob diesem das Eigentum, das Erbbaurecht oder der Nießbrauch an dem Grundstück zusteht, auf dem sich die Wohnung befindet; Entsprechendes gilt für das Wohnungseigentum, das Dauerwohnrecht, das dingliche Wohnrecht oder wenn der Elternteil oder Dritte Mieter der Wohnung ist.

(2) Die gesamte Personensorge darf nur entzogen werden, wenn andere Maßnahmen erfolglos geblieben sind oder wenn anzunehmen ist, dass sie zur Abwendung der Gefahr nicht ausreichen.

…

§ 1696 Abänderung gerichtlicher Entscheidungen und gerichtlich gebilligter Vergleiche

(1) [1]Eine Entscheidung zum Sorge- oder Umgangsrecht oder ein gerichtlich gebilligter Vergleich ist zu ändern, wenn dies aus triftigen, das Wohl des Kindes nachhaltig berührenden Gründen angezeigt ist. [2]Entscheidungen nach § 1626a Absatz 2 können gemäß § 1671 Absatz 1 geändert werden; § 1671 Absatz 4 gilt entsprechend. [3]§ 1678 Absatz 2, § 1680 Absatz 2 sowie § 1681 Absatz 1 und 2 bleiben unberührt.

(2) Eine Maßnahme nach den §§ 1666 bis 1667 oder einer anderen Vorschrift des Bürgerlichen Gesetzbuchs, die nur ergriffen werden darf, wenn dies zur Abwendung einer Kindeswohlgefährdung oder zum Wohl des Kindes erforderlich ist (kindesschutzrechtliche Maßnahme), ist aufzuheben, wenn eine Gefahr für das Wohl des Kindes nicht mehr besteht oder die Erforderlichkeit der Maßnahme entfallen ist.

(3) Eine Anordnung nach § 1632 Absatz 4 ist auf Antrag der Eltern aufzuheben, wenn die Wegnahme des Kindes von der Pflegeperson das Kindeswohl nicht gefährdet.

…

§ 1697a Kindeswohlprinzip

(1) Soweit nichts anderes bestimmt ist, trifft das Gericht in Verfahren über die in diesem Titel geregelten Angelegenheiten diejenige Entscheidung, die unter Berücksichtigung der tatsächlichen Gegebenheiten und Möglichkeiten sowie der berechtigten Interessen der Beteiligten dem Wohl des Kindes am besten entspricht.

(2) [1]Lebt das Kind in Familienpflege, so hat das Gericht, soweit nichts anderes bestimmt ist, in Verfahren über die in diesem Titel geregelten Angelegenheiten auch zu berücksichtigen, ob und inwieweit sich innerhalb eines im Hinblick auf die Entwicklung des Kindes vertretbaren Zeitraums die Erziehungsverhältnisse bei den Eltern derart verbessert haben, dass diese das Kind selbst erziehen können. [2]Liegen die Voraussetzungen des § 1632 Absatz 4 Satz 2 Nummer 1 vor, so hat das Gericht bei seiner Entscheidung auch das Bedürfnis des Kindes nach kontinuierlichen und stabilen Lebensverhältnissen zu berücksichtigen. [3]Die Sätze 1 und 2 gelten entsprechend, wenn das Kind im Rahmen einer Hilfe nach § 34 oder 35a Absatz 2 Nummer 4 des Achten Buches Sozialgesetzbuch erzogen und betreut wird.

…

III. Gesetz über das Verfahren in Familiensachen und in den Angelegenheiten der freiwilligen Gerichtsbarkeit (FamFG)

vom 17. Dezember 2008 (BGBl. I S. 2586), zuletzt geändert durch das Gesetz vom 24. Juni 2022 (BGBl. I S. 959)

Hinweis: Eine vollständige Fassung des Gesetzes ist online abrufbar unter www.gesetze-im-internet.de/famfg/.

…

§ 157 Erörterung der Kindeswohlgefährdung; einstweilige Anordnung

(1) In Verfahren nach den §§ 1666 und 1666a des Bürgerlichen Gesetzbuchs soll das Gericht mit den Eltern und in geeigneten Fällen auch mit dem Kind erörtern, wie einer möglichen Gefährdung des Kindeswohls, insbesondere durch öffentliche Hilfen, begegnet werden und welche Folgen die Nichtannahme notwendiger Hilfen haben kann.

(2) [1]Das Gericht hat das persönliche Erscheinen der Eltern zu dem Termin nach Absatz 1 anzuordnen. [2]Das Gericht führt die Erörterung in Abwesenheit eines Elternteils durch, wenn dies zum Schutz eines Beteiligten oder aus anderen Gründen erforderlich ist.

(3) In Verfahren nach den §§ 1666 und 1666a des Bürgerlichen Gesetzbuchs hat das Gericht unverzüglich den Erlass einer einstweiligen Anordnung zu prüfen.

…

§ 159 Persönliche Anhörung des Kindes

(1) Das Gericht hat das Kind persönlich anzuhören und sich einen persönlichen Eindruck von dem Kind zu verschaffen.

(2) [1]Von der persönlichen Anhörung und der Verschaffung eines persönlichen Eindrucks nach Absatz 1 kann das Gericht nur absehen, wenn

1. ein schwerwiegender Grund dafür vorliegt,
2. das Kind offensichtlich nicht in der Lage ist, seine Neigungen und seinen Willen kundzutun,
3. die Neigungen, Bindungen und der Wille des Kindes für die Entscheidung nicht von Bedeutung sind und eine persönliche Anhörung auch nicht aus anderen Gründen angezeigt ist oder
4. das Verfahren ausschließlich das Vermögen des Kindes betrifft und eine persönliche Anhörung nach der Art der Angelegenheit nicht angezeigt ist.

[2]Satz 1 Nummer 3 ist in Verfahren nach den §§ 1666 und 1666a des Bürgerlichen Gesetzbuchs, die die Person des Kindes betreffen, nicht anzuwenden. 3Das Gericht hat sich in diesen Verfahren einen persönlichen Eindruck von dem Kind auch dann zu verschaffen, wenn das Kind offensichtlich nicht in der Lage ist, seine Neigungen und seinen Willen kundzutun.

(3) [1]Sieht das Gericht davon ab, das Kind persönlich anzuhören oder sich einen persönlichen Eindruck von dem Kind zu verschaffen, ist dies in der Endentscheidung zu begründen. [2]Unterbleibt eine Anhörung oder die Verschaffung eines persönlichen Eindrucks allein wegen Gefahr im Verzug, ist sie unverzüglich nachzuholen.

(4) [1]Das Kind soll über den Gegenstand, Ablauf und möglichen Ausgang des Verfahrens in einer geeigneten und seinem Alter entsprechenden Weise informiert werden, soweit nicht Nachteile für seine Entwicklung, Erziehung oder Gesundheit zu befürchten sind. [2]Ihm ist Gelegenheit zur Äußerung zu geben. [3]Hat das Gericht dem Kind nach § 158 einen Verfahrensbeistand bestellt, soll die persönliche Anhörung und die Verschaffung eines persönlichen Eindrucks in dessen Anwesenheit stattfinden. [4]Im Übrigen steht die Gestaltung der persönlichen Anhörung im Ermessen des Gerichts.

...

§ 160 Anhörung der Eltern

(1) [1]In Verfahren, die die Person des Kindes betreffen, soll das Gericht die Eltern persönlich anhören. [2]In Verfahren nach den §§ 1666 und 1666a des Bürgerlichen Gesetzbuchs sind die Eltern persönlich anzuhören.

(2) [1]In sonstigen Kindschaftssachen hat das Gericht die Eltern anzuhören. [2]Dies gilt nicht für einen Elternteil, dem die elterliche Sorge nicht zusteht, sofern von der Anhörung eine Aufklärung nicht erwartet werden kann.

(3) Von der Anhörung darf nur aus schwerwiegenden Gründen abgesehen werden.

(4) Unterbleibt die Anhörung allein wegen Gefahr im Verzug, ist sie unverzüglich nachzuholen.

...

§ 162 Mitwirkung des Jugendamts

(1) [1]Das Gericht hat in Verfahren, die die Person des Kindes betreffen, das Jugendamt anzuhören. [2]Unterbleibt die Anhörung wegen Gefahr im Verzug, ist sie unverzüglich nachzuholen.

(2) [1]In Verfahren nach den §§ 1666 und 1666a des Bürgerlichen Gesetzbuchs ist das Jugendamt zu beteiligen. [2]Im Übrigen ist das Jugendamt auf seinen Antrag am Verfahren zu beteiligen.

(3) [1]In Verfahren, die die Person des Kindes betreffen, ist das Jugendamt von Terminen zu benachrichtigen und ihm sind alle Entscheidungen des Gerichts bekannt zu machen. [2]Gegen den Beschluss steht dem Jugendamt die Beschwerde zu.

§ 163 Sachverständigengutachten

(1) [1]In Verfahren nach § 151 Nummer 1 bis 3 ist das Gutachten durch einen geeigneten Sachverständigen zu erstatten, der mindestens über eine psychologische, psychotherapeutische, kinder- und jugendpsychiatrische, psychiatrische, ärztliche, pädagogische oder sozialpädagogische Berufsqualifikation verfügen soll. [2]Verfügt der Sachverständige über eine pädagogische oder sozialpädagogische Berufsqualifikation, ist der Erwerb ausreichender diagnostischer und analytischer Kenntnisse durch eine anerkannte Zusatzqualifikation nachzuweisen.

(2) Das Gericht kann in Verfahren, die die Person des Kindes betreffen, anordnen, dass der Sachverständige bei der Erstellung des Gutachtens auch auf die Herstellung des Einvernehmens zwischen den Beteiligten hinwirken soll.

IV. Sozialgesetzbuch (SGB) – Achtes Buch (VIII) – Kinder- und Jugendhilfe (SGB VIII)

in der Fassung der Bekanntmachung vom 11.September 2012 (BGBl. I S. 2022), zuletzt geändert durch das Gesetz vom 24. Juni 2022 (BGBl. I S. 959)

Hinweis: Eine vollständige Fassung des Gesetzes ist online abrufbar unter www.gesetze-im-internet.de/sgb_8/

...

§ 1 Recht auf Erziehung, Elternverantwortung, Jugendhilfe

(1) Jeder junge Mensch hat ein Recht auf Förderung seiner Entwicklung und auf Erziehung zu einer selbstbestimmten, eigenverantwortlichen und gemeinschaftsfähigen Persönlichkeit.

2) [1]Pflege und Erziehung der Kinder sind das natürliche Recht der Eltern und die zuvörderst ihnen obliegende Pflicht. [2]Über ihre Betätigung wacht die staatliche Gemeinschaft.

(3) Jugendhilfe soll zur Verwirklichung des Rechts nach Absatz 1 insbesondere

1. junge Menschen in ihrer individuellen und sozialen Entwicklung fördern und dazu beitragen, Benachteiligungen zu vermeiden oder abzubauen,
2. jungen Menschen ermöglichen oder erleichtern, entsprechend ihrem Alter und ihrer individuellen Fähigkeiten in allen sie betreffenden Lebensbereichen selbstbestimmt zu interagieren und damit gleichberechtigt am Leben in der Gesellschaft teilhaben zu können,
3. Eltern und andere Erziehungsberechtigte bei der Erziehung beraten und unterstützen,
4. Kinder und Jugendliche vor Gefahren für ihr Wohl schützen,

5. dazu beitragen, positive Lebensbedingungen für junge Menschen und ihre Familien sowie eine kinder- und familienfreundliche Umwelt zu erhalten oder zu schaffen.

...

§ 8a Schutzauftrag bei Kindeswohlgefährdung

(1) [1]Werden dem Jugendamt gewichtige Anhaltspunkte für die Gefährdung des Wohls eines Kindes oder Jugendlichen bekannt, so hat es das Gefährdungsrisiko im Zusammenwirken mehrerer Fachkräfte einzuschätzen. [2]Soweit der wirksame Schutz dieses Kindes oder dieses Jugendlichen nicht in Frage gestellt wird, hat das Jugendamt die Erziehungsberechtigten sowie das Kind oder den Jugendlichen in die Gefährdungseinschätzung einzubeziehen und, sofern dies nach fachlicher Einschätzung erforderlich ist,

1. sich dabei einen unmittelbaren Eindruck von dem Kind und von seiner persönlichen Umgebung zu verschaffen sowie
2. Personen, die gemäß § 4 Absatz 3 des Gesetzes zur Kooperation und Information im Kinderschutz dem Jugendamt Daten übermittelt haben, in geeigneter Weise an der Gefährdungseinschätzung zu beteiligen.

[3]Hält das Jugendamt zur Abwendung der Gefährdung die Gewährung von Hilfen für geeignet und notwendig, so hat es diese den Erziehungsberechtigten anzubieten.

(2) [1]Hält das Jugendamt das Tätigwerden des Familiengerichts für erforderlich, so hat es das Gericht anzurufen; dies gilt auch, wenn die Erziehungsberechtigten nicht bereit oder in der Lage sind, bei der Abschätzung des Gefährdungsrisikos mitzuwirken. [2]Besteht eine dringende Gefahr und kann die Entscheidung des Gerichts nicht abgewartet werden, so ist das Jugendamt verpflichtet, das Kind oder den Jugendlichen in Obhut zu nehmen.

(3) [1]Soweit zur Abwendung der Gefährdung das Tätigwerden anderer Leistungsträger, der Einrichtungen der Gesundheitshilfe oder der Polizei notwendig ist, hat das Jugendamt auf die Inanspruchnahme durch die Erziehungsberechtigten hinzuwirken. [2]Ist ein sofortiges Tätigwerden erforderlich und wirken die Personensorgeberechtigten oder die Erziehungsberechtigten nicht mit, so schaltet das Jugendamt die anderen zur Abwendung der Gefährdung zuständigen Stellen selbst ein.

(4) [1]In Vereinbarungen mit den Trägern von Einrichtungen und Diensten, die Leistungen nach diesem Buch erbringen, ist sicherzustellen, dass

1. deren Fachkräfte bei Bekanntwerden gewichtiger Anhaltspunkte für die Gefährdung eines von ihnen betreuten Kindes oder Jugendlichen eine Gefährdungseinschätzung vornehmen,
2. bei der Gefährdungseinschätzung eine insoweit erfahrene Fachkraft beratend hinzugezogen wird sowie
3. die Erziehungsberechtigten sowie das Kind oder der Jugendliche in die Gefährdungseinschätzung einbezogen werden, soweit hierdurch der wirksame Schutz des Kindes oder Jugendlichen nicht in Frage gestellt wird.

[2]In den Vereinbarungen sind die Kriterien für die Qualifikation der beratend hinzuzuziehenden insoweit erfahrenen Fachkraft zu regeln, die insbesondere auch den spezifischen Schutzbedürfnissen von Kindern und Jugendlichen mit Behinderungen Rechnung tragen. [3]Daneben ist in die Vereinbarungen insbesondere die Verpflichtung aufzunehmen, dass die Fachkräfte der Träger bei den Erziehungsberechtigten auf die

Inanspruchnahme von Hilfen hinwirken, wenn sie diese für erforderlich halten, und das Jugendamt informieren, falls die Gefährdung nicht anders abgewendet werden kann.

(5) [1]In Vereinbarungen mit Kindertagespflegepersonen, die Leistungen nach diesem Buch erbringen, ist sicherzustellen, dass diese bei Bekanntwerden gewichtiger Anhaltspunkte für die Gefährdung eines von ihnen betreuten Kindes eine Gefährdungseinschätzung vornehmen und dabei eine insoweit erfahrene Fachkraft beratend hinzuziehen. [2]Die Erziehungsberechtigten sowie das Kind sind in die Gefährdungseinschätzung einzubeziehen, soweit hierdurch der wirksame Schutz des Kindes nicht in Frage gestellt wird. [3]Absatz 4 Satz 2 und 3 gilt entsprechend.

(6) [1]Werden einem örtlichen Träger gewichtige Anhaltspunkte für die Gefährdung des Wohls eines Kindes oder eines Jugendlichen bekannt, so sind dem für die Gewährung von Leistungen zuständigen örtlichen Träger die Daten mitzuteilen, deren Kenntnis zur Wahrnehmung des Schutzauftrags bei Kindeswohlgefährdung nach § 8a erforderlich ist. [2]Die Mitteilung soll im Rahmen eines Gespräches zwischen den Fachkräften der beiden örtlichen Träger erfolgen, an dem die Personensorgeberechtigten sowie das Kind oder der Jugendliche beteiligt werden sollen, soweit hierdurch der wirksame Schutz des Kindes oder des Jugendlichen nicht in Frage gestellt wird.

...

§ 42 Inobhutnahme von Kindern und Jugendlichen

(1) [1]Das Jugendamt ist berechtigt und verpflichtet, ein Kind oder einen Jugendlichen in seine Obhut zu nehmen, wenn

1. das Kind oder der Jugendliche um Obhut bittet oder
2. eine dringende Gefahr für das Wohl des Kindes oder des Jugendlichen die Inobhutnahme erfordert und
   a) die Personensorgeberechtigten nicht widersprechen oder
   b) eine familiengerichtliche Entscheidung nicht rechtzeitig eingeholt werden kann oder
3. ein ausländisches Kind oder ein ausländischer Jugendlicher unbegleitet nach Deutschland kommt und sich weder Personensorge- noch Erziehungsberechtigte im Inland aufhalten.

[2]Die Inobhutnahme umfasst die Befugnis, ein Kind oder einen Jugendlichen bei einer geeigneten Person, in einer geeigneten Einrichtung oder in einer sonstigen Wohnform vorläufig unterzubringen; im Fall von Satz 1 Nr. 2 auch ein Kind oder einen Jugendlichen von einer anderen Person wegzunehmen.

(2) [1]Das Jugendamt hat während der Inobhutnahme unverzüglich das Kind oder den Jugendlichen umfassend und in einer verständlichen, nachvollziehbaren und wahrnehmbaren Form über diese Maßnahme aufzuklären, die Situation, die zur Inobhutnahme geführt hat, zusammen mit dem Kind oder dem Jugendlichen zu klären und Möglichkeiten der Hilfe und Unterstützung aufzuzeigen. [2]Dem Kind oder dem Jugendlichen ist unverzüglich Gelegenheit zu geben, eine Person seines Vertrauens zu benachrichtigen. [3]Das Jugendamt hat während der Inobhutnahme für das Wohl des Kindes oder des Jugendlichen zu sorgen und dabei den notwendigen Unterhalt und die Krankenhilfe sicherzustellen; § 39 Absatz 4 Satz 2 gilt entsprechend. [4]Das Jugendamt ist während der Inobhutnahme berechtigt, alle Rechtshandlungen vorzunehmen, die zum

Wohl des Kindes oder Jugendlichen notwendig sind; der mutmaßliche Wille der Personensorge- oder der Erziehungsberechtigten ist dabei angemessen zu berücksichtigen. [5]Im Fall des Absatzes 1 Satz 1 Nummer 3 gehört zu den Rechtshandlungen nach Satz 4, zu denen das Jugendamt verpflichtet ist, insbesondere die unverzügliche Stellung eines Asylantrags für das Kind oder den Jugendlichen in Fällen, in denen Tatsachen die Annahme rechtfertigen, dass das Kind oder der Jugendliche internationalen Schutz im Sinne des § 1 Absatz 1 Nummer 2 des Asylgesetzes benötigt; dabei ist das Kind oder der Jugendliche zu beteiligen.

(3) [1]Das Jugendamt hat im Fall des Absatzes 1 Satz 1 Nr. 1 und 2 die Personensorge- oder Erziehungsberechtigten unverzüglich von der Inobhutnahme zu unterrichten, sie in einer verständlichen, nachvollziehbaren und wahrnehmbaren Form umfassend über diese Maßnahme aufzuklären und mit ihnen das Gefährdungsrisiko abzuschätzen. [2]Widersprechen die Personensorge- oder Erziehungsberechtigten der Inobhutnahme, so hat das Jugendamt unverzüglich

1. das Kind oder den Jugendlichen den Personensorge- oder Erziehungsberechtigten zu übergeben, sofern nach der Einschätzung des Jugendamts eine Gefährdung des Kindeswohls nicht besteht oder die Personensorge- oder Erziehungsberechtigten bereit und in der Lage sind, die Gefährdung abzuwenden oder
2. eine Entscheidung des Familiengerichts über die erforderlichen Maßnahmen zum Wohl des Kindes oder des Jugendlichen herbeizuführen.

[3]Sind die Personensorge- oder Erziehungsberechtigten nicht erreichbar, so gilt Satz 2 Nr. 2 entsprechend. [4]Im Fall des Absatzes 1 Satz 1 Nr. 3 ist unverzüglich die Bestellung eines Vormunds oder Pflegers zu veranlassen. [5]Widersprechen die Personensorgeberechtigten der Inobhutnahme nicht, so ist unverzüglich ein Hilfeplanverfahren zur Gewährung einer Hilfe einzuleiten.

(4) Die Inobhutnahme endet mit

1. der Übergabe des Kindes oder Jugendlichen an die Personensorge- oder Erziehungsberechtigten,
2. der Entscheidung über die Gewährung von Hilfen nach dem Sozialgesetzbuch.

(5) [1]Freiheitsentziehende Maßnahmen im Rahmen der Inobhutnahme sind nur zulässig, wenn und soweit sie erforderlich sind, um eine Gefahr für Leib oder Leben des Kindes oder des Jugendlichen oder eine Gefahr für Leib oder Leben Dritter abzuwenden. [2]Die Freiheitsentziehung ist ohne gerichtliche Entscheidung spätestens mit Ablauf des Tages nach ihrem Beginn zu beenden.

(6) Ist bei der Inobhutnahme die Anwendung unmittelbaren Zwangs erforderlich, so sind die dazu befugten Stellen hinzuzuziehen.

...

§ 50 Mitwirkung in Verfahren vor den Familiengerichten

(1) [1]Das Jugendamt unterstützt das Familiengericht bei allen Maßnahmen, die die Sorge für die Person von Kindern und Jugendlichen betreffen. [2]Es hat in folgenden Verfahren nach dem Gesetz über das Verfahren in Familiensachen und in den Angelegenheiten der freiwilligen Gerichtsbarkeit mitzuwirken:

1. Kindschaftssachen (§ 162 des Gesetzes über das Verfahren in Familiensachen und in den Angelegenheiten der freiwilligen Gerichtsbarkeit),

2. Abstammungssachen (§ 176 des Gesetzes über das Verfahren in Familiensachen und in den Angelegenheiten der freiwilligen Gerichtsbarkeit),

3. Adoptionssachen (§ 188 Abs. 2, §§ 189, 194, 195 des Gesetzes über das Verfahren in Familiensachen und in den Angelegenheiten der freiwilligen Gerichtsbarkeit),

4. Ehewohnungssachen (§ 204 Abs. 2, § 205 des Gesetzes über das Verfahren in Familiensachen und in den Angelegenheiten der freiwilligen Gerichtsbarkeit) und

5. Gewaltschutzsachen (§§ 212, 213 des Gesetzes über das Verfahren in Familiensachen und in den Angelegenheiten der freiwilligen Gerichtsbarkeit).

(2) [1]Das Jugendamt unterrichtet insbesondere über angebotene und erbrachte Leistungen, bringt erzieherische und soziale Gesichtspunkte zur Entwicklung des Kindes oder des Jugendlichen ein und weist auf weitere Möglichkeiten der Hilfe hin. [2]In Verfahren nach den §§ 1631b, 1632 Absatz 4, den §§ 1666, 1666a und 1682 des Bürgerlichen Gesetzbuchs sowie in Verfahren, die die Abänderung, Verlängerung oder Aufhebung von nach diesen Vorschriften getroffenen Maßnahmen betreffen, legt das Jugendamt dem Familiengericht den Hilfeplan nach § 36 Absatz 2 Satz 2 vor. [3]Dieses Dokument beinhaltet ausschließlich das Ergebnis der Bedarfsfeststellung, die vereinbarte Art der Hilfegewährung einschließlich der hiervon umfassten Leistungen sowie das Ergebnis etwaiger Überprüfungen dieser Feststellungen. [4]In anderen die Person des Kindes betreffenden Kindschaftssachen legt das Jugendamt den Hilfeplan auf Anforderung des Familiengerichts vor. [5]Das Jugendamt informiert das Familiengericht in dem Termin nach § 155 Absatz 2 des Gesetzes über das Verfahren in Familiensachen und in den Angelegenheiten der freiwilligen Gerichtsbarkeit über den Stand des Beratungsprozesses. [6]§ 64 Absatz 2 und § 65 Absatz 1 Satz 1 Nummer 1 und 2 bleiben unberührt.

(3) [1]Das Jugendamt, das in Verfahren zur Übertragung der gemeinsamen Sorge nach § 155a Absatz 4 Satz 1 und § 162 des Gesetzes über das Verfahren in Familiensachen und in den Angelegenheiten der freiwilligen Gerichtsbarkeit angehört wird, teilt

1. rechtskräftige gerichtliche Entscheidungen, aufgrund derer die Sorge gemäß § 1626a Absatz 2 Satz 1 des Bürgerlichen Gesetzbuchs den Eltern ganz oder zum Teil gemeinsam übertragen wird oder

2. rechtskräftige gerichtliche Entscheidungen, die die elterliche Sorge ganz oder zum Teil der Mutter entziehen oder auf den Vater allein übertragen,

dem nach § 87c Absatz 6 Satz 2 zuständigen Jugendamt zu den in § 58a genannten Zwecken unverzüglich mit. [2]Mitzuteilen sind auch das Geburtsdatum und der Geburtsort des Kindes oder des Jugendlichen sowie der Name, den das Kind oder der Jugendliche zur Zeit der Beurkundung seiner Geburt geführt hat.

...

§ 64 Datenübermittlung und -nutzung

(1) Sozialdaten dürfen zu dem Zweck übermittelt oder genutzt werden, zu dem sie erhoben worden sind.

(2) Eine Übermittlung für die Erfüllung von Aufgaben nach § 69 des Zehnten Buches ist abweichend von Absatz 1 nur zulässig, soweit dadurch der Erfolg einer zu gewährenden Leistung nicht in Frage gestellt wird.

(2a) Vor einer Übermittlung an eine Fachkraft, die nicht dem Verantwortlichen angehört, sind die Sozialdaten zu anonymisieren oder zu pseudonymisieren, soweit die Aufgabenerfüllung dies zulässt.

(2b) [1]Abweichend von Absatz 1 dürfen Sozialdaten übermittelt und genutzt werden, soweit dies für die Durchführung bestimmter wissenschaftlicher Vorhaben zur Erforschung möglicher politisch motivierter Adoptionsvermittlung in der DDR erforderlich ist, ohne dass es einer Anonymisierung oder Pseudonymisierung bedarf. [2]Die personenbezogenen Daten sind zu anonymisieren, sobald dies nach dem Forschungszweck möglich ist. [3]Vom Adoptionsverfahren betroffene Personen dürfen nicht kontaktiert werden.

(3) Sozialdaten dürfen beim Träger der öffentlichen Jugendhilfe zum Zwecke der Planung im Sinne des § 80 gespeichert oder genutzt werden; sie sind unverzüglich zu anonymisieren.

(4) Erhält ein Träger der öffentlichen Jugendhilfe nach Maßgabe des § 4 Absatz 3 des Gesetzes zur Kooperation und Information im Kinderschutz Informationen und Daten, soll er gegenüber der meldenden Person ausschließlich mitteilen, ob sich die von ihr mitgeteilten gewichtigen Anhaltspunkte für die Gefährdung des Wohls des Kindes oder Jugendlichen bestätigt haben und ob das Jugendamt zur Abwendung der Gefährdung tätig geworden ist und noch tätig ist.

§ 65 Besonderer Vertrauensschutz in der persönlichen und erzieherischen Hilfe

(1) [1]Sozialdaten, die dem Mitarbeiter eines Trägers der öffentlichen Jugendhilfe zum Zweck persönlicher und erzieherischer Hilfe anvertraut worden sind, dürfen von diesem nur weitergegeben oder übermittelt werden

1. mit der Einwilligung dessen, der die Daten anvertraut hat, oder
2. dem Familiengericht zur Erfüllung der Aufgaben nach § 8a Absatz 2, wenn angesichts einer Gefährdung des Wohls eines Kindes oder eines Jugendlichen ohne diese Mitteilung eine für die Gewährung von Leistungen notwendige gerichtliche Entscheidung nicht ermöglicht werden könnte, oder
3. dem Mitarbeiter, der aufgrund eines Wechsels der Fallzuständigkeit im Jugendamt oder eines Wechsels der örtlichen Zuständigkeit für die Gewährung oder Erbringung der Leistung verantwortlich ist, wenn Anhaltspunkte für eine Gefährdung des Kindeswohls gegeben sind und die Daten für eine Abschätzung des Gefährdungsrisikos notwendig sind, oder
4. an die Fachkräfte, die zum Zwecke der Abschätzung des Gefährdungsrisikos nach § 8a hinzugezogen werden; § 64 Abs. 2a bleibt unberührt, oder
5. unter den Voraussetzungen, unter denen eine der in § 203 Absatz 1 oder 4 des Strafgesetzbuches genannten Personen dazu befugt wäre, oder
6. wenn dies für die Durchführung bestimmter wissenschaftlicher Vorhaben zur Erforschung möglicher politisch motivierter Adoptionsvermittlung in der DDR erforderlich ist. 2Vom Adoptionsverfahren betroffene Personen dürfen nicht kontaktiert werden; § 64 Absatz 2b Satz 1 und 2 gilt entsprechend.

[2]Der Empfänger darf die Sozialdaten nur zu dem Zweck weitergeben oder übermitteln, zu dem er sie befugt erhalten hat.

(2) § 35 Abs. 3 des Ersten Buches gilt auch, soweit ein behördeninternes Weitergabeverbot nach Absatz 1 besteht.

...

V. Zehntes Buch Sozialgesetzbuch – Sozialverwaltungsverfahren und Sozialdatenschutz (SGB X)

in der Fassung der Bekanntmachung vom 18. Januar 2001 (BGBl. I S. 130), zuletzt geändert durch das Gesetz vom 20. Juni 2022 (BGBl. I S. 1237)

Hinweis: Eine vollständige Fassung des Gesetzes ist online abrufbar www.gesetze-im-internet.de/sgb_10/

...

§ 69 Übermittlung für die Erfüllung sozialer Aufgaben

(1) Eine Übermittlung von Sozialdaten ist zulässig, soweit sie erforderlich ist

1. für die Erfüllung der Zwecke, für die sie erhoben worden sind, oder für die Erfüllung einer gesetzlichen Aufgabe der übermittelnden Stelle nach diesem Gesetzbuch oder einer solchen Aufgabe des Dritten, an den die Daten übermittelt werden, wenn er eine in § 35 des Ersten Buches genannte Stelle ist,
2. für die Durchführung eines mit der Erfüllung einer Aufgabe nach Nummer 1 zusammenhängenden gerichtlichen Verfahrens einschließlich eines Strafverfahrens oder
3. für die Richtigstellung unwahrer Tatsachenbehauptungen der betroffenen Person im Zusammenhang mit einem Verfahren über die Erbringung von Sozialleistungen; die Übermittlung bedarf der vorherigen Genehmigung durch die zuständige oberste Bundes- oder Landesbehörde.

(2) Für die Erfüllung einer gesetzlichen oder sich aus einem Tarifvertrag ergebenden Aufgabe sind den in § 35 des Ersten Buches genannten Stellen gleichgestellt

1. die Stellen, die Leistungen nach dem Lastenausgleichsgesetz, dem Bundesentschädigungsgesetz, dem Strafrechtlichen Rehabilitierungsgesetz, dem Beruflichen Rehabilitierungsgesetz, dem Gesetz über die Entschädigung für Strafverfolgungsmaßnahmen, dem Unterhaltssicherungsgesetz, dem Beamtenversorgungsgesetz und den Vorschriften, die auf das Beamtenversorgungsgesetz verweisen, dem Soldatenversorgungsgesetz, dem Anspruchs- und Anwartschaftsüberführungsgesetz und den Vorschriften der Länder über die Gewährung von Blinden- und Pflegegeldleistungen zu erbringen haben,
2. die gemeinsamen Einrichtungen der Tarifvertragsparteien im Sinne des § 4 Absatz 2 des Tarifvertragsgesetzes, die Zusatzversorgungseinrichtungen des öffentlichen Dienstes und die öffentlich-rechtlichen Zusatzversorgungseinrichtungen,
3. die Bezügestellen des öffentlichen Dienstes, soweit sie kindergeldabhängige Leistungen des Besoldungs-, Versorgungs- und Tarifrechts unter Verwendung von personenbezogenen Kindergelddaten festzusetzen haben.

(3) Die Übermittlung von Sozialdaten durch die Bundesagentur für Arbeit an die Krankenkassen ist zulässig, soweit sie erforderlich ist, den Krankenkassen die Feststellung der Arbeitgeber zu ermöglichen, die am Ausgleich der Arbeitgeberaufwendungen nach dem Aufwendungsausgleichsgesetz teilnehmen.

(4) Die Krankenkassen sind befugt, einem Arbeitgeber mitzuteilen, ob die Fortdauer einer Arbeitsunfähigkeit oder eine erneute Arbeitsunfähigkeit eines Arbeitnehmers auf derselben Krankheit beruht; die Übermittlung von Diagnosedaten an den Arbeitgeber ist nicht zulässig.

(5) Die Übermittlung von Sozialdaten ist zulässig für die Erfüllung der gesetzlichen Aufgaben der Rechnungshöfe und der anderen Stellen, auf die § 67c Absatz 3 Satz 1 Anwendung findet.

...

VI. Gesetz zur Kooperation und Information im Kinderschutz (KKG)

vom 22. Dezember 2011 (BGBl. I S. 2975), zuletzt geändert durch das Gesetz vom 3. Juni 2021 (BGBl. I S. 1444)

Hinweis: Eine vollständige Fassung des Gesetzes ist online abrufbar unter https://www.gesetze-im-internet.de/kkg/

...

§ 4 Beratung und Übermittlung von Informationen durch Geheimnisträger bei Kindeswohlgefährdung

(1) Werden

1. Ärztinnen oder Ärzten, Zahnärztinnen oder Zahnärzten Hebammen oder Entbindungspflegern oder Angehörigen eines anderen Heilberufes, der für die Berufsausübung oder die Führung der Berufsbezeichnung eine staatlich geregelte Ausbildung erfordert,
2. Berufspsychologinnen oder -psychologen mit staatlich anerkannter wissenschaftlicher Abschlussprüfung,
3. Ehe-, Familien-, Erziehungs- oder Jugendberaterinnen oder -beratern sowie
4. Beraterinnen oder Beratern für Suchtfragen in einer Beratungsstelle, die von einer Behörde oder Körperschaft, Anstalt oder Stiftung des öffentlichen Rechts anerkannt ist,
5. Mitgliedern oder Beauftragten einer anerkannten Beratungsstelle nach den §§ 3 und 8 des Schwangerschaftskonfliktgesetzes,
6. staatlich anerkannten Sozialarbeiterinnen oder -arbeitern oder staatlich anerkannten Sozialpädagoginnen oder -pädagogen oder
7. Lehrerinnen oder Lehrern an öffentlichen und an staatlich anerkannten privaten Schulen

in Ausübung ihrer beruflichen Tätigkeit gewichtige Anhaltspunkte für die Gefährdung des Wohls eines Kindes oder eines Jugendlichen bekannt, so sollen sie mit dem Kind oder Jugendlichen und den Erziehungsberechtigten die Situation erörtern und, soweit erforderlich, bei den Erziehungsberechtigten auf die Inanspruchnahme von Hilfen hinwirken, soweit hierdurch der wirksame Schutz des Kindes oder des Jugendlichen nicht in Frage gestellt wird.

(2) [1]Die Personen nach Absatz 1 haben zur Einschätzung der Kindeswohlgefährdung gegenüber dem Träger der öffentlichen Jugendhilfe Anspruch auf Beratung durch eine insoweit erfahrene Fachkraft. [2]Sie sind zu diesem Zweck befugt, dieser Person die dafür erforderlichen Daten zu übermitteln; vor einer Übermittlung der Daten sind diese zu pseudonymisieren.

(3) [1]Scheidet eine Abwendung der Gefährdung nach Absatz 1 aus oder ist ein Vorgehen nach Absatz 1 erfolglos und halten die in Absatz 1 genannten Personen ein Tätigwerden des Jugendamtes für erforderlich, um eine Gefährdung des Wohls eines Kindes oder eines Jugendlichen abzuwenden, so sind sie befugt, das Jugendamt zu informieren; hierauf sind die Betroffenen vorab hinzuweisen, es sei denn, dass damit der wirksame Schutz des Kindes oder des Jugendlichen in Frage gestellt wird. [2]Zu diesem Zweck sind die Personen nach Satz 1 befugt, dem Jugendamt die erforderlichen Daten mitzuteilen. [3]Die Sätze 1 und 2 gelten für die in Absatz 1 Nummer 1 genannten Personen mit der Maßgabe, dass diese unverzüglich das Jugendamt informieren sollen, wenn nach deren Einschätzung eine dringende Gefahr für das Wohl des Kindes oder des Jugendlichen das Tätigwerden des Jugendamtes erfordert.

(4) [1]Wird das Jugendamt von einer in Absatz 1 genannten Person informiert, soll es dieser Person zeitnah eine Rückmeldung geben, ob es die gewichtigen Anhaltspunkte für die Gefährdung des Wohls des Kindes oder Jugendlichen bestätigt sieht und ob es zum Schutz des Kindes oder Jugendlichen tätig geworden ist und noch tätig ist. [2]Hierauf sind die Betroffenen vorab hinzuweisen, es sei denn, dass damit der wirksame Schutz des Kindes oder des Jugendlichen in Frage gestellt wird.

(5) Die Absätze 2 und 3 gelten entsprechend für Mitarbeiterinnen und Mitarbeiter von Zollbehörden.

(6) Zur praktischen Erprobung datenschutzrechtskonformer Umsetzungsformen und zur Evaluierung der Auswirkungen auf den Kinderschutz kann Landesrecht die Befugnis zu einem fallbezogenen interkollegialen Austausch von Ärztinnen und Ärzten regeln.

§ 5 Mitteilungen an das Jugendamt

(1) [1]Werden in einem Strafverfahren gewichtige Anhaltspunkte für die Gefährdung des Wohls eines Kindes oder eines Jugendlichen bekannt, informiert die Strafverfolgungsbehörde oder das Gericht unverzüglich den zuständigen örtlichen Träger der öffentlichen Jugendhilfe sowie im Falle seiner Zuständigkeit den überörtlichen Träger der öffentlichen Jugendhilfe und übermittelt die aus ihrer Sicht zur Einschätzung des Gefährdungsrisikos erforderlichen Daten. [2]Die Mitteilung ordnen Richterinnen oder Richter, Staatsanwältinnen oder Staatsanwälte an. 3§ 4 Absatz 2 gilt entsprechend.

(2) Gewichtige Anhaltspunkte für eine Gefährdung können insbesondere dann vorliegen, wenn gegen eine Person, die mit einem Kind oder Jugendlichen in häuslicher Gemeinschaft lebt oder die regelmäßig Umgang mit ihm hat oder haben wird, der Verdacht besteht, eine Straftat nach den §§ 171, 174, 176 bis 180, 182, 184b bis 184e, 225, 232 bis 233a, 234, 235 oder 236 des Strafgesetzbuchs begangen zu haben.

Stichwortverzeichnis

A

H

I

J

K

L

M

T

U

V

W

Z